L. A. Leontjew · Engels und die ökonomische Lehre des Marxismus

L. A. Leontjew

Engels
und die ökonomische Lehre
des Marxismus

Herausgegeben in deutscher Sprache
von Prof. Dr. h. c. Fred Oelßner

AKADEMIE-VERLAG · BERLIN 1970

Russischer Originaltitel:

Энгельс и экономическое учение Марксизма

Der vorliegenden Ausgabe liegt die für den Druck vorbereitete überarbeitete russische Zweitauflage zugrunde. Darüber hinaus sind vom Autor für die deutsche Ausgabe beträchtliche Ergänzungen und teilweise Änderungen vorgenommen worden.

Übersetzer: Dr. phil. Horst Friedrich
Dr. rer. oec. Peter Hofmann
Dr. rer. oec. Sarkis Latchinian
Prof. Dr. habil. Horst Richter

Erschienen im Akademie Verlag GmbH, 108 Berlin, Leipziger Str. 3—4

Lektor: Dieter Graf
Einband u. Schutzumschlag: Rolf Kunze
Lizenznummer: 202 · 100/31/70
Herstellung: IV/2/14 VEB Werkdruck, 445 Gräfenhainichen · 3285
Bestellnummer: 5752 · ES 5 B 2
EDV-Nr. 751 6581

Inhaltsverzeichnis

ZWEITER TEIL

Engels und das „Kapital“ von Marx

KAPITEL VII

KAPITEL VIII

DRITTER TEIL

Die Ausarbeitung grundlegender Probleme der marxistischen ökonomischen Lehre durch Engels

KAPITEL IX

KAPITEL X

KAPITEL XI

Vorwort zur deutschen Ausgabe

Die vorliegende Arbeit ist der Versuch, den von Engels geleisteten Beitrag an der Herausbildung und Entwicklung der ökonomischen Theorie des Marxismus darzustellen. Die Durchsicht des wissenschaftlichen Erbes von Engels auf dem Gebiet der politischen Ökonomie erschließt einen außerordentlichen Reichtum an Ideen, eine Vielfalt von Interessen und die Tiefe des Eindringens in die Prozesse der ökonomischen Entwicklung der Menschheit.

Im Laufe von Jahrzehnten waren Leben, Kampf und Schaffen von Marx und Engels aufs engste miteinander verflochten, und die von ihnen erarbeitete Theorie stellt ein einheitliches untrennbares Ganzes dar. Dennoch kann man jene Momente aussondern, die Engels besonders unterstrichen oder speziell erforscht hat, als er die allgemeinen Ideen der Theorie des Marxismus ausarbeitete, die von den Begründern des Marxismus in gemeinsamer Arbeit und in gemeinsamem Kampf geschaffen wurden.

Engels schrieb über eine gewisse „Arbeitsteilung", die sich zwischen ihm und Marx herausgebildet hatte. Die Aufgabe von Engels war es, ihre gemeinsamen Ansichten in der periodischen Presse und besonders im Kampf gegen feindliche Auffassungen zu vertreten, während Marx einen bedeutenden Teil seiner Zeit der Arbeit an seinem Hauptwerk, dem „Kapital", widmen mußte. Dementsprechend lieferte Marx in vielen Fragen hauptsächlich die grundlegenden Ideen. Häufig wurden diese Ideen von Menschen falsch aufgefaßt, die sich für Marxisten hielten, ohne die Seele des Marxismus, seine Methode der revolutionären materialistischen Dialektik erfaßt zu haben. Engels fiel die überaus wichtige Aufgabe zu, die echten Ansichten von Marx geduldig zu erklären und gegen die Verzerrung, Vulgarisierung und direkte Verfälschung der marxistischen Theorie zu kämpfen. Dabei beschränkte sich Engels keinesfalls auf eine einfache Wiederholung der Gedanken von Marx, sondern arbeitete schöpferisch wichtige Thesen der marxistischen Theorie aus, wobei er einen weiten Kreis von Erscheinungen des ökonomischen, politischen und geistigen Lebens der Gesellschaft mit der marxistischen Methode beleuchtete und den verschiedensten Ereignissen und Prozessen der Zeit eine marxistische Einschätzung gab.

Die Werke von Engels sind neben denen von Marx und Lenin primäre Quellen der marxistisch-leninistischen politischen Ökonomie. Diese Werke stellen eine Grundlage für die schöpferische Entwicklung der ökonomischen Wissenschaft dar und dienen als Leitfaden bei der Erforschung neuer ökonomischer Erscheinungen und Prozesse. Der Beitrag von Engels an der Schaffung und Ausarbeitung der ökonomischen Lehre des Marxismus ist jedoch in der gegenwärtigen marxistischen Literatur noch ungenügend erforscht. Daraus ergibt sich die Wichtigkeit der vollen Erschließung der wahren Bedeutung der Werke von Engels, ihres Platzes im geistigen Schatz der marxistischen Theorie im Ganzen, der marxistischen politischen Ökonomie im besonderen.

Diese Aufgabe hat in der gegenwärtigen Situation des verschärften Kampfes der beiden Ideologien, der sozialistischen und der bürgerlichen, besondere Bedeutung. In diesem Kampf, der die Unversöhnlichkeit der Klassenpositionen des Proletariats und der Bourgeoisie, den Antagonismus der beiden gesellschaftlichen ökonomischen Systeme, des Sozialismus und des Kapitalismus, widerspiegelt, erreichen die antikommunistische Propaganda und die in ihrem Dienst stehende reaktionäre bürgerliche Pseudowissenschaft Herkules-Säulen der Lüge und Verleumdung in ihren Versuchen, die Anschauungen der großen Lehrer der Arbeiterklasse zu entstellen und zu verdrehen. In diesem Zusammenhang müssen vor allem drei Momente hervorgehoben werden.

Erstens: Ohne Ende werden die Versuche wiederholt, Meinungsverschiedenheiten und Widersprüche zwischen Marx und Engels zu konstruieren. Obwohl die Begründer des Marxismus selbst wiederholt Märchen solcher Art widerlegt haben, wird die Version von Meinungsverschiedenheiten zwischen ihnen von bürgerlichen „Marxologen“ immer wieder aufs neue vorgebracht. Die Widerlegung der böswilligen Erfindungen, die Aufzeigung der völligen Einheit der Position von Marx und Engels in allen prinzipiell wichtigen Fragen der Theorie und Praxis der Arbeiterbewegung, des Kampfes des Proletariats für den Sozialismus, bleibt weiterhin eine wesentliche Aufgabe der gegenwärtigen marxistisch-leninistischen Wissenschaft.

Zweitens: Die Feinde des Marxismus stellen die revolutionäre Theorie des Proletariats, die Weltanschauung des wissenschaftlichen Sozialismus als etwas Unveränderliches, Unbewegliches, ein für allemal Gegebenes und Entwicklungsunfähiges dar. In diesem Zusammenhang ist es wichtig zu zeigen, daß noch zu Lebzeiten von Marx und Engels die von ihnen geschaffene Wissenschaft, wie jede echte Wissenschaft, nicht auf der Stelle trat, sondern sich unaufhörlich entwickelte, neue Schlußfolgerungen und Thesen in sich aufnahm, die von neuen Tatsachen und von der Lebenserfahrung hervorgebracht worden waren. In dieser Hinsicht ist das theoretische Schaffen und die praktische Tätigkeit von Engels von besonderem Interesse, die einen zwölfjährigen Zeitabschnitt nach dem Tode von Marx und fast ein drittel Jahrhundert seit der Zeit umfaßte, da Marx im wesentlichen sein Hauptwerk, „Das Kapital", geschaffen hatte. Dieser Zeitraum, der überaus reich an großen Ereignissen im Leben der Arbeiterklasse und im Entwicklungsprozeß des Kapitalismus ist, wurde in den Werken von Engels wissenschaftlich beleuchtet, die eine weitere Entwicklung und Bereicherung der Grundlagen der Theorie bedeuteten, die von den Begründern des Marxismus in der vorangegangenen Zeit geschaffen worden war.

Drittens: Die Antikommunisten aller Schattierungen bemühen sich, eine künstliche Mauer zwischen dem Marxismus und dem Leninismus zu errichten. Die Fälscher, die aus verschiedensten Gründen nicht wagen, mit offenem Visier gegen den Marxismus aufzutreten, stellen den Leninismus als etwas vom Marxismus Unterschiedliches und ihm Fremdes dar. Die entschiedene Abfuhr solcher Erfindungen, ihre vollständige Entlarvung stellt eine der Hauptaufgaben der marxistisch-leninistischen Wissenschaft dar. Die Erforschung der Ansichten von Engels, die Analyse seiner Arbeiten liefern besonders viel Wertvolles zur Klärung der sehr engen und unverbrüchlichen Verbindung und Kontinuität zwischen Marx, Engels und Lenin, für die Begründung der wahren Rolle des Leninismus als des Marxismus des 20. Jahrhunderts, für den bündigen Beweis der vollständigen Einheit des Marxismus-Leninismus als der einheitlichen internationalen Lehre des revolutionären Proletariats.

Zum Schluß möchte ich meiner großen Genugtuung darüber Ausdruck geben, daß meine Arbeit in der Muttersprache von Marx und Engels, in ihrer Heimat erscheint, im ersten sozialistischen Staat in der Geschichte des deutschen Volkes, in der Deutschen Demokratischen Republik.

Einführung

Engels als Mitbegründer des Kommunismus

1. *Eine beispiellose Freundschaft*

Friedrich Engels wurde am 28. November 1820 geboren und starb am 5. August 1895. Er lebte 75 Jahre. Seine Lebensdaten fallen beinahe mit den Kalendergrenzen von drei Vierteln des 19. Jahrhunderts zusammen. Im Laufe dieses Jahrhunderts breitete sich der Kapitalismus mit unaufhaltsamer Kraft über den ganzen Erdball aus. Die Herrschaft der Bourgeoisie wurde immer vollständiger und uneingeschränkter. Aber im Gefolge der Bourgeoisie betrat die Arbeiterklasse, der die Zukunft gehört, die Arena des gesellschaftlichen Kampfes. Dieser Klasse widmete Engels sein ganzes Leben.

In der Chronik des großen Kampfes für die Befreiung der Arbeit vom Joch des Kapitals nimmt Engels' Name zu Recht einen Platz neben dem von Marx ein. Im gemeinsamen Kampf und in gemeinsamer Arbeit schufen Marx und Engels jene harmonische und geschlossene Weltanschauung, die die Theorie des wissenschaftlichen Kommunismus darstellt. Sie schmiedeten die geistige Waffe, die der Arbeiterklasse für den Kampf im Namen des edelsten Ziels, der Schaffung einer gerechten Gesellschaft, frei von den Gebrechen der Ausbeuterordnung dient.

Marx und Engels betraten die Arena der gesellschaftlichen Tätigkeit vor mehr als hundert Jahren. Zu dieser Zeit bestanden die kapitalistischen Verhältnisse schon mehr als drei Jahrhunderte vom Moment ihrer Entstehung an und eine Reihe von Jahrzehnten seit ihrer Durchsetzung in den entwickeltsten Ländern Westeuropas. Die industrielle Revolution Ende des 18., Anfang des 19. Jahrhunderts schuf in Gestalt der maschinellen Großindustrie die adäquate Basis für die kapitalistische Produktionsweise. Die bürgerlichen Revolutionen in einer Reihe von Ländern Westeuropas gaben der neuen herrschenden Klasse die politische Macht.

Aber zusammen mit der Ausbreitung des Kapitalismus zeichneten sich auch immer deutlicher seine unlösbaren Widersprüche ab. Die ersten Jahrzehnte der Herrschaft der Bourgeoisie enthüllten den wahren Inhalt der Losungen von Freiheit, Gleichheit und Brüderlichkeit, unter denen die Bourgeoisie die Volksmassen zum Sturm gegen den Feudalismus geführt hatte. Das Reich der Vernunft, des Rechts und der Gerechtigkeit, das von den Ideologen der Bourgeoisie in ihrem Frühstadium proklamiert worden war, erwies sich als Reich der schonungslosen Ausbeutung des Menschen durch den Menschen, der räuberischen Ausplünderung der menschlichen Kräfte und des Lebens, der gähnenden sozialen Kluft zwischen den Klassen.

Die Handlanger der Bourgeoisie, die sich damals noch an den Früchten ihres Sieges über die überlebten Feudalverhältnisse ergötzte, versuchten, die Widersprüche des Kapitalismus zu vertuschen und zu leugnen. Sie verkündeten die Unzerstörbarkeit der kapitalistischen Ordnung, wobei sie diese Ordnung als der Natur des Menschen selbst entsprechend erklärten. Die Begründer des Marxismus enthüllten in ihrer tiefen wissenschaftlichen Analyse den historisch vergänglichen Charakter des Kapitalismus. In ihren Werken stellte der Kapitalismus eine der Stufen auf dem historischen Entwicklungsweg der Gesellschaft dar. Diese Stufe muß mit der Zeit genauso unvermeidlich Vergangenheit werden, wie die vorangegangene Stufe des Feudalismus.

Marx und Engels machten gemeinsam große Entdeckungen, die den Sozialismus aus einer Utopie in eine Wissenschaft verwandelten; sie haben damit ihre Namen unsterblich gemacht. Sie erklärten die Entwicklungsgesetze der Gesellschaft. In der Arbeiterklasse, die fähig ist, die breitesten werktätigen Massen um sich zu scharen, entdeckten sie die Kraft, die berufen ist, die größte Umwälzung in der Geschichte durchzuführen.

Im Laufe von Jahrzehnten waren Marx und Engels die Organisatoren und Führer der Arbeiterbewegung. Im Feuer der Gefechte, in den Jahren kurzer Atempausen, auf den Wogen der revolutionären Flut und in der Situation zeitweiligen Abebbens der Revolution schmiedeten sie gemeinsam die siegreiche Waffe der Arbeiterklasse, ihre revolutionäre Theorie. Die Tochter von Marx, Eleonore, unterstrich, daß beide Freunde nicht Theoretiker waren, die abseits vom stürmischen Leben gestanden haben: „Sie waren immer Kämpfer und standen im Kampf stets auf vorderster Position, sie waren Soldaten der Revolution und Führer ihres Generalstabes."[1]

Engels charakterisierte Marx zwar als Mann der Wissenschaft, wies aber darauf hin, daß dies an ihm bei weitem nicht das Wichtigste sei, denn Marx war vor allem Revolutionär. Seine Lebensmission bestand darin, für die Beseitigung der kapitalistischen Sklaverei zu kämpfen, für die Vernichtung der Ausbeutung der Arbeiterklasse, der Marx erstmalig das Bewußtsein ihrer eigenen Lage, ihrer Interessen, der Bedingungen ihrer Befreiung gab. Und derselbe Kampf für die Befreiung der werktätigen Menschen vom System der Lohnsklaverei stellte auch die wahre Berufung von Engels dar.

Auf dem Boden des gemeinsamen Kampfes und der gemeinsamen Arbeit wurde die Freundschaft geboren, die allen Prüfungen standhielt.

„Man kann nicht an Engels denken, ohne gleichzeitig Marx zu erwähnen und umgekehrt: ihre Leben sind so eng miteinander verflochten, daß sie sozusagen ein einheitliches Leben bilden"[2], schrieb Paul Lafargue, Schüler, Anhänger und Freund beider.

Diese Freundschaft übte einen unauslöschlichen Eindruck auf alle aus, die mit Marx und Engels verkehrten. Man verglich sie mit der Freundschaft von Damon und Pythias in der griechischen Mythologie. „Das europäische Proletariat kann sagen", schrieb Lenin, „daß seine Wissen schaft von zwei Gelehrten und Kämpfern geschaffen worden ist, deren Verhältnis die rührendsten Sagen der Alten über menschliche Freundschaft in den Schatten stellt."[3]

Die Beziehung zwischen Marx und Engels stellt das Urbild jener Beziehungen dar, die Menschen unterschiedlichster Individualitäten zu einem kameradschaftlichen Kollektiv in einer Gesellschaft zusammenschweißt, die von den Fesseln des Kapitalismus mit seinem unabdingbaren Gesetz – der Mensch ist des Menschen Feind – befreit ist. Solche Beziehungen werden geboren, sie wachsen und gedeihen in der sozialistischen Gesellschaft, in der große Massen von Menschen verschiedener Neigungen und Interessen, in verschiedenen geographischen Breiten und Längen miteinander vereint sind.

[1] Erinnerungen an Marx und Engels, Sammelband, Moskau, 1956, S. 182 (aus dem Russischen)

[2] Ebenda, S. 81

[3] Lenin, W. I., Friedrich Engels, in: Werke, Bd. 2, Berlin 1961, S. 12

Engels war, wie alle wahrhaft großen Menschen, in höchstem Maße bescheiden. Er sprach äußerst zurückhaltend von seinem eigenen Beitrag zur Schaffung und Entwicklung der neuen Weltanschauung. Dabei war dieser Beitrag gewaltig. In der unzerstörbaren Festung des Marxismus gibt es nicht wenig Steine, sowohl im Fundament, als auch in den Überbauten, die von Engels sind. Aber die einzelnen Steine sind nicht vom Gebäude zu trennen. Nur in der stolzen, herrlichen Anordnung erhalten sie ihre Bestimmung, ihren Sinn. Wenn die Weltanschauung der Arbeiterklasse zu Recht Marxismus heißt, so hält die Menschheit mit gleichem Recht die beiden Freunde Marx und Engels für die Begründer des Marxismus.

„Engels hat stets – und im allgemeinen durchaus mit Recht – Marx den Vorrang gegeben“[4], schrieb Lenin. „Der Mann, der dem Sozialismus und damit der ganzen Arbeiterbewegung unserer Tage zuerst eine wissenschaftliche Grundlage gegeben hat“[5], so charakterisierte Engels seinen Freund.

Engels hegte Marx gegenüber grenzenlose Liebe und Ergebenheit. Nach dem Tode von Marx hielt Engels bis zu seinem Lebensende das Andenken an Marx hoch in Ehren. „Seine Liebe zu dem lebenden Marx und seine Ehrfurcht vor dem Andenken des Verstorbenen waren grenzenlos“, schrieb Lenin. „Dieser harte Kämpfer und strenge Denker konnte aus tiefstem Herzen lieben.“[6]

Die Feinde der Arbeiterklasse waren auf jegliche Art bemüht, die Rolle von Marx in der sozialistischen Bewegung herabzusetzen. Sie stellten Marx als einen der zahlreichen sozialistischen Schriftsteller dar und leugneten seine hervorragende Rolle in der Arbeiterbewegung. Engels trat entschieden gegen solche Deutungen auf. Er erklärte die wahre Bedeutung von Marx für den Sozialismus, für die Arbeiterklasse. „Was wir alle sind, wir sind es durch ihn; und was die heutige Bewegung ist, sie ist es durch seine theoretische und praktische Tätigkeit; ohne ihn säßen wir immer noch im Unrat der Konfusion“[7], schrieb Engels unter dem Eindruck des Todes von Marx.

[4] Ebenda, S. 12
[5] Engels, F., Karl Marx, in: Marx-Engels, Werke, (MEW) Bd. 19, Berlin 1962, S. 96
[6] Lenin, W. I., Friedrich Engels, in: Werke, Bd. 2, Berlin 1961, S. 12
[7] Engels, F., Brief an Wilhelm Liebknecht, in: MEW, Bd. 35, Berlin 1967, S. 457

In seinen Erinnerungen führt Lafargue Worte an, die ihm Engels einst sagte: „Natürlich wäre der Mechanismus der kapitalistischen Produktionsweise früher oder später verstanden und erklärt, wären ihre Entwicklungsgesetze entdeckt und geklärt worden. Das hätte jedoch viel Zeit erfordert, und die Arbeit wäre unvollständig und fragmentarisch getan worden. Nur Marx allein konnte alle ökonomischen Kategorien in ihrer dialektischen Entwicklung verfolgen, ihre Entwicklungsmomente mit den sie bedingenden Ursachen verbinden und das ganze theoretische Gebäude der ökonomischen Wissenschaft errichten, dessen einzelne Teile einander stützen und sich gegenseitig bedingen."[8]

Engels gebührt das große Verdienst, die welthistorische Bedeutung der Entdeckungen von Marx erschlossen zu haben. Er zeigte mit bewunderungswürdiger Klarheit den unvergänglichen Wert dieser Entdeckungen für die Arbeiterklasse, für ihren Kampf für den Sozialismus. Während Marx und seine Arbeiten von den herrschenden Klassen mit einem dichten Schleier des Schweigens verdeckt waren, machte Engels große Anstrengungen, um fortschrittliche Arbeiter aller Länder mit den Ideen von Marx auszurüsten. Er tat unermeßlich viel für die Verbreitung der marxistischen Lehre in allen Ländern und Kontinenten, für die Verwandlung der Ideen des wissenschaftlichen Kommunismus in eine Kraft, die die Feinde der Werktätigen in Schrecken versetzt.

„Die Geschichte, die vergangene wie die gegenwärtige, bleibt unerreichbar ohne den Schlüssel, den uns Karl Marx gegeben hat", sagte Lion Feuchtwanger 1953 im Zusammenhang mit dem 70. Todestag von Marx. Feuchtwanger drückte den Wunsch aus, daß Engels' Rede am Grabe von Marx, die rhetorisch ausgefeilteste und stärkste aller je gehaltenen Grabreden, allen in dem Maße bekannt werden müsse wie das Einmaleins.

Marx war „der bestgehaßte und bestverleumdete Mann seiner Zeit", sagte Engels in dieser Rede, „Regierungen, absolute wie republikanische, wiesen ihn aus, Bourgeois, konservative wie extrem-demokratische, logen ihm um die Wette Verlästerungen nach. Er schob das alles beiseite wie Spinnweb, achtete dessen nicht, antwortete nur, wenn äußerster Zwang da war. Und er ist gestorben, verehrt, geliebt, betrauert von Millionen revolutionärer Mitarbeiter, die von den sibirischen Bergwerken an über ganz Europa und Amerika bis Kalifornien hin

[8] Erinnerungen an Marx und Engels, a. a. O., S. 83

wohnen, und ich kann es kühn sagen: Er mochte noch manchen Gegner haben, aber kaum noch einen persönlichen Feind.

Sein Name wird durch die Jahrhunderte fortleben und so auch sein Werk!"[9]

Marx war nach Engels' Worten „der große Begründer des modernen Sozialismus"[10], „der Mann, dem die gesamte Arbeiterklasse Europas und Amerikas mehr verdankt als irgendeinem andern".[11] „Karl Marx, war, als er starb, der stets gesuchte und stets willige Ratgeber des Proletariats beider Welten".[12] Der moderne internationale Sozialismus, unterstrich Engels, ist „vor allem und fast ausschließlich durch die Leistungen von Marx zu einer Wissenschaft ausgebildet worden".[13]

In seinen Arbeiten nach dem Tode von Marx unterstrich Engels besonders eindringlich die entscheidende Rolle seines großen Freundes bei der Schaffung der neuen proletarischen Weltanschauung. In einer dieser Arbeiten hielt es Engels im Zusammenhang damit, daß zu jener Zeit schon viel von seinem Anteil an der Erarbeitung der Theorie des wissenschaftlichen Kommunismus gesprochen wurde, für nötig, „eine persönliche Erläuterung" zu machen. Diese Erläuterung ist sehr charakteristisch: in ihr ist in höchstem Grade bescheiden der Beitrag von Engels zur Theorie des Marxismus umrissen und sehr plastisch seine grenzenlose Ergebenheit dem Gedächtnis von Marx gegenüber ausgedrückt. „Daß ich vor und während meines vierzigjährigen Zusammenwirkens mit Marx sowohl an der Begründung wie namentlich an der Ausarbeitung der Theorie einen gewissen selbständigen Anteil hatte, kann ich selbst nicht leugnen", schrieb Engels. „Aber der größte Teil der leitenden Grundgedanken, besonders auf ökonomischem und geschichtlichem Gebiet, und speziell ihre schließliche scharfe Fassung, gehört Marx".[14]

[9] Engels, F., Das Begräbnis von Karl Marx, in: MEW, Bd. 19, Berlin 1962, S. 336–337

[10] Engels, F., Die Arbeiterbewegung in Amerika, in: MEW, Bd. 21, Berlin 1962, S. 343

[11] Engels, F., Vorwort zum „Manifest der Kommunistischen Partei" (deutsche Ausgabe von 1883), in: MEW, Bd. 21, Berlin 1962, S. 3

[12] Engels, F., Zur Geschichte des Bundes der Kommunisten, in: MEW, Bd. 21, Berlin 1962, S. 224

[13] Engels, F., Vorwort zur 2. deutschen Auflage der „Lage der arbeitenden Klasse", in: MEW, Bd. 22, Berlin 1963, S. 320–321

[14] Engels, F., Ludwig Feuerbach und der Ausgang der klassischen deutschen Philosophie, in: MEW, Bd. 21, Berlin 1962, Fußnote auf S. 291–292

In diesem Teil der Erläuterung verdienen zwei Momente besondere Beachtung. Erstens gibt Engels bei all seiner Bescheidenheit seine selbständige Beteiligung an der Schaffung der Theorie des Marxismus nicht nur während seiner gemeinsamen Arbeit mit Marx zu, sondern auch davor. Zweitens bemerkt er, daß sein Beitrag besonders in der Ausarbeitung dieser Theorie bestand. Weiter fährt er fort: „Was ich beigetragen, das konnte – allenfalls ein paar Spezialfächer ausgenommen – Marx auch wohl ohne mich fertigbringen. Was Marx geleistet, hätte ich nicht fertiggebracht. Marx stand höher, sah weiter, überblickte mehr und rascher als wir andern alle. Marx war ein Genie, wir andern höchstens Talente. Ohne ihn wäre die Theorie heute bei weitem nicht das, was sie ist. Sie trägt daher auch mit Recht seinen Namen."[15]

Diesen Gedanken hat Engels mehrmals wiederholt. In der Vorrede zur englischen Ausgabe des „Manifestes der Kommunistischen Partei" weist er erneut darauf hin: „Obgleich das ‚Manifest' unser beider gemeinsame Arbeit war, so halte ich mich doch für verpflichtet festzustellen, daß der Grundgedanke, der seinen Kern bildet, Marx angehört".[16]

In den letzten Jahrzehnten des 19. Jahrhunderts wuchs die Arbeiterbewegung zusehends. Voller Freude über die Erfolge des Sozialismus wandte Engels die Gedanken an seinen verstorbenen Freund. Im August/September 1889 fand in London ein Streik der Dockarbeiter statt, der eine der größten Klassenschlachten des englischen Proletariats am Ende des 19. Jahrhunderts war. Engels brachte seine Begeisterung über die Standhaftigkeit und Entschlossenheit der Arbeiter zum Ausdruck und rief aus: „Wenn nur Marx noch lebte, um das sehen zu können!"[17]

Im Vorwort zur deutschen Ausgabe des „Manifestes der Kommunistischen Partei" vom 1. Mai 1890 schreibt Engels über die Erfolge der Arbeiterbewegung, an deren Wiege die Begründer des Marxismus die große Losung verkündet hatten: „Proletarier aller Länder, vereinigt euch!" Er beschließt das Vorwort in der Gewißheit, daß das Erleben der ersten Demonstration der Kräfte der Arbeiterklasse in der Ge-

[15] Ebenda, S. 292

[16] Engels, F., Vorrede zum „Manifest der Kommunistischen Partei", in: MEW, Bd. 21, Berlin 1962, S. 357

[17] Engels, F., Der Streik der Londoner Dockarbeiter, in: MEW, Bd. 21, Berlin 1962, S. 382

schichte den herrschenden Klassen zeigen wird, daß sich die Proletarier verschiedener Länder vereinigt haben, und er schreibt: „Stände nur Marx noch neben mir, dies mit eignen Augen zu sehen!“[18]

In einem Brief an bulgarische Sozialdemokraten drückt Engels seine Freude über die Verbreitung der marxistischen Ideen in Südosteuropa aus und verknüpft sie mit dem Wunsch, „... hätte Marx dies nur noch selbst erleben können!“[19]

Am 28. November 1890 wurde Engels 70 Jahre alt. Er erhielt viele herzliche Grußschreiben, die Sozialisten aller Länder drückten ihm ihre Achtung und Liebe aus. In der Parteipresse erschienen eine Reihe von Artikeln, in denen die großen Verdienste von Engels um die sozialistische Bewegung gewürdigt wurden. In seinem Dank an alle, die dieses Jubiläum begangen hatten, hob Engels in Briefen an die Redaktionen der Parteiorgane Deutschlands, Österreichs und Ungarns erneut die Rolle von Marx hervor.

„Niemand weiß besser als ich“, schrieb er, „daß der größte Teil dieser Ehrenbezeugungen nicht mir und meinen Verdiensten geschuldet ist. Es ist mein Schicksal, daß ich den Ruhm und die Ehre einernten muß, deren Saat ein Größerer als ich, Karl Marx, ausgestreut hat. Und so kann ich nur geloben, den Rest meines Lebens im aktiven Dienst des Proletariats so zu verbringen, daß ich womöglich mich jener Ehren noch nachträglich würdig mache.“[20] In einem anderen Brief stellt er fest, „daß der weitaus größte Teil der Ehren, die Sie und so viele andere mir an jenem Tage erwiesen haben, mir nur zukommt als dem überlebenden Vertreter von Marx, und bitte um Erlaubnis, dieselben als Ehrenkränze auf sein Grab niederlegen zu dürfen.“[21]

1893 machte Engels eine Reise durch den europäischen Kontinent. Er hielt eine Schlußrede auf dem Züricher Kongreß der II. Internationale und trat auf sozialdemokratischen Versammlungen in Berlin und Wien auf. Er wurde natürlich als Lehrer und Führer der Arbeiter-

[18] Engels, F., Vorwort zur 4. deutschen Ausgabe des „Manifests der Kommunistischen Partei, in: MEW, Bd. 22, Berlin 1963, S. 59

[19] Engels, F., An die Redaktion der Zeitschrift „Sozial-Demokrat“, in: MEW, Bd. 22, Berlin 1963, S. 407

[20] Engels, F., An die Redaktion des „Berliner Volksblatts“, in: MEW, Bd. 22, Berlin 1963, S. 86

[21] Engels, F., An die Redaktionen der „Arbeiter-Wochen-Chronik“ und der „Népszava“ in Budapest, in: MEW, Bd. 22, Berlin 1963, S. 88

klasse aufgenommen, aber unvermeidlich wies er dabei auf die Verdienste von Marx hin.

Auf dem Züricher Kongreß sagte Engels, daß er den ihm bereiteten glänzenden Empfang, von dem er tief gerührt sei, nicht auf sich persönlich bezieht, sondern lediglich auf den Mitarbeiter des großen Marx. Engels bemerkte, daß in dem halben Jahrhundert, das seit Marx' und seinem Eintritt in die sozialistische Bewegung verflossen sei, der Sozialismus sich aus kleinen Sekten zu einer mächtigen Kraft entwickelt hat, die die herrschenden Klassen erzittern läßt. „Marx ist gestorben, aber wenn er jetzt noch lebte", fügte Engels hinzu, „so wäre nicht ein Mann in Europa und Amerika, der mit solchem gerechten Stolz zurückblicken könnte auf seine Lebensarbeit".[22] In Wien erklärte Engels, während er der Versammlung seinen tiefen Dank für den ihm erwiesenen herzlichen Empfang zum Ausdruck brachte: „Ich kann nur sagen, es ist leider mein Schicksal, den Ruhm meines verstorbenen Freundes einzuernten."[23] Dasselbe wiederholte er auch in Berlin: „Diesen Empfang sehe ich an als nicht mir persönlich gewidmet, sondern mir als Mitarbeiter und Mitstreiter eines Größeren, als dem Kampfgenossen von Karl Marx, und in diesem Sinne nehme ich ihn dankend entgegen."[24]

Engels läßt keine Gelegenheit vorübergehen, um die entscheidende Rolle von Marx bei der Schaffung der Theorie des wissenschaftlichen Kommunismus zu unterstreichen. So schreibt er, daß die Entdeckung der materialistischen Geschichtsauffassung, die eine Umwälzung in der historischen Wissenschaft bedeutet, „wesentlich das Werk von Marx ist"[25], und fügt hinzu: „an der ich mir nur einen sehr geringen Anteil zuschreiben kann".[26]

„Ich habe mein Leben lang das getan, wozu ich gemacht war", schrieb Engels einmal, „nämlich zweite Violine spielen, und glaube

[22] Engels, F., Schlußrede auf dem Internationalen Sozialistischen Arbeiterkongreß in Zürich, in: MEW, Bd. 22, Berlin 1963, S. 408

[23] Engels, F., Rede auf einer sozialdemokratischen Versammlung in Wien am 14. September 1893, in: MEW, Bd. 22, Berlin 1963, S. 410

[24] Engels, F., Rede auf einer sozialdemokratischen Versammlung in Berlin am 22. September 1893, in: MEW, Bd. 22, Berlin 1963, S. 412

[25] Engels, F., Zur Geschichte des Bundes der Kommunisten, in: MEW, Bd. 21, Berlin 1962, S. 212

[26] Ebenda

auch, meine Sache ganz passabel gemacht zu haben. Und ich war froh, so eine famose erste Violine zu haben wie Marx."[27]

Aber Marx starb, und im Laufe von 12 Jahren spielte Engels die erste Geige in der zu jener Zeit gewachsenen internationalen sozialistischen Bewegung. Und er spielte sie so erfolgreich, daß seine geistige Autorität und seine Führung überall dort Anerkennung fanden, wo sich der proletarische Befreiungskampf entfaltete.

Die nähere Bekanntschaft mit dem Leben und der Tätigkeit der Begründer des Marxismus läßt keinen Zweifel an der Bedeutung des Beitrages von Engels an der Theorie und Praxis des wissenschaftlichen Kommunismus. Die hervorragende Rolle von Engels an der Erarbeitung der proletarischen Weltanschauung und bei der Grundsteinlegung der Arbeiterbewegung war den Zeitgenossen klar. „Engels, der stets die Bedeutung seines unsterblichen Freundes unterstrich, hat doch selbst unendlich viel für die Schaffung und Verbreitung des wissenschaftlichen Kommunismus getan"[28], sagte zu Recht F. Lessner, ein alter Kampfgefährte der beiden.

Die Feinde des Marxismus, die Niederlage auf Niederlage im Kampf gegen die unsterbliche Theorie des wissenschaftlichen Kommunismus hinnehmen mußten, scheuten selbst die giftigste Waffe der Verfälschung und Verleumdung nicht. Solcher Art sind die wiederholten Versuche, Meinungsverschiedenheiten zwischen Marx und Engels zu erfinden. Zu dieser Erfindung griffen die Gegner des Marxismus schon Mitte des vergangenen Jahrhunderts. In einem der Briefe, die Engels unmittelbar nach dem Tode von Marx schrieb, bemerkte er: „Das Stückchen vom bösen E(ngels), der den guten M(arx) verführt hat, spielt seit 1844 unzählige Male abwechselnd mit dem andern Stückchen von Ahriman-M(arx), der den Ormuzd-E(ngels) vom Wege der Tugend abgebracht."[29]

Mit noch größerem Eifer erfanden die Feinde des Marxismus Meinungsverschiedenheiten zwischen Marx und Engels, als diese nicht mehr unter den Lebenden weilten. In einem Falle verleumdeten die Handlanger der Bourgeoisie Marx, den sie als abstrakten Gelehrten hinstellten, der auf das automatische Wirken der objektiven Gesetze

[27] Engels, F., Brief an Johann Philipp Becker, in: MEW, Bd. 36, Berlin 1967, S. 218

[28] Erinnerungen an Marx und Engels, a. a. O., S. 151

[29] Engels, F., Brief an Eduard Bernstein, in: MEW, Bd. 36, Berlin 1967, S. 15

pochte, während Engels und Lenin angeblich das Schwergewicht auf den subjektiven Faktor der Revolution legten. In anderen Fällen verfälschten die Feinde des Marxismus die Position von Engels, indem sie den unbeugsamen und unerschrockenen Revolutionär als Propheten der Evolution und der „Gesetzlichkeit um jeden Preis" stempelten.

So traten die Reformisten in der deutschen Sozialdemokratie auf, die in den Jahren des ersten Weltkrieges versuchten, ihren Verrat am Sozialismus mit der verlogenen Berufung auf Engels zu bemänteln. Zu diesem Zwecke nutzten sie seine scharfe Kritik an der Außenpolitik des russischen Zarismus aus, wobei sie wohlweislich die vernichtende Charakteristik verschwiegen, die Engels dem Sproß Bismarcks, dem Kaiserreich, gab. Dieses niederträchtige Manöver der Verräter des Sozialismus wurde von Lenin entlarvt. Die Versuche, zwischen die Anschauungen der großen Lehrer der Arbeiterklasse einen Keil zu treiben, erleiden schmählichen Bankrott, und der beste Beweis dafür ist die Tatsache, daß der Marxismus-Leninismus von Sieg zu Sieg schreitet, während die ihm feindlichen Theorien im Laufe der Geschichte schonungslos vom Schauplatz gefegt werden.

Die Erfindung von Meinungsverschiedenheiten zwischen den großen Lehrern der Arbeiterklasse gehört bis auf den heutigen Tag zu den beliebtesten Tricks der Marxgegner. In dieser Richtung bemühen sich auch die klerikalen Klopffechter der Finanzoligarchie Westdeutschlands. In einer Arbeit, die der kritischen Auseinandersetzung mit der Konzeption dieser Abart des militanten Antikommunismus gewidmet ist, wird hervorgehoben, daß diese gern zu dem Fälschertrick Zuflucht nimmt, Meinungsverschiedenheiten zwischen Marx und Engels bzw. zwischen Marx, Engels und Lenin zu konstruieren. „Danach datiere von Engels eine dogmatische Verfestigung der marxistischen Theorie, und Lenin habe davon ausgehend eine kommunistische Theorie und Praxis gelehrt und verwirklicht, die das humanistische Erbe von Marx negiere. Bei diesen unfruchtbaren Versuchen, Marx im Interesse des Monopolkapitals und vom Standpunkt persönlicher Erfindungen aus zu interpretieren, geraten die klerikalen Fälscher untereinander sehr häufig in Widersprüche ..."[30]

[30] Entfremdung und Humanität, Marx und seine klerikalen Kritiker, Berlin 1964, S. 47

2. Engels' Weg zum Kommunismus

Engels war wie Marx gebürtiger Rheinländer. In den ersten Jahrzehnten des 19. Jahrhunderts war Deutschland sowohl ökonomisch als auch politisch stark hinter England und Frankreich zurückgeblieben. Die Rückständigkeit Deutschlands resultierte aus den Besonderheiten seiner historischen Entwicklung im Laufe mehrerer Jahrhunderte. Die Entdeckung Amerikas und des Seeweges nach Indien beraubte Deutschland der Vorteile seiner ökonomischen Lage zwischen West und Ost. Die Niederschlagung des Großen Bauernkrieges, die Verheerungen des Dreißigjährigen Krieges, die politische Zersplitterung des Landes in eine Vielzahl kleiner Feudalstaaten, all das verurteilte Deutschland zu langdauernder Stagnation. Während in England und Frankreich die feudalen Fesseln abgeworfen wurden und die Macht in die Hände der Bourgeoisie überging, die mit der Entwicklung der großen Industrie gewachsen war, blieb Deutschland ein rückständiges Land, in dem die feudalen Verhältnisse erhalten blieben und ein überlebtes gesellschaftliches und politisches System herrschte.

Das Rheinland schritt jedoch im Vergleich zu den anderen Teilen des Landes weit voraus. Von 1794–1815 wurde es von den Franzosen beherrscht. Zu dieser Zeit wurden die Standesschranken der Gesellschaft beseitigt, die Privilegien des Adels abgeschafft, der Grundbesitz der Kirche in kleine Parzellen zerstückelt. Mit der Befreiung vom Feudaljoch und den Zunftbeschränkungen begann sich im Rheinland, das über reiche Bodenschätze verfügte und eine vorteilhafte geographische Lage innehatte, die kapitalistische Großindustrie zu entwickeln. Während in den anderen Teilen Deutschlands das kleine Handwerk und teilweise die Manufakturen vorherrschten, entstand hier die maschinelle Industrie, vor allem die Textil- und Metallindustrie. Der Siegeszug der Dampfmaschine hielt auch nach dem Anschluß dieses Gebietes an Preußen an, das ökonomisch rückständig und politisch reaktionär war. Mit der Entwicklung der modernen Industrie entstanden die Klassen der kapitalistischen Gesellschaft: die Bourgeoisie und das Proletariat.

Wenn die Kindheit von Marx und Engels in der Periode der Reaktion verlief, die in Europa nach dem Wiener Kongreß herrschte, so stand ihre Jugend im Zeichen des Aufschwungs der demokratischen und revolutionären Bewegung, die der kurzfristigen Herrschaft der Reaktion folgte.

Engels war 10 und Marx 12 Jahre alt, als in Frankreich die Juli-Revolution 1830 stattfand, die zur Errichtung einer recht gemäßigten bürgerlichen Monarchie führte, aber nichtsdestoweniger breiten Widerhall in vielen Ländern Europas fand, darunter auch in Deutschland, besonders aber am Rhein.

In England und Frankreich betrat nach dem Sieg der Bourgeoisie die Arbeiterklasse die Szene. In England nahm in den dreißiger und vierziger Jahren die Chartistenbewegung einen großen Aufschwung und brachte eine Welle von Streiks und Demonstrationen mit sich. 1831 erhoben sich in Lyon die Seidenweber unter der Losung „arbeitend leben oder kämpfend sterben". 1844 erhoben die Schlesischen Weber die Fahne des Aufstandes. Das Organ der Londoner City, die Zeitung „Times", warnte die englische Bourgeoisie: „Friede den Hütten, Krieg den Palästen – das ist der schreckliche Kampfruf, der noch einmal in unserem Land erklingen kann".

Engels wuchs im Industriegebiet des Rheinlandes auf, in Wuppertal, im Gegensatz zu Marx, der seine Jugend im Landwirtschaftsgebiet des Rheinlandes, an der Mosel, verbrachte. Die Geburtsstadt von Engels Barmen wurde das deutsche Manchester. Ein anderer Unterschied bestand darin, daß in Engels' Elternhaus ein religiöser und konservativer Geist herrschte, während Marx' Familie mit den Ideen der Aufklärung und des Rationalismus lebte.

In der Familie von Engels, in seinen Schulen, in seiner Umgebung herrschte der Pietismus, die strengste und fanatischste Abart des Protestantismus. Der Pietismus stellte eine eigenartige Verbindung calvinistischer und puritanistischer Traditionen dar, die in der frühen Periode des Kapitalismus der Bourgeoisie als Ideologie dienten. Der Pietismus forderte einen blinden und strengen Glauben, eine spartanische Lebensweise, Verzicht auf alle Vergnügungen, Sparsamkeit. Er lehnte entschieden die geringsten Zeichen von Freidenkertum ab, hielt die Kunst für Sünde und bewahrte erstarrte Formen des Lebens und Denkens. Als Erzketzer wurden nicht nur Katholiken, sondern auch Protestanten anderer Richtungen erklärt. Ein blinder Glaube an die Vorsehung galt als obligatorisch und jeder Buchstabe des Evangeliums als unerschütterlich und heilig.

Schon in seiner frühen Jugend mußte Engels einen schweren und hartnäckigen Kampf gegen Konservatismus und Frömmelei führen, um zu geistiger Freiheit zu gelangen. Sein Kampf entfaltete sich ursprünglich, wie der Autor einer detaillierten Untersuchung des Lebens und Schaffens der Begründer des Marxismus feststellt, nicht so wie bei Marx im Rahmen der Gesellschaft, sondern im Kreis seiner Familie.[31] Er mußte sich vor allem vom Einfluß seines Milieus befreien, um zur Opposition auf religiösem und politischem Gebiet zu gelangen.

Engels' Weg zu den revolutionären Ansichten war komplizierter und länger als der von Marx. Außer eines scharfen Verstandes und hervorragender Fähigkeiten bedurfte er gewaltiger Willenskraft und Charakterstärke, leidenschaftlicher Wahrheitssuche, um „den verdammten, schwindsüchtigen, ofenhöckerigen Pietismus"[32] wegzufegen, um vom Obskurantismus und Mystizismus, die zu Hause, in der Schule und in der Umgebung herrschten, zur fortschrittlichsten Weltanschauung zu gelangen.

Engels kam ebenso wie Marx nicht unter dem Einfluß materieller Not zum Sozialismus und zur Arbeiterklasse. So schreibt der hervorragende Erforscher der Geschichte des Sozialismus und der Arbeiterbewegung, Franz Mehring: „Ebensowenig wie bei Marx war es persönliche Not, sondern hohe Intelligenz, die ihn auf die revolutionäre Bahn trieb".[33]

Der Lebensweg der beiden Begründer des Marxismus bestätigt Lenins These, daß die Lehre des Sozialismus aus jenen philosophischen, historischen und ökonomischen Theorien erwuchs, die von den gebildeten Vertretern der vermögenden Klassen erarbeitet wurden, von der Intelligenz, zu der Marx und Engels gehörten.[34]

Schon Plechanow verspottete die unglückseligen Kritiker, welche die Marxisten als „grobe Materialisten" hinstellten, die nach der Regel wirkten: „Ziele auf die Tasche!". Die Gegner des Marxismus wiederholen bis jetzt diese dumme Fabel. Für Engels wie auch für Marx stand der Weg zu jedem beliebigen einträglichen Beruf in der bürgerlichen Gesellschaft offen, er konnte Fabrikant werden, Jurist, Schriftsteller und eine respektable Stellung einnehmen. Aber Engels zog ebenso wie

31 Siehe Cornu, A., Karl Marx und Friedrich Engels, Erster Band, Berlin 1954, S. 109–110

32 Engels, F., Brief an Friedrich Graeber. 8./9. April 1839, in: MEW; Ergänzungsband Schriften bis 1844, Zweiter Teil, Berlin 1967, S. 367

33 Mehring, F., Karl Marx, Geschichte seines Lebens, Berlin 1960 S. 95

34 Vgl. Lenin, W. I., Was tun? in: Werke, Bd. 5, Berlin 1955, S. 386

Marx den mit Kampf und Schwierigkeiten gepflasterten Weg des Kämpfers für die Sache der Arbeiterklasse dem bürgerlichen Wohlstand vor.

Engels lernte zuerst in der Realschule in Barmen und dann im Gymnasium der Nachbarstadt Elberfeld, die er das Zion der Obskuranten nannte. In der Schule herrschte derselbe Geist religiöser Intoleranz wie in der Familie. In der Schule in Barmen antwortete einer der Lehrer auf die Frage eines Schülers der 4. Klasse, wer Goethe war, „ein gottloser Mann“[35]. Ähnlich war die Lage im Elberfelder Gymnasium, mit der Ausnahme, daß dort ein Geschichtslehrer war, der in den Schülern Interesse und Liebe zu seinem Fach zu wecken vermochte.

Engels zeichnete sich schon in der Kindheit durch Wißbegier und glänzende Fähigkeiten aus. Er lauschte mit Begeisterung den Erzählungen seines Großvaters mütterlicherseits von den Helden des griechischen Epos, dann lernte er die Welt des deutschen Epos kennen, und sein Lieblingsheld wurde Siegfried. In der Schule zeichnete er sich durch sein Vermögen aus, sich schnell und tief Kenntnisse anzueignen. Die Schule gab ihm eine gründliche Vorbereitung in Physik und Mathematik, in Geschichte und Literatur. Mit Leidenschaft las er, er las viel, aber ohne System. Glänzende linguistische Fähigkeiten erlaubten ihm, schnell Latein und Griechisch zu beherrschen, ebenso Französisch. Der Junge hielt Freundschaft zu den Schulkameraden, nahm an Zirkeln teil, spielte gern mit seinen jüngeren Brüdern und Schwestern und befaßte sich mit Musik und Sport.

In der Familie beobachtete man nicht ohne Besorgnis die geistige Entwicklung des Ältesten: allzusehr stachen sein Interesse für das Leben, seine Liebe zur Lektüre, sein Streben nach Wissen ins Auge, – Züge, die nach pietistischen Vorstellungen, wenn nicht geradezu verwerflich, so doch jedenfalls nicht lobenswert waren. Der Vater war zuerst der Ansicht, daß sein ältester Sohn Rechtswissenschaft studieren solle, um sich auf den Staatsdienst vorzubereiten, dann aber beschloß er, aus ihm einen Kaufmann zu machen. Mit diesem Ziel wurde der junge Engels aus der letzten Klasse des Gymnasiums herausgenommen. Ein Jahr arbeitete er im Handelskontor der väterlichen Firma.

Der junge Engels hegte zur Kaufmannslaufbahn ebensowenig Neigung wie zu der eines Beamten. Seine Interessen lagen in einer ganz

[35] Engels, F., Briefe aus dem Wuppertal, in: MEW, Bd. 1, Berlin 1957, S. 426

anderen Sphäre. Er träumte davon, Schriftsteller zu werden, sein freiheitsliebender Geist litt immer mehr unter der konservativen und erstarrten Lebensweise, wie sie im Wuppertal herrschte.

Schon in seiner Kindheit und frühen Jugend beobachtete Engels die unmenschlich schweren Lebensbedingungen der Arbeiter. Ein unverhältnismäßig langer Arbeitstag in engen, schmutzigen Werkstätten und Fabriken, drückendes Elend und Unwissenheit, bar aller Freuden des Lebens, das war das Los der werktätigen Menschen, die alle Reichtümer der Bourgeoisie schufen. In einem seiner frühen Werke, in den „Briefen aus dem Wuppertal", die 1839 in der Zeitschrift „Telegraf für Deutschland" abgedruckt wurden, gab Engels ein anschauliches Bild vom Leben der Arbeiter.

„Das Arbeiten in den niedrigen Räumen", schrieb er, „wo die Leute mehr Kohlendampf und Staub einatmen als Sauerstoff, und das meistens schon von ihrem sechsten Jahre an, ist grade dazu gemacht, ihnen alle Kraft und Lebenslust zu rauben. Die Weber, die einzelne Stühle in ihren Häusern haben, sitzen vom Morgen bis in die Nacht gebückt dabei und lassen sich vom heißen Ofen das Rückenmark ausdörren. Was von diesen Leuten dem Mystizismus nicht in die Hände gerät, verfällt ins Branntweintrinken".[36]

Wenn in diesen Gegenden auch gesunde Menschen angetroffen werden, so sind das, wie Engels bemerkt, gewöhnlich Tischler oder andere Handwerker, die aus verschiedenen Teilen des Landes übersiedelt sind. Das Wirtschaften der Fabrikanten hat entsetzliches Elend zur Folge, die Verbreitung von Syphilis und anderer Krankheiten. Allein in Elberfeld hat fast die Hälfte der Kinder keine Möglichkeit zu lernen: die Kinder arbeiten in den Fabriken, wobei die Fabrikanten ihnen die Hälfte weniger zahlen als den erwachsenen Arbeitern. „Die reichen Fabrikanten aber haben ein weites Gewissen", fährt Engels fort, „und ein Kind mehr oder weniger verkommen zu lassen, bringt keine Pietistenseele in die Hölle, besonders wenn sie alle Sonntage zweimal in die Kirche geht."[37]

Viele Jahre später, 1876 erinnert sich Engels, wie am Ende der zwanziger Jahre im Wuppertal billiger preußischer Schnaps auftauchte, und die Trunksucht eine wahre Geißel der werktätigen Bevölkewurde. „Scharenweise Arm in Arm, die ganze Breite der Straße ein-

[36] Ebenda, S. 417
[37] Ebenda, S. 418

nehmend", schrieb Engels, „schwankten von 9 Uhr abends an die ‚besoffenen Männer' unter disharmonischem Gejohle von Wirtshaus zu Wirtshaus und endlich nach Hause. Bei dem damaligen Bildungszustand der Arbeiter, bei der vollständigen Auswegslosigkeit ihrer Lage war das kein Wunder. Namentlich nicht im gesegneten Wuppertal, ... Und wenn, wie damals, den Wuppertaler Arbeitern keine andre Wahl blieb als die zwischen dem irdischen Schnaps der Kneipen und dem himmlischen Schnaps der pietistischen Pfaffen – was Wunder, daß sie den ersteren vorzogen, so schlecht er war".[38]

Engels sah, daß von allen Fabrikanten die frömmelnden Pietisten am schlechtesten mit ihren Arbeitern umgingen: sie schmälerten auf jede Weise den Arbeitslohn, um die Arbeiter angeblich vor der Trunksucht zu bewahren. Dabei betranken sich die Leute tatsächlich aus Kummer, wegen des freudlosen Lebens und der Not der Unwissenheit. Das Wuppertal nannte Engels Muckertal. Er prangerte die Frömmelei der Fabrikanten an und sah die Wurzel des Übels in ihrem Eigennutz und ihrer Geldgier, in ihrer Mißachtung gegenüber jeglicher vernünftiger Leitung der Industriebetriebe.

Nach einjähriger Arbeit im väterlichen Kontor wird der junge Engels 1838 nach Bremen zur Absolvierung eines Praktikums in einer größeren Firma geschickt die einem Freunde seines Vaters gehörte. Engels verließ Barmen gern. Die zu jener Zeit große Hafenstadt Bremen, in der Engels fast drei Jahre verbrachte, gewährte ihm für seine Entwicklung bei weitem mehr Freiheit. Die Arbeit im Kontor läßt ihm genug Zeit zur Lektüre, zum Besuch eines Klubs, zu sportlicher Betätigung. Er reitet und betreibt Fechtsport.

Nach Bremen kommen Zeitungen aus verschiedenen Ländern, und Engels eignet sich schnell viele europäische Sprachen an. Einen Brief an einen Schulfreund in Barmen beginnt er in griechischer Sprache, fährt lateinisch fort, geht dann ins Englische über, weiterhin ins Italienische, Spanische, Portugiesische, Französische und Holländische.[39]

Dabei legt er in Versen, die in Hexametern geschrieben sind und „exprompto", die relativen Vorzüge der verschiedenen Sprachen dar, wobei er jedoch der Muttersprache den Vorzug gibt. Engels verschlingt

[38] Engels, F., Preußischer Schnaps im deutschen Reichstag, in: MEW, Bd. 19, Berlin 1962, S. 40

[39] Engels, F., Brief an Wilhelm Graeber, MEW, Ergänzungsbd. S. 389–393

Bücher, liest Zeitungen und Zeitschriften, wobei er besonders Interesse für Literatur, Philosophie und gesellschaftliche Probleme bezeigt. Hier beginnt auch seine literarische Tätigkeit: er schreibt Artikel, Skizzen, Rezensionen in verschiedenen Zeitschriften.

Nach Bremen kam Engels schon erfüllt von Zweifeln an der Vernünftigkeit und Gerechtigkeit der bestehenden Ordnung und der diese Ordnung sanktionierenden Religionen. Begierig begann er, Antworten auf die ihn quälenden Fragen zu suchen.

Engels' geistige Entwicklung ging in der Atmosphäre einer großen Belebung des gesellschaftlichen Lebens in Deutschland vonstatten. In den dreißiger Jahren war die deutsche Bourgeoisie so erstarkt, daß sie nach Veränderungen der bestehenden Ordnung strebte. Die herrschenden feudalen Verhältnisse schlossen die Möglichkeit einer offenen politischen Betätigung aus. Deshalb zeigte sich das Wachsen der gesellschaftlichen Bewegung vor allem auf zwei Gebieten: auf literarischem und philosophischem. Zu Beherrschern der Gedanken der Jugend wurden zwei Richtungen: die literarische Gruppe „Das Junge Deutschland", an deren Wiege Börne und Heine standen, und die Junghegelianer. In diesen Gruppen wurden fortschrittliche politische Tendenzen geboren und entwickelt. Sie traten in literarischem und philosophischem Gewande auf.

In der ersten Zeit sympathisierte Engels mit dem „Jungen Deutschland", da er in ihm die Verkörperung seiner demokratischen Vorstellungen sah. „Was hatten wir vor 1830?", fragt er in einem Brief an einen Schulfreund vom 8.–9. April 1839, ... „Da tritt die Julirevolution, seit dem Befreiungskriege die schönste Äußerung des Volkswillens, wie ein Donnerschlag herein."[40] Mit Begeisterung liest er nicht nur Börne, Heine, Freiligrath, sondern auch Gutzkow und andere Schriftsteller des „Jungen Deutschlands". „... Also ich muß ein Junger Deutscher werden, oder vielmehr ich bin es schon mit Leib und Seele. Ich kann des Nachts nicht schlafen vor lauter Ideen des Jahrhunderts; wenn ich an der Post stehe und auf das preußische Wappen blicke, packt mich der Geist der Freiheit; jedesmal wenn ich in ein Journal sehe, spüre ich nach Fortschritten der Freiheit. .."[41]

Das „Junge Deutschland" aber war eine überaus amorphe Gesellschaft, an der Literaten mit unterschiedlichsten Ansichten beteiligt

[40] Ebenda, S. 365
[41] Ebenda, S. 367

waren. Da sie unter liberalen, mitunter auch radikalen Losungen auftraten, zogen sie die Jugend durch die Predigt eines grenzenlosen Subjektivismus, der Befreiung des Menschen von jeglichen Fesseln, durch anarchistische Ideen an.

Seine ersten literarischen Werke veröffentlichte Engels (unter dem Pseudonym Friedrich Oswald, aus Furcht, in ein „höllisches Kreuzverhör" wegen der konservativen Ansichten seiner Verwandtschaft zu geraten) in der Hamburger Zeitschrift „Telegraf für Deutschland". Schon in seinen ersten Artikeln trat Engels von klaren demokratischen Positionen her auf und unterzog die Feudalordnung, die Privilegien des Adels, die Rechtlosigkeit und das Elend der Volksmassen, die religiöse Frömmelei einer scharfen Kritik.

Bald überzeugt sich Engels von den schwachen Seiten des „Jungen Deutschlands", der Rhetorik und Passivität seiner Vertreter. Seine Sympathien gegenüber dieser Richtung kühlen sich ab. Engels erforscht gründlich die deutsche klassische Philosophie, besonders Hegel. Er liest, geplagt von religiösen Zweifeln, die Arbeiten der Junghegelianer.

Gewaltigen Eindruck macht auf ihn das Buch des Junghegelianers Strauß „Das Leben Jesu". Die wissenschaftliche Kritik an der Religion, die Untersuchung der Herkunft der Mythen, die das Evangelium bilden, öffnen dem jungen Engels die Augen über die wahre Rolle der Religion. Mit nicht geringer Mühe befreit er sich von den religiösen Hirngespinsten und geht zum Atheismus über. „Die Befreiung aus diesen Banden", schrieb Mehring, „war der Anfang des großen Befreiungskampfes, der sein ruhmreiches Leben füllt."[42]

Später erklärte Engels in seiner Arbeit über Feuerbach, welche Bedeutung zu jener Zeit der Kampf auf dem Gebiet der Philosophie hatte. Die Lehre Hegels' ließ breiten Raum für verschiedenste Ansichten über das gesellschaftliche Leben, in dem Religion und Politik praktische Bedeutung hatten. „Wer das Hauptgewicht auf das System Hegels legte, konnte auf beiden Gebieten ziemlich konservativ sein; wer in der dialektischen Methode die Hauptsache sah, konnte religiös wie politisch zur äußersten Opposition gehören."[43]

Die Spaltung in der Hegelschen Schule wurde schon am Ende der dreißiger Jahre vollends offenbar. Der linke Flügel, die Junghegelianer,

[42] Mehring, F., Karl Marx, Geschichte seines Lebens, Berlin 1960, S. 97

[43] Engels, F., Ludwig Feuerbach und der Ausgang der klassischen deutschen Philosophie, in: MEW, Bd. 21, Berlin 1962, S. 270–271

befreite sich im Kampf gegen die reaktionären Anhänger Hegels allmählich von dem philosophisch verächtlichen Verhältnis zu den brennenden Gegenwartsproblemen. Als sich die Reaktion nach der Thronbesteigung Friedrich Wilhelms IV. verstärkte, mußten die Teilnehmer der philosophischen Streitgespräche offen die eine oder die andere parteipolitische Position beziehen. „Der Kampf wurde noch mit philosophischen Waffen geführt, aber nicht mehr um abstrakt-philosophische Ziele; es handelte sich direkt um Vernichtung der überlieferten Religion und des bestehenden Staats."[44]

Im Herbst 1841 begibt sich Engels nach Berlin, wo er den Militärdienst als Einjährig-Freiwilliger bei der Artillerie ableistet. Das Jahr, das Engels in Berlin verbrachte, spielte in seinem Leben eine große Rolle. Er besuchte als Gasthörer Vorlesungen an der Universität, wurde mit vielen Vertretern der radikalen Jugend bekannt, trat mit philosophischen Schriften hervor, die gegen die reaktionären Strömungen gerichtet waren. Ende 1841, Anfang 1842 unterzog Engels die reaktionäre Philosophie Schellings, der um eine Versöhnung der Philosophie mit der Religion bemüht war, einer entschiedenen Kritik. Das sind innerhalb der Junghegelianischen Literatur die ersten Arbeiten, die vom Geist des kämpferischen Atheismus durchdrungen sind.

Engels erhebt entschlossen das Banner des Kampfes gegen die Reaktion und das Obskurantentum, die in der preußischen Monarchie eine Stütze fanden. Die Menschen, die die ersten philosophischen Arbeiten von Engels lasen, wähnten nicht, daß ihr Autor ein junger Student war. Diese Arbeiten zeichnen sich durch Tiefe des Gehalts und glänzende Gelehrsamkeit aus. Gewaltigen Einfluß hatte in dieser Periode Ludwig Feuerbach auf Engels. In dessen Buch „Das Wesen des Christentums" fand Engels die materialistische Kritik an der Religion.

Im Frühling 1842 begann Engels an der „Rheinischen Zeitung" mitzuarbeiten, in der nach einiger Zeit Marx Redakteur wurde. Im Herbst desselben Jahres besuchte Engels auf der Durchreise die Redaktion der Zeitung in Köln, wo seine erste Bekanntschaft mit Marx stattfand. Zu dieser Zeit hatte sich Engels schon zum konsequenten revolutionären Demokraten entwickelt, dessen Kampf der Zerschlagung der Monarchie, der Errichtung der demokratischen Republik, den demokratischen Rechten des Volkes galt.

[44] Ebenda, S. 271

Ende 1842 begibt sich der 22jährige Engels nach Manchester, dem Zentrum der englischen Textilindustrie, um als Kommis in die Großspinnerei „Ermen und Engels" einzutreten, deren Teilhaber sein Vater war. Die Übersiedlung nach England spielte eine gewaltige Rolle bei der Herausbildung der gesellschaftlich-politischen Ansichten von Engels. In England wurde er Sozialist. „Engels verbrachte hier seine Zeit nicht nur im Fabrikkontor. Er durchwanderte die schmutzigen Stadtviertel, wo die Arbeiter hausten, und sah mit eigenen Augen ihr Elend und ihre Not."[45]

Die Bilder dessen, was Engels im Wuppertal erlebt hatte, verblaßten vor dem, was sich vor Engels' Augen in Manchester auftat. Dort hatte er einen kleineren Herd eines Fabriksystems gesehen, der in die allgemeine Landschaft der patriarchalen und traditionellen Verhältnisse eingesprenkelt war. Hier hatte er die umfassende Herrschaft der Großproduktion vor sich, die ihren Siegeszug durch das ganze Land angetreten hatte. „Er fand in Manchester in noch größerem Maßstabe dasselbe Bild des Elends der Arbeiter, das er in seiner Vaterstadt von Kind auf vor Augen gehabt hatte."[46] „Hier machte er seine hohe Schule durch: inmitten der großen Industrie, welche die bürgerliche Gesellschaft zersetzt, um die Grundlagen der sozialistischen Gesellschaft zu errichten".[47]

Die einundzwanzig Monate, die Engels in Manchester verlebte, bereicherten ihn innerlich. Das Bild, das sich vor ihm auftat, veranlaßte ihn zu tiefen Schlußfolgerungen und Verallgemeinerungen, zu neuem Verständnis für die revolutionären Aufgaben.

Die industrielle Revolution schuf in England das Industrieproletariat, und seine Lebens- und Arbeitsbedingungen waren in jener frühen Periode des Kapitalismus schrecklich. Die auszehrende Arbeit in schmutzigen, engen Fabrikräumen bei einem unverhältnismäßig langen Arbeitstag wurde elend bezahlt. Die Arbeiter wohnten in Elendsvierteln, die sich überhaupt nicht zum Wohnen eigneten. Die ungepflasterten Straßen hatten keine Rinnsteine, auf ihnen gab es so viel Schmutz, daß man nur bei sehr trockenem Wetter Aussicht

[45] Lenin, W. I., Friedrich Engels, in Werke, Bd. 2, Berlin 1961, S. 8
[46] Cornu, A., Karl Marx und Friedrich Engels, Erster Band, Berlin 1954, S. 399
[47] Mehring, Franz,. Geschichte der deutschen Sozialdemokratie, Erster Teil, Berlin 1960, S. 199

hatte, durchzukommen, ohne bei jedem Schritt bis über die Knöchel zu versinken. Engels beschreibt den beklagenswerten Zustand der Arbeiterbehausungen und bemerkt, daß sich, wie schlecht auch eine Baracke sein möge, doch immer ein Armer findet, der sich keine bessere leisten kann.[48]

Das Elend der „werktätigen Armen", wie englische Ökonomen die Arbeiterklasse nannten, war so groß, daß viele im direkten Sinne des Wortes Hungers starben, noch mehr aber an seinen Folgen. Die ständige Unterernährung rief tödliche Krankheiten hervor und erhöhte die Zahl ihrer Opfer. Epidemien verursachten gewaltige Verheerungen in den Arbeitervierteln. „Die englischen Arbeiter", schrieb Engels, „nennen das sozialen Mord und klagen die ganze Gesellschaft an, daß sie fortwährend dies Verbrechen begehe. Haben sie unrecht?"[49]

Der Unternehmer konnte den Arbeiter aus jedem beliebigem Anlaß und ohne Anlaß entlassen, und dann verlor der Arbeiter selbst jene kläglichen Existenzmittel, die er hatte, als er noch arbeitete. Jede beliebige Laune des Fabrikanten, jede schlechte Handelskonjunktur konnte ihn in den schrecklichen Strudel der Arbeitslosigkeit stoßen. „Er weiß, daß er heute etwas hat und daß es nicht von ihm selbst abhängt, ob er morgen auch noch etwas hat."[50]

Engels kam nach England bald nach der Niederlage des großen Streiks, der im August 1842 unter dem Einfluß der Chartisten durchgeführt wurde. Es handelte sich um einen politischen Streik, der unter dem Banner des Kampfes für die Arbeitercharta das ganze Land erfaßt hatte. Engels machte sich mit der Chartistenbewegung bekannt und trat mit ihren bekannten Führern in Verbindung, besonders mit dem Redakteur der Zeitung „The Northern Star", dem Führer des linken revolutionären Flügels der Chartisten, Georg Julian Harney. Er traf sich mit englischen Sozialisten, Anhängern des großen Utopisten Robert Owen, die die Zeitschrift „The New Moral World" herausgaben. In diesen beiden Presseorganen wurde er Mitarbeiter.

Wie gewöhnlich liest Engels sehr viel. Er begnügt sich nicht mit persönlichen Beobachtungen, sondern studiert gründlich offizielle Materialien und Berichte über die ökonomische Lage Englands, über das

[48] Vgl. Engels, F., Die Lage der arbeitenden Klasse in England, in: MEW, Bd. 2, Berlin 1958, S. 286

[49] Ebenda, S. 258

[50] Ebenda

Leben der Arbeiterklasse, über die gesellschaftlich-politischen Verhältnisse des Landes. Gleichzeitig studiert Engels systematisch die englische politische Ökonomie und die Werke der französischen und englischen Sozialisten. In kürzester Zeit studiert er die Werke von Smith, Ricardo, Say, Malthus und anderen Ökonomen, ebenso die Werke von Saint-Simon, Fourier, Owen, Cabet, Weitling und anderen Vertretern des utopischen Sozialismus und Kommunismus.

„Auf dem glühenden Boden Englands", lesen wir in einer der besten sowjetischen Untersuchungen der Jugendjahre von Engels, „stellen die brennendsten Fragen für ihn schon nicht mehr die Religion und der Atheismus dar, sondern die soziale Revolution und der Kommunismus."[51] Engels beteiligt sich aktiv am Kampf der englischen Arbeiterklasse, besucht Meetings und Arbeiterversammlungen und stellt Verbindungen zu deutschen Arbeiteremigranten her, die in England leben.

Vierzig Jahre später erinnerte sich Engels mit großer Wärme der Menschen, mit denen das Schicksal ihn am Anfang der Arbeiterbewegung zusammengeführt hatte. Im Sommer 1843 machte er in London die Bekanntschaft dreier Vertreter des Bundes der Gerechten, einer Geheimgesellschaft der deutschen Arbeiter in England: des Schuhmachers Heinrich Bauer aus Franken, des Uhrmachers Joseph Moll aus Köln und des Studenten Karl Schapper aus Nassau. Das waren, nach Engels' Ausdruck, „drei wirkliche Männer"[52], und sie machten auf ihn einen unauslöschlichen Eindruck.

In den Arbeiterzirkeln jener Zeit herrschten noch ganz naive Vorstellungen von den Wegen und Methoden des Kampfes. Diese Vorstellungen konnten Engels nicht befriedigen, ebenso wie sie Marx nicht befriedigten. Auf Grund der Erfahrung aus der Chartistenbewegung gewann Engels die Überzeugung, daß die Arbeiter nur durch politischen und ökonomischen Massenkampf ihre Rechte erlangen können, nicht aber mit Hilfe geheimer Gesellschaften, die sektiererischen Charakter trugen.

Im Ergebnis angespannten Suchens gelangte Engels gleichzeitig mit Marx, aber unabhängig von ihm, zu Schlußfolgerungen von hervor-

[51] Serebrjakow, M. W., Friedrich Engels in der Jugend, Leningrad 1958, S. 196 (aus dem Russischen)

[52] Vgl. Engels, F., Zur Geschichte des Bundes der Kommunisten, in: MEW, Bd. 21, Berlin 1962, S. 208

ragender Bedeutung, die sich von Grund auf von den philosophischen Systemen wie auch von den ökonomischen Lehren und sozialistischen Anschauungen der Vorgänger des Marxismus unterschieden. Er kam zur materialistischen Geschichtsauffassung, die das theoretische Fundament des wissenschaftlichen Sozialismus darstellt.

„Ich war in Manchester", erinnerte sich Engels später, „mit der Nase darauf gestoßen worden, daß die ökonomischen Tatsachen, die in der bisherigen Geschichtsschreibung gar keine oder nur eine verachtete Rolle spielen, wenigstens in der modernen Welt eine entscheidende geschichtliche Macht sind; daß sie die Grundlage bilden für die Entstehung der heutigen Klassengegensätze; daß diese Klassengegensätze in den Ländern, wo sie vermögens der großen Industrien sich voll entwickelt haben, also namentlich in England, wieder die Grundlage der politischen Parteibildung, der Parteikämpfe und damit der gesamten politischen Geschichte sind."[53]

Wenn Engels schon in England vom revolutionären Demokratismus zum Kommunismus übergegangen war, so stellte das entscheidende Ereignis in seinem Leben die Begegnung mit Marx in Paris 1844 dar. Engels bemerkt, daß Marx zu jener Zeit nicht nur zu den gleichen Ansichten gelangt war, sondern sie auch in dem Sinne verallgemeinert hatte, daß man die Politik und ihre Geschichte durch die ökonomischen Verhältnisse in ihrer Entwicklung erklären muß und nicht umgekehrt. „Als ich Marx im Sommer 1844 in Paris besuchte", fährt Engels fort, „stellte sich unsere vollständige Übereinstimmung auf allen theoretischen Gebieten heraus, und von da an datiert unsere gemeinsame Arbeit. Als wir im Frühjahr 1845 in Brüssel wieder zusammenkamen, hatte Marx aus den obigen Grundlagen schon seine materialistische Geschichtstheorie in den Hauptzügen fertig herausentwickelt, und wir setzten uns nun daran, die neugewonnene Anschauungsweise nach den verschiedensten Richtungen hin im einzelnen auszuarbeiten."[54]

„Engels konnte aus vollem Herzen hassen", schrieb ein ihm nahestehender Revolutionär, „wie es Menschen eigen ist, die fähig sind, tief zu lieben."[55] Das ist eine bemerkenswert genaue Charakteristik. Der Haß gegenüber der bürgerlichen Ordnung mit all ihren Auswüchsen war bei Engels untrennbar verbunden mit tiefer Liebe zu den Menschen,

[53] Ebenda, S. 211
[54] Ebenda, S. 212
[55] Erinnerungen an Marx und Engels, a. a. O., S. 330

zu jenen menschlichen Wesen, die gnadenlos in der Mühle des Kapitalismus zermahlen wurden.

Aber festzustellen, daß Engels die kapitalistische Ordnung der Sklaverei und Vergewaltigung mit jeder Zelle seines Herzens haßte, heißt noch sehr wenig über sein Verhältnis zu dieser Ordnung zu sagen. In der ersten Hälfte des vorigen Jahrhunderts gab es nicht wenig große Geister und edle Herzen, die die ganze Niedertracht der bürgerlichen Gesellschaft erkannten und mit Ekel beobachteten, wie der Kapitalismus Menschenleben zunichte macht, menschliche Beziehungen verdirbt, die Schönheit vernichtet und die Moral untergräbt.

Diese Menschen blieben jedoch ohnmächtige Ankläger der bürgerlichen Gesellschaft, da sie die Entwicklungsgesetze der Gesellschaft, besonders aber die Entwicklungsgesetze des Kapitalismus nicht kannten. Die Aufgabe bestand nach Engels' Worten darin, dem Sozialismus „eine tatsächliche Unterlage" zu geben, der bisher „in hohlen Phrasen herumfuhr". Zur Erfüllung dieser Aufgabe war die Erforschung „der von der modernen großen Industrie geschaffnen Gesellschaftszustände"[56] notwendig.

Marx und Engels begnügten sich nicht mit der tiefbegründeten Anklage gegen die bürgerliche Gesellschaftsordnung, sondern fanden in der Arbeiterklasse jene soziale Kraft, die durch die Geschichte berufen war, das Todesurteil am Kapitalismus zu vollstrecken. Sie lehrten, nach einer bemerkenswerten Charakteristik von Lenin, die Arbeiterklasse Selbsterkenntnis und Selbstbewußtsein.[57] Marx und Engels eröffneten der Arbeiterklasse den Weg zur Beseitigung der kapitalistischen Ausbeutung und rüsteten die Werktätigen mit der genauen wissenschaftlichen Kenntnis der Methoden des Kampfes für den Sozialismus aus, der Wege zur sozialistischen Umgestaltung der Gesellschaft.

Die Begründer des Marxismus wandten die von ihnen geschaffene Methode der materialistischen Dialektik auf die Analyse der bürgerlichen Gesellschaft an und zeigten, daß nur die Arbeiterklasse dank ihrer Lage jene gesellschaftliche Kraft ist, die von der Geschichte dazu berufen ist, der Totengräber der bürgerlichen Ordnung und damit zugleich der Klassengesellschaft überhaupt zu sein. Nach dieser Schlußfolgerung gingen Marx und Engels mit großer Energie und Leiden-

[56] Engels, F., Zur Wohnungsfrage, in: MEW, Bd. 18, Berlin 1962, S. 285
[57] Vgl. Lenin, W. I., Friedrich Engels, in: Werke, Bd. 2, S. 6

schaft daran, erste Abteilungen revolutionärer Proletarier zu organisieren, zusammenzuschweißen, zu sammeln und sie auf den Kampf gegen die Macht des Kapitals vorzubereiten.

3. Das Leben eines Kämpfers und Denkers

Die Schlußfolgerungen, zu denen Marx und Engels gelangten, fanden ihre volle Bestätigung in der Revolution von 1848, die zuerst in Frankreich aufflammte und sich dann auf andere Länder des europäischen Kontinents ausbreitete.

In den Jahren, die dem revolutionären Sturm vorausgingen, arbeiteten die Begründer des Marxismus nicht nur die Hauptideen der von ihnen geschaffenen Theorie aus, sondern befaßten sich auch mit der Sammlung und Organisierung der Pioniere der Arbeiterbewegung. Aus England nach Barmen zurückgekehrt, leistete Engels eine umfassende propagandistische Tätigkeit. Im April 1844 übersiedelte er nach Brüssel, wo zu jener Zeit der aus Paris ausgewiesene Marx lebte, und beide Freunde gingen mit großer Energie an die Organisierung der revolutionären Kräfte. Sie schufen ein kommunistisches Korrespondentenkomitee, das Verbindung zu vielen Gruppen in Deutschland und in der Emigration herstellte.

Seit August 1846 weilte Engels in Paris, wo er in den Zirkeln deutscher Arbeiteremigranten den Kampf für den wissenschaftlichen Kommunismus führte. Er stellte die Verbindung zu einer Geheimgesellschaft, dem Bund der Gerechten, her. Auf dessen erstem Kongreß im Juni 1847 in London erwirkte Engels, der auch im Namen von Marx auftrat, die grundlegende Reorganisierung des Bundes, der sich von früheren sektiererischen Ansichten löste und die Bezeichnung Bund der Kommunisten annahm. Das Wesen des revolutionären Kommunismus wurde im ersten Paragraphen des neuen Statuts des Bundes folgendermaßen formuliert: „Der Zweck des Bundes ist der Sturz der Bourgeoisie, die Herrschaft des Proletariats, die Aufhebung der alten, auf Klassengegensätzen beruhenden bürgerlichen Gesellschaft und die Gründung einer neuen Gesellschaft ohne Klassen und ohne Privateigentum.“[58]

[58] Marx, K., Engels, F., Statuten des Bundes der Kommunisten, in: MEW, Bd. 4, Berlin 1959, S. 596

Während der Vorbereitung des zweiten Kongresses des Bundes legte Engels einen neuen Programmentwurf dieser Organisation unter der Bezeichnung „Grundsätze des Kommunismus“ vor. Auf dem Kongreß selbst, der im November–Dezember 1847 in London stattfand, verteidigten Marx und Engels ihre revolutionäre Theorie in erbitterten Disputen mit den Vertretern utopischer Ansichten. Der Kongreß beauftragte Marx und Engels, ein theoretisches und praktisches Programm des Bundes auszuarbeiten und es in Form eines Manifestes darzulegen. So wurde das „Manifest der Kommunistischen Partei“ geboren, das erste programmatische Dokument der proletarischen Partei in der Weltgeschichte.

Das Manifest erschien kurz vor der Märzrevolution 1848 in Deutschland. Während der Revolution entfalteten die Autoren des Manifestes eine rege Tätigkeit als Führer der in der Welt ersten Kommunistischen Partei der Arbeiterklasse, des Bundes der Kommunisten. Engels leitete zusammen mit Marx das Kampforgan der revolutionären Presse „Die Neue Rheinische Zeitung“, die vom 1. Juni 1848 bis zum 19. Mai 1849 erschien. Als die Zeitung verboten wurde, mußte Marx Deutschland verlassen, während Engels sich aktiv am bewaffneten Volksaufstand im Süden Deutschlands beteiligte. Nach der Niederlage der Aufständischen war er gezwungen, nach England zurückzukehren.

Nach der Revolution von 1848 brachen für Marx und Engels lange Jahre der Emigration an. Marx ließ sich in London nieder, um sein großartiges Lebenswerk, „Das Kapital“, zu schreiben. Engels übersiedelte nach Manchester, wo er sich gezwungen sah, sich nach eigenem Ausdruck mit dem „verfluchten Kommerz“ abzugeben, um es Marx zu ermöglichen, seine Parteiaufgabe von gigantischer Wichtigkeit auszuführen.

Die bürgerliche Ordnung gewährte Marx keine Existenzmittel, und die Arbeiterklasse war noch weit vom Marxismus entfernt und konnte dem Schöpfer des „Kapitals“ nicht die Möglichkeit sichern, ruhig an der Schaffung der revolutionären Theorie und der Begründung des wissenschaftlichen Kommunismus zu arbeiten. Engels verbannte sich selbst freiwillig für viele Jahre in das Kontor, wo er den größeren Teil des Tages verbrachte. Diese Arbeit erlaubte es ihm, Marx die materielle Unterstützung angedeihen zu lassen, ohne die die Schaffung des „Kapitals“ unmöglich gewesen wäre.

Marx schätzte die Selbstaufopferung seines treuen Freundes und Mitarbeiters hoch ein: „Ohne Dich hätte ich das Werk nie zu Ende bringen können, und ich versichre Dir, es hat mir immer wie ein Alp auf dem Gewissen gelastet, daß Du Deine famose Kraft hauptsächlich meinetwegen kommerziell vergeuden und verrosten ließest . . ."[59]

Etwa zwanzig Jahre verbrachte Engels in dem ihm verhaßten Kontor. „Niemals werde ich", so erinnert sich Eleonore, die Tochter von Marx, „seinen jubelnden Ausruf vergessen: ‚zum letzten mal!', als er morgens seine Schuhe anzog, um zum letzten Mal ins Kontor zu gehen."[60]

Sein ganzes Leben lang hegte Engels rührende Sorge um Marx. Die angespannte Arbeit am „Kapital", die gewaltigen Schwierigkeiten, die er überwinden mußte, der Verzicht auf Erholung im Laufe langer Jahre, all das untergrub die Gesundheit von Marx, er war häufig krank, wollte sich aber nicht ernsthafter Behandlung unterziehen, wofür er die Arbeit zeitweilig hätte unterbrechen müssen. Engels bemühte sich, Marx zu überreden, sich im Moment einer drohenden Verschlimmerung der Krankheit ernstlich um Heilung zu kümmern, und er schrieb ihm: „Und wo ist dann Dein Buch und Deine Familie? Du weißt, daß ich bereit bin, das Mögliche zu tun, und in diesem extremen Fall selbst mehr, als ich unter andern Umständen riskieren dürfte. Aber sei doch auch vernünftig und tu mir und Deiner Familie den einzigen Gefallen, Dich kurieren zu lassen. Was soll aus der ganzen Bewegung werden, wenn Dir etwas passierte, und so wie Du operierst, muß es dazu kommen. Wahrhaftig, ich hab' Tag und Nacht keine Ruhe, bis ich Dich über diese Geschichte hinaus habe, und jeden Tag, wo ich nichts von Dir höre, bin ich unruhig und denke, Du bist wieder schlimmer."[61]

Neben seiner gezwungenermaßen aufgenommenen Arbeit im Kontor befaßte sich Engels mit großer Leidenschaft und Energie weiter mit Parteiangelegenheiten. Äußerst aktiven Anteil nahm er an Marx' Kampf gegen „die großen Leute der Emigration", die kleinbürgerlichen Schwätzer, die während der Reaktion bis zur äußersten Grenze in den Sumpf des Abenteurertums und des Verrats abirrten. Engels schrieb eine Reihe von Arbeiten, in denen er die Kampferfahrungen der Arbeiterklasse in der Revolution 1848 verallgemeinerte, in der das Proletariat zum ersten Mal als selbständige Kraft aufgetreten war.

Die Hilfe, die Engels Marx bei der Arbeit am „Kapital" leistete, beschränkte sich natürlich nicht auf materielle Unterstützung. Im Prozeß

[59] Marx, K., Brief an Engels in Manchester, in: MEW, Bd. 31, S. 296–297
[60] Erinnerungen an Marx und Engels, a. a. O., S. 185
[61] Engels, F., Brief an Marx in London, in: MEW, Bd. 31, S. 184–185

dieser Arbeit diskutierte Marx häufig mit seinem Freund die kompliziertesten und verworrensten Fragen und bat ihn aus diesem oder jenem Anlaß um Rat. Engels las die Korrekturfahnen des „Kapitals", machte Bemerkungen, die in der überwiegenden Mehrzahl der Fälle berücksichtigt wurden. Nach dem Erscheinen des ersten Bandes des „Kapitals" machte Engels gewaltige Anstrengungen, um die Verschwörung des Schweigens zu durchbrechen, mit der die Bourgeoisie versuchte, das Hauptwerk von Marx zu töten.

1870 befreite sich Engels endlich aus der „Babylonischen Gefangenschaft" und siedelte nach London über. An der Arbeit der I. Internationale, deren Seele Marx war, nahm Engels vom Tag ihrer Bildung an führenden Anteil. Schulter an Schulter mit Marx führte er den Kampf gegen den Proudhonismus und besonders gegen den Bakunismus, der eine Reihe von Sektionen der Internationale in den letzten Jahren ihres Bestehens zersetzte.

Das literarische Erbe von Engels ist überaus vielseitig. „Marx arbeitete an der Untersuchung der komplizierten Erscheinungen der kapitalistischen Wirtschaft. Engels beleuchtete in außerordentlich flüssig geschriebenen, oft polemischen Arbeiten die allgemeinsten wissenschaftlichen Fragen und die verschiedensten Erscheinungen der Vergangenheit und Gegenwart im Geiste der materialistischen Geschichtsauffassung und der ökonomischen Theorie von Marx."[62]

Die polemischen Werke von Engels zeichnen sich durch einen überaus wichtigen Zug aus: sie sind gleichzeitig unübertroffene Musterbeispiele der weiteren Ausarbeitung und der Popularisierung des Marxismus. Seine Arbeiten zeichnen sich durch eine seltene Verknüpfung der Tiefe des Inhalts und der Klarheit der Form aus.

Engels maß, ebenso wie Marx, dem Stil gewaltige Bedeutung bei. „Marx", schrieb er in einer Bemerkung bezüglich der Anforderungen, die an eine Übersetzung des „Kapitals" ins Englische gestellt wurden, „ist einer der kraftvollsten, sich am prägnantesten und bündigsten ausdrückenden Schriftsteller unserer Zeit."[63]

Auch Engels verfügte über einen meisterhaft klaren, gepflegten und anziehenden Stil. Seine Arbeiten sind in lebendiger, verständlicher publizistischer Sprache geschrieben. Lenin wies darauf hin, daß Engels

[62] Lenin, W. I., Friedrich Engels, in: Werke, Bd. 2, S. 11

[63] Engels, F., Wie man Marx nicht übersetzen soll, in: MEW, Bd. 21, Berlin 1962, S. 230

ebenso wie Marx „zu jenen überaus seltenen Schriftstellern gehört, bei denen jeder Satz einer jeden größeren Arbeit von bewundernswerter Tiefe des Inhalts ist[64]".

Wie die großen Werke von Engels, der „Anti-Dühring", „Zur Wohnungsfrage", „Ludwig Feuerbach und der Ausgang der klassischen deutschen Philosophie", „Der Ursprung der Familie, des Privateigentums und des Staates", so nehmen auch seine dem Umfang nach kleineren Arbeiten für immer ihren Ehrenplatz im goldenen Schatz der Theorie des wissenschaftlichen Kommunismus ein. Man kann die Bedeutung der Werke von Engels für die weite Verbreitung der Ideen des Marxismus nicht hoch genug einschätzen. Marx stand, als er „Das Kapital" schrieb, vor der Aufgabe, die kompliziertesten Probleme, mit denen sich seine Vorgänger erfolglos herumgeschlagen hatten, auf neue Art zu lösen. Es unterliegt keinem Zweifel, daß die Aneignung des Inhalts des „Kapitals" einer gewissen Vorbereitung bedarf. Außerdem war es für den Sieg des Marxismus in der Arbeiterbewegung überaus notwendig, breitere Kreise des Proletariats mit seinen Ideen bekanntzumachen. Bei der Erreichung dieses Ziels spielten die Arbeiten von Engels eine außerordentliche Rolle.

Aber damit erschöpfte sich nicht die Bedeutung der Werke aus der Feder des großen Mitarbeiters von Marx. Der Marxismus stellt eine harmonische und geschlossene Weltanschauung dar, die mit irgendwelchem Aberglauben unvereinbar ist und der Ideologie der Bourgeoisie unversöhnlich feindlich gegenübersteht. Der Marxismus befreit das Proletariat vom ideologischen Einfluß der Bourgeoisie und dient der Aufklärung und Organisierung der Arbeiterklasse. Deshalb war es auch nicht verwunderlich, daß die marxistische Lehre, nach den Worten Lenins „sich jeden Schritt auf ihrem Lebensweg erst erkämpfen mußte[65]". Auf diesem Wege des Kampfes, der viele Jahrzehnte andauerte, spielten die Werke von Engels eine bedeutende Rolle.

In der Arbeiterbewegung trat eine nicht geringe Zahl falscher Propheten auf, und alle machten sie wütende Ausfälle gegen den Marxismus. In dieser Situation war es sehr wichtig, die welthistorische Bedeutung der Entdeckungen von Marx zu erklären. Diese Aufgabe löste

[64] Lenin, W. I., Der ‚linke Radikalismus', die Kinderkrankheit im Kommunismus, in: Werke, Bd. 31, Berlin 1959, S. 52

[65] Lenin, W. I., Marxismus und Revisionismus, in: Werke, Bd. 15, Berlin 1962, S. 19

Engels meisterhaft, indem er zeigte, daß die marxistische Lehre nicht eine der zahlreichen im 19. Jahrhundert entstandenen sozialistischen Theorien darstellt, sondern eine qualitativ neue Stufe in der Entwicklung der sozialistischen Ideen, die die Umwandlung des Sozialismus von der Utopie zur Wissenschaft bedeutete.

Engels deckte die ganze Wichtigkeit der großen Entdeckungen von Marx für die Arbeiterklasse und die Arbeiterbewegung auf. Lassalle in Deutschland, Proudhon und Blanqui in Frankreich, Bakunin in anderen romanischen Ländern, die kleinbürgerlichen Führer der Trade-Unions in England und ihre zahlreichen Anhänger versuchten auf jede Art, den marxistischen Ideen den Weg in die Arbeitermassen zu versperren. Engels wehrte die Schläge der Feinde systematisch ab und zeigte, während er zum Angriff auf die Gegner des Marxismus überging, überzeugend die Sinn- und Nutzlosigkeit ihrer Theorie und Praxis, den Schaden, den sie der Arbeiterbewegung zufügten.

Die Polemik von Engels war untrennbar mit dem Kampf um die Hegemonie des Marxismus in der Arbeiterbewegung einer ganzen Reihe von Ländern verbunden. Mehr noch, sie stellte eine der wichtigsten Seiten dieses Kampfes dar. Mit dem Wachstum der Arbeiterbewegung in die Breite entstand auch die Gefahr der Senkung des theoretischen Niveaus der Bewegung, und Engels unterstrich unermüdlich die Bedeutung der revolutionären Theorie für die Arbeiterklasse und ihren Kampf für den Sozialismus. Engels wies darauf hin, daß der Kampf der Arbeiterklasse sich in drei miteinander verbundenen Richtungen entwickelt, in theoretischer, politischer und praktisch-ökonomischer, und machte es den Führern der Arbeiterbewegung zur Pflicht, „sich über alle theoretischen Fragen mehr und mehr aufzuklären, sich mehr und mehr von dem Einfluß überkommener, der alten Weltanschauung angehöriger Phrasen zu befreien und stets im Auge zu behalten, daß der Sozialismus, seitdem er eine Wissenschaft geworden, auch wie eine Wissenschaft betrieben, d. h. studiert werden will".[66]

Neben der Polemik und mitunter in Verbindung mit ihr arbeitete Engels selbständig in einer Reihe von Wissenschaftsgebieten und schuf auf jedem von ihnen bedeutende Werke. Er beschäftigte sich mit der Geschichte der Bauernkriege in Deutschland und der Geschichte Irlands, mit Fragen der Außenpolitik und der Kriegskunst, mit Pro-

[66] Engels, F., Ergänzung der Vorbemerkung von 1870 zu „Der deutsche Bauernkrieg", in: MEW, Bd. 18, Berlin 1962, S. 517

blemen der Sprache und Literatur. Er nahm eine umfangreiche Untersuchung auf dem Gebiet der Naturwissenschaften vor, deren Ergebnis die „Dialektik der Natur" war.

„Man kann den Marxismus nicht verstehen und nicht in sich geschlossen darlegen", schrieb Lenin, „ohne sämtliche Werke von Engels heranzuziehen."[67]

Die Begründer des Marxismus lehrten, daß nur die sozialistische Revolution die Menschheit befreien wird. Für den einzig möglichen Weg zum Sozialismus hielten sie die Eroberung der politischen Macht durch die Arbeiterklasse, die Errichtung der Diktatur des Proletariats, die für die sozialistische Umgestaltung der Gesellschaft notwendig ist. Die Lehre von der Diktatur der Arbeiterklasse ist, wie Lenin wiederholt unterstrich, die Hauptsache im Marxismus.

Engels erinnerte daran, daß Marx und er seit dem „Manifest der Kommunistischen Partei" unzählige Male die Notwendigkeit der Diktatur des Proletariats als des Weges zur sozialistischen Gesellschaft unterstrichen haben. In seinen letzten Lebensjahren trat Engels entschieden gegen die „sozialistischen Philister" auf, die allein bei der Erwähnung der Diktatur des Proletariats von einem heiligen Schauer überrieselt wurden. Er geißelte schonungslos diese Verteidiger der „Gesetzlichkeit um jeden Preis". Er unterstrich, daß „jede wirkliche proletarische Partei, von den englischen Chartisten an, immer die Klassenpolitik, die Organisation des Proletariats als selbständige politische Partei, als erste Bedingung und die Diktatur des Proletariats als nächstes Ziel des Kampfes hingestellt hat."[68] Engels wiederholte unermüdlich, daß die tiefgreifende Revolution, der Übergang der Staatsmacht aus den Händen der Bourgeoisie in die Hände der Arbeiterklasse die wichtigste Voraussetzung der Befreiung der Arbeit von den Ketten der Ausbeutung, der Errichtung der sozialistischen Gesellschaft darstellt.

Die Diktatur des Proletariats, erklärte Engels, stellt die Diktatur einer Klasse dar, die Diktatur der gewaltigen Mehrheit des werktätigen Volkes. Er wandte sich entschieden gegen falsche Vorstellungen von der Diktatur des Proletariats als eines Ergebnisses verschwörerischer Tätigkeit. Solche Vorstellungen wurden von den Blanquisten ver-

[67] Lenin, W. I., Karl Marx, in: Werke, Bd. 21, Berlin 1960, S. 80

[68] Engels, F., Zur Wohnungsfrage, in: MEW, Bd. 18, Berlin 1962, S. 267–268

breitet, die mit pseudo-revolutionären Phrasen kokettierten. „Daraus", schrieb Engels, „daß Blanqui jede Revolution als den Handstreich einer kleinen revolutionären Minderzahl auffaßt, folgt von selbst die Notwendigkeit der Diktatur nach dem Gelingen: Der Diktatur, wohlverstanden, nicht der ganzen revolutionären Klasse, des Proletariats, sondern der kleinen Zahl derer, die den Handstreich gemacht haben und die selbst schon im voraus wieder unter der Diktatur eines oder einiger wenigen organisiert sind."[69]

Engels lehnte eine solche Auffassung von der Diktatur entschieden ab. Er hielt Blanqui für einen Revolutionär der vorigen Generation, der aussichtslos hinter den neuen Anforderungen zurückgeblieben war, die die Entwicklung der revolutionären Bewegung nach dem Auftreten der Arbeiterklasse auf dem Kampffeld gestellt hatte.

Engels betrachtete die politische Herrschaft der Arbeiterklasse als unabweisbare Bedingung der sozialistischen Umgestaltung der Gesellschaft. Gleichzeitig sah er voraus, daß die Formen dieser Herrschaft und der Weg zu ihr verschieden sein können, in Abhängigkeit von der konkreten historischen Situation. Die Arbeiterklasse ist daran interessiert, daß der Übergang der Macht in ihre Hände mit dem geringsten Aufwand vonstatten geht, von der Bourgeoisie aber, von ihrem Widerstand hängt der friedliche oder nicht friedliche, gewaltsame Charakter dieses Übergangs ab.

Zusammen mit Marx entlarvte Engels opportunistische Einflüsse und Strömungen, die bald hier, bald dort hervortraten. Der Opportunismus trat in verschiedenen Formen auf. Da versuchte dieser oder jener in Frankreich, die reaktionär-utopischen Anschauungen Proudhons zu galvanisieren. In Deutschland schufen sich die Mitläufer aus den Reihen der halbgebildeten Studenten in Dühring einen Götzen. Die Opportunisten richteten ihre Angriffe gegen den Klassencharakter der sozialistischen Bewegung. Ihr Rezept war: statt Klassenkampf Klassenversöhnung, Eintracht mit der Bourgeoisie; statt sozialistischer Revolution friedliche Reform des Kapitalismus.

Einen gewaltigen Dienst erwiesen dem offenen Reformismus die Opportunisten, die sich als revolutionär gebärdeten, die Helden der „linken Phrase". Sie wandten sich gegen jeden Staat, dabei auch gegen den proletarischen; sie traten gegen die Anwendung aller Formen des Klassenkampfes durch die Arbeiterklasse auf, wobei sie die Arbeit zur

[69] Engels, F., Flüchtlingsliteratur, in: MEW, Bd. 18, Berlin 1962, S. 529

Organisierung der Massen durch klingende pseudo-revolutionäre Phrasen ersetzten. Engels kämpfte unermüdlich gegen den offenen Reformismus und seine linken Helfershelfer. Die Erfahrungen dieses Kampfes haben ihre Aktualität bis in unsere Tage behalten.

Engels erteilte den Opportunisten von rechts und links, die Anspruch auf die führende Rolle in der Arbeiterbewegung erhoben, eine entschiedene Abfuhr und entlarvte sie schonungslos. Als 1879 die drei Opportunisten Bernstein, Höchberg und Schramm versuchten, das in Zürich erscheinende Parteiorgan, die Zeitung „Sozialdemokrat" in das Sprachrohr einer kleinbürgerlichen reformistischen Politik zu verwandeln, forderten Marx und Engels von der Parteiführung die Verurteilung ihrer Handlungen und den vollständigen Bruch mit ihnen. In ihrem gemeinsamen Zirkularbrief an die Führer der deutschen Sozialdemokratie gaben sie über die opportunistische Gruppe ein vernichtendes Urteil ab. Sie erinnerten daran, daß sie seit 40 Jahren den Klassenkampf als nächste treibende Macht der Geschichte und speziell den Klassenkampf zwischen Bourgeoisie und Proletariat als den großen Hebel der sozialen Umwälzung in der Epoche des Kapitalismus hervorgehoben hatten. Sie erinnerten daran, daß sie schon bei Gründung der I. Internationale ausdrücklich den Schlachtruf formuliert hatten: die Befreiung der Arbeiterklasse muß das Werk der Arbeiterklasse selbst sein. „Wir können also nicht", schrieben Marx und Engels, „zusammengehen mit Leuten, die es offen aussprechen, daß die Arbeiter zu ungebildet sind, sich selbst zu befreien, und erst von oben herab befreit werden müssen, durch philanthropische Groß- und Kleinbürger."[70]

Ebenso entschieden verurteilte Engels die Opportunisten, die sich hinter der „linken" Phrase versteckten, die sektiererischen Dogmatiker, die versuchten, den Marxismus wegen seiner angeblichen Gemäßigtheit zu kritisieren. Als eine Gruppe solcher unreifer Doktrinäre, die in der deutschen Partei wirkten, 1890 versuchte, sich auf Engels zu berufen, indem sie ihn als ihren Gesinnungsgenossen darstellte, erhielt sie von ihm die schonungsloseste Abfuhr. Engels nannte ihre Intrigen und Versuche „Literaten- und Studentenrevolten", verurteilte ihre grenzenlose Unverschämtheit und gab eine vernichtende Charakteristik jenes bis zur Unkenntlichkeit verzerrten „Marxismus", den diese Leute zu predigen versucht hatten. Er hob folgende Züge ihrer

[70] Marx, K., Engels, F., Zirkularbrief an Bebel, Liebknecht, Bracke u. a., in: MEW, Bd. 19, Berlin 1962, S. 165

theoretischen Ansichten hervor. Sie zeichneten sich erstens „durch starkes Mißverständnis der Anschauungsweise aus, die man zu vertreten behauptete, andererseits durch grobe Unbekanntschaft mit den jedesmal entscheidenden historischen Tatsachen, drittens durch das den deutschen Literaten so vorteilhaft auszeichnende Bewußtsein der eigenen unermeßlichen Überlegenheit ... Praktisch fand ich darin", fährt Engels fort, „ein rücksichtsloses Hinwegsetzen über alle tatsächlichen Bedingungen des Parteikampfs, ein todesverachtendes ‚Nehmen von Hindernissen' in der Phantasie, das zwar dem ungeknickten Jugendmut der Verfasser alle Ehre macht, das aber bei seiner Übersetzung aus der Vorstellung in die Wirklichkeit imstande wäre, auch die stärkste, nach Millionen zählende Partei zu begraben unter dem selbst verdienten Gelächter der ganzen feindlichen Welt."[71]

In seiner Entgegnung auf die programmatische Äußerung einer Gruppe von 33 Emigranten der Pariser Kommune, Blanquisten, die ähnlich den Bakunisten als Vertreter der am allerweitesten gehenden, extremsten Richtung auftraten, erläuterte Engels den prinzipiellen Unterschied zwischen wissenschaftlichem Kommunismus und dem utopischen Herangehen an die Sache, das für die Revolutionäre der Phrase charakteristisch ist.

„Die deutschen Kommunisten sind Kommunisten", schrieb Engels, „weil sie durch alle Zwischenstationen und Kompromisse, die nicht von ihnen, sondern von der geschichtlichen Entwicklung geschaffen werden, das Endziel klar hindurchsehen: die Abschaffung der Klassen, die Errichtung einer Gesellschaft, worin kein Privateigentum an der Erde und an den Produktionsmitteln mehr existiert. Die Dreiunddreißig sind Kommunisten, weil sie sich einbilden, sobald sie nur den guten Willen haben, die Zwischenstationen und Kompromisse zu überspringen, sei die Sache abgemacht, und wenn es, wie ja feststeht, dieser Tage ‚losgeht' und sie nur ans Ruder kommen, so sei übermorgen ‚der Kommunismus eingeführt'. Wenn das nicht sofort möglich, sind sie also auch keine Kommunisten. Kindliche Naivität, die Ungeduld als einen theoretisch überzeugenden Grund anzuführen."[72]

Engels setzte unermüdlich das Werk von Marx fort. An der Wiege der II. Internationale führte er im Verlaufe der ersten fünf Jahre ihres

[71] Engels, F., Antwort an die Redaktion der „Sächsischen Arbeiter-Zeitung", in: MEW, Bd. 22, Berlin 1963, S. 69

[72] Engels, F., Flüchtlingsliteratur, in: MEW, Bd. 18, Berlin 1962, S. 533

Bestehens einen unversöhnlichen Kampf gegen den Opportunismus, der die II. Internationale zu Beginn des ersten Weltkrieges zum schmählichen Zusammenbruch führte. Scharfsichtig erkannte Engels das Geschwür des Reformismus, das den Körper der deutschen Sozialdemokratie zerfraß, er geißelte die Opportunisten, die vor dem preußischen Junkertum und den bürgerlichen Parvenus katzbuckelten. Mit jugendlicher Leidenschaft und der weisen Erfahrung des unbeugsamen Revolutionärs kritisierte er die Fehler der Führung der deutschen Sozialdemokratie im Verhältnis zu den Reformisten: die Halbheit, das Versöhnlertum, das kurzsichtige Unverständnis dafür, daß der Opportunismus innerhalb der Partei ihr gefährlichster Feind ist. „Ich und Du, wir Alten sind die einzigen Jungen in unserer Partei", schrieb er in jener Zeit an Bebel, der Engels besser als viele andere verstand und sich bemühte, seine Ratschläge zu befolgen.

Im Laufe vieler Jahrzehnte beobachtete Engels aufmerksam den Prozeß der „Verbürgerlichung" der Oberschicht der Arbeiter, die vom Kapitalismus auf Kosten kolonialer Surplusprofite gekauft wurde. Diese Erscheinung war damals in England zu beobachten, das über das Industriemonopol und die Monopolstellung bei der Ausbeutung von Kolonialvölkern verfügte.

In seinen letzten Lebensjahren, zu Beginn des Wirkens der II. Internationale, warnte Engels die sozialistische Bewegung vor der verhängnisvollen Rolle der „Arbeiteraristokratie" und der „sogenannten Arbeitervertreter", worunter in England die Leute gemeint waren, „denen man ihre Arbeiterqualität verzeiht, weil sie selbst sie gern im Ozean ihres Liberalismus ertränken möchten".[73]

Schonungslos riß Engels die Heiligenscheine von allen Institutionen der bürgerlichen Gesellschaft, die der Ausbeutung des Menschen durch den Menschen dienten. Er zeigte mit ausgesprochener Deutlichkeit das wahre Gesicht der bürgerlichen Demokratie als eine der Formen der Allmacht des Kapitals, entlarvte unermüdlich jene Mythen, mit deren Hilfe die Bourgeoisie ihre Ausbeutung bemäntelte, die auf sozialer Unterdrückung beruhte.

Die Beseitigung der ökonomischen Abhängigkeit der Werktätigen hielt Engels für den Schlüssel zur vollen Beseitigung der nationalen Ungleichheit und Sklaverei. Als lebendige Verkörperung des prole-

[73] Engels, F., Vorwort zur 2. deutschen Auflage der „Lage der arbeitenden Klasse in England", in: MEW, Bd. 22, Berlin 1963, S. 330

tarischen Internationalismus haßte Engels die nationale Unterdrückung ebenso wie die Klassenausbeutung; er betrachtete das eine und das andere als zwei Seiten einer Medaille. Von ihm stammen die bedeutsamen Worte über die zwei Nationen innerhalb jeder kapitalistischen Nation, der Ausgebeuteten und der Ausbeuter. Engels war wie Marx der Ansicht, daß ein Volk nicht frei sein kann, solange es ein anderes unterdrückt. Er geißelte leidenschaftlich die dumpfe nationale Beschränktheit der großen und kleinen Krämer, die verlogenen nationalistischen und rassistischen Hirngespinste, die Theorien der Überlegenheit einer Nation über die andere, die bis zum heutigen Tage als Deckmantel zur Unterdrückung anderer Völker dienen.

Im literarischen Nachlaß der Begründer des Marxismus nehmen ihre Briefe einen besonderen Platz ein. In unserem Jahrhundert des Telefons und der Telegraphie, des Radios und des Fernsehens ist es nicht leicht, sich vorzustellen, welche Rolle der Briefwechsel noch im vorigen Jahrhundert gespielt hat. Als Marx und Engels in verschiedenen Städten lebten, und das war bis 1870 der Fall, korrespondierten sie fast täglich miteinander. Einige Zeilen nur galten den alltäglichen Dingen, dann folgte eine gründliche Behandlung hochwichtiger wissenschaftlicher Probleme, grundlegender theoretischer und praktischer Fragen der Arbeiterbewegung; das ist der Inhalt der Mehrzahl dieser Briefe.

Lenin versah seinen Artikel über den Briefwechsel zwischen Marx und Engels mit dem Untertitel: „Engels als einer der Begründer des Kommunismus." „Der überaus reiche theoretische Gehalt des Marxismus entfaltet sich hier höchst anschaulich", schrieb Lenin, „denn Marx und Engels kommen in den Briefen wiederholt auf die verschiedensten Seiten ihrer Lehre zurück, indem sie – manchmal gemeinsam beratend und einander überzeugend – das (früheren Ansichten gegenüber) Neueste, das Wichtigste und Schwierigste hervorheben und erläutern."[74]

Eleonore Marx-Eveling schrieb, daß eine ihrer ersten Kindheitserinnerungen die fast tägliche Ankunft von Briefen von Engels gewesen sei. Sie erinnert sich daran, wie Marx häufig mit den Briefen Zwiesprache gehalten hat, als ob ihr Schreiber anwesend sei: „Aber nein, die Sache verhält sich doch nicht ganz so . . ."; „Darin hast Du Recht! usw. usf."[75]

[74] Lenin, W. I., Der Briefwechsel zwischen Marx und Engels, in: Werke, Bd. 19, Berlin 1962, S. 549

[75] Erinnerungen an Marx und Engels, a. a. O. S. 185

Im Briefwechsel widerspiegelt sich der Kampf um das Hauptwerk von Marx. Vor dem Leser zieht die Verschwörung des Schweigens vorüber, mit der die Bourgeoisie und ihre gelehrten Lakeien die Forschung von Marx zu töten beabsichtigten, dann die boshaften Ausfälle der Verteidiger des Geldbeutels, die unwürdigen Intrigen und verleumderischen Erfindungen, derer sie sich bedienten, da sie keinerlei Argumente zum Wesen der Sache hatten, und als Antwort die vernichtenden Schläge von Marx und Engels, die die Feinde in Wut und Raserei versetzten.

Die inhaltsreichen Briefe von Engels waren in leichter, geistreicher Form geschrieben. Eleonore erinnert sich, wie ihr Vater beim Lesen der Briefe seines Freundes manchmal bis zu Tränen lachte.

Engels' Korrespondenz wurde nach dem Tode von Marx noch umfangreicher, ihm oblag ein gewaltiger internationaler Briefwechsel. Die sozialistischen Führer vieler Länder wandten sich an ihn mit verschiedensten Fragen theoretischen und politischen Charakters. Geduldig und gründlich antwortete er allen.

Lenin stellte fest, daß sich nach dem Tode von Marx in gleichem Maße Sozialisten der Länder mit einer entwickelten Arbeiterbewegung an Engels um Rat wandten, wie auch Vertreter jener Länder, wo die Sozialisten noch ihre ersten Schritte überdenken und abwägen mußten. Er schrieb, daß „sie alle aus der reichen Schatzkammer der Kenntnisse und Erfahrungen des alten Engels schöpften“[76]. An die Briefe von Engels in dieser Zeit zurückdenkend, schrieb Wilhelm Liebknecht später: „Häufig waren sie wissenschaftliche Artikel, polit-ökonomische Anleitung zum Handeln.“[77]

In diesen Jahren lag auf Engels' Schultern eine wahrhaft titanische Arbeit. Wem, wenn nicht Engels, konnte Marx die Vorbereitung und die Herausgabe der letzten Bände des „Kapitals“ anvertrauen, die er wegen Krankheit nicht zu beenden vermochte? Aus einer ganzen Reihe Handschriften und Varianten stellte Engels den Text des zweiten Bandes zusammen, der 1884 herausgegeben wurde. Er bereitete die dritte und vierte Auflage des ersten Bandes des „Kapitals“ vor, brachte sie heraus und achtete auf seine Übersetzungen in fremde Sprachen. Besonders große Arbeit wandte Engels auf die Vorbereitung des dritten Bandes, der erst 1895, einige Monate vor seinem Tode, erschien. Gleich-

[76] Lenin, W. I., Friedrich Engels, in: Werke, Bd. 2, Berlin 1961, S. 13
[77] Erinnerungen an Marx und Engels a. a. O., S. 145

zeitig besorgte Engels Neuauflagen einer Reihe Marxscher Arbeiten und seiner eigenen, versah sie mit neuen Vorworten, organisierte Übersetzungen einer Reihe von Werken in Fremdsprachen und kontrollierte sie.

Nach Beendigung der Arbeit am dritten Band des „Kapitals" machte sich Engels Ende 1894 unverzüglich an die Vorbereitung des vierten Bandes, der „Theorien über den Mehrwert". Die Tochter von Marx, Laura Lafargue, der er seine Pläne mitteilte, riet ihm, in der Arbeit eine kleine Pause zu machen. Engels' Antwortbrief vermittelt eine Vorstellung davon, wie er lebte und arbeitete bis zu seinen letzten Tagen.

In seinen Mitteilungen darüber, wie „es steht", schrieb Engels, daß er „die Bewegung in fünf großen und einer Reihe kleiner Länder Europas und in den USA verfolgen muß"[78]. Zu diesem Zwecke erhielt er 7 Tageszeitungen: drei deutsche, zwei englische, eine italienische und eine österreichische. Ihm wurden mehr als ein Dutzend Wochenzeitungen geschickt: zwei aus Deutschland, sieben aus Österreich, eine aus Frankreich, drei aus Amerika, zwei italienische und je eine in polnischer, bulgarischer, spanischer und tschechischer Sprache, wovon er sich drei dieser Sprachen erst allmählich anzueignen begann – im Alter von 74 Jahren. „Daneben", fährt Engels fort, „gibt es Besuche der verschiedensten Leute ... und eine immer größer werdende Menge von Korrespondenten – mehr als zur Zeit der Internationale! –; viele von ihnen erwarten lange Erklärungen und alle rauben Zeit."[79]

In dieser Situation gehörte die Ausführung einer ganzen Reihe literarischer Arbeiten zu den Plänen von Engels. Wie aus dem Brief hervorgeht, hatte er die Veröffentlichung von Lassalles Briefen an Marx vor mit den notwendigen Anmerkungen, Hinweisen auf historische Fakten und ein „diplomatisch geschriebenes Vorwort". Weiter schrieb er, gab es „den Stapel eigener Rückstände", vor allem die völlige Umarbeitung des „Bauernkrieges", der „ein beträchtliches Studium erfordert". Dann wollte er „zumindest die Hauptkapitel aus Marx' politischem Leben schreiben", die den Zeitraum von 1842–1852 sowie der I. Internationale umfaßt. Außerdem erwartete man von Engels, wie er schrieb, eine Neuausgabe von Marx' und seinen frühen kleinen

[78] Engels, F., Brief an Laura Lafargue, in: MEW, Bd. 39, Berlin 1968, S. 346

[79] Ebenda, S. 346

Schriften und schließlich den 4. Band des „Kapitals". Engels stellte fest, daß das Manuskript dieses Bandes „in sehr unfertigem" Zustand vorlag, und schrieb, daß er selbst sich nicht an die Entzifferung machen und das Ganze diktieren könne, wie er es mit dem 2. und 3. Band getan hatte. Er hatte die Absicht, für die vorbereitende Arbeit jüngere Mitarbeiter heranzuziehen. Weiter resümierte Engels:

„Das ist meine Lage: 74 Jahre, die ich zu spüren beginne, und Arbeit genug für zwei 40jährige. Ja, wenn ich mich in den F. E. von 40 und den F. E. von 34 teilen könnte, was zusammen genau 74 ergeben würde, dann kämen wir bald klar. Aber so wie es ist, kann ich nur an dem weiterarbeiten, was vor mir liegt, und es soweit und so gut ich kann fertig machen."[80]

Diesen Brief schrieb Engels einige Monate vor seinem Tode.

Ebenso wie Marx beobachtete Engels mit großer Aufmerksamkeit das Anwachsen der revolutionären Bewegung in Rußland, der er sehr große Bedeutung beimaß. Beide kannten die russische Sprache, lasen russische Bücher, nicht nur ökonomische und historische Untersuchungen, sondern auch Belletristik und Publizistik. Sie interessierten sich lebhaft für Rußland und unterhielten Kontakte mit russischen Revolutionären, denen gegenüber sie sich sehr achtungsvoll und mitfühlend verhielten. In vielen Fällen halfen sie russischen Revolutionären. „Die russischen Revolutionäre haben in ihm ihren besten Freund verloren"[81], schrieb Lenin unter dem unmittelbaren Eindruck des Verlusts von Engels.

Das lebhafte Interesse von Engels für Rußland wurde nicht nur durch das großartige Heldentum der russischen Revolutionäre und ihre selbstlosen Heldentaten im ungleichen Kampf gegen die zaristische Selbstherrschaft hervorgerufen. Engels war der Meinung, daß die Befreiung Rußlands von der Unterdrückung durch das durch und durch verfaulte Regime gewaltige Bedeutung für die Zukunft ganz Europas haben würde. Die Selbstherrschaft in Rußland war das Bollwerk der ganzen europäischen Reaktion, und ihr Sturz würde einen großen Sieg der revolutionären Bewegung in ganz Europa bedeuten. Engels äußerte wiederholt den Gedanken, daß Rußland Herd und Vortrupp der künftigen Revolution sein werde, die dazu berufen ist, die alte Welt ins Wanken zu bringen. Erschütternde Unwissenheit zeigen die modernen

[80] Ebenda, S. 348
[81] Lenin, W. I., Friedrich Engels, in Werke, Bd. 2, S. 14

„Opponenten" des Marxismus, die behaupten, daß die Begründer des Marxismus am wenigsten den Sieg ihrer Lehre und der Revolution in Rußland erwartet hätten.[82]

Engels unterhielt engen Kontakt zur Gruppe „Befreiung der Arbeit", korrespondierte mit ihren Mitgliedern, half ihnen mit Ratschlägen. Er beobachtete aufmerksam die Tätigkeit der Gruppe bei der Propagierung des Marxismus und maß der Herausgabe und Verbreitung der marxistischen Literatur in Rußland große Bedeutung bei. Die ersten russischen Marxisten fühlten stets die gewaltige Unterstützung von Engels und schätzten sie sehr.

Im Artikel „Die Arbeiterbewegung in Deutschland, Frankreich, den USA und Rußland", der Anfang 1878 in der italienischen Arbeiterzeitung „La Plebe" veröffentlicht wurde, charakterisierte Engels Rußland als ein Land, „das in naher Zukunft die bedeutendste Rolle spielen wird."[83] „Ist einmal Rußland zur Revolution getrieben", schrieb er, „dann wird sich das Antlitz ganz Europas verändern."[84]

Dem russischen Revolutionär und Volkstümler G. A. Lopatin gegenüber äußerte Engels: „Rußland – das ist das Frankreich des gegenwärtigen Jahrhunderts. Gesetzmäßig und zu Recht kommt ihm die revolutionäre Initiative für eine neue soziale Umgestaltung zu." Weiter sagte er voraus, daß der „Untergang des Zarismus in Rußland... in allen Ländern einen mächtigen Anstoß zu inneren Umgestaltungen geben wird."[85]

Ebenso wie Marx schätzte Engels die fortschrittlichen politischen und ökonomischen Gedanken in Rußland. Die Begründer des Marxismus verfolgten besonders aufmerksam die russische ökonomische Literatur. Sie begeisterten sich an der Verstandesschärfe N. G. Tschernyschewskis und stellten häufig die originellen Arbeiten der russischen Ökonomen dem Verfall der bürgerlichen politischen Ökonomie in den Ländern Westeuropas gegenüber. So bemerkt Engels in einem seiner Briefe an V. I. Sassulitsch: „Der theoretische und kritische Geist, der

[82] Diese Version wiederholt z. B. der amerikanische Historiker C. Rossiter in seinem 1960 erschienenen Buch „Der Marxismus vom Standpunkte Amerikas".

[83] Engels, F., Die Arbeiterbewegung in Deutschland, Frankreich, den USA und Rußland, in: MEW, Bd. 19, Berlin 1962, S. 114

[84] Ebenda, S. 115

[85] Aus einem Brief G. A. Lopatins an M. N. Oschanina, in: MEW Bd. 21, Berlin 1962, S. 488

fast völlig aus unseren deutschen Schulen verschwunden ist, scheint in der Tat in Rußland Zuflucht gefunden zu haben."[86]

In seinen letzten Lebensjahren beobachtete Engels mit großer Unruhe die wachsende Kriegsgefahr in Europa. Zu jener Zeit war der Übergang zum Imperialismus noch nicht abgeschlossen, aber die Gewitterwolken verdunkelten immer mehr den politischen Horizont, und die Symptome der nahenden Kriegskatastrophe vermehrten sich. Schritt für Schritt wurden jene beiden Koalitionen europäischer Staaten gebildet, die zwei Jahrzehnte später im Weltkrieg aufeinander trafen. Es verstärkte sich der Militarismus, die Aufrüstung wuchs von Jahr zu Jahr.

In dieser Situation erklärte Engels unermüdlich, daß der konsequente Kampf gegen Krieg und Kriegsgefahr die heilige Pflicht der Arbeiterklasse und ihrer revolutionären Partei ist. Seine Gedanken konzentrieren sich auf die Suche nach jenen konkreten Zielen und Aufgaben, für die das Proletariat kämpfen muß zur Unterbindung der verbrecherischen Pläne der herrschenden Klassen, die die Völker in den Abgrund des Krieges stürzen wollen.

Im Jahre 1893 trat Engels mit einer Reihe von Artikeln zu diesem Thema hervor, die danach als Broschüre mit der Bezeichnung erschienen: „Kann Europa abrüsten?" Im Vorwort zu dieser Broschüre schreibt Engels, daß er von einer Voraussetzung ausgeht, die sich mehr und mehr allgemeine Anerkennung erobert. Diese Voraussetzung besteht darin, „daß das System der stehenden Heere in ganz Europa auf die Spitze getrieben ist in einem Grad, wo es entweder die Völker durch die Militärlast ökonomisch ruinieren oder in einen allgemeinen Vernichtungskrieg ausarten muß"[87]. Engels war der Meinung, daß unter den entstandenen Bedingungen die Arbeiterklasse die Forderung der Abrüstung stellen müsse mit dem Vorschlag, von den stehenden Heeren zu einem Milizsystem überzugehen. Er erinnert daran, daß jede Großmacht bemüht ist, die andere hinsichtlich des Kriegspotentials und der Kriegsvorbereitung zu überholen, und stellt die Frage: „Ist es da nicht Torheit, von Abrüstung zu reden?" Diese Frage beantwortet er folgendermaßen: „Ich behaupte: die Abrüstung und damit die Garantie des Friedens ist möglich . . ."[88]

[86] Engels an V. J. Sassulitsch, 6. 3. 1884, in: MEW, Bd. 36, S. 119/20
[87] Engels, F., Kann Europa abrüsten? in: MEW, Bd. 22, Berlin 1963, S. 371
[88] Ebenda, S. 373

Die Dialektik der Geschichte ist, daß die Forderung nach Abrüstung, die vor der Vollendung des Übergangs zum Imperialismus durchaus realisierbar war, unreal geworden ist unter den Bedingungen der vollen Herrschaft des Imperialismus in der ganzen Welt. Während des ersten Weltkrieges begründete Lenin die Unhaltbarkeit der Losung von der Abrüstung in einer Situation, als die durch den Krieg hervorgerufene Krise der Arbeiterklasse die Aufgabe stellte, den bewaffneten Kampf um den Sturz des Imperialismus zu führen. „Die Entwaffnung ist ein Ideal des Sozialismus", schrieb Lenin. „In der sozialistischen Gesellschaft wird es keine Kriege geben und wird folglich die Entwaffnung verwirklicht werden. Aber der ist kein Sozialist, der erwartet, daß der Sozialismus ohne soziale Revolution und Diktatur des Proletariats verwirklicht wird."[89] Lenin wies weiter darauf hin, daß für den Sieg der sozialistischen Revolution und die Errichtung der Diktatur des Proletariats die Arbeiterklasse über eine bewaffnete Macht verfügen müsse.

Kraft der gleichen Dialektik der Geschichte wurde die Forderung nach Abrüstung von neuem real und realisierbar mit dem Sieg der sozialistischen Revolution zuerst in der Sowjetunion und danach in einer großen Gruppe von Ländern Europas und Asiens, in einer Situation, da die Hauptrichtung und die Hauptbesonderheiten der historischen Entwicklung der Menschheit vom Weltsystem des Sozialismus und den Kräften bestimmt werden, die gegen Imperialismus, Reaktion und Krieg kämpfen, in einer Zeit, da der Imperialismus seine Herrschaft über die Mehrheit der Menschheit für immer verloren hat. Der Kampf für allgemeine und vollständige Abrüstung, der von der Sowjetunion und den anderen sozialistischen Ländern bei voller Unterstützung aller fortschrittlichen Kräfte der Gegenwart geführt wird, fördert die Isolierung der aggressiven Kräfte des Imperialismus, die Entlarvung ihrer unheilvollen Pläne, die Verhinderung einer nuklearen Weltkatastrophe, die Sicherung des Friedens zwischen den Völkern.

Engels hatte eine selten harmonische und klare Natur. Die Feinde des Sozialismus verleumdeten und verleumden bis zum heutigen Tag die Befreiungsbewegung der Arbeiterklasse, wobei sie behaupten, daß sie die Menschen nivelliere, die Persönlichkeit zerstöre, alle über einen Kamm schere usw. Diese Verleumdung wird sozusagen schon an der Wie-

[89] Lenin, W. I., Über die Losung der „Entwaffnung", in: Werke, Bd. 23, Berlin 1957, S. 92

ge durch die bedeutsame Tatsache widerlegt, daß der wissenschaftliche Kommunismus von zwei Menschen geschaffen wurde, die ausgeprägteste Persönlichkeiten waren: „Sie unterschieden sich voneinander", bezeugt Lafargue, „nicht nur dem Äußeren nach, sondern auch im Charakter, Temperament und in der Art und Weise des Denkens und Fühlens."[90] Beide waren sehr unterschiedliche Menschen, aber sie einte etwas im Vergleich zu Temperament und Charakter Höheres: sie einte das große Ziel, dem beide ihr ganzes Leben bis ins letzte gewidmet hatten.

Marx liebte es, die alte Weisheit zu wiederholen: „nichts Menschliches ist mir fremd." Mit demselben Recht hätte das Engels sagen können. Sein Leben war das Leben eines unermüdlichen Kämpfers für die erhabensten Ziele, die die Geschichte je der Menschheit gestellt hat. Ein Mensch von gewaltigem Willen und großer Ausdauer, ein Kämpfer voll unermüdlicher Energie und Entschlossenheit und zugleich ein charmanter, geistreicher und fröhlicher Gesprächspartner unter Freunden. Es gab nicht einen Menschen unter seinen Bekannten, der sich nicht mit Wärme und Achtung über ihn geäußert hätte. Er vermochte sogar Menschen aus dem feindlichen Lager Achtung für sich einzuflößen; sie sahen sich gezwungen, seine kristallklare Reinheit, seinen geraden und offenen Charakter, seine erstaunlichen Kenntnisse und seinen mächtigen Geist anzuerkennen.

Er war ein Mensch, dessen Gedanken und Ziele Jahrhunderte und Welten umfaßten. Gleichzeitig schöpfte er aus dem Leben in vollem Maße alles, was an ihm schön war. Erstaunlich vielseitige Begabungen verbanden sich bei ihm mit den verschiedensten Interessen. In der Jugend schrieb er Verse und war traurig, wenn sie ihm nicht ganz gelungen waren, und in reifen Jahren übersetzte er gern Volkslieder mit ihrem lebendigen Humor und ihrem Mutterwitz. In den langen Jahren seines Lebens in Manchester waren das Reiten und die Fuchsjagd seine Lieblingsbeschäftigung. Mit 70 Jahren setzte Engels alle Bekannten mit seinem Schwung, seiner Lebhaftigkeit und seinem echten Interesse für die verschiedensten Ereignisse und Prozesse in Erstaunen. Nach dem Zeugnis von Zeitgenossen war er ein hochgewachsener, schlanker und gesunder Mann, stets zum Scherzen und Streiten aufgelegt, mit sprühender Rede, die mit geistreichen Bemerkungen über Bücher, Ereignisse, Persönlichkeiten gewürzt war.

[90] Erinnerungen an Marx und Engels, a. a. O., S. 71

Einfachheit und Ungekünsteltheit im Umgang mit Menschen waren Engels in hohem Maße eigen. Jegliche Pose, Aufgeblasenheit, theatralisches Gehabe waren ihm fremd. Der russische Sozialist N. S. Russakow, der in seiner Jugend Engels besuchte, erinnerte sich später daran, daß er sich damals, durchdrungen von einem Gefühl tiefer Achtung gegenüber dem alten, erfahrenen Führer der sozialistischen Bewegung, mit einer hochtrabenden Tirade an ihn wandte:

„– Bürger Engels, erlauben Sie einem russischen Sozialisten, das Gefühl aufrichtiger Begeisterung für einen Menschen auszudrücken, der ein würdiger Freund des großen Marx war und bis jetzt der geistige Führer der Sozialistischen Internationale ist ... Schon in den Jahren meiner frühen Jugend las ich Ihre Arbeit über die Lage der englischen Arbeiterklasse, und sie machte auf mich einen überaus starken Eindruck; seit der Zeit verfolge ich, wie alle Sozialisten in der Welt, mit lebhaftestem Interesse alle Ihre Meinungsäußerungen und neuen Arbeiten, sobald sie nur erschienen sind: in Ihnen sehe ich die lebendige Fortsetzung, die Verkörperung von Marx ...

Engels brach in Lachen aus und unterbrach seinen Besucher mit einer Handbewegung:

– Ta, ta, ta junger Genosse ... genug, wozu dieser Schwall von Liebenswürdigkeiten unter uns Sozialisten. Geht es nicht einfacher. Von dieser Redeübung muß Ihnen doch die Kehle ausgetrocknet sein ... Setzen Sie sich an den Tisch und feuchten Sie sie mit diesem Glas Bier an.“[91]

Engels hatte keine prunkvollen Ränge und Titel. Seine ersten philosophischen Arbeiten aus der Zeit des Militärdienstes in Berlin 1841–1842 veröffentlichte er unter einem Pseudonym, um Komplikationen in der Familie und in der konservativen Bekanntschaft zu vermeiden. Der Herausgeber der „Deutschen Jahrbücher“, Arnold Ruge, dem Engels' Broschüre über Schelling sehr gefallen hatte, fragte ihn, warum er diese Arbeit nicht in den Jahrbüchern veröffentlichen wolle, wobei er Engels „Doktor“ nannte. Im Antwortbrief bemerkte Engels: „Doktor bin ich übrigens nicht und kann es nie werden, ich bin nur Kaufmann und königlich preußischer Artillerist.“[92] Mehr als vierzig Jahre später ereignete sich dasselbe mit einem englischen Verleger, der in einem

[91] Erinnerungen an Marx und Engels, a. a. O., S. 336

[92] Engels, F., Brief an Arnold Ruge in Dresden, in: MEW, Bd. 27, Berlin 1963, S. 404

Brief an Engels die Anrede „Doktor" gebrauchte. In seiner Antwort korrigierte ihn Engels höflich: „Gestatten Sie mir zu bemerken, daß ich kein ‚Dr.', sondern Baumwollfabrikant im Ruhestand bin."[93]

Engels war weder Minister, noch Führer einer respektablen „Opposition seiner Hoheit", er hatte niemals ein Parlamentsmandat inne. Wie Marx hatte er ein unvergleichlich gewichtigeres Mandat: das Mandat der internationalen Arbeiterklasse, der Proletarier aller Länder. Dieses Mandat erkämpften sie sich dadurch, daß sie von den ersten Schritten ihrer gesellschaftlichen Tätigkeit an ihr Leben entschlossen und für immer mit dem Schicksal der Arbeiterklasse verbanden, sich in die ersten Reihen der Kämpfer für die Befreiung der Arbeit vom Joch des Kapitals stellten und die unsterbliche Waffe des Kampfes für die Interessen der Werktätigen schmiedeten, den wissenschaftlichen Kommunismus.

Unreife Elemente in der Arbeiterbewegung verfielen mitunter dem Einfluß von Demagogen, die mit ultraradikalem Protest gegen jede Autorität, gegen jede Unterordnung auftraten. Engels verspottete die Leute, die forderten, daß der erste Akt der sozialen Revolution die Abschaffung der Autorität sein sollte, und schrieb: „Haben diese Herren nie eine Revolution gesehen? Eine Revolution ist gewiß das autoritärste Ding, das es gibt."[94] Die Pariser Kommune hätte sich, wie Engels erwähnte, nicht mehr als einen Tag gehalten, wenn sie sich nicht auf die Autorität des bewaffneten Volkes gegen die Bourgeoisie hätte stützen können, und weiter stellte er die Frage: „Kann man sie nicht, im Gegenteil dafür tadeln, daß sie sich ihrer nicht umfassend genug bedient hat?"[95]

Somit lehnte Engels entschieden die Vorstellung ab, nach der die sozialistische Revolution ohne Autorität, ohne die Unterordnung der Massen unter einen einheitlichen Willen auskommen könne. Gleichzeitig war er ein konsequenter Gegner all dessen, was irgendwie dem Personenkult Vorschub leisten konnte. Ihm waren alle Formen der Hervorhebung seiner Verdienste zuwider, und er lehnte sogar durchaus unschuldige Ausdrücke jener Achtung ab, die Schüler und Anhänger ihm gegenüber hegten.

[93] Engels, F., Brief an James Knowles in London (Entwurf), in: MEW, Bd. 36, Berlin 1967, S. 14

[94] Engels, F., Von der Autorität, in: MEW, Bd. 18, Berlin 1962, S. 308

[95] Ebenda

In dieser Beziehung ist folgender Vorfall bezeichnend.

Am 28. November 1891 hatte der kommunistische Deutsche Arbeiterbildungsverein in London auf Initiative Friedrich Lessners vor, eine Feier für Engels anläßlich seines Geburtstages auszurichten. Engels erfuhr davon erst am Tage der beabsichtigten Feier und wandte sich mit einem Brief an den Sängerverein des Kommunistischen Arbeiterbildungsvereins, der am Abend auftreten sollte. Engels brachte seinen „aufrichtigsten Dank" zum Ausdruck und schrieb: „Sowohl Marx wie ich sind von jeher gegen alle öffentlichen Demonstrationen gewesen, die sich an einzelne Personen knüpfen, es sei denn, im Fall ein großer Zweck dadurch erreicht werden kann; und am allermeisten gegen solche Demonstrationen, die sich zu unsern Lebzeiten um unsre eignen Personen drehen würden." Weiter schrieb Engels, daß er sich, hätte er nur die geringste Ahnung von den Vorbereitungen der Feier gehabt, beeilt haben würde, „rechtzeitig die ergebenste, aber dringendste Bitte auszusprechen, die Sängergenossen möchten doch auf die Ausführung dieser Absicht verzichten"[96]. Die Enttäuschung, die er mit dem Verzicht auf die Ehrung den Sängern bereitete, verpflichtete sich Engels mit der Versicherung wiedergutzumachen, daß die wenigen Jahre, auf die er allenfalls noch rechnen dürfe, und die gesamten Kräfte, über die er noch verfüge, nach wie vor ungeschmälert der großen Sache gewidmet werden sollen, der sie seit nun fast 50 Jahren gewidmet worden sind, „der Sache des internationalen Proletariats"[97].

Am meisten schätzte Engels in den Menschen die Ergebenheit gegenüber der Sache der Arbeiterklasse und ihrer Partei. Er brach unverzüglich alle Beziehungen zu Menschen ab, die die Arbeiterbewegung verrieten oder in den Sumpf des Opportunismus abglitten, sowohl des offenen als auch desjenigen, der mit ultralinken Phrasen verbrähmt auftrat. Selbst ein Muster an Bescheidenheit und Diszipliniertheit, stellte Engels hohe Anforderungen an die Funktionäre der Arbeiterbewegung. Als eine Gruppe von Intellektuellen, die sich der deutschen Sozialdemokratie angeschlossen hatten, versuchte, gegen die Parteiführung von der Position ultralinken Abenteurertums aufzutreten, erklärte ihnen Engels, daß sie jene Bedingungen verstehen müßten, unter denen sie der Arbeiterbewegung Nutzen bringen könnten. Ihre „akade-

[96] Engels, F., An den Sängerverein des Kommunistischen Arbeiterbildungsvereins,in: MEW, Bd. 22, Berlin 1963, S. 264

[97] Ebenda

mische Bildung", schrieb er, bedürfe einer gründlichen kritischen Selbstrevision. Sie stelle ihnen kein Offizierspatent mit Anspruch auf entsprechende Anstellung in der Partei aus, wo jeder von der Pike auf dienen müsse. Für die Bekleidung von Vertrauensposten in der Partei, fuhr Engels fort, seien literarisches Talent und theoretische Kenntnisse, selbst wenn beide zweifellos vorhanden sind, ungenügend. Dazu sind vielmehr Vertrautheit mit den Bedingungen des Parteikampfes und Eingewöhnung in seine Formen notwendig, erpropte persönliche Zuverlässigkeit und Charakterfestigkeit und schließlich willige Einordnung in die Reihen der Kämpfenden. Mit einem Wort, schlußfolgerte Engels, „die ‚akademisch gebildeten' haben alles in allem viel mehr von den Arbeitern zu lernen als diese von ihnen."[98]

Mit großer Aufmerksamkeit und Fürsorge verhielt sich Engels den ergebenen Kämpfern für die Sache der Revolution gegenüber, er half ihnen, wo er nur konnte, und hielt ihr Andenken in Ehren. Von großer menschlicher Wärme sind die Worte erfüllt, mit denen Engels der Kämpfer für den Sozialismus gedachte, die der Arbeiterklasse bis ans Ende ihres Lebens treu geblieben waren. Als ein Veteran der deutschen Arbeiterbewegung, der aktive Teilnehmer an der Revolution von 1848 Johann Philipp Becker Engels in gebeugtem Alter in London besuchte, forderte Engels von der Parteiführung, daß man sich um den Greis kümmere und ihn materiell unterstütze. „Ich habe mich verpflichtet, ihm vierteljährlich 5 Pfd = 125 fr. zu schicken . . ." schrieb Engels. „Mir scheint, daß die Partei verpflichtet ist, . . . diesen alten Veteranen wenigstens teilweise auf ihren Pensionsfonds zu übernehmen . . . Der noch nötige Zuschuß der Partei würde . . . nicht sehr bedeutend sein."[99]

Engels schlug vor, daß man sich darum kümmere, daß Becker, der schon 77 Jahre alt war, seine Memoiren schreiben und daß man diese herausgeben sollte. „Ich halte die Sache selbst für sehr wichtig. Die Darstellung dieser Verhältnisse von einem Mithandelnden, und zwar *dem einzigen aus den dreißiger Jahren,* der auf *unserem* Standpunkt steht, ist absolut notwendig, gibt die ganze Zeit von 1827–40 in einem neuen Licht, und wenn Becker sie nicht gibt, ist sie total verloren."[100]

[98] Engels, F., Antwort an die Redaktion der „Sächsichen Arbeiter-Zeitung", in: Ebenda, S. 70

[99] Engels, F., Brief an August Bebel, in: MEW, Bd. 36, Berlin 1967 S. 541–542

[100] Engels, F., Brief an Eduard Bernstein, in: Ebenda, S. 545

Mit welch eindinglichen Worten zeichnete Engels das Porträt dieses Parteiveteranen, nachdem dieser gestorben war. In einem Nekrolog, der im illegalen Organ der Deutschen Partei, in der Zeitung „Sozialdemokrat" abgedruckt wurde, schrieb Engels; „Becker war ein seltener Mann. Ein einziges Wort bezeichnet ihn ganz – das Wort: kerngesund; an Körper und an Geist war er kerngesund bis zuletzt. Ein Hüne von Gestalt, von riesiger Körperkraft, dabei ein schöner Mann, hatte er seinen ungelehrten, aber keineswegs ungebildeten Geist, dank glücklicher Anlage und gesunder Tätigkeit, ebenso harmonisch entwickelt wie seinen Körper. Er war einer von den wenigen Menschen, die nur ihrer eigenen instinktiven Natur zu folgen brauchen, um richtig zu gehen. Daher wurde es ihm auch so leicht, mit jeder Entwicklung der revolutionären Bewegung Schritt zu halten und im achtundsiebzigsten Jahre noch ebenso frisch in der ersten Reihe zu stehen wie im achtzehnten."[101]

Als selten harmonische Natur schätzte Engels in den Menschen auch besonders die Integrität des Charakters. Bald nach dem Tode seines jüngeren Bruders Emil schrieb er an dessen Sohn: „Den Vater werdet Ihr alle in der Tat noch lange missen, in der Familie wie im Geschäft. Er war ein ganzer Mann, und der ersetzt sich in der Familie nie und im Geschäft nur schwer."[102]

Engels gehörte zu jenen allseitig begabten und enzyklopädisch gebildeten Menschen, die in der Epoche der Renaissance auf den Plan traten und danach mit der Entwicklung und Differenzierung der Wissenschaften immer eltener wurden und schließlich überhaupt verschwanden. „Es gab nicht einen Wissenszweig", bezeugt Lafargue, „der Engels nicht interessiert hätte."[103] Auf dem Gebiet der verschiedensten Wissenschaften fühlte er sich wie zu Hause; seine gründlichen Kenntnisse setzten die Spezialisten in Erstaunen.

Die Zeitgenossen von Engels staunten über seine ungewöhnliche Sprachbegabung. Er kannte alle wichtigen europäischen Sprachen und lernte bis ins tiefe Alter hinein immer neue dazu. Lafargue erzählt, daß spanische Sozialisten, mit denen er sich nach dem Zusammenbruch der

[101] Engels, F., Johann Philipp Becker, in: MEW Bd. 21, Berlin 1962, S. 323

[102] Engels, F., Brief an Emil Engels jun., in: MEW, Bd. 36, Berlin 1967, S. 586

[103] Erinnerungen an Marx und Engels a. a. O., S. 85

Pariser Kommune traf, ihm mitteilten, daß Sie als Sekräter des Generalrats der Internationale für Spanien „ein gewisser Angel vertritt, der in reinsten kastilianischen Dialekt schreibt. „Es handelte sich um Engels, dessen Familiennamen die Spanier auf ihre Art aussprachen. „Als ich mich nach Lissabon begab", fuhr Lafargue fort, „teilte mir der Sekretär des Nationalrates von Portugal Franchia mit, daß er von Engels Briefe in einwandfreiem Portugiesisch erhält. . ."[104]

In Augenblicken der Erregung stotterte Engels leicht. Die bürgerliche französische Zeitung „Figaro" schreibt mit dem gemischten Gefühl von Übelwollen und unwillkürlicher Achtung, daß Engels in zwanzig Sprachen stottere.

Das 19. Jahrhundert war reich an großen Männern der Bourgeoisie. Es hinterließ der Nachwelt eine umfassende Galerie Porträts von Kaufleuten und Politikern, Verfechtern des Alten und radikalen Reformatoren, Heerführern und Philosophen der herrschenden Klasse. Unter ihnen gab es neben talentlosen auch fähige und talentierte Menschen. Hunderte von Namen sind für immer vergessen, Dutzende wurden in Geschichtslehrbüchern erwähnt, einzelne leben im Gedächtnis der Völker weiter als Namen von Menschen, die sich über die Interessen und Vorurteile ihrer Klasse erheben konnten. Der Name von Engels aber, wie auch der von Marx, lebt und wird ewig leben im Gedächtnis unzähliger Generationen als Banner der Befreiung der Menschheit von allen Arten der Klassen- und nationalen Unterdrückung, der Reinigung der Welt von den Lastern der Ausbeutung.

Von den 75 Jahren seines Lebens verbrachte Engels mehr als 50 Jahre fern von den heimatlichen Ufern des Rheins. Er lebte in der Emigration in England, meist in Manchester und dann in London. Der englische Sozialist Edward Aveling bemerkt in Anbetracht dessen, daß Marx und Engels für die ganze Welt vorwiegend in England gearbeitet haben und auch dort gestorben sind, zu Recht, daß dies eine höhere Ehre ist als die, die aus den Grabstätten und Mausoleen aller Könige und aller Weltherrscher hervorgeht.[105]

In der revolutionären Situation von 1848 zeigte Engels besonderes Interesse an Fragen des bewaffneten Kampfes, das nicht nur und nicht in erster Linie theoretischer als vielmehr praktischer Art war. 1841 leistete Engels als Freiwilliger seinen Militärdienst in der preußischen

[104] Ebenda
[105] Ebenda, S. 332

Armee. Im Sommer 1849 beteiligte er sich aktiv an der Organisierung der bewaffneten Abwehr gegen die Konterrevolution. Einige Wochen kämpfte Engels mit der Waffe in der Hand in den Reihen der Aufständischen in Süddeutschland.

Später in der Emigration haftete Engels im Freundeskreis der Spitzname „General" an. Er beobachtete aufmerksam die Entwicklung des Militärwesens und schrieb Übersichten über militärische Aktionen während der europäischen und überseeischen Konflikte. Diese Übersichten riefen die ehrliche Verwunderung von Spezialisten des Militärwesens hervor, die der Annahme waren, daß sie der Feder eines der bedeutendsten Militärexperten entstammten.

„Wir zwei sind nun so ziemlich die Letzten der alten Garde von 48", schrieb Engels an Johann Philipp Becker, als er ihm den Tod von Marx mitteilte, „Nun gut, wir bleiben auf der Bresche. Die Kugeln pfeifen, die Freunde fallen, aber das sehn wir zwei nicht zum erstenmal. Und wenn einen von uns die Kugel trifft –' s ist auch gut so, wenn sie nur ordentlich sitzt, daß man nicht lange zappelt."[106]

Bis zum Ende seines Lebens nährte Engels in sich die Hoffnung, daß er noch an entscheidenden Schlachten der Arbeiterklasse für den Sozialismus teilnehmen werde. Und als in den achtziger Jahren die Ärzte ernste Leiden in seinem alternden Körper feststellten, war er am meisten darüber bekümmert, daß es ihm nicht mehr vergönnt sein wird, zum Sturm auf den Kapitalismus an der Spitze der proletarischen Abteilungen anzutreten.

[106] Engels, F., Brief an Johann Philipp Becker, in: MEW, Bd. 35, Berlin 1967, S. 458

ERSTER TEIL

Die historische Bedeutung der ökonomischen Hauptwerke von Engels

Kapitel I

„Umrisse zu einer Kritik der Nationalökonomie"

Die Theorie des wissenschaftlichen Sozialismus, die von den Begründern des Marxismus geschaffen wurde, trat zum ersten Mal in ihren Arbeiten der 40er Jahre des vergangenen Jahrhunderts an die Weltöffentlichkeit, besonders aber im „Manifest der Kommunistischen Partei". Nach einem Hinweis von Engels machte die neue Weltanschauung „ein reichlich zwanzigjähriges Inkubationsstadium" durch, „bis sie seit dem Erscheinen des ‚Kapital' mit wachsender Geschwindigkeit stets weitre Kreise ergriff".[1] Das Ergebnis gigantischer Arbeit, die Marx auf die Erforschung eines äußerst umfangreichen, konkret-historischen und theoretischen Materials verwandte, war „Das Kapital" mit dessen Erscheinen „der Marxismus mit seinem ganzen theoretischen Rüstzeug auftrat".[2]

1. *Kritik der bürgerlichen politischen Ökonomie und der bürgerlichen Produktionsweise*

Die Schaffung der wissenschaftlichen proletarischen Weltanschauung im ganzen und der ökonomischen Lehre des Marxismus im besonderen war das Ergebnis titanischer Arbeit von Marx und Engels, in der Lenin zwei Hauptetappen unterschied. Die erste Etappe umfaßt die Periode bis zum Ende der 40er Jahre, da Marx als Redakteur der

[1] Engels, F., Vorwort zu der Auflage von 1885 des „Anti-Dühring", in: MEW, Bd. 20, Berlin 1962, S. 8–9

[2] Lenin, W. I., Protest russischer Sozialdemokraten, in: Werke, Bd. 4, Berlin 1955, S. 168

„Rheinischen Zeitung" mit materiellen Interessen konfrontiert wurde, zugleich aber die Richtigkeit der herrschenden Anschauungen auf diesem Gebiet bezweifelte und sich deshalb der Erforschung der gesellschaftlichen Verhältnisse in Frankreich und der englischen politischen Ökonomie zuwandte. In diese Zeit fällt auch seine Annäherung an Engels, der die englische Wirtschaft im einzelnen untersucht hatte. „Das Ergebnis dieser gemeinsamen Arbeit, dieser e r s t e n Untersuchung waren die bekannten Schlußfolgerungen, die beide Schriftsteller mit voller Bestimmtheit Ende der vierziger Jahre darlegten."[3]

Nach der Revolution von 1848 hielt es Marx in der Londoner Emigration, wie er im Vorwort zu seiner Arbeit „Zur Kritik der Politischen Ökonomie" bemerkt, aus einer Reihe von Gründen für nötig, „ganz von vorn wieder anzufangen" und sich „durch das neue Material kririsch durchzuarbeiten."[4] Als Ergebnis dieser z w e i t e n Untersuchung erschien, wie Lenin feststellte, „Zur Kritik der politischen Ökonomie" und „Das Kapital". „Die Schlußfolgerung, zu der das ‚Kapital' gelangte, stimmt mit der früheren Schlußfolgerung der vierziger Jahre überein, weil die zweite Untersuchung die Ergebnisse der ersten bestätigte".[5]

Im Laufe der ersten Etappe ihrer Untersuchungen arbeiteten Marx und Engels zusammen, und die Ergebnisse dieser Untersuchungen waren, wie Lenin bemerkt, Früchte ihrer gemeinsamen Arbeit.

Engels, der die Untersuchung der bürgerlichen politischen Ökonomie etwas früher als Marx aufgenommen hatte, schrieb schon Ende 1843, Anfang 1844 die „Umrisse zu einer Kritik der Nationalökonomie". Diese Arbeit erschien im ersten und einzigen Heft der „Deutsch-Französischen Jahrbücher", die von Marx und Ruge 1844 herausgegeben wurden. Dieses Heft enthielt auch Briefe und Artikel von Marx, von denen besonders große Bedeutung die Arbeit „Zur Kritik der Hegelschen Rechtsphilosophie. Einleitung" hatte.

Während Marx in diesen Werken „bereits als Revolutionär" auftritt, „der die ‚rücksichtslose Kritik alles Bestehenden' und im besonderen

[3] Lenin, W. I., Rezension: Karl Kautsky, Bernstein und das sozialdemokratische Programm. Eine Antikritik, in: Werke, Bd. 4, Berlin 1955, S. 190

[4] Marx, K., Zur Kritik der politischen Ökonomie. Vorwort, in: MEW, Bd. 13, Berlin 1961, S. 10–11

[5] Lenin, W. I., Rezension: Karl Kautsky Bernstein und das sozialdemokratische Programm . . ., Werke, Bd. 4, S. 190

die ‚Kritik der Waffen' verkündet, der an die Massen und an das Proletariat appelliert[6], untersuchte Engels in seinen ‚Umrissen' vom sozialistischen Standpunkt aus die grundlegenden Erscheinungen der modernen Wirtschaftsordnung als zwangsläufige Folgen der Herrschaft des Privateigentums".[7]

Die Arbeiten der Begründer des Marxismus in den „Jahrbüchern" kennzeichneten eine wichtige Etappe in ihrer geistigen Entwicklung. In diesen Arbeiten vollzieht sich endgültig ihr Übergang vom Idealismus zum Materialismus und vom revolutionären Demokratismus zum Kommunismus.

Die „Umrisse" von Engels beeindruckten Marx in hohem Maße. Er konspektierte sorgfältig diesen Artikel, der für ihn offenbar einen der Ausgangspunkte für die Kritik der bürgerlichen Ökonomen darstellte. Jedenfalls nannte Marx in der „Vorrede" zu seinen etwas später im gleichen Jahre 1844 geschriebenen „Ökonomisch-philosophischen Manuskripten" die „Umrisse" von Engels ein gehaltvolles und originelles Werk auf dem Gebiet der ökonomischen Wissenschaft und ihren Autor einen Schriftsteller, der sich kritisch mit der politischen Ökonomie befaßt.

Im Vorwort seines Werkes „Zur Kritik der politischen Ökonomie" bewertete Marx die erste ökonomische Arbeit von Engels in den „Jahrbüchern" als geniale Umrisse zur Kritik ökonomischer Kategorien. Später äußerte sich Marx über diese Arbeit mehrfach positiv in Briefen und verwies auf sie einige Male im ersten Band des „Kapitals".[8]

Später jedoch, als die Theorie des Marxismus in ausgereifter Form vorlag, hielt Engels eine Neuauflage seiner Jugendarbeit für einen breiten Leserkreis nicht für zweckmäßig. 1871 lehnte er Liebknechts Vorschlag zum Nachdruck der „Umrisse" ab, und begründete dies damit, daß diese Arbeit veraltet sei, viele Ungenauigkeiten enthalte, die den Leser verwirren konnten, und zudem noch ganz und gar in Hegelscher Manier geschrieben und gegenwärtig völlig unpassend sei. Der Artikel, fügte Engels hinzu, „hat nur noch Wert als historisches Aktenstück".[9]

[6] Lenin, W. I., Karl Marx, in: Werke, Bd. 21, Berlin 1960, S. 35

[7] Lenin, W. I., Friedrich Engels, in: Werke, Bd. 2, Berlin 1961, S. 10

[8] Vgl. Marx, K., Das Kapital, Erster Band, in: MEW, Bd. 23, Berlin 1962, S. 89, 178, 663

[9] Engels, F., Brief an Wilhelm Liebknecht, in: MEW, Bd. 33, Berlin 1966, S. 208

Als die in London lebende Emigrantin aus Rußland, Jewgenija Papritz, 1884 den Wunsch äußerte, die „Umrisse zu einer Kritik der Nationalökonomie" zu übersetzen, antwortete Engels ihr, daß er davon geschmeichelt sei, und fügte hinzu: „Obwohl ich noch immer ein bißchen stolz bin auf diese meine erste gesellschaftswissenschaftliche Arbeit, weiß ich doch nur zu gut, daß sie heute ganz und gar überholt und nicht nur voller Mängel, sondern auch voller ‚Böcke' ist. Ich fürchte, sie wird mehr Mißverständnisse verursachen als Nutzen bringen."[10]

Der Schlüssel zur Lösung dieses auf den ersten Blick widersprüchlichen Verhaltens von Marx und Engels zu ein und demselben Werk liegt im richtigen marxistischen Herangehen an die Geschichte der Entwicklung der Wissenschaft und an die Bewertung einzelner Etappen auf dem Wege dieser Entwicklung. „Historische Verdienste, betonte Lenin, werden nicht danach beurteilt, was historische Persönlichkeiten, gemessen an den heutigen Erfordernissen nicht geleistet haben, sondern danach, was sie im Vergleich zu ihren Vorgängern Neues geleistet haben."[11]

Das unvergängliche Verdienst von Engels besteht darin, daß er in den „Umrissen" den Grundstein zur Kritik der bürgerlichen politischen Ökonomie von der Position des Kommunismus aus legte. Zweifellos hat Mehring Recht, wenn er bemerkt, daß die Arbeit von Engels fruchtbare Wurzeln des wissenschaftlichen Sozialismus enthielt, und daß in der ersten Zeit auf dem Gebiet der ökonomischen Wissenschaft „Engels der Gebende und Marx der Empfangende gewesen" sei.[12] Recht hat gewiß auch der sowjetische Forscher M. W. Serebrjakow, der bei der Untersuchung der Jugendjahre von Engels die Meinung äußert, daß die historische Bedeutung der „Umrisse" nicht von den vergänglichen Irrtümern bestimmt wird, sondern „in dem kühnen Versuch liegt, die Widersprüche der bürgerlichen politischen Ökonomie zu überwinden".[13]

Die Jugendarbeit von Engels charakterisiert eine bestimmte Etappe in seiner geistigen Entwicklung. Sie legte den Grundstein für den revo-

[10] Engels, F., Brief an Jewgenija Eduardowna Papritz, in: MEW, Bd. 36, Berlin 1967, S. 169–170

[11] Lenin, W. I., Zur Charakteristik der ökonomischen Romantik, in: Werke, Bd. 2, Berlin 1961, S. 180

[12] Mehring, F., Karl Marx, Geschichte seines Lebens, Berlin 1960, S. 102

[13] M. W. Serebrjakow, Die Jugend von Friedrich Engels, Leningrad 1958, S. 276 (aus dem Russischen)

lutionären Umschwung in der politischen Ökonomie und stand unermeßlich höher als die damalige sozialistische Literatur, aber dennoch war sie nur eine, wenn auch geniale, Skizze. Diese Skizze verwandelte sich natürlich in ein historisches Aktenstück, nachdem Marx die „Kritik der bürgerlichen Ökonomie" vollendet hatte.

„Schwer ist nur der erste Schritt", dieses französische Sprichwort wiederholte Marx gern. Die „Umrisse" von Engels waren der erste und dabei ein wesentlicher Schritt auf dem Wege der Schaffung der ökonomischen Theorie des Marxismus.[14]

Auf diesem Wege hatten die Begründer des Marxismus im weiteren gewaltige Schwierigkeiten zu überwinden, das verringert jedoch nicht die historische Bedeutung des ersten Schrittes.

In der Arbeit von Engels waren im Keim viele sehr wichtige Grundsätze der ökonomischen Lehre des Marxismus enthalten. Die Rolle dieser Arbeit im Prozeß der Herausbildung der marxistischen politischen Ökonomie wird vor allem dadurch bestimmt, daß in ihr zum ersten Mal die ökonomischen Probleme auf der Grundlage der materialistischen Geschichtsauffassung behandelt wurden. Dabei muß man natürlich berücksichtigen, daß die von Marx und Engels in den vierziger Jahren des 19. Jahrhunderts geäußerte Idee vom Materialismus in der Soziologie, als solche genial, in der ersten Zeit, nach einem Ausdruck von Lenin, nur eine wissenschaftliche Hypothese war, aber eine solche Hypothese, die zum ersten Mal die Möglichkeit eines streng wissenschaftlichen Verhältnisses zu den historischen und gesellschaftlichen Fragen bot. Erst mit dem Erscheinen des „Kapitals" verwandelte sich die materialistische Geschichtsauffassung aus einer Hypothese in eine wissenschaftlich bewiesene These und zur einzig wissenschaftlichen Geschichtsauffassung.[15]

[14] „Man kann ohne Übertreibung sagen, daß die ‚Umrisse zu einer Kritik der Nationalökonomie' ein bedeutender, sehr dauerhafter Stein in dem prächtigen Gebäude der marxistischen politischen Ökonomie sind, ein erster sicherer Schritt auf dem Wege der revolutionären Umwälzung, die Marx und Engels in der ökonomischen Wissenschaft vollzogen haben."
(A. J. Malysch „Die Formierung der marxistischen politischen Ökonomie". Verlag für politische Literatur, Moskau 1966, S. 65, russisch).

[15] Vgl. Lenin, W. I., Was sind die ‚Volksfreunde' und wie kämpfen sie gegen die Sozialdemokraten?, in: Werke, Bd. 1, Berlin 1961, S. 128 bis 134

Aber schon als Hypothese war die Idee des Materialismus in Anwendung auf die Gesellschaftswissenschaft überaus fruchtbar, wofür die erste ökonomische Arbeit von Engels einen klaren Beweis liefert. Zur Kritik der bürgerlichen politischen Ökonomie gelangte Engels, nachdem er die Schule der Hegelschen Dialektik durchlaufen und die Schlußfolgerung gezogen hatte, daß es notwendig sei, die Dialektik auf materialistischer Grundlage völlig umzugestalten. In den „Umrissen" wird der vielversprechende Anfang für die Überwindung der bürgerlichen politischen Ökonomie mit Hilfe der materialistischen Dialektik gemacht.

Das können selbst Menschen, die dem Marxismus gegenüber feindlich gesinnt sind, nicht leugnen. So sah sich der französische Marx-Kritiker Charles Andler, der behauptet, daß Marx und Engels nichts mehr als Nachfolger von Paker, Buret, Sismondi und Proudhon seien, gezwungen zuzugeben, daß die erste ökonomische Arbeit von Engels zwar noch „vom Hegelschen Formalismus durchdrungen", in ihr aber „schon der Geist der neuen materialistischen Dialektik zu spüren sei"[16].

Der Geist der materialistischen Dialektik, der die erste ökonomische Arbeit von Engels erfüllt, bedingte auch ihre wichtigste Besonderheit: die Kritik der bürgerlichen politischen Ökonomie jener Zeit stellt bei Engels zugleich eine schonungslose Entlarvung des ökonomischen Systems des Kapitalismus dar, der Struktur der kapitalistischen Produktionsverhältnisse und des Austausches. Engels sieht seine Aufgabe darin, die Kritik der politischen Ökonomie mit der Untersuchung der Grundkategorien zu verbinden, „den durch das System der Handelsfreiheit hineingebrachten Widerspruch" zu enthüllen und „die Konsequenzen der beiden Seiten des Widerspruchs" zu ziehen.[17,18]

[16] Charles Andler, Historische Einführung und Kommentar zum „Kommunistischen Manifest" von Karl Marx und Friedrich Engels, Moskau 1906, S. 56 (aus dem Russischen)

[17] F. Engels, Umrisse zu einer Kritik der Nationalökonomie, in: MEW, Bd. 1, Berlin 1957, S. 502

[18] Es scheint, daß auf diese Besonderheit der „Umrisse", nämlich auf die untrennbare Verbindung der Kritik der bürgerlichen politischen Ökonomie mit der Entlarvung des bürgerlichen ökonomischen Systems, mitunter ungenügende Aufmerksamkeit verwandt wird. Möglicherweise ist die Ursache darin zu sehen, daß das Wort „Ökonomie" in der russischen Übersetzung den Doppelsinn seiner Bedeutung verliert: in der deutschen Sprache bedeutet dieses Wort sowohl die politische Ökonomie als auch die Gesamtheit der ökonomischen Verhältnisse.

In entwickelter Form hat Marx diese Idee ein Viertel Jahrhundert später in einem seiner Briefe an Engels zum Ausdruck gebracht, wo er darauf hinwies, daß man die politische Ökonomie nur dann in eine positive Wissenschaft verwandeln könne, wenn man statt der einander widersprechenden Dogmen die einander widersprechenden Fakten und tatsächlichen Widersprüche untersuchen würde, die den wirklichen, aber versteckten Beweggrund für diese Dogmen darstellen.

In den „Umrissen" wird das historische Herangehen an die bürgerliche politische Ökonomie deutlich. Diese, nach einem Ausdruck von Engels, Wissenschaft von der Bereicherung machte in ihrer Entwicklung zwei Hauptstadien durch. Im ersten Stadium, im Merkantilsystem entsprach sie den naiven Vorstellungen vom Reichtum, die dem Frühkapitalismus eigen waren. Das 18. Jahrhundert, das Jahrhundert der Revolutionen, revolutionierte auch die politische Ökonomie. Sie verwarf die veralteten merkantilistischen Vorstellungen und verkündete die Religion der Handelsfreiheit.

Aber wie alle Revolutionen des 18. Jahrhunderts trug auch die Revolution in der politischen Ökonomie einseitigen Charakter. Sie überwand nicht die Gegensätzlichkeiten, sondern gab ihnen nur eine verdeckte und heuchlerische Form. „Die neue Ökonomie, das auf Adam Smiths ‚Wealth of Nations' gegründete System der Handelsfreiheit, erweist sich als dieselbe Heuchelei, Inkonsequenz und Unsittlichkeit, die jetzt auf allen Gebieten der freien Menschlichkeit gegenübersteht."[19]

Das System von Smith war für seine Zeit ein Fortschritt und dazu ein notwendiger Fortschritt, erkennt Engels an. Er deckt in glänzender dialektischer Form den Inhalt dieses Fortschritts auf. Der Sturz des merkantilistischen Systems mit seinen Monopolen und Beschränkungen der Handelsbeziehungen war notwendig, damit die wahren Folgen des Privateigentums ans Licht treten konnten; es war notwendig, daß die Theorie des Privateigentums einen wissenschaftlicheren Charakter annahm, der sie auch für die Folgen verantwortlich machte und dadurch die Sache auf ein allgemein menschliches Gebiet herüberführte; es war notwendig, daß die in der alten Ökonomie enthaltene Unsittlichkeit auf den höchsten Gipfel gesteigert wurde durch den Versuch ihrer Wegleugnung und durch die hereingebrachte Heuchelei.

[19] Engels, F.,Umrisse zu einer Kritik der Nationalökonomie, MEW, Bd. 1, S. 501

All das war unvermeidlich, da nur die Begründung und Verwirklichung der Handelsfreiheit die Möglichkeit ergaben, „über die Ökonomie des Privateigentums" hinauszugehen und „diese Handelsfreiheit in ihrer ganzen theoretischen und praktischen Nichtigkeit darzustellen".[20]

Noch unter dem Einfluß der sozialistischen Literatur jener Zeit, besonders der Werke der frühen englischen Sozialisten, benutzt Engels die in dieser Literatur übliche Sprache und Ausdrucksform und verurteilt scharf die Unsittlichkeit, Unmenschlichkeit, Unehrlichkeit, den Betrug als charakteristische Züge der bürgerlichen Verhältnisse und der diese Verhältnisse widerspiegelnden Kategorien der bürgerlichen politischen Ökonomie. Aber während die utopischen Sozialisten auf den Positionen der moralischen Verurteilung der bestehenden Ordnung stehen blieben, geht Engels viel weiter. Er geißelt nicht nur leidenschaftlich die Wolfsgesetze des Kampfes aller gegen alle, die in der Welt des Privateigentums und des Feihandels herrschen, sondern zeigt auch die Unvermeidlichkeit ihrer Beseitigung.

Der bürgerliche Ökonom weiß nach Engels' Meinung selbst nicht, welcher Sache er dient. „Er weiß nicht, daß er mit all seinem egoistischen Räsonnement doch nur ein Glied in der Kette des allgemeinen Fortschrittes der Menschheit bildet. Er weiß nicht, daß er mit seiner Auflösung aller Sonderinteressen nur den Weg bahnt für den großen Umschwung, dem das Jahrhundert entgegengeht, der Versöhnung der Menschheit mit der Natur und mit sich selbst".[21]

Hier wird der Gedanke von der historischen Bedingtheit der revolutionären Ablösung der kapitalistischen Ordnung durch die neue sozialistische angedeutet, die durch die Entwicklung des Kapitalismus selbst vorbereitet wird. Im weiteren Verlauf der Analyse, in der Engels die unlösbaren Widersprüche des Systems des Privateigentums, die besonders scharf in Krisen auftreten, untersucht, gelangt er zu der Schlußfolgerung, daß sie „endlich eine soziale Revolution herbeiführen, wie sie sich die Schulweisheit der Ökonomen nicht träumen läßt".[22]

Mit der Errichtung der Herrschaft bürgerlicher Verhältnisse wurde, so meint Engels, die katholische Geradheit von der protestantischen Heuchelei abgelöst. Das Zeitalter wurde humaner, die Vernunft brach

[20] Ebenda
[21] Ebenda, S. 505
[22] Ebenda, S. 515

sich Bahn, die Sittlichkeit begann auf ihr ewiges Recht zu pochen. Bei der Einschätzung Adam Smiths als eines Ideologen des „neuen Zeitalters“ mit seiner protestantischen Heuchelei nennt ihn Engels den Luther der politischen Ökonomie.

In den „Ökonomisch-philosophischen Manuskripten“ schrieb Marx, daß Engels in dieser Hinsicht völlig Recht hatte, und lieferte eine detaillierte Erläuterung dieses Vergleichs. Luther erkannte als das Wesen der äußerlichen Welt die Religion, den Glauben und trat dem katholischen Heidentum gegenüber, er hob die äußere Religiosität auf, indem er die Religiosität zum inneren Wesen des Menschen machte, wie er die außer den Laien vorhandenen Pfaffen negierte, weil er den Pfaffen in das Herz der Laien versetzte. Ebenso wird im System von Smith der außer dem Menschen befindliche und von ihm unabhängige Reichtum aufgehoben, indem sich das Privateigentum inkorporiert im Menschen selbst und der Mensch selbst als sein Wesen erkannt wird – „aber darum der Mensch selbst in der Bestimmung des Privateigentums wie bei Luther der Religion gesetzt wird“.[23]

Wenn die bürgerliche politische Ökonomie also, wie Marx fortfährt, zum Schein den Menschen, seine Selbständigkeit und seine Selbstätigkeit usw. anzuerkennen beginnt, so muß sie diese Heuchelei im Prozeß der weiteren Entwicklung abwerfen und in ihrem ganzen Zynismus auftreten.

2. Die politische Ökonomie der Arbeit gegen die politische Ökonomie des Kapitals

In den Vordergrund seiner Kritik des Kapitalismus und der bürgerlichen politischen Ökonomie stellt Engels die Entlarvung des Systems des Privateigentums und die Enthüllung der ihm innewohnenden Widersprüche. Die Kritik am Privateigentum und den von ihm verursachten Elend und Gebrechen war schon in der früheren sozialistischen Literatur in reichem Maße vorhanden. In dieser Literatur war kein Mangel an überaus emotionalen Bewertungen des Privateigentums als Quelle allen Übels.

[23] Marx, K., Ökonomisch-philosophische Manuskripte (1844), in: MEW, Ergänzungsband Schriften bis 1844. Erster Teil, Berlin 1968, S. 530

Die Behandlung des Privateigentums bei Engels unterscheidet sich aber grundlegend davon, wie diese Frage vor ihm behandelt wurde. Während sich die vorherigen sozialistischen Schriftsteller auf die Mißbilligung und Verurteilung des Privateigentums beschränkten, und einige von ihnen, besonders Proudhon, es sogar für möglich hielten, die „schlechten Seiten" der Verhältnisse des Privateigentums zu beseitigen und ihre „guten Seiten" zu bewahren, unterzieht Engels das System des Privateigentums einer glänzenden dialektischen Analyse. „Was Engels über die Ökonomie der Adam Smith und Ricardo sagt, ist keineswegs erschöpfend und nicht einmal immer richtig, und was er gegen sie im einzelnen einwandte, mochte von englischen oder französischen Sozialisten bereits gesagt sein", schrieb Mehring. „Jedoch genial war der Versuch, alle Widersprüche der bürgerlichen Ökonomie aus ihrem wirklichen Quell, dem Privateigentum als solchem abzuleiten."[24] Damit war der Weg erschlossen, der die politische Ökonomie zum Sozialismus führte, und wenn Engels auch noch nicht diesen Weg markiert hatte, so konnte er dennoch seine wichtigsten Meilensteine kennzeichnen.

Als solche Ausgangspunkte zur Schaffung der sozialistischen politischen Ökonomie betrachtete Mehring die Ausführungen von Engels über die entmenschenden Wirkungen der kapitalistischen Konkurrenz, über die Bevölkerungstheorie von Malthus, über die ähnlich einer Fieberkurve verlaufende kapitalistische Produktion, über die Handelskrisen, über das Lohngesetz, über die Fortschritte der Wissenschaft, die unter der Herrschaft des Privateigentums aus Mitteln zur Befreiung der Menschheit vielmehr Mittel zu immer stärkerer Knechtung der Arbeiterklasse würden, usw. Mehring unterstreicht, daß in allen diesen Erörterungen „die fruchtbaren Wurzeln des wissenschaftlichen Kommunismus nach der ökonomischen Seite, die Engels in der Tat zuerst als solche entdeckt hat",[25] enthalten waren.

Schritt für Schritt enthüllt Engels folgerichtig die Gegensätze und Widersprüche des auf dem Privateigentum beruhenden Gesellschaftssystems. Seine Analyse führt zu der Schlußfolgerung, daß dieselben Bedingungen, die das Privateigentum hervorbringen, im Laufe der weiteren gesellschaftlichen Entwicklung zu seinem Sturz führen müssen, zu seiner Ablösung von einem anderen Typ der gesellschaftlichen

[24] Mehring, F., Karl Marx, Geschichte seines Lebens, Berlin 1960, S. 101
[25] Ebenda, S. 101/102

Verhältnisse. Diese Schlußfolgerung wird natürlich noch nicht in so wissenschaftlich begründeter Form formuliert wie in späteren Werken des voll ausgereiften Marxismus, sie ist in den „Umrissen" aber schon angedeutet.

Der einzig positive Fortschritt, den nach Engels' Meinung „die liberale Ökonomie gemacht hat, ist die Entwicklung der Gesetze des Privateigentums. Diese sind allerdings in ihr enthalten, wenn auch noch nicht bis zur letzten Konsequenz entwickelt und klar ausgesprochen. Hieraus folgt, daß in allen Punkten, wo es auf die Entscheidung über die kürzeste Manier, reich zu werden, ankommt, also in allen strikt-ökonomischen Kontroversen, die Verteidiger der Handelsfreiheit das Recht auf ihrer Seite haben. Wohlverstanden – in Kontroversen mit den Monopolisten, nicht mit den Gegnern des Privateigentums, denn daß diese imstande sind, in ökonomischen Fragen auch ökonomisch richtiger zu entscheiden, haben die englischen Sozialisten längst praktisch und theoretisch bewiesen."[26]

Faktisch wird in diesem Frühwerk von Engels der bürgerlichen politischen Ökonomie als der politischen Ökonomie des Eigentums schon die neue politische Ökonomie, die politische Ökonomie der Arbeit gegenübergestellt.

Zwanzig Jahre später bezeichnete Marx in der „Inauguraladresse der Internationalen Arbeiter-Assoziation" den Kampf um die gesetzliche Beschränkung des Arbeitstages in England, als die große Streitfrage „zwischen der blinden Herrschaft der Gesetze von Nachfrage und Zufuhr, welche die politische Ökonomie der Mittelklasse bildet, und der Kontrolle sozialer Produktion durch soziale Ein- und Vorsicht, welche die politische Ökonomie der Arbeiterklasse bildet".[27] Er wies darauf hin, daß die Annahme des Gesetzes über den Zehnstundentag „nicht bloß eine große praktische Errungenschaft" war, „sie war der Sieg eines Prinzips. Zum erstenmal erlag die politische Ökonomie der Mittelklasse in hellem Tageslicht vor der politischen Ökonomie der Arbeiterklasse"[28], und er sagte voraus, daß „ein noch größerer Sieg der poli-

[26] F. Engels, Umrisse zur Kritik der Nationalökonomie, MEW, Bd. 1, S. 502

[27] K. Marx, Inauguraladresse der Internationalen Arbeiter-Assoziation, in: MEW, Bd. 16, Berlin 1962, S. 11

[28] Ebenda

tischen Ökonomie der Arbeit über die politische Ökonomie des Kapitals"[29] bevorstünde.

Die nächste Folge des Privateigentums ist der Handel, den Engels nach Fourier und anderen frühen Sozialisten als legalen Betrug geißelte. Sein Wesen ist unmenschlich und von Feindseligkeit durchdrungen. Die bürgerlichen Ökonomen mit A. Smith an der Spitze erklärten den Handel für human. Das ist nach Engels' Worten die „gleisnerische Art, die Sittlichkeit zu unsittlichen Zwecken zu mißbrauchen, . . . der Stolz des Systems der Handelsfreiheit".[30]

Die Analyse der auf dem Privateigentum beruhenden gesellschaftlichen Verhältnisse zeigt, daß alles auf die Konkurrenz zurückzuführen ist, solange das Privateigentum existiert. Die Konkurrenz ist die Hauptkategorie der bürgerlichen Ökonomen, ihre Lieblingstochter, sie hat aber ein Medusengesicht. Das Privateigentum trennt die Menschen, es isoliert „jeden auf seine eigene rohe Einzelheit"[31], und führt dazu, daß einer dem anderen feindselig gegenübersteht. „In dieser Verfeindung . . . ist die Unsittlichkeit des bisherigen Zustandes der Menschheit vollendet; und diese Vollendung ist die Konkurrenz."[32]

Das Gesetz der Konkurrenz besteht nach Engels' Worten darin, daß Angebot und Nachfrage ständig bestrebt sind, einander zu ergänzen, und sich eben deshalb nie ergänzen. Die beiden Seiten werden immer wieder auseinandergerissen und in den schroffen Gegensatz verwandelt. Engels zeigt, wie im System des Privateigentums, der Handelsfreiheit und Konkurrenz, der Herrschaft des Gesetzes von Angebot und Nachfrage alle Grundkategorien der politischen Ökonomie aussehen, wie sie wirken und zu welchen Folgen sie führen.

Die Aufdeckung der inneren Widersprüche des Privateigentums und der ihm eigenen Kategorien zeigt, daß dieses System entgegen der Überzeugung der bürgerlichen Ökonomen, nicht als natürliche, vernünftige, ewige Gesellschaftsform betrachtet werden kann. Im Gegenteil bestimmen die unlösbaren Widersprüche der kapitalistischen Wirtschaft ihren historischen Übergangscharakter. Engels analysiert die ökonomischen Kategorien, verfolgt den widersprüchlichen Entwick-

[29] Ebenda

[30] F. Engels, Umrisse zu einer Kritik der Nationalökonomie, MEW, Bd. 1, S. 504

[31] Ebenda, S. 513

[32] Ebenda

lungsweg jeder einzelnen von ihnen und gelangt zu der Schlußfolgerung, daß die Lösung der ihr eigenen Widersprüche die Vernichtung des Privateigentums erfordert.

Engels analysiert nacheinander die Widersprüche, die im Handel und in der Konkurrenz verborgen sind. Dabei untersucht er die wechselseitige Verbindung und Durchdringung der Gegensätze, die die Konkurrenz und das Monopol darstellen. Jeder Konkurrierende muß nach Engels' Meinung wünschen, das Monopol zu haben. „Die Konkurrenz beruht auf dem Interesse, und das Interesse erzeugt wieder das Monopol; kurz, die Konkurrenz geht in das Monopol über."[33] Andererseits kann das Monopol den Strom der Konkurrenz nicht aufhalten, ja es erzeugt die Konkurrenz selbst. Die Konkurrenz erfordert schließlich das Grundmonopol, nämlich das Monopol des Privateigentums. „Welche jämmerliche Halbheit", folgert Engels, „ist es also, die kleinen Monopole anzugreifen und das Grundmonopol bestehen zu lassen".[34]

Das dialektische Herangehen an das Problem des Wechselverhältnisses zwischen Konkurrenz und Monopol, das Engels in den „Umrissen" andeutete, wurde im einzelnen von Marx in der Arbeit „Das Elend der Philosophie" begründet, die 1846 veröffentlicht wurde; danach wurde es allseitig im „Kapital" beleuchtet. Die Dialektik zwischen Konkurrenz und Monopol fand ihre volle Bestätigung im Verlaufe der gesamten Entwicklung der bürgerlichen Gesellschaft, besonders im monopolistischen Stadium des Kapitalismus. An der Schwelle eines neuen, des imperialistischen Stadiums des Kapitalismus, fast ein halbes Jahrhundert nach dem Erscheinen der „Umrisse", wiederholte Engels mit voller Berechtigung den Gedanken darüber, daß „die ungefesselte Konkurrenz das Monopol hervorruft und dieses wieder jene."[35]

Die marxistische Auffassung der Dialektik zwischen Monopol und Konkurrenz stellt einen der Ecksteine der Leninschen Theorie des Imperialismus dar, die die weitere Entwicklung und Bereicherung der wissenschaftlichen Analyse der wechselseitigen Durchdringung dieser widersprüchlichen Grundlagen ist dank der Verallgemeinerung der

[33] Ebenda

[34] Ebenda, S. 514

[35] Engels, F., Brief an Rudolph Meyer, in: MEW, Bd. 39, Berlin 1968, S. 103

großen historischen Erfahrung aus der Entstehung und Entwicklung des höchsten und letzten Stadiums in der Entwicklung des Kapitalismus. Gleichzeitig charakterisiert das Unverständnis oder das Ignorieren des dialektischen Wechselverhältnisses zwischen Konkurrenz und Monopol den theoretischen Bankrott der bürgerlichen Wissenschaft und ihrer reformistischen Anhänger angesichts der Probleme, die durch die Entwicklung des monopolistischen und besonders des staatsmonopolistischen Kapitalismus gestellt werden. Es genügt, in diesem Zusammenhang die Theorien vom organisierten Kapitalismus, von der krisenfreien Entwicklung zu erwähnen, die in den 20er Jahren verbreitet wurden und unter dem Ansturm der Krise von 1929–1932 zusammenbrachen, als auch die heutigen theoretischen Konstruktionen der gleichen Art, wie die Theorien von der „neuen Industriegesellschaft" des bekannten amerikanischen Ökonomen Dr. K. Galbraith, der dem modernen Kapitalismus eine ihm nicht eigene Organisiertheit zuschreibt und die ihm immanente Anarchie der Marktspontaneität abstreitet.

Dort, wo die bürgerlichen Ökonomen Harmonie sahen, deckt Engels eine unversöhnliche Gegensätzlichkeit der Interessen auf. Nach den Ansichten der bürgerlichen Ökonomen bestehen die Produktionskosten einer Ware aus drei Elementen: dem Grundzins für das nötige Stück Land, um das rohe Material zu produzieren, dem Kapital mit dem Gewinn darauf und dem Lohn für die Arbeit. Unter der Herrschaft des Privateigentums trennt eine unversöhnliche Feindschaft diese Elemente. Vor allem findet eine Spaltung der Produktion in zwei entgegengesetzte Seiten statt, die natürliche und die menschliche. Das ist einerseits der Boden, der ohne die Befruchtung durch die Arbeit des Menschen tot und steril ist, und andererseits die menschliche Tätigkeit, deren erste Bedingung eben der Boden ist. Ferner löst sich die menschliche Tätigkeit in die Arbeit und das Kapital auf, und diese Seiten treten sich einander feindselig gegenüber.

Aber die Spaltung, die durch das Privateigentum und die Konkurrenz hervorgerufen wird, bleibt dabei nicht stehen: es vollzieht sich die Zersplitterung jedes dieser drei Elemente. Da das Privateigentum jeden auf seine eigene rohe Einzelheit isoliert und gleichzeitig jeder dasselbe Interesse hat wie sein Nachbar, so steht ein Grundbesitzer dem anderen, ein Kapitalist dem anderen, ein Arbeiter dem anderen feindselig gegenüber.

Es fällt nicht schwer festzustellen, daß Engels bei der Behandlung der drei Elemente der Produktion, der Arbeit, des Kapitals und des

Bodens, denen die drei Formen der Einnahmen in der kapitalistischen Gesellschaft entsprechen, noch auf dem Boden der traditionellen Vorstellungen der vorangegangenen Ökonomen bleibt. Diese Vorstellungen wurden später vom Marxismus entschieden überwunden. Dennoch ist es bezeichnend, daß sich Engels nicht mit der moralischen Verurteilung bei der Gegenüberstellung der Elemente der Produktion begnügt, sondern weitergeht und zeigt, daß die Vernichtung des Privateigentums auch die mit ihm verbundenen Widersprüche beseitigt. In dieser Hinsicht steht er unermeßlich höher als seine Zeitgenossen, die utopischen Kritiker des Kapitalismus.

3. *Der historische Übergangscharakter des Kapitalismus*

Mit der Beseitigung des Privateigentums, schreibt Engels, wird der Grundzins auf seine Wahrheit reduziert, auf die vernünftige Anschauung, die ihm wesentlich zugrunde liegt. Der als Grundzins vom Boden getrennte Wert desselben kehrt dann in den Boden selbst zurück. Dieser Wert, der zu messen ist durch die Produktionsfähigkeit gleicher Flächen bei gleicher Menge der darauf verwendeten Arbeit, muß tatsächlich als Teil der Produktionskosten bei der Wertbestimmung der Produkte in Anschlag kommen.

Wenn wir das Privateigentum aufheben, schreibt Engels weiter, dann entfallen die widernatürlichen Spaltungen und Teilungen, die aus der ursprünglichen Trennung des Kapitals von der Arbeit, sowie aus der Vollendung dieser Trennung in der Spaltung der Gesellschaft in Kapitalisten und Arbeiter entstanden sind, eine Spaltung, die alle Tage schärfer und stärker wird. Es wird klar, daß das Kapital nichts ist ohne die Arbeit. „Der Gewinn reduziert seine Bedeutung auf das Gewicht, das bei der Bestimmung der Produktionskosten das Kapital in die Waage legt, und bleibt so dem Kapital inhärent, wie dies selbst in seine ursprüngliche Einheit mit der Arbeit zurückfällt."[36]

Wenn schließlich das Privateigentum beseitigt ist, fällt die unnatürliche Spaltung der Arbeit selbst weg, die darin zum Ausdruck kommt, daß das Produkt der Arbeit als Lohn ihr gegenübersteht. Die Arbeit ist ihr eigener Lohn, und die wahre Bedeutung des früher veräußerten

[36] Engels, Umrisse zu einer Kritik der Nationalökonomie, in: MEW, Bd.1, Berlin 1957, S. 512

Arbeitslohnes kommt an den Tag: die Bedeutung der Arbeit für die Bestimmung der Produktionskosten einer Sache.[37]

Durch diese Darlegungen von Engels zieht sich unter der Hülle der von den früheren Ökonomen gebrauchten Terminologie die sozialistische Idee von dem historisch vergänglichen Charakter des Kapitalismus und der ihm eigenen ökonomischen Kategorien. Mit der Beseitigung des Privateigentums wird die Konkurrenz nach Engels' Worten auf einen Wetteifer reduziert, der nach der Aufhebung der entgegengesetzten Interessen „auf seine eigentümliche und vernünftige Sphäre beschränkt wird".[38]

Diese Prophezeiung von Engels fand ihre volle Bestätigung in der sozialistischen Gesellschaft. In der Sowjetunion wie auch in den anderen Ländern des Sozialismus zeigte die Praxis des Lebens die große bewußte Rolle des sozialistischen Wettbewerbs, der eine mächtige Triebkraft beim Aufbau des Sozialismus und Kommunismus ist. Schon ganz am Anfang der Existenz des Sowjetstaates entlarvte Lenin entschieden die bürgerlichen Verleumder, die behaupteten, daß der Sozialismus mit der Beseitigung der Konkurrenz der Gesellschaft zum Stillstand verurteilte. Dabei charakterisierte er sehr anschaulich die gewaltige Bedeutung des Wettbewerbs, der nur im Sozialismus einen weiten Raum für seine Entwicklung erhält.

Der Wettbewerb steht im gleichen Maße höher als die Konkurrenz, wie der Sozialismus höher als der Kapitalismus steht. Der Grundunterschied zwischen dem sozialistischen Wettbewerb und der Konkurrenz besteht darin, daß der Wettbewerb wahrhaft konstruktiven Charakter trägt, die Konkurrenz aber destruktiven. Die Konkurrenz ist der Kampf aller gegen alle, in dessen Verlauf der Sieger den Besiegten schwächt, versklavt oder vernichtet. Der Wettbewerb aber ist im Gegensatz dazu ein schöpferischer Faktor des allgemeinen Aufschwungs, der durch die aktive Kraft des Beispiels der Solidarität, der Zusammenarbeit der gegenseitigen Hilfe der Teilnehmer am Wettbewerb erreicht wird.

Engels unterzieht den von den Ökonomen gebrauchten Ausdruck „Nationalreichtum" einer Kritik. „Solange das Privateigentum besteht", schreibt er, „hat dieser Ausdruck keinen Sinn. Der ‚Nationalreichtum' der Engländer ist sehr groß, und doch sind sie das ärmste

37 Vgl. ebenda, S. 512

38 Ebenda, S. 516

Volk unter der Sonne."[39] Dieser Gedanke erhält seine weitere Entwicklung im Zusammenhang mit dem von Engels analysierten Widerspruch zwischen der Produktions- und Konsumtionskraft der Gesellschaft.

Der Kampf aller gegen alle, der für die Herrschaft des Privateigentums charakteristisch ist, treibt die Produktion in eine Fieberhitze hinein, in der sie alle natürlichen und vernünftigen Verhältnisse auf den Kopf stellt. Als Folge der Anspannung aller Kräfte im Konkurrenzkampf „muß in der Entwicklung der Produktion eine Stufe eintreten, in der so viel überzählige Produktionskraft vorhanden ist, daß die große Masse der Nation nichts zu leben hat; daß die Leute vor lauter Überfluß verhungern".[40] Dieser Widerspruch der gleichzeitigen Existenz von Reichtum und Elend tritt besonders scharf in der Folge der Phasen der Industrieproduktion, der Blüte und Krise, der Überproduktion und Stockung zutage.

Die der Menschheit zu Gebote stehende Produktivkraft ist unermeßlich, schreibt Engels. Die Ertragsfähigkeit des Bodens ist durch die Anwendung von Kapital, Arbeit und Wissenschaft ins Unendliche zu steigern. „Das Kapital steigert sich täglich; die Arbeitskraft wächst mit der Bevölkerung, und die Wissenschaft unterwirft den Menschen die Naturkraft täglich mehr und mehr. Diese unermeßliche Produktionsfähigkeit, mit Bewußtsein und im Interesse aller gehandhabt, würde die der Menschheit zufallende Arbeit bald auf ein Minimum verringern; der Konkurrenz überlassen, tut sie dasselbe, aber innerhalb des Gegensatzes ... Ein Teil der Arbeiter arbeitet vierzehn, sechzehn Stunden des Tages, während ein anderer faul und untätig dasteht und verhungert."[41]

So nähert sich Engels unmittelbar der Entdeckung des allgemeinen Gesetzes der kapitalistischen Akkumulation. Die bürgerliche politische Ökonomie erdachte die Bevölkerungstheorie, um den unter der Herrschaft des Privateigentums entstehenden sinnlosen Zustand zu erklären. Engels unterzog diese Theorie einer glänzenden Kritik. „Wenn wir konsequent sein wollen", schrieb Engels, „so müssen wir gestehen, daß die Erde schon übervölkert war, als nur ein Mensch existierte."[42] Marx verwies im „Kapital", im Kapitel über das all-

[39] Ebenda, S. 502–503
[40] Ebenda, S. 516
[41] Ebenda, S. 517
[42] Ebenda, S. 518

gemeine Gesetz der kapitalistischen Akkumulation, wo er unter anderem die Frage vom absoluten Überfluß der Arbeiterbevölkerung behandelt und in diesem Zusammenhang auch die Bevölkerungstheorie von Malthus erwähnt, in einer Anmerkung auf jene Kritik der Malthusschen Theorie, die Engels in seinen „Umrissen“ lieferte.[43]

Mit zornigen Worten bedachte Engels diese Theorie, wobei er sie als „infame, niederträchtige Doktrin“, als „scheußliche Blasphemie gegen die Natur und Menschheit“[44] charakterisierte. Er entlarvte nicht nur ihren unsittlichen, antihumanen Inhalt, sondern deckte auch ihren Absurdität auf, indem er bemerkte, daß, wenn man konsequent sein würde, aus der „Bevölkerungstheorie“ die Schlußfolgerung abzuleiten wäre, daß die Erde schon dann überbevölkert war, als auf ihr nur ein Mensch existierte. Gleichzeitig bewies Engels unter Berufung auf Tatsachen, die in der damals schon vorhandenen Literatur angeführt wurden, besonders im Werk des konservativen Historikers und Statistikers, des Ökonomen Alison („Principle of population“), die Fehlerhaftigkeit der Meinung von Malthus, die von der Wirklichkeit widerlegt wurde. Engels führte eine Rechnung Alisons an, nach der Großbritannien „in zehn Jahren dahin gebracht werden könne, daß es Korn genug für das Sechsfache seiner jetzigen Bevölkerung produzieren würde“[45].

Später kam Engels wie auch Marx wiederholt auf die Kritik des Malthusianismus zurück, wobei er den menschenverachtenden Charakter und die vollständige Unhaltbarkeit dieser Art Apologetik der Ausbeuterordnung entlarvte. So verurteilte er noch kurz vor seinem Tode die Behauptung P. Struves, daß Marx die Bevölkerungstheorie von Malthus nur ergänzt, aber nicht widerlegt habe. Wie kann man heute von der Ergänzung der Malthusschen Theorie sprechen, schrieb Engels, wenn diese Theorie von der Annahme ausgeht, „daß die Bevölkerung auf die Subsistenzmittel drückt, . . . wenn allgemein anerkannt ist, daß die Subsistenzmittel jetzt auf die Bevölkerung drücken, die nicht groß genug ist, sie zu konsumieren.“[46]

Die Entlarvung des Mathusianismus in den Werken von Marx und Engels hat bis heute aktuelle Bedeutung. Versuche, in dieser oder

[43] K. Marx, Das Kapital, Erster Band, MEW, Bd. 23, S. 663

[44] Engels, F., „Umrisse zu einer Kritik der Nationalökonomie“ MEW, Bd. 1, S. 518 [45] Ebenda, S. 517

[46] Engels, F., Brief an Nikolai Franzewitsch Danielson, in: MEW, Bd. 39, Berlin 1968, S. 374

jener Art die menschenverachtende Theorie des Malthusianismus wieder aufleben zu lassen, gehören zu den charakteristischen Zügen der modernen bürgerlichen Ideologie. Damit wird der zutiefst antihumane Charakter der reaktionären Ideologie offenbart.

In der Situation, da die Völker vieler Länder entschlossen den Weg des Sozialismus beschreiten, hunderte Millionen von Menschen die Ketten der kolonialen Sklaverei zerrissen haben und die Ideen des Sozialismus sich immer anziehender für die Völker erweisen, nehmen die Politiker und Ideologen der reaktionären Bourgeoisie Kurs auf die Einschüchterung der Menschen. Dieses Ziel verfolgen die pseudowissenschaftlichen „Untersuchungen" über die Übervölkerung unseres Planeten, über die „demographische Explosion", die ein angeblich bedrohliches Anwachsen der Bevölkerung bedeutet, über die Begrenztheit der Lebensressourcen, über die Erschöpfung der Energie- und Rohstoffquellen. Aus solchen Pseudotheorien wird die Schlußfolgerung gezogen, daß an eine bessere Gesellschaftsordnung nicht zu denken ist, wenn der Menschheit oder zumindest ihrem erheblichen Teil, der Untergang droht. Nicht die Bedingungen der überlebten bürgerlichen Ordnung sondern die unverrückbaren Naturgesetze seien schuld an Hunger und Elend. Die Verfechter des Neomalthusianismus gehen bis zur Propagierung des Atomkrieges als des einzigen Mittels, die Zahl der Bevölkerung des Erdballs mit den auf dem Planeten vorhandenen Ressourcen in Einklang zu bringen. Die Anhänger dieser modernen Religion der Bourgeoisie rufen zum Verzicht auf alle Versuche auf, die sozialen Lebensbedingungen der Völker zu verbessern. Die Ideologie der Auswegs- und Hoffnungslosigkeit soll den Willen der Völker zum Kampf für eine bessere Zukunft untergraben, soll sie mit der Ausbeuterordnung versöhnen.

Wie weit auch die Ideologie der reaktionären Klasse von der Wirklichkeit entfernt sein mag, sie stellt doch die Widerspiegelung bestimmter Erscheinungen dar. Die These der antikommunistischen Propaganda von der Begrenztheit und Spärlichkeit der Lebensressourcen der Menschheit verdreht die Tatsachen von der Gesellschaft und der Natur. Sie widerspiegelt aber etwas Reales, nämlich die Tatsache, daß der Kapitalismus schon lange ein Hindernis auf dem Wege der Entwicklung der Produktivkräfte, auf dem Wege der Beherrschung der unerschöpflichen Naturreichtümer geworden ist. Davon zeugt anschaulich jene empörende Tatsache, daß in unserer Zeit, da die Macht des Menschen über die Natur ins Gigantische gewachsen ist und weiterhin schnell wächst, Hunderte Millionen von Menschen in den ökonomisch schwach entwickelten Ländern zu halbverhungernder Existenz verurteilt sind, und Millionen Menschen jährlich Hungers sterben. Nicht die Naturgesetze sind schuld an dieser echten Tragödie, sondern die langandauernde Herrschaft der räuberischen Kolonisatoren und die bis in die Gegenwart fortgesetzte Politik der imperialistischen Staaten, die die Mehrzahl der Länder der sogenannten „dritten Welt" zu ökonomischer und technischer Rückständigkeit verurteilt.

In den „Umrissen" sah Engels noch nicht das tatsächliche Verhältnis zwischen Preis und Wert und negierte im Prinzip den Wert in der Annahme, daß das ewige Schwanken der Preise durch die Konkurrenz jeglichen Wert, der den Sachen innewohnt, zerstört und die Tauschbeziehungen aller Sachen untereinander täglich und stündlich verändert. Die wissenschaftliche Analyse des Kapitalismus, die von den Begründern des Marxismus später vorgenommen wurde, zeigte, daß das ewige Schwanken der Preise um den Wert das Wertgesetz nicht nur nicht aufhebt, sondern die notwendige und unter den Bedingungen der Herrschaft des Privateigentums einzig mögliche Wirkungsweise des Wertgesetzes ist.

Wenn Engels auch nicht in der Lage war, die tatsächliche Rolle der Konkurrenz bei der Durchsetzung des Wertgesetzes aufzudecken, so machte er doch die überaus interessante Bemerkung, daß „die Wahrheit der Konkurrenz" im Verhältnis der Konsumtionskraft zur Produktionskraft besteht. Im Hinblick auf die zukünftige, der Menschheit würdige Gesellschaft, schreibt Engels, daß es dort keine andere Konkurrenz geben werde als diese. „Die Gemeinde wird zu berechnen haben, was sie mit den ihr zu Gebote stehenden Mitteln erzeugen kann, und nach dem Verhältnis dieser Produktionskraft zur Masse der Konsumenten"[47] die Ausmaße der Produktion bestimmen.

Auf diesen Gedanken in den „Umrissen" nahmen späterhin sowohl Marx als auch Engels Bezug. In einem Brief an Engels vom 8. Januar 1868 schrieb Marx: „In der Tat, keine Gesellschaftsform kann verhindern, daß auf die eine oder andere Weise die disponible Arbeitszeit der Gesellschaft die Produktion regelt. Aber, solange sich diese Reglung nicht durch direkte bewußte Kontrolle der Gesellschaft über ihre Arbeitszeit – was nur möglich bei Gemeineigentum – vollzieht, son-

[47] F. Engels, Umrisse zu einer Kritik der Nationalökonomie, MEW, Bd. 1, S. 516

dern durch die Bewegung der Preise der Waren, bleibt es bei dem, was Du bereits in den ‚Deutsch-Französischen Jahrbüchern' ganz zutreffend gesagt hast."[48] Und Engels bemerkte im „Anti-Dühring", daß in der kommunistischen Gesellschaft alles, was von einer solchen ökonomischen Kategorie wie dem Wert übrigbleibt, in der Notwendigkeit besteht, Nutzeffekt und Verausgabung von Arbeit bei der Entscheidung der Frage nach der Produktion miteinander abzuwägen, wobei er auf seine Arbeit aus dem Jahre 1844 verwies.[49]

Zu den fruchtbaren Ideen, die zum ersten Mal in den „Umrissen" ausgesprochen wurden und danach in das wissenschaftliche Arsenal der marxistischen politischen Ökonomie eingingen, gehören auch die Gedanken über die spezifische Natur der ökonomischen Gesetze des Kapitalismus. Bei der Untersuchung des Gesetzes der Konkurrenz deckt Engels die Unhaltbarkeit der Versuche der bürgerlichen politischen Ökonomie auf, dieses Gesetz als Quelle der Harmonie hinzustellen. Das Gesetz der Konkurrenz führt dazu, daß es niemals zu einem gesunden Zustand kommt, sondern ein ständiger Wechsel zwischen Aufschwung und Depression, ein ewiges Schwanken vor sich geht.

Dieses Gesetz mit seinen ständigen Gleichgewichtsstörungen findet die bürgerliche politische Ökonomie hervorragend, es stellt ihren Hauptstolz dar. In Wirklichkeit aber, bemerkt Engels, ist dieses Gesetz ein reines Naturgesetz, das wie eine reine Naturkraft wirkt. Die apologetische Auslegung des Gesetzes von Angebot und Nachfrage bei den bürgerlichen Ökonomen stellt Engels der Praxis der bürgerlichen Ordnung gegenüber, die alle apologetischen Theorien ad absurdum führt. Der bürgerliche „Ökonom kommt mit seiner schönen Theorie von Nachfrage und Zufuhr heran, beweist euch, daß ‚nie zuviel produziert werden kann', und die Praxis antwortet mit den Handelskrisen, die so regelmäßig wiederkehren wie die Kometen ... Natürlich bestätigen diese Handelsrevolutionen das Gesetz, sie bestätigen es im vollsten Maße, aber in einer andern Weise, als der Ökonom uns glauben machen möchte. Was soll man von einem Gesetz denken, das sich nur durch periodische Revolutionen durchsetzen kann? Es ist eben ein Naturgesetz, das auf der Bewußtlosigkeit der Beteiligten beruht. Wüßten die Produzenten als solche, wieviel die Konsumenten be-

[48] Brief von Marx an Engels, in: MEW, Bd. 32, Berlin 1965, S. 12

[49] Vgl. Engels, F., Herrn Eugen Dührings Umwälzung der Wissenschaft (Anti-Dühring), in: MEW, Bd. 20, Berlin 1962, S. 288

dürften, organisierten sie die Produktion, verteilten sie sie unter sich, so wäre die Schwankung der Konkurrenz und ihre Neigung zur Krisis unmöglich. Produziert mit Bewußtsein, als Menschen, nicht als zersplitterte Atome ohne Gattungsbewußtsein, und ihr seid über alle diese künstlichen und unhaltbaren Gegensätze hinaus. Solange ihr aber fortfahrt, auf die jetzige unbewußte, gedankenlose, der Herrschaft des Zufalls überlassene Art zu produzieren, solange bleiben die Handelskrisen; und jede folgende muß universeller, also schlimmer werden als die vorhergehende . . ." [50]

Im ersten Band des „Kapitals", wo Marx darauf hinweist, daß sich das Wertgesetz in der vollentfalteten Warenproduktion nur gewaltsam durchsetzt, als regulierendes Naturgesetz, das wie das Gesetz der Schwere wirkt, wenn einem das Haus über dem Kopf zusammenpurzelt, führt er in einer Anmerkung jene Stelle aus den „Umrissen" von Engels an, wo die Rede vom Naturgesetz ist, das sich nur durch periodische Revolution durchsetzen kann, solange ohne Bewußtsein produziert wird.[51]

In seiner ersten ökonomischen Arbeit lenkte Engels die Aufmerksamkeit darauf, daß, obwohl sich das Kapital in ursprüngliches Kapital und Gewinn, den Zuwachs des Kapitals, teilt, sich dieser Gewinn in der Praxis sogleich wieder zum Kapital schlägt und mit diesem in Fluß gesetzt wird.[52] Marx führt diese Bemerkung an und zeigt, daß in der Bewegung sowohl das Kapital als auch sein Zuwachs auftritt, ihren neuen Anfang bildet.[53]

Die Tiefe der Kritik der bürgerlichen politischen Ökonomie und der ökonomischen Verhältnisse des Kapitalismus, die Bedeutsamkeit und Fruchtbarkeit der Ideen, die den Inhalt der ersten ökonomischen Arbeit von Engels kennzeichnen, unterliegen keinem Zweifel. Aber warum war dann ihr Autor später der Meinung, daß sie nicht nur voller Fehler, sondern auch grober „Böcke" sei, daß sie veraltet und bei einer Ausgabe für den durchschnittlichen Leser, der sich mit dem Marxismus bekannt machen wolle, mehr Schaden als Nutzen bringen würde?

[50] Engels, F., Umrisse zu einer Kritik der Nationalökonomie, MEW, Bd. 1, S. 514–515

[51] Vgl. Marx, K., Das Kapital, Erster Band, MEW, Bd. 23, S. 89

[52] Engels, F., Umrisse zu einer Kritik der Nationalökonomie, MEW, Bd. 1, S. 511

[53] Vgl. Marx, K., Das Kapital, Erster Band, MEW, Bd. 23, S. 167–168

In dieser harten Bewertung widerspiegelten sich vor allem die ungewöhnliche Strenge gegen sich selbst und die Neigung zu anspruchsvoller Selbstkritik, die so charakteristisch für Engels sind. Aber damit ist die Erklärung noch nicht erschöpft. Der Hauptgrund dafür, daß diese Arbeit vom Standpunkt des voll ausgereiften Marxismus für „veraltet" angesehen wird, besteht wohl darin, daß in ihr eines der Grundprinzipien der materialistischen Dialektik noch nicht Eingang gefunden hatte. Dieses Prinzip besteht nach der bemerkenswerten Erklärung von Engels darin, daß für die Dialektik charakteristisch und wesentlich nicht die bloße Negation ist, obwohl diese in sich das Element der Negation birgt, und dazu noch als ihr wichtigstes Element, – sondern „die Negation als Moment des Zusammenhangs, als Moment der Entwicklung, bei Erhaltung des Positiven, d. h. ohne irgendwelche Schwankungen, ohne jeden Eklektizismus."[54]

Ein solches Herangehen an die Analyse der Lehren der bürgerlichen Ökonomen wie an die Untersuchung der ökonomischen Verhältnisse der kapitalistischen Produktionsweise gab es in den „Umrissen" noch nicht. Dieses Prinzip der Dialektik fand seine volle Verkörperung in den Werken des reifen Marxismus, wo die ökonomische Wissenschaft der Arbeiterklasse bei Erhaltung des Positiven"[55], das in der ganzen vorangegangenen Geschichte der ökonomischen Ideen enthalten war, ausgearbeitet worden ist.

Nach einem Zeugnis von Mehring sagte Liebknecht einmal, daß es völlig unrichtig sei, in Marx den unzugänglichen, in Engels aber den weicheren und nachgiebigeren Menschen zu sehen, der als erster die Gedanken von Marx in die Massen getragen hat. Obwohl Engels weitaus faßlicher schrieb als Marx, war er doch um vieles rigoroser als Marx. Der Eindruck, den Liebknecht aus der persönlichen Bekanntschaft mit Marx und Engels gewonnen hat, wird durch ihre geistige Physionomie bestätigt, insofern sie sich in ihren Arbeiten widerspiegelt. Hinsichtlich der ersten Arbeiten von Engels schrieb Mehring, daß dieser weitaus schneller sein Urteil fälle und deshalb auch der Polemik geneigter war als Marx. Wäre Marx nach England geraten, dann hätte er nicht so schnell die Rechnung mit Adam Smith und Ricardo beglichen, wie das Engels in seinen „Umrissen" gelungen ist. Das kann man mit voller

[54] Lenin, W. I., Konspekt zur „Wissenschaft der Logik". Die Lehre vom Begriff, in: Werke, Bd. 38, Berlin 1964, S. 218

[55] Ebenda

Sicherheit bestätigen, da ja bekannt ist, wie sorgfältig Marx Smith und Ricardo erforscht und wie er wissenschaftliche Elemente ihrer Ansichten benutzt hat.

Die Geschichte einer beliebigen Wissenschaft entsteht als ihr selbständiges Gebiet erst auf jener Stufe ihrer Entwicklung, wenn die kritische Analyse der Errungenschaften der Vergangenheit für ihre weitere Entwicklung notwendig wird. So verhielt es sich zweifellos zur Zeit der Entstehung der marxistischen politischen Ökonomie.

Bei der Behandlung der bürgerlichen Ökonomen trennte Engels in den „Umrissen" noch nicht die Vertreter der wissenschaftlichen politischen Ökonomie von den Vulgärökonomen und warf A. Smith und Say, Ricardo und Malthus in einen Topf. Er unterschied noch nicht das esoterische Herangehen an die Erforschung der ökonomischen Wirklichkeit, das in die Tiefe der Dinge vordringt, vom exoterischen, das an der Oberfläche der Erscheinungen haften bleibt. Er sah noch nicht die Bedeutung der Arbeitswerttheorie, die in ihrer konsequenten Entwicklung und Begründung durch Marx der Mehrwerttheorie zugrunde gelegt wurde und somit zum Fundament für die Schaffung der politischen Ökonomie der Arbeiterklasse wurde. Aber das große Verdienst von Engels besteht darin, daß er den Gegensatz der politischen Ökonomie des Privateigentums und der politischen Ökonomie der Arbeit verkündete, genial eine Reihe wichtiger Richtungen der wissenschaftlichen sozialistischen Kritik an den Dogmen der bürgerlichen politischen Ökonomie und der in ihnen widerspiegelten Produktionsverhältnisse der bürgerlichen Gesellschaft angedeutet und vorausgeahnt hat.

Zum Abschluß seiner Kritik der bürgerlichen politischen Ökonomie bemerkt Engels, daß die Untersuchung der Folgen der Maschinerie zu einem anderen Thema führt, zum Fabriksystem. Er weist darauf hin, daß er die Absicht hat, „die scheußliche Unsittlichkeit dieses Systems ausführlich zu entwickeln und die Heuchelei des Ökonomen die hier in ihrem vollen Glanze erscheint, schonungslos aufzudecken".[56] Aber die „Deutsch-Französischen Jahrbücher" erschienen wegen Meinungsverschiedenheiten zwischen ihren Redakteuren Marx und Arnold Ruge nach ihrer ersten Nummer nicht weiter. Engels verwirklichte seine in den „Umrissen" angekündigte Absicht in Form des Buches „Die Lage der arbeitenden Klasse in England".

[56] Engels, F., Umrisse zu einer Kritik der Nationalökonomie, MEW, Bd. 1, S. 524

Kapitel II

„Die Lage der arbeitenden Klasse in England"

1. Eine Anklage gegen die Bourgeoisie

Engels schrieb seine Arbeit „Die Lage der arbeitenden Klasse in England" nur ein Jahr nach den „Umrissen zur Kritik der Nationalökonomie". Aber dieses Jahr war voll wichtiger Ereignisse im Leben von Engels und stellte eine bedeutende Etappe in seiner geistigen Entwicklung dar.

Als sich Marx und Engels im August 1844 in Paris begegneten, stellten sie die volle Übereinstimmung ihrer theoretischen und politischen Ansichten fest und beschlossen, sie in Form einer Kritik der idealistischen Philosophie der Junghegelianer mit Bruno Bauer an der Spitze darzulegen. Gemeinsam wurde ein Arbeitsplan aufgestellt und Engels machte sich sofort daran, seinen Teil zu verfassen. Den größeren Teil des Buches im Umfang von mehr als zwanzig Druckbogen schrieb Marx, der daran bis Ende November 1844 weiterarbeitete. Das Buch erschien Ende Februar 1845.

Ihre erste gemeinsame Arbeit beabsichtigten die Begründer des wissenschaftlichen Kommunismus ursprünglich „Die Kritik der kritischen Kritik. Gegen Bruno Bauer und seine Anhänger" zu nennen, später jedoch wurde beim Erscheinen des Buches der Titel „Die heilige Familie" hinzugefügt. In dieser Arbeit wurden, nach Lenins Worten, die Grundlagen des revolutionär-materialistischen Sozialismus gelegt.[1] Lenin konspektierte 1895 während einer kurzen Auslandsreise sorg-

[1] Vgl. Lenin, W. I., Friedrich Engels, in: Werke, Bd. 2, Berlin 1961, S. 9

fältig „Die heilige Familie"[2] und unterstrich in seinem im Herbst des gleichen Jahres geschriebenen Artikel über Engels die Bedeutung dieses Werkes für die Herausbildung der marxistischen Weltanschauung.

Bruno Bauer und seine Anhänger standen auf idealistischem Standpunkt und verunglimpften großsprecherisch den Materialismus, wobei sie eine Kritik predigten, die vom wirklichen Leben losgelöst war und angeblich über den Parteien und der Politik überhaupt stand. Sie lehnten jede praktische Tätigkeit ab und begnügten sich damit, die Umwelt und die in ihr vor sich gehenden Ereignisse „kritisch" zu betrachten. Sie verhielten sich überheblich zum Proletariat als einer unkritischen Masse.

Die Begründer des wissenschaftlichen Kommunismus traten entschieden gegen diese Richtung auf. „Im Namen der wahren menschlichen Persönlichkeit, des von den herrschenden Klassen und vom Staate getretenen Arbeiters, fordern sie statt der Betrachtung den Kampf für eine bessere Gesellschaftsordnung. Die zu diesem Kampf fähige und an ihm interessierte Kraft sehen sie natürlich im Proletariat."[3]

In ihrer Kritik der idealistischen Ansichten der Junghegelianer befanden sich Marx und Engels in der ersten Zeit unter einem gewissen Einfluß der materialistischen Anschauungen Ludwig Feuerbachs. Die Philosophie Feuerbachs spielte beim Übergang von Marx und Engels vom Idealismus zum Materalismus eine große Rolle. Der Materialismus Feuerbachs war jedoch inkonsequent. Nach der Charakteristik von Engels blieb jener mächtige Anstoß, den Feuerbach der geistigen Entwicklung gab, für ihn selbst vollkommen fruchtlos. Ohne den Weg aus dem Reich der Abstraktionen in die lebendige wirkliche Welt zu finden, klammerte sich Feuerbach krampfhaft an die Natur und den Menschen. „Vom Feuerbachschen abstrakten Menschen kommt man aber nur zu den wirklichen lebendigen Menschen, wenn man sie in der Geschichte handelnd betrachtet."[4]

„Der Kultus des abstrakten Menschen, der den Kern der Feuerbachschen neuen Religion bildete, mußte ersetzt werden durch die Wissen-

[2] Vgl. Lenin, W. I., Konspekt zu Marx' und Engels' Werk „Die heilige Familie", in: Werke Bd. 38, Berlin 1964, S. 7–37

[3] Lenin, W. I., Friedrich Engels, in Werke, Bd. 2, Berlin 1961 S. 10

[4] Engels, F., Ludwig Feuerbach und der Ausgang der klassischen deutschen Philosophie, in: MEW, Bd. 21, Berlin 1962, S. 290

schaft von den wirklichen Menschen und ihrer geschichtlichen Entwicklung."[5]

Diese weitere Entwicklung des Standpunktes von Feuerbach über die Grenzen seiner Philosophie hinaus wurde in der „Heiligen Familie" begonnen.

In seinem Konspekt zur „Heiligen Familie" schrieb Lenin ausführlich die Stellen heraus, in denen der Prozeß der Herausbildung der soziologischen und ökonomischen Ideen des Marxismus seinen Ausdruck fand. So zitiert er den Ausspruch, in dem es heißt, daß die Vorstellung des „gleichen Besitzes das gesellschaftliche Verhalten der Menschen zum Menschen" ist, und bemerkt, daß diese Stelle zeigt, wie sich Marx der Grundidee seines ganzen „Systems" nähert, nämlich der Idee der gesellschaftlichen Produktionsverhältnisse. Weiter notiert Lenin die Stellen aus der „Heiligen Familie", wo es um die Abhängigkeit des Wertes einer Sache von der Arbeitszeit geht, die für ihre Herstellung notwendig ist, und weist darauf hin, daß hier der Zugang zur Theorie der Arbeitswerts gegeben ist.[6]

Hervorragende Bedeutung hatten die in der „Heiligen Familie" formulierten Ansichten über die welthistorische Rolle des Proletariats. Die politische Ökonomie, welche die Verhältnisse des Privateigentums für menschlich und vernünftig hinnimmt, bewegt sich, so schrieben die Autoren, in einem fortwährenden Widerspruch gegen ihre Grundvoraussetzung, das Privateigentum. Proletariat und Reichtum sind Gegensätze, die ein einheitliches Ganzes bilden, insofern beide Gestaltungen der Welt des Privateigentums sind. Aber jedes dieser beiden Elemente nimmt eine unterschiedliche Stellung im Rahmen dieses Antagonismus ein. Der Privateigentümer stellt die konservative, der Proletarier die destruktive Seite dar. Vom ersten geht die Aktion des Erhaltens des Antagonismus aus, vom zweiten die Aktion seiner Vernichtung.

Hieraus wird der Schluß gezogen: „Das Proletariat vollzieht das Urteil, welches das Privateigentum durch die Erzeugung des Proletariats über sich selbst verhängt, wie es das Urteil vollzieht, welches die Lohnarbeit über sich selbst verhängt, indem sie den fremden Reichtum und das eigne Elend erzeugt. Wenn das Proletariat siegt, so ist es

[5] Ebenda

[6] Lenin, W. I., Konspekt zu Marx' und Engels' Werk „Die heilige Familie", in Werke, Bd. 38, Berlin 1964, S. 15

dadurch keineswegs zur absoluten Seite der Gesellschaft geworden, denn es siegt nur, indem es sich selbst und sein Gegenteil aufhebt. Alsdann ist ebensowohl das Proletariat wie sein bedingender Gegensatz, das Privateigentum, verschwunden.“ [7]

Die „kritischen Kritiker“ behaupteten, daß die Sozialisten, die dem Proletariat diese welthistorische Rolle zuschreiben, die Proletarier für „Götter“ halten. In der „Heiligen Familie“ wird diese Lüge entlarvt. Da die Lebensbedingungen des Proletariats in der heutigen Gesellschaft den höchsten Grad der Unmenschlichkeit erreicht haben, kann und muß das Proletariat sich selbst befreien. Aber es kann dies nicht tun, ohne seine eigenen Lebensbedingungen zu zerstören, und dies wiederum kann es nicht tun, ohne alle unmenschlichen Bedingungen zu zerstören, die in seiner eigenen Situation konzentriert sind. „Es macht nicht vergebens die harte, aber stählende Schule der Arbeit durch . . . Sein Ziel und seine geschichtliche Aktion ist in seiner eigenen Lebenssituation wie in der ganzen Organisation der heutigen bürgerlichen Gesellschaft sinnfällig, unwiderruflich vorgezeichnet.“ [8]

Im Zusammenhang mit der Aufdeckung der Rolle des Proletariats in der „Heiligen Familie“ wurde die These hervorgehoben: „Mit der Gründlichkeit der geschichtlichen Aktion wird . . . der Umfang der Masse zunehmen, deren Aktion sie ist.“ [9] Lenin wies darauf hin, daß in diesen Worten eine der tiefsten und wichtigsten Thesen der geschichtsphilosophischen Theorie des Marxismus ausgedrückt ist [10], daß sie einen der tiefsten und bedeutendsten Aussprüche der Begründer des modernen Kommunismus darstellen. [11] Somit enthielt „Die heilige Familie“ als in erster Linie philosophisches Werk eine Reihe höchst wichtiger Ideen, die in das Arsenal des historischen Materialismus und der marxistischen politischen Ökonomie eingingen.

Während Engels die „Umrisse zur Kritik der Nationalökonomie“ in jener Periode schrieb, als er und Marx unabhängig voneinander zu ein und denselben theoretischen Positionen gelangten, wurde „Die Lage der

[7] Engels, F., Marx. K., Die heilige Familie, in: MEW, Bd. 2, Berlin 1958, S. 37–38

[8] Ebenda, S. 38

[9] Ebenda, S. 86

[10] Vgl. Lenin, W. I., Auf welches Erbe verzichten wir?, in: Werke, Bd. 2, Berlin 1961, S. 536

[11] Vgl. Lenin, W. I., Referat auf dem II. Gesamtrussischen Gewerkschaftskongreß, in: Werke, Bd. 28, Berlin 1959, S. 430

arbeitenden Klasse in England" schon nach der Begründung des großartigen Freundschaftsbundes der Schöpfer des wissenschaftlichen Kommunismus geschrieben, der all ihren weiteren Werken einen unauslöschlichen Stempel aufdrückte.[12]

Engels begann die Arbeit an diesem Werk nach seiner Ankunft in Barmen Anfang September **1844** und beendete sie Mitte März **1845**. Das Vorwort trägt das Datum: Barmen, **15**. März **1845**. Ende Mai desselben Jahres erschien das Buch.

„Die Lage der arbeitenden Klasse in England" bezeichnete eine der wichtigsten Etappen in der Herausbildung des wissenschaftlichen Kommunismus im ganzen und der proletarischen politischen Ökonomie im besonderen. Im Unterschied zu den „Umrissen zur Kritik der Nationalökonomie" stimmte Engels einer Wiederauflage dieses Werkes ohne jedwede Veränderungen einige Dutzend Jahre später gern zu. Zu Lebzeiten von Engels wurde es dreimal aufgelegt: in englischer Sprache im Jahre **1887** in New York und **1892** in London, **1892** erschien die zweite deutsche Auflage. In dem **1887** geschriebenen Anhang zur amerikanischen Ausgabe, der danach fast vollständig in die Vorworte zur englischen und deutschen Ausgabe übernommen wurde, bemerkte Engels, daß das Buch geschrieben wurde, als er vierundzwanzig Jahre alt war, und den Stempel der Jugend des Autors im guten wie im schlechten trage, wessen er sich keinesfalls schäme.[13] Ohne diesen Stempel der Jugend in irgendeiner Weise im Buch verwischen zu wollen, wies Engels dennoch darauf hin, daß der allgemeine theoretische Standpunkt seines Buches in philosophischer, ökonomischer und politischer Hinsicht nicht

[12] Auf den engen Zusammenhang zwischen der „Heiligen Familie" und der „Lage der arbeitenden Klasse in England" wies D. I. Rosenberg in seiner posthum veröffentlichten Arbeit über die Entwicklung der ökonomischen Lehre des Marxismus hin: „Die ‚Heilige Familie' wird im wesentlichen von Marx geschrieben, jedoch unter tatkräftiger Mitwirkung von Engels; die ‚Lage der arbeitenden Klasse' wurde von Engels verfaßt, jedoch erst nach der Begegnung mit Marx zum Druck vorbereitet. Beide Schriften sind das Ergebnis einer selbständigen ideologischen Entwicklung eines jeden der beiden Autoren und zugleich Produkt ihrer geistigen Verbindung und ihrer gemeinsamen Erörterung der Probleme". D. J. Rosenberg, Die Entwicklung der ökonomischen Lehre von Marx und Engels in den vierziger Jahren des 19. Jahrhunderts, Berlin 1958, S. 226

[13] Vgl. Engels, F., Anhang (zur amerikanischen Ausgabe der „Lage der arbeitenden Klasse in England"), in: MEW, Bd. 21, Berlin 1962, S. 250

mehr genau mit seinem jetzigen Standpunkt übereinstimmt. „Im Jahre 1844, fuhr er fort, existierte der moderne internationale Sozialismus noch nicht, der seitdem, vor allem und fast ausschließlich durch die Leistungen von Marx, zu einer Wissenschaft ausgebildet wurde. Mein Buch repräsentiert nur eine der Phasen seiner embryonalen Entwicklung." [14] Weiter stellte er fest, daß in diesem Buch überall die Spuren der Abstammung des modernen Sozialismus von einem seiner Vorfahren – der deutschen Philosophie – sichtbar werden.

Dabei teilt Engels mit, daß er aus dem Text mit Bedacht viele Prophezeiungen, namentlich die einer nahe bevorstehenden sozialen Revolution in England nicht gestrichen habe, Prophezeiungen, wie sie ihm seine „jugendliche Hitze" damals eingab. Das wunderbare ist, so fährt Engels fort, nicht, daß so viele dieser Prophezeiungen fehlgingen, sondern, daß so viele eingetroffen sind und daß zum Beispiel die kritische Lage der englischen Industrie, infolge deutscher und namentlich amerikanischer Konkurrenz, die er damals in einer allerdings viel zu nahen Zukunft voraussah, seitdem wirklich eingetreten ist und bis zum Verlust ihres Monopols auf dem Weltmarkt führte.[15]

„Die Lage der arbeitenden Klasse in England" ging für immer in die geistige Schatzkammer des Marxismus ein. Dieses Buch war nach einer Einschätzung Lenins eine furchtbare Anklage gegen den Kapitalismus und die Bourgeoisie.[16] Das ganze Buch ist von grenzenlosem Mitgefühl für die Leiden der Arbeiterklasse erfüllt und gipfelt in dem Aufruf zum Kampf für die Befreiung des Proletariats. Über die Notlage der werktätigen Massen, über die Notwendigkeit, ihnen zu helfen, schrieben viele Autoren auch schon vor Engels. Aber Engels erklärte als erster, daß das Proletariat nicht nur eine leidende Klasse ist, sondern daß gerade seine ökonomische Versklavung es unaufhaltsam vorwärtstreibt und zwingt, für seine Befreiung zu kämpfen. Das kämpfende Proletariat besitzt die Kraft, die Ausbeutung zu beenden. Einerseits führt die politische Bewegung des Proletariats die Arbeiter unvermeidlich zu der Erkenntnis, daß es für sie keinen anderen Ausweg gibt als den Sozialismus. Andererseits wird der Sozialismus nur dann eine Macht sein, wenn er zum Ziel des politischen Kampfes der Arbeiterklasse geworden ist.

[14] Ebenda, S. 254–255
[15] Vgl. ebenda, S. 255–256
[16] Vgl. Lenin, W. I., Friedrich Engels, in Werke, Bd. 2, S. 9

Die Grundgedanken der Arbeit von Engels zusammenfassend, wies Lenin darauf hin, daß das gesamte denkende und kämpfende Proletariat sie sich in der Folgezeit zu eigen gemacht hat, daß sie zur Zeit des Erscheinens dieses Buches aber völlig neu waren. „Diese Gedanken wurden in einem hinreißend geschriebenen Buche niedergelegt, das voll ist von wahrheitsgetreuen und erschütternden Bildern aus dem Elendsleben des englischen Proletariats.“ [17]

In dieser Arbeit benutzte Engels sowohl Ergebnisse seiner persönlichen Beobachtungen als auch Früchte einer aufmerksamen Untersuchung der gesellschaftlichen Entwicklung Englands. An die Arbeiterklasse Großbritanniens gewandt, der Engels sein Werk widmete, schrieb er: „Ich habe lange genug unter euch gelebt, um einiges von euren Lebensumständen zu wissen; ich habe ihrer Kenntnis meine ernsteste Aufmerksamkeit gewidmet; ich habe die verschiedenen offiziellen und nichtoffiziellen Dokumente studiert, soweit ich die Möglichkeit hatte, sie mir zu beschaffen – ich habe mich damit nicht begnügt, mir war es um mehr zu tun als um die nur abstrakte Kenntnis meines Gegenstandes, ich wollte euch in euren Behausungen sehen, euch in eurem täglichen Leben beobachten, mit euch plaudern über eure Lebensbedingungen und Schmerzen, Zeuge sein eurer Kämpfe gegen die soziale und politische Macht eurer Unterdrücker. Ich verfuhr dabei so: Ich verzichtete auf die Gesellschaft und die Bankette, den Portwein und den Champagner der Mittelklasse und widmete meine Freistunden fast ausschließlich dem Verkehr mit einfachen Arbeitern; ich bin froh und stolz zugleich, so gehandelt zu haben.“ [18] Im Vorwort zu seinem Buch schrieb Engels, daß darin das dargelegt wurde, was er während einundzwanzig Monaten Gelegenheit hatte, in England zu sehen, zu hören und zu lesen, und das englische Proletariat aus eigener Anschauung und im persönlichen Verkehr unmittelbar kennenzulernen, seine Bestrebungen, seine Leiden und Freuden, wobei er die eigenen Beobachtungen gleichzeitig mit Informationen aus authentischen Quellen ergänzte.[19]

In England beobachtete Engels nicht nur aufmerksam das Leben der industriell entwickelten Gesellschaft, sondern studierte auch eifrig

[17] Ebenda

[18] Engels, F., An die arbeitenden Klassen Großbritanniens, in: MEW, Bd. 2, Berlin 1958, S. 229

[19] Vgl. Engels F., Die Lage der arbeitenden Klassen in England. Vorwort, in: MEW, Bd. 2, Berlin 1958, S. 232

die damalige sozialistische, besonders die chartistische Literatur. „Es läßt sich vermuten", schreibt der sowjetische Historiker der Arbeiterbewegung in England, Rotstein, „daß Engels eben aus dieser Literatur seine erste Einsicht in die Theorie des Klassenkampfes gewann, wie er überhaupt die Klassenkämpfe selbst zu schildern lernte, die er in seinem Buch über die Lage der englischen arbeitenden Klasse darstellte."[20]

Diese Verbindung unmittelbarer Beobachtungen eines scharfsinnigen Geistes mit den Früchten der analytischen Arbeit eines gründlichen Erforschers von Dokumenten wie der frühen sozialistischen Literatur macht die unwiederholbare Kraft des Werkes von Engels aus. „Man begann sich allenthalben auf das Buch von Engels zu berufen, als auf die beste Darstellung der Lage des modernen Proletariats", schrieb Lenin ein halbes Jahrhundert nach dem Erscheinen dieses Buches. „In der Tat: weder vor 1845 noch später ist eine so eindrucksvolle und wahrheitsgetreue Schilderung der Notlage der Arbeiterklasse erschienen."[21]

Fast zwei Jahrzehnte nach Erscheinen dieses Buches schrieb Marx nach einer nochmaligen Lektüre an Engels, daß sein Hauptinhalt „bis ins kleinste durch die spätere Entwicklung seit (18)44 bestätigt worden ist" . . . „Wie frisch, leidenschaftlich, kühn vorausgreifend und ohne gelehrte und wissenschaftliche Bedenken wird hier noch die Sache gefaßt! Und die Illusionen selbst, daß morgen oder übermorgen das Resultat auch geschichtlich ans Tageslicht springen wird, gibt dem Ganzen eine Wärme und lebenslustigen Humor . . ."[22]

Im ersten Band des „Kapitals" kehrt Marx häufig zur Arbeit von Engels zurück und verweist auf sie an vielen Stellen, besonders bei der Untersuchung des Arbeitstages und der maschinellen Produktion. Wie tief Engels den Geist der kapitalistischen Produktionsweise begriffen hatte, zeigen, wie er an einer Stelle bemerkt, die Berichte der Fabrik- und Bergwerksinspektoren, die nach 1845 erschienen sind; wie bewundrungswürdig er die Zustände der Arbeiterklasse im Detail malte, zeigt der oberflächlichste Vergleich seiner Schrift mit den 18 bis 20 Jahre später veröffentlichten offiziellen Berichten der Kommission für Kinderarbeit.[23]

[20] Rotstein, F. A., Beiträge zur Geschichte der Arbeiterbewegung in England, Wien-Berlin 1929, S. 150

[21] Lenin, W. I., Friedrich Engels, in: Werke, Bd. 2, Berlin 1961, S. 9

[22] Marx, K., Brief an Engels, in: MEW, Bd. 30, Berlin 1964, S. 342–343

[23] Vgl. Marx, K., Das Kapital, Erster Band, in: MEW, Bd. 23, Berlin 1962, S. 254

„Es war das erste Buch, das ich mir anschaffte und aus dem ich die ersten Vorstellungen über die Arbeiterbewegung schöpfte" [24], erinnerte sich später der Mitarbeiter von Marx und Engels aus dem Bund der Kommunisten, der Arbeiter F. Lessner. Aber auch den folgenden Generationen von Kämpfern für die Sache der Arbeiterklasse diente das Buch von Engels als mächtiger Anstoß zur Weckung des Klassenbewußtseins, zum Übergang auf die Positionen des wissenschaftlichen Kommunismus. Im Laufe vieler Jahrzehnte war diese Arbeit eines der wirksamsten Werke der revolutionären sozialistischen Propaganda. Seine propagandistische Stärke liegt nicht nur in der erschütternden Beschreibung der Verbrechen der bürgerlichen Ordnung an den Arbeitern, den Schöpfern aller materiellen und geistigen Reichtümer der Gesellschaft, sondern auch in seinem tiefen wissenschaftlichen Gehalt.

„Das Buch von Engels hat internationale Bedeutung erlangt," schrieb der hervorragende Führer der englischen Arbeiterbewegung Harry Pollitt 1933 und bemerkte, daß Tausende von Aktivisten der Arbeiterbewegung aus ihm Haß gegen das kapitalistischen System geschöpft und aus ihm gelernt hätten, die Ursachen zu verstehen, denen ihre Armut und ihre Entbehrungen entspringen. „Das große Verdienst des Buches besteht darin", fährt er fort, „daß es einfach die unvermeidliche Entwicklung des Kapitalismus vorausgesagt und die Lebensprobleme gezeigt hat, die ständig vor der britischen Arbeiterklasse entsprechend dem Stand der Produktionskapazität und dem Erscheinen starker Konkurrenten, die dem britischen Kapitalismus seine Monopolstellung streitig machen, stehen mußten."[25]

In diesem Buch stellt und löst Engels zum erstenmal in der ökonomischen Literatur eine Reihe kardinaler Probleme, die sich auf die Lage und Rolle des Proletariats im kapitalistischen Staat beziehen. Er wählte England aus dem gleichen Grunde als Forschungsgegenstand, aus dem Marx zwei Jahrzehnte später im „Kapital" hauptsächlich Tatsachenmaterial aus dem ökonomischen Leben und den sozialen Verhältnissen dieses Landes benutzt hat: England war nicht nur das älteste kapitalistische Land, sondern es blieb im Laufe mindestens der ersten beiden Drittel des 19. Jahrhunderts das klassische Land des Kapitalismus.

[24] Erinnerungen an Marx und Engels, Moskau 1956, S. 172

[25] Hutt, Allan, The condition of the working class in Britain, London 1933, S. IX

2. Die industrielle Revolution und die Entstehung des Proletariats

Engels erforschte die Lebens- und Kampfbedingungen des Proletariats, wobei er mit dessen Entstehung beginnt. Das moderne Industrieproletariat ist aus der großen kapitalistischen maschinellen Industrie hervorgegangen. Die Geschichte der Arbeiterklasse in England beginnt mit der zweiten Hälfte des 18. Jahrhunderts, mit der Erfindung der Dampfmaschine und der Maschine zur Verarbeitung der Baumwolle. Die Entstehung der maschinellen Industrie war eine Umwälzung von Weltbedeutung. Es war eine echte industrielle Revolution, sie hatte große Folgen für England und die ganze Welt.

In seiner Kritik an den Ökonomen der Volkstümler, die Sismondi nachfolgten, bemerkte Lenin, daß Sismondi gerade zu jener Zeit lebte, als die maschinelle Großindustrie auf dem europäischen Kontinent ihre ersten Schritte tat, als unter dem Einfluß der Maschine eine jähe und ungestüme Umgestaltung aller gesellschaftlichen Verhältnisse einsetzte, die man in der ökonomischen Literatur als industrielle Revolution zu bezeichnen pflegt, und er führte die klassische Charakteristik der industriellen Revolution an, die Engels gegeben hatte, der die ganze Tiefe der Umwälzung zu beurteilen vermochte, die an die Stelle patriarchalischer, halb mittelalterlicher Gemeinschaften die modernen europäischen Gesellschaften setzte.[26]

Zum erstenmal in der ökonomischen Literatur unternahm Engels eine Analyse der industriellen Revolution, wobei er ihre Ursachen und Folgen aufzeigte und die von ihr hervorgebrachten grundlegenden Veränderungen im Leben der Gesellschaft umriß. Seit dem Erscheinen des Buches von Engels gingen nicht nur der Begriff „industrielle Revolution“, sondern auch der von ihm in diesen Begriff gelegte Inhalt für immer in das wissenschaftliche Arsenal der politischen Ökonomie ein.

Auf der Grundlage eines umfangreichen Zahlen- und Tatsachenmaterials zeichnet Engels die Ausbreitung der maschinellen Produktion, den Sieg der Maschinenarbeit über die Handarbeit in den entscheidenden Sphären der englischen Wirtschaft. Er beginnt mit dem

[26] Vgl. Lenin, W. I., Zur Charakteristik der ökonomischen Romantik, in: Werke, Bd. 2, Berlin 1961, S. 234–235

damaligen Hauptzweig der englischen Industrie, mit der Baumwollindustrie, dann untersucht er die Woll-, Leinen- und Seidenindustrie. Der Aufschwung, den die Industrie seit 1760 nahm, beschränkte sich nicht auf die Zweige der Textilindustrie, sondern verbreitete sich über alle Zweige der industriellen Tätigkeit. Die Dampfmaschine erforderte die Nutzung der Kohlenvorkommen, die Entwicklung der Metallurgie. Es entsteht der Maschinenbau, es wächst die Gewinnung von Zink, Kupfer und Blei, mit einem Wort das gesamte industrielle Leben des Landes wird entscheidend in den allgemeinen Strudel der Bewegung einbezogen. Die Umwälzung erfaßt die Landwirtschaft, die großen Pächter legen Kapital an zur Verbesserung des Bodens, es werden die ersten Schritte zur Anwendung der Chemie in der Landwirtschaft unternommen. Auf dem Gebiet der Kommunikationsmittel wächst schnell die Ausdehnung der Chausseen, es werden Kanäle gezogen, Eisenbahnen gebaut, Dampfschiffe kommen auf.

Als Fazit der kurz dargelegten Geschichte der englischen Industrie in den letzten Jahrzehnten des 18. und den ersten des 19. Jahrhunderts gelangt Engels zu der Schlußfolgerung, daß das eine Geschichte war, die in den Annalen der Menschheit nicht ihresgleichen kennt. Sechzig, achtzig Jahre vorher war England ein Land wie alle anderen mit wenig und einfacher Industrie und einer dünnen, aber verhältnismäßig großen Ackerbaubevölkerung. Im Ergebnis der industriellen Revolution verwandelte sich England in der Tat von Grund auf mit einer Hauptstadt von dreieinhalb Millionen Einwohnern, mit kolossalen Fabrikstädten, mit einer Industrie, die die ganze Welt mit Erzeugnissen der Maschinenproduktion versorgt. Ihre fleißige, intelligente und dichtgesäte Bevölkerung, von der zwei Drittel in der Industrie beschäftigt sind, besteht aus ganz anderen Klassen, man kann sogar sagen, sie stellt eine ganz andere Nation dar mit anderen Sitten und anderen Bedürfnissen als früher. Die allgemeine Schlußfolgerung über die historische Bedeutung der vor sich gegangenen Veränderungen ist folgende: die industrielle Revolution hatte für England dieselbe Bedeutung wie die politische Revolution für Frankreich oder die philosophische für Deutschland, und der Abstand zwischen dem England von 1760 und dem von 1844 ist mindestens ebenso groß wie der zwischen dem Frankreich des ancien régime und dem der Julirevolution.[27]

[27] Vgl. Engels, F., Die Lage der arbeitenden Klasse in England. Einleitung, in: MEW, Bd. 2, Berlin 1958, S. 250

Das wichtigste Ergebnis der industriellen Revolution war das englische Proletariat. In der Arbeit von Engels wurde zum erstenmal eine wissenschaftliche Analyse des Proletariats als Klasse der kapitalistischen Gesellschaft gegeben, einer Klasse, die von der maschinellen Produktion hervorgebracht ist. Das Proletariat wurde durch die Einführung der Maschinen ins Leben gerufen, die rasche Entwicklung der Industrie erforderte Hände, und ganze Scharen von Arbeitern begannen von den Landwirtschaftsgebieten in die Städte zu wandern. Es entstanden die großen Fabrik- und Handelszentren, in denen mindestens drei Viertel der Bevölkerung der Arbeiterklasse angehören.

Die Großindustrie wuchs auf Grund der Umwandlung der Werkzeuge in Maschinen, der Manufakturbetriebe in Fabriken, der arbeitenden Mittelklasse in arbeitendes Proletariat, der bisherigen Großhändler in Fabrikanten. So vollzieht sich der Zerfall in zwei Lager, Arbeiter und Kapitalisten, ein Zerfall, der die Bevölkerung betrifft, die mit der maschinellen Großindustrie verbunden ist. Der gleiche Differenzierungsprozeß vollzieht sich unvermeidlich auch im Handwerk und Handel, wo an die Stelle der ehemaligen Meister und Gesellen einerseits Kapitalisten und andererseits Arbeiter traten, die keine Hoffnung hatten, sich über das Niveau ihrer Klasse zu erheben. Früher hatte unter der Herrschaft der handwerklichen Kleinproduktion der Arbeiter die Hoffnung, irgendwie zum Meister aufzurücken und danach vielleicht sogar Gesellen anzustellen. Jetzt aber, wo die Meister selbst durch die Fabrikanten verdrängt, wo zum selbständigen Betreiben einer Arbeit große Kapitalien nötig wurden, wurde das Proletariat erst eine wirkliche, feste Klasse der Bevölkerung: wer als Proletarier geboren wurde, hatte keine andere Aussicht, als lebenslang Proletarier zu bleiben.

Engels schleuderte der englischen Bourgeoisie eine kühne Herausforderung ins Gesicht. Sie lege in allem, was die Arbeiter betrifft, höchste Unwissenheit an den Tag; im Lande gäbe es noch nicht ein zufriedenstellendes Buch über ihre Lage, und das sei keinesfalls zufällig: die Bourgeoisie strebe danach, ihre spezifischen Interessen für nationale Interessen auszugeben, sie schäme sich, vor den Augen der ganzen Welt die Geschwüre am Körper Englands zu zeigen.

Die Herausforderung von Engels traf ins Ziel. Nach Erscheinen seiner Arbeit wurde es der Bourgeoisie unmöglich, die Lage der werktätigen Massen länger zu verschweigen. Es erschienen Bücher, in denen die Interessenvertreter der herrschenden Klassen die Wirklichkeit verzerrten und versuchten, das Leben der Arbeiterklasse in günstigem

Licht darzustellen. Aber neben solchen apologetischen Machwerken erschienen Bücher ehrlicher Autoren, die dem von Engels gezeichneten Bild der Notlage der arbeitenden Klasse neue Striche hinzufügten.

Besondere Bedeutung hatten die sogenannten „Blau-Bücher" –, umfangreiche Berichte der verschiedenen offiziellen Kommissionen, die die Lage in bestimmten Zweigen der englischen Industrie untersuchten. Engels schrieb, daß diese Berichte auf ewig dazu verdammt seien, unter den Haufen unnötiger Papiere in den Regalen der ministeriellen Kanzeleien zu liegen, – doch sie wurden von Marx der Vergessenheit entrissen. Unter seiner Feder verwandelten sich diese erschütternden Dokumente der Unmenschlichkeit der Bourgeoisie auf den Seiten des „Kapitals" in eine furchtbare Anklageschrift gegen den Kapitalismus.

In seiner Arbeit sagte Engels mit großer Scharfsichtigkeit voraus, daß die Lage, wie sie in England entstanden war, unvermeidlich auch in anderen Ländern entstehen würde. England stellte das klassische Beispiel der industriellen Revolution dar, eben das Beispiel, dem auch andere Länder folgen mußten. Der Gang des historischen Prozesses bestätigte glänzend diese Voraussage, die Engels zu jener Zeit traf, als seine Zeitgenossen vielerorts die Ansicht vertraten, daß die englischen Bedingungen unwiederholbare Ausnahmen darstellten.

Das Buch von Engels wurde in deutscher Sprache geschrieben und herausgegeben. Sein Ziel war die sozialistische Aufklärung der deutschen Arbeiter, ihr Bekanntwerden mit den Lebensbedingungen des englischen Proletariats und seiner Erfahrung im Klassenkampf. Die Darstellung jener klassischen Form, die die Existenzbedingungen des Proletariats in England angenommen hatten, war nach der Meinung von Engels von überaus großer Bedeutung für Deutschland. Wenn die Existenzbedingungen des Proletariats in Deutschland auch noch nicht einen so klassischen Ausdruck erreicht haben wie in England, so herrsche im Grunde doch dieselbe soziale Ordnung, die über kurz oder lang denselben Grad und dieselbe Zuspitzung erreichen werde wie in England. „Dieselben Grundursachen", schreibt Engels, „welche in England das Elend und die Unterdrückung des Proletariats bewirkt haben, sind in Deutschland ebenfalls vorhanden und müssen auf die Dauer dieselben Resultate erzeugen."[28]

Dieser Gedanke von der Einheit der Grundzüge des Kapitalismus, die Idee der Verallgemeinerung der Zustände in den verschiedenen

[28] Ebenda, S. 233

Ländern zu dem Grundbegriff der Gesellschaftsformation[29] ging nach einem Ausdruck von Lenin fest in die geistige Schatzkammer des Marxismus ein. Zwei Jahrzehnte später hielt es Marx in seinem Vorwort zum ersten Band des „Kapitals“ für nötig, die Illusionen derjenigen zu zerstören, die geneigt waren, Trost in der bisher noch schwachen Entwicklung der kapitalistischen Produktion zu suchen. Das industriell entwickeltere Land zeigt dem minder entwickelten nur das Bild der eigenen Zukunft, schrieb er.[30] Ende des 19. Jahrhunderts zeigte Lenin, als er die Vorstellungen der Volkstümler von der Unmöglichkeit der Entwicklung des Kapitalismus in Rußland widerlegte, daß sich auch in Rußland die industrielle Revolution vollzieht, die gesetzmäßig zu denselben sozialökonomischen Folgen führen muß, wie sie sie in England und danach in den anderen Ländern Westeuropas hervorgebracht hat.

Die von Engels gegebene Analyse der industriellen Revolution diente als Grundlage, auf der Marx im „Kapital“ die tiefgründige und allseitige Untersuchung des Entstehungs- und Verbreitungsprozesses der großen kapitalistischen maschinellen Produktion aufbaute. Im „Kapital“, wie auch in Engels' Arbeit „Die Lage der arbeitenden Klasse in England“ wird die industrielle Revolution anhand von konkret historischem Material des klassischen Landes des Kapitalismus, England, des Landes untersucht, das als erstes den Weg der kapitalistischen Produktionsweise betrat. Ende des 19. Jahrhunderts erfuhr die marxistische Theorie der industriellen Revolution eine weitere Entwicklung und Bereicherung in dem klassischen Werk Lenins „Die Entwicklung des Kapitalismus in Rußland“, in dem die industrielle Revolution in Rußland erschöpfend untersucht wurde.

Die marxistisch-leninistische Theorie von der industriellen Revolution hat überaus aktuelle Bedeutung unter den gegenwärtigen Bedingungen, da sich auf der Grundlage hervorragender Errungenschaften der Wissenschaft und Technik eine tiefgreifende wissenschaftlich-technische Revolution entfaltet, die mit solchen Prozessen verbunden ist, wie der Anwendung der Atomenergie, der Automatisierung der Produktion, der stürmischen Entwicklung der chemischen Industrie, der Elektronik und der elektronischen Rechentechnik. Auf dieser Grundlage

[29] Vgl. Lenin, W. I., Was sind die „Volksfreunde“ und wie kämpfen sie gegen die Sozialdemokraten, in: Werke, Bd. 1, Berlin 1961, S. 131

[30] Vgl. Marx, K., Das Kapital. Erster Band, MEW, Bd. 23, S. 12

stellen die Apologeten des Kapitalismus die Behauptung von der „zweiten industriellen Revolution“ auf, die der überlebten bürgerlichen Produktionsweise angeblich Verjüngung und Blüte bringen würde. Die marxistisch-leninistische Theorie von der industriellen Revolution, die den beträchtlichen sozial-ökonomischen Umschwung aufdeckt, der mit der industriellen Revolution verbunden ist, ermöglicht es die Unhaltbarkeit und Fehlerhaftigkeit der apologetischen Theorie von der „zweiten industriellen Revolution“ zu enthüllen.

Während Engels in den „Umrissen zur Kritik der Nationalökonomie“ noch in allgemeiner Form die Spaltung der Gesellschaft in zwei entgegengesetzte Klassen, in Kapitalisten und Proletarier, als unvermeidliche Folge der Herrschaft des Privateigentums dargestellt hatte, machte er in der „Lage der arbeitenden Klasse in England“ einen weiteren überaus wichtigen Schritt in der wissenschaftlichen Analyse der Klassenstruktur der bürgerlichen Gesellschaft. Hier wurde der Prozeß der Herausbildung und Entwicklung der beiden Hauptklassen der kapitalistischen Gesellschaft auf der Grundlage der Veränderungen untersucht, die in der Sphäre der Produktion im Ergebnis der industriellen Revolution vor sich gegangen waren. Eben diese Revolution bringt auf dem einen Pol das industrielle Proletariat hervor, auf dem anderen Pol die industrielle Bourgeoisie. Die Analyse der Lage, der Interessen und Entwicklungstendenzen dieser Hauptklassen, wie sie Engels in seinem Buche vorlegte, stellte einen hervorragenden Beitrag zur Schaffung einer wahrhaft wissenschaftlichen politischen Ökonomie dar, die die Produktionsverhältnisse der Menschen untersucht, die letzten Endes Klassenverhältnisse sind.

Die Entstehungsbedingungen der Arbeiterklasse bestimmen voraus, daß dieser Prozeß in dem Maße vonstatten geht, wie die industrielle Revolution einen Zweig der Arbeit nach dem anderen erfaßt. Infolgedessen entspricht der Entwicklungsstand der verschiedenen Kategorien von Arbeitern ihrer Lage in der Industrie. Die Entstehungsgeschichte des Proletariats diktiert jene Folgerichtigkeit, in der seine verschiedenen Sektionen untersucht werden müssen.

Die ersten Proletarier erschienen in der Industrie, die sich mit der Verarbeitung von Rohstoffen beschäftigt, und waren das direkte Ergebnis dieser Industrie. Die Erzeugung der Roh- und Brennstoffe für die Industrie wurde erst infolge des industriellen Umschwungs bedeutend, und damals entstand das Proletariat in den Kohlengruben und Metallbergwerken. Schließlich wirkte die Entwicklung der Industrie auch auf die Landwirtschaft, als deren Ergebnis eine besondere Sektion der Arbeiterklasse entstand.

Die Lage der einzelnen Sektionen des Proletariats hat viel Gemeinsames; die Industriearbeiter werden sich jedoch am besten ihrer Interessen bewußt, die Bergarbeiter schon weniger und die Arbeiter in der Landwirtschaft noch fast gar nicht. Die Fabrikarbeiter, diese ältesten Kinder der industriellen Revolution, sind von Anfang an der Kern der Arbeiterbewegung gewesen, und die übrigen Arbeiter schlossen sich dieser Bewegung in dem Maße an, wie ihr Zweig von der industriellen Revolution erfaßt wurde.[31]

Zuerst unterzog Engels die allgemeine Lage des Proletariats im ganzen einer Analyse, danach untersuchte er die Besonderheiten der Lage dieser drei Hauptgruppen der Arbeiterklasse. Nichts entgeht dem aufmerksamen Blick von Engels: die Einführung von Maschinen, die Länge des Arbeitstages, die Nachtarbeit, die Zerrüttung der Familie infolge der Verbreitung unverhältnismäßig schwerer Arbeit der Frauen, das Entlohnungssystem mit Naturalien und durch die Vergabe von Fabrikwohnungen, das niedrige Bildungsniveau, die physische Verelendung der Arbeiter, der verkrüppelnde Einfluß und die moralischen Folgen der Fabrikarbeit.

Mit besonderer Aufmerksamkeit verfolgte Engels die Entstehung und Entwicklung des Widerstandes der Arbeiter, die Formen ihres Protestes gegen die unmenschlichen Lebensbedingungen, das Entstehen und Wachsen des Klassenkampfes des Proletariats für seine Lebensinteressen. Hier wie im „Kapital“ reproduziert jeder Schritt der Analyse ein gigantisches historisches Material, jede Schlußfolgerung stellt die Verallgemeinerung einer Vielzahl von Tatsachen dar.[32]

[31] Vgl. Engels, F., Die Lage der arbeitenden Klasse in England, MEW, Bd. 2, S. 253

[32] Selbst ein bürgerlicher Historiker der Entwicklung der sozialistischen Lehren des 19. Jahrhunderts, weit entfernt von Sympathien für den Marxismus, konnte nicht umhin zu bezeugen, daß „die hervorragendste der Monographien, die diese Veränderung der organischen Zusammensetzung der Arbeitsarmee feststellen, diese Verwischung der Alters- und Geschlechtsunterschiede in der amorphen Masse der Arbeit, die zur Anstrengung geringster Qualität erniedrigt wird, das Buch von Engels über die ‚Lage der arbeitenden Klasse in England‘ darstellt.“ (Charles Andler, Historische Einführung und Kommentar zum ‚Kommunistischen Manifest‘ von K. Marx und F. Engels, S. 187–188)

Zornig geißelt Engels die Herzlosigkeit der Bourgeoisie, indem er die heuchlerische Maske herabreißt, die ihre unmenschliche Praxis verdeckt. Aber er bleibt nicht bei der Entlarvung der Untaten der herrschenden Klassen stehen, sondern geht weiter, und deckt jene ökonomischen Bedingungen auf, die der Ausbeutung des Proletariers durch den Kapitalisten zugrunde liegen, diese Ausbeutung ermöglichen und die in ihr wirkenden Tendenzen bestimmen. Engels entdeckt die ökonomischen Gesetze, die die Lage des Proletariats in der bürgerlichen Gesellschaft bestimmen, den Charakter der Klassenwidersprüche zwischen dem Proletariat und der Bourgeoisie, die Entwicklungstendenzen dieser Widersprüche, die die objektive Grundlage des Klassenkampfes des Proletariats gegen die Bourgeoisie darstellen.

Indem Engels die in den „Umrissen" dargelegten Ideen weiterentwickelt, charakterisiert er hier die Konkurrenz als vollkommensten Ausdruck des in der bürgerlichen Gesellschaft herrschenden Kampfes aller gegen alle. Gerade die Konkurrenz als unvermeidliches Ergebnis des Privateigentums rief die maschinelle Großindustrie ins Leben und führte dadurch zur Schaffung des Proletariats und zu seiner zahlenmäßigen Vergrößerung. Und dieselbe Konkurrenz übt Einfluß aus auf das schon entstandene Proletariat, indem sie seine Existenzbedingungen bestimmt. Die Konkurrenz der Arbeiter gegeneinander ist die schärfste Waffe der Bourgeoisie gegen die Arbeiter. „Daher das Streben der Arbeiter, diese Konkurrenz durch Assoziationen aufzuheben, daher die Wut der Bourgeoisie gegen diese Assoziationen und ihr Triumph über jede diesen beigebrachte Schlappe."[33]

3. Der Klassenantagonismus zwischen Bourgeoisie und Proletariat

In der Arbeit von Engels wurden die beiden Hauptmerkmale der Klasse der Lohnarbeiter sichtbar, die im weiteren im „Kapital" vollends aufgedeckt wurden. Das ist eine Klasse von Menschen, die erstens frei sind von Produktions- und Existenzmitteln, und zweitens frei von persönlicher Abhängigkeit.

Die Bourgeoisie hat sich das Monopol aller Lebensmittel im weitesten Sinne des Wortes angemaßt, und dieses Monopol wird vom Staate ge-

[33] Engels, F., Die Lage der arbeitenden Klasse in England, MEW, Bd. 2, S. 307

schützt. Infolgedessen ist das Proletariat juristisch und tatsächlich der Sklave der Bourgeoisie. Der ganze Unterschied zwischen der alten, offenen Sklaverei und der verhüllten Sklaverei der Lohnarbeit besteht darin, daß der moderne Arbeiter frei zu sein scheint, denn er verkauft sich nicht ein für alle Mal, sondern stückweise pro Tag, pro Woche, pro Jahr, und dabei verkauft ihn nicht ein Eigentümer dem anderen, sondern er muß sich selbst verkaufen, denn er ist Sklave nicht eines einzelnen, sondern der ganzen besitzenden Klasse.[34]

Die Aufdeckung dieser Hauptmerkmale der Lage des Proletariats in der bürgerlichen Gesellschaft liegt der marxistischen Analyse der kapitalistischen Ausbeutung und der Gesetze ihrer unvermeidlichen Beseitigung durch die revolutionäre Arbeiterklasse zugrunde. Das erste Merkmal bedingt für die Proletarier die Notwendigkeit, ihre Arbeitskraft zu verkaufen, das zweite die Möglichkeit für diesen Verkauf. Diese Merkmale bestimmen die historische Mission des Proletariats als des Totengräbers des Kapitalismus und Schöpfers der neuen sozialistischen Gesellschaft. Die Eigentumslosigkeit macht das Proletariat zur Klasse, die der ganzen Ordnung, die auf dem Privateigentum beruht, unversöhnlich feindlich gegenübersteht. Das Fehlen der früheren Ketten persönlicher Abhängigkeit, mit denen die werktätigen Massen in der Feudalgesellschaft gefesselt waren, befähigt das Proletariat, sich auf die Erfüllung seiner großen Befreiungsmission vorzubereiten.

Die Ideologen der Bourgeoisie, die die kapitalistische Ordnung schönfärben wollen, heben die Befreiung der Werktätigen von persönlicher Unfreiheit hervor, wobei sie die andere Seite vertuschen, nämlich, daß die Proletarier aller Arbeitsbedingungen entblößt sind. In der Arbeit von Engels wurde die Heuchelei der Bourgeoisie entlarvt, die die „Freiheit“ des Arbeiters pries. „Schöne Freiheit“, schrieb Engels, „wo dem Proletarier keine andere Wahl bleibt, als die Bedingungen, die ihm die Bourgeoisie stellt, zu unterschreiben oder – zu verhungern, zu erfrieren, sich nackt bei den Tieren des Waldes zu betten!“[35]

Die Sklaverei der Lohnarbeit vergleicht Engels mit der früheren, offenen Sklaverei. Für den Arbeiter ändert sich das Wesen der Sache nicht, denn er hat, obgleich seine scheinbare Freiheit ihm auch „einige wirkliche Freiheit“ geben muß, den Nachteil, daß ihm kein Mensch

[34] Vgl. ebenda, S. 307, 310

[35] Ebenda, S. 307

seinen Unterhalt garantiert. Für die Bourgeoisie ist ein solcher Umstand unvergleichlich vorteilhafter als die alte Sklaverei: sie kann ihre Leute abdanken, wenn sie Lust hat, ohne daß sie dadurch ein angelegtes Kapital verliert. Die Arbeit des Lohnarbeiters kommt die Bourgeoisie bei weitem billiger als die Sklavenarbeit.[36]

Die Existenz des Sklaven wurde zumindest durch den Eigennutz seines Herren gesichert. Der Leibeigene hat doch ein Stück Land, wovon er lebt, beide haben wenigstens für das nackte Leben eine Garantie, während der Proletarier allein auf sich selbst angewiesen ist und doch zugleich außerstande gesetzt, seine Kräfte so anzuwenden, daß er auf sie rechnen kann.[37] In diesen Ausführungen ist schon der Gedanke enthalten, daß sich die kapitalistische Ausbeutung von den vorangegangenen Arten der Ausbeutung nur in der Form unterscheidet, wobei diese Form, die im „Kapital" ausführlich gezeigt wird, ebenfalls wesentlich ist, denn „einige wirkliche Freiheit" eröffnet dem Proletariat solche Möglichkeiten, über die die Sklaven oder Leibeigenen nicht verfügen konnten.

Der Arbeiter ist so sehr Sklave der besitzenden Klasse, daß er wie eine Ware verkauft wird und wie eine Ware im Preis steigt und fällt. Unter Berufung auf Adam Smith unterstreicht Engels, daß sich hier ganz dasselbe vollzieht, wie mit jeder anderen Ware: sind zu wenig Arbeiter da, so steigen die Preise, d. h. der Lohn steigt; sind zuviel da, so fallen die Preise.[38]

In diesem Zusammenhang untersuchte Engels die Bedingungen, die das Minimum und das Maximum des Arbeitslohnes bestimmen. Hier besteht noch kein direkter Zusammenhang des Arbeitslohnes mit der Werttheorie, mit der Bestimmung des Wertes der Ware durch die in ihr verkörperte Arbeitszeit, dieser Zusammenhang wurde in der folgenden Etappe der Ausarbeitung der ökonomischen Theorie des Marxismus von Marx festgestellt, zuerst in „Elend der Philosophie" und „Lohnarbeit und Kapital", und dann in vollendeter Form im „Kapital". Aber schon in der „Lage der arbeitenden Klasse in England" war aufgedeckt, daß die Bourgeoisie dem besitzlosen Proletarier Lebensmittel für ein „Äquivalent" anbietet, für seine Arbeit. Bei der Bestimmung der minimalen Grenze des Arbeitslohnes wies Engels darauf hin, daß

36 Vgl. ebenda, S. 310
37 Vgl. ebenda, S. 344
38 Vgl. ebenda, S. 311

kein Arbeiter für einen geringeren Lohn arbeiten wird, als den, der zu seiner Existenz nötig ist. Diese Grenze ist relativ: der eine braucht zu seiner Existenz mehr als der andere, der eine ist an mehr Bequemlichkeit gewöhnt als der andere, die Bedürfnisse des Engländers sind höher als die des Iren.[39]

Somit ist hier die Frage nach dem historischen und moralischen Element und den nationalen Unterschieden im Arbeitslohn angedeutet. Angedeutet ist auch ein anderes Moment, das Marx später im „Kapital" bei der Behandlung der Frage nach der Frauen- und Kinderarbeit entwickelt hat: wenn alle Mitglieder der Familie arbeiten, dann kann jeder entsprechend niedriger entlohnt werden, und die Bourgeoisie nutzt diesen Umstand weitgehend, indem sie die Frauen und Kinder der Arbeiter zur Arbeit in den Fabriken heranzieht.[40]

Wenn das Minimum des Arbeitslohnes von der Konkurrenz zwischen den Arbeitern abhängt, dann wird sein Maximum nach den Worten von Engels von der Konkurrenz zwischen den Bourgeois bestimmt: der Bourgeois braucht immer den Proletarier: der Proletarier stellt für den Kapitalisten Waren her, die dieser mit Nutzen verkauft. Wenn also die Nachfrage nach diesen Waren wächst und die Preise steigen, ist es für den Kapitalisten vorteilhaft, mehr Arbeiter zu beschäftigen selbst in dem Falle, wenn alle Arbeiter beschäftigt sind und die Konkurrenz zwischen den Arbeitern der Konkurrenz zwischen den Bourgeois weicht. „Der Arbeiter suchende Kapitalist weiß sehr wohl, daß er bei den infolge der vermehrten Nachfrage steigenden Preisen größeren Gewinn macht, also auch lieber etwas mehr Lohn bezahlt, als sich den ganzen Gewinn entgehen läßt; er wirft mit der Wurst nach dem Schinken, und wenn er nur diesen bekommt, gönnt er dem Proletarier gern die Wurst."

Engels zeigte, wie die Entwicklung des Kapitalismus unausweichlich zur Verschlechterung der Bedingungen führt, unter denen der Verkauf der Ware Arbeitskraft an die Kapitalisten vonstatten geht und wie eine „überschüssige Bevölkerung" entsteht. Die Steigerung der Arbeitsproduktivität, die Arbeitssteilung, die Einführung der Maschinen, die Nutzung der Naturkräfte, all das verursacht die Arbeitslosigkeit einer großen Anzahl von Arbeitern. „Bei all der im großen und ganzen stei-

[39] Vgl. ebenda, S. 307
[40] Vgl. ebenda, S. 308
[41] Ebenda, S. 309

genden Nachfrage nach Arbeitern hat England, nach dem Geständnisse aller offiziellen Parteien (d. h. der Tories, Whigs und Radikalen), dennoch fortwährend überzählige und überflüssige Bevölkerung, ist dennoch fortwährend im ganzen die Konkurrenz unter den Arbeitern größer als die Konkurrenz um Arbeiter."[42]

Diese Feststellung wird vom Charakter der kapitalistischen Produktion selbst erklärt, jenem regellosen System der Produktion und Verteilung der Lebensmittel, deren Ziel nicht die unmittelbare Befriedigung der Bedürfnisse ist, sondern die Realisierung von Profit. Wenn jeder auf sein eigenes Risiko hin arbeitet und sich bereichert, wenn der Kapitalist nur aus den ewig schwankenden Preisen unsichere Schlüsse auf den Stand der Vorräte und des Bedarfs machen kann, ist die Ablösung des allgemeinen Wohlstandes durch periodisch wiederkehrende Krisen unvermeidlich.

Engels beschrieb mit grellen Farben den stürmischen Verlauf der Produktion, in Perioden der Blüte, das Anwachsen von Elementen der Krise und die Krise selbst, woran sich der neue Kreislauf schließt, und so geht es in einem fort, Blüte, Krisis, Blüte, Krisis.[43] Anders kann es in einer solchen Ordnung auch nicht sein, die eine „in lauter Atome aufgelöste Gesellschaft" darstellt. Dieses Bild wiederholte Marx im „Kapital", wo von dem „bloß atomistischen Verhalten der Menschen in ihrem gesellschaftlichen Produktionsprozeß"[44] gesprochen wird.

In der Arbeit von Engels wird gezeigt, daß die Polarisierung der Klassen in der auf Privateigentum beruhenden Ordnung die spezifischen Besonderheiten der kapitalistischen erweiterten Reproduktion bestimmt. Schon in den „Umrissen zur Kritik der Nationalökonomie" wurde der Grundzug der kapitalistischen Akkumulation aufgedeckt: sie stellt einen widersprüchlichen Prozeß der Akkumulation von Reichtum auf dem einen Pol der Gesellschaft und der Akkumulation sozialen Elends, ungesicherter Existenz, Qualen und Leiden auf dem anderen Pol dar; die kapitalistische Akkumulation schafft neben überflüssigem Reichtum überflüssige Bevölkerung, indem sie die Masse der Lohnsklaven des Kapitals zur Arbeitslosigkeit verurteilt. In der „Lage der arbeitenden Klasse in England" erhielten diese Ausgangsgedanken des

42 Ebenda, S. 312
43 Vgl. ebenda, S. 314
44 Marx, K., Das Kapital, Erster Band, MEW, Bd. 23, S. 108

allgemeinen Gesetzes der kapitalistischen Akkumulation, das später von Marx im „Kapital“ allseitig ausgearbeitet und begründet wurde, ihre weitere Entwicklung. Lenin bemerkt, daß in dieser Arbeit von Engels zum ersten Mal der Gesichtspunkt geäußert wurde, daß die überflüssige Bevölkerung „ein notwendiges Resultat der kapitalistischen Akkumulation ist, zu gleicher Zeit einen notwendigen Bestandteil des kapitalistischen Mechanismus bildet“[45].

Engels deckte die Rolle der Reservearmee im Zuge der kapitalistischen Reproduktion in den unterschiedlichen Phasen des kapitalistischen Zyklus auf. „Diese Reserve“, schrieb er, „ist mehr oder minder zahlreich, je nachdem ob die Lage des Marktes minder oder mehr die Beschäftigung eines Teiles derselben veranlaßt . . . Diese Reserve, zu der während der Krisis eine ungeheure Menge und während der Zeitabschnitte, die man als Durchschnitt von Blüte und Krisis annehmen kann, noch immer eine gute Anzahl gehören – das ist die ‚überzählige Bevölkerung‘ Englands.“[46] Als Verdienst von Engels wertete Lenin besonders die Tatsache, daß dieser den Teil der Landbevölkerung zur Reservearmee rechnete, der sich zeitweise der Industrie zuwendete, eine Erscheinung, die im „Kapital“ als latente Form der überzähligen Bevölkerung bezeichnet wird.[47]

Die endgültige Spaltung der englischen Gesellschaft in Proletariat und Bourgeoisie rief in allen Lebensbedingungen der Nation und in ihrem Charakter selbst grundlegende Veränderungen hervor. In den großen Städten, schrieb Engels, kommen auf einen Bourgeois zwei, drei oder sogar vier Arbeiter. Diese Arbeiter haben selbst durchaus kein Eigentum und leben von dem Arbeitslohn, der fast immer aus der Hand in den Mund geht. Jeder Arbeiter, auch der beste, ist daher stets der Brotlosigkeit, das heißt dem Hungertode ausgesetzt, und viele erliegen ihm. Was Wohnung, Kleidung und Ernährung betrifft, lebt die industrielle Arbeiterklasse unter ganz anderen Bedingungen als die Bourgeoisie.

„Die Arbeiterklasse der großen Städte bietet uns so eine Stufenleiter verschiedener Lebenslagen dar – im günstigsten Falle eine tempo-

[45] Lenin, W. I., Zur Charakteristik der ökonomischen Romantik, in: Werke, Bd. 2, S. 173–174

[46] Engels, F., Lage der arbeitenden Klasse in England, MEW, Bd. 2, S. 315

[47] Vgl. Lenin, W. I., Zur Charakteristik der ökonomischen Romantik, Werke, Bd. 2, S. 174

rär erträgliche Existenz, für angestrengte Arbeit guten Lohn, gute Wohnung und gerade keine schlechte Nahrung – alles natürlich vom Arbeiterstandpunkt aus gut und erträglich – im schlimmsten bitteres Elend, das sich bis zur Obdachlosigkeit und dem Hungertode steigern kann; der Durchschnitt liegt aber dem schlimmsten Falle weit näher als dem besten."[48]

Die Existenzbedingungen des Arbeiters verkrüppeln ihn in körperlicher, geistiger und moralischer Hinsicht. Der Proletarier ist den empörendsten, unmenschlichsten Bedingungen ausgesetzt, die man sich nur vorstellen kann. Die Lage des Arbeiters, das ganze ihn umgebende Milieu veranlaßten ihn, die Götter und Heiligen der Bourgeoisie vom Thron zu stürzen. Die Bourgeoisie spricht von der „Heiligkeit des Privateigentums". Für den aber, der keinerlei Eigentum besitzt, existiert auch seine Heiligkeit nicht. „Das Geld ist der Gott dieser Welt. Der Bourgeois nimmt dem Proletarier sein Geld und macht ihn dadurch zum praktischen Atheisten."[49]

Der proletarische Zustand, zu dem der Lohnarbeiter von seiner Geburt bis zum Ende seiner Tage verurteilt ist, bestimmt die Bedingungen und den Charakter der Arbeit in der kapitalistischen Produktion. Diese Arbeit trägt ihrem Wesen nach einen Zwangscharakter. „Wenn die freiwillige produktive Tätigkeit der höchste Genuß ist, den wir kennen, so ist die Zwangsarbeit die härteste, entwürdigendste Qual."[50]

Das Proletariat arbeitet im kapitalistischen Betrieb nicht aus Liebe zur schöpferischen Arbeit, nicht aus natürlichen Motiven, sondern um des Geldes, um einer Sache willen, die mit der Arbeit selbst nichts gemein hat. Er ist gezwungen, mit ununterbrochener Einförmigkeit soviel Stunden hintereinander zu arbeiten, daß allein dies genug wäre, ihm die Arbeit zur Qual werden zu lassen. Die vertierende Wirkung der Zwangsarbeit wird noch vervielfacht durch die Arbeisteilung, als deren Ergebnis die Tätigkeit des Arbeiters auf eine kleinliche, rein mechanische Manipulation beschränkt wird, die sich Minute für Minute wiederholt und jahraus, jahrein dieselbe bleibt. Dasselbe ist es mit der Einführung der Dampfkraft und der Maschinen. Die Anstrengung der

[48] Engels, F., Die Lage der arbeitenden Klasse in England, in: MEW, Bd. 2, Berlin 1958, S. 304
[49] Ebenda, S. 343
[50] Ebenda, S. 346

Muskeln wird gespart, und die Arbeit selbst wird in höchstem Grade eintönig und erfordert dabei vom Arbeiter so viel angespannte Aufmerksamkeit, daß er nicht dazu kommt, an etwas anderes zu denken.

In einer seiner Arbeiten der 90er Jahre des vergangenen Jahrhunderts wies Lenin, nachdem er „das Gesetz der steigenden Bedürfnisse“ mit der Entwicklung der kapitalistischen Produktion begründet hatte, auf die Veränderung in der Lage des französischen Arbeiters Ende des 17. Jahrhunderts und des englischen Arbeiters der 40er Jahre des 18. Jahrhunderts und derselben Arbeiter Ende des 19. Jahrhunderts hin. Lenin schrieb unter Berufung auf die Arbeit von Engels über „Die Lage der arbeitenden Klasse in England“: „Es war ein Zustand der furchtbarsten und schmutzigsten Armut (im buchstäblichen Sinne des Wortes) und des völligen Tiefstandes des Gefühls der Menschenwürde.“[51]

Die Analyse des Proletariats in der bürgerlichen Gesellschaft führt Engels zu der Schlußfolgerung, daß „die so wie Tiere behandelten Arbeiter entweder wirklich zu Tieren werden oder sich nur durch den glühendsten Haß, durch fortwährende innere Empörung gegen die machthabende Bourgeoisie das Bewußtsein und Gefühl ihrer Menschheit bewahren können. Sie sind nur Menschen, solange sie den Zorn gegen die herrschende Klasse fühlen. . .“[52] Vor dem Arbeiter steht die Alternative, sich in sein Schicksal zu ergeben, sich mit dem Sklavenlos abzufinden, oder sich zu sträuben, mit allen Kräften seine Menschenwürde zu verteidigen, und das kann er nur im Kampf gegen die Bourgeoisie.[53]

Das System des Privateigentums verkrüppelt nicht nur seine Opfer, die Lohnarbeiter, sondern auch ihre Herren. Wenn Engels von der Bourgeoisie spricht, schließt er hier auch die Aristokratie ein, denn der Arbeiter sieht in beiden nur die besitzende Klasse, da vor dem Privileg des Besitzes alle anderen Privilegien nichts bedeuten. „Mir ist nie eine so tief demoralisierte, eine so unheilbar durch den Eigennutz verderbte, innerlich zerfressene und für allen Fortschritt unfähig gemachte Klasse vorgekommen wie die englische Bourgeoisie.“[54]

[51] Lenin, W. I., Zur sogenannten Frage der Märkte, in: Werke, Bd. 1, Berlin 1961, S. 97

[52] Engels, F., Die Lage der arbeitenden Klasse in England, in: MEW, Bd. 2, Berlin 1958, S. 343

[53] Vgl. ebenda, S. 347

[54] Ebenda, S. 486

Für die herrschende Klasse ist das Maß aller Dinge das Geld. Die Bourgeoisie lebt nur um des Profits willen. Das Geld dient als Kriterium all ihrer Handlungen, Pläne und Gedanken. Bei dieser Habsucht und Geldgier bleibt keine Regung der menschlichen Seele in dieser Welt unbefleckt. Alle Lebensverhältnisse werden nach dem Gelderwerb gemessen. Die elende Sklaverei, in der das Geld den Bourgeois hält, drückt selbst der Sprache ihren Stempel auf. Das Geld macht den Wert des Menschen aus; dieser Mensch ist so und soviel Pfund Sterling wert. Es ist bekannt, daß die Bewertung der Menschen nach ihrem Geldbesitz schon lange zu Recht als einer der typischen Züge der amerikanischen Lebensweise gilt: für die vermögenden Klassen der USA ist die Gewohnheit charakteristisch, zu sagen, daß dieser oder jener Mensch so und soviel Dollar wert ist. Wie jedoch aus der Arbeit von Engels hervorgeht, gehört die Priorität in dieser Sache zu Recht der Bourgeoisie des ältesten kapitalistischen Landes, Englands. Der Schachergeist hat alle Verhältnisse durchdrungen, und sie werden in Handelsausdrücken dargestellt, in ökonomischen Kategorien erklärt. Angebot und Nachfrage, das ist die Formel, nach der der Bourgeois das ganze menschliche Leben beurteilt. Darum ist auch die politische Ökonomie die Wissenschaft des Gelderwerbs, die Lieblingswissenschaft dieser Schacherer. „Jeder ist Nationalökonom. Das Verhältnis des Fabrikanten zum Arbeiter ist kein menschliches, sondern ein rein ökonomisches. Der Fabrikant ist das ‚Kapital', der Arbeiter ist die ‚Arbeit'." [55]

Die Bourgeoisie verherrlicht die freie Konkurrenz, für sie wäre der Zustand am günstigsten, wo jeder den anderen nach Herzenslust ausbeuten kann, sie ist gegen jegliche staatliche Kontrolle. „Da die Bourgeoisie aber den Staat, schon um das ihr ebenso nötige Proletariat im Zaum zu halten, nicht entbehren kann, so wendet sie ihn gegen dies und sucht ihn sich soweit wie möglich entfernt zu halten." [56] Hier ist schon der marxistische Gedanke vom Klassencharakter des bürgerlichen Staates als Werkzeug zur Unterdrückung der ausgebeuteten Massen enthalten.

Engels reißt die Maske der Frömmelei ab, hinter der die Bourgeoisie versucht, ihre unmenschliche Geldgier zu verbergen. Er geißelt den Zynismus der bürgerlichen Wohltätigkeit, die den Gebenden noch mehr demoralisiert als den Nehmenden. Unter dem Anschein der Humanität

[55] Ebenda, S. 487
[56] Ebenda, S. 488

verfolgt die Bourgeoisie ihre eigennützigen Interessen. Als Beispiel dafür kann die Forderung nach Abschaffung der Korngesetze dienen. Die Bourgeoisie erstrebt diese Abschaffung auf Kosten des Arbeitslohnes, und zugunsten der Konkurrenzfähigkeit der englischen Waren auf den Außenmärkten, wobei sie versichert, daß sie sich um die Belange der Arbeiterklasse kümmert.

Unter der Macht der Bourgeoisie hat die gesamte Gesetzgebung vor allem das Ziel, die Besitzenden vor den Besitzlosen zu schützen. Solcher Art sind zum Beispiel die Gesetze gegen die Vagabunden und Obdachlosen, die das Proletariat für gesetzwidrig erklären.[57] Darüber hinaus legen die Richter stets den Sinn des Gesetzes zugunsten der Reichen gegen die Armen aus; und wie die Richter so auch die Polizei. Der Proletarier muß die ganze Last des Gesetzes auf seinen Schultern tragen, ohne dessen Vorzüge zu spüren: die schützende Seite des Gesetzes betrifft ihn in geringfügigstem Grade.

Die allgemeine Schlußfolgerung, zu der Engels auf Grund der Untersuchung der Lage und der Lebensbedingungen der beiden Klassen der englischen Gesellschaft gelangt, gipfelt darin, daß die englische Arbeiterklasse im Laufe der Zeit ein ganz anderes Volk geworden ist als die englische Bourgeoisie. Die Bourgeoisie ist den herrschenden Klassen anderer Nationen verwandter als der unmittelbar neben ihr lebenden Arbeiterklasse. „Die Arbeiter sprechen andre Dialekte, haben andre Ideen und Vorstellungen, andre Sitten und Sittenprinzipien, andre Religion und Politik als die Bourgeoisie. Es sind zwei ganz verschiedene Völker, so verschieden, wie sie der Unterschied der Rasse nur machen kann . . .“[58]

Mit der ihm eigenen Genauigkeit weist Engels in einer Anmerkung zur deutschen Ausgabe 1892 darauf hin, daß dieser Gedanke von der Spaltung der Engländer im Ergebnis der Entwicklung der Großindustrie in zwei verschiedene Nationen fast gleichzeitig mit ihm von Disraeli, einem englischen Politiker, geäußert worden sei, der damals zum radikalen Flügel der englischen Bourgeoisie gehörte und später als Lord Beaconsfield Premierminister der konservativen Regierung wurde.

Engels verweilte ausführlich bei dem vom englischen Parlament 1834 angenommenen Armengesetz. Durch dieses Gesetz wurde jegliche

57 Vgl. ebenda, S. 491
58 Ebenda, S. 351

Unterstützung in Geld oder Lebensmitteln abgeschafft und als einzige Form der Hilfe die Einweisung in Arbeitshäuser eingeführt, die überall sofort gebaut wurden. Das Volk nannte die Arbeitshäuser Armengesetz-Bastillen. Sie wurden gebaut, um jeden abzuschrecken, dem noch ein Fünkchen Hoffnung geblieben war, sich ohne diese Art der öffentlichen Mildtätigkeit durchzuschlagen.

Das Arbeitshaus wurde nach den Worten von Engels zum abstoßendsten Aufenthalt, den das raffinierte Talent eines Malthusianers nur erfinden kann. Die Ernährung dort war schlechter als die der ärmsten Arbeiter, während die Arbeit schwerer war. Auf die geringste Verfehlung stand grausame Strafe. Die Arbeit war sinnlos: die Männer wurden gezwungen, Steine zu klopfen; Frauen, Kinder und Greise mußten alte Schiffstaue zupfen. Das wurde deshalb gemacht, damit die Arbeit der Bewohner des Arbeitshauses nicht mit der Privatindustrie konkurriere. Wer ein bestimmtes Quantum Arbeit nicht schaffte, bekam kein Essen. Die Willkür der Aufseher kannte keine Grenzen. „Denn auch das Arbeitshaus ist ein Gefängnis.“[59]

Engels führt eine Reihe von Beispielen für die unmenschliche Behandlung der Rechtlosen in den Arbeitshäusern an, Beispiele für die Grausamkeit und die Herzlosigkeit, deren Opfer Männer, Frauen und Kinder wurden. Die empörenden Vorfälle in den Arbeitshäusern nahmen mitunter solchen Charakter an, daß sogar die Behörden Untersuchungen anstellen mußten. In anderen Fällen besuchten Journalisten diese Häuser des Entsetzens und teilten dies und jenes über sie in der Presse mit. Nach Quellen dieser Art zeichnete Engels das schreckliche Los der Armen, die zu einem Leben in dieser Hölle verurteilt waren. Er wies darauf hin, daß in dieser Maßnahme die Bourgeoisie als Ganzes auftrat: das Gesetz wurde 1834 vom Unterhaus angenommen und vom Oberhaus bestätigt, wobei es beide Parteien, sowohl die Liberalen als auch die Konservativen unterstützten. „So ist die Ausstoßung des Proletariats aus Staat und Gesellschaft ausgesprochen; so ist es offen erklärt, daß die Proletarier keine Menschen sind und nicht als Menschen behandelt zu werden, verdienen. Überlassen wir es ruhig den Proletariern des britischen Reichs, sich ihre Menschenrechte wiederzuerobern.“[60]

Fast 90 Jahre nach dem Erscheinen des Buches von Engels erschien eine neue Arbeit unter fast dem gleichen Titel: „Die Lage der Arbeiter-

[59] Ebenda, S. 497 [60] Ebenda, S. 502

klasse in Britannien“. Ihr Verfasser, der englische Marxist Allan Hutt, zeichnete unter Verwendung reichen Tatsachenmaterials, das von dem Arbeiterforschungsbüro im Laufe seines 20jährigen Bestehens gesammelt wurde, ein wahrhaftiges, beeindruckendes Bild vom Leben, der Arbeit und dem Alltag des englischen Proletariats in der Zeit nach dem ersten Weltkrieg und besonders in den Jahren der tiefgreifenden Wirtschaftskrise der 30er Jahre. „Die Arbeiterklasse ist dazu verurteilt, unter unerträglichen Bedingungen zu vegetieren, . . . damit eine geringe Zahl Reicher, großer Kapitalisten in Nichtstun und Luxus leben kann . . . Ein Viertel der Gesamtzahl der Arbeiter hat keine Arbeit, und selbst wenn diese Arbeiter ihre volle Arbeitslosenunterstützung erhalten, leben sie unterhalb des Existenzminimums . . . Selbst die völlig unzureichenden offiziellen Angaben weisen das ununterbrochene Sinken des Real-Arbeitslohnes aus . . . In Lancashire, der Wiege der kapitalistischen Industrie Englands, haben die Textilarbeiter den niedrigsten Lebensstandard erlangt. Um die Arbeitsintensität bis zum Äußersten zu steigern, werden alle möglichen Mechanismen angewandt, alle möglichen Kniffe angefangen von schlechtem Material bis zu verschiedenen Antreibersystemen. In allen Betrieben von Lancashire herrscht ein unerhörtes Unterdrückungssystem. Mit Hilfe des Gesetzes über die Prüfung der Bedürftigkeit und des Gesetzes über „Anomalien“ sind die Arbeitslosen einem unerhörten Elend ausgesetzt. Dasselbe Bild ist in allen Industriezentren anzutreffen. Das wuchernde Geschwür der Massenarbeitslosigkeit, die immer härtere, ständig schnellere Arbeit für geringeren Arbeitslohn unter den schlechtesten Bedingungen für alle, die noch arbeiten, das ist das Bild auf den trostlosen Docks von Clyde und Tyne, in allen Kohlenrevieren, in den Zentren der Schwerindustrie der Grafschaften Mittelenglands und des Nordens, auf den Docks und in den Fabrikvierteln Londons.“ [61] Das sind einige Ergebnisse der Untersuchung von Allan Hutt.

Ungefähr zur gleichen Zeit mit der Arbeit des Kommunisten Allan Hutt erschien das Buch des „linken“ Sozialdemokraten Brockway „Das hungrige England“. Der vom Marxismus weitentfernte Autor, der auf reformistischem Standpunkt steht, kam im Ergebnis der von ihm vorgenommenen Untersuchung zu bestimmten Schlußfolgerungen, die er in 16 Punkten darlegte. Es genügt, die ersten drei dieser Punkte anzuführen:

[61] Hutt, Allan, The condition of the working class in Britain, London 1933, S. 236–37

„1. Hunger im Sinne einer für die physische Gesundheit unzureichenden Ernährung ist eine weit verbreitete Erscheinung in England.

2. Der Arbeitslohn ist oft zu niedrig, um die elementaren Bedürfnisse der menschlichen Existenz zu sichern.

3. Die Lebensbedingungen der Arbeiterklasse ziehen den frühzeitigen Tod vieler Tausender Säuglinge, Kinder und Erwachsener, sowie ständige Erkrankungen nach sich."[62]

Seitdem diese Bilder gezeichnet wurden, ist ein Drittel Jahrhundert vergangen. In der Welt haben sich gigantische Veränderungen vollzogen, die auch um das „alte, gute England" keinen Bogen machten. Unter dem Einfluß der Siege des Sozialismus in der Sowjetunion und den anderen Staaten der großen sozialistischen Völkergemeinschaft wuchs die Kraft, Organisiertheit, Entschlossenheit der Arbeiterklasse im kapitalistischen Teil der Welt, darunter auch in England, und die Bourgeoisie mußte Zugeständnisse machen, und alles Mögliche tun, um eine Wiederholung der Wirtschaftskrise, wie der der 30er Jahre, zu vermeiden. Aber auch in unserer Zeit unternimmt das Monopolkapital unvermindert starke Angriffe auf die Errungenschaften, welche die Arbeiterklasse durch hartnäckigen Kampf erreicht hat. Die wirtschaftlichen Schwierigkeiten des kapitalistischen Systems, besonders die Währungs- und Finanzkrise der letzten Jahre versuchen die herrschenden Klassen Englands auf Kosten der werktätigen Massen zu lösen. Unter der Losung der „Einkommenspolitik" üben sowohl die Konservative als auch die Labourregierung Druck auf die Arbeiterklasse aus, durch das Einfrieren des Lohnes senken sie den Lebensstandard der Massen. Hunderttausende Arbeitsloser, Millionen Rentner leben in äußerster Not und Elend.

4. Arbeiterbewegung und Sozialismus

Die Arbeit von Engels ist von der ersten bis zur letzten Seite von einem tiefen Glauben an die Kraft und die Vernunft des Proletariats durchdrungen, an seine Fähigkeit, die Gesellschaft auf vernünftiger Grundlage umzugestalten. Sie bezeichnet eine wichtige Stufe in der Entwicklung des Grundgedankens des Marxismus von der historischen Mission des Proletariats. Dieser Gedanke, der schon in den „Grund-

[62] Adrian Fenner Brockway, Das hungernde England, Moskau 1933 (russ.), S. 156

rissen zur Kritik der Nationalökonomie“ angedeutet und von Marx in der „Heiligen Familie noch ausgeprägter formuliert wurde, erfuhr in der „Lage der arbeitenden Klasse in England“ eine weitere Entwicklung. Engels ging von der Untersuchung der Lage der arbeitenden Klasse in der bürgerlichen Gesellschaft aus, ihrer Lebens- und Arbeitsbedingungen und ihres Verhältnisses zur Bourgeoisie und gelangte zur Analyse des Wesens und der Formen des Klassenkampfes des Proletariats.

Die Arbeiter können keine bessere, ihrer Menschenwürde entsprechende Stellung erlangen, ohne einen entschiedenen Kampf gegen die Interessen der Bourgeoisie als solcher zu führen, die vor allem in der Ausbeutung der Arbeiter bestehen. „Die Bourgeoisie aber verteidigt ihr Interesse mit allen Kräften, die sie durch den Besitz und die ihr zu Gebote stehende Staatsmacht aufzuwenden imstande ist. Sowie der Arbeiter sich aus der jetzigen Lage der Dinge herausarbeiten will, wird der Bourgeois sein erklärter Feind.“[63]

Das sind die klaren Ausgangspositionen, die Engels seiner Analyse der Arbeiterbewegung zugrunde legte. Er untersuchte die Evolution der Kampfformen des Proletariats, angefangen von ersten Zeichen seiner Empörung.[64] Aber die Arbeiter stellen bald fest, daß sie mit Hilfe solcher Kampfformen, wie der Zerstörung von Maschinen und Fabriken nichts erreichen können. Es mußte eine neue Form des Protestes gefunden werden. Zu dieser Zeit kam das Gesetz von 1824 zurecht, das von der oligarchischen Regierung der Tories erlassen wurde und alle Akte aufhob, die früher den Arbeitern die Vereinigung zum Schutze ihrer Interessen verboten hatten. „Die Arbeiter bekamen das bisher nur der Aristokratie und Bourgeoisie gehörende Recht der freien Assoziation.“[65]

[63] Engels, Die Lage der arbeitenden Klasse in England, in: MEW, Bd. 2, S. 430

[64] Wir führen noch ein Zeugnis eines bürgerlichen Historikers dazu an: „Die folgerichtigen Phasen der Konzentration der proletarischen Kräfte, ihr Übergang auf feindliche Positionen werden von Engels in einer Reihe von Kapiteln charakterisiert, die auch in der Gegenwart politische Anleitung für die Arbeiterklasse geblieben sind, da sie auf sehr eindringliche Weise die spontanen Bewegungen der Arbeiterklasse im Laufe des ganzen verflossenen Jahrhunderts beleuchten.“ (Charles Andler: Historische Einführung und Kommentar zum „Kommunistischen Manifest“ von Karl Marx und Friedrich Engels, S. 193)

[65] Engels, F., Die Lage der arbeitenden Klasse in England, in: MEW, Bd. 2, S. 432

Wenn früher nur geheime Verbindungen unter den Arbeitern bestanden hatten, deren Wirkungskreis äußerst begrenzt gewesen war, so begannen sich jetzt Vereinigungen, die offen hervortreten konnten, schnell über das ganze Land zu verbreiten. Die Trade Unions vertraten die Interessen der Arbeiter, versuchten, sie vor den gröbsten Formen der Willkür der Unternehmer zu schützen, kämpften für die Verbesserungen der Arbeitsbedingungen, für die Erhöhung des Arbeitslohnes. Sie stießen auf den erbitterten Widerstand der Kapitalisten. Als wirksamstes Kampfmittel der Arbeitervereinigungen erwies sich der Streik. Die Unternehmer setzten Streikbrecher ein, provozierten Zusammenstöße mit den Streikenden, das Gericht aber trat immer zugunsten der Bourgeoisie auf, gegen die Arbeitervereinigungen.

Die Analyse der Erfahrungen der Trade Unions in der ersten Periode ihrer Tätigkeit führt zu der Schlußfolgerung, daß ihre Geschichte eine lange Reihe von Niederlagen darstellt, die nur von wenigen Siegen unterbrochen wurde. „Es ist natürlich", schlußfolgert Engels, „daß alle diese Anstrengungen das Gesetz der Ökonomie nicht ändern können, daß sich der Lohn durch das Verhältnis der Nachfrage zum Angebot im Arbeitsmarkte richtet."[66] Denn diese Vereinigungen sind außerstande, die wichtigsten Ursachen zu beseitigen, die dieses Verhältnis beeinflussen, was besonders anschaulich während der Handelskrisen wird, wo die Vereinigungen sich einverstanden erklären müssen mit der Herabsetzung des Arbeitslohnes oder sich gänzlich auflösen.

Mit großem Scharfblick sah Engels schon am Anfang der organisierten Arbeiterbewegung die Bedeutung der Arbeitervereinigungen und der von ihnen organisierten Streiks darin, daß sie den ersten Versuch der Arbeiter darstellten, die Konkurrenz zu beseitigen, auf die sich die Willkür der Bourgeoisie gründet. Die Existenz und die Tätigkeit der Arbeitervereinigungen setzen schon das Verständnis dafür voraus, daß die Herrschaft der Bourgeoisie auf dem Mangel an Geschlossenheit des Proletariats beruht, auf dem Ausspielen der einen Arbeiter gegen andere. Da die Arbeitervereinigungen eben gegen die Konkurrenz auftreten, das heißt gegen den „Lebensnerv der modernen sozialen Ordnung", rufen sie den Haß und die Verfolgung durch die Bourgeoisie hervor. Die Streiks führen allerorts zum Eingreifen der Polizei und der „soziale Krieg" erreicht eine hohe Zuspitzung.

[66] Ebenda, S. 434

Eine Reihe der größten Streiks, die in England in den 30er und 40er Jahren vor sich gingen, zeigte, daß in den Fällen, wo es um bestimmte soziale Ziele ging, die englischen Arbeiter wiederholt große Tapferkeit bewiesen. Die englische Arbeiterklasse legte die achtenswerteste Seite ihres Charakters eben in ihrer ruhigen Ausdauer an den Tag, in ihrer unwandelbaren Entschlossenheit, mit der sie täglich hunderte von Prüfungen bestand. „Leute, die so viel erdulden, um einen einzigen Bourgeois zu beugen, werden auch imstande sein, die Macht der ganzen Bourgeoisie zu brechen.“[67] Diese Bemerkung von Engels führte Lenin in seinem Artikel über die Streiks an, den er 1899 schrieb.

Die Zusammenstöße mit der Staatsmacht, ihren Organen, ihren Gesetzen erzeugen in der Arbeiterklasse das Streben, „an die Stelle des Bourgeoisie-Gesetzes ein Proletariergesetz“ zu stellen.[68] So entstand die Forderung der Volkscharte, eines politischen Dokuments, das die Reorganisation des englischen Unterhauses auf demokratischer Grundlage verlangte. Von glühender Sympathie sind jene Stellen des Buches von Engels erfüllt, die über die Peripetien des Kampfes der Chartisten berichten.

Von seinem Anfang 1835 an erfaßte der Chartismus hauptsächlich die Arbeiter, obwohl er sich in der ersten Zeit noch nicht scharf von der radikalen kleinen Bourgeoisie getrennt hatte. Aber in dem Maße, wie die Chartistenbewegung wuchs und die Chartisten zu entschiedeneren Kampfformen übergingen, lösten sich die bürgerlichen Radikalen von dieser Bewegung und gingen auf Positionen der Liberalen über, Anhängern des Freihandels und der uneingeschränkten Konkurrenz, Gegnern jeglicher Gesetzgebung zur Einschränkung der Unternehmerwillkür. „Von diesem Augenblicke an“, schreibt Engels, „war der Chartismus eine reine von allen Bourgeoisie-Elementen befreite etc. Arbeitersache.“[69]

Engels führt die berühmten Worte des Predigers Stephens an, der 1838 auf einem Meeting vor 200000 Anwesenden in Manchester erklärt hatte: Der Chartismus ist eine Messer- und Gabel-Frage. Der Chartismus ist nicht nur eine politische Frage, bei der es um die Erkämpfung des Wahlrechts geht: die Charte bedeutet eine gute Wohnung, gutes Essen und Trinken, guten Arbeitslohn und einen kurzen

[67] Ebenda, S. 442
[68] Ebenda, S. 444
[69] Ebenda, S. 450

Arbeitstag. Je mehr sich die Chartistenbewegung entwickelte, umso energischer begann sie, neben der Forderung nach allgemeinem Wahlrecht rein proletarische Forderungen zu stellen: die Zehnstunden-Bill, den Schutz des Arbeiters vor dem Kapitalisten, einen guten Arbeitslohn, eine gesicherte Existenz und die Abschaffung des Armengesetzes. Somit ist der Chartismus seinem Wesen nach sozialer Natur, er entwickelt sich unter der Losung: die politische Macht ist unser Mittel, soziale Glückseligkeit unser Zweck.[70]

In diesem Zusammenhang entsteht die Frage nach dem englischen Sozialismus, soweit er die Arbeiterklasse beeinflußt, die Frage nach den Beziehungen zwischen dem Chartismus als reiner Arbeiterbewegung und dem Sozialismus, wie er von Owens und seinen Anhängern vertreten wurde, die sich über den Widerspruch zwischen Bourgeoisie und Proletariat stellten. Die Analyse dieses Problems in der Arbeit von Engels bezeichnete eine wichtige Etappe auf dem Wege der Entwicklung des Sozialismus von der Utopie zur Wissenschaft.

Engels kannte den Chartismus und den englischen Sozialismus nicht nur als tiefgründiger Forscher und aufmerksamer Beobachter, er kannte sie sozusagen von innen her. Er war mit hervorragenden Männern beider Bewegungen bekannt, arbeitete aktiv im Organ der Anhänger von Owen „The New Moral World" mit sowie in dem chartistischen „The Northern Star". Die Klärung der Wechselbeziehungen zwischen der Arbeiterklasse und der sozialistischen Bewegung hielt Engels für seine vornehmste Aufgabe.

Im Vorwort zu seinem Buch schrieb er, daß die Lage der Arbeiterklasse den tatsächlichen Boden und Ausgangspunkt aller sozialen Bewegungen der Gegenwart darstellt, da sie die höchste, unverhüllteste Spitze der sozialen Misere des Kapitalismus ist. Die Existenzbedingungen des Proletariats zu erforschen, ist deshalb unbedingt notwendig, um einerseits den sozialistischen Theorien und andererseits den Urteilen über ihre Berechtigung einen festen Boden zu geben sowie allen Schwärmereien, Phantastereien für und wider diese Theorien ein Ende zu machen.[71]

Engels sah sowohl die Begrenztheit des Chartismus, seine theoretische Schwäche als auch den abstrakten und lebensfremden Charakter der damaligen Theorien des utopischen Sozialismus und ar-

[70] Vgl. ebenda, S. 446, 451
[71] Vgl. ebenda, S. 232

beitete die fruchtbare Idee von der Vereinigung beider Richtungen auf einer neuen, höheren Grundlage heraus.

Er bemerkte, daß die Chartisten zwar weiter zurück und weniger entwickelt, dafür aber echte Vertreter des Proletariats sind, während die Sozialisten weitblickend, praktische Mittel gegen die Not vorschlagend, aber ursprünglich von der Bourgeoisie ausgegangen und dadurch nicht imstande sind, sich mit der Arbeiterklasse zu verschmelzen. „Die Verschmelzung des Sozialismus mit dem Chartismus, die Reproduktion des französischen Kommunismus auf englische Weise wird das nächste sein und hat teilweise schon angefangen“, schrieb Engels. „Dann erst, wenn dies bewerkstelligt, wird die Arbeiterklasse wirklich die Herrscherin von England sein – die politische und soziale Entwicklung wird inzwischen vorwärtsgehen und diese neuentspringende Partei, diesen Fortschritt des Chartismus begünstigen.“[72]

Anläßlich des Erscheinens neuer Auflagen seines Buches bemerkte Engels Jahrzehnte nach dessen Erstausgabe, daß in ihm Spuren der Abstammung des wissenschaftlichen Sozialismus von einem seiner Vorfahren, der deutschen Philosophie sichtbar sind, und führte als Beispiel für diesen Einfluß an, daß in dem Buche besondere Bedeutung der These beigemessen wird, daß der Kommunismus nicht nur eine Parteidoktrin der Arbeiterklasse darstellt, sondern eine Theorie, die nach der Befreiung der gesamten Gesellschaft einschließlich der Klasse der Kapitalisten von den engen Rahmen der gegenwärtigen Verhältnisse strebt. „Dies ist in abstraktem Sinn richtig“, schreibt Engels, „aber in der Praxis meist schlimmer als nutzlos.“[73]

Er erklärt seinen Gedanken folgendermaßen. Solange die besitzenden Klassen nicht nur kein Bedürfnis verspüren nach Befreiung, sondern auch der Selbstbefreiung der Arbeiterklasse sich mit allen Kräften widersetzen, solange wird die Arbeiterklasse nun einmal genötigt sein, die soziale Umwälzung allein einzuleiten und durchzuführen. Die französische Bourgeoisie erklärte während der Revolution Ende des 18. Jahrhunderts auch die Befreiung der Bourgeoisie zur Befreiung der gesamten Menschheit; Adel und Geistlichkeit wollten das aber nicht einsehen. Diese Behauptung wurde bald zur sentimentalen Redensart und verglühte im Feuer des revolutionären Kampfes. „Heutzutage“,

[72] Ebenda, S. 453

[73] Engels, F., Anhang zur amerikanischen Ausgabe der ‚Lage der arbeitenden Klasse in England‘, in: MEW, Bd. 21, Berlin 1962, S. 255

schreibt Engels, „gibt es auch Leute genug, die den Arbeitern von der Unparteilichkeit ihres höheren Standpunkts einen über allen Klassengegensätzen und Klassenkämpfen erhabenen Sozialismus predigen und danach streben, in einer höheren Menschlichkeit die Interessen beider widerstreitenden Klassen zu versöhnen – aber diese Leute sind entweder Neulinge, die noch massenhaft zu lernen haben, oder aber die schlimmsten Feinde der Arbeiter, Wölfe im Schafspelz."[74] Diese Schlußfolgerung wurde vom gesamten Gang der Geschichte bestätigt und bewahrt bis in unsere Tage hinein ihre Aktualität. Die Verhältnisse in der Welt haben sich im Vergleich zu jener Zeit, da Engels seine Arbeit schrieb, grundlegend geändert. Die Anziehungskraft der sozialistischen Ideen wuchs unermeßlich, und der Sozialismus klopft buchstäblich an die Tür der Völker. Aber auch heutzutage gibt es in den entwickelten Ländern des Kapitalismus, die schon längst für die sozialistische Umgestaltung herangereift sind, nicht wenig, nach Engels' Ausdruck, „Wölfe im Schafspelz", die ihren Dienst an der Bourgeoisie mit einer Predigt von der Klassenversöhnung bemänteln. Gleichzeitig geht in den jungen souveränen Staaten, die vor der gewaltigen Aufgabe stehen, das Erbe einer Jahrhunderte alten Rückständigkeit zu beseitigen, der Kampf um die Wahl des Entwicklungsweges, des kapitalistischen oder sozialistischen. In diesen Staaten gibt es, wiederum nach den Worten von Engels, nicht wenig Neulinge, die noch viel lernen müssen. Sie geben sich mitunter der Illusion hin, daß man zum Sozialismus auf dem Wege der Versöhnung der Volksmassen mit ihren Unterdrückern gelangen könnte, ohne hartnäckigen Kampf gegen die reaktionären Klassen, die Feudalherren und die Monopolbourgeoisie, die sich an ihre Privilegien klammern und in ihrem eigennützigen Interesse zu einem Komplott mit dem schlimmsten Feind der Entwicklungsländer, mit dem Imperialismus, bereit sind.

In der gegenwärtigen Situation, da das mächtige Lager des Friedens, der Demokratie und des Sozialismus existiert, da der Imperialismus seine Herrschaft über die Mehrheit der Menschheit endgültig eingebüßt hat und sich das Kräfteverhältnis zwischen den beiden entgegengesetzten Weltsystemen unablässig zugunsten des Sozialismus verändert, zum Nachteil des Kapitalismus, berücksichtigen die Marxisten-Leninisten neben der Perspektive der nichtfriedlichen Methode der Verwirklichung des Sozialismus die Möglichkeit des friedlichen

[74] Ebenda

Weges der sozialistischen Revolution. Aber auch auf dem friedlichen Wege zum Sozialismus treten als bewegende Kraft des sozialen Fortschritts in den kapitalistischen Ländern die breite, von der Arbeiterklasse geführte antimonopolistische Front und in den jungen Nationalstaaten die breite anti-imperialistische Front auf, die alle Kräfte vereinigen, die bereit sind, gegen den Imperialismus und seine Agenten, für die nationale Unabhängigkeit und die soziale Erneuerung der Gesellschaft zu kämpfen. Der Übergang zum Sozialismus in den entwickelten Ländern, der Übergang auf den nichtkapitalistischen Entwicklungsweg in den jungen, souveränen Staaten vollzieht sich nicht durch die Versöhnung der antagonistischen Klassenkräfte, sondern durch den entschlossenen Kampf der Volksmassen gegen die herrschende Monopolbourgeoisie, gegen den Weltimperialismus und seine Lakaien.

5. *Die Lebensbedingungen der Arbeiterklasse im entwickelten Kapitalismus*

In den Vorworten zu späteren Auflagen seines Buches stellte Engels natürlich die Frage, ob sich die Lebensbedingungen des Proletariats in den seit seinem Erscheinen verflossenen Jahrzehnten verändert hätten. Er bemerkte, daß der im Buch beschriebene Stand der Dinge, was England angeht, größtenteils der Vergangenheit angehört. „Obwohl nicht ausdrücklich in unseren anerkannten Lehrbüchern mit aufgezählt, ist es doch ein Gesetz der modernen politischen Ökonomie“, schrieb Engels, „daß, je mehr die kapitalistische Produktion sich ausbildet, desto weniger sie bestehn kann bei den kleinen Praktiken der Prellerei und Mogelei, die ihre früheren Stufen kennzeichnen.“ [75] Das betrifft nicht nur die Beziehungen zwischen den Kapitalisten, sondern auch diejenigen zwischen Unternehmern und Arbeitern.

Während die kleinen Unternehmer auch unter den Bedingungen des hochentwickelten Kapitalismus danach streben, den Arbeiter um eines Pennys willen übers Ohr zu hauen, haben die Großunternehmer die volle Möglichkeit, auf ähnliche Methoden zu verzichten, mehr noch, gegen sie aufzutreten, um ihre schwächeren Konkurrenten leichter zu ruinieren und die Konzentration des Kapitals zu beschleunigen. Für das Großkapital ist es in vielen Fällen vorteilhafter, den Arbeitern

[75] Ebenda, S. 250

geringfügige Zugeständnisse zu machen als es bis zum Streik kommen zu lassen. Seine Losung heißt: Friede und Harmonie in der Industrie. Engels weist darauf hin, daß die Industrie Englands in den verflossenen Jahrzehnten erheblich gewachsen ist und durch den Entwicklungsprozeß der Produktion selbst all jene kleinen Beschwerden beseitigt wurden, die das Los des Arbeiters in früheren Zeiten des Kapitalismus so schwer gemacht hatten. „Und so tritt mehr und mehr in den Vordergrund die große Haupttatsache, daß die Ursache des Elends der Arbeiterklasse zu suchen ist nicht in jenen kleinern Übelständen, sondern im kapitalistischen System selbst."[76] Eben dieses System führt unvermeidlich zur Spaltung der kapitalistischen Gesellschaft in zwei Teile: einerseits in eine Handvoll Kapitalmagnaten, Eigentümer aller Produktions- und Konsumtionsmittel und andererseits in die gewaltige Masse der Lohnarbeiter, die nichts anderes besitzen als ihre Arbeitskraft. Der gesamte Entwicklungsgang des Kapitalismus seit den 40er Jahren verdeutlichte, daß ein solches Ergebnis nicht durch diese oder jene geringfügigen Beschwernisse der Arbeiter hervorgerufen wurde, sondern durch das System des Kapitalismus selbst.

Die Periode, die der Revolution von 1848 folgte, war für die englische Wirtschaft überaus günstig. Ungeachtet der periodischen Krisen, die den Aufschwung der Produktion unterbrachen, entwickelte sich die Industrie von 1850 bis 1870 in vorher nicht gekanntem Tempo. Die Frage nach der Lage der Arbeiter in dieser Periode beantwortet Engels folgendermaßen: „Zeitweilig gab es Besserung, selbst für die große Masse. Aber diese Besserung wurde immer wieder auf das alte Niveau herabgebracht durch den Zustrom der großen Menge der unbeschäftigten Reserve, durch die fortwährende Verdrängung von Arbeitern durch neue Maschinerie und durch die Einwanderung der Ackerbauarbeiter, die jetzt auch mehr und mehr durch Maschinen verdrängt wurden."[77]

In diesem Zusammenhang wies Engels auf die Existenz privilegierter Kategorien von Arbeitern hin, in deren Lage eine dauerhafte Verbesserung eingetreten war. Das sind erstens die Fabrikarbeiter, die unter dem Schutz der Fabrikgesetzgebung stehen und zweitens die Arbeiter, die sich in großen Trade Unions zusammengeschlossen haben,

[76] Ebenda, S. 252

[77] Engels, F., England 1845 und 1885, in: MEW, Bd. 21, Berlin 1962, S. 194

die „die Aristokratie in der Arbeiterklasse“[78] bilden. Was aber die große Masse der Arbeiter betrifft, so ist das Maß des Elends und der Existenzunsicherheit für sie heute ebenso groß, wenn nicht größer als je, bemerkt Engels.

Das Auftreten einer Arbeiteraristokratie innerhalb der Arbeiterklasse – einer Arbeiterschicht, der es gelungen ist, eine verhältnismäßig gesicherte Lage zu erringen – erklärt Engels mit dem Industriemonopol Englands im Laufe mehrerer Jahrzehnte des 19. Jahrhunderts. Das Industriemonopol charakterisiert er als Angelpunkt des bestehenden englischen Gesellschaftssystems. Solange das Industriemonopol bestand, hatte die Arbeiterklasse in gewissem Maße an seinen Vorteilen teil, die sehr ungleichmäßig verteilt wurden: den größten Teil riß die privilegierte Minderheit an sich, aber auch den breiten Massen fiel dies und jenes zu. Deshalb gab es nach dem Owenismus in England keinen Sozialismus mehr. Engels sah voraus, daß mit dem Zusammenbruch des Industriemonopols die Arbeiterklasse Englands ihre privilegierte Stellung verlieren wird.

Die Schlußfolgerungen von Engels über die Spaltung der Arbeiterklasse in eine privilegierte Minderheit, die von der Bourgeoisie auf Grund der Vorteile der Monopolstellung Englands auf dem Weltmarkt hochgepäppelt wurde, und in die breite Masse, die in elender Lage blieb, hatten gewaltige Bedeutung für das Verständnis der Prozesse, die in der Arbeiterklasse nicht nur in England vor sich gingen, sondern auch in anderen Ländern des entwickelten Kapitalismus Ende des 19. und Anfang des 20. Jahrhunderts. Gestützt auf diese Schlußfolgerungen von Engels und analoge Bemerkungen von Marx über die von den Kapitalisten korrumpierte Oberschicht der Arbeiterklasse, entdeckte Lenin in seiner Lehre über den Imperialismus die sozialen Wurzeln des Opportunismus unter den Bedingungen des Monopolkapitalismus und rüstete damit die revolutionäre Arbeiterbewegung mit einer theoretischen Waffe im Kampf gegen die Verräter der Arbeiterklasse aus.

[78] Ebenda

Kapitel III

„Die deutsche Ideologie" – eine gemeinsame Arbeit von Marx und Engels

Mitte der 40er Jahre arbeiteten Marx und Engels in einer Reihe gemeinsamer Arbeiten die Grundlagen der neuen Weltanschauung aus. Die charakteristische Besonderheit dieser Arbeiten besteht darin, daß in ihnen, nach Worten von Lenin, die sich auf „Das Manifest der Kommunistischen Partei" beziehen, eine materialistische Erklärung der bürgerlichen Zustände, sowohl der juristischen als auch der politischen und familiären gegeben wird, wobei sogar die Kritik an sozialistischen und kommunistischen Theorien ihre Wurzeln in bestimmten Produktionsverhältnissen sucht und findet.[1]

Einen überaus wichtigen Markstein auf dem Wege der Herausbildung der philosophischen, historischen und ökonomischen Anschauungen des Marxismus stellt „Die deutsche Ideologie" dar, ein Gemeinschaftswerk von Marx und Engels, das sie bald nachdem Engels die Arbeit an dem Buche über „Die Lage der arbeitenden Klasse in England" beendet hatte, in Angriff nahmen. Nachdem Marx auf Geheiß der preußischen Behörden aus Paris ausgewiesen worden war, ließ er sich in Brüssel nieder. Hierher kam im Frühjahr 1845 Engels, der die Korrekturen seines Buches las. In Brüssel machten sich beide Freunde nach dem Zeugnis von Engels an die detaillierte Ausarbeitung der neuen Anschauungen, die sie zu jener Zeit auf den verschiedensten Gebieten gewonnen hatten.

Im Juli 1845 weilten Marx und Engels in England und besuchten London und Manchester. Marx machte sich während dieser Reise mit den Werken der englischen Ökonomen und mit dem gesellschaftlichen

[1] Vgl. Lenin, Werke, Bd. 1, S. 133f.

Leben des Landes bekannt. Nach der Rückkehr nach Brüssel Ende August gingen beide Freunde an die Niederschrift der „Deutschen Ideologie", die im Sommer 1846 vollendet wurde.

„Die deutsche Ideologie" ist für die Charakterisierung der geistigen Entwicklung von Engels von besonderem Interesse. Es ist die zweite gemeinsame Arbeit der Begründer des Marxismus. Aber im Unterschied zur „Heiligen Familie", die fast ausschließlich aus der Feder von Marx stammte, obgleich in ihr gemeinsame Anschauungen beider Autoren enthalten sind, wurde „Die deutsche Ideologie" gemeinsam geschrieben. Später schrieb Engels in Erinnerung an die Jahre seiner „naseweisen Jugendzeit", daß er erst bei Marx gelernt habe, wie man arbeiten müsse.[2] Ohne Zweifel hatte die Arbeit an der „Deutschen Ideologie" in dieser Beziehung eine große Rolle gespielt.

Marx und Engels schufen die proletarische Weltanschauung auf dem Wege der Überwindung früherer philosophischer Systeme und utopischer Konzeptionen des Sozialismus. „Die deutsche Ideologie" trägt ausgesprochen polemischen Charakter. In ihr wird die Unhaltbarkeit der idealistischen Philosophie der Hegelianer Bruno Bauer und Max Stirner, des inkonsequenten beschaulichen Materialismus Ludwig Feuerbachs, des deutschen „wahren Sozialismus" kleinbürgerlicher Literaten, die unter sozialistischer Maske auftraten, bloßgelegt. Durch die kritische Überwindung fehlerhafter Anschauungen erarbeiteten die Begründer des Marxismus die Grundlagen eines neuen wissenschaftlichen Verständnisses des historischen Prozesses, ein neues Herangehen an Erscheinungen des gesellschaftlichen Lebens, und darin besteht die unschätzbare Bedeutung der „Deutschen Ideologie".

Engels schrieb über die Bedeutung der in diesem Buch dargelegten Entdeckungen, daß sie eine Umwälzung der Geschichtswissenschaft herbeiführten, die unmittelbare Bedeutung für die damalige Arbeiterbewegung hatte. Kommunismus bei Franzosen und Deutschen, Chartismus bei den Engländern erschien nun nicht mehr als etwas Zufälliges, das ebensogut auch hätte nicht sein können. Diese Bewegungen stellten sich nun dar als die historisch unvermeidliche Bewegung der unterdrückten Klasse der kapitalistischen Gesellschaft, des Proletariats, als mehr oder minder entwickelte Formen ihres Klassenkampfes gegen die Bourgeoisie. Dabei unterscheidet sich der Klassenkampf des Proletariats von früheren Klassenkämpfen dadurch, daß diese unter-

[2] Engels an Bebel, 24. 7. 85, in: MEW, Bd. 36, S. 348

drückte Klasse ihre Emanzipation nicht durchführen kann, ohne gleichzeitig die ganze Gesellschaft von der Scheidung in Klassen und damit von den Klassenkämpfen zu emanzipieren. „Und Kommunismus hieß nun nicht mehr: Ausheckung, vermittelst der Phantasie, eines möglichst vollkommenen Gesellschaftsideals, sondern: Einsicht in die Natur, die Bedingungen und die daraus sich ergebenden allgemeinen Ziele des vom Proletariat geführten Kampfs."[3]

Weiterhin bezeugt Engels, daß die Autoren der „Deutschen Ideologie" keinesfalls beabsichtigt hatten, die neuen wissenschaftlichen Resultate in dicken Büchern ausschließlich der „gelehrten" Welt zu unterbreiten. „Wir saßen beide", so schreibt er, „schon tief in der politischen Bewegung, hatten unter der gebildeten Welt, namentlich Westdeutschlands, einen gewissen Anhang und reichliche Fühlung mit dem organisierten Proletariat. Wir waren verpflichtet, unsre Ansicht wissenschaftlich zu begründen; ebenso wichtig aber war es auch für uns, das europäische und zunächst das deutsche Proletariat für unsere Überzeugung zu gewinnen. Sobald wir erst mit uns selbst im reinen, ging's an die Arbeit."[4]

Das von Marx und Engels geschriebene umfangreiche Werk hatte ein eigenartiges Schicksal: es erschien erst viele Jahrzehnte nach dem Tode seiner Autoren. Im Sommer 1846 wurde das Manuskript zur Herausgabe nach Westfalen geschickt, wo Freunde und Gleichgesinnte Schritte zu seiner Veröffentlichung unternahmen. Diese Schritte waren jedoch nicht von Erfolg gekrönt. Schon am 1. August 1846 erwähnt Marx dies in einem Brief an den Verleger, mit dem er einen Vertrag hinsichtlich der Arbeit „Zur Kritik der Politischen Ökonomie" abgeschlossen hatte, und Ende Dezember desselben Jahres schrieb Marx in einem Brief an Annenkow, daß er bisher die Kritik an den deutschen Philosophen und Sozialisten noch nicht veröffentlichen konnte: „Sie können sich nicht vorstellen, auf welche Schwierigkeiten eine solche Veröffentlichung in Deutschland stößt, einesteils von seiten der Polizei, andernteils von seiten der Verleger, die ja selbst die interessierten Vertreter all der Richtungen sind, die ich angreife."[5]

3 Engels, F., Zur Geschichte des Bundes der Kommunisten, in: MEW Bd. 21, Berlin 1962, S. 212

4 Ebenda

5 Marx, K., Brief an Pawel Wassiljewitsch Annenkow, in: MEW, Bd. 27, Berlin 1963, S. 462

Später schrieb Marx im Vorwort der Arbeit „Zur Kritik der Politischen Ökonomie", daß er und Engels beschlossen hätten, ihre neuen Ansichten als Gegengewicht zu den ideologischen Auffassungen der deutschen Philosophie gemeinsam auszuarbeiten und dem Wesen nach mit ihrem „ehemaligen philosophischen Gewissen abzurechnen".[6] Das Manuskript war längst an seinem Verlagsort angelangt, als man den Autoren mitteilte, daß die veränderten Umstände seine Veröffentlichung nicht erlaubten. „Wir überließen das Manuskript", schrieb Marx, „der nagenden Kritik der Mäuse umso williger, als wir unsern Hauptzweck erreicht hatten – Selbstverständigung."[7]

Drei Jahrzehnte später führte Engels diese Bemerkungen von Marx in seiner Vorbemerkung zu dem Buch „Ludwig Feuerbach und der Ausgang der klassischen deutschen Philosophie" an und teilte mit, daß er, bevor er sein Buch in den Druck gegeben hatte, das alte Manuskript von 1845–1846 herausgesucht und angesehn habe und dabei in einem der Hefte von Marx die elf Thesen über Feuerbach gefunden, die er als Anhang zu seinem Buch zu veröffentlichen beschlossen habe. „Es sind Notizen für spätere Ausarbeitung", schrieb Engels, „rasch hingeschrieben, absolut nicht für den Druck bestimmt, aber unschätzbar als das erste Dokument, worin der geniale Keim der neuen Weltanschauung niedergelegt ist."[8]

1. Die Produktion des materiellen Lebens

Während Marx und Engels die Grundlagen der neuen Weltanschauung legten, kamen sie natürlich zu der Schlußfolgerung, daß die Erforschung des ökonomischen Lebens der Gesellschaft ausschlaggebende Bedeutung für die Schaffung der revolutionären Theorie der Arbeiterklasse hat. Die Aufgabe bestand darin, die politische Ökonomie mit Hilfe des von ihnen neu geschaffenen materialistischen Herangehens neu zu überarbeiten, und Marx machte sich an die Erfüllung dieser Aufgabe. Er hielt es jedoch, wie es in einem seiner Briefe von

[6] Marx, K., Zur Kritik der politischen Ökonomie, Vorwort, in: MEW, Bd. 13, Berlin 1961, S. 10

[7] Ebenda

[8] Engels, F., Ludwig Feuerbach und der Ausgang der klassischen deutschen Philosophie, in: MEW, Bd. 21, Berlin 1962, S. 264

1846 heißt, für überaus wichtig, der positiven Darlegung des Gegenstandes eine polemische Arbeit vorauszuschicken, die gegen die deutsche Philosophie und gegen den auf ihrer Grundlage entstandenen deutschen Sozialismus gerichtet war. „Es ist dies notwendig“, schreibt Marx, „um das Publikum auf den Standpunkt meiner Ökonomie, welche schnurstracks der bisherigen deutschen Wissenschaft sich gegenüberstellt, vorzubereiten.“[9]

In seiner Einschätzung des Manuskriptes der „Deutschen Ideologie“ vom Standpunkt des Marxismus, der zu jener Zeit schon eine fast über ein halbes Jahrhundert gehende Geschichte hatte, bemerkte Engels, daß die im Abschnitt über Feuerbach gegebene Darlegung der materialistischen Geschichtsauffassung zeigt, „wie unvollständig unsre damaligen Kenntnisse der ökonomischen Geschichte noch waren.“[10] Aber diese Unvollständigkeit verringert natürlich keineswegs die Bedeutung der „Deutschen Ideologie“ als einer der wertvollsten Quellen für die Erforschung des Entwicklungsprozesses der marxistischen Theorie. Ungeachtet des von Engels bemerkten Mangels haben die erstmalig in der „Deutschen Ideologie“ dargelegten Ideen gewaltige Bedeutung für die revolutionäre Umwälzung, die vom Marxismus in der ökonomischen Wissenschaft herbeigeführt wurde.

Die materialistische Umarbeitung der Dialektik und die Ausdehnung des Materialismus auf die Erforschung des Lebens der Gesellschaft sind die Ausgangspositionen jener Kritik, der die Begründer des Marxismus die bisherige politische Ökonomie unterzogen. Der historische Materialismus diente als methodologische Grundlage der ökonomischen Theorie des Marxismus. In der „Deutschen Ideologie“ wurden zum ersten Male sehr wichtige Thesen des historischen Materialismus vorgelegt, die späterhin im einzelnen im „Kapital“ und in anderen Werken von Marx und Engels ausgearbeitet und begründet wurden. Und obgleich in ihren Arbeiten der 40er Jahre der historische Materialismus nach einer Charakteristik Lenins noch eine wissenschaftliche Hypothese blieb, so erwies sich diese Hypothese doch als überaus fruchtbar, da sie den Ausgangspunkt für weitere Untersuchungen bildete, die die Verwandlung des Sozialismus aus einer Utopie in eine wissenschaftliche Theorie herbeiführte.

[9] Marx, K., Brief an Karl Wilhelm Leske, in: MEW, Bd. 27, Berlin 1963, S. 449

[10] Engels, F., Ludwig Feuerbach und der Ausgang der klassischen deutschen Philosophie, in: MEW, Bd. 21, S. 264

In der „Deutschen Ideologie" wurde der idealistischen Erklärung des gesellschaftlichen Lebens scharf und deutlich der Materialismus entgegengestellt. In dieser Arbeit wurden prinzipielle Grundsätze der materialistischen Geschichtsauffassung verkündet, die die Grundlage der weiteren Untersuchungen von Marx und Engels darstellten. Das betrifft vor allem den Grundsatz: „Nicht das Bewußtsein bestimmt das Leben, sondern das Leben bestimmt das Bewußtsein."[11] Das Bewußtsein, erklären die Autoren der „Deutschen Ideologie", kann niemals etwas anderes sein als bewußt gewordenes Sein, und das Sein der Menschen ist der reale Sinn ihres Lebens. Ausgehen muß man nicht davon, was die Menschen reden und sich vorstellen; als Ausgangspunkt müssen die tatsächlichen Menschen genommen werden, und aus ihrem tatsächlichen Lebensprozeß muß die Entwicklung der ideologischen Widerspiegelungen und des Widerhalls dieses Lebensprozesses geschlußfolgert werden. In diesen Grundsätzen ist im Wesen derselbe Gedanke enthalten, der später von Marx im berühmten Vorwort seiner Arbeit „Zur Kritik der Politischen Ökonomie" formuliert wurde.

Aber was ist das Leben, das das Bewußtsein der Menschen bestimmt? In der „Deutschen Ideologie" heißt es, daß „die ihre materielle Produktion und ihren materiellen Verkehr entwickelnden Menschen ... mit dieser ihrer Wirklichkeit auch ihr Denken und die Produkte ihres Denkens"[12] ändern. Hauptvoraussetzung der Erforschung des gesellschaftlichen Lebens sind „die wirklichen Individuen, ihre Aktion und ihre materiellen Lebensbedingungen sowohl die vorgefundenen wie die durch ihre eigne Aktion erzeugten".[13] Die Menschen selbst beginnen, sich von den Tieren zu unterscheiden, sobald sie anfangen, die für sie notwendigen Existenzmittel zu produzieren. Hier wird der Gedanke ausgedrückt, daß die Arbeit, die Produktionstätigkeit den grundlegenden Unterschied zwischen Mensch und Tier ausmacht. Diese Idee, die die Grundlage der wissenschaftlichen Theorie von der Anthropogenese darstellt, erfuhr später in der Arbeit von Engels über den Anteil der Arbeit an der Menschwerdung des Affen weitere Entwicklung.[14]

[11] Marx, K./Engels, F., Die deutsche Ideologie, in: MEW, Werke, Bd. 3, Berlin 1958, S. 27

[12] Ebenda

[13] Ebenda, S. 20

[14] Vgl. Engels, F., Dialektik der Natur, in: MEW, Bd. 20, Berlin 1962, S. 444–455

Wenn sich die Menschen von den Tieren dadurch unterscheiden, daß sie Lebensmittel produzieren, so ist es klar, daß die Produktion des materiellen Lebens die Grundlage aller anderen Seiten der Existenz der Menschen ist. Von hier aus folgt der Übergang zur Untersuchung der Produktion und Produktionsweise, eines der Ecksteine des historischen Materialismus und der ökonomischen Lehre des Marxismus. In der „Deutschen Ideologie" wird die Weise untersucht, mit der die Menschen die für sie notwendigen Lebensmittel produzieren. Das ist eine bestimmte Weise der Tätigkeit gegebener Individuen, eine bestimmte Art ihrer Lebenstätigkeit, ihre bestimmte Lebensweise. „Was sie sind, fällt also zusammen mit ihrer Produktion, sowohl damit, was sie produzieren, als auch damit, wie sie produzieren." [15]

Wichtigste Voraussetzung für die Erforschung des gesellschaftlichen Lebens ist das Verständnis dafür, daß die Menschen die Möglichkeit haben müssen zu leben, um in der Lage zu sein „Geschichte zu machen". Hieraus resultiert, daß der erste geschichtliche Akt die Produktion der Mittel zur Befriedigung der Bedürfnisse der Menschen ist, die Produktion des materiellen Lebens selbst. Der zweite Akt besteht darin, daß das befriedigte erste Bedürfnis selbst, die Aktion der Befriedigung und das schon erworbene Instrument der Befriedigung zu neuen Bedürfnissen führen. Der dritte Akt besteht darin, daß die Menschen, die ihr Leben täglich neu machen, anfangen, andere Menschen zu machen, sich fortzupflanzen. Aus all dem folgt, daß die Produktion des Lebens, sowohl des eigenen in der Arbeit wie des fremden in der Zeugung nun schon sogleich als ein doppeltes Verhältnis erscheint – einerseits als natürliches, andererseits als gesellschaftliches Verhältnis –, gesellschaftlich in dem Sinne, als hierunter das Zusammenwirken mehrerer Individuen verstanden wird.[16]

Der Gedanke von der Verbindung zweier Arten der Produktion des Lebens, in der Arbeit und durch die Geburt, hat in der marxistischen Literatur nicht immer genügend Aufmerksamkeit gefunden. Dabei ist dieser Gedanke nicht zufällig entstanden. An anderer Stelle bemerken die Autoren der „Deutschen Ideologie", daß die durch die Produktivkräfte bedingte Verkehrsform „die einfache Familie und die zusammengesetzte Familie, das sogenannte Stammwesen zu ihrer Voraussetzung und Grundlage hat" [17]. Diese Bemerkung läßt keinen Zweifel daran,

[15] Marx, K./Engels, F., Die deutsche Ideologie, MEW, Bd. 3, S. 21

[16] Vgl. ebenda, S. 29–30

[17] Ebenda, S. 36

daß die Begründer des Marxismus für die Urgesellschaft nicht nur die Analyse der Entwicklung der Produktivkräfte für wesentlich wichtig hielten, sondern auch die Untersuchung der Formen der Familie. Wie später gezeigt werden soll, erfüllte Engels diese Aufgabe in seiner Arbeit über den „Ursprung der Familie, des Privateigentums und des Staats“.

2. Die Entwicklung der Produktivkräfte und der Produktionsverhältnisse

Wenn Marx und Engels von der „Produktion des Lebens“ sprechen, weisen sie weiter darauf hin, daß eine bestimmte Produktionsweise oder industrielle Stufe stets mit einer bestimmten Weise des Zusammenwirkens oder gesellschaftlichen Stufe vereinigt und diese Weise des Zusammenwirkens selbst eine „Produktivkraft“ ist, daß die Menge der den Menschen zugänglichen Produktivkräfte den gesellschaftlichen Zustand bedingt, „und also die ‚Geschichte der Menschheit‘ stets im Zusammenhange mit der Geschichte der Industrie und des Austauschs studiert und bearbeitet werden muß“[18].

Hier ist die für die materialistische Geschichtsauffassung wichtigste Idee ausgesprochen: daß dem historischen Prozeß die Entwicklung der Produktivkräfte zugrunde liegt.

In der „Deutschen Ideologie“ wird das für die ökonomische Wissenschaft so wichtige Prinzip des Historismus entschieden verkündet und konsequent befolgt. „Wir kennen nur eine einzige Wissenschaft, die Wissenschaft der Geschichte“, schrieben die Begründer des wissenschaftlichen Kommunismus. „Die Geschichte kann von zwei Seiten aus betrachtet, in die Geschichte der Natur und die Geschichte der Menschen abgeteilt werden.“[19] Sie weisen darauf hin, daß diese beiden Seiten untrennbar miteinander verbunden sind und einander gegenseitig bedingen, und bemerken weiterhin, daß sie sich mit der Geschichte der Menschen befassen müssen, da fast die ganze Ideologie sich entweder auf eine verdrehte Auffassung dieser Geschichte oder auf eine gänzliche Abstraktion von ihr reduziert. Damit wird dem Antihistorismus, der eine nicht wegzudenkende Seite der idealistischen Konzeptionen von der Entwicklung der Gesellschaft ist, ein entschiedener Kampf angesagt.

[18] Ebenda, S. 30
[19] Ebenda, S. 18

Der Geschichte der Menschen, das heißt der Geschichte der menschlichen Gesellschaft liegt ein materialistischer Zusammenhang der Menschen untereinander zugrunde, ein Zusammenhang, der durch die Bedürfnisse und die Weise der Produktion bedingt ist, „ein Zusammenhang, der stets neue Formen annimmt und also eine ‚Geschichte' darbietet, auch ohne daß irgendein politischer oder religiöser Nonsens existiert, der die Menschen noch extra zusammenhalte."[20]

Der materialistische Zusammenhang der Menschen untereinander, der von den Bedürfnissen und von der Produktionsweise bedingt ist, das sind die Produktionsverhältnisse. Sie figurieren in der „Deutschen Ideologie" unter dem Terminus „Verkehrsformen". Man darf jedoch nicht außer acht lassen, daß das deutsche Wort für Verkehr, mit dem das englische und französische Wort „commerce" übersetzt wird, von Marx und Engels in einem weiteren Sinne gebraucht wurde, als Zusammenhang, Verhältnis, Beziehung. In dieser Arbeit findet man übrigens auch schon den Terminus „gesellschaftliche Verhältnisse" und den Ausdruck „Gesellschaftsstruktur". So heißt es an einer Stelle: Individuen, die auf bestimmte Weise produktiv tätig sind, „gehen diese bestimmten gesellschaftlichen und politischen Verhältnisse ein"[21]. Weiter wird darauf hingewiesen, daß Gesellschaftsstruktur und Staat ständig aus dem Lebensprozeß der Individuen hervorgehen, daraus wie sie sich mit materieller Produktion befassen, „wie sie *wirklich* sind, d. h. wie sie wirken, materiell produzieren, also wie sie unter bestimmten materiellen und von ihrer Willkür unabhängigen Schranken, Voraussetzungen und Bedingungen tätig sind"[22]. Mit diesen Worten ist der Gedanke ausgedrückt, daß die gesellschaftlichen Produktionsverhältnisse nicht vom Willen und Bewußtsein der Menschen abhängen, sondern selbst ihren Willen und ihr Bewußtsein bestimmen.

Marx und Engels widerlegten voluntaristische Vorstellungen der kleinbürgerlichen Sozialisten, indem sie schrieben: „Das materielle Leben der Individuen, welches keineswegs von ihrem bloßen ‚Willen' abhängt, ihre Produktionsweise und die Verkehrsform, die sich wechselseitig bedingen, ist die reelle Basis des Staats und bleibt es auf allen Stufen, auf denen die Teilung der Arbeit und das Privateigentum noch nötig sind, ganz unabhängig vom *Willen* der Individuen."[23] Wie be-

[20] Ebenda, S. 20
[21] Ebenda, S. 25
[22] Ebenda
[23] Ebenda, S. 311

kannt ist, erklärt Marx den Terminus Basis im Vorwort zu der Arbeit „Zur Kritik der politischen Ökonomie" als ökonomische Struktur der Gesellschaft im Verhältnis zum Überbau, den politischen, juristischen, ideologischen und anderen Erscheinungen.

Das Wesen der materialistischen Geschichtsauffassung besteht nach der „Deutschen Ideologie" darin, den wirklichen Produktionsprozeß, und zwar von der materiellen Produktion des unmittelbaren Lebens ausgehend, zu entwickeln und die mit dieser Produktionsweise zusammenhängende und von ihr erzeugte Verkehrsform, also die bürgerliche Gesellschaft in ihren verschiedenen Stufen, als Grundlage der ganzen Geschichte aufzufassen und sie sowohl in ihrer Aktion als Staat darzustellen, wie die sämtlichen verschiedenen theoretischen Erzeugnisse und Formen des Bewußtseins, Religion, Philosophie, Moral usw., aus ihr zu erklären und ihren Entstehungsprozeß aus ihnen zu verfolgen.[24]

Nach dem Zeugnis von Engels hatte Marx schon in seinen Aufsätzen von 1844, die in den Deutsch-Französischen Jahrbüchern erschienen, ihre materialistischen Ansichten über den Gang des historischen Prozesses in dem Sinne verallgemeinert, „daß überhaupt nicht der Staat die bürgerliche Gesellschaft, sondern die bürgerliche Gesellschaft den Staat bedingt und regelt, daß also die Politik und ihre Geschichte aus den ökonomischen Verhältnissen und ihrer Entwicklung zu erklären ist, nicht umgekehrt"[25]. Später schrieb Marx, indem er dieses Ergebnis seiner Untersuchungen darlegte, das seinen Ausdruck in seiner Einleitung „Zur Kritik der Hegelschen Rechtsphilosophie", die in den „Deutsch-Französischen Jahrbüchern" erschien, gefunden hatte, daß er zu der Schlußfolgerung gelangt sei, „daß Rechtsverhältnisse wie Staatsformen weder aus sich selbst zu begreifen sind noch aus der sogenannten allgemeinen Entwicklung des menschlichen Geistes, sondern vielmehr in den materiellen Lebensverhältnissen wurzeln, deren Gesamtheit Hegel, nach dem Vorgang der Engländer und Franzosen des 18. Jahrhunderts, unter dem Namen ‚bürgerliche Gesellschaft' zusammenfaßt, daß aber die Anatomie der bürgerlichen Gesellschaft in der politischen Ökonomie zu suchen sei"[26].

[24] Vgl. ebenda, S. 37–38

[25] Engels, F., Zur Geschichte des Bundes der Kommunisten, in: MEW, Bd. 21, S. 211–212

[26] Marx, K., Zur Kritik der Politischen Ökonomie, Vorwort, in: MEW, Bd. 13, S. 8

Diese Idee, die kardinale Bedeutung sowohl für die materialistische Geschichtsauffassung als auch für die marxistische politische Ökonomie hatte, wurde in der „Deutschen Ideologie" mit großer Vollständigkeit ausgearbeitet. Die bürgerliche Gesellschaft ist der wahre Herd und die Arena der ganzen Geschichte. Sie umfaßt den gesamten materiellen Verkehr der Individuen innerhalb einer bestimmten Entwicklungsstufe der Produktivkräfte. Sie umfaßt das gesamte kommerzielle und industrielle Leben einer Stufe. Das ist eine unmittelbar aus der Produktion und dem Verkehr sich entwickelnde gesellschaftliche Organisation, die zu allen Zeiten die Basis des Staates und der sonstigen idealistischen Superstruktur bildet.[27] Schon hier wurde die für die materialistische Geschichtsauffassung und für die wissenschaftliche politische Ökonomie überaus wichtige These von Basis und Überbau aufgestellt.

Marx und Engels wiesen nach, daß sich der Entwicklungsstand der Produktivkräfte am deutlichsten darin zeige, bis zu welchem Grad die Arbeitsteilung entwickelt ist. Jede neue Produktivkraft hat eine weitere Entwicklung der Arbeitsteilung zur Folge.[28] Bei der Analyse der Entwicklung der Arbeitsteilung stellen die Autoren der „Deutschen Ideologie" die wichtigsten Marksteine auf deren Wege fest. Das ist vor allem die Trennung der industriellen und kommerziellen von der landwirtschaftlichen Arbeit, was zur Trennung von Stadt und Land und zur Entstehung von Interessengegensätzen zwischen ihnen führt. Ihre weitere Entwicklung führt zur Trennung der kommerziellen Arbeit von der industriellen. Zur gleichen Zeit entwickeln sich durch die Arbeitsteilung innerhalb dieser beiden wichtigen Zweige wieder verschiedene Abteilungen unter den zu bestimmten Arbeiten zusammenwirkenden Individuen.

Besondere Bedeutung hat dabei die Trennung der geistigen Arbeit von der körperlichen: „Die Teilung der Arbeit wird erst wirklich Teilung von dem Augenblicke an, wo eine Teilung der materiellen und geistigen Arbeit eintritt"[29], denn von diesem Augenblick an ist das Bewußtsein imstande, sich von der Welt zu emanzipieren und zur Bildung der „reinen" Theorie, Theologie, Philosophie, Moral usw. überzugehen.

[27] Vgl. Marx, K./Engels, F., Die Deutsche Ideologie, in: MEW, Bd. 3, S. 36

[28] Vgl. ebenda, S. 21–22

[29] Ebenda, S. 31

Die Entwicklung der gesellschaftlichen Arbeisteilung ist eng mit der Evolution der Eigentumsformen verbunden: „Die verschiedenen Entwicklungsstufen der Teilung der Arbeit sind ebensoviel verschiedene Formen des Eigentums; d. h., die jedesmalige Stufe der Teilung der Arbeit bestimmt auch die Verhältnisse der Individuen zueinander in Beziehung auf das Material, Instrument und Produkt der Arbeit."[30] Ihrerseits hängt die entsprechende Stufe der Arbeitsteilung von der im gegebenen Moment erreichten Entwicklung der Produktivkräfte ab.

Hieraus wird die Unhaltbarkeit der juristischen Illusion offenbar, nach der das Privateigentum das Ergebnis des „allgemeinen Willens" darstelle, das Eigentumsverhältnis ein solches Verhältnis sei, auf das man sich nach Wunsch einlassen oder nicht einlassen könne und dessen Inhalt voll und ganz von der individuellen Willkür der Kontrahenten abhängt. Die Sache verhält sich anders: „Sooft sich durch die Entwick(lung) der Industrie und des Handels neue (Ve)rkehrsformen gebildet haben, (z.) B. Assekuranz – etc. – Kompanien, war das Recht jedesmal genötigt, sie unter die Eigentumserwerbsarten aufzunehmen."[31] Die These, daß diese oder jene Eigentumsform der juristische Ausdruck der herrschenden Produktionsverhältnisse ist, wurde dann von Marx und Engels in ihren späteren Werken detailliert ausgearbeitet.

Die Frage nach dem Eigentum, seiner Herkunft und Entwicklung, seinem Wesen und seinen Formen nimmt in der „Deutschen Ideologie" einen hervorragenden Platz ein, und das durchaus nicht zufällig. Die idealistische Geschichtsinterpretation ging von einer unhistorischen, metaphysischen Vorstellung vom Eigentum aus. Marx und Engels stellten den idealistischen Ansichten eine reale, historische Auffassung gegenüber, die es möglich machte, die wahre Rolle der Eigentumsverhältnisse zu klären, die als Verkehrsformen auftraten, die sich im Laufe der historischen Entwicklung der Produktivkräfte verändern.

In der „Deutschen Ideologie" werden die hauptsächlichen Eigentumsformen untersucht, die im Laufe der Geschichte bis zur Entstehung des Kapitalismus existiert hatten. Das sind das Stammeigentum, das antike Gemeineigentum und das Staatseigentum, neben dem sich auch das Privateigentum entwickelt, das feudale Grundeigentum oder das korporative Mobiliareigentum. Jede dieser Eigentumsformen wird in enger Verbindung mit der Produktion und der Arbeitsteilung analy-

[30] Ebenda, S. 22
[31] Ebenda, S. 64

siert. Zusammen mit der Arbeitsteilung ist auch die Verteilung, nämlich eine ungleiche Verteilung der Arbeit und ihrer Produkte gegeben, also das Eigentum. „Übrigens sind Teilung der Arbeit und Privateigentum identische Ausdrücke – in dem Einen wird in Beziehung auf die Tätigkeit dasselbe ausgesagt, was in dem Andern in bezug auf das Produkt der Tätigkeit ausgesagt wird.“[32]

Während Vertreter idealistischer Konzeptionen die Eigentumsverhältnisse isoliert von den Produktionsverhältnissen abstrakt untersuchten, deckten die Autoren der „Deutschen Ideologie“ die Abhängigkeit dieser Verhältnisse von der Produktionstätigkeit der Menschen und von jenen Verkehrsformen auf, die im Produktionsprozeß entstehen. Sie zeigten die Abhängigkeit der Eigentumsformen von der Entwicklung der Arbeitsteilung und wiesen darauf hin, „daß innerhalb der Teilung der Arbeit die persönlichen Verhältnisse notwendig und unvermeidlich sich zu Klassenverhältnissen fortbilden und fixieren, . . . Das Individuum als solches, für sich selbst betrachtet, ist ferner unter die Teilung der Arbeit subsumiert, durch sie vereinseitigt, verkrüppelt, bestimmt.“[33]

Die vorkapitalistischen Eigentumsformen werden in der „Deutschen Ideologie“ nur in allgemeinen Zügen charakterisiert, anders verhält es sich mit dem kapitalistischen Eigentum. Die Begründer des Marxismus decken gründlich seine Herkunft auf und analysieren im einzelnen seine Besonderheiten, Folgen und Ergebnisse. Die Trennung der Stadt vom Lande gibt der Entwicklung des Privateigentums einen mächtigen Anstoß, und das Privateigentum erzeugt das kapitalistische Eigentum, das einen bestimmten Weg mit der Entwicklung der Produktivkräfte durchläuft, mit der Entstehung und Ausbreitung der Manufaktur und danach der maschinellen Industrie. Das Aufkommen und Wachsen der Städte, die Entwicklung des Handwerks und die Evolution der Beziehungen zwischen den Meistern, Gesellen und Lehrlingen, das Wachsen des Handels, das Aufkommen der Manufakturen und Produktionszweige, die über den Rahmen der Zunftordnung hinauswuchsen, all dies kennzeichnet den Entwicklungsprozeß der Arbeitsteilung, der die Feudalordnung untergrub und das feudale Eigentum zersetzte. Das feudale Zunfteigentum wurde vom privaten und in überwiegendem Grade kapitalistischen Eigentum verdrängt. Anstelle der ständischen

[32] Ebenda, S. 32
[33] Ebenda, S. 422

Feudalgesellschaft entstehen die Klassen der kapitalistischen Gesellschaft.

Schon mit dem Aufkommen der Manufaktur veränderte sich das Verhältnis zwischen Arbeitern und Betriebseigentümern. In den Zünften waren patriarchalische Verhältnisse zwischen den Meistern und Gesellen erhalten geblieben, in der Manufaktur trat an ihre Stelle das Geldverhältnis zwischen Arbeiter und Kapitalist. Die Erweiterung des Handels und der Manufaktur beschleunigte die Akkumulation des mobilen Kapitals. Handel und Manufaktur schufen die große Bourgeoisie, die Zünfte verfielen unvermeidlich. Als wichtige Marksteine dienten das Aufkommen des amerikanischen Goldes und Silbers auf den europäischen Märkten, die allmähliche Entwicklung der Industrie, die schnelle Entfaltung des Handels und die von ihr hervorgerufene Blüte der Bourgeoisie und die Verbreitung des Geldes.

Die entscheidende Kraft, die zum Sieg des kapitalistischen Eigentums führte, war die maschinelle Großindustrie, die die Ausnutzung der Naturkräfte für industrielle Ziele bedeutete, die weitestgehende Arbeitsteilung. Die große Industrie universalisierte die Konkurrenz, schuf den Weltmarkt und erzeugte die Zentralisierung des Kapitals. Sie schuf überall im allgemeinen dieselben Verhältnisse zwischen den Klassen. „Sie macht dem Arbeiter nicht bloß das Verhältnis zum Kapitalisten, sondern die Arbeit selbst unerträglich."[34]

Der Übergang zur kapitalistischen Produktionsweise wird als große Umwälzung der Gesellschaft charakterisiert, die die Verhältnisse der Bourgeoisie untereinander und zu den Proletariern in reine Geldverhältnisse auflöste, sämtliche „geheiligte Güter" in Handelsartikel verwandelte und für die Proletarier alle naturwüchsigen und überkommenen, zum Beispiel Familien- und politische Verhältnisse nebst ihrem ganzen ideologischen Überbau zerstörte.[35] Die historische Rolle des Privateigentums wird dadurch bestimmt, daß es die Verkehrsform darstellt, die auf einer bestimmten Entwicklungsstufe der Produktivkräfte notwendig ist. Es ist eine Verkehrsform, „die nicht eher abgeschüttelt, nicht eher zur Produktion des unmittelbaren materiellen Lebens entbehrt werden kann, bis Produktivkräfte geschaffen sind, für die das Privateigentum eine hemmende Fessel ist"[36]. Das müßte dem idealistischen Philosophen völlig klar sein, wenn er „für einen Augen-

[34] Ebenda, S. 60
[35] Vgl. ebenda, S. 356
[36] Ebenda, S. 338

blick die kursierenden Gedanken der Juristen und Politiker über das Privateigentum, wie die Polemik dagegen, beiseite liegen gelassen" und „dies Privateigentum einmal in seiner empirischen Existenz, in seinem Zusammenhange mit den Produktivkräften der Individuen gefaßt..."[37] hätte.

Eines der wichtigsten Ergebnisse der Herrschaft des Privateigentums ist der Gegensatz zwischen Stadt und Land. Mit dem Übergang zur Zivilisation, von der Sippenordnung zum Staat und von der lokalen Begrenztheit zur Nation entstanden, kann er nur im Rahmen des Privateigentums existieren. „Es ist der krasseste Ausdruck der Subsumtion des Individuums unter die Teilung der Arbeit, unter eine bestimmte, ihm aufgezwungene Tätigkeit, eine Subsumtion, die den Einen zum bornierten Stadttier, den Andern zum bornierten Landtier macht und den Gegensatz der Interessen Beider täglich neu erzeugt. Die Arbeit ist hier wieder die Hauptsache, die Macht über den Individuen, und solange diese existiert, solange muß das Privateigentum existieren. Die Aufhebung des Gegensatzes von Stadt und Land ist eine der ersten Bedingungen der Gemeinschaft, eine Bedingung, die wieder von einer Masse materieller Voraussetzungen abhängt und die der bloße Wille nicht erfüllen kann, wie Jeder auf den ersten Blick sieht."[38]

3. Die Herrschaft der Produktionsbedingungen über die Menschen

In der „Deutschen Ideologie" wird die für die ökonomische Wissenschaft überaus wichtige These vom „naturwüchsigen" Charakter der gesellschaftlichen Entwicklung unter den Bedingungen der Herrschaft des Privateigentums begründet, das den Widerspruch zwischen dem privaten und dem gemeinschaftlichen Interesse schafft. In der sich „naturwüchsig" entwickelnden Gesellschaft, wo sich die Arbeitsteilung nicht freiwillig, sondern „naturwüchsig" vollzieht, wird „die eigne Tat des Menschen ihm zu einer fremden, gegenüberstehenden Macht..., die ihn unterjocht, statt daß er sie beherrscht"[39]. Daraus folgt: „diese Konsolidation unsres eignen Produkts zu einer sachlichen Gewalt über

[37] Ebenda
[38] Ebenda, S. 50
[39] Ebenda, S. 33

uns, die unsrer Kontrolle entwächst, unsre Erwartungen durchkreuzt, unsre Berechnungen zunichte macht, ist eines der Hauptmomente in der bisherigen geschichtlichen Entwicklung."[40]

Es unterliegt keinem Zweifel, daß in diesen Thesen in Keimform Gedanken enthalten sind, die ihre volle Entfaltung in der Marx'schen Theorie vom Warenfetischismus erhalten haben, in der Lehre von der Vergegenständlichung der Produktionsverhältnisse und der Personifizierung der Dinge.

Die Herrschaft der Produktionsbedingungen über die Menschen, die Herrschaft des Produkts über die Produzenten erreicht ihren höchsten Entwicklungsgrad in der kapitalistischen Gesellschaft. „In der großen Industrie und Konkurrenz sind die sämtlichen Existenzbedingungen, Bedingtheiten, Einseitigkeiten der Individuen zusammengeschmolzen in die beiden einfachsten Formen: Privateigentum und Arbeit. Mit dem Gelde ist jede Verkehrsform und der Verkehr selbst für die Individuen als zufällig gesetzt."[41]

Die Trennung der Produzenten von den Produktionsmitteln, die das Monopoleigentum der Kapitalisten geworden sind, führt dazu, daß die Produktivkräfte als etwas völlig unabhängiges und von den Individuen losgelöstes auftreten, die zersplittert sind und einander gegenüberstehen, während die Produktivkräfte gesellschaftlichen Charakter tragen. Auf der einen Seite eine Totalität von Produktivkräften, die gleichsam eine sachliche Gestalt angenommen haben und für die Individuen selbst nicht mehr die Kräfte der Individuen, sondern des Privateigentums sind, d. h. des Kapitals. Auf der anderen Seite steht diesen Produktivkräften die Majorität der Individuen gegenüber, von denen diese Kräfte losgerissen sind. „Der einzige Zusammenhang, in dem sie noch mit den Produktivkräften und mit ihrer eignen Existenz stehen, die Arbeit, hat bei ihnen allen Schein der Selbstbetätigung verloren und erhält ihr Leben nur, indem sie es verkümmert."[42] In der kapitalistischen Gesellschaft treten die Produktions- und Verkehrsbedingungen der Personen diesen gegenüber als eine unabhängige Macht auf, als den Personen zufällige Mittel.[43]

Die historische Begrenztheit der kapitalistischen Produktionsweise tritt besonders anschaulich darin in Erscheinung, daß für den Bourgeois

[40] Ebenda
[41] Ebenda, S. 66
[42] Ebenda, S. 67
[43] Vgl. ebenda, S. 360

nur ein Verhältnis um seiner selbst willen Bedeutung hat, das Ausbeutungsverhältnis. Alle anderen Verhältnisse gelten ihm nur so weit, inwieweit er aus ihnen Nutzen ziehen kann. „Der materielle Ausdruck dieses Nutzens ist das Geld, der Repräsentant der Werte aller Dinge, Menschen und gesellschaftlichen Verhältnisse.“[44] Dieser Gedanke, daß in der bürgerlichen Gesellschaft nicht nur Sachen und Waren Objekte des Kaufs und Verkaufs werden, sondern auch das Gewissen, die Ehre, die Liebe usw., wurde im „Kapital“ vollständig entwickelt.

Die Vertreter des kleinbürgerlichen Sozialismus, gegen deren Anschauungen Marx und Engels auftraten, verstanden nicht die wahre Natur des Geldes. Sie faßten das Geld als einfaches Mittel des Verkehrs zwischen den Menschen auf. Das Geld wurde zum einfachen technischen Tauschmittel erklärt, ohne welches das Wirtschaftsleben undenkbar ist, und danach wurden in den Begriff des Geldes solche Bestimmungen hineingeschmuggelt, die den „ganzen jetzigen Zustand, Klassenwirtschaft, Herrschaft der Bourgeoisie etc.“[45] zur Voraussetzung haben.

Die Autoren der „Deutschen Ideologie“ entlarven den kleinbürgerlichen Sozialismus Stirners und skizzieren in großen Zügen den wahren Inhalt des Geldproblems.

In der Macht des Geldes, in der Verselbständigung des allgemeinen Tauschmittels, sowohl der Gesellschaft wie den einzelnen gegenüber, tritt die Verselbständigung der Produktions- und Verkehrsverhältnisse überhaupt am deutlichsten hervor. Die kleinbürgerlichen Utopisten wissen wie gewöhnlich nichts vom Zusammenhang der Geldverhältnisse mit der allgemeinen Produktion und dem Verkehr. Der kleine Bourgeois behält ruhig das Geld bei, wie dies auch nach seinen Vorstellungen von der Arbeitsteilung und Organisation des Grundbesitzers nicht anders möglich ist. „Die sachliche Macht des Geldes, die in den Geldkrisen eklatant hervortritt und den ‚kauflustigen‘ Kleinbürger in der Gestalt eines permanenten Geldmangels drückt, ist dem mit sich einigen Egoisten ebenfalls ein höchst unangenehmes Faktum. Er entledigt sich seiner Ungelegenheit dadurch, daß er die gewöhnliche Vorstellung des Kleinbürgers umgekehrt ausdrückt und dadurch den Schein hereinbringt, als sei die Stellung der Individuen gegenüber der Geldmacht eine rein vom persönlichen Wollen oder Laufen abhängige

[44] Ebenda, S. 395
[45] Ebenda, S. 380

Sache. Diese glückliche Wendung gibt ihm dann Gelegenheit, dem erstaunten und vom Geldmangel ohnehin entmutigten Kleinbürger eine ... Moralpredigt zu halten und dadurch alle ungelegenen Fragen über die Ursachen der Geldklemme vorweg abzuschneiden."[46]

Die Macht des Geldes drückt in klarster Form jene Tatsache aus, daß die Produktionsverhältnisse sowohl hinsichtlich des einzelnen Individuums als auch hinsichtlich der ganzen Gesellschaft Selbständigkeit gewonnen haben: das Produkt des Verkehrs der Menschen wird ihr Beherrscher. Marx und Engels zerstörten die idealistischen Illusionen, indem sie an das Geldproblem materialistisch herangingen, und machten den Weg zur Überwindung der Schwierigkeit frei, über die die bürgerlichen und kleinbürgerlichen Ideologen unvermeidlich gestolpert waren.

Die Tatsache der sachlichen Macht wird besonders eklatant in den Krisen offenbar. „Die Geldkrise besteht zunächst darin, daß alle ‚Vermögen' auf einmal gegenüber dem Tauschmittel depreziiert werden und das ‚Vermögen' über das Geld verlieren. Die Krise ist gerade dann da, wenn man nicht mehr mit seinem ‚Vermögen' zahlen k a n n, sondern mit Geld zahlen m u ß. Dies findet wieder nicht dadurch statt, daß Mangel an Geld eintritt, wie der Kleinbürger sich vorstellt, der die Krise nach seiner Privatmisère beurteilt, sondern dadurch, daß der spezifische Unterschied des Geldes als der a l l g e m e i n e n Ware, des ‚gangbaren und kursierenden Eigentums', von allen andern *speziellen* Waren sich fixiert, die plötzlich aufhören, gangbares Eigentum zu sein."[47]

Den geld- und trostlosen Kleinkrämern gibt der kleinbürgerliche Ideologe zunächst den Trost, daß nicht das Geld die Ursache des Geldmangels und der ganzen Krise sei, sondern ihr Unvermögen, es zu nehmen. Nachdem der kleinbürgerliche Ideologe vorher das Geld als ein wesentliches, und zwar spezifisches Vermögen, als allgemeines Tauschmittel, als Geld im gewöhnlichen Sinne bestimmt hat, dreht er auf einmal, so wie er sieht, zu welchen Schwierigkeiten dies führen würde, die Sache um und erklärt alles Vermögen für Geld, um den Schein der persönlichen Macht hervorzubringen.

Die Schwierigkeit während der Krise ist eben, daß „alles Vermögen" aufgehört hat, „Geld" zu sein. Übrigens läuft dies auf die Praxis des

[46] Ebenda, S. 381
[47] Ebenda

Bürgers hinaus, der „alles Vermögen" solange an Zahlungs Statt annimmt, wie es Geld ist, und erst dann Schwierigkeiten macht, wenn es schwierig wird, dies „Vermögen" in Geld zu verwandeln, wo er es dann auch nicht mehr für ein „Vermögen" ansieht. Die Schwierigkeit in der Krise besteht ferner gerade darin, daß der kleine Bourgeois das Geld seines Gepräges, seine Wechsel nicht mehr zirkulieren lassen kann, da man von ihm Geld verlangt, woran er nichts mehr zu prägen hat und dem kein Mensch es ansieht, daß es durch seine Finger gegangen ist.[48]

In dieser Kritik an den kleinbürgerlichen Illusionen über das Geld wird gezeigt, daß die im Geld enthaltenen Widersprüche während einer Geldkrise zutage treten, die den Unterschied zwischen dem Geld als einer allgemeinen Ware einerseits und allen übrigen Waren andererseits kennzeichnet.

Die Begründer des Marxismus deckten das Illusionäre in den bürgerlichen Vorstellungen von der Freiheit auf. Entgegen den Idealisten, die die Freiheit als Verzicht auf die Wirklichkeit betrachteten, vertraten sie einen realen Freiheitsbegriff als praktische Tätigkeit der Menschen, die auf bewußtgewordene, objektive Notwendigkeit gegründet ist. Dabei setzt die Herrschaft der Menschen über die Naturkräfte und über ihre gesellschaftlichen Verhältnisse einen ziemlich hohen Entwicklungsstand der Produktivkräfte und die Beseitigung der gesellschaftlichen Verhältnisse voraus, die den Menschen versklaven. In der Geschichte verhielt es sich so, daß die Menschen sich jedesmal soweit befreiten, als nicht ihr Ideal vom Menschen, sondern die existierenden Produktivkräfte ihnen vorschrieben und erlaubten.[49] Wahre Freiheit aber wird erst nach der Beseitigung der antagonistischen Produktionsverhältnisse erreichbar, nach der Zerschlagung der Ausbeuterordnung, die den Menschen versklavt.

Das Umschlagen des individuellen Verhaltens in sein Gegenteil, ein bloß sachliches Verhalten, stellt einen historischen Prozeß dar und nimmt auf verschiedenen Entwicklungsstufen verschiedene, immer schärfere und universellere Formen an. In der bürgerlichen Gesellschaft hat die Herrschaft der sachlichen Verhältnisse über die Individuen, die Erdrückung der Individualität durch die Zufälligkeit, ihre schärfste und universellste Form erhalten und damit den existierenden Individuen eine ganz bestimmte Aufgabe gestellt: „an die Stelle der Herr-

[48] Vgl. ebenda, S. 381–382
[49] Vgl. ebenda, S. 417

schaft der Verhältnisse und der Zufälligkeit über die Individuen die Herrschaft der Individuen über die Zufälligkeit und die Verhältnisse zu setzen... Diese durch die gegenwärtigen Verhältnisse vorgeschriebene Aufgabe fällt zusammen mit der Aufgabe, die Gesellschaft kommunistisch zu organisieren."[50]

4. Die ökonomische Entwicklung und der Klassenkampf

In der „Deutschen Ideologie" werden die Hauptmomente der Dialektik von Produktivkräften und Produktionsverhältnissen aufgeführt, die später von den Begründern des Marxismus im einzelnen ausgearbeitet wurde. Ausgangspunkt ist die wechselseitige Abhängigkeit zwischen den Produktivkräften und den Produktionsverhältnissen: die bürgerliche Gesellschaft ist eine Verkehrsform, die auf allen historischen Stufen von den Produktivkräften bedingt wird und sie ihrerseits bedingt.[51] In dieser Wechselwirkung aber spielen die Produktivkräfte die bestimmende Rolle, die im Entwicklungsprozeß der Gesellschaft, bei ihrem Übergang von der einen Form in die andere zutage tritt. Dieser Übergang wird durch die Entwicklung der Produktivkräfte hervorgerufen, die den Rahmen der bestehenden Verkehrsformen, d. h. Produktionsverhältnisse durchbrechen. Die Produktivkräfte erreichen in ihrem Wachstum eine solche Stufe, auf der sie unter den bestehenden Verhältnissen nur Unheil anrichten, schon keine Produktivkräfte mehr sind, sondern Destruktionskräfte. Alle Kollisionen der Geschichte gründen sich auf den Widerspruch zwischen den Produktivkräften und der Verkehrsform.

Die bestimmten Bedingungen, unter denen die Menschen produzieren, durchlaufen einen dialektischen Entwicklungsweg. Diese verschiedenen Bedingungen sind zuerst Produktionsbedingungen, später aber erweisen sie sich als deren Fesseln. Sie bilden im Laufe des ganzen historischen Prozesses eine zusammenhängende Reihe von Verkehrsformen. Diese Reihe besteht darin, daß an die Stelle der früheren, zur Fessel gewordenen Verkehrsform eine neue, den entwickelten Produktivkräften und damit der fortgeschrittenen Art der Selbstbetätigung der Individuen entsprechende gesetzt wird, die ihrerseits zur Fessel

[50] Ebenda, S. 424
[51] Vgl. ebenda, S. 36

und dann durch eine andere ersetzt wird. „Da diese Bedingungen auf jeder Stufe der gleichzeitigen Entwicklung der Produktivkräfte entsprechen, so ist ihre Geschichte zugleich die Geschichte der sich entwickelnden und von jeder neuen Generation übernommenen Produktivkräfte und damit die Geschichte der Entwicklung der Kräfte der Individuen selbst.“[52]

Marx und Engels legten der Erforschung der Geschichte die Analyse der dialektischen Entwicklung der Produktivkräfte und Produktionsverhältnisse zugrunde und deckten den Weg zum Verständnis des gesetzmäßigen Charakters des historischen Prozesses auf. Die Menschen sind Produkt der Umstände, aber auch die Umstände ihrerseits werden von den Menschen verändert. Diese dialektische Wechselbeziehung bildet eben die Grundlage der Entwicklung der Gesellschaft. Die Geschichte ist nichts als die Aufeinanderfolge der einzelnen Generationen, von denen jede die ihr von allen vorhergegangenen überlieferten Produktivkräfte benutzt; „daher also einerseits unter ganz veränderten Umständen die überkommene Tätigkeit fortsetzt und andrerseits mit einer ganz veränderten Tätigkeit die alten Umstände modifiziert.“[53]

Etwas später, Ende 1846 legte Marx in einem seiner Briefe diese Gedanken ausführlich dar. Er wies darauf hin, daß die gesetzmäßige Aufeinanderfolge im historischen Prozeß davon erzeugt wird, daß die Produktivkräfte das Ergebnis der praktischen Tätigkeit von Menschen sind, diese Tätigkeit selbst aber von den Produktivkräften und den gesellschaftlichen Verhältnissen, die von früheren Generationen ererbt wurden, bedingt wird. „Dank der einfachen Tatsache, daß jede neue Generation die von der alten Generation erworbenen Produktivkräfte vorfindet, die ihr als Rohmaterial für neue Produktion dienen, entsteht ein Zusammenhang in der Geschichte der Menschen, entsteht die Geschichte der Menschheit, die um so mehr Geschichte der Menschheit ist, je mehr die Produktivkräfte der Menschen und infolgedessen ihre gesellschaftlichen Beziehungen wachsen.“[54]

Der im Laufe der historischen Entwicklung herangereifte Konflikt zwischen den Produktivkräften und den Verkehrsformen, d. h. den Produktionsverhältnissen, wird durch den Klassenkampf gelöst. Die

[52] Ebenda, S. 72
[53] Ebenda, S. 45
[54] Marx, K., Brief an Pawel Wassiljewitsch Annenkow, in: MEW, Bd. 27, Berlin 1963, S. 452–453

Bedingungen, innerhalb deren bestimmte Produktivkräfte angewandt werden können, sind Bedingungen der Herrschaft einer bestimmten Klasse der Gesellschaft, deren soziale, aus ihrem Besitz hervorgehende Macht in der jeweiligen Staatsform ihren praktisch-idealistischen Ausdruck hat. Deshalb richtet sich jeder revolutionäre Kampf gegen eine Klasse, die bisher geherrscht hat.[55]

Für die revolutionäre Umwälzung in der politischen Ökonomie hatte die in der „Deutschen Ideologie“ entwickelte These hervorragende Bedeutung, daß die Industrie und der Handel, die Produktion und der Austausch der Lebensbedürfnisse die Distribution, die Gliederung der verschiedenen gesellschaftlichen Klassen bedingen und ihrerseits durch sie in der Form ihrer Bewegung bedingt werden.[56] Somit hat es die ökonomische Wissenschaft bei der Erforschung der Industrie und des Handels mit Klassenverhältnissen zu tun. Die ökonomischen Kategorien treten als Ausdruck der Beziehungen zwischen den verschiedenen gesellschaftlichen Klassen auf. „Die einzelnen Individuen bilden nur insofern eine Klasse“, heißt es in der „Deutschen Ideologie“, „als sie einen gemeinsamen Kampf gegen eine andre Klasse zu führen haben.“[57] Mit der Bildung der Klassengesellschaft trennen sich die Klassen voneinander, wobei eine über alle anderen herrscht. Jeder Kampf innerhalb des Staates ist ein Kampf zwischen Demokratie, Aristokratie und Monarchie. Der Kampf um das Wahlrecht usw. stellt nichts anderes dar, als illusionäre Formen, in denen der tatsächliche Kampf zwischen den verschiedenen Klassen geführt wird.

Hieraus folgt, daß jede zur Herrschaft strebende Klasse vor allem die politische Macht erkämpfen muß. Das betrifft auch das Proletariat, dessen Herrschaft „die Aufhebung der ganzen alten Gesellschaftsform und der Herrschaft überhaupt“[58] bedeutet. Durch die ganze Arbeit zieht sich als roter Faden der Gedanke, „daß nicht die Kritik, sondern die Revolution die treibende Kraft der Geschichte auch der Religion, Philosophie und sonstigen Theorie ist“[59].

Allen bisherigen Revolutionen lagen „beschränkte Produktivkräfte“ zugrunde, deren für die ganze Gesellschaft unzureichende Produktion

[55] Vgl. Marx, K./Engels, F., Die Deutsche Ideologie, MEW, Bd. 3, S. 69
[56] Vgl. ebenda, S. 43f
[57] Ebenda, S. 54
[58] Ebenda, S. 34
[59] Ebenda, S. 38

nur dann eine Entwicklung möglich machte, wenn die einen auf Kosten der anderen ihre Bedürfnisse befriedigten und dadurch die einen, die Minorität, das Monopol der Entwicklung erhielten, während die anderen, die Majorität, durch den fortgesetzten Kampf um die Befriedigung der notwendigsten Bedürfnisse einstweilen von aller Entwicklung ausgeschlossen wurden. „So hat sich die Gesellschaft bisher immer innerhalb eines Gegensatzes entwickelt, der bei den Alten der Gegensatz von Freien und Sklaven, im Mittelalter der vom Adel und Leibeignen, in der neueren Zeit der von Bourgeoisie und Proletariat ist."[60]

In diesen Zeilen ist unschwer die vorläufige Formulierung eines der zentralen Gedanken des Marxismus zu erkennen, der im „Manifest der Kommunistischen Partei" entwickelt wurde, daß nämlich die gesamte Geschichte der Menschheit eine Geschichte von Klassenkämpfen ist. Im Laufe der Entwicklung der Gesellschaft nimmt der Klassenkampf immer breitere Ausmaße an, da die Grundlage, auf der jede neue Klasse ihre Herrschaft errichtet, breiter als jene Grundlage ist, auf die sich die Klasse stützte, die vor ihr an der Macht war.[61]

In der „Deutschen Ideologie" wird bereits eine sehr klare Analyse der Klassennatur des Staates im allgemeinen und des bürgerlichen Staates im besonderen gegeben. Der Staat wird als jene Form betrachtet, in der die Individuen, die zur herrschenden Klasse gehören, ihre gemeinsamen Interessen realisieren und in der die ganze bürgerliche Gesellschaft der gegebenen Epoche zusammengefaßt ist. In allen bisherigen Staaten existierte die persönliche Freiheit nur für die in den Verhältnissen der herrschenden Klasse entwickelten Individuen und nur insofern sie Individuen dieser Klasse waren. „Die scheinbare Gemeinschaft, zu der sich bisher die Individuen vereinigten, verselbständigte sich stets ihnen gegenüber und war zugleich, da sie eine Vereinigung einer Klasse gegenüber einer anderen war, für die beherrschte Klasse nicht nur eine ganz illusorische Gemeinschaft, sondern auch eine neue Fessel."[62]

Dies wird besonders klar hinsichtlich des bürgerlichen Staates. Die Bourgeoisie ist kein Stand mehr, sondern eine Klasse. Darum organisiert sie sich nicht im lokalen, sondern im nationalen Maßstab und ver-

[60] Ebenda, S. 417
[61] Vgl. ebenda, S. 48
[62] Ebenda, S. 74

leiht ihren gewöhnlichen Interessen eine allgemeine Form. Dank der Herrschaft des Privateigentums gewann der Staat eine selbständige Existenz neben und außer der bürgerlichen Gesellschaft; „er ist aber weiter Nichts als die Form der Organisation, welche sich die Bourgeoisie sowohl nach Außen als nach innen hin zur gegenseitigen Garantie ihres Eigentums und ihrer Interessen notwendig geben."[63]

Die Entwicklung der Widersprüche zwischen den Produktivkräften und den Produktionsverhältnissen bestimmt die Veränderungen im gesellschaftlichen Bewußtsein und erzeugt die Kritik an den herrschenden Bedingungen und Verhältnissen. Je mehr die Verkehrsform der gegebenen Gesellschaft ihren Gegensatz gegen die fortgeschrittenen Produktivkräfte entwickelt, umso mehr hört das Bewußtsein, das ursprünglich dieser Verkehrsform entsprochen hatte, auf, ihr zu entsprechen, umso mehr sinken die früheren überlieferten Vorstellungen dieser Verkehrsverhältnisse, worin die wirklichen persönlichen Interessen als allgemeine ausgeprochen werden, „zu bloß idealisierenden Phrasen, zur bewußten Illusion, zur absichtlichen Heuchelei herab"[64]. An anderer Stelle wird darauf hingewiesen, daß, wenn die Formen der Ideologie, die Theorie, die Theologie, die Philosophie, die Moral usw. in Widerspruch zu den bestehenden Verhältnissen geraten, dies nur infolge der Tatsache geschehen kann, daß die herrschenden gesellschaftlichen Verhältisse zur herrschenden Produktivkraft in Widerspruch geraten sind.[65]

5. *Der wissenschaftliche Kommunismus*

Indem sie mit ihrem bisherigen philosophischen Gewissen abrechneten, schufen die Begründer des Marxismus die Theorie des wissenschaftlichen Kommunismus. Sie zeigten die Gegenstandslosigkeit früherer Vorstellungen vom Kommunismus, die auf idealistischer Konzeption beruhten, und arbeiteten eine wissenschaftliche, materialistische Begründung des Kommunismus aus. „Der Kommunismus ist für uns nicht ein Zustand, der hergestellt werden soll, ein Ideal, wonach die Wirklichkeit sich zu richten haben (wird). Wir nennen Kom-

[63] Ebenda, S. 62
[64] Ebenda, S. 274
[65] Vgl. ebenda, S. 31–32

munismus die wirkliche Bewegung, welche den jetzigen Zustand aufhebt."[66]

Die wirkliche Bewegung zum Kommunismus fordert bestimmte Bedingungen, die durch den gesamten Gang der historischen Entwicklung der Gesellschaft geschaffen werden. Die ökonomische Lehre des Marxismus deckt die Voraussetzungen der Bewegung zum Kommunismus am tiefsten auf. Im Laufe ihrer ganzen Tätigkeit arbeiteten Marx und Engels allseitig die Wissenschaft vom Kommunismus aus. Die wesentlichste Bedeutung der „Deutschen Ideologie" besteht darin, daß in diesem Werk in allgemeinen Zügen die Grundvoraussetzungen der kommunistischen Umgestaltung der Gesellschaft angedeutet werden.

Die Widersprüche zwischen den Produktivkräften und den Verkehrsverhältnissen führen zur revolutionären Ablösung der einen ökonomischen Gesellschaftsformation durch eine andere. So geht der Prozeß der progressiven Bewegung der Gesellschaft vonstatten, der Übergang von niedereren Stufen zu höheren. Der Kapitalismus als letzte antagonistische Gesellschaftsformation schafft im Laufe seiner widersprüchlichen Entwicklung die notwendigen Voraussetzungen – die objektiven und subjektiven – für die kommunistische Revolution. Diese Revolution vollzieht das Proletariat, die letzte ausgebeutete Klasse, die mit ihrer Befreiung vom Joch des Kapitals die ganze Gesellschaft von der Ausbeutung des Menschen durch den Menschen befreit.

Die Praxis ist das höchste Kriterium der Wahrheit. Die Kommunisten sind praktische Materialisten. Ihre Aufgabe ist es, die bestehende Welt zu revolutionieren, die vorgefundenen Dinge praktisch anzugreifen und zu verändern.[67] Die objektive Notwendigkeit dieser Veränderung ist dadurch bedingt, „daß die gegenwärtigen Individuen das Privateigentum aufheben müssen, weil die Produktivkräfte und die Verkehrsformen sich so weit entwickelt haben, daß sie unter der Herrschaft des Privateigentums zu Destruktivkräften geworden sind, und weil der Gegensatz der Klassen auf seine höchste Spitze getrieben ist"[68].

„Die vorgefundenen Dinge" können beseitigt werden, wenn bestimmte praktische Voraussetzungen vorhanden sind. Damit sie zu einer „unerträglichen Macht" werden, d. h. zu einer Macht, gegen die man

[66] Ebenda, S. 35
[67] Vgl. ebenda, S. 42
[68] Ebenda, S. 424

revolutioniert, ist es notwendig, daß die Mehrzahl der Menschheit „eigentumslos" gemacht wird, die zugleich im Widerspruch zu einer vorhandenen Welt des Reichtums und der Bildung stehen. Das setzt eine große Steigerung der Produktivkraft voraus, einen hohen Grad ihrer Entwicklung. Andererseits ist eine solche Entwicklung der Produktivkräfte auch deshalb eine absolut notwendige praktische Voraussetzung, weil ohne sie nur der Mangel verallgemeinert würde, „also mit der Notdurft auch der Streit um das Notwendige wieder beginnen und die ganze alte Scheiße sich herstellen müßte".[69] Wenn diese materiellen Elemente der allgemeinen Umwälzung fehlen, nämlich einerseits bestimmte Produktivkräfte und andererseits die Formierung einer revolutionären Masse, die sich nicht nur gegen einzelne Bedingungen der bisherigen Gesellschaft erhebt, sondern gegen die frühere Gesellschaft selbst, – wenn diese materiellen Elemente fehlen, dann ist es, wie die Geschichte des Kommunismus beweist, für die praktische Entwicklung ganz gleichgültig, ob „die Idee dieser Umwälzung schon hundertmal ausgesprochen ist"[70].

Während Marx und Engels die Grundlagen des wissenschaftlichene Kommunismus legten, kämpften sie entschieden gegen idealistische, voluntaristische Vorstellungen von der Möglichkeit der kommunistischen Umgestaltung der Gesellschaft auf der Grundlage allein des „Willens" zur Revolution. Sie wiesen darauf hin, daß, solange die Produktivkräfte noch nicht so weit entwickelt sind, um die Konkurrenz überflüssig zu machen, und deshalb die Konkurrenz immer wieder hervorrufen würden, – die beherrschten Klassen das Unmögliche wollten, wenn sie den „Willen" hätten, die Konkurrenz und die mit ihr zusammenhängende Gesellschaftsform abzuschaffen. „Übrigens", fügen sie hinzu, „entsteht dieser ‚Wille', ehe die Verhältnisse so weit entwickelt sind, daß sie ihn produzieren können, auch nur in der Einbildung des Ideologen."[71] Gleichzeitig damit wird in der „Deutschen Ideologie" die Auffassung abgelehnt, daß das Proletariat bei der Realisierung der kommunistischen Revolution „das Alte" bliebe. Die Proletarier wissen nur zu gut, daß sie unter veränderten Umständen aufhören werden, „die Alten" zu sein, und deshalb sind sie fest entschlossen, diese Umstände bei der ersten Gelegenheit zu verändern. „In der revo-

[69] Ebenda, S. 34–35
[70] Ebenda, S. 39
[71] Ebenda, S. 312

lutionären Tätigkeit fällt das Sich-Verändern mit dem Verändern der Umstände zusammen."[72]

Die Autoren der „Deutschen Ideologie" gingen davon aus, daß der Kommunismus eine höchst praktische Bewegung ist, die praktische Zwecke mit praktischen Mitteln verfolgt.[73] Hieraus resultiert, daß die Aufgabe der Wissenschaft in der Aufdeckung dieser Zwecke und in der Analyse dieser Mittel besteht. Das Lebenswerk von Marx und Engels bestand in der Lösung dieser Aufgabe. Die Bedeutung ihrer umfangreichen gemeinsamen Arbeit von 1845 bis 1846 liegt darin, daß sie in ihr diese Aufgabe stellten und allseitig begründeten.

72 Ebenda, S. 195
73 Vgl. ebenda, S. 196

Kapitel IV

Das „Manifest der Kommunistischen Partei"

1. Die Begründung der welthistorischen Rolle des Proletariats

Das „Manifest der Kommunistischen Partei" von Marx und Engels, das im Februar 1848 erschien, wurde im Auftrage des Bundes der Kommunisten geschrieben. Es war das erste programmatische Dokument des Kommunismus. Lenin zählte dieses Werk zu denen, die „Handbücher jedes klassenbewußten Arbeiters sind"[1].

Das „Manifest der Kommunistischen Partei" erschien, als schon das Wetterleuchten der Revolution von 1848 aufflammte. In den stürmischen Monaten der Revolution kämpfte Engels Seite an Seite mit Marx. Er beteiligte sich aktiv an der von Marx herausgegebenen „Neuen Rheinischen Zeitung", dem Kampforgan des wissenschaftlichen Kommunismus. „Die neue Theorie wurde durch den Verlauf der revolutionären Ereignisse von 1848–1849 glänzend bestätigt, wie sie auch später durch alle proletarischen und demokratischen Bewegungen in allen Ländern der Welt bestätigt worden ist."[2]

Die Revolution von 1848 zeigte die verschiedenen Klassen der kapitalistischen Gesellschaft in Aktion. Das Proletarierblut färbte die Barrikaden und das Pflaster der Hauptstädte und großen Zentren der europäischen Länder. Die Junitage in Paris zeigten endgültig, daß nur das Proletariat als Kämpfer für den Sozialismus auftritt. Die Bourgeoisie, durch die Aktionen der Arbeiterklasse erschreckt, verrät in allen Ländern die Revolution, verzichtet auf ihre liberalen Phrasen und wirft

[1] Lenin, W. I., Drei Quellen und drei Bestandteile des Marxismus, in: Werke, Bd. 19, Berlin 1962, S. 4

[2] Lenin, W. I., Karl Marx, in: Werke, Bd. 21, Berlin 1960, S. 36

sich in die Arme der Reaktion. Das Geschwätz von einer über den Klassen stehenden Politik und dem über den Klassen stehenden Sozialismus wird vom Leben schonungslos entlarvt.

In dieser historischen Situation, noch an der Schwelle der revolutionären Kämpfe von 1848, zeigten die Schöpfer des wissenschaftlichen Kommunismus mit genialem Scharfblick „den Proletariern aller Länder ihre Rolle, ihre Aufgabe, ihre Berufung . . .: sich als erste zum revolutionären Kampf gegen das Kapital zu erheben und in diesem Kampf alle Werktätigen und Ausgebeuteten um sich zu vereinigen“[3]. Die Autoren des „Manifests“ bewaffneten die Arbeiterklasse mit einem wissenschaftlich begründeten Kampfprogramm zum Sturz der Bourgeoisie, zur Beseitigung der kapitalistischen Sklaverei, zur Schaffung der neuen sozialistischen Gesellschaft.

Die neue Weltanschauung wurde von Marx und Engels im Prozeß der Überwindung aller Abarten des vormarxschen Sozialismus und Kommunismus geschmiedet. Die Propheten und die Jünger dieser sozialistischen und kommunistischen Sekten standen allesamt auf dem Boden einer idealistischen Geschichtsauffassung, die die Möglichkeit ausschloß, die wirklichen Gesetze der gesellschaftlichen Entwicklung zu erkennen. Die materialistische Grundlage des historischen Prozesses und der Klassenkampf als seine bewegende Kraft blieben für sie ein Buch mit sieben Siegeln. Sie waren nicht imstande, die historische Rolle der einzelnen Klassen der bürgerlichen Gesellschaft zu bestimmen und verstanden nicht die Bedeutung des Klassenkampfes. Das Proletariat hielten sie für das schlimmste gesellschaftliche Geschwür und beobachteten mit Schrecken, wie die Arbeiterklasse zusammen mit der Großindustrie wuchs. Viele von ihnen träumten davon, die industrielle Entwicklung aufzuhalten und das Rad der Geschichte zurückzudrehen. Da sie den Antagonismus der Interessen der Bourgeoisie und des Proletariats nicht sahen, hielten sie die Beseitigung aller Widersprüche und Übel der modernen Gesellschaft auf friedlichem Wege, ohne Kampf für möglich. Sie bemäntelten gern mit allen möglichen, angeblich sozialistischen Phrasen vom „Volk“ und von der „Gerechtigkeit“ Forderungen, die ihrem Wesen nach vollständig auf dem Boden der bestehenden kapitalistischen Ordnung blieben. Da sie den historischen Übergangscharakter des Kapitalismus nicht verstanden, träumten sie ent-

[3] Lenin, W. I., Rede bei der Enthüllung eines Denkmals für Marx und Engels, in: Werke, Bd. 28, Berlin 1959, S. 160

weder von der Bewahrung seiner guten Seiten und der Beseitigung der schlechten, oder sie stellten dem Kapitalismus alle möglichen ausgedachten Konstruktionen gegenüber, die nur in ihren eigenen Köpfen existierten.

Einerseits drückte der vormarxsche Kommunismus, den die Begründer des Marxismus als „groben" und „ungehobelten" Konsum-Kommunismus charakterisierten, das spontane und instinktive Streben der Arbeiterklasse nach ihrer sozialen Befreiung aus, nach grundlegender Veränderung der Gesellschaft. Andererseits kam am Vorabend der Revolution von 1848 in einer Reihe europäischer Länder und besonders in Deutschland die allgemeine Verbreitung oppositioneller Stimmungen darin zum Ausdruck, daß sich Menschen verschiedenster gesellschaftlicher Stellung und Denkweise Kommunisten nannten.

In einem seiner Briefe vom Oktober 1844 teilte Engels Marx mit: „In Barmen ist der Polizeikommissär Kommunist."[4] Nach seinem Aufenthalt in einer Reihe von Städten des Rheinlandes, in Köln, Düsseldorf und Elberfeld resümierte Engels sehr farbig seine Eindrücke folgendermaßen: „Man mag sich hindrehen und hinwenden, wohin man will, man stolpert über Kommunisten."[5] Einige Monate später schrieb Engels an Marx, dem er seine Eindrücke von kommunistischen Versammlungen mitteilte, an denen er teilzunehmen das Glück hatte: „Ganz Elberfeld und Barmen, von der Geldaristokratie bis zur Krämerschaft, nur das Proletariat ausgeschlossen, war vertreten."[6]

Später wies Engels darauf hin, daß es im deutschen Sozialismus, der lange vor der Revolution von 1848 entstanden war, anfänglich zwei unabhängige Strömungen gab. Einerseits eine reine Arbeiterbewegung, Abzweigung des französischen Arbeiterkommunismus; aus ihr ging, als eine ihrer Entwicklungsstufen, der utopische Kommunismus Weitlings hervor. Dann eine theoretische Bewegung, entsprungen aus dem Zerfall der Hegelschen Philosophie; diese Richtung wird gleich von vornherein beherrscht durch den Namen Marx. Das „Kommunistische Manifest" bezeichnete nach Engels' Worten „die Verschmelzung beider Strömungen, eine Verschmelzung, vollendet und besiegelt im Glutofen der Revolution, wo sie alle, Arbeiter wie Ex-Philosophen, ihren Mann redlich gestanden haben".[7]

[4] Engels, F., Brief an Marx, in: MEW, Bd. 27, Berlin 1963, S. 6
[5] Ebenda, S. 7 [6] Ebenda, S. 20
[7] Engels, F., Der Sozialismus in Deutschland in: MEW, Bd. 22, Berlin 1963, S. 248

Die Ausrichtung des Sozialismus auf die Verschmelzung mit der Arbeiterbewegung hielt Lenin für das Hauptverdienst der Begründer des Marxismus. „Sie schufen eine revolutionäre Theorie", schrieb er, „die die Notwendigkeit dieser Verschmelzung erklärte und den Sozialisten die Aufgabe stellte, den Klassenkampf des Proletariats zu organisieren."[8]

Das „Manifest der Kommunistischen Partei" ist das Ergebnis gemeinsamer Arbeit der Begründer des Marxismus. Bei seiner Niederschrift wurde die frühere Variante des Programms des Bundes der Kommunisten, die von Engels geschriebenen „Grundsätze des Kommunismus", weitgehend verwandt. Im November 1847 schrieb Engels an Marx aus Paris nach Brüssel, daß er den von ihm zusammengestellten Programmentwurf mitbringen wird, und äußerte die Meinung, daß man die Katechismusform weglassen und das Programm „Kommunistisches Manifest" nennen solle. „Da darin mehr oder weniger Geschichte erzählt werden muß", erklärte Engels seinen Vorschlag, „paßt die bisherige Form gar nicht."[9]

In der ihm eigenen Bescheidenheit und der Strenge sich selbst gegenüber schrieb Engels, daß sein Entwurf „einfach erzählend, aber miserabel redigiert, in fürchterlicher Eile" geschrieben wurde. Den Inhalt des Entwurfs charakterisierend, wies er darauf hin, daß er mit der Frage beginne, was Kommunismus ist, dann zum Proletariat übergehe, seine Entstehungsgeschichte untersuche, den Unterschied zu früheren werktätigen Klassen, die Entwicklung des Gegensatzes zwischen Proletariat und Bourgeoisie, die Krisen behandele und Schlußfolgerungen ziehe; dabei werden verschiedene zweitrangige Fragen beleuchtet und am Schluß die Grundlagen der Parteipolitik der Kommunisten erörtert.

Schon aus diesem äußerst knappen Überblick über den Inhalt der „Grundsätze des Kommunismus" wird klar, daß hier die grundlegendsten Probleme, die im „Manifest" beleuchtet werden, analysiert wurden, vor allem aber ökonomische Probleme. Eine nähere Bekanntschaft mit den „Grundsätzen des Kommunismus" zeigt, daß die überwiegende Mehrzahl der in diesem Werk berührten Fragen, besonders die ökonomischen, in das „Manifest der Kommunistischen Partei" eingegangen ist. Zugleich werden diese Fragen im „Manifest" zweifellos

[8] Lenin, W. I., Eine rückläufige Richtung in der russischen Sozialdemokratie, in: Werke, Bd. 4, Berlin 1955, S. 251

[9] Engels, F., Brief an Marx, MEW, Bd. 27, S. 107

in entwickelter, exakter und glänzender Form behandelt, in vielem ausgebaut und von neuen Gedanken ergänzt.

In den Vorreden zur deutschen und englischen Ausgabe des „Manifests", die erst nach dem Tode von Marx geschrieben wurden, wies Engels darauf hin, daß, obgleich das „Manifest" die gemeinsame Arbeit beider ist, der Grundgedanke, der seinen Kern bildet, Marx zugehört. „Dieser Gedanke", schrieb Engels in der Vorrede zur englischen Ausgabe, „besteht darin: daß in jeder geschichtlichen Epoche die vorherrschende wirtschaftliche Produktions- und Austauschweise und die aus ihr mit Notwendigkeit folgende gesellschaftliche Gliederung die Grundlage bildet, auf der die politische und die intellektuelle Geschichte dieser Epoche sich aufbaut und aus der allein sie erklärt werden kann; daß demgemäß die ganze Geschichte der Menschheit (seit Aufhebung der primitiven Gentilordnung mit ihrem Gemeinbesitz an Grund und Boden) eine Geschichte von Klassenkämpfen gewesen ist, Kämpfen zwischen ausbeutenden und ausgebeuteten, herrschenden und unterdrückten Klassen; daß die Geschichte dieser Klassenkämpfe eine Entwicklungsreihe darstellt, in der gegenwärtig eine Stufe erreicht ist, wo die ausgebeutete und unterdrückte Klasse – das Proletariat – ihre Befreiung vom Joch der ausbeutenden und herrschenden Klasse – der Bourgeoisie – nicht erreichen kann, ohne zugleich die ganze Gesellschaft ein für allemal von aller Ausbeutung und Unterdrückung, von allen Klassenunterschieden und Klassenkämpfen zu befreien."[10]

Engels fügte hinzu, daß sich Marx und er einer solchen Geschichtsauffassung allmählich, schon mehrere Jahre vor **1845** genähert hatten, als sie sich in Brüssel getroffen hatten; wie es ihm gelungen war, in dieser Richtung selbständig voranzukommen, kann man an seiner Arbeit „Die Lage der arbeitenden Klassen in England" ermessen.

An die Stelle von Träumen stellten Marx und Engels die Wissenschaft. Im „Manifest der Kommunistischen Partei" begründeten sie die neue Weltanschauung, die den Materialismus auch auf dem Gebiet des gesellschaftlichen Lebens anwandte. In diesem Werk wird genial die Dialektik als allseitigste und tiefste Lehre von der Entwicklung skizziert; hier wird die Theorie vom Klassenkampf dargelegt, die bis zur Begründung der Unvermeidlichkeit der Eroberung der politischen Macht durch das Proletariat geführt wird.

---

[10] Engels, F., Vorrede zum „Manifest der Kommunistischen Partei" (englische Ausgabe von 1888) in: MEW, Bd. 21, Berlin 1962, S. 357

Die große welthistorische Mission des Proletariats als des Totengräbers des Kapitalismus und Schöpfers des Kommunismus – diese Idee durchzieht das „Manifest der Kommunistischen Partei" als roter Faden von der ersten bis zur letzten Zeile. In diesem Werk wurde erstmalig die Unvermeidlichkeit des Untergangs des Kapitalismus und des Sieges des Proletariats, die Notwendigkeit der Errichtung der politischen Herrschaft des Proletariats zur Verwirklichung des Kommunismus, die Notwendigkeit der Schaffung einer politischen Partei des Proletariats, der kommunistischen Partei, zur Führung seines politischen Kampfes, wissenschaftlich begründet.

Der Marxismus eröffnete den Weg zur Erkenntnis der Gesetze der gesellschaftlichen Entwicklung, von denen nicht nur die Politik und der Klassenkampf bestimmt werden, sondern auch das Ergebnis dieses Kampfes, die Ablösung einer Gesellschaftsordnung durch eine andere. Aus den ökonomischen Entwicklungsgesetzen des Kapitalismus leiteten Marx und Engels die Unvermeidlichkeit der Ablösung der bürgerlichen Gesellschaft durch eine neue, kommunistische Gesellschaft ab, indem sie zeigten, daß die Umwandlung des Kapitalismus in den Kommunismus die historische Mission des Proletariats ist, das nach den Worten von Lenin als „intellektuelle und moralische Triebkraft, der physische Vollstrecker dieser Umwandlung . . ."[11] auftritt.

Marx und Engels legten die Grundlage für den wissenschaftlichen Kommunismus in entschiedenem Kampf gegen jede Art schöngeistiger Kleinbürger und beschränkter Philister, die sich damals auch Kommunisten nannten. Schon anderthalb Jahre vor der Revolution von 1848 schrieb Engels an Marx, daß er in einer der Versammlungen, wo es zu hitzigen Auseinandersetzungen mit Vertretern kleinbürgerlicher und philisterhafter Vorstellungen über den Kommunismus gekommen war, die einfachste Definition vom Kommunismus gab, die darauf hinauslief, daß man erstens die Interessen der Proletarier im Gegensatz zu denen der Bourgeois durchsetzen müsse, daß man dies zweitens durch die Aufhebung des Privateigentums und die Ersetzung desselben durch die Gütergemeinschaft realisieren müsse und daß drittens kein anderes Mittel zur Durchführung dieser Absichten anzuerkennen sei als die gewaltsame, demokratische Revolution.[12]

[11] Lenin, W. I., Karl Marx, in: Werke, Bd. 21, S. 60

[12] Vgl. Engels, F., Brief an das kommunistische Korrespondenz-Komitee, in: MEW, Bd. 27, Berlin 1963, S. 61

In den „Grundsätzen des Kommunismus" lautete die erste Frage: „Was ist der Kommunismus? Antwort: Der Kommunismus ist die Lehre von den Bedingungen der Befreiung des Proletariats."[13]

Als er von der gewaltsamen demokratischen Revolution sprach, hatte Engels ebenso wie Marx die konkrete historische Situation vor Augen, die in den 40er Jahren des 19. Jahrhunderts, am Vorabend der Revolution von 1848 bestand. In den „Grundsätzen des Kommunismus" lautet eine der Fragen: „Wird die Aufhebung des Privateigentums auf friedlichem Wege möglich sein"? Auf diese Frage wird folgende Antwort gegeben: „Es wäre zu wünschen, daß dies geschehen könnte, und die Kommunisten wären gewiß die letzten, die sich dagegen auflehnen würden."[14]

Weiterhin wird die Position der Kommunisten in der Frage nach der friedlichen Weise der Verwirklichung der proletarischen Revolution geklärt. Die Kommunisten wissen gut, schrieb Engels, daß Revolutionen nicht absichtlich und willkürlich gemacht werden, sondern daß sie überall und immer die notwendige Folge gegebener historischer Umstände waren. Die Kommunisten sehen aber auch, daß die Entwicklung des Proletariats in fast allen zivilisierten Ländern gewaltsam unterdrückt und daß hierdurch von den Gegnern der Kommunisten auf eine Revolution mit aller Macht hingearbeitet wird. „Wird hierdurch das unterdrückte Proletariat zuletzt in eine Revolution hineingejagt", schlußfolgert Engels, „so werden wir Kommunisten dann ebensogut mit der Tat wie jetzt mit dem Wort die Sache der Proletarier verteiditen."[15]

Lenin unterstrich, daß das Wichtigste an der Lehre von Marx die Klärung der welthistorischen Mission des Proletariats als des Schöpfers der sozialistischen Gesellschaft ist, und wies darauf hin, daß das „Manifest der Kommunistischen Partei" ,,eine geschlossene, systematische, bis heute unübertroffene Darlegung dieser Lehre" gibt.[16]

Das „Manifest" war das Muster angewandter materialistischer Dialektik, die nach der klassischen Bestimmung Lenins „die allseitige Er-

[13] Engels, F., Grundsätze des Kommunismus, in: MEW, Bd. 4, Berlin 1959, S. 363

[14] Ebenda, S. 372

[15] Ebenda, S. 372

[16] Lenin, W. I., Die historischen Schicksale der Lehre von Karl Marx, in: Werke, Bd. 18, Berlin 1962, S. 576

forschung einer gegebenen gesellschaftlichen Erscheinung in ihrer Entwicklung sowie die Zurückführung des Äußerlichen und Scheinbaren auf die grundlegenden Triebkräfte, auf die Entwicklung der Produktivkräfte und den Klassenkampf"[17] verlangt.

2. Die grundlegenden Bewegungsgesetze der bürgerlichen Gesellschaft

Das „Manifest" ist in überaus gedrängtem, ausdrucksvollem und starkem Stil geschrieben, der völlig mit seinem genialen Inhalt übereinstimmt. Seine ganze Struktur zeichnet sich durch einen erstaunlichen, bestechend logischen Aufbau und künstlerische Harmonie aus.

Das „Manifest" besteht aus einer kurzen Einleitung und vier Abschnitten. In der Einleitung wird das Ziel, das mit der Veröffentlichung des „Manifests" verfolgt wird, angegeben. „Ein Gespenst geht um in Europa – das Gespenst des Kommunismus"[18], mit diesen Worten beginnt die Einleitung. Und weiter heißt es: „Es ist hohe Zeit, daß die Kommunisten ihre Anschauungsweise, ihre Zwecke, ihre Tendenzen vor der ganzen Welt offen darlegen und den Märchen vom Gespenst des Kommunismus ein Manifest der Partei selbst entgegenstellen."[19]

Der erste Abschnitt mit dem Titel „Bourgeois und Proletarier" ist der Charakteristik der grundlegenden Bewegungsgesetze der bürgerlichen Gesellschaft gewidmet, der antagonistischen Klasseninteressen der Bourgeoisie und des Proletariats, der welthistorischen Mission der Arbeiterklasse als des Totengräbers des Kapitalismus.

Der zweite Abschnitt „Proletarier und Kommunisten" ist der Darlegung der Ziele, Anschauungen und Bemühungen der Kommunisten gewidmet, die mit der Entlarvung der bürgerlichen Entstellungen des Kommunismus einhergeht. In diesem Abschnitt wird eine Charakteristik der proletarischen Revolution gegeben und ihr Aktionsprogramm dargelegt.

Der dritte Abschnitt „Sozialistische und kommunistische Literatur", enthält eine kritische Analyse der verschiedenen Richtungen des vor-

[17] Lenin, W. I., Der Zusammenbruch der II. Internationale, in: Werke, Bd. 21, Berlin 1960, S. 211

[18] Marx, K., Engels, F., Manifest der Kommunistischen Partei, in: MEW, Bd. 4, Berlin 1959, S. 461

[19] Ebenda

marxschen Sozialismus und Kommunismus. Hier werden Verfälschungen des Sozialismus durch reaktionäre Ideologen der Ausbeuterklassen wie auch verschiedene Sekten des utopischen Sozialismus entlarvt.

Der vierte Abschnitt „Stellung der Kommunisten zu den verschiedenen oppositionellen Parteien" skizziert knapp die Taktik der Kommunisten, die sich überall bemühen, um ihr Banner alle Kräfte zu scharen, die in der Lage sind, im Kampf gegen die Reaktion und für den Sozialismus Nutzen zu bringen.

Im „Manifest" wird in großen Zügen der Entwicklungsgang des Kapitalismus charakterisiert, und seine Grundgesetze werden aufgedeckt. Die Kritik der bürgerlichen politischen Ökonomie, die von Engels in den „Umrissen zu einer Kritik der Nationalökonomie" begonnen, in der „Lage der arbeitenden Klasse in England" fortgesetzt und in den gemeinsamen Arbeiten von Marx und Engels, der „Heiligen Familie" und der „Deutschen Ideologie" weitergeführt, von Marx im „Elend der Philosophie" und in „Lohnarbeit und Kapital" entwickelt wurde, erhielt im „Manifest der Kommunistischen Partei" ihre weitere Entfaltung. Dieses Werk kennzeichnet eine wichtige Etappe in der Schaffung der ökonomischen Lehre des Marxismus.

Im „Manifest" wird vor allem der allgemeine Entwicklungsgang der menschlichen Gesellschaft beschrieben. „Die Geschichte aller bisherigen Gesellschaft", schrieben Marx und Engels, „ist die Geschichte von Klassenkämpfen."[20] In einer Anmerkung zur englischen Ausgabe des „Manifests", die 1888 erschien, erklärte Engels, daß hierbei die Rede von jener Geschichte ist, die uns in schriftlichen Quellen überliefert worden ist, das heißt von der historischen Entwicklung der Gesellschaft seit der Auflösung der Urgemeinschaft, des Urkommunismus. Seitdem wurde der Klassenkampf zur Triebkraft der Geschichte. „Freier und Sklave, Patrizier und Plebejer, Baron und Leibeigener, Zunftbürger und Gesell, kurz, Unterdrücker und Unterdrückte standen in stetem Gegensatz zueinander, führten einen ununterbrochenen, bald versteckten, bald offenen Kampf, einen Kampf, der jedesmal mit einer revolutionären Umgestaltung der ganzen Gesellschaft endete oder mit dem gemeinsamen Untergang der kämpfenden Klassen"[21], wie dies in der antiken Welt vor sich ging.

Die bürgerliche Gesellschaft, die aus dem Untergang der feudalen Gesellschaft hervorging, hob die Klassengegensätze nicht auf, sondern

[20] Ebenda, S. 462 [21] Ebenda, S. 462

setzte neue Klassen an die Stelle der alten. Diese Gesellschaft spaltet sich mehr und mehr in zwei große feindliche Lager, in zwei Hauptklassen, Bourgeoisie und Proletariat. Im „Manifest" wird das Bild der Genesis dieser beiden Klassen in starken Farben geschildert.

„Aus den Leibeigenen des Mittelalters gingen die Pfahlbürger der ersten Städte hervor; aus dieser Pfahlbürgerschaft entwickelten sich die ersten Elemente der Bourgeoisie."[22] Die Bourgeoisie selbst ist das Produkt eines langandauernden Entwicklungsprozesses, einer Reihe von Umwälzungen in der Produktionsweise und des Austausches.

Die Entdeckung Amerikas und des Seeweges nach dem Osten, das Anwachsen des Austausches, die Entwicklung der Warenbeziehungen, all dies unterhöhlte die frühere Feudalgesellschaft. Die Vergrößerung der Märkte und die Erweiterung des Handels riefen das Anwachsen des Bedarfs hervor, den die Manufaktur nicht mehr befriedigen konnte. Da revolutionierte der Dampf und die Maschinerie die industrielle Produktion. „An die Stelle der Manufaktur trat die moderne große Industrie, an die Stelle des industriellen Mittelstandes traten die industriellen Millionäre, die Chefs ganzer industrieller Armeen, die moderne Bourgeoisie."[23]

Mit dem Entstehen der großen Industrie wird der Weltmarkt gebildet, der durch die Entdeckung Amerikas und die Umschiffung Afrikas vorbereitet wurde. Zusammen damit vollzieht sich der Prozeß der Errichtung der politischen Macht der Bourgeoisie. Die Herrschaft der Bourgeoisie zerstörte die früheren patriarchalischen Verhältnisse. Die Bourgeoisie ließ kein anderes Band zwischen den Menschen als das nackte Interesse, als die gefühllose Berechnung. An die Stelle der früheren Ausbeutungsformen, die von religiösen und politischen Illusionen verdeckt wurden, stellte sie die offene, schamlose, direkte, dürre Ausbeutung.

Im „Manifest" wird die historische Rolle der Bourgeoisie anschaulich gezeichnet und der Widerspruch zwischen den Produktivkräften und den Produktionsverhältnissen der bürgerlichen Gesellschaft aufgedeckt. „Die Bourgeoisie kann nicht existieren, ohne die Produktionsinstrumente, also die Produktionsverhältnisse, also sämtliche gesellschaftlichen Verhältnisse fortwährend zu revolutionieren."[24] Während

[22] Ebenda, S. 463
[23] Ebenda
[24] Ebenda, S. 465

alle vorangegangenen Epochen durch die Beibehaltung der alten Produktionsweise in unverändertem Zustand charakterisiert sind, ist die bürgerliche Epoche durch fortwährende Umwälzungen in der Produktion, eine ununterbrochene Erschütterung aller gesellschaftlichen Zustände, durch ewige Unsicherheit und Bewegung ausgezeichnet.

Aus dem Schoße der feudalen Gesellschaft hervorgegangen, benutzt die Bourgeoisie in der ersten Zeit die Produktions- und Austauschmittel, die in dieser Gesellschaft geschaffen worden waren. Aber auf einer bestimmten Entwicklungsstufe dieser Produktions- und Austauschmittel hören die feudalen Verhältnisse und das feudale Eigentum auf, den sich entwickelnden Produktivkräften zu entsprechen, sie werden zur Schranke, zu Fesseln für die Produktion. Sie mußten gesprengt werden, und sie wurden gesprengt. „An ihre Stelle trat die freie Konkurrenz mit der ihr angemessenen gesellschaftlichen und politischen Konstitution, mit der ökonomischen und politischen Herrschaft der Bourgeoisklasse."[25]

Das Bedürfnis nach einem stets ausgedehnteren Absatz für ihre Produkte jagt die Bourgeoisie über die ganze Erdkugel. Überall sprengt sie die veralteten patriarchalischen Verhältnisse, wobei sie die entferntesten Länder in den Strudel des Weltmarktes hineinzieht. Die wohlfeilen Preise ihrer Waren sind die schwere Artillerie, mit der sie alle Hindernisse beseitigt. Die Bourgeoisie hat das Land der Herrschaft der Stadt unterworfen. „Sie hat die Bevölkerung agglomeriert, die Produktionsmittel zentralisiert und das Eigentum in wenigen Händen konzentriert."[26]

Die Bourgeoisie hat in ihrer kaum hundertjährigen Klassenherrschaft massenhaftere und kolossalere Produktivkräfte geschaffen als alle vergangenen Generationen zusammen. Aber die bürgerliche Gesellschaft gleicht dem Zauberer, der nicht mit den Kräften fertig werden kann, die er heraufbeschworen hat. Davon zeugen die periodischen Krisen, in denen nicht nur ein bedeutender Teil der erzeugten Produkte, sondern auch früher geschaffene Produktivkräfte zerstört werden. Die der bürgerlichen Gesellschaft zur Verfügung stehenden Produktivkräfte geraten in Widerspruch zu den kapitalistischen Verhältnissen, die deshalb ihre Entwicklung aufhalten.

[25] Ebenda, S. 467
[26] Ebenda, S. 466–467

Die Krisen sind das Ergebnis dieses Widerspruchs der modernen Produktivkräfte und der kapitalistischen Produktionsverhältnisse, jener Eigentumsverhältnisse, die die Existenzbedingung der Bourgeoisie und ihrer Herrschaft bilden.

Im „Manifest" wird die Epidemie der Überproduktion, die während der Krisen ausgelöst wird, folgendermaßen beschrieben: „Die Gesellschaft findet sich plötzlich in einen Zustand momentaner Barbarei zurückversetzt; eine Hungersnot, ein allgemeiner Vernichtungskrieg scheinen ihr alle Lebensmittel abgeschnitten zu haben; die Industrie, der Handel scheinen vernichtet, und warum? Weil sie zuviel Zivilisation, zuviel Lebensmittel, zuviel Industrie, zuviel Handel besitzt."[27]

Die Bourgeoisie überwindet die Krisen nur dadurch, daß sie umfassendere und vernichtendere Krisen vorbereitet und die Mittel, den Krisen vorzubeugen, vermindert.

In den Krisen tritt besonders deutlich der historisch vergängliche Charakter der kapitalistischen Produktionsweise zutage, das wachsende Mißverhältnis der Produktionsverhältnisse des Kapitalismus mit den sich in seinem Schoße entwickelnden Produktivkräften. Diese Rolle der Krisen wurde von Engels in den „Grundsätzen des Kommunismus" anschaulich aufgezeigt. Aus den periodischen Wirtschaftskrisen ergibt sich, daß die große Industrie schon über die freie Konkurrenz hinausgewachsen ist; daß das Betreiben der industriellen Produktion durch einzelne Kapitalisten zur Fessel geworden ist, die es zu sprengen gilt, „daß also die große Industrie selbst entweder ganz aufgegeben werden muß, was eine absolute Unmöglichkeit ist, oder daß sie eine ganz neue Organisation der Gesellschaft durchaus notwendig macht, in welcher nicht mehr einzelne, einander Konkurrenz machende Fabrikanten, sondern die ganze Gesellschaft nach einem festen Plan und nach den Bedürfnissen aller die industrielle Produktion leitet."[28]

Die Entwicklung der Produktivkräfte durch den Kapitalismus, der ihren Übergang in den Besitz der ganzen Gesellschaft notwendig macht, schafft zugleich die notwendigen materiellen Bedingungen für die sozialistische Umgestaltung der Gesellschaft. Engels weist darauf hin, daß die große Industrie und die durch sie bedingte Möglichkeit zur Ausdehnung der Produktion ins Unendliche „einen Zustand der Gesellschaft möglich machen, in welchem so viel von allen Lebensbedürfnissen

[27] Ebenda, S. 468

[28] Engels, F., Grundsätze des Kommunismus, MEW, Bd. 4, S. 370

produziert wird, daß jedes Mitglied der Gesellschaft dadurch in den Stand gesetzt wird, alle seine Kräfte und Anlagen in vollständiger Freiheit zu entwickeln und zu betätigen".[29]

Im „Manifest der Kommunistischen Partei" heißt es, daß die Waffe, womit die Bourgeoisie den Feudalismus zu Boden geschlagen hat, das heißt, die Entwicklung der Produktivkräfte, sich jetzt gegen die Bourgeoisie selbst richtet. Aber die Bourgeoisie hat nicht nur die Waffen geschmiedet, die ihr den Tod bringen; sie hat auch die Klasse hervorgebracht, die diese Waffen führen wird, das moderne Proletariat.

Im „Manifest" sind mit genialem Scharfblick die Lebensbedingungen des Proletariats in der bürgerlichen Gesellschaft gezeichnet. Die Arbeiter können nur solange leben, wie sie Arbeit finden, und sie finden nur solange Arbeit, wie ihre Arbeit das Kapital vermehrt. Die Arbeit der Proletarier hat durch die Ausdehnung der Maschinerie und die Arbeitsteilung allen selbständigen Charakter und damit allen Reiz für den Arbeiter verloren. Die Arbeiter werden bloßes Zubehör der Maschine.

Die Arbeiter werden gezwungen, sich stückweise zu verkaufen, sind eine Ware wie jeder andere Handelsartikel. Aber der Preis jeder Ware und folglich auch der Arbeit[30] ist gleich ihren Produktionskosten. Da die Kosten, die der Arbeiter verursacht, sich fast ausschließlich auf die Lebensmittel beschränken, die er zu seinem Unterhalt und zur Fortpflanzung seiner Rasse braucht, nimmt der Lohn in demselben Maße ab, in dem die Widerwärtigkeit der Arbeit wächst. Mit dem Fortschreiten der Industrie verschlechtert sich auch die Lage der Arbeiterklasse. Die Kluft zwischen den Klassen vertieft sich, die unversöhnlichen Widersprüche zwischen ihnen verschärfen sich. „Das Proletariat, die unterste Schicht der jetzigen Gesellschaft, kann sich nicht erheben, nicht aufrichten, ohne daß der ganze Überbau der Schichten, die die offizielle Gesellschaft bilden, in die Luft gesprengt wird."[31]

Das Proletariat kann sich nicht befreien, ohne die Lohnsklaverei und zusammen mit ihr jegliche Ausbeutung des Menschen durch den Menschen zu beseitigen.

[29] Ebenda

[30] Im „Manifest" wie auch in anderen Arbeiten von Marx und Engels aus dem 40er Jahren, wird noch von der Arbeit als einer Ware gesprochen, aber faktisch ist vom Kauf und Verkauf der Ware Arbeitskraft die Rede.

[31] Marx, K., Engels, F., Manifest der Kommunistischen Partei, in: MEW, Bd. 4, S. 473

Mit dem Wachsen des Kapitalismus wächst das Proletariat, entwickelt und stählt sich und wird vom Bewußtsein seiner Kraft durchdrungen. Sein Kampf gegen die Bourgeoisie beginnt mit seiner Existenz. Somit bringt die Bourgeoisie vor allem ihre eigenen Totengräber hervor. Ihr Untergang und der Sieg des Proletariats sind gleichermaßen unvermeidlich.

In der Vorrede zur zweiten russischen Ausgabe des „Manifests", die 1882 geschrieben wurde, weisen seine Autoren darauf hin, daß es die Aufgabe des „Manifests" war, „die unvermeidlich bevorstehende Auflösung des modernen bürgerlichen Eigentums zu proklamieren"[32].

Das „Manifest" deckt die schreienden Widersprüche der bürgerlichen Ordnung auf, legt die Gesetze ihres Untergangs bloß und entlarvt entschieden die Verleumdungen der Bourgeoisie, die gegen die Kommunisten gerichtet sind. Gleichzeitig wird in ihm vernichtende Kritik an allen Institutionen der bürgerlichen Gesellschaft geübt, die die Ausbeuter und ihre Lakaien für heilig und unantastbar gegenüber allen Zugriffen der Kommunisten erklären.

Die Bourgeoisie wirft den Kommunisten vor, daß sie das rechtschaffen durch persönliche Arbeit erworbene Eigentum beseitigen wollen, das die Grundlage jeder persönlichen Freiheit, Tätigkeit und Selbständigkeit darstelle. Das „Manifest" unterzieht dieses Argument einer vernichtenden Kritik. Wenn die Rede vom Eigentum der Kleinproduzenten ist, so wird es alltäglich durch die Entwicklung der großen kapitalistischen Industrie zerstört. Wenn das bürgerliche Privateigentum gemeint ist, so ist es Grundlage nicht für die Freiheit der Persönlichkeit, sondern der Versklavung der großen Mehrheit der Bevölkerung.

„In der bürgerlichen Gesellschaft ist das Kapital selbständig und persönlich, während das tätige Individuum unselbständig und unpersönlich ist. Und die Aufhebung dieses Verhältnisse nennt die Bourgeoisie Aufhebung der Persönlichkeit und Freiheit! Und mit Recht. Es handelt sich allerdings um die Aufhebung der Bourgeois-Persönlichkeit, -Selbständigkeit und -Freiheit."[33]

Im „Manifest" wird gezeigt, daß unter bürgerlicher Freiheit die Freiheit des Handels, des Kaufs und des Verkaufs, die Freiheit der Ausbeu-

[32] Marx, K., Engels, F., Vorrede zur zweiten russischen Ausgabe des „Manifests der Kommunistischen Partei", in: MEW, Bd. 19, S. 296

[33] Marx, K., Engels, F., Manifest der Kommunistischen Partei, in: MEW, Bd. 4, S. 476

tung des Menschen durch den Menschen zu verstehen ist. Damit wird die Maske von jenen Fiktionen der persönlichen Freiheit abgerissen, auf denen die heuchlerische und durch und durch verlogene bürgerliche Demokratie beruht; sie ist tatsächlich Demokratie nur für die Ausbeuter, für eine geringfügige Minderheit der Gesellschaft. Im „Manifest" wird das wahre Gesicht der bürgerlichen Familie und Ehe gezeigt, die eine offizielle und inoffizielle Prostitution darstellen, des bürgerlichen Patriotismus, des bürgerlichen Individualismus, der als Persönlichkeit niemanden außer den bürgerlichen Eigentümer anerkennt.

Die Autoren des Manifests verwarfen den Mythos vom angeblich über den Klassen stehenden Charakter des Staates in der bürgerlichen Gesellschaft und schrieben: „Die moderne Staatsgewalt ist nur ein Ausschuß, der die gemeinschaftlichen Geschäfte der ganzen Bourgeoisklasse verwaltet."[34]

3. Das Programm der sozialistischen Revolution

Im „Manifest der Kommunistischen Partei" wurde zum erstenmal wissenschaftlich die Unvermeidlichkeit des Sturzes der bürgerlichen Herrschaft, der sozialistischen Revolution des Proletariats begründet, das die Staatsmacht zur Beseitigung der kapitalistischen Ordnung und zur Schaffung einer neuen, kommunistischen Gesellschaft erobern muß. Von der ersten bis zur letzten Zeile ist das „Manifest" von der Idee der Umwandlung des Proletariats in eine herrschende Klasse, das heißt, von der Idee der Diktatur des Proletariats durchdrungen. Wie bekannt, wurde der Terminus „Diktatur des Proletariats" selbst einige Jahre später, 1852 von Marx nach der historischen Erfahrung der Revolution von 1848 geprägt.

Im „Manifest der Kommunistischen Partei" wird prophetisch davon gesprochen, daß nur der Sieg der proletarischen Revolution die unterdrückten Nationen befreien, der nationalen Unterdrückung und Feindschaft ein Ende setzen wird: „In dem Maße, wie die Exploitation des einen Individuums durch das andere aufgehoben wird, wird die Exploitation einer Nation durch die andere aufgehoben. Mit dem Gegensatz der Klassen im Innern der Nationen fällt die feindliche Stellung der Nationen gegeneinander."[35]

[34] Ebenda, S. 464 [35] Ebenda, S. 479

Die historische Aufgabe der Diktatur des Proletariats besteht, wie Marx im „Kapital" zeigte, vor allem in der Expropriation der Expropriateure. Nach der Eroberung der Staatsmacht durch das Proletariat ist für den Übergang vom Kapitalismus zum Kommunismus vor allem die Beseitigung des Privateigentums an Produktionsmitteln und seine Ablösung durch gesellschaftliches Eigentum notwendig. Diese Aufgabe ist im „Manifest" folgendermaßen formuliert:

„Das Proletariat wird seine politische Herrschaft dazu benutzen, der Bourgeoisie nach und nach alles Kapital zu entreißen, alle Produktionsinstrumente in den Händen des Staats, d. h. des als herrschende Klasse organisierten Proletariats zu zentralisieren und die Masse der Produktionskräfte möglichst rasch zu vermehren."[36]

Im „Manifest" ist ein konkretes Programm praktischer Maßnahmen enthalten, die vom Proletariat nach der Eroberung der politischen Macht verwirklicht werden müssen. Es geht dabei um Maßnahmen mit Übergangscharakter, die nach der Errichtung der Diktatur des Proletariats mittels revolutionärer Eingriffe in das Eigentumsrecht und in die bürgerlichen Produktionsverhältnisse realisiert werden müssen. Während die Autoren des „Manifests" betonen, daß solche Maßnahmen fast überall in den fortschrittlichsten Ländern angewendet werden können, machen sie gleichzeitig den Vorbehalt, daß diese Maßnahmen in verschiedenen Ländern unterschiedlich sein werden.

Dieses Aktionsprogramm der Diktatur des Proletariats wurde schon früher in den „Grundsätzen des Kommunismus" von Engels angeführt, und zwar in zwölf Punkten. Im „Manifest" sind es zehn Punkte:

„1. Expropriation des Grundeigentums und Verwendung der Grundrente zu Staatsausgaben.
2. Starke Progressivsteuer.
3. Abschaffung des Erbrechts.
4. Konfiskation des Eigentums aller Emigranten und Rebellen.
5. Zentralisation des Kredits in den Händen des Staats durch eine Nationalbank mit Staatskapital und ausschließlichem Monopol.
6. Zentralisation alles Transportwesens in den Händen des Staats.
7. Vermehrung der Nationalfabriken, Produktionsinstrumente, Urbarmachung und Verbesserung der Ländereien nach einem gemeinschaftlichen Plan.

[36] Ebenda, S. 481

8. Gleicher Arbeitszwang für alle, Errichtung industrieller Armeen, besonders für den Ackerbau.
9. Vereinigung des Betriebes von Ackerbau und Industrie, Hinwirken auf die allmähliche Beseitigung des Gegensatzes von Stadt und Land.
10. Öffentliche und unentgeltliche Erziehung aller Kinder. Beseitigung der Fabrikarbeit der Kinder in ihrer heutigen Form. Vereinigung der Erziehung mit der materiellen Produktion usw. usw."[37]

Bei der Durchsicht dieses Aktionsprogramms ist leicht festzustellen, daß in ihm einerseits Grundfragen der kommunistischen Umwandlung der Gesellschaft enthalten sind, und andererseits konkrete Forderungen, die durch eine bestimmte historische Situation bedingt waren. Unschwer sind die allgemeinen Gedanken, die diesem Programm zugrunde liegen, von ihrer konkreten Ausdrucksform zu unterscheiden. Diese allgemeinen Gedanken laufen auf folgende Momente hinaus.

erstens: Vergesellschaftung der Produktionsmittel und der Verteilung;
zweitens: Allgemeine Arbeitspflicht;
drittens: Rasche Entwicklung der Produktivkräfte;
viertens: Beseitigung des Gegensatzes zwischen Stadt und Land;
fünftens: Beseitigung des Gegensatzes zwischen geistiger und körperlicher Arbeit.

Was die konkrete Ausdrucksform dieser grundlegenden Gedanken des wissenschaftlichen Kommunismus betrifft, so trägt sie den Stempel ihrer Zeit. In der Formulierung der praktischen Forderungen ist der Einfluß sowohl des zu dieser Zeit erreichten Entwicklungsstandes der Produktivkräfte zu merken, der im Vergleich zur folgenden Epoche noch nicht hoch war, als auch der damals vorhandenen Formen der proletarischen Bewegung und der von ihr gesammelten historischen Erfahrung. Einzelne dieser Forderungen waren von der Erfahrung und Praxis der Chartistenbewegung herangetragen worden.

Gleichzeitig besteht kein Zweifel, daß sich das im „Manifest" formulierte Programm, von den Forderungen der Sozialisten vormarxscher Richtungen, wie der Himmel von der Erde unterscheidet. Denn dieses Programm konzentrierte sich auf solche Grundsätze, wie die Eroberung der Staatsmacht durch das Proletariat und die Ausnutzung dieser Macht für die radikale Umwandlung der bestehenden Produktionsver-

[37] Ebenda, S. 481–482

hältnisse durch Beseitigung der bürgerlichen Eigentumsverhältnisse und Einführung des gesellschaftlichen Eigentums an Produktionsmitteln. Damit waren alle im Programm formulierten Maßnahmen auf einen realen Boden gestellt, der den verschiedenen Arten des vormarxschen Sozialismus und den früheren Richtungen in der Arbeiterbewegung gefehlt hatte.

Die konkrete Formulierung dieses Programms betrachteten die Autoren des „Manifests" nicht als Selbstzweck. 1872 unterstrichen Marx und Engels im Vorwort zur deutschen Ausgabe des „Manifests", daß die allgemeinen Grundsätze dieses Werkes im ganzen volle Richtigkeit behalten, bemerkten aber, daß die Aufzählung der Maßnahmen am Ende von Abschnitt II anders ausgelegt werden müsse. Zur Erklärung dieses Gedankens schrieben sie:

„Gegenüber der immensen Fortentwicklung der großen Industrie in den letzten fünfundzwanzig Jahren und der mit ihr fortschreitenden Parteiorganisation der Arbeiterklasse, gegenüber den praktischen Erfahrungen, zuerst der Februarrevolution und noch weit mehr der Pariser Kommune, wo das Proletariat zum erstenmal zwei Monate lang die politische Gewalt innehatte, ist heute dies Programm stellenweise veraltet. Namentlich hat die Kommune den Beweis geliefert, daß ‚die Arbeiterklasse nicht die fertige Staatsmaschine einfach in Besitz nehmen und sie für ihre eigenen Zwecke in Bewegung setzen kann'."[38]

Der letzte Satz ist dem Werk von Marx „Der Bürgerkrieg in Frankreich" entnommen.

In der Arbeit „Der Achtzehnte Brumaire des Louis Bonaparte" gelangt Marx, während er die Schlußfolgerungen aus der Revolution von 1848 zieht, zu der Feststellung, daß alle früheren Revolutionen die bestehende Staatsmaschine vervollkommnet hätten, während die proletarische Revolution sie zerschlagen, zerbrechen müsse.

In der Arbeit „Staat und Revolution" nennt Lenin diese Schlußfolgerung einen gewaltigen Schritt vorwärts im Vergleich zum „Manifest der Kommunistischen Partei". Im „Manifest", bemerkt Lenin, werden allgemeine Schlußfolgerungen aus der Geschichte gezogen, die im Staat ein Organ der Klassenherrschaft erkennen lassen, und die zu der Schlußfolgerung führen, daß das Proletariat seine Befreiung nicht erlangen kann, ohne vorher die politische Macht erobert zu haben.

38 Marx, K., Engels, F., Vorwort zum „Manifest der Kommunistischen Partei" (deutsche Ausgabe 1872), in: MEW, Bd. 18, Berlin 1962, S. 95–96

Auf Grund der historischen Erfahrung aus der Revolution von 1848 stellt und löst Marx die Frage, welcher Art diese Ablösung des bürgerlichen Staates durch einen proletarischen sein müsse. Somit wurde im „Manifest“ die Frage des Staates noch abstrakt gestellt, in ganz allgemeinen Begriffen, während Marx 1852 die Frage schon konkret stellt und eine praktisch handgreifliche Schlußfolgerung über die Notwendigkeit der Zerschlagung der bürgerlichen Staatsmaschine zieht.

„Die Lehre von Marx“, schrieb Lenin, „ist wie stets, so auch hier, eine von tiefer philosophischer Weltanschauung und reicher Kenntnis der Geschichte durchdrungene Zusammenfassung der Erfahrung.“[39]

Diese Schlußfolgerung ziehen Marx und Engels noch kategorischer nach der historischen Erfahrung der Pariser Kommune: „Diesen Versuch zu analysieren, aus ihm Lehren für die Taktik zu ziehen, auf Grund dieses Versuchs seine eigene Theorie zu überprüfen – das war die Aufgabe, die sich Marx stellte“[40], schrieb Lenin. Weiter unterstrich er, daß die Begründer des Marxismus der Hauptlehre der Pariser Kommune, nämlich der Schlußfolgerung, daß das Proletariat nicht die fertige Staatsmaschine einfach in Besitz nehmen und sie für ihre eigenen Zwecke in Bewegung setzen kann, eine so gewaltige Bedeutung beimaßen, daß sie sie als wesentliche Korrektur dem „Manifest“ hinzufügten.

4. Kritik an utopischen Systemen

Im „Manifest“ wird vernichtende Kritik an reaktionären und konservativen Verfälschungen des Sozialismus und Kommunismus geübt und die Unhaltbarkeit aller möglicher utopischer Systeme enthüllt.

Von den Abarten des reaktionären Sozialismus entlarven die Autoren des „Manifests“ schonungslos den feudalen, den kleinbürgerlichen und den deutschen oder den „wahren“ Sozialismus.

Die früheren Herrscher, die Feudalherrn, die durch die herrschende Bourgeoisie auf den zweiten Rang gedrängt worden waren, äußerten ihre Unzufriedenheit, indem sie Schmählieder auf ihren neuen Herr-

[39] Lenin, W. I., Staat und Revolution, in: Werke, Bd. 25, Berlin 1960, S. 419
[40] Ebenda, S. 426

scher sangen. So entstand der feudale Sozialismus, den das „Manifest" überaus treffend charakterisiert: „halb Klagelied, halb Pasquill, halb Rückhall der Vergangenheit, halb Dräuen der Zukunft, mitunter die Bourgeoisie ins Herz treffend durch bittres, geistreich zerreißendes Urteil, stets komisch wirkend durch gänzliche Unfähigkeit, den Gang der modernen Geschichte zu begreifen."[41]

Die Vertreter dieser Abart des reaktionären Sozialismus – und ihrer gab es nicht wenig, nicht nur in der Mitte des vorigen Jahrhunderts, sondern auch in den folgenden Jahrzehnten – gaben sich für Freunde der Arbeiterklasse aus, verteidigten aber die engen eigennützigen Interessen der überlebten Klasse der Gutsbesitzer. „Den proletarischen Bettlersack schwenkten sie als Fahne in der Hand, um das Volk hinter sich her zu versammeln. So oft es ihnen aber folgte, erblickte es auf ihrem Hintern die alten feudalen Wappen und verlief sich mit lautem und unehrerbietigem Gelächter."[42]

Hand in Hand mit dem feudalen Sozialismus geht der pfäffische Sozialismus, der erheblich größere Lebenskraft besitzt. Er nutzt die christliche Religion zur Wahrung und Festigung der Ausbeuterordnung aus. „Der christliche Sozialismus", schrieben die Autoren des „Manifests", „ist nur das Weihwasser, womit der Pfaffe den Ärger der Aristokraten einsegnet."[43]

Die nächste Abart des reaktionären Sozialismus, die im „Manifest" entlarvt wird, ist der kleinbürgerliche Sozialismus, der in der Literatur von Sismondi angeführt wurde. Die Vertreter dieser Richtung begriffen die Widersprüche der bürgerlichen Ordnung, schauten aber nicht vorwärts, sondern zurück, und gaben sich utopischen, reaktionären Träumereien über die Rückkehr zur Kleinproduktion und zu den überlebten patriarchalen Verhältnissen hin. Deshalb war der kleinbürgerliche Sozialismus ein Hindernis auf dem Wege des Befreiungskampfes der Arbeiterklasse.

Die letzte Abart des reaktionären Sozialismus, die im „Manifest" einer vernichtenden Kritik unterzogen wurde, ist der deutsche oder der „wahre" Sozialismus. Die Anhänger dieser Richtung deklarieren die deutsche Nation zur Musternation und den deutschen Kleinbürger zum Muster von einem Menschen. Jeder Nichtigkeit des deutschen

[41] Marx, K., Engels, F., Manifest der Kommunistischen Partei, MEW, Bd. 4, S. 483

[42] Ebenda

[43] Ebenda, S. 484

Kleinbürgers verleihen sie einen heiligen und gehobenen sozialistischen Sinn. Sie behaupten, über dem Klassenkampf zu stehen. Die Werke dieser Richtung charakterisiert das „Manifest" als „schmutzige" und „entnervende" Literatur.

Nach dem reaktionären Sozialismus entlarvt das „Manifest" den konservativen oder Bourgeoissozialismus. „Es gehören hierher", wie Marx und Engels schrieben: „Ökonomisten, Philantropen, Humanitäre, Verbesserer der Lage der arbeitenden Klassen, Wohltätigkeitsorganisierer, Abschaffer der Tierquälerei, Mäßigkeitsvereinsstifter, Winkelreformer der buntscheckigsten Art."[44]

Die Autoren des „Manifests" stellen fest, daß dieser Bourgeoissozialismus sogar in ganzen Systemen ausgearbeitet worden ist, und nennen als Beispiel Proudhon mit seiner „Philosophie de la misère" („Philosophie des Elends").

Die Vertreter dieser Richtung proklamieren die bürgerliche Welt als die beste aller Welten. Sie wollen die Bourgeoisie ohne das Proletariat. Sie versuchen, die bürgerliche Ordnung von Widersprüchen zu befreien, die Klassen zu versöhnen, den Klassenkampf zu beseitigen und zu beweisen, daß die bürgerliche Ordnung den Interessen der Arbeiterklasse entspricht.

Schließlich rechnen Marx und Engels im „Manifest" mit dem kritisch-utopistischen Sozialismus und Kommunismus ab. Die ersten noch unreifen Aktionen des Proletariats brachten eine Literatur hervor, die allgemeinen Asketismus und rohe Gleichmacherei predigte. Die Systeme der großen utopischen Sozialisten, St. Simons, Fouriers, Owens entstehen in der ersten, unentwickelten Periode des Kampfes zwischen Proletariat und Bourgeoisie und tragen den Stempel der Unentwickeltheit der Klassenverhältnisse, der unentwickelten Form des Klassenkampfes. Ihre Autoren sehen den Klassenantagonismus und das Wirken zerstörerischer Kräfte der bürgerlichen Gesellschaft, aber das Proletariat ist für sie nur die am meisten leidende Klasse: sie erkennen nicht die historische Mission des Proletariats und die ihm eigene politische Bewegung.

Die positive Rolle dieser utopischen Systeme des Sozialismus und Kommunismus sahen die Autoren des „Manifests" darin, daß sie alle Grundlagen der bürgerlichen Gesellschaft angreifen und damit höchst wertvolles Material zur Aufklärung der Arbeiterklasse liefern. Gleich-

[44] Ebenda, S. 488

zeitig tragen ihre positiven Schlußfolgerungen hinsichtlich der zukünftigen Gesellschaftsordnung, ihre Vorschläge zur Aufhebung des Gegensatzes zwischen Stadt und Land, zur Beseitigung des Privaterwerbs und der Lohnarbeit und zur Verwandlung des Staates in eine bloße Verwaltung der Produktion usw. noch vollkommen utopischen Charakter.

Im „Manifest" wird gezeigt, daß die Bedeutung des kritisch-utopistischen Sozialismus und Kommunismus sich im Laufe der historischen Entwicklung wandelt. In demselben Maße, worin sich der Klassenkampf in der bürgerlichen Gesellschaft entwickelt und immer bestimmtere Formen annimmt, verliert das Streben der Utopisten, sich über ihn zu erheben, allen praktischen Wert und alle theoretische Berechtigung. „Waren daher die Urheber dieser Systeme auch in vieler Beziehung revolutionär, so bilden ihre Schüler jedesmal reaktionäre Sekten. Sie halten die alten Anschauungen der Meister fest gegenüber der geschichtlichen Fortentwicklung des Proletariats.[45] Allmählich fallen sie in das Lager der reaktionären oder konservativen Sozialisten und zeigen noch mehr Pedanterie und fanatischen Aberglauben an die Wunderwirkung ihrer Rezepte.

5. *Das „Manifest" und die weitere Entwicklung des Marxismus*

Die Ideen des „Manifests der Kommunistischen Partei" wurden von Marx und Engels im Laufe ihres ganzen Lebens und Wirkens ausgearbeitet und entwickelt. Im einzelnen wurden die ökonomischen Ideen des „Manifests" tief und allseitig im „Kapital" erforscht, wo die ökonomischen Bewegungsgesetze des Kapitalismus detailliert dargestellt und begründet wurden. Im „Kapital" wurden das Wesen und der Mechanismus der kapitalistischen Ausbeutung bis ins Letzte enthüllt und auf der Grundlage der Arbeitswerttheorie die Mehrwerttheorie allseitig ausgearbeitet, die den Eckstein der ökonomischen Lehre von Marx bildet.

Doch schon im „Manifest der Kommunistischen Partei" wurde in allgemeinen Zügen eine wissenschaftliche Charakteristik der bürgerlichen Produktionsweise gegeben. Zur Zeit der Niederschrift des „Manifests" wußten seine Autoren schon gut, nicht nur, was Mehrwert ist, sondern

[45] Ebenda, S. 491

auch, woher er stammt. Zwei Arbeiten von Marx aus jener Zeit „Das Elend der Philosophie" und „Lohnarbeit und Kapital" enthalten eine ausgezeichnete Darlegung der Probleme des Wertes und des Mehrwertes. Im „Manifest" wird die ökonomische Analyse der bürgerlichen Gesellschaft in allgemeinsten Zügen gegeben. Dort wird die bürgerliche Gesellschaft im ganzen gezeichnet und ihre Grundwidersprüche werden aufgedeckt. Es ist bezeichnend, daß Marx an einigen Stellen des „Kapitals" die entsprechenden Zitate aus dem „Manifest der Kommunistischen Partei" anführt.

Ende des 19. Jahrhunderts erfuhren die Ideen des „Kapitals" weite Verbreitung. Den bürgerlichen Gegnern des Marxismus fiel es immer schwerer, den siegreichen Vormarsch der marxistischen Lehre aufzuhalten. Da entschlossen sie sich zu einem Umgehungsmanöver. Trotz der zweifellosen Kontinuität zwischen dem „Manifest der Kommunistischen Partei" und dem „Kapital", trotz der unbestreitbaren Einheit der Ideen dieser beiden wichtigsten Werke des Marxismus, schufen die bürgerlichen Fälscher eine Version von Widersprüchen, die angeblich zwischen diesen Werken beständen. Es wurde die Version von der Existenz „zweier Marx" erfunden und verbreitet. Ein Marx sei der Autor des „Manifests" im Banne revolutionärer Illusionen, und der andere Marx der Autor des „Kapitals", ein nüchterner Forscher, bei dem man lediglich Spuren revolutionärer Romantik finden könne.

Dieses Märchen der bürgerlichen Gegner des Marxismus wurde vom Revisionismus übernommen. Während der bemerkenswerteste Zug der marxistischen Lehre darin besteht, daß sie strenge Wissenschaftlichkeit mit revolutionärem Geist in einer geschlossenen und harmonischen Weltanschauung organisch verbindet, behaupteten die Revisionisten auf Grund der Legende von den „zwei Marx", daß es nötig sei, das wissenschaftliche Erbe von Marx von Thesen „zu retten", die er in der Zeit des „Manifests" aufgestellt hat, und die marxistische Lehre vom angeblich unwissenschaftlich-„tendenziösen" Charakter zu „befreien".

Mit einem solchen Ruf trat der Vater des Revisionismus Eduard Bernstein auf. Im Hinblick auf das Kapitel im ersten Band des „Kapitals", in dem die „historische Tendenz der kapitalistischen Akkumulation" formuliert wurde, schrieb er:

„Für mich illustriert vielmehr das Kapitel einen D u a l i s m u s, der durch das ganze monumentale Marxsche Werk geht und in weniger prägnanter Weise auch an anderen Stellen zum Ausdruck kommt. Einen Dualismus, der darin besteht, daß das Werk wissenschaftliche Untersuchung sein und doch eine lange vor seiner Konzipierung fertige These beweisen will, daß ihm ein Schema zugrunde liegt, in dem das Resultat, zu dem hin die Entwicklung führen sollte, schon von vornherein feststand. Das Zurückkommen auf das Kommunistische Manifest weist hier auf einen tatsächlichen Rest von Utopismus im Marxschen System hin. Marx hatte die Lösung der Utopisten im wesentlichen akzeptiert, aber ihre Mittel und Beweise für unzulänglich erkannt."[46] Nach den Worten von Bernstein unternahm Marx eine Revision dieser Beweise, aber dabei zeigte sich, daß er „schließlich Gefangener einer Doktrin war"[47].

Im Zusammenhang mit diesen Gedanken Bernsteins bemerkt Rosa Luxemburg mit voller Berechtigung, daß der „Dualismus" von Marx nichts anderes ist als der Dualismus der kapitalistischen Gegenwart und der sozialistischen Zukunft, des Kapitals und der Arbeit, der Bourgeoisie und des Proletariats. Dieser Dualismus ist die wissenschaftliche Abspiegelung des in der bürgerlichen Gesellschaft existierenden Dualismus, der bürgerlichen Klassengegensätze.

„Und wenn Bernstein in diesem theoretischen Dualismus bei Marx ‚einen Überrest des Utopismus' sieht, so ist das nur ein naives Bekenntnis, daß er den geschichtlichen Dualismus in der bürgerlichen Gesellschaft, die kapitalistischen Klassengegensätze leugnet, daß für ihn der Sozialismus selbst zu einem ‚Überrest des Utopismus' geworden ist."[48]

Plechanow wandte sich gegen die Kritiker des Marxismus und schrieb, daß er das „Manifest der Kommunistischen Partei" vor anderen Werken von Marx und Engels deshalb zitiere, weil das „Manifest" jener frühen Etappe ihrer Tätigkeit entstammt, als sie, laut Versicherung einiger „Kritiker", von dem Wechselverhältnis unter den „Faktoren" der gesellschaftlichen Entwicklung eine besonders „einseitige" Auffassung vertreten haben sollen. „Wir sehen klar", fuhr er fort, „daß sie sich in dieser Epoche nicht durch ‚Einseitigkeit' ausgezeichnet haben, vielmehr nur durch ihr Streben nach Monismus, durch ihren Widerwillen vor jenem Eklektizismus, der aus den Bemerkungen

[46] Bernstein, Eduard, Die Voraussetzungen des Sozialismus und die Aufgaben der Sozialdemokratie, Stuttgart/Berlin, 1921, S. 244

[47] Ebenda, S. 245

[48] Luxemburg, Rosa, Sozialreform oder Revolution? In: Gesammelte Werke, Bd. III, Gegen den Reformismus, Vereinigung Internationaler Verlags-Anstalten GmbH., Berlin, 1925, S. 75

der Herren ‚Kritiker' so deutlich hervorsticht."[49] Die Version von den „zwei Marx" erhielt auch von seiten Franz Mehrings eine Abfuhr, indem er darauf hinwies, daß, wenn es irgendwann einmal einen ganzen Menschen gegeben hat, dies Karl Marx gewesen sei.

Die Versuche, das „Manifest der Kommunistischen Partei" und das „Kapital" entgegenzusetzen, scheitern bei einer einigermaßen ernsten Analyse dieser Werke. Es sei nur an die Seiten des „Kapitals" voll unbezähmbarer revolutionärer Leidenschaft erinnert, wo tiefe Wissenschaftlichkeit so harmonisch mit revolutionärem Geist und unerschütterlichem Kampfeswillen vereint ist. „Das Kapital" ist von der ersten bis zur letzten Zeile der allseitigen Begründung und allseitigen Ausarbeitung der Grundsätze gewidmet, die schon im „Manifest" enthalten sind, wo die grundlegenden Entwicklungsgesetze des Kapitalismus mit genialem Scharfblick dargelegt werden, die zugleich die Gesetze seines unvermeidlichen Untergangs sind.

Beim Lesen der Seiten des „Manifests", auf denen die Gebrechen der bürgerlichen Gesellschaft schonungslos gegeißelt werden, die Masken von ihren Institutionen abgerissen und das echte Pharisäertum der Ausbeuter und die Ausflüchte ihrer pseudo-sozialistisch gekleideten Lakaien entlarvt werden, erinnert man sich unwillkürlich der Worte Lenins, der über diese Arbeit schrieb, daß sie „bis heute in allen Grundlegenden richtig, lebendig und aktuell ist, als wäre sie gestern geschrieben"[50].

Im „Manifest" wird die Notwendigkeit der Schaffung einer kommunistischen Partei wissenschaftlich begründet; die notwendig ist zur Formierung des Proletariats als Klasse, zur Beseitigung der Herrschaft der Bourgeoisie und zur Eroberung der politischen Macht durch das Proletariat. Im „Manifest" wird gezeigt, daß die Kommunisten den entschiedensten Teil der Arbeiterklasse, ihre Avantgarde darstellen, daß sie in theoretischer Hinsicht einen Vorzug vor der übrigen Masse des Proletariats haben im Verständnis der Bedingungen, des Ganges und der allgemeinen Ergebnisse der proletarischen Bewegung. Die Kommunisten sind eng mit der Arbeiterklasse verbunden: sie haben keine Interessen, die von denen des Proletariats im ganzen geschieden wären. In allen Etappen des proletarischen Kampfes vertreten die Kommunisten stets die Interessen der Bewegung als ganzes.

[49] Plechanow., G. W, Grundprobleme des Marxismus, Berlin 1958, S. 67

[50] Lenin, W. I., Der Briefwechsel zwischen Marx und Engels, in: Werke Bd. 19, Berlin 1962, S. 554

Im „Manifest" werden erstmalig die Anschauungen und Ziele der Kommunisten begründet und proklamiert. „Die Kommunisten verschmähen es, ihre Ansichten und Absichten zu verheimlichen."[51] Diese mutigen Worte sind vom Bewußtsein der historischen Berechtigung und unüberwindbaren Macht der Ideen des Kommunismus erfüllt.

Das „Manifest" endet mit der drohenden Warnung an die Bourgeoisie und ihre Handlanger:

„Mögen die herrschenden Klassen vor einer kommunistischen Revolution zittern. Die Proletarier haben nichts in ihr zu verlieren als ihre Ketten. Sie haben eine Welt zu gewinnen.

PROLETARIER ALLER LÄNDER VEREINIGT EUCH!"[52]

Am Vorabend der revolutionären Ereignisse von 1848 richteten Marx und Engels ihr Hauptaugenmerk auf Deutschland, da es damals an der Schwelle einer bürgerlichen Revolution stand, die unter den Bedingungen einer im Vergleich zu den bürgerlichen Revolutionen des 17. und 18. Jahrhunderts in England und Frankreich höheren Entwicklungsstufe des Kapitalismus und der Arbeiterklasse herangereift war. Deshalb nahmen Marx und Engels an, daß die bürgerliche Revolution in Deutschland „nur das unmittelbare Vorspiel einer proletarischen Revolution sein kann"[53].

Die deutsche Bourgeoisie verriet jedoch, gemein und feig, aus Furcht vor dem Proletariat die Revolution und begann, vor der feudalen Monarchie zu katzbuckeln und den Junkern die Stiefel zu lecken. Das Proletariat aber war in Deutschland, wie auch in den entwickelteren Ländern noch nicht reif für die Durchführung der sozialistischen Revolution.

Im Laufe von Jahrzehnten arbeiteten Marx und Engels die Ideen aus, die im „Manifest der Kommunistischen Partei" verkündet worden waren, wobei sie sie auf Grund der gesamten weiteren Erfahrung aus dem Klassenkampf des Proletariats und besonders auf Grund der Erfahrung der Pariser Kommune von 1871 allseitig entwickelten.

Es ist bemerkenswert, daß Marx und Engels in ihren letzten Lebensjahren die Möglichkeit der Verlagerung des Zentrums der revolutionären

51 Marx, K., Engels, F., Manifest der Kommunistischen Partei, in: MEW, Bd. 4, S. 493

52 Ebenda

53 Ebenda

Bewegung von Westen nach Osten, aus Deutschland nach Rußland prophetisch voraussahen.

„Die Revolution", schrieb Marx 1877, „beginnt diesmal im Osten, wo das bisher unverletzte Bollwerk und die Reservearmee der Konterrevolution"[54] war.

In der Vorrede zur zweiten russischen Ausgabe des „Manifests" bemerkten seine Autoren 1882, daß „Rußland die Vorhut der revolutionären Aktion in Europa bildet"[55].

Marx und Engels erlebten die neue Phase in der Entwicklung des Kapitalismus, die Phase des monopolistischen Kapitalismus des Imperialismus, nicht. Mit Anbruch dieser Epoche verlagerte sich das Zentrum der revolutionären Bewegung nach Rußland. Rußland wurde zum Knotenpunkt aller Widersprüche des Imperialismus. Eben deshalb wurde Rußland die Heimat des Leninismus, der der Marxismus der neuen Epoche ist.

In schonungslosem Kampf gegen die Verleumder und Entsteller des Marxismus der Epoche der II. Internationale hielt Lenin das Banner des lebendigen, schöpferischen, wirksamen, revolutionären Marxismus hoch. Er entwickelte die marxistische Theorie weiter und hob sie unter den Bedingungen der neuen historischen Epoche auf eine höhere Stufe, wobei er auch, ausgehend vom Wesen des Marxismus, einige veraltete Thesen und Schlußfolgerungen seiner Begründer durch neue Schlußfolgerungen und Thesen ersetzte, die sich aus den neuen historischen Bedingungen ergaben.

In der Mitte des vergangenen Jahrhunderts waren die Autoren des „Manifests der Kommunistischen Partei" der Meinung, daß der Sozialismus nur gleichzeitig in allen oder in der Mehrzahl der zivilisierten Länder siegen kann.

In den „Grundsätzen des Kommunismus wies Engels darauf hin, daß die große Industrie mit der Schaffung des Weltmarktes alle Völker der Erde, besonders aber die Völker der zivilisierten Länder eng miteinander verbindet. Sie hat die gesellschaftliche Entwicklung in diesen Ländern so weit gleichgemacht, daß in allen diesen Ländern Bourgeoisie und Proletariat die beiden entscheidenden Klassen der Gesellschaft, der Kampf zwischen beiden der Hauptkampf des Tages geworden sind. Daraus resultierte die Schlußfolgerung: „Die kommu-

[54] Marx, K., Brief an Friedrich Adolph Sorge, in: MEW, Bd. 34, S. 296

[55] Marx, K., Engels, F., Vorrede zur zweiten russischen Ausgabe des „Manifests der Kommunistischen Partei", in: MEW, Bd. 19, S. 296

nistische Revolution wird daher keine bloß nationale, sie wird eine in allen zivilisierten Ländern, d. h. wenigstens in England, Amerika, Frankreich und Deutschland gleichzeitig vor sich gehende Revolution sein."[56] Diese Schlußfolgerung entsprach den Bedingungen des vormonopolistischen Kapitalismus, der sich noch im Aufstieg befand.

Zu Beginn des 20. Jahrhunderts wuchs der frühere Kapitalismus der freien Konkurrenz in den monopolistischen Kapitalismus-Imperialismus hinüber. Lenin unterzog dieses letzte Entwicklungsstadium des Kapitalismus einer Analyse und zeigte, daß sich in diesem Stadium alle Widersprüche der bürgerlichen Produktionsweise bis zum Äußersten zuspitzen. Das Gesetz der Ungleichmäßigkeit der ökonomischen und politischen Entwicklung der kapitalistischen Länder führt dazu, daß die frühere mehr oder weniger gleichmäßige Entwicklung des Kapitalismus von einer sprunghaften Entwicklung abgelöst wird, die in einer Aufeinanderfolge von Katastrophen und Kataklysmen, in Gestalt des imperialistischen Kampfes um die Aufteilung und Neuaufteilung der Welt vonstatten geht. Der Imperialismus ist monopolistischer, faulender, parasitärer und sterbender Kapitalismus. Der Imperialismus ist der Vorabend der sozialistischen Revolution des Proletariats, an dem diese Revolution unmittelbar auf der Tagesordnung steht.

Auf Grund der wissenschaftlichen marxistischen Analyse des monopolistischen Stadiums des Kapitalismus und auf der Grundlage der Rolle des Gesetzes der Ungleichmäßigkeit der Entwicklung der kapitalistischen Länder in der Epoche des Imperialismus kam Lenin zu der Schlußfolgerung, daß in der neuen historischen Situation der gleichzeitige Sieg der sozialistischen Revolution in allen oder in der Mehrzahl der entwickelten Länder infolge der Ungleichmäßigkeit im Reifegrad der Revolution in diesen Ländern unmöglich ist. Daraus zog Lenin die Schlußfolgerung, daß der Sieg der sozialistischen Revolution ursprünglich in einem einzelnen kapitalistischen Land möglich sei und die weitere Entwicklung des revolutionären Prozesses in der Welt auf dem Wege des aufeinander folgenden Abfallens anderer Länder vom kapitalistischen System und ihres Übergangs zum Sozialismus verlaufen wird.

[56] Engels, F., Grundsätze des Kommunismus, in: MEW, Bd. 4, S. 374

Kapitel V

Der „Anti-Dühring"

Die von Marx und Engels in den 40er Jahren geschaffenen Werke sind von hervorragendem Interesse als bestimmte Meilensteine auf dem Weg zur Formierung der Theorie des wissenschaftlichen Kommunismus. Eine Betrachtung dieser Arbeiten zeigt, wie bedeutend der Anteil von Engels an der Grundsteinlegung der marxistischen Theorie insgesamt und der ökonomischen Lehre des Marxismus im besonderen war.

Einen anderen Charakter hatten die Aufgaben, die vor Engels in seinen Arbeiten nach dem Erscheinen des „Kapitals" standen. Nachdem sich der Marxismus mit diesem Hauptwerk des wissenschaftlichen Kommunismus zu einer voll ausgerüsteten Theorie entwickelt hatte, die anhand eines gigantischen historischen Materials ausgearbeitet und überprüft worden war, fiel Engels eine dreifache Aufgabe zu. Erstens war es notwendig, den zahlreichen Feinden der wissenschaftlichen Weltanschauung der Arbeiterklasse, den bürgerlichen und kleinbürgerlichen Kritikern und Verfälschern des Marxismus entgegen zu treten. Zweitens war es dabei wichtig, eine Reihe wesentlicher Elemente der Theorie des wissenschaftlichen Kommunismus auszuarbeiten, eine Reihe von Problemen einer konkreten marxistischen Analyse zu unterziehen, die im „Kapital" nur in allgemeinen Zügen gelöst wurden. Diesen untrennbar verbundenen Aufgaben ist eine Anzahl hervorragender Arbeiten von Engels in der Periode 1870–1895 gewidmet. Schließlich war drittens das Bedürfnis herangreift, die neuen historischen Erfahrungen der Entwicklung des Kapitalismus und des Wachstums der Arbeiterklasse für die Periode zu verallgemeinern, die außerordentlich reich an Veränderungen im Leben der Völker war, nämlich für die letzten Jahrzehnte des 19. Jahrhunderts, d. h. nicht nur für die

Jahre nach dem Tode von Marx, sondern für den längeren Zeitabschnitt seit Mitte der 60er Jahre, als die hauptsächlichen Teile des „Kapitals“ geschaffen wurden.

Diese Periode im Leben von Engels war sowohl in theoretischer als auch in praktischer Beziehung außerordentlich fruchtbar. Nachdem sich Engels von der „babylonischen Gefangenschaft“ in seiner Handelsfirma in Manchester befreit hatte und nach London übergesiedelt war, widmete er sein gewaltiges Talent und seinen unerschütterlichen Willen mit der ihm eigenen Leidenschaft der Durchsetzung der Ideen des wissenschaftlichen Sozialismus in der Arbeiterbewegung.

In dieser Periode schrieb Engels Werke, die eine hervorragende Rolle in der Entwicklung des Marxismus spielten: „Zur Wohnungsfrage“ (1872–1873) – eine Arbeit, in der die proudhon'sche Spielart des reaktionär-utopischen Sozialismus endgültig zerschlagen wurde; „Anti-Dühring“ (1876–1878) – eines der grundlegenden Werke des wissenschaftlichen Kommunismus, das zu Recht einen Platz neben dem „Manifest der Kommunistischen Partei“ und dem „Kapital“ einnimmt; „Der Ursprung der Familie, des Privateigentums und des Staates“ – eine klassische Arbeit, die eine weitere Entwicklung der materialistischen Geschichtsauffassung und der marxistischen politischen Ökonomie enthält; „Ludwig Feuerbach“ (1888) – eine Arbeit von unschätzbarer Bedeutung für das Verständnis der marxistischen Weltanschauung im Ganzen.

Das sind nur die größten vollendeten Arbeiten von Engels im letzten Vierteljahrhundert seines Lebens. Dazu kommen eine Vielzahl von Artikeln in der periodischen Presse, eine Reihe von Broschüren und Vorträgen, die den akutesten und aktuellsten Fragen der marxistischen Theorie, der Strategie und Taktik der Arbeiterbewegung gewidmet sind. In dieser Periode wandte Engels schließlich seine Kraft auch auf eine Anzahl grundlegender Forschungen, die unvollendet geblieben sind, weil er nach dem Tode von Marx die Aufgaben übernahm, die er für wichtiger hielt – die Vorbereitung der beiden letzten Bände des „Kapital“ und die Publikation anderer Marxscher Arbeiten. Zu diesen großen unvollendeten Untersuchungen zählen eine Arbeit zur Geschichte Deutschlands und insbesondere „Die Dialektik der Natur“, die erst nach dem Tode von Engels veröffentlicht wurde und als ein äußerst wertvoller Beitrag in die Schatzkammer der marxistischen Theorie eingegangen ist. Besonders muß die Bedeutung des umfangreichen Briefwechsels von Engels hervorgehoben werden, der eine echte Schatzkammer des lebendigen wissenschaftlichen Denkens darstellt. Dieses handschriftliche Erbe von Engels, insbesondere die Briefe aus den letzten Jahrzehnten seines Lebens bilden eine wahrhaft unerschöpfliche Quelle tiefer Untersuchungen eines weiten Kreises von Problemen. Viele Briefe enthalten hervorragende theoretische Abrisse, die die verschiedensten Seiten der marxistischen Lehre beleuchten und als eine außerordentlich wertvolle Ergänzung zu den veröffentlichten Arbeiten der Begründer des wissenschaftlichen Kommunismus anzusehen sind.

1. Ein enzyklopädischer Grundriß der marxistischen Theorie

Unter den Werken von Engels, die in dieser Periode geschrieben wurden, nimmt der „Anti-Dühring" einen besonderen Platz ein. „Das ist ein erstaunlich inhaltsreiches und lehrreiches Buch" – so charakterisierte Lenin diese Arbeit von Engels und verwies darauf, daß „in ihr die tiefsten Probleme der Philosophie, der Natur- und Gesellschaftswissenschaft untersucht (werden)".[1] Lenin schrieb, daß der „Anti-Dühring" ein Handbuch jedes klassenbewußten Arbeiters ist.[2] Mehring hielt den „Anti-Dühring" nächst dem Kapital für die bedeutendste und erfolgreichste Urkunde des wissenschaftlichen Sozialismus.[3]

In dieser Arbeit wurden wichtige Probleme des Marxismus weiterentwickelt. Auf der Grundlage eines gewaltigen Tatsachenmaterials

[1] Lenin, W. I., Friedrich Engels, in: Werke, Bd. 2, Berlin 1961, S. 11

[2] Vgl. Lenin, W. I., Drei Quellen und drei Bestandteile des Marxismus, in: Werke, Bd. 19, Berlin 1962, S. 4. Einer der Vertreter der alten Leninschen Garde, F. Lengnik, erzählt in seinen Erinnerungen, daß er sich in der Jugend, als er gegen Ende der 90er Jahre nach Sibirien verbannt war, zeitweilig für die idealistische Philosophie Humes und Kants begeisterte. Lenin, der von den Genossen davon unterrichtet wurde, knüpfte mit ihm einen Briefwechsel an, in dem er mit Feuereifer die lebensbejahende Philosophie von Marx und Engels verteidigte. Schon nach einigen Briefen von Lenin war Lengnik bis in den Grund erschüttert und befreite sich bald für immer von der „idealistischen Gefangenschaft". „Der ‚Anti-Dühring' wurde mein Handbuch ...", schreibt Lengnik. vospominanija o Leninje, Teil 3, Moskau 1960, S. 25/26)

[3] Siehe Mehring, F., Karl Marx, Geschichte seines Lebens, Berlin 1964, S. 511

arbeitete Engels Grundfragen der marxistischen Theorie aus und zog die Bilanz ihrer drei Jahrzehnte alten Entwicklung seit der Entstehung des Marxismus in der Mitte der 40er Jahre des 19. Jahrhunderts.

Der volle Titel des „Anti-Dühring" lautet: „Herrn Eugen Dührings-Umwälzung der Wissenschaft." Die Auffassungen des kleinbürgerlichen Ideologen Dühring, die ein eklektisches Gemisch von vulgärmechanistischem Materialismus und Positivismus, von bürgerlicher politischer Ökonomie und reaktionär-utopischen Vorstellungen über den Sozialismus darstellen, fanden Mitte der 70er Jahre eine ziemlich starke Verbreitung in Deutschland. Dühring fand auch Anhänger in den Reihen der deutschen Sozialdemokratie, in der es infolge des 1875 auf dem Gothaer Parteitag geschlossenen Kompromisses mit den Lassalleanern an der notwendigen Klarheit in den Fragen der Theorie des wissenschaftlichen Sozialismus fehlte. Unter diesen Bedingungen hielten es Marx und Engels für notwendig, dem Dühringianertum eine Abfuhr zu erteilen. Dieser Aufgabe ist die Arbeit von Engels gewidmet. Wie Engels im Vorwort zur zweiten Auflage des „Anti-Dühring" mitteilt, hat er Marx das ganze Manuskript vor dem Druck vorgelesen. Außerdem hat Marx das Kapitel über die Geschichte der politischen Ökonomie geschrieben.[4]

In den 60–70er Jahren des 19. Jahrhunderts war Dühring Privatdozent an der Berliner Universität, von der er wegen seiner Angriffe auf die Universitätsordnung weggehen mußte. In einer Reihe umfangreicher Bücher legte er sein „System" dar, das die Kosmologie, Gnoseologie und Soziologie umfaßte und den Anspruch auf die Eröffnung einer neuen Epoche in der Wissenschaft erhob. Auf das Erscheinen des ersten Bandes des „Kapitals" reagierte Dühring mit einer Rezension in einer Zeitschrift. In einer Reihe von Briefen gab Marx eine vernichtende Einschätzung dieses Artikels und seines Autors. „Dieser ist nämlich sonst ein sehr vorlauter schnoddriger Knabe, der sich als Revolutionär in der politischen Ökonomie aufwirft."[5]

Daß Dühring der „erste Fachmann" war, der über das „Kapital" gesprochen hat, erklärt Marx damit, daß er aus Haß gegen Roscher und andere „Leuchten" der deutschen Universitätswissenschaft, denen

[4] Vgl. Engels, F., Herrn Eugen Dührings Umwälzungen der Wissenschaft, in: MEW, Bd. 20, S. 9

[5] Marx' Brief an Ludwig Kugelmann, in: MEW, Bd. 32, Berlin 1965, S. 538

es im „Kapital“ ordentlich gegeben wurde, über sein Buch geschrieben hat. Marx meinte, daß das „Kapital“ die Versuche Dührings begraben hat, ein System der politischen Ökonomie zu schaffen, bei dem er sich auf den amerikanischen Vulgärökonomen und Gegner Ricardos, Carey, stützt. Auch scheiterten die Versuche, ein System der „natürlichen Dialektik“ gegen die Hegelsche zu schaffen.

Nachdem sich Engels mit dem Artikel Dührings über das „Kapital“ bekannt gemacht hatte, schrieb er Marx: „Der ganze Artikel Verlegenheit und Angst. Man sieht, der brave Vulgärökonom ist empfindlich getroffen und weiß nichts zu sagen, als daß man über den ersten Band erst urteilen könne, wenn der 3te erschienen, daß die Wertbestimmung durch Arbeitszeit nicht unbestritten sei und daß es Leute gebe, die an der Wertbestimmung der Arbeit durch deren Produktionskosten ihre bescheidenen Zweifel hegen.“ [6] In seiner Antwort auf diesen Brief unterstreicht Marx, daß der Rezensent die hauptsächlichen, prinzipiell neuen Elemente im „Kapital“ nicht herausfühlt. Bis zu einer bestimmten Zeit hielten es jedoch Marx und Engels nicht für nötig, in einen Streit mit Dühring einzutreten.[7]

Die Lage änderte sich, als Dühring Mitte der 70er Jahre nach den Worten von Engels, „plötzlich und ziemlich geräuschvoll seine Bekehrung zum Sozialismus (verkündete) und dem deutschen Publikum nicht allein eine umständliche sozialistische Theorie, sondern auch einen kompletten praktischen Plan zur Reorganisation der Gesellschaft (bescherte)“[8]. Mit seinem Auftreten in der Periode der Vereinigung der beiden sozialistischen Parteien Deutschlands, der Eisenacher

[6] Engels Brief an Marx, in: MEW, Bd. 32, Berlin 1965, S. 8

[7] Mehring verweist darauf, daß Marx bei der Feststellung des von Dühring offenbarten Unverständnisses der inhaltlichen Hauptelemente des „Kapital“ berücksichtigte, daß Dühring seinen Artikel weniger aus Interesse zum Buch, als aus Haß auf die Universitätsgrößen geschrieben hat; jedoch im allgemeinen war „Marx nicht unzufrieden mit dieser Kritik . . . Er nannte sie sogar ‚sehr anständig‘. „Ungünstiger urteilte Engels von vornherein über Dührings Aufsatz, und daß er den schärferen Blick hatte, zeigte sich sehr bald, als Dühring umschlug und das Buch nicht genug herunterreißen konnte.“ (F. Mehring, Karl Marx. Geschichte seines Lebens, 1960, S. 390)

[8] F. Engels, Einleitung (zur englischen Ausgabe (1892) der „Entwicklung des Sozialismus von der Utopie zur Wissenschaft“), in: MEW, Bd. 22, Berlin 1963, S. 287

und der Lassalleaner, begann Dühring, eine Sekte um sich zu scharen, die sich das Ziel stellte, den Einfluß des Marxismus auf die vereinigte Partei zu untergraben. Der von Dühring eröffnete Feldzug, seine Forderung nach einer neuen Begründung des Sozialismus trafen auf das Wohlwollen einiger Funktionäre der deutschen Sozialdemokratie. Das waren hauptsächlich Leute, die später als Verkünder des Revisionismus, wie Bernstein, oder des ultralinken Opportunismus, wie Most, auftraten. Eine kritische Analyse der Auffassungen Dührings vom Standpunkt der marxistischen Theorie wurde zwingend notwendig. Diese Aufgabe übernahm Engels, um Marx nicht von der Arbeit an den letzten beiden Bänden des „Kapitals" loszureißen.

1876 studierte Engels die Werke von Dühring und ab Januar 1877 begann er im Organ der deutschen Sozialdemokratie „Vorwärts", Artikel gegen ihn zu veröffentlichen, die im gleichen Jahr als Buch erschienen. Der „Anti-Dühring" wurde in Dutzende von Sprachen übersetzt und erlebte eine Vielzahl von Auflagen in verschiedenen Ländern. Die Kapitel des „Anti-Dühring", die in der Broschüre „Die Entwicklung des Sozialismus von der Utopie zur Wissenschaft" gesondert erschienen, wurden eines der populärsten marxistischen Bücher.

Die Aufgabe, die sich Engels bei der Ausarbeitung des „Anti-Dühring" stellte, ging weit über den Rahmen einer Widerlegung der antiwissenschaftlichen und pseudo-sozialistischen Anschauungen seines unmittelbaren Gegners hinaus. Im Vorwort zur ersten Auflage seiner Arbeit legt Engels die Umstände dar, die ihn zwangen, zur Feder zu greifen – besonders die Versuche der kleinen Sekte der Dühringianer zur ideellen Verwirrung in den Reihen der Sozialdemokratie – und vermerkt die spezifischen Besonderheiten, die durch die Beschaffenheit des Objektes seiner Kritik selbst bedingt sind.

Der „saure Apfel", wie Engels das theoretische System Dührings bezeichnet, war auch recht umfangreich. Es waren drei dicke Bände, „schwerfällig von außen und von innen, drei Armeekorps von Argumenten, ins Feld geführt gegen alle vorhergehenden Philosophen und Ökonomen im allgemeinen und gegen Marx im besondern – in der Tat, der Versuch einer kompletten ‚Umwälzung der Wissenschaft' . . .".[9]

Die pseudosozialistische Theorie Dührings trat als Ergebnis eines neuen philosophischen Systems auf, das in seinem inneren Zusammenhang untersucht werden mußte; „es galt, Herrn Dühring zu folgen auf

[9] Ebenda, S. 288

jenes weitläufige Gebiet, wo er von allen möglichen Dingen handelt und noch von einigen mehr.“ [10]

Schon dadurch wurde eine so ausführliche Kritik notwendig, die, nach den Worten von Engels, im äußersten Mißverhältnis zum wissenschaftlichen Gehalt des Dühringschen Werkes steht. Aber Engels führt noch zwei Umstände an, die diese Ausführlichkeit bedingten. Erstens hielt er es für nötig, die Gelegenheit zu nutzen, um auf den verschiedenen Wissensgebieten seine Auffassungen zu Fragen positiv zu entwickeln, die von allgemeinem wissenschaftlichen oder praktischen Interesse sind. Zweitens machte die erstaunliche Fülle von allen möglichen „Systemen“, die in jener Zeit in der sozialistischen und halbsozialistischen Intelligenz Deutschlands entstanden, eine gründliche Auseinandersetzung mit dem Dühringianertum als charakteristischem Beispiel eines solchen „höheren Blechs“ [11] besonders dringlich.

In einem der Briefe aus jener Zeit vermerkt Engels den großen Fehler der deutschen Sozialdemokraten, die den Studenten und sonstigen unwissenden „Gelehrten“ erlaubten, als wissenschaftliche Repräsentanten der Partei den größten Unsinn massenhaft in die Welt zu schicken. „Das ist indes eine Kinderkrankheit, die überstanden sein will, und grade um sie abzukürzen, habe ich an dem Dühring so ausführlich ein Exempel statuiert.“ [12]

Im Vorwort zur zweiten Auflage des Buches schreibt Engels erneut, daß das von ihm kritisierte „System“ Dührings sich über ein sehr ausgedehntes theoretisches Gebiet verbreitet, weshalb er genötigt war, ihm überall hin zu folgen und seinen Auffassungen die eigenen gegenüberzustellen. „Die negative Kritik“, setzt Engels fort, „wurde damit positiv; die Polemik schlug um in eine mehr oder minder zusammenhängende Darstellung der von Marx und mir vertretnen dialektischen Methode und kommunistischen Weltanschauung . . .“ [13]

Als eine neue Auflage des „Anti-Dühring“ vorgeschlagen wurde, erklärte Engels, seine Befriedigung über den großen Erfolg seiner

[10] F. Engels, Herrn Eugen Dührings Umwälzung der Wissenschaft („Anti-Dühring“), in: MEW, Bd. 20, Berlin 1962, S. 6

[11] Ebenda

[12] Engels Brief an Johann Philipp Becker, in: MEW, Bd. 34, Berlin 1966, S. 316

[13] F. Engels, Herrn Eugen Dührings Umwälzung der Wissenschaft („Anti-Dühring“), MEW, Bd. 20, S. 8

Arbeit, und meinte, daß „die Langweiligkeit der Polemik mit einem unbedeutenden Gegner . . . also doch nicht verhindert (hat), daß der Versuch, eine enzyklopädistische Übersicht unsrer Auffassung der philosophischen, naturwissenschaftlichen und geschichtlichen Probleme zu geben, gewirkt hat" [14].

In der Tat stellt der „Anti-Dühring" eine echte Enzyklopädie der marxistischen Theorie dar. Hieraus ergibt sich vor allem seine gewaltige Bedeutung für alle Bestandteile des Marxismus, darunter auch für die marxistische politische Ökonomie.

Die Arbeit von Engels besteht aus drei großen Abschnitten, die der Philosophie, der politischen Ökonomie und dem Sozialismus gewidmet sind. In diesem Werk sind die drei Bestandteile des Marxismus in ihrer organischen Einheit dargestellt und ihr Inhalt, ihre Quellen und ihr Zusammenhang aufgedeckt. Damit wurde den Versuchen der Gegner des Marxismus, eine seiner Seiten von der anderen zu trennen, einen seiner Bestandteile herauszureißen und ihn von den anderen zu isolieren, ein entscheidender Schlag versetzt. Solche Versuche, die im besonderen die ökonomische Theorie des Marxismus betreffen, werden seit dem Erscheinen des „Kapitals" bis in die Gegenwart unternommen.

2. Die Entwicklung des Sozialismus von der Utopie zur Wissenschaft

Die in sich abgeschlossene und harmonische marxistische Weltanschauung ist die Theorie des wissenschaftlichen Kommunismus. Der von Engels ausgearbeitete historische Grundriß der sozialistischen Ideen zeigte die Entwicklung des Sozialismus von der Utopie zur Wissenschaft auf. Engels erklärte die historische Gesetzmäßigkeit dieses durch die Entwicklung des Kapitalismus und der Arbeiterbewegung bedingten Wandlungsprozesses und zeigte zugleich den grundlegenden, qualitativen Unterschied zwischen dem wissenschaftlichen und dem utopischen Sozialismus.

Der utopische Sozialismus war eine Frucht der Zeit, als die kapitalistische Produktionsweise und mit ihr auch der Gegensatz zwischen der Bourgeoisie und dem Proletariat noch sehr unentwickelt waren. „Dem unreifen Stand der kapitalistischen Produktion, der unreifen

[14] Engels Brief an Eduard Bernstein, in: MEW, Bd. 36, Berlin 1967, S. 136

Klassenlage entsprachen unreife Theorien. ... Diese neuen sozialen Systeme waren von vornherein zur Utopie verdammt; je weiter sie in ihren Einzelheiten ausgearbeitet wurden, desto mehr mußten sie in reine Phantasterei verlaufen.“ [15]

Mit der Entwicklung des Kapitalismus wachsen die Produktivkräfte über den Rahmen der bürgerlichen Produktionsverhältnisse hinaus. Der Konflikt zwischen den Produktivkräften und den Produktionsverhältnissen des Kapitalismus findet Ausdruck im Klassenkampf des Proletariats gegen die Bourgeoisie. „Der moderne Sozialismus ist weiter nichts als der Gedankenreflex dieses tatsächlichen Konflikts, seine ideelle Rückspiegelung in den Köpfen zunächst der Klasse, die direkt unter ihm leidet, der Arbeiterklasse.“ [16]

Indem sich das Proletariat vom Joch des Kapitals befreit, erlöst es die ganze Gesellschaft von den Geschwüren und Lastern der Ausbeuterordnung. Es ist die historische Mission des Proletariats, diese weltbefreiende Tat zu vollbringen. Der wissenschaftliche Sozialismus deckt nicht nur die historische Berufung der Arbeiterklasse auf, sondern gibt ihr auch eine mächtige geistige Waffe im Kampf für die sozialistische Umgestaltung der Gesellschaft, für die tiefste Umwälzung im gesellschaftlichen Leben in die Hand. „Ihre geschichtlichen Bedingungen und damit ihre Natur selbst zu ergründen, und so der zur Aktion berufenen, heute unterdrückten Klasse die Bedingungen und die Natur ihrer eignen Aktion zum Bewußtsein zu bringen, ist die Aufgabe des theoretischen Ausdrucks der proletarischen Bewegung, des wissenschaftlichen Sozialismus.“ [17]

Indem Engels klärte, daß der wissenschaftliche Sozialismus der theoretische Ausdruck der Arbeiterbewegung, der grundlegenden Interessen der Arbeiterklasse ist, die mit den Interessen einer progressiven Entwicklung der ganzen Menschheit übereinstimmen, deckte er die Quelle der unbezwingbaren Kraft des wissenschaftlichen Sozialismus auf.

In der Arbeit von Engels sind vor allem die Grundsätze der marxistischen Philosophie – des dialektischen Materialismus, dargelegt. Gestützt auf seine gewaltigen Kenntnisse auf den verschiedensten Gebieten der Natur- und Gesellschaftswissenschaften zeigt Engels die

[15] F. Engels, Herrn Eugen Dührings Umwälzung der Wissenschaft („Anti-Dühring“), MEW, Bd. 20, S. 241

[16] Ebenda, S. 250

[17] Ebenda, S. 265

Bedeutung der Methode der materialistischen Dialektik für die Erkenntnis der Welt, für die Erforschung aller Entwicklungsprozesse in Natur und Gesellschaft. Die größte Aufmerksamkeit widmet er dabei der Anwendung der dialektisch-materialistischen Methode in der ökonomischen Wissenschaft.

Im „Anti-Dühring" wird gezeigt, daß die materialistische Geschichtsauffassung und die ökonomische Theorie des Marxismus ein untrennbares Ganzes darstellen und der tiefen und allseitigen Begründung des wissenschaftlichen Sozialismus dienen. Die Entwicklung des Klassenkampfes des Proletariats enthüllte die Verlogenheit der Lehre der bürgerlichen politischen Ökonomie von der Identität der Interessen von Arbeit und Kapital, von der allgemeinen Harmonie, die angeblich in der Gesellschaft herrscht, in der die freie Konkurrenz existiert. Die alte idealistische Geschichtsauffassung kannte weder den durch die Widersprüche zwischen den materiellen Interessen hervorgerufenen Klassenkampf noch materielle Interessen überhaupt. Die neuen Tatsachen zwangen dazu, die ganze bisherige Geschichte einer neuen Untersuchung zu unterwerfen, und da zeigte sich, daß alle bisherige Geschichte die Geschichte von Klassenkämpfen war, die das Produkt der in jeder Epoche existierenden Produktionsverhältnisse, d. h. ökonomischer Verhältnisse sind.

Die ökonomische Struktur der Gesellschaft jeder Epoche bildet somit die reale Grundlage, aus der in letzter Instanz der gesamte Überbau der politischen Einrichtungen, der philosophischen und sonstigen Anschauungen dieser Epoche zu erklären sind. „Hiermit war der Idealismus aus seinem letzten Zufluchtsort, aus der Geschichtsauffassung, vertrieben, eine materialistische Geschichtsauffassung gegeben und der Weg gefunden, um das Bewußtsein der Menschen aus ihrem Sein, statt wie bisher ihr Sein aus ihrem Bewußtsein zu erklären." [18]

Der utopische Sozialismus war mit der materialistischen Geschichtsauffassung unvereinbar. Er kritisierte zwar die kapitalistische Produktionsweise, vermochte sie aber nicht zu erklären und folglich auch nicht den wirklichen Weg zu ihrer Überwindung aufzudecken. Die Aufgabe bestand gerade darin, die Unvermeidlichkeit ihres Untergangs klarzustellen, aber auch den inneren, bisher noch verborgenen Charakter dieser Produktionsweise zu enthüllen. Diese Aufgabe wurde mit der Entdeckung des Mehrwerts gelöst. „Diese beiden großen Ent-

[18] Ebenda, S. 25

deckungen: die materialistische Geschichtsauffassung und die Enthüllung des Geheimnisses der kapitalistischen Produktion vermittelst des Mehrwerts, verdanken wir *Marx*. Mit ihnen wurde der Sozialismus eine Wissenschaft . . ."[19]

Den Gedanken über die beiden großen Entdeckungen von Marx, die den Sozialismus von der Utopie in eine Wissenschaft verwandelten, wiederholte Engels mehrmals. In dem Artikel „Karl Marx", der in der Periode der Ausarbeitung des „Anti-Dühring" geschrieben wurde, analysiert Engels ausführlich die Bedeutung dieser beiden grundlegenden Entdeckungen von Marx für die wissenschaftliche Begründung des Sozialismus. Die erste dieser Entdeckungen ist die durch Marx vollzogene „Umwälzung in der gesamten Auffassung der Weltgeschichte", die zweite besteht in der „endlichen Aufklärung des Verhältnisses von Kapital und Arbeit, in anderen Worten der Nachweis, wie innerhalb der jetzigen Gesellschaft, in der bestehenden kapitalistischen Produktionsweise, die Ausbeutung des Arbeiters durch den Kapitalisten sich vollzieht". „Auf diese beiden wichtigen Tatsachen gründet sich der moderne wissenschaftliche Sozialismus"[20], schließt Engels.

Diese beiden Entdeckungen bedeuteten eine qualitativ neue, prinzipiell unterschiedliche Stufe in der Entwicklung aller Wissenschaften über die menschliche Gesellschaft und in erster Linie der ökonomischen Wissenschaft. In der Rede beim Begräbnis von Marx wies Engels darauf hin, daß die materialistische Geschichtsauffassung die Entdeckung des Entwicklungsgesetzes der menschlichen Geschichte bedeutete, die

[19] Ebenda, S. 26

[20] Engels, F., Karl Marx, in: MEW, Bd. 19. Berlin 1962, S. 102, 104, 106. Die durch Engels gegebene Begründung des grundsätzlichen Unterschieds zwischen dem utopischen und dem wissenschaftlichen Sozialismus rief erboste, aber zugleich völlig hilflose Angriffe von seiten der Gegner des Marxismus hervor. So schrieb S. Bulgakow, der seine Tätigkeit als „legaler Marxist" begann und später in ein extremes Dunkelmännertum hinabsank: „Die Unterscheidung zwischen dem wissenschaftlichen und utopischen Sozialismus beruht auf einer willkürlichen Überschätzung der einen sozialistischen Richtung und einer Unterschätzung der anderen. Diese Abgrenzung wurde von Engels eingeführt, wobei es für ihn selbstverständlich war, daß nur der Marxismus wissenschaftlicher Sozialismus ist . . . aber alle anderen Arten des Sozialismus utopisch sind."
S. N. Bulgakov, Istorii ekonomičeskich učenij, Teil II, Moskau 1918, S. 168

Mehrwerttheorie – die Entdeckung des speziellen Bewegungsgesetzes der kapitalistischen Produktionsweise.[21]

Die durch Marx vollzogene Umwälzung in der gesamten Auffassung der Weltgeschichte verglich Engels mit der von Darwin vollzogenen Umwälzung in der Biologie. Hinsichtlich der Mehrwerttheorie verweist Engels darauf, daß dank ihr die bürgerliche Gesellschaft nicht minder als ihre Vorgängerinnen als eine großartige Anstalt zur Ausbeutung der ungeheuren Mehrzahl des Volkes durch eine geringe und immer kleiner werdende Minderzahl enthüllt war.[22]

3. Der Gegenstand der politischen Ökonomie

Bei der Darstellung des engen Zusammenhangs zwischen der materialistischen Geschichtsauffassung und der ökonomischen Theorie des Marxismus entwickelte Engels im „Anti-Dühring" eine Reihe grundlegender Probleme der marxistischen politischen Ökonomie weiter, beginnend mit der Frage über ihren Gegenstand und ihre Methode. Ausführlich begründete Engels die marxistische Auffassung vom historischen Charakter der ökonomischen Wissenschaft. Die politische Ökonomie ist wesentlich eine historische Wissenschaft. Sie behandelt einen historischen, d. h. einen ständig sich verändernden Stoff. Sie ist die Wissenschaft von den Gesetzen, die die Produktion und den Austausch der materiellen Lebensgüter in der menschlichen Gesellschaft auf den verschiedenen Stufen ihrer Entwicklung beherrschen. Es ist die Wissenschaft von den Bedingungen und Formen, in denen Produktion, Austausch und Verteilung in den verschiedenen Gesellschaftsformationen vor sich gehen.

Als historische Wissenschaft kann die politische Ökonomie nicht ein und dieselbe sein für alle Länder und alle historischen Epochen. Wer die Ökonomie Feuerlands und des kapitalistischen Englands unter dieselben Gesetze bringen wollte, würde nichts anderes zustande bringen als die allerbanalsten Gemeinplätze. Gleichzeitig hielt es Engels für selbstverständlich, daß „die für bestimmte Produktionsweisen und Austauschformen gültigen Gesetze auch Gültigkeit haben für alle

[21] Siehe Engels, F.. Das Begräbnis von Karl Marx, in: MEW, Bd. 19, Berlin 1962, S. 335–336

[22] Siehe Engels, F., Karl Marx, in: Ebenda, S. 106

Geschichtsperioden, denen jene Produktionsweisen und Austauschformen gemeinsam sind"[23].

Die konsequente Durchsetzung des historischen Prinzips in der politischen Ökonomie war der Schlüssel zum wissenschaftlichen Verständnis des Kapitalismus, seines historischen Platzes und seiner Entwicklungstendenzen. Der Kapitalismus existierte auch vor der Entstehung des Marxismus. Engels vermerkt jedoch mit vollem Recht im „Anti-Dühring", daß die der Bourgeoisie eigentümliche Produktionsweise seit Marx als kapitalistische Produktionsweise bezeichnet wird.[24] Das ist völlig natürlich, da Marx den Grundstein für die wissenschaftliche Erkenntnis der kapitalistischen Gesellschaft legte.

In diesem Sinne kann man sagen, daß nur die Begründer des Marxismus den Kapitalismus entdeckten. Die wissenschaftliche Untersuchung der kapitalistischen Produktionsweise, ihrer die Entwicklung vorantreibenden Widersprüche, der in ihr wirkenden Gesetze, die Aufdeckung des Charakters und der Folgen dieser Gesetze – das wurde nur von den Begründern des Marxismus vollbracht. Sie enthüllten die Gesetzmäßigkeiten der kapitalistischen Produktionsweise und zeigten, daß diese Gesetzmäßigkeiten überall dort wirken, wo diese Produktionsweise entsteht und sich entwickelt. Der Kapitalismus ist einheitlich, obgleich er sich in den verschiedenen Ländern in einer unterschiedlichen konkreten Situation, unter unterschiedlichen historischen Bedingungen entwickelt.

Die Entdeckung der kapitalistischen Produktionsweise als einheitliche Produktionsweise mit ein und denselben grundlegenden Gesetzmäßigkeiten, die für alle Länder, die sich auf dem kapitalistischen Entwicklungsweg befinden, gültig sind, war und ist von gewaltiger wissenschaftlicher und praktischer revolutionärer Bedeutung. Sie lieferte den Schlüssel zur Erkenntnis der Grundrichtung der gesamten Weltentwicklung in der Epoche des Kapitalismus. Sie schuf die unerschütterliche Basis für das Anwachsen der internationalen proletarischen Solidarität und für die Vereinigung der revolutionären Kräfte der Arbeiterklasse im internationalen Maßstab.

Die Entdeckung der kapitalistischen Produktionsweise als einheitliche Produktionsweise, die sich in allen Ländern entwickelt, beweist die

[23] Engels, F., Herrn Eugen Dührings Umwälzung der Wissenschaft („Anti-Dühring"), in: MEW, Bd. 20, S. 137

[24] Vgl. ebenda, S. 249

Unhaltbarkeit aller Theorien von der „Exklusivität" des einen oder anderen einzelnen Landes in der Epoche des Kapitalismus, beispielsweise des amerikanischen Kapitalismus.

Solche Erfindungen, die das Ziel verfolgen, die bürgerliche Ordnung zu verschleiern, werden durch die Wirklichkeit widerlegt, die auf jeden Schritt zeigt, daß die allgemeinen Schlußfolgerungen der marxistisch-leninistischen Theorie ausnahmslos für alle kapitalistischen Länder gültig sind.

Indem er nachweist, daß die ökonomischen Gesetze des Kapitalismus nicht ewige Naturgesetze sind, sondern historische Gesetze, die entstehen und vergehen, schreibt Engels: Mit einem Wort, sie sind der abstrakte Ausdruck und das Resultat der Bedingungen der Produktion und des Austausches der gegenwärtigen bürgerlichen Gesellschaft. Für die klassische bürgerliche politische Ökonomie waren „die von ihr entdeckten Gesetze der Produktion und des Austausches ... nicht Gesetze einer geschichtlich bestimmten Form jener Tätigkeiten, sondern ewige Naturgesetze; man leitete sie ab aus der Natur des Menschen. Aber dieser Mensch, bei Lichte besehn, war der damalige, im Übergang zum Bourgeois begriffne Mittelbürger, und seine Natur bestand darin, unter den damaligen, geschichtlichen bestimmten Verhältnissen zu fabrizieren und Handel zu treiben."[25]

Engels wies darauf hin, daß die politische Ökonomie im weiten Sinne, die alle hauptsächlichen Entwicklungsstufen der Gesellschaft erfaßt, erst noch geschaffen werden soll. Ausschließlich Marx verdanken wir das, schrieb Engels, was bisher zur Klärung der Grundzüge der vorkapitalistischen Formationen getan wurde. Was die Vorgänger von Marx betrifft, so bemühten sie sich, nur eine politische Ökonomie „im engeren Sinn" zu schaffen, die sich nur auf die kapitalistische Produktionsweise bezog. Das ergab sich naturgemäß daraus, daß ihnen die ökonomische Wissenschaft nicht der Ausdruck der Verhältnisse und Bedürfnisse einer bestimmten historischen Epoche, sondern der Ausdruck der ewigen Vernunft war. Jedoch waren die von diesen Ökonomen entdeckten Gesetze, die sie aus der Natur des Menschen ableiteten, in Wirklichkeit nur Gesetze einer historisch vergänglichen Stufe in der Entwicklung der Gesellschaft – Gesetze des Kapitalismus.[26] „... Die ganze vormarxsche Ökonomie sieht in den ökonomischen Gesetzen, soweit sie sie verstehn, ‚Naturgesetze'..."[27]

[25] Ebenda, S. 140 [26] Vgl. ebenda, S. 140

[27] Engels, F., Materialien zum „Anti-Dühring", in: Ebenda S. 591

Engels sprach über die politische Ökonomie „im engeren Sinne“ als der Wissenschaft, die die kapitalistische Produktionsweise untersucht. Wie soll man diese Bemerkung von Engels verstehen? Sie konstatiert ganz einfach die Tatsache, daß zu der Zeit, als er seine Arbeit schrieb, d. h. in der zweiten Hälfte der 70er Jahre, die politische Ökonomie sich hauptsächlich dem Studium der Verhältnisse der kapitalistischen Ordnung widmete. Es wäre aber nicht richtig, wenn man aus diesem Hinweis den Schluß ziehen würde, daß Engels etwa die Existenz zweier voneinander unabhängiger und gleichberechtigter Wissenschaften im Auge gehabt hätte – einer politischen Ökonomie, die sich ausschließlich mit der Analyse der kapitalistischen Ordnung beschäftigte, und einer politischen Ökonomie, die alle Gesellschaftsformationen untersuchte.

Ein solcher Schluß wäre um so falscher, da Engels selbst die hervorragende Bedeutung der Marxschen Arbeiten zur Klärung der Grundzüge der vorkapitalistischen Formationen unterstrich. Er verwies darauf, daß für die vollständige sozialistische Kritik des Kapitalismus die Bekanntschaft mit der kapitalistischen Form der Produktion, des Austausches und der Verteilung nicht genügte. „Die ihr vorhergegangnen oder die noch neben ihr, in weniger entwickelten Ländern bestehenden Formen mußten ebenfalls, wenigstens in den Hauptzügen, untersucht und zur Vergleichung gezogen werden. Eine solche Untersuchung und Vergleichung ist bis jetzt im großen und ganzen nur von Marx angestellt worden, und seinen Forschungen verdanken wir daher auch fast ausschließlich das, was über die vorbürgerliche theoretische Ökonomie bisher festgestellt ist.“[28]

Den Grundstein zu einer echten Untersuchung der vorkapitalistischen Formationen legten die Schöpfer des wissenschaftlichen Kommunismus schon in ihren Frühschriften. Die „Deutsche Ideologie“ und das „Manifest der Kommunistischen Partei“ enthalten tiefgründige Charakteristiken der hauptsächlichen Verhältnisse dieser Formationen. Bis zum Ende ihres Lebens verfolgten Marx und Engels aufmerksam die neuesten wissenschaftlichen Ergebnisse auf diesem Gebiet. Schon im ersten Band des „Kapitals“ werden an verschiedenen Stellen die vorkapitalistischen Formen der Wirtschaft „zum Vergleich“ herangezogen. Noch mehr Exkurse in die Geschichte der vorkapitalistischen Formationen enthalten die beiden letzten Bände des „Kapitals“, insbesondere der

[28] Engels, F., Herrn Eugen Dührings Umwälzung der Wissenschaft („Anti-Dühring“), in: Ebenda, S. 140

dritte. Das Werk von Engels „Der Ursprung der Familie, des Privateigentums und des Staates" vermittelt ein breites Bild über die Entwicklung der menschlichen Gesellschaft, beginnend mit der Epoche des Urkommunismus.

Mit dem Sieg des Sozialismus in der UdSSR und dem Triumph der sozialistischen Revolution in einer großen Gruppe von anderen Ländern entwickelt sich schließlich erfolgreich die politische Ökonomie des Sozialismus, die die weitere schöpferische Entwicklung der ökonomischen Lehre des Marxismus auf der Grundlage der Verallgemeinerung der gewaltigen Erfahrung beim Aufbau einer neuen Welt darstellt. Diese Erfahrung findet in den Beschlüssen und Dokumenten der KPdSU und der marxistischen Bruderparteien eine tiefe wissenschaftliche Verallgemeinerung. Die politische Ökonomie im weiteren Sinne, über die Engels schreibt, existiert also schon, lebt und entwickelt sich, indem sie Hunderten Millionen Menschen als Anleitung zum Handeln dient.

Ungeachtet der völlig klaren Hinweise von Engels, war in der Periode der II. Internationale unter einem bedeutenden Teil der Theoretiker, die sich für Marxisten hielten, eine sogenannte begrenzte Auslegung der politischen Ökonomie verbreitet, bei der nur die kapitalistische Produktionsweise als ihr Gegenstand angesehen wurde.

Hilferding versuchte im „Finanzkapital" und in einigen anderen Arbeiten, die noch vor seinem offenen Bruch mit dem Marxismus im Jahre 1914 geschrieben wurden, eine solche „begrenzte" Auffassung vom Gegenstand der politischen Ökonomie zu begründen. Indem er sich von der neokantianischen These, daß die theoretische Wissenschaft nur die Prozesse studiert, die durch die sogenannte Heterogenität der Ziele charakterisiert werden, leiten ließ, schrieb Hilferding:

„Die Menschen können sich in ihrer Produktion *bewußt* aufeinander als Teile einer Produktions*gemeinschaft* beziehen; ihr Verhalten in der Produktion und ihre Verhältnisse zueinander sind einheitlich geregelt. Ihre Arbeitsordnung und die Verteilung ihrer Produkte unterstehen der zentralen Kontrolle. Die Produktionsverhältnisse erscheinen als unmittelbar gesellschaftliche Verhältnisse. ... Mit der Erklärung der Entstehung dieser Ordnung und mit ihrer Beschreibung ist die Aufgabe erschöpft. Die ökonomische Betrachtung ist hier nur wirtschaftshistorische Betrachtung. Hier ist kein Raum für *theoretische* Ökonomie."[29]

[29] Hilferding, R., Zur Problemstellung der theoretischen Ökonomie bei Karl Marx, in: Die Neue Zeit. Wochenschrift der Deutschen Sozialdemokratie, 23. Jahrgang, Erster Band, Stuttgart 1904/1905, S. 105

Aber auch Rosa Luxemburg, die die philosophischen Schwankungen anderer Theoretiker der II. Internationale nicht mitmachte, zollte einer solchen Auffassung der politischen Ökonomie Tribut. Sie behauptete, daß Marx, indem er seinem Hauptwerk den Untertitel „Kritik der politischen Ökonomie“ gab, seine Arbeit „außerhalb der bisherigen Nationalökonomie“ stellte.[30] Sie ließ jedoch die Hinweise von Marx und Engels außer acht, daß die Aufgabe in der Ablösung der bürgerlichen ökonomischen Wissenschaft durch die neue, proletarische politische Ökonomie besteht.

Rosa Luxemburg kommt zu folgender Schlußfolgerung: „. . . Wenn die Nationalökonomie einmal eine Wissenschaft über die besonderen Gesetze der kapitalistischen Produktionsweise darstellt, so ist ihre Existenz und Funktion offenbar an das Dasein jener geknüpft und verliert ihre Basis, sobald jene Produktionsweise aufgehört hat zu bestehen.“ Und weiter: „Mit anderen Worten: die Nationalökonomie als Wissenschaft hat ihre Rolle ausgespielt, sobald die anarchische Wirtschaft des Kapitalismus einer planmäßigen, von der gesamten arbeitenden Gesellschaft bewußt organisierten und geleiteten Wirtschaftsordnung Platz gemacht hat. Der Sieg der modernen Arbeiterklasse und die Verwirklichung des Sozialismus bedeuten somit das Ende der Nationalökonomie als Wissenschaft.“[31]

Indem Rosa Luxemburg darauf verweist, daß die Marxsche Lehre ein Kind der bürgerlichen Ökonomie ist, aber ein Kind, dessen Geburt der Mutter das Leben gekostet hat, schreibt sie: „In der Marxschen Theorie hat die Nationalökonomie ihre Vollendung, aber auch ihren Abschluß als Wissenschaft gefunden. Was weiter zu folgen hat, ist – außer dem Ausbau der Marxschen Lehre in Einzelheiten – nur noch die Umsetzung dieser Lehre in die Tat, das heißt der Kampf des internationalen Proletariats um die Verwirklichung der sozialistischen Wirtschaftsordnung. Der Ausgang der Nationalökonomie als Wissenschaft bedeutet so eine welthistorische Tat: ihre Umsetzung in die Praxis einer planmäßig organisierten Weltwirtschaft. Das letzte Kapitel der nationalökonomischen Lehre ist die soziale Revolution des Weltproletariats.“[32]

30 R. Luxemburg, Einführung in die Nationalökonomie, in: Rosa Luxemburg, Ausgewählte Reden und Schriften, Bd. 1, Berlin 1951, S. 415
31 Ebenda, S. 491
32 Ebenda, S. 497

Im Gegensatz zu einer solchen Meinung vertrat Lenin, Marx und Engels folgend, immer konsequent die Auffassung von der politischen Ökonomie als der Wissenschaft, die die gesellschaftlichen Produktions- und Verteilungsverhältnisse in ihrer Entwicklung erforscht, als der Wissenschaft von den sich historisch entwickelnden Formationen der gesellschaftlichen Produktion, die die grundlegenden Begriffe von den verschiedenen Systemen der gesellschaftlichen Wirtschaft und von den hauptsächlichen Zügen jedes einzelnen Systems vermittelt.[33]

Für die Überwindung der begrenzten Auslegung des Gegenstandes der politischen Ökonomie, die auch in der sowjetischen ökonomischen Literatur in den 20er Jahren verbreitet war, hatten die 1929 veröffentlichten Bemerkungen Lenins über das Buch von Bucharin „Die Ökonomik der Transformationsperiode" große Bedeutung. Die in diesem Buch enthaltene Definition der politischen Ökonomie lautete: „Die *theoretische* politische Ökonomie ist die Wissenschaft von der sozialen Wirtschaft, die auf der Produktion von Waren begründet ist, d. h. die Wissenschaft von der *nichtorganisierten* Wirtschaft." Dazu bemerkte Lenin: „Zwei Unrichtigkeiten: 1. Die Definition ist ein Schritt zurück gegenüber Engels; 2. Warenproduktion ist *auch* eine ‚organisierte Wirtschaft'." Hinsichtlich der Behauptung, daß die politische Ökonomie die Warenproduktion erforscht, schrieb Lenin: „Nicht nur!" Und bezüglich der Behauptung, daß „das Ende der kapitalistischen Warengesellschaft auch das Ende der politischen Ökonomie sein wird", vermerkte Lenin: „Unrichtig. Sogar im reinen Kommunismus, und sei es nur die Beziehung I v + m zu II c? und die Akkumulation?"[34]

Diese Leninschen Bemerkungen halfen den sowjetischen Ökonomen, den antimarxistischen Gehalt einer begrenzten Auslegung des Gegenstandes der politischen Ökonomie aufzudecken, die diesbezüglichen Äußerungen von Engels tiefer zu verstehen und ihre Kräfte für die Ausarbeitung der aktuellen Probleme der politischen Ökonomie des Sozialismus zu mobilisieren. Die Hinweise von Engels und Lenin dienen auch heute noch dem Kampf gegen Versuche, die Auffassungen der Theoretiker der II. Internationale vom Gegenstand der politischen Ökonomie wieder zu beleben.

Die politische Ökonomie untersucht nach dem Gedanken von Engels zunächst die besonderen Gesetze jeder einzelnen Entwicklungsstufe

[33] Siehe Lenin, W. I., Rezension über das Buch von A. Bogdanow, in: Werke, Bd. 4, Berlin 1955, S. 37

[34] Siehe Leninskij sbornik, XI, S. 349

der Produktion und des Austausches und wird erst am Schluß dieser Untersuchung die wenigen, für Produktion und Austausch überhaupt geltenden, ganz allgemeinen Gesetze aufstellen können. Indem sich Engels über den Anspruch Dührings auf die Feststellung endgültiger Wahrheiten letzter Instanz lustig macht, schreibt er, jener, der auf dem Gebiet der Gesellschaftswissenschaften nach ähnlichen unwandelbaren Wahrheiten Jagd macht, „wird wenig heimtragen, es seien denn Plattheiten und Gemeinplätze der ärgsten Art, z. B. daß die Menschen im allgemeinen ohne Arbeit nicht leben können, daß sie sich bisher meist eingeteilt haben in Herrschende und Beherrschte, daß Napoleon am 5. Mai 1821 gestorben ist usw.“[35] In der „Dialektik der Natur“ schreibt Engels im Zusammenhang damit, daß sich die ewigen Naturgesetze immer mehr in historische Gesetze verwandeln, daß als durchgehend Allgemeingültiges nichts bleibt als die Bewegung.[36]

Wie zu Lebzeiten von Marx und Engels ist die bürgerliche Apologetik auch in unserer Zeit bemüht, alle spezifischen Züge des Kapitalismus in allgemeinen, unhistorischen Gesetzen verschwinden zu lassen und auf diese Weise die unlösbaren Widersprüche und unheilbaren Geschwüre der bürgerlichen Ökonomik zu vertuschen. Die Hinweise von Engels sind eine ernsthafte Warnung vor einer übermäßigen Begeisterung für allgemeine überhistorische Gesetze, die mitunter auch in die marxistische ökonomische Literatur eindringt.

4. Die Widerlegung der idealistischen Gewalttheorie

Im „Anti-Dühring“ sind nicht nur die methodologischen Grundlagen der ökonomischen Lehre des Marxismus entwickelt und bereichert worden. In diesem Werk wurden auch äußerst wichtige Probleme der politischen Ökonomie als historischer Wissenschaft weiterentwickelt. Engels verallgemeinerte die großen Erfahrungen der Entwicklung der marxistischen Theorie im Verlaufe von drei Jahrzehnten ihrer Existenz und erteilte den in dieser Periode auftretenden Gegnern des Marxismus eine entschiedene Abfuhr. Er systematisierte und ordnete eine Reihe

[35] F. Engels, Herrn Eugen Dührings Umwälzung der Wissenschaft („Anti-Dühring“), in: MEW, Bd. 20, Berlin 1962, S. 83

[36] Siehe Engels, F., Dialektik der Natur, in: Ebenda, S. 505, 506

wichtiger Thesen, die von Marx und ihm in vielen Arbeiten dieser Zeit, vor allem im „Kapital“, in der „Kritik des Gothaer Programms“ u. a., entwickelt wurden. Einige Thesen, die im „Kapital“ notwendigerweise in verallgemeinerter, abstrakter Form enthalten sind, gewannen dank der historischen Methode der Darstellung eine konkretere Gestalt.

Im „Anti-Dühring“ wird das für die ökonomische Theorie des Marxismus außerordentlich wichtige methodologische Prinzip des Primats der Produktion begründet. Auf der Grundlage der Analyse der hauptsächlichen historischen Entwicklungsstufen der Gesellschaft zeigt Engels, daß die Art und Weise der Verteilung der Produkte von der Art und Weise der Produktion und des Austausches abhängt, die in der einen oder anderen bestimmten Gesellschaft herrscht. Indes ist die Verteilung nicht nur ein bloßes passives Erzeugnis der Produktion und des Austausches; sie wirkt ebensosehr auf beide zurück. „Jede neue Produktionsweise oder Austauschform wird im Anfang gehemmt nicht nur durch die alten Formen und die ihnen entsprechenden politischen Einrichtungen, sondern auch durch die alte Verteilungsweise. Sie muß sich die ihr entsprechende Verteilung erst in langem Kampf erringen.“[37]

Engels enthüllt den dialektischen Zusammenhang zwischen den verschiedenen Seiten des Gesamtprozesses der gesellschaftlichen Produktion. Gleichzeitig entlarvt er die für die Vulgärökonomie typische Methode Dührings, der die Produktion von der Verteilung trennt. „Jedes ökonomische Verhältnis“, resümierte Engels die Methode Dührings, „zuerst unter dem Gesichtspunkt der *Produktion* aufgefaßt, abgesehn von aller geschichtlichen Bestimmung. Daher kann nur das Allerallgemeinste gesagt werden . . . Dann wird dasselbe ökonomische Verhältnis unter dem Gesichtspunkt der *Verteilung* gefaßt, d. h. die bisherige historische Gestaltung auf die Phrase: *Gewalt* reduziert und sich dann über die bösen Folgen der Gewalt entrüstet.“[38]

Die Anerkennung der bestimmenden Rolle der Produktion im Verhältnis zu den übrigen Seiten des ökonomischen Lebens bedeutet keineswegs eine Negation der gegenseitigen Wechselbeziehungen zwischen Produktion, Verteilung, Austausch und Konsumtion. Im Gegenteil: Das Verständnis des Primats der Produktion ist der Schlüssel zur Klärung des wirklichen Charakters dieser Wechselwirkung. Wird das

[37] Engels, F., Herrn Eugen Dührings Umwälzung der Wissenschaft („Anti-Dühring“), in: Ebenda, S. 138

[38] Engels, F., Materialien zum „Anti-Dühring“, in: Ebenda, S. 594

Primat der Produktion aber vergessen und eine der übrigen Seiten des ökonomischen Lebens – die Verteilung, der Austausch, die Konsumtion – in den Vordergrund gerückt, so verschließt sich der Weg zum richtigen Verständnis des Gegenstandes der politischen Ökonomie, zur Erkenntnis der ökonomischen Entwicklungsgesetze der Gesellschaft.

Diese Schlußfolgerung wird vollauf durch die Unfruchtbarkeit der zahlreichen vulgärökonomischen Theorien bestätigt, die bald die Konsumtion oder den Austausch und bald die Verteilung für das Allerwichtigste halten. Auf diese Art und Weise bemühen sich die bürgerlichen Ökonomen, einer Betrachtung der Produktionsverhältnisse des Kapitalismus aus dem Weg zu gehen, die den Klassenantagonismen und dem Klassenkampf zugrunde liegen. Alle ähnlichen antiwissenschaftlichen Konzeptionen – die Tausch-, Verteilungs- und Konsumtionskonzeptionen – dienen dem Ziel, den Kapitalismus zu beschönigen und seine tiefen und unlösbaren Widersprüche zu verschleiern.

Zu welcher Ungereimtheit die Ignorierung des Primats der Produktion führt, zeigt Engels äußerst anschaulich am Beispiel Dührings, der gleich vielen früheren oder späteren Ökonomen versuchte, die kapitalistischen Überproduktionskrisen aus einer Unterkonsumtion der Massen zu erklären. Engels vermerkt, daß die Unterkonsumtion der Massen überhaupt nicht neu ist, sondern seit Jahrtausenden bestanden hat, währenddessen die periodischen Krisen der Reproduktion erst im 19. Jahrhundert sichtbar wurden. Nur die auf der Oberfläche der Erscheinungen schwimmende Vulgärökonomie bringt es fertig, die neue Kollision nicht aus der neuen Erscheinung der Überproduktion, sondern aus dem Jahrtausende alten Fakt der Unterkonsumtion zu erklären.

„Die Unterkonsumtion der Massen“, schließt Engels, „ist eine notwendige Bedingung aller auf Ausbeutung beruhenden Gesellschaftsformen, also auch der kapitalistischen; aber erst die kapitalistische Form der Produktion bringt es zu Krisen. Die Unterkonsumtion der Massen ist also auch eine Vorbedingung der Krisen und spielt in ihnen eine längst erkannte Rolle; aber sie sagt uns ebensowenig über die Ursachen des heutigen Daseins der Krisen, wie über die ihrer frühern Abwesenheit.“[39]

Dühring versuchte die ökonomische Theorie des Marxismus in ihren wichtigsten Teilen zu kritisieren, indem er ihr die längst widerlegte

[39] Engels, F., Herrn Eugen Dührings Umwälzung der Wissenschaft („Anti-Dühring“), in: Ebenda, S. 266

Pseudolehre der Vulgärökonomie, gewürzt mit pseudosozialistischer Phraseologie, entgegenstellte. Er führte die politische Ökonomie letzten Endes auf seine geliebten „endgültigen Wahrheiten letzter Instanz", auf tautologische, völlig inhaltslose Axiome zurück.[40] Engels bleibt Dühring auf der Spur, deckt die Unhaltbarkeit seiner Kritik am „Kapital" auf und zeigt die Armseligkeit seiner Versuche, die theoretischen Probleme positiv zu lösen.

Angelpunkt der Konzeption Dührings war die sogenannte Gewalttheorie, die für ihn zweifellos bequem war, weil sie ihn von der Notwendigkeit befreite, komplizierte ökonomische Erscheinungen zu erklären. Die Gewalt wurde als Quelle aller Mängel und Fehler der ökonomischen Ordnung verkündet und die Notwendigkeit ihrer Veränderung mit dem Verweis auf die Forderung nach Gerechtigkeit begründet. Engels unterzog diese Konzeption einer vernichtenden Kritik. Folgerichtig, Schritt für Schritt zeigt Engels, daß der Verweis auf die Gewalt an sich nichts erklärt, da es ein Rätsel bleibt, wodurch die Gewalt selbst hervorgebracht wird. An konkreten Beispielen zeigt Engels, daß die Macht und Gewalt in allen Etappen der Geschichte eine Folge der ökonomischen Bedingungen ist und sie deshalb nicht als Grundursache der ökonomischen Erscheinungen und Prozesse angesehen werden können. Er zerschlug die von Dühring verkündete „ethische Begründung" des Sozialismus, die sich in verschiedenen Varianten bei den Vertretern des Reformismus bis in unsere Tage erhalten hat.

„Wenn wir", schrieb Engels, „für die hereinbrechende Umwälzung der heutigen Verteilungsweise der Arbeitserzeugnisse samt ihren schreienden Gegensätzen von Elend und Üppigkeit, Hungersnot und Schwelgerei, keine bessere Sicherheit hätten als das Bewußtsein, daß diese Verteilungsweise ungerecht ist und daß das Recht doch endlich einmal siegen muß, so wären wir übel dran und könnten lange warten."[41]

Engels stellt die Frage, woher es kommt, daß das Bewußtsein von der Ungerechtigkeit der Klassengegensätze, das sich bei den progressiven Vertretern der Gesellschaft schon seit dem Mittelalter den Weg bahnte, daß der seit mehreren Jahrhunderten ertönende Ruf nach Abschaffung dieser Ungerechtigkeit solange keinen Widerhall in den Massen fand, bis die kapitalistische Produktionsweise ein Land nach dem anderen ergriff. Das kommt daher, antwortet er, daß die kapita-

[40] Siehe ebenda, S. 141
[41] Ebenda, S. 146

listische Großindustrie einerseits in Gestalt des Proletariats die Klasse geschaffen hat, die zum ersten Mal in der Geschichte die Forderung stellen kann nach der Abschaffung nicht dieser oder jener Form der Klassenausbeutung, sondern nach der Abschaffung der Klassenausbeutung und der Klassen überhaupt; andererseits zeigt der Gang der historischen Entwicklung immer deutlicher, daß die herrschende Klasse, die Bourgeoisie, die die Produktionsmittel monopolisiert hat, unfähig geworden ist, die ihrer Gewalt entwachsenen Produktivkräfte noch weiter zu beherrschen.

Mit anderen Worten: Die von der kapitalistischen Produktionsweise hervorgebrachten Produktivkräfte sind mit dieser Produktionsweise selbst und dem ihr entsprechenden Verteilungssystem in einen brennenden Widerspruch geraten, infolge dessen eine Umwälzung der Produktions- und Verteilungsweise stattfinden muß, falls nicht die ganze Gesellschaft untergehen soll. „In dieser handgreiflichen, materiellen Tatsache, die sich den Köpfen der ausgebeuteten Proletarier mit unwiderstehlicher Notwendigkeit in mehr oder weniger klarer Gestalt aufdrängt – in ihr, nicht aber in den Vorstellungen dieses oder jenes Stubenhockers von Recht und Unrecht, begründet sich die Siegesgewißheit des modernen Sozialismus."[42]

Die „Gewalttheorie" Dührings behauptete, daß die „Gestaltung der politischen Beziehungen das geschichtlich Fundamentale" und die „wirtschaftlichen Abhängigkeiten" nur eine Wirkung, Tatsachen zweiter Ordnung wären. Dazu bemerkt Engels, daß diese Konzeption keinerlei Anspruch auf Originalität erheben kann. Die Vorstellung, als wären die politischen Haupt- und Staatsaktionen das Entscheidende in der Geschichte ist so alt wie die Geschichtsschreibung selbst. Diese Vorstellung, die schon durch die französischen Historiker Anfang des 19. Jahrhunderts widerlegt wurde, ist die Hauptursache dafür, daß „so wenig aufbewahrt worden ist über die sich im Hintergrund dieser lärmenden Auftritte still vollziehende und wirklich vorantreibende Entwicklung der Völker"[43].

Die Entstehung des Privateigentums und das Aufkommen der Sklavenarbeit wurde, wie Engels zeigt, durch die sich verändernden ökonomischen Bedingungen, aber nicht durch Raub und Gewalt hervorgerufen. Die Anwendung von Gewalt zur Erweiterung des Verwendungs-

[42] Ebenda, S. 147
[43] Ebenda, S. 148

feldes der Sklavenarbeit wurde wieder durch Veränderungen in der Produktionsweise bedingt, und nicht umgekehrt. Bevor die Sklaverei möglich wurde, mußte schon eine gewisse Stufe in der Produktion erreicht und ein gewisser Grad von Ungleichheit in der Verteilung eingetreten sein.

In dem naturwüchsigen Gemeinwesen mit Gesamteigentum am Boden kam die Sklaverei entweder gar nicht vor oder spielte nur eine untergeordnete Rolle. Die Versklavung der Neger in den USA beruhte vor allem auf der englischen Baumwollindustrie: dort, wo keine Baumwolle erzeugt wurde, starb die Sklaverei von selbst aus, weil sie sich nicht bezahlte. Die Schlußfolgerung lautet: „Überall, wo das Privateigentum sich herausbildet, geschieht dies infolge veränderter Produktions- und Austauschverhältnisse, im Interesse der Steigerung der Produktion und der Förderung des Verkehrs – also aus ökonomischen Ursachen. Die Gewalt spielt dabei gar keine Rolle."[44]

Die von Dühring verkündete „Gewalttheorie" stellte insofern eine Gefahr dar, daß sie das sozialistische Denken von der wissenschaftlichen Erkenntnis der Wirklichkeit wegführte und dem Subjektivismus und Voluntarismus Tür und Tor öffnete. Gerade deshalb fand Dühring begeisterte Anhänger unter labilen Elementen des Kleinbürgertums und der Intelligenz, die sich der Arbeiterbewegung anschlossen, ohne sich von ihren Illusionen zu trennen. Aus dem gleichen Grund hielt es Engels für notwendig, in allen Grundfragen der ökonomischen Theorie den ungereimten und eklektischen Anschauungen Dührings eine konsequente Darlegung der marxistischen Theorie entgegenzustellen, bei der jede der wichtigsten Thesen durch ein reiches historisches Material illustriert ist.

Bei der zusammenfassenden Einschätzung der „Gewalttheorie" gibt Engels eine konzentrierte Antwort auf die Frage, welche Rolle die Gewalt in der Geschichte gegenüber der ökonomischen Entwicklung spielt. Erstens beruht alle politische Gewalt ursprünglich auf einer ökonomischen, gesellschaftlichen Funktion. Zweitens kann sie, nachdem sich die politische Gewalt gegenüber der Gesellschaft verselbständigt, aus der Dienerin in die Herrin verwandelt hat, in zweierlei Richtung wirken: Entweder wirkt sie im Sinn und in der Richtung der gesetzmäßigen ökonomischen Entwicklung, oder sie wirkt ihr entgegen. Im ersten Fall besteht kein Streit zwischen der politischen Ge-

[44] Ebenda, S. 150/151

walt und der ökonomischen Entwicklung, und die letztere wird beschleunigt. Im zweiten Fall entsteht aber dieser Streit, und dann erliegt die politische Gewalt regelmäßig der ökonomischen Entwicklung.[45]

Die idealistische „Gewalttheorie" und die subjektive Methode in der politischen Ökonomie lagen den Vorstellungen Dührings über Reichtum und Wert zugrunde. Er betrachtete den Reichtum unter zwei Gesichtspunkten: der Produktion und der Verteilung, ohne den notwendigen Zusammenhang zwischen ihnen begriffen zu haben. In die Fußstapfen Proudhons tretend, unterschied er eine gute, und eine schlechte Seite im Reichtum. Die gute Seite – das ist Reichtum als Herrschaft über Dinge, Produktionsreichtum. Die schlechte Seite – das ist Reichtum als Herrschaft über Menschen, Verteilungsreichtum. So kam Dühring zu einer verschlechterten Auflage des alten Proudhonschen Aphorismus: Eigentum ist Diebstahl.

Den Wert versuchte Dühring als durch die Gewalt verfälschte Verteilungskategorie zu erklären. Seiner Meinung nach besteht der Wert einer Ware aus zwei Teilen: aus der in ihr enthaltenen Arbeit und aus einem mit Hilfe der Gewalt erzwungenen Aufschlag. Von dieser Position aus zog Dühring gegen die marxistische Werttheorie zu Felde. Engels enthüllt den konfusen, widersprüchlichen Charakter der Vorstellungen Dührings vom Wert, in denen sich die Theorie der Produktionskosten, die Theorie der Bestimmung des Wertes durch den Arbeitslohn und schließlich – auf die sozialistische Gesellschaft bezogen – die Proudhonsche Theorie des „konstituierten Wertes" eklektisch vereinigen. Engels zeigt, daß Dühring seinen Sozialismus direkt auf die Lehren der schlechtesten Sorte Vulgärökonomie begründet.[46]

5. Die Wert- und Mehrwerttheorie

Die Kategorie des Wertes betrachtete Engels als allgemeinsten und deshalb umfassendsten Ausdruck der ökonomischen Bedingungen der Warenproduktion. Die Waren sind Produkte, die in einer Gesellschaft mehr oder weniger vereinzelter Privatproduzenten erzeugt werden, also zunächst Privatprodukte. Sie werden erst Waren, sobald sie nicht für den Selbstverbrauch, sondern für die Konsumtion durch andere

[45] Siehe ebenda, S. 170
[46] Siehe ebenda, S. 179

produziert werden. Durch den Austausch treten sie in den gesellschaftlichen Verbrauch ein. Die Privatproduzenten stehen somit in einem gesellschaftlichen Zusammenhang, und ihre Produkte sind, obwohl Privatprodukte jedes einzelnen, gleichzeitig, aber unabsichtlich und gleichsam widerwillig, auch gesellschaftliche Produkte.

Der gesellschaftliche Charakter dieser Privatprodukte besteht nach den Worten von Engels in zwei Eigenschaften. Sie befriedigen erstens alle irgendein menschliches Bedürfnis und haben nicht nur für den Produzenten, sondern auch für andere einen Gebrauchswert. Obwohl sie Produkte der verschiedensten Privatarbeiten darstellen, sind sie zweitens gleichzeitig Produkte menschlicher Arbeit schlechthin, allgemein menschlicher Arbeit. Dank der ersten Eigenschaft können die Waren überhaupt in den Austausch treten; dank der zweiten Eigenschaft können sie nach der in einer jeden steckenden Menge der Arbeit im Austausch miteinander verglichen, gleich oder ungleich gesetzt werden. In diesem Zusammenhang erklärt Engels, daß in zwei gleichen Privatprodukten unter gleichbleibenden gesellschaftlichen Verhältnissen ungleich viel Privatarbeit stecken kann, aber immer nur gleich viel allgemein menschliche Arbeit. „Nur insofern sie gesellschaftlich notwendig, enthält die Privatarbeit allgemein menschliche Arbeit.“[47]

Als historische Kategorie trägt der Wert rein gesellschaftlichen Charakter. Die Versuche, den Wert als etwas den Dingen von Natur aus Gegebenes darzustellen, führen vom richtigen Verständnis dieser Kategorie weg. Dühring behauptete, daß die entscheidende Ursache der Existenz des Wertes überhaupt und einer besonderen Größe desselben der Umfang unserer eigenen Kraft ist, der in die Dinge hineingelegt wurde. Dazu vermerkte Engels, daß das einfach falsch ist. Es kommt darauf an, in welches Ding die Kraft hineingelegt wird und wie sie hineingelegt wird. Wenn jemand ein Ding anfertigt, das keinen Gebrauchswert für andere hat, so bringt seine sämtliche Kraft kein Atom Wert fertig, und wenn er einen Gegenstand mit der Hand herstellt, den eine Maschine zwanzigfach wohlfeiler anfertigt, so erzeugen neunzehn Zwanzigstel seiner hineingelegten Kraft keinen Wert.[48]

Den Inhalt der marxistischen Werttheorie resümierte Engels in vier Hauptthesen. Wenn man also feststellt, daß eine Ware diesen bestimmten Wert hat, dann sagt man erstens, daß sie ein gesellschaftlich nütz-

[47] Ebenda, S. 286
[48] Siehe ebenda, S. 174

liches Produkt ist; zweitens, daß sie von einer Privatperson für Privatrechnung produziert ist; drittens, daß sie, obwohl Produkt von Privatarbeit, dennoch gleichzeitig und gleichsam ohne Wissen und Wollen des Produzenten, auch Produkt von gesellschaftlicher Arbeit ist, und zwar von einer bestimmten, auf einem gesellschaftlichen Wege, durch den Austausch festgestellten Menge derselben; viertens drückt sich diese Menge nicht in der Arbeit selbst aus, in soundso viel Arbeitsstunden, sondern in einer anderen Ware.

Der Wert kann sich nur auf einem Umweg ausdrücken, relativ, in einer anderen Ware, die das gleiche Quantum gesellschaftlicher Arbeitszeit vorstellt. Im Ergebnis der Entwicklung des Austausches sondert sich aus der gemeinen Warenmasse eine fürstliche Ware aus – das Geld. „Das Geld ist im Wertbegriff bereits im Keim enthalten, es ist nur der entwickelte Wert. Aber indem der Warenwert sich, gegenüber den Waren selbst, verselbständigt im Geld, tritt ein neuer Faktor ein in die Waren produzierende und austauschende Gesellschaft, ein Faktor mit neuen gesellschaftlichen Funktionen und Wirkungen.“[49]

Engels verweist darauf, daß im Wertbegriff nicht nur der Keim des Geldes, sondern auch aller weiter entwickelten Formen der Warenproduktion und des Warenaustausches enthalten ist. Dabei hebt er drei Momente hervor. In der Kategorie des Wertes liegt zunächst schon die Möglichkeit eines quantitativen Unterschieds zwischen der gesellschaftlichen Arbeit und der in den Waren enthaltenen Privatarbeit, so wenn ein Produzent mit veralteten Methoden arbeitet oder wenn von einer bestimmten Warengattung eine den gesellschaftlichen Bedarf übersteigende Menge produziert wird. Weiter liegt darin, daß der Wert einer Ware nur im Austausch gegen eine andere Ware realisiert werden kann, die Möglichkeit, daß der Austausch überhaupt nicht zustande kommt oder doch nicht den richtigen Wert realisiert. Tritt schließlich die neue spezifische Ware Arbeitskraft auf den Markt, so bestimmt sich ihr Wert, wie der jeder anderen Ware, durch die zu ihrer Produktion gesellschaftlich notwendige Arbeitszeit. „In der Wertform der Produkte steckt daher bereits im Keim die ganze kapitalistische Produktionsform, der Gegensatz von Kapitalisten und Lohnarbeitern, die industrielle Reservearmee, die Krisen.“[50]

Engels betrachtete den Wert als die ökonomische Kategorie, die der umfassendste Ausdruck der Knechtung des Produzenten durch ihr

[49] Ebenda, S. 287 [50] Ebenda, S. 289

eigenes Produkt ist. Das Wertgesetz besteht darin, daß sich Produkte gleicher Mengen gesellschaftlicher Arbeit gegeneinander austauschen. Das ist nach den Worten von Engels das Grundgesetz der Warenproduktion, also auch ihrer höchsten Form, der kapitalistischen Produktion. Engels verspottet Dühring, der dieses Gesetz zum Grundgesetz seiner Wirtschaftskommune, seiner Phantasiegesellschaft erhebt. „Er will die bestehende Gesellschaft, aber ohne ihre Mißstände. Er bewegt sich dabei ganz auf demselben Boden wie Proudhon. Wie dieser will er die Mißstände, die aus der Entwicklung der Warenproduktion zur kapitalistischen Produktion entstanden sind, beseitigen, indem er ihnen gegenüber das Grundgesetz der Warenproduktion geltend macht, dessen Betätigung grade diese Mißstände erzeugt hat."[51]

Den vulgärökonomischen Erörterungen Dührings stellt Engels konsequent die von Marx ausgearbeitete Theorie der Bestimmung des Wertes durch die gesellschaftlich notwendige Arbeitszeit entgegen. Dabei zeigt er die Bedeutung der Arbeitswerttheorie als Grundlage für die wissenschaftliche Erklärung der kapitalistischen Produktionsweise auf, als Voraussetzung der Mehrwerttheorie – dem zentralen Punkt der politischen Ökonomie des Kapitalismus.

Bei der Zurückweisung der Angriffe Dührings auf die von Marx entwickelte Mehrwerttheorie legt Engels nicht nur deren echten Inhalt dar, der durch die Kritik verfälscht wurde, sondern enthüllt auch ihre Bedeutung für das Verständnis der kapitalistischen Produktionsweise. Der Standpunkt Dührings läßt sich im wesentlichen auf zwei Sätze zurückführen: Erstens die Arbeit produziert und zweitens die Gewalt verteilt. Ein solcher Standpunkt eröffnete keinerlei Möglichkeit zu einer wissenschaftlichen Erklärung des Mechanismus der kapitalistischen Ausbeutung, geschweige denn einer Enthüllung der der kapitalistischen Produktionsweise innewohnenden Tendenzen.

Die Äußerungen Dührings über die Gewalt brachten die Wissenschaft keinen Schritt in der Erklärung der gut bekannten Tatsache des Anwachsens des Wertes des in der kapitalistischen Produktion angewandten Kapitals voran. Die Frage, die gelöst werden mußte, und zwar auf rein ökonomischem Wege, unter Ausschluß aller Prellerei und irgendwelcher Gewalt, besteht darin: Wie ist es unter der Voraussetzung eines äquivalenten Austausches möglich, fortwährend teurer zu verkaufen, als man eingekauft hat? „Die Lösung dieser Frage", betont

[51] Ebenda, S. 291

Engels, „ist das epochemachendste Verdienst des Marxschen Werks. Sie verbreitet helles Tageslicht über ökonomische Gebiete, wo früher Sozialisten nicht minder als bürgerliche Ökonomen in tiefster Finsternis herumtappten. Von ihr datiert, um sie gruppiert sich der wissenschaftliche Sozialismus."[52]

Die Lösung dieser Frage besteht darin, daß der Kapitalist auf dem Markt eine Ware findet, aus deren Gebrauch eine Veränderung des durch den Kapitalisten vorgeschossenen Wertes entspringt. Eine solche spezifische Ware ist die Fähigkeit zur Arbeit, die Arbeitskraft. Die Arbeit als solche kann keinen Wert haben. Jedoch hat die Arbeitskraft, sobald sie zur Ware geworden ist, einen bestimmten Wert.

Der Geldbesitzer – der Kapitalist – zahlt den Tageswert der Arbeitskraft, ihm gehört ihr Gebrauch während des Tages, d. h. die Tagesarbeit des Arbeiters.

„Daß der Wert, den ihr Gebrauch während eines Tages *schafft*, doppelt so groß ist wie ihr eigner Tageswert, ist ein besondres Glück für den Käufer, aber nach den Gesetzen des Warenaustausches durchaus kein Unrecht gegen den Verkäufer ... Das Kunststück ist gemacht. Mehrwert ist erzeugt, Geld ist in Kapital verwandelt."[53] Indem Marx nachwies, wie der Mehrwert unter der Herrschaft der den Warenaustausch regulierenden Gesetze entsteht, legte er den Mechanismus der kapitalistischen Produktionsweise und der auf ihr beruhenden Aneignungsweise bloß und enthüllte den „Kristallkern", um den sich die ganze bürgerliche Gesellschaftsordnung angesetzt hat.

Die Mehrwerttheorie ist untrennbar mit der wissenschaftlichen Auffassung des Kapitals verbunden. Bei der Darstellung der antiwissenschaftlichen Erörterungen Dührings hinsichtlich des Kapitals unterstreicht Engels, daß das Kapital in seinem ökonomischen Sinn erst dann erscheint, wenn der bewegliche Reichtum immer mehr die Funktion des Kapitals erhält, sich die Mehrarbeit der Lohnarbeiter aneignet. Engels erinnert an die These von Marx, daß das Kapital die Mehrarbeit nicht erfunden hat, daß die Mehrarbeit – Arbeit über die zur Selbsterhaltung des Arbeiters nötige Zeit hinaus – allen anderen auf Klassengegensätzen beruhenden Gesellschaftsformen gemein ist. Erst dann, wenn das Produkt der Mehrarbeit die Form von Mehrwert annimmt, wenn der Eigentümer der Produktionsmittel den freien

[52] Ebenda, S. 189
[53] Ebenda, S. 190

Arbeiter – frei von direkter persönlicher Abhängigkeit und von Eigentum – als Gegenstand der Ausbeutung sich gegenüber vorfindet, erst dann nehmen die Produktionsmittel den spezifischen Charakter des Kapitals an. Das ist die marxistische Auffassung vom Kapital.[54]

Die ganze bürgerliche politische Ökonomie war in der Vorstellung befangen, daß die Eigenschaft, Profit oder Zins zu bringen, ganz von selbst jeder Wertsumme zukomme, die unter normalen Bedingungen in der Produktion oder im Austausch verwandt wird. In der klassischen bürgerlichen politischen Ökonomie sind Kapital und Profit oder Kapital und Zins untrennbar. Marx analysierte zuerst die dem Kapital eigentümliche Aneignungsweise und brachte den Begriff des Kapitals mit den geschichtlichen Tatsachen in Einklang, aus denen er letzten Endes abstrahiert wurde und denen er seine Existenz verdankte. Damit, schließt Engels, befreite Marx diesen ökonomischen Begriff von den unklaren und schwankenden Vorstellungen, die ihm auch in der klassischen bürgerlichen Ökonomie und bei den bisherigen Sozialisten noch anhafteten.[55]

Der Kapitalismus ist die direkte Fortsetzung, die natürliche Folge, das unvermeidliche Produkt der einfachen Warenproduktion. Gleichzeitig stellt er eine solche Entwicklungsstufe der Warenproduktion dar, auf der sich viele Züge der auf eigener Arbeit beruhenden Kleinproduktion in ihr Gegenteil verkehren. Die Eigentumsgesetze der einfachen Warenproduktion schlagen in Gesetze der kapitalistischen Aneignung um. An die Stelle des Rechts des Kleinproduzenten auf Aneignung des Produkts seiner eigenen Arbeit tritt das Recht des Kapitalisten, sich das Produkt fremder Arbeit, der Arbeit einer Vielzahl von Lohnarbeitern, anzueignen.

Die Scheidung zwischen Eigentum und Arbeit wird zur notwendigen Konsequenz eines Gesetzes, das scheinbar von ihrer Identität ausging. Selbst wenn man annimmt, daß alles Privateigentum ursprünglich auf eigener Arbeit beruhe und daß im ganzen ferneren Verlauf nur Äquivalente ausgetauscht werden, kommt man dennoch zur kapitalistischen Produktionsweise. Mit anderen Worten, man kommt „auf die Monopolisierung der Produktions- und Lebensmittel in den Händen der einen, wenig zahlreichen Klasse, auf die Herabdrückung der andern, die ungeheure Mehrzahl bildenden Klasse zu besitzlosen Proletariern,

[54] Siehe ebenda, S. 193
[55] Siehe ebenda, S. 194

auf den periodischen Wechsel von Schwindelproduktion und Handelskrise und auf die ganze gegenwärtige Anarchie in der Produktion"[56].

In diesem Werk von Engels nimmt die Betrachtung der ökonomischen Gesetze, die die historische Unvermeidlichkeit der sozialen Revolution des Proletariats bedingen, einen großen Platz ein. Unter Bezug auf den bekannten Abschnitt des „Kapitals" über die geschichtliche Tendenz der kapitalistischen Akkumulation behauptete Dühring, daß Marx nicht in der Lage gewesen wäre, die Notwendigkeit des revolutionären Übergangs von der Herrschaft des kapitalistischen Privateigentums zur Herstellung des gesellschaftlichen Eigentums an den Produktionsmitteln anders zu beweisen als auf dem Wege der Berufung auf die Hegelsche „Negation der Negation". Das Gesetz der „Negation der Negation" selbst hielt Dühring überheblich für leeres Wortspiel, für mystische Erfindungen der idealistischen Philosophie.

Seit Dühring ziehen sich die Beschuldigung, daß Marx der Hegelschen Dialektik blind gefolgt sei, die Behauptung, daß Marx die historische Notwendigkeit der sozialistischen Umgestaltung der Gesellschaft ausschließlich mit der „Hegelschen Triade" begründet hätte, von einer „kritischen" Arbeit in die andere. Diese Version griffen Bernstein und andere Revisionisten zu Ende des 19. und Anfang des 20. Jahrhunderts freudig auf und nutzten sie aus; sie lebt in der antimarxistischen Literatur bis auf unsere Tage.

An einer Reihe von Beispielen aus den Gebieten der Naturwissenschaft, der Mathematik und anderer Wissenschaften beweist Engels, daß das dialektische Gesetz der Negation der Negation durchaus kein leeres Wortspiel ist, sondern eines der Grundgesetze der Dialektik als der Wissenschaft von den allgemeinen Gesetzen der Bewegung und Entwicklung der Natur, der menschlichen Gesellschaft und des Denkens. Was ist die Negation der Negation, fragt Engels und antwortet: Ein äußerst allgemeines und eben deswegen äußerst weitwirkendes Entwicklungsgesetz der Natur, der Geschichte und des Denkens, ein Gesetz, das in der Tier- und Pflanzenwelt, in der Geologie, in der Mathematik, in der Geschichte, in der Philosophie zur Geltung kommt.[57]

Dühring betrachtete die Dialektik als ein Instrument des bloßen Beweisens. Demgegenüber erläuterte Engels, daß selbst die formelle Logik oder die elementare Mathematik vor allem eine Methode zur

[56] Ebenda, S. 152
[57] Siehe ebenda, S. 131

Auffindung neuer Resultate ist. Dasselbe, nur in weit höherem Sinne, stellt die Dialektik dar, die zudem, weil sie den engen Horizont der formellen Logik durchbricht, den Keim einer umfassenderen Weltanschauung enthält.

Die Klarstellung der wahren Rolle der Dialektik im allgemeinen und des Gesetzes der Negation der Negation im besonderen widerlegt die Behauptung Dührings und anderer Kritiker des Marxismus, daß die „Hegelsche Triade" im „Kapital" als Beweis für die historische Unvermeidlichkeit der sozialistischen Revolution dienen würde. Bei der Widerlegung dieser Behauptung zeigt Engels, daß Marx in dem Abschnitt über die geschichtliche Tendenz der kapitalistischen Akkumulation die Schlußergebnisse seiner ökonomischen und historischen Untersuchung über die sogenannte ursprüngliche Akkumulation des Kapitals resümiert.

Vor der Entstehung der kapitalistischen Produktionsweise existierte die Kleinproduktion auf der Grundlage des Privateigentums des Arbeiters an seinen Produktionsmitteln. Die ursprüngliche Akkumulation des Kapitals bedeutete die Expropriation dieser unmittelbaren Produzenten, d. h. die Auflösung des auf eigener Arbeit beruhenden Privateigentums. Dieser Prozeß wurde durch die historische Notwendigkeit des Übergangs von der engen, beschränkten Kleinproduktion zur Großproduktion hervorgerufen. Mit der Verwandlung der früheren Kleinproduzenten in Lohnarbeiter und ihrer Produktionsmittel in Kapital erhält die weitere Vergesellschaftung der Arbeit, die Verwandlung der Produktionsmittel in Kapital, die Expropriation der Privateigentümer eine neue Form. Jetzt ist schon nicht mehr der kleine, von eigener Arbeit existierende Produzent zu expropriieren, sondern der viele Arbeiter exploitierende Kapitalist. Ein Kapitalist schlägt viele tot; die Konzentration des Kapitals geht vor sich. Die Vergesellschaftung der Arbeit schreitet fort. Zugleich wächst die Empörung der Arbeiterklasse.

Aus der ökonomischen und historischen Analyse der Grundtendenzen der Entwicklung des Kapitalismus zieht Marx die Schlußfolgerung, daß das Kapital auf einer bestimmten Stufe seiner Entwicklung zur Fessel der Produktionsweise wird, die mit und unter ihm aufgeblüht ist. Die Konzentration der Produktionsmittel und die Vergesellschaftung der Arbeit erreichen einen Punkt, wo sie mit ihrer kapitalistischen Hülle unverträglich werden. Hieraus ergibt sich die historische Unvermeidlichkeit der „Expropriation der Expropriateure".

Bei der Reproduktion dieses im „Kapital" dargelegten Gedankenganges unterstreicht Engels, daß sich Marx hier keinesfalls, wie Dühring behauptet, mit dialektisch-krausen Verschlingungen und Arabesken beschäftigt, die nach den Regeln der Hegelschen Logoslehre aufgebaut sind. Marx weist einfach historisch nach und resümiert, daß, gerade wie einst die Kleinproduktion durch ihre eigene Entwicklung die Bedingungen ihrer Vernichtung erzeugte, jetzt die kapitalistische Produktion ebenfalls selbst die materiellen Bedingungen geschaffen hat, an denen sie zugrunde gehen muß. „Der Prozeß ist ein geschichtlicher“, ergänzt Engels, „und wenn er zugleich ein dialektischer ist, so ist das nicht die Schuld von Marx, so fatal es Herrn Dühring sein mag.“ [58]

6. Der Grundwiderspruch des Kapitalismus

Engels beschränkte sich nicht auf die Wiederherstellung des echten Sinns der Schlußfolgerungen von Marx, die von Dühring entstellt wurden. Er kehrt von neuem zur ökonomischen und historischen Begründung der Unvermeidlichkeit der sozialistischen Revolution zurück. In dem Abschnitt, der dem Sozialismus gewidmet ist, gibt er auf dem Wege der Verallgemeinerung eines gewaltigen historischen Materials eine ausführliche Analyse des Problems.

Indem er den wissenschaftlichen Sozialismus als Widerspiegelung des tatsächlichen Konflikts zwischen den Produktivkräften und Produktionsverhältnissen des Kapitalismus im Bewußtsein der Arbeiterklasse erklärt, stellt Engels die Frage, worin nun dieser Konflikt besteht, und gibt darauf eine erschöpfende Antwort. Er zeichnet ein breites Bild vom allgemeinen Verlauf der Entwicklung des ökonomischen Aufbaus der Gesellschaft vom Mittelalter bis zum 19. Jahrhundert.

Dem Kapitalismus ging die Kleinproduktion voran, die noch im Mittelalter existierte und auf dem Privateigentum der Produzenten an ihren Produktionsmitteln beruhte. Das sind die kleinen, freien oder hörigen Bauern in den Dörfern, die Handwerker in den Städten. Ihre Arbeitsmittel waren klein, zwerghaft, beschränkt und gehörten deshalb den Produzenten selbst. „Diese zersplitterten, engen Produktionsmittel zu konzentrieren, auszuweiten, sie in die mächtig wirkenden Produktionshebel der Gegenwart umzuwandeln, war grade die historische Rolle der kapitalistischen Produktionsweise und ihrer Trägerin, der Bourgeoisie.“ [59]

[58] Ebenda, S. 124 [59] Ebenda, S. 250

Der Kapitalismus erfüllt diese Rolle in drei aufeinanderfolgenden Stufen seiner historischen Entwicklung: einfache Kooperation, Manufaktur und große Industrie. Die Bourgeoisie konnte aber jene beschränkten Produktionsmittel nicht in gewaltige Produktivkräfte verwandeln, ohne sie aus Produktionsmitteln des einzelnen in gesellschaftliche, nur von einer Gesamtheit von Menschen anwendbare Produktionsmittel zu verwandeln. So bringt der Kapitalismus die Vergesellschaftung der Arbeit hervor. Die Produktion erhält gesellschaftlichen Charakter. Hinsichtlich der kapitalistisch produzierten Waren kann keiner sagen: Das habe ich gemacht, das ist mein Produkt. Aber in der Warenproduktion trägt die gesellschaftliche Arbeitsteilung spontanen Charakter. Der Kapitalismus entstand auf der Basis einer Gesellschaft von Einzelproduzenten. „Mitten in die naturwüchsige *planlose* Teilung der Arbeit, wie sie in der ganzen Gesellschaft herrschte, stellte sie die *planmäßige* Teilung der Arbeit, wie sie in der einzelnen Fabrik organisiert war; neben die *Einzel*produktion trat die *gesellschaftliche* Produktion.“[60]

In der kleinen Warenproduktion konnte die Frage gar nicht entstehen, wem das Erzeugnis der Arbeit gehören solle. Die Produktionsmittel – sowohl die Arbeitsmittel als auch die Arbeitsgegenstände – gehörten dem einzelnen Produzenten, und das Produkt der Arbeit brauchte gar nicht erst von ihm angeeignet zu werden, es gehörte ihm ganz von selbst. Das Eigentumsrecht auf die Produkte beruhte auf eigener Arbeit. Mit der Konzentration der Produktionsmittel durch das Kapital, mit ihrer Verwandlung in tatsächlich gesellschaftliche Produktionsmittel veränderte sich jedoch die Lage. Der Eigentümer der Produktionsmittel fuhr fort, sich das Arbeitsprodukt anzueignen, obwohl es schon nicht mehr sein Produkt war, sondern ausschließlich Produkt fremder Arbeit.

Produktionsmittel und Produktion wurden wesentlich gesellschaftlich, aber sie blieben der Aneignungsform unterworfen, die die Privatproduktion einzelner zur Voraussetzung hatte, welche die Produkte ihrer eigenen Arbeit besaßen. „Die Produktionsweise wird dieser Aneignungsform unterworfen, obwohl sie deren Voraussetzung aufhebt. In diesem Widerspruch, der der neuen Produktionsweise ihren kapitalistischen Charakter verleiht, *liegt die ganze Kollision der Gegenwart bereits im Keim.*“[61] Und je weiter sich der Kapitalismus entwickelt, desto greller

[60] Ebenda, S. 251 [61] Ebenda, S. 252

tritt auch die Unverträglichkeit von gesellschaftlicher Produktion und kapitalistischer Aneignung an den Tag.

So formuliert Engels, die Marxsche Analyse im „Kapital" resümierend, den Grundwiderspruch des Kapitalismus – den Widerspruch zwischen dem gesellschaftlichen Charakter der Produktion und der kapitalistischen Form der Aneignung. Damit wurde die ökonomische Wissenschaft gewaltig bereichert. In der Aneignung des Produkts der warenwirtschaftlich organisierten gesellschaftlichen Arbeit durch Privatpersonen – darin sah Lenin das „Wesen des Kapitalismus".[62]

Im „Anti-Dühring" ist nicht nur der Grundwiderspruch des Kapitalismus formuliert, es werden auch seine hauptsächlichen Erscheinungsformen analysiert. Dieser Widerspruch tritt vor allem als Antagonismus zwischen dem Proletariat und der Bourgeoisie auf. Weiter reproduziert er sich als Gegensatz zwischen der Organisation der Produktion in der einzelnen Fabrik und der Anarchie der Produktion in der ganzen Gesellschaft. „In diesen beiden Erscheinungsformen des ihr durch ihren Ursprung immanenten Widerspruchs bewegt sich die kapitalistische Produktionsweise, beschreibt sie auswegslos jenen ‚fehlerhaften Kreislauf' . . ."[63]

Einen „fehlerhaften Kreislauf" nannte Fourier die zyklische Bewegung der kapitalistischen Produktion, die von Krise zu Krise schreitet. Die Grundlage der periodischen ökonomischen Überproduktionskrisen bildet der Widerspruch zwischen dem gesellschaftlichen Charakter der Produktion und der kapitalistischen Aneignungsform. Im „Anti-Dühring" wird der Mechanismus der von Krisen unterbrochenen kapitalistischen Reproduktion tiefgründig analysiert und der zyklische Charakter der Bewegung der Produktion klar aufgezeigt.

Bei der Charakteristik der Anarchie der Produktion, die in der auf Privateigentum und gesellschaftlicher Arbeitsteilung beruhenden Gesellschaft herrscht, verweist Engels darauf, daß die Warenproduktion, wie jede andere Produktionsform, ihre eigentümlichen, inhärenten, von ihr untrennbaren Gesetze hat; „und diese Gesetze setzen sich durch, trotz der Anarchie, in ihr, durch sie."[64] Hinsichtlich der Gesetze der

[62] Siehe Lenin, W. I., Was sind die ‚Volksfreunde' und wie kämpfen sie gegen die Sozialdemokraten?, in: Werke, Bd. 1, Berlin 1961, S. 214

[63] Engels, F., Herrn Eugen Dührings Umwälzung der Wissenschaft („Anti-Dühring"), MEW, Bd. 20, S. 255

[64] Ebenda, S. 253

Warenproduktion betont Engels: „Sie setzen sich also durch ohne die Produzenten und gegen die Produzenten, als blindwirkende Naturgesetze ihrer Produktionsform."[65]

Unter den Bedingungen der Anarchie der Produktion verwandeln sich der technische Fortschritt und die Ausdehnung des Produktionsumfanges in ein Zwangsgebot für die Kapitalisten, das sie zwingt, die Produktionskapazitäten der Betriebe ständig zu erweitern, ungeachtet jedes Gegendruckes. Dieser Gegendruck wird durch die Konsumtion, den Absatz, die Märkte für industrielle Waren gebildet. Die Ausdehnungsfähigkeit der Märkte wird durch ganz andere Gesetze bestimmt, und die Ausdehnung der Märkte kann mit der Ausdehnung der Produktion nicht Schritt halten. „Die Kollision wird unvermeidlich, und da sie keine Lösung erzeugen kann, solange sie nicht die kapitalistische Produktionsweise selbst sprengt, wird sie periodisch. Die kapitalistische Produktion erzeugt einen neuen ‚fehlerhaften Kreislauf'."[66]

Engels konstatiert, daß die kapitalistische Welt seit 1825, als die erste allgemeine ökonomische Krise ausbrach, im Jahre 1877 bereits zum sechsten Mal „aus den Fugen" gerät. Auf die mit katastrophaler Gewalt sich entladende Krise folgt die Stagnation, die Jahre andauern kann. Produktivkräfte und Fertigerzeugnisse werden massenhaft vernichtet, bis die Warenreserven endlich abfließen, bis Produktion und Austausch allmählich wieder in Gang kommen. „Nach und nach beschleunigt sich die Gangart, fällt in Trab, der industrielle Trab geht über in Galopp, und dieser steigert sich wieder bis zur zügellosen Karriere einer vollständigen industriellen, kommerziellen, kreditlichen und spekulativen Steeple-chase, um endlich nach den halsbrechendsten Sprüngen wieder anzulangen – im Graben des Krachs. Und so immer von neuem."[67]

Die Krisen charakterisiert Engels als das anschaulichste Zeugnis für den historisch vergänglichen Charakter der kapitalistischen Produktionsweise, als Offenbarung des im Rahmen des Kapitalismus unlösbaren Widerspruchs zwischen den Produktivkräften und Produktionsverhältnissen. Der gesamte Mechanismus der kapitalistischen Produktionsweise versagt unter dem Druck der von ihr selbst erzeugten Produktivkräfte.

[65] Ebenda
[66] Ebenda, S. 257
[67] Ebenda, S. 257

Die Krisen zeigen besonders überzeugend, wie der Kapitalismus zu einem gewaltigen Hemmnis für eine fortschrittliche Entwicklung der Gesellschaft wird. Alle Elemente der Produktion und des allgemeinen Reichtums sind im Überfluß vorhanden. Aber dieser Überfluß wird, nach einer treffenden Bemerkung Fouriers, Quelle der Not und des Mangels. „Wie ein Gespenst steht die Notwendigkeit der Kapitaleigenschaft der Produktions- und Lebensmittel zwischen ihnen und den Arbeitern. Sie allein verhindert das Zusammentreten der sachlichen und persönlichen Hebel der Produktion; sie allein verbietet den Produktionsmitteln zu fungieren, den Arbeitern, zu arbeiten und zu leben."[68]

So wird der Kapitalismus der Unfähigkeit zur weiteren Verwaltung der Produktivkräfte überführt, die infolgedessen nach der Befreiung von den kapitalistischen Fesseln, nach tatsächlicher Anerkennung ihres Charakters als gesellschaftliche Produktivkräfte drängen. In diesem Zusammenhang betrachtet Engels solche Erscheinungen wie den Übergang der einzelnen Privatunternehmen zu Aktiengesellschaften, weiter zu Trusts und schließlich zur Verstaatlichung von Betrieben. Mit außergewöhnlichem Scharfsinn enthüllte er die treibenden Kräfte dieses Prozesses, als sich gerade erst die Tendenzen zum Übergang des Kapitalismus in eine neue, monopolistische Entwicklungsstufe abzeichneten, in der sich diese Formen voll entfalten.

In diesen neuen Formen sah Engels aufeinanderfolgende Stufen der „Vergesellschaftung größerer Massen von Produktionsmitteln", zu der die Notwendigkeit der Anerkennung der gesellschaftlichen Natur der mächtig wachsenden Produktivkräfte die Klasse der Kapitalisten zwingt. Gleichzeitig unterstrich er, daß weder der Übergang der Produktionsmittel in die Hände der Aktiengesellschaften noch ihre Verwandlung in Staatseigentum die Kapitaleigenschaft der Produktivkräfte aufhebt, obgleich diese Prozesse immer greller die völlige Entbehrlichkeit der Bourgeoisie für die Produktion, ihren parasitären Charakter als einer „überflüssigen Bevölkerung" enthüllen.

Die ganze Entwicklung des Kapitalismus bestätigt die Richtigkeit der Worte von Engels, der die allgemeine Tendenz zur Verstärkung der Rolle des Staates in der bürgerlichen Ökonomik aufdeckte. Er zeigte, wie die Entwicklung und Verschärfung des Grundwiderspruchs des Kapitalismus dazu führt, daß letzten Endes der Staat als offizieller

[68] Ebenda, S. 258

Repräsentant der kapitalistischen Gesellschaft in einigen Fällen die „Leitung der Produktion" übernehmen muß.

Die Verwandlung in Staatseigentum, betonte Engels, hebt in keiner Weise die Kapitaleigenschaft der Produktivkräfte auf. Den bürgerlichen Staat charakterisierte er in diesem Zusammenhang als kapitalistische Maschine, als ideellen Gesamtkapitalisten. Je mehr Produktivkräfte er in sein Eigentum übernimmt, desto mehr wird er wirklicher Gesamtkapitalist, desto mehr Menschen beutet er aus. Die Arbeiter bleiben Lohnarbeiter, Proletarier. „Das Kapitalverhältnis wird nicht aufgehoben, es wird vielmehr auf die Spitze getrieben."[69]

Engels machte sich beißend über den „falschen Sozialismus" lustig, der in eine Wohldienerei ausgeartet war und dessen Vertreter ohne weiteres jede Überführung von Produktionsmitteln in Staatseigentum für sozialistisch erklärten. Die Verwandlung der Eisenbahnen und anderer Betriebe in Staatseigentum aus bestimmten finanziellen und politischen Absichten ist keinesfalls ein Schritt zum Sozialismus, weder direkt noch indirekt, weder bewußt noch unbewußt. Engels vermerkte ironisch, daß sonst auch die königliche Seehandlung, die königliche Porzellanmanufaktur und sogar der Kompanieschneider beim Militär sozialistische Einrichtungen wären oder gar die unter Friedrich Wilhelm III. in den dreißiger Jahren allen Ernstes von einem Schlaumeier vorgeschlagene Verstaatlichung der – Bordelle.[70]

Das Staatseigentum an den Produktivkräften löst nicht den Konflikt, aber es birgt in sich das formelle Mittel und die Möglichkeit seiner Lösung. Diese Lösung kann nur darin liegen, betont Engels, daß die gesellschaftliche Natur der modernen Produktivkräfte tatsächlich anerkannt oder, mit anderen Worten, daß die Produktions- und Aneignungsweise in Einklang gesetzt wird mit dem gesellschaftlichen Charakter der Produktionsmittel. Dies kann nur auf dem Weg der Vergesellschaftung der Produktionsmittel durch die sozialistische Revolution erreicht werden, die zur Macht der Arbeiterklasse führt.

Engels verwies darauf, daß die gesellschaftlichen Kräfte ganz wie die Naturkräfte blindlings, gewaltsam, zerstörend wirken, solange die Menschen sie nicht erkennen und nicht mit ihnen rechnen, solange sie sich hartnäckig weigern, ihren Charakter und ihre Natur zu verstehen.

69 Ebenda, S. 260

70 Siehe Engels, F., Materialien zum „Anti-Dühring", in: MEW, Bd. 20, S. 618

Die kapitalistische Produktionsweise stört dieses Verständnis. Nur nach ihrer Beseitigung verwandeln sich die Produktivkräfte der Gesellschaft „in den Händen der assoziierten Produzenten aus dämonischen Herrschern in willige Diener“.

Der gesellschaftliche Charakter der Produktionsmittel und Produkte, der sich unter den Bedingungen des Kapitalismus „gegen die Produzenten selbst kehrt, der die Produktions- und Austauschweise periodisch durchbricht und sich nur als blindwirkendes Naturgesetz gewalttätig und zerstörend durchsetzt“, wird in der sozialistischen Gesellschaft von den Menschen bewußt zur Geltung gebracht und verwandelt sich in den mächtigsten Hebel zur Entwicklung der Produktion. Solange die Menschen die ökonomischen Gesetze der Entwicklung der Gesellschaft nicht erkennen und nicht mit ihnen rechnen, wirken diese ganz wie die Naturkräfte: blindlings, gewaltsam, zerstörend. Sobald die Menschen aber die Gesetze der gesellschaftlichen Entwicklung erkennen, ihre Wirkung, Richtungen und Tätigkeit studieren, erhalten sie die Möglichkeit, diese Gesetze zu ihren Zielen auszunutzen. „Es ist der Unterschied zwischen der zerstörenden Gewalt der Elektrizität im Blitze des Gewitters und der gebändigten Elektrizität des Telegraphen und des Lichtbogens; der Unterschied der Feuersbrunst und des im Dienst des Menschen wirkenden Feuers.“[71]

Die sozialistische Revolution ist der „Sprung der Menschheit aus dem Reich der Notwendigkeit in das Reich der Freiheit“, da die Menschen im Ergebnis dieser Revolution erstmalig beginnen, die Gesetze der gesellschaftlichen Entwicklung bewußt anzuwenden. Mit der sozialistischen Revolution scheidet der Mensch, in gewissem Sinn, endgültig aus dem Tierreich, tritt aus tierischen Daseinsbedingungen in wirklich menschliche, betonte Engels und verband diesen Übergang mit dem Prozeß der Beherrschung der gesellschaftlichen Entwicklungsgesetze durch die „assoziierten Produzenten“.

„Der Umkreis der die Menschen umgebenden Lebensbedingungen, der die Menschen bis jetzt beherrschte, tritt jetzt unter die Herrschaft und Kontrolle der Menschen, die nun zum ersten Male bewußte, wirkliche Herren der Natur, weil und indem sie Herren ihrer eignen Vergesellschaftung werden. Die Gesetze ihres eignen gesellschaftlichen Tuns, die ihnen bisher als fremde, sie beherrschende Naturgesetze gegenüberstan-

[71] Engels, F., Herrn Eugen Dührings Umwälzung der Wissenschaft („Anti-Dühring“), in: MEW, Bd. 20, S. 261

den, werden dann von den Menschen mit voller Sachkenntnis angewand tund damit beherrscht."[72]

Die tiefgründige und allseitige Begründung des wissenschaftlichen Sozialismus bildet den Hauptinhalt des „Anti-Dühring". Deshalb spielte diese Arbeit von Engels eine so hervorragende Rolle in der Entwicklung und Verbreitung der Ideen des Marxismus insgesamt und in der Entwicklung der marxistischen politischen Ökonomie im besonderen.

[72] Ebenda, S. 264

Kapitel VI

„Der Ursprung der Familie, des Privateigentums und des Staats"

1. Morgans Arbeit und ihre Bedeutung

Nach dem Tode von Marx lag auf den Schultern von Engels eine gewaltige theoretische und praktische Arbeit. Neben seiner Hauptaufgabe – der Vollendung des „Kapitals" – löst Engels eine Reihe anderer Aufgaben von erstrangiger wissenschaftlicher Bedeutung. In den letzten 12 Jahren seines Lebens schuf er hervorragende Werke, die für immer in die Schatzkammer des marxistischen Denkens eingegangen sind.

Im Jahre 1884 erscheint die Engelssche Arbeit „Der Ursprung der Familie, des Privateigentums und des Staats". Dieses Werk charakterisierte Lenin als „eines der grundlegenden Werke des modernen Sozialismus, worin man zu jedem Satz Vertrauen haben, worin man sich darauf verlassen kann, daß kein einziger Satz aufs Geratewohl ausgesprochen, daß jeder auf der Grundlage eines riesigen historischen und politischen Materials niedergeschrieben ist" [1].

Privateigentum, Ausbeutung, Klassen, Staat – diese Kategorien spielen sowohl in der materialistischen Geschichtsauffassung als auch in der wissenschaftlichen politischen Ökonomie eine außerordentlich wichtige Rolle. Die Aufklärung ihres Ursprungs wirft ein helles Licht auf ihre Rolle im geschichtlichen Entwicklungsprozeß der Gesellschaft, auf ihre inneren Tendenzen, auf die Gesetze ihrer Bewegung und ihres Untergangs. Hieraus ergibt sich die hervorragende Bedeutung der Engelsschen Arbeit „Der Ursprung der Familie, des Privateigentums

[1] Lenin, W. I., Über den Staat, in: Werke, Bd. 29, Berlin 1961, S. 463

und des Staats" für die marxistische politische Ökonomie als historische Wissenschaft, die die Gesetze der Produktion und Verteilung der materiellen Lebensgüter in der menschlichen Gesellschaft in allen ihren aufeinanderfolgenden Entwicklungsstufen aufdeckt. Diese Arbeit bereicherte die ökonomische Wissenschaft durch die Enthüllung der Gesetze der ältesten Periode im Leben der Gesellschaft – der Epoche des Urkommunismus.

Die Urzeit bildet den Zeitabschnitt im Leben der menschlichen Gesellschaft, der am schwersten zu untersuchen ist. Diese unter der Last der Ablagerungen vieler Jahrhunderte begrabene Kindheitsgeschichte der Menschheit war ein beliebtes Objekt für die verschiedenen idealistischen, mystischen und einfach gefälschten, pseudowissenschaftlichen Übungen der Verteidiger der Reaktion und des Klassenjochs.

Die Geschichte der Urgesellschaft zog immer die Aufmerksamkeit von Marx und Engels auf sich. Ihr tiefes Interesse für die früheste Periode der Entwicklung der Menschheit folgte natürlich aus dem Wesen der von ihnen entdeckten materialistischen Geschichtsauffassung selbst. Die Begründer des Marxismus unterstrichen mehrfach, daß die Geschichte der Urzeit außerordentliche Bedeutung für das Verständnis des gesamten weiteren Entwicklungsgangs der Gesellschaft besitzt. Im „Anti-Dühring" schreibt Engels, daß „dies ‚Uraltertum' unter allen Umständen ein Geschichtsabschnitt von höchstem Interesse für alle künftigen Generationen bleiben wird, weil es die Grundlage aller spätern höhern Entwicklung bildet, weil es die Herausbildung des Menschen aus dem Tierreich zum Ausgangspunkt, und zum Inhalt die Überwindung von solchen Schwierigkeiten hat, wie sie sich den zukünftigen assoziierten Menschen nie wieder entgegenstellen werden"[2].

Schon in ihren frühen Werken, in der „Deutschen Ideologie", im „Manifest der Kommunistischen Partei", skizzierten die Schöpfer des wissenschaftlichen Kommunismus mit genialem Scharfsinn die Konturen der Urgesellschaft. Das war eine kühne wissenschaftliche Hypothese, die sich im völligen Gegensatz zu den herrschenden Vorstellungen der bürgerlichen Geschichtswissenschaft befand. Mit breiten Strichen wurde der Weg gezeichnet, den das menschliche Geschlecht von seiner Morgenröte bis zur bürgerlichen Gesellschaft zurückgelegt

[2] Engels, F., Herrn Eugen Dührings Umwälzung der Wissenschaft („Anti-Dühring"), in: MEW, Bd. 20, Berlin 1962, S. 107/108

hat. Mit der Aufdeckung des Wesens der historischen Entwicklung der Gesellschaft als einem einheitlichen gesetzmäßigen Prozeß ermöglichte es der Marxismus, tief in die verborgenen Geheimnisse der weiten Vergangenheit einzudringen. Damit wurde der Grundstein zu einer wirklichen Erforschung der ältesten Stadien in der Geschichte der menschlichen Gesellschaft gelegt.

Das Erscheinen einer Reihe von Untersuchungen über das wirtschaftliche Leben der vorbürgerlichen Epoche wurde von Marx und Engels mit großem Interesse begrüßt. In dem von gewissenhaften Forschern gesammelten konkreten Material fanden sie die völlige Bestätigung ihrer theoretischen Auffassungen. Gleichzeitig betonten sie, daß das konkrete Material neue Probleme aufwirft und in einigen Beziehungen neue schöpferische Schlußfolgerungen erfordert, die man nur ziehen kann, wenn man die Wissenschaft mit Hilfe der materialistischen Geschichtserklärung voranbringt.

Der vollständige Titel der Arbeit von Engels lautet: „Der Ursprung der Familie, des Privateigentums und des Staats. Im Anschluß an Lewis H. Morgan's Forschungen.“ Der amerikanische Ethnologe Lewis Henry Morgan veröffentlichte 1877 die Resultate seiner langjährigen Arbeiten auf dem Gebiet der Urgeschichte unter dem Titel „Die Urgesellschaft. Untersuchungen über den Fortschritt der Menschheit aus der Wildheit durch die Barbarei zur Zivilisation“.

Die offizielle bürgerliche Wissenschaft lief gegen Morgans Buch Sturm. Diese Reaktion erklärt sich daraus, daß seine Schlußfolgerungen völlig die idealistischen Hirngespinste zerschlugen, mit denen sich die damals anerkannten Autoritäten auf diesem Gebiet begnügten.

Bis zum Erscheinen von Morgans Arbeit herrschten in der Erforschung der Urzeit idealistische Konzeptionen vor. Zwar standen die von gewissenhaften Gelehrten angeführten Tatsachen in krassem Widerspruch zu ihren idealistischen Schemata, des öfteren entstellten aber diese Schemata die Tatsachen selbst und trugen Willkür in ihre Auswahl und Interpretation. Bei der Erarbeitung der materialistischen Geschichtsauffassung charakterisierten Marx und Engels auf der Grundlage der ihnen zur Verfügung stehenden Aufgaben mit genialem Scharfsinn das Privateigentum, die Klassen, die Ausbeutung und den Staat als historische Kategorien, die in der Geschichte der Gesellschaft ihren Anfang und ihr Ende haben. Die Arbeit Morgans lieferte das fehlende Glied in der allgemeinen Kette der materialistischen Geschichtsauffassung. Auf der Grundlage eines riesigen Tatsachenmaterials untersuchte Morgan die Entstehung des Privateigentums, der Klassen und des Staates. Die von ihm gesammelten Materialien zusammen mit anderen Untersuchungen der Urgeschichte gaben Engels die Möglichkeit, ein Werk zu schaffen, das erstrangige Bedeutung für den historischen Materialismus und die ökonomische Lehre des Marxismus besitzt.

An die Stelle willkürlicher Auslegungen und Hypothesen setzte Morgan die streng wissenschaftliche Erklärung der historischen Tatsachen. Er machte Schluß mit der traditionellen, jeglichen Historismus entbehrenden Darstellung der Familienformen als ständig gleichbleibender und unveränderlicher Erscheinungen.

Bis zum Anfang der sechziger Jahre konnte, wie Engels bemerkt, von einer Geschichte der Familie nicht die Rede sein, da die Wissenschaft auf diesem Gebiet noch ganz unter dem Einfluß der fünf Bücher Moses stand. Die darin geschilderte patriarchalische Familienform wurde nicht nur als älteste angesehen, sondern auch mit der heutigen bürgerlichen Familie identifiziert, so daß die Familie angeblich überhaupt keine Entwicklung durchgemacht habe und auf dem ganzen Lebensweg der Menschheit mehr oder weniger unverändert geblieben sei.[3] Nach einigen Versuchen, wissenschaftlich an dieses Gebiet der Geschichte heranzugehen, versetzte Morgans Arbeit über die Urgesellschaft den traditionellen Vorstellungen der bürgerlichen Forscher den entscheidenden Schlag. Entschieden lehnte Morgan die Versuche ab, die Frühgeschichte der Menschheit mit Hilfe der „Rassentheorie" zu deuten, zu der die reaktionären Gelehrten gerne griffen. Ihm war sklavische Verbeugung vor dem Privateigentum fremd, die so charakteristisch für die Koryphäen der bürgerlichen Wissenschaft ist, die eifrig das „Eigentum" der Wilden an Stock und Stein mit dem Eigentum des modernen Unternehmers, Gutsbesitzers und Bankiers identifizieren. Gestützt auf das riesige, den historischen Weg der Entstehung des Privateigentums charakterisierende Material, sprach Morgan kühn von der künftigen höheren sozialen Ordnung, die frei von der gierigen Jagd nach persönlicher Bereicherung ist.

Morgan trat also gegen geheiligte Dogmen auf und beging, wie sich Engels ausdrückte, eine Art von Sakrileg. Er machte das Maß übervoll,

[3] Vgl. Engels, F., Vorwort zur vierten Auflage (1891) des „Ursprungs der Familie, des Privateigentums und des Staats", in: MEW, Bd. 22, Berlin 1963, S. 212

indem er nicht nur die sogenannte Zivilisation, d. h. die bürgerliche Gesellschaft, in einer Weise kritisierte, die an die niederschmetternde Kritik Fouriers erinnerte, sondern auch von einer künftigen Umgestaltung dieser Gesellschaft in solchen Worten sprach, die Marx gesagt haben könnte.[4]

Unabhängig von den Begründern des Marxismus und ohne ihre Werke zu kennen, hatte Morgan die materialistische Geschichtsauffassung in seiner Art neu entdeckt und kam beim Studium der Urgeschichte in den Hauptpunkten zu denselben Resultaten wie sie.[5] „Morgan hat die Marxsche materialistische Geschichtsanschauung in den durch seinen Gegenstand gebotenen Grenzen selbständig neu entdeckt und schließt für die heutige Gesellschaft mit direkt kommunistischen Postulaten ab.“[6] In einem Brief an F. A. Sorge, in dem Engels ihm das Lesen des Buches von Morgan empfahl, schreibt er: „Enthüllt die Urzeit und ihren Kommunismus meisterhaft. *Hat Marx' Geschichtstheorie naturwüchsig neu entdeckt* und schließt mit kommunistische(n) Folgerungen für heute.“[7]

Morgan unterschied streng zwischen zwei Typen der Gesellschaft oder, wie er sich ausdrückte, zwei Verfassungsformen. Das sind einerseits die urkommunistische, klassenlose Gesellschaft und andererseits die Klassengesellschaft oder, nach seiner Klassifikation, die Periode der Zivilisation. Er schrieb, daß der erste Typ der Gesellschaft auf Personen und rein persönlichen Beziehungen beruht und Gesellschaft genannt werden kann. Dagegen basiert der zweite, der als Staat bezeichnet werden kann, auf Landgebiet und Privateigentum.

Morgan, der sich die Aufgabe stellte, zu untersuchen, wie sich die Menschheit vorwärtsbewegte, anfangs langsam, mit kaum spürbaren Schritten, wie sie von einer Entwicklungsstufe zur anderen überging und schließlich das höchste Entwicklungsniveau erreichte, schrieb: „Erfindungen und Entdeckungen bilden eine zusammenhängende Reihe längs des Weges des menschlichen Fortschritts und verzeichnen dessen aufeinanderfolgende Stufen; die verschiedenen gesellschaftlichen Ein-

[4] Vgl. ebenda, S. 221

[5] Vgl. Engels, F., Der Ursprung der Familie, des Privateigentums und des Staats, in: MEW, Bd. 21, Berlin 1962, S. 27

[6] Engels' Brief an Karl Kautsky, 16. 2. 1884, in: MEW, Bd. 36, Berlin 1967, S. 110

[7] Engels' Brief an Friedrich Adolph Sorge, 7. 3. 1884, in: Ebenda S. 124

richtungen sind dagegen, vermöge ihrer Verbindung mit steten menschlichen Bedürfnissen, aus wenigen ursprünglichen Gedankenkeimen entwickelt worden. Sie bilden gleicherweise einen Maßstab des Fortschritts. Diese Erfindungen, Entdeckungen und gesellschaftlichen Einrichtungen haben die wichtigsten Thatsachen verkörpert und erhalten, die uns heute noch die Kultur der Vergangenheit vor Augen führen. Wenn man sie zusammenhält und vergleicht, dann weisen sie auf die Einheit des Ursprungs der Menschheit hin, auf die Übereinstimmung der menschlichen Bedürfnisse auf gleicher Höhe der Entwicklung, und auf die Gleichförmigkeit der Thätigkeit des menschlichen Geistes unter gleichartigen gesellschaftlichen Verhältnissen."[8]

Indem sich Morgan von den traditionellen Vorstellungen über die Entwicklung der gesellschaftlichen Institutionen auf der Basis der Evolution des menschlichen Intellekts löste, kam er in seiner Untersuchung spontan zu der Einsicht, daß sich im Zusammenhang mit den Erfindungen und Entdeckungen d. h. mit der Vervollkommnung der Art und Weise der Erlangung der Existenzmittel der Intellekt selbst entwickelt. Es gelang ihm jedoch nicht, die idealistische Hülle endgültig abzustreifen, und die folgenden Kapitel seines Werks sind betitelt: „Die Entwicklung der Gesellschaftsverfassung", „Die Entwicklung des Familienbegriffs", „Die Entwicklung des Eigentumsbegriffs". Vor Engels stand die Aufgabe, die Ergebnisse der Untersuchung Morgans von den Resten der idealistischen Schemata zu befreien und sie auf festen materialistischen Boden zu stellen.

Morgan unternahm den ersten Versuch, die Vorgeschichte der Menschheit zu systematisieren. Die Tatsache, daß er unabhängig von den Begründern des wissenschaftlichen Kommunismus von materialistischem Standpunkt aus an die Geschichte der Urgesellschaft heranging, versuchten die Gegner für den Kampf gegen den Marxismus auszunutzen. Diesen Versuchen erteilte Lenin eine entschiedene Abfuhr. Lenin bemerkte, daß das gesammelte Material Morgan in die Lage versetzte, das Wesen der Gentilorganisation zu erforschen und zu der Schlußfolgerung zu kommen, daß deren Erklärung nicht in den ideologischen (z. B. rechtlichen oder religiösen), sondern in den materiellen Verhältnissen zu suchen ist. Diese Tatsache bestätigt glänzend die ma-

[8] Morgan, L. H., Die Urgesellschaft. Untersuchungen über den Fortschritt der Menschheit aus der Wildheit durch die Barbarei zur Zivilisation, Stuttgart 1891, S. XIV

terialistische Methode, schreibt Lenin, und weist den Vorwurf Michailowskis gegen den Marxismus zurück, daß ein der Theorie des Marxismus „völlig fernstehender" Mensch den Schlüssel zu den schwierigsten historischen Rätseln gefunden habe. Dazu bemerkt Lenin, daß „man nur über die Unfähigkeit der Menschen staunen (kann), zwischen dem, was zu ihren Gunsten spricht, und dem, was sie aufs entschiedenste widerlegt, zu unterscheiden"[9].

Das große Verdienst Morgans sah Engels darin, daß er die vorgeschichtliche Grundlage unserer geschriebenen Geschichte in ihren Hauptzügen entdeckt und wiederhergestellt hat und in den Geschlechtsverbänden der nordamerikanischen Indianer den Schlüssel fand, um die unlösbaren Rätsel der ältesten griechischen, römischen und deutschen Geschichte zu erschließen.[10]

In einem seiner Briefe verweist Engels darauf, daß die römische und griechische Gens zum ersten Mal aus der der amerikanischen Indianer vollständig aufgeklärt und damit eine feste Basis für die Urgeschichte gefunden wurde.[11]

Bei der Bestimmung der Bedeutung der Morganschen Untersuchung für die Wissenschaft schreibt Engels: „Es ist aber seine Schrift kein Eintagswerk. An die vierzig Jahre hat er mit seinem Stoff gerungen, bis er ihn vollständig beherrschte. Darum aber ist auch sein Buch eins der wenigen epochemachenden Werke unsrer Zeit."[12]

Engels meinte, daß die Entdeckungen Morgans für die Urgeschichte dieselbe Bedeutung haben wie Darwins Entwicklungstheorie für die Biologie und Marx' Mehrwerttheorie für die politische Ökonomie.[13]

Im Vorwort zur vierten Auflage seiner Arbeit, die 1891 erschien, bemerkte Engels, daß seit dem Erscheinen der Untersuchung Morgans

[9] Lenin, W. I., Was sind die ‚Volksfreunde' und wie kämpfen sie gegen die Sozialdemokraten?, in: Werke, Bd. 1, Berlin 1961, S. 142

[10] Vgl. Engels, F., Der Ursprung der Familie, des Privateigentums und des Staats, in: MEW, Bd. 21, S. 28

[11] Vgl. Engels Brief an Karl Kautsky, 16. 2. 1884, in: MEW, Bd. 36, S. 110

[12] Engels, F., Der Ursprung der Familie, des Privateigentums und des Staats, in: MEW, Bd. 21, S. 28

[13] Vgl. Engels, F., Vorwort zur vierten Auflage (1891) des „Ursprungs der Familie, des Privateigentums und des Staats", in: MEW, Bd. 22, S. 220; Engels Brief an Karl Kautsky, 16. 2. 1884, in: MEW, Bd. 36, S. 109

das Material zur Geschichte der Urgesellschaft sehr bereichert und manche Einzelhypothese Morgans hinfällig wurde. „Aber nirgendwo hat das neugesammelte Material dazu geführt, seine großen Hauptgesichtspunkte durch andere zu verdrängen", setzt Engels fort. „Die von ihm in die Urgeschichte gebrachte Ordnung gilt in ihren Hauptzügen noch heute. Ja, man kann sagen, sie findet mehr und mehr allgemeine Anerkennung in demselben Maß, worin seine Urheberschaft dieses großen Fortschritts verheimlicht wird." [14]

Die Arbeit Morgans, der sein ganzes Leben dem Studium der Daseinsweise und der Geschichte der Urbevölkerung Amerikas widmete, blieb einige Jahre von der bürgerlichen Wissenschaft unbeachtet. Die von Morgan angewandte Untersuchungsmethode, sein Herangehen an das ethnographische Material, aber hauptsächlich seine Schlußfolgerungen standen in einem solchen krassen Gegensatz zu dem Allgemeingültigen in der bürgerlichen Wissenschaft, daß es die eingefleischten Ethnographen und Historiker der materiellen Kultur für das Bequemste hielten, dieses Werk totzuschweigen. Im übrigen – wie Engels bemerkt – schrieben die Vertreter der englischen Wissenschaft von der Urgesellschaft, die das Produkt der langjährigen Arbeiten Morgans mit einer Verschwörung des Schweigens zu vernichten versuchten, fleißig seine reichen Tatsachen ab und interpretierten sie schief und krumm zum Vorteil ihrer vorgefaßten Schemata.

Die für die bürgerliche Wissenschaft charakteristische Haltung zu den in den letzten Jahrzehnten des 19. Jahrhunderts erschienenen Arbeiten über die Urgesellschaft ist aus einer Mitteilung ersichtlich, die Mehring macht. Als einer der Autoren der deutschen „Historischen Zeitschrift" schrieb, daß solche Arbeiten wie Morgans „Urgesellschaft" und Backofens „Mutterrecht" schon vernehmlich an die Pforten der Wissenschaft klopfen, machte der Redakteur dieser Zeitschrift hierzu die bezeichnende Anmerkung: „Wir bedauern, daß hier und da ein Fachgenosse auf dies Klopfen hört; wir lassen namentlich Herrn Morgan draußen. Mag er die Herren Engels und Bebel mit der Portion angeblichen Wissens versorgen, dessen sie zur Begründung ihrer Phantasien nicht glauben entraten zu können." [15]

[14] Engels, F., Vorwort zur vierten Auflage (1891) des „Ursprungs der Familie, des Privateigentums und des Staats, in: MEW, Bd. 22, S. 221/222

[15] Vgl. Mehring, F., Über den historischen Materialismus, Berlin 1952, S. 38

Die Arbeit Morgans, die die bürgerliche Wissenschaft totzuschweigen versuchte, wurde von Marx der Vergessenheit entrissen. In gewissem Sinne hat Marx Morgan „entdeckt“. Engels erinnerte sich später, daß Marx nach dem Erscheinen der „Urgesellschaft“ mit ihm über das Buch gesprochen hatte. Engels fügt hinzu, daß Marx offensichtlich über das Buch Morgans befriedigt war, „da er *selbst* das Buch bei den Deutschen einführen wollte, wie ich aus seinen sehr ausführlichen Auszügen sehe“[16]. Einen Hinweis auf Morgans Arbeit enthält einer der Briefentwürfe von Marx an V. J. Sassulitsch vom 8. März 1881, in dem Marx die Bemerkung Morgans anführt, daß das neue System, zu dem die moderne Gesellschaft tendiert, eine Wiedergeburt des archaischen Gesellschaftstypus in einer höheren Form sein wird.[17]

2. Die Erfüllung eines Vermächtnisses von Marx

Marx hatte sich vorgenommen, dem Buch Morgans eine spezielle Arbeit zu widmen und im Zusammenhang mit dessen Schlußfolgerungen die materialistische Erklärung der Urepoche abzuschließen. Der Tod von Marx verhinderte die Erfüllung dieser Aufgabe. Im Vorwort zu seiner Arbeit „Der Ursprung der Familie, des Privateigentums und des Staats“ bemerkt Engels, daß er seine Arbeit gewissermaßen als die Erfüllung des Vermächtnisses von Marx ansieht. „Meine Arbeit“, schreibt Engels mit der ihm eigenen Bescheidenheit, „kann nur einen geringen Ersatz bieten für das, was meinem verstorbenen Freunde zu tun nicht mehr vergönnt war.“[18]

In diesem Vorwort teilt Engels mit, daß ihm in Marx' ausführlichen Auszügen aus Morgans Buch kritische Anmerkungen vorlagen, die er in seiner Arbeit, soweit es möglich war, wiedergab.[19] Die Arbeit von Engels widerspiegelt zweifellos die gemeinsamen Auffassungen der Begründer des wissenschaftlichen Kommunismus.

[16] Engels Brief an Karl Kautsky, 16. 2. 1884, in: MEW, Bd. 36, S. 109/110

[17] Marx, K. Entwürfe einer Antwort auf den Brief von V. J. Sassulitsch, in: MEW, Bd. 19, Berlin 1962, S. 386

[18] Engels, F. Der Ursprung der Familie, des Privateigentums und des Staats, in: MEW, Bd. 21, S. 27

[19] Das von Marx 1880–1881 angefertigte Konspekt des Buches von Morgan ist im Marx/Engels Archiv, Bd. IX veröffentlicht. – Es wurde von Marx in englischer Sprache abgefaßt; m. W. gibt es bisher keine deutsche Übersetzung (Der Herausgeber)

Die Arbeit von Engels wurde in einer außerordentlich kurzen Frist fertiggestellt. Noch am 16. Februar 1884 teilte er in einem Brief mit, daß sich unter den Marx'schen Papieren Auszüge aus Morgans Untersuchung befanden, und bemerkte, daß er, wenn er Zeit hätte, den Stoff einschließlich der Bemerkungen von Marx in Artikeln für die in Deutschland erscheinende Zeitung „Sozialdemokrat" oder für die Zeitschrift „Neue Zeit" bearbeiten würde. Aber damals war er der Meinung, daß infolge der Wichtigkeit der anderen Arbeiten, vor allem der Herausgabe einer neuen Auflage des ersten Bandes des „Kapitals" und der Vorbereitung des zweiten Bandes zur Veröffentlichung, daran nicht zu denken sei.

Trotzdem beschäftigte dieses Thema Engels weiter. In einem Brief vom 24. März des gleichen Jahres teilt er mit, daß er nur mit Mühe antiquarisch ein Exemplar von Morgans Buch erhalten hat, (das Exemplar von Marx wurde scheinbar nicht aufgefunden) und daß er es, wenn sich Zeit findet, für die „Neue Zeit" bearbeitet, vorausgesetzt, daß ein Separatabzug als Broschüre im Umfang von ca. 3 Druckbogen herausgegeben wird. Und in schon bestimmterem Ton fügt er hinzu: „. . . ich bin es eigentlich M(arx) schuldig und kann seine Noten aufnehmen."

Damals begann Engels anscheinend mit der Arbeit, denn am 11. April konnte er schon mitteilen, daß sein Manuskript in der folgenden Woche fertig wird. „Dies ist meine letzte Arbeit für einige Zeit", schreibt er, „und es ist keine Kleinigkeit, ein so inhaltsreiches und schlecht geschriebnes Buch zu resümieren."[20]

Ende April äußert sich Engels näher zum Charakter seiner Arbeit. Es wäre unsinnig, bemerkt er, sich auf eine einfache Darlegung von Morgans Arbeit zu beschränken, sie nicht kritisch zu behandeln, die neu gewonnenen Resultate nicht zu verwerten, nicht im Zusammenhang mit der marxistischen Theorie der gesellschaftlichen Entwicklung und den bereits auf ihrer Grundlage gewonnenen Ergebnissen darzustellen. „Für unsre Gesamtanschauung", schreibt er, „wird das Ding, denke ich, besondere Wichtigkeit haben."

Und bei der Feststellung, daß Morgan erlaubt, ganz neue Gesichtspunkte aufzustellen, weil er mit seiner Vorgeschichte „eine bisher feh-

[20] Engels' Brief an Karl Kautsky, 16. 2. 1884, in: MEW, Bd. 36, S. 110; Engels' Brief an Karl Kautsky, 24. 3. 1884, in: Ebenda, S. 129; Engels' Brief an Karl Kautsky, 11. 4. 1884, in: Ebenda, S. 133

lende tatsächliche Grundlage gibt“, betont Engels, daß daher „das Ding ernstlich bearbeitet, wohl erwogen, in alle seine Zusammenhänge gebracht“ sein will. Deshalb sollte es auch ohne Rücksicht auf das damals in Deutschland geltende Bismarcksche Sozialistengesetz geschrieben werden. Am 17. Mai schreibt Engels, daß das Manuskript fertig und nur noch durchzusehen und nachzufeilen ist, und am 23. Mai teilt er mit, daß er schon 8 von 9 Kapiteln abgesandt hat.[21] Die ganze Arbeit wurde so in etwa 2 Monaten bewältigt.

Die Ausarbeitung eines so fundamentalen Werkes in kurzer Zeit erklärt sich nicht nur durch die erstaunliche Arbeitsfähigkeit, die Engels auch im Alter auszeichnete. Eine bedeutende Rolle spielten auch die vorliegenden Auszüge und kritischen Bemerkungen von Marx, welche die Aufgabe bedeutend erleichterten. Eine besonders große Bedeutung hatten die gründlichen Kenntnisse von Engels auf dem Gebiet der ältesten Geschichte. Von Jugend an erfreute er sich am Epos und an der Folklore, fühlte sich in der griechischen Mythologie zu Hause, kannte hervorragend die germanischen Sagen und beschäftigte sich begeistert mit der Sprachgeschichte und der vergleichenden Sprachwissenschaft. Im Verlaufe vieler Jahre studierte er die Geschichte des alten Griechenlands und Roms. Besonders detailliert beschäftigte er sich mit der Geschichte der alten Germanen.

Kurz vor der Ausarbeitung des „Ursprungs der Familie, des Privateigentums und des Staats“ begann Engels in den Jahren 1881–1882 mit der Realisierung seines Vorhabens, die Geschichte der alten Germanen zu untersuchen. Von den vorbereiteten Teilen des Manuskripts erblickte zu Lebzeiten des Autors nur die Arbeit zur Geschichte der Entstehung und Entwicklung des Grundeigentums in Deutschland unter der Bezeichnung „Die Mark“ das Licht. Andere Teile der Engelsschen Arbeiten wurden erst nach seinem Tode veröffentlicht.[22]

Engels hielt es für notwendig, die von Marx geleistete Arbeit zum Buche Morgans maximal auszunutzen. Die überwiegende Mehrzahl der Bemerkungen von Marx bezog Engels unmittelbar in den Text seiner Arbeit ein, die übrigen beschrieb er. Noch größere Bedeutung

[21] Vgl. Engels' Brief an Karl Kautsky, 26. 4. 1884, in: Ebenda, S. 142/143; Engels' Brief an Karl Kautsky, 17. 5. 1884, in: Ebenda, S. 146; Engels' Brief an Karl Kautsky, 23. 5. 1884, in: Ebenda, S. 148

[22] Vgl. Engels, F., Zur Urgeschichte der Deutschen, in: MEW, Bd. 19, Berlin 1962, S. 425ff., Engels, F., Fränkische Zeit, in: Ebenda, S. 474ff.

hatte der Umstand, daß Engels das von Marx ausgearbeitete Schema des Aufbaus der Arbeit verwenden konnte.

Ausgehend von dem Plan für seine Arbeit, hatte Marx die Materialien Morgans umgruppiert. Marx beginnt sein Konspekt mit der Aufzeichnung von Morgans Ausgangsthesen – mit der Bestimmung der Hauptstufen, die die menschliche Gesellschaft seit ihrer Geburt und dem Ausscheiden aus dem Tierreich bis zur Entstehung der Klassen durchlaufen hat. Im weiteren geht Marx von der aufeinanderfolgenden Darlegung des Buches Morgans ab. Nach der Charakteristik der hauptsächlichen Entwicklungsstufen der Urgesellschaft geht Marx zum dritten Teil von Morgans Buch über, der die Entwicklung der Urfamilie und die mit ihr verbundenen Verwandtschaftsformen behandelt, und dann zum vierten Teil, der die Geschichte der Entstehung des Eigentums behandelt. Zum Schluß untersucht Marx den zweiten Teil des Buches, der die Geschichte des Ursprungs, der Entwicklung und des Untergangs der Gentilverfassung zum Gegenstand hat.

Dieses Schema wurde der Arbeit Engels' zugrunde gelegt, genauer gesagt, ihren ersten sechs Kapiteln, in denen hauptsächlich das Material Morgans benutzt wurde. Die letzten drei Kapitel basieren dagegen auf den Ergebnissen der eigenen Untersuchungen von Engels.

Im breiten Umfang nutzte Engels die Untersuchungsergebnisse Morgans und das von ihm gesammelte reiche Tatsachenmaterial für die Begründung und Weiterentwicklung der materialistischen Geschichtsauffassung und der ökonomischen Lehre des Marxismus. Jedoch beschränkte er sich keineswegs auf das von Morgan gesammelte Material, sondern nutzte seine breiten, aus anderen Quellen, praktisch aus der ganzen bis zu den 80er Jahren existierenden Literatur geschöpften Kenntnisse der Vorgeschichte der Menschheit aus. – In den historischen Abschnitten über Griechenland und Rom erweiterte er bedeutend den von Morgan erfaßten Kreis von Fragen; die Abschnitte über die Kelten und Germanen wurden vollkommen von Engels geschrieben, da Morgan hier fast ausschließlich über Material aus zweiter Hand verfügte.

Nach ihrem Erscheinen zog Engels' Arbeit die Aufmerksamkeit mit einem Schlage auf sich. Bald wurde sie in viele Sprachen übersetzt. In kurzer Frist waren in Deutschland drei Auflagen vergriffen, und schon 1890 stand eine vierte Auflage zur Diskussion. Engels hielt es für erforderlich, das von ihm in der ersten Auflage verwendete Material für diese Auflage bedeutend zu erweitern. Während dieser Arbeit schrieb er an F. A. Sorge: „Ich sitze bis über die Ohren in der Neuauflage des ‚Ursprungs der Familie etc.‘, habe die ganze betreffende Literatur seit 8 Jahren neu durchnehmen müssen und soll nun die Quintessenz in das Buch hineinverarbeiten, was kein Spaß . . .“[23]

In den 80er Jahren erschienen zahlreiche Untersuchungen zu verschiedenen Fragen der Urgeschichte, aber keine entging der Aufmerksamkeit von Engels. Die vierte Auflage von Engels' Arbeit erschien im Herbst 1891. Sie enthält viele Ergänzungen auf der Grundlage jüngster Untersuchungen der Urgesellschaft und im Vorwort eine kurze Übersicht der Entwicklung der Auffassungen zur Geschichte der Familie, beginnend mit Backofen, dessen „Mutterrecht“ 1861 erschien und den Grundstein zur Erforschung der Familie legte, bis zu Morgan.

3. Die Weiterentwicklung der materialistischen Geschichtsauffassung

Die Gegner des Marxismus versuchten die Untersuchung von Engels als einfache Darlegung der Arbeit von Morgan hinzustellen. Das entspricht keineswegs der Wirklichkeit. In der Tat leistete Engels eine gewaltige selbständige Arbeit zum Studium der Urgeschichte und kam zu Schlußfolgerungen, die die Wissenschaft bedeutend bereicherten.

Im Vorwort zu seiner Arbeit entwickelt Engels die materialistische Geschichtsauffassung weiter und konkretisiert sie, indem er sie auf die Urgeschichte der Menschheit ausdehnt. Engels erinnert daran, daß nach der materialistischen Geschichtsauffassung das letzten Endes bestimmende Moment in der Entwicklung der Gesellschaft die Produktion und Reproduktion des unmittelbaren Lebens ist, und verweist darauf, daß diese selbst wieder doppelter Art ist. Da ist erstens die Erzeugung von Lebensmitteln, von Gegenständen der Nahrung, Kleidung, Wohnung und den dazu erforderlichen Werkzeugen; zweitens die Erzeugung von Menschen selbst, die Fortpflanzung der Gattung. Daraus folgt, daß die Gesellschaftsordnung dieser oder jener historischen Epoche einerseits durch die Entwicklungsstufe der Arbeit, andererseits durch die der Familie bedingt wird. Je weniger die Arbeit entwickelt ist, desto stärker erscheint der dominierende Einfluß der Geschlechtsbande auf die Gesellschaftsordnung. Im Verlaufe der Zeit ent-

[23] Engels' Brief an Friedrich Adolph Sorge, 10. 6. 1891, in: MEW, Bd. 38, Berlin 1968, S. 111

wickelt sich jedoch in der auf Geschlechtsbande basierenden Gesellschaft mehr und mehr die Arbeitsproduktivität, und auf dieser Grundlage entsteht das Privateigentum und der Austausch. Es treten Unterschiede im Reichtum hervor und die Möglichkeit, fremde Arbeitskraft zu verwerten. So entstehen die Klassen und die Widersprüche zwischen ihnen. Die alte auf Geschlechtsverbänden beruhende Gesellschaft wird gesprengt; an ihre Stelle tritt eine neue Gesellschaft, in der die Familienordnung ganz von den Eigentumsverhältnissen beherrscht wird und deren Triebkraft die Klassengegensätze und der Klassenkampf sind, aus denen der Inhalt der ganzen geschriebenen Geschichte besteht.[24]

Auch Marx teilte den Gedanken, daß die unmittelbare Produktion des materiellen Lebens in zwei Arten existiert. Davon zeugt die von uns oben angeführte Äußerung der Begründer des Marxismus in ihrer gemeinsamen Arbeit „Die deutsche Ideologie", in der von der bestimmenden Rolle der Produktion des Lebens, sowohl des eigenen in der Arbeit, als auch des fremden in der Zeugung, gesprochen wird.[25]

Jedoch war die von Engels in seiner Arbeit über den Ursprung der Familie, des Privateigentums und des Staats ausgesprochene These, daß sowohl die Produktion als auch die Fortpflanzung der Gattung, sowohl die Arbeit als auch die Evolution der Familie die entscheidende Bedeutung in der Geschichte haben, – wobei der Einfluß der Geschlechtsbande um so stärker ist, je weniger die Arbeit entwickelt ist, – das Objekt vielfältiger Angriffe.

Schon 1894 erhob N. K. Michailowski in einem Artikel in der Zeitschrift „Russkoje Bogatstwo" gegen diesen Standpunkt den Vorwurf, daß die Fortpflanzung der Gattung kein ökonomischer Faktor sei. „Wo aber haben Sie bei Marx oder Engels gelesen", schreibt Lenin zu diesem Vorwurf, „daß sie unbedingt von ökonomischem Materialismus sprechen? Bei der Charakterisierung ihrer Weltanschauung haben sie diesen einfach als Materialismus bezeichnet."[26]

Lenin erinnert an die Grundidee des Materialismus, die darin besteht, daß die gesellschaftlichen Verhältnisse in materielle und ideologische zerfallen, wobei die letzteren einen Überbau über die ersteren bilden,

[24] Vgl. Engels, F., Der Ursprung der Familie, des Privateigentums und des Staats, in: MEW, Bd. 21, S. 27/28

[25] Vgl. Marx, K./Engels, F., Die deutsche Ideologie, in: MEW, Bd. 3, Berlin 1958, S. 29

[26] Lenin, W. I., Was sind die Volksfreunde und wie kämpfen sie gegen die Sozialdemokraten?, Werke, Bd. 1, S. 142

und stellt die Frage: Glaubt Herr Michailowski am Ende, die Verhältnisse bei der Kindererzeugung gehörten zu den ideologischen? Lenin teilte den Gedanken, daß das bestimmende Moment neben der Produktion materieller Werte die Produktion des Menschen selbst sei, d. h. die Kindererzeugung, die in der Urzeit, als die Arbeitsproduktivität noch allzu unentwickelt war, die beherrschende Rolle gespielt habe.[27]

Am Ende des 19. Jahrhunderts kritisierte Bernstein die Auffassungen Engels' über den historischen Materialismus. In seiner Kritik nahmen die Angriffe auf die These von Engels über die bestimmenden Momente in der Geschichte der Urgesellschaft einen bedeutenden Platz ein. Bernstein, der die materialistische Geschichtsauffassung ablehnte als angeblich einseitig, die nicht den ganzen Reichtum von „Faktoren“ der historischen Entwicklung der Gesellschaft berücksichtige, warf Engels gleichzeitig „Inkonsequenz“ vor.

Nach Michailowski und Bernstein wiederholten viele Kritiker der Theorie des wissenschaftlichen Sozialismus den Vorwurf, daß sich die Begründer des Marxismus vom historischen Materialismus gelöst hätten. So rief Tugan-Baranowsky, der die Behauptung der Fälscher der Geschichte der Urgesellschaft teilte, daß der „Versuch von Morgan . . . jetzt entschieden als völlig mißglückt zu betrachten“ sei, aus: „Es ist wahrlich sonderbar, daß durch diese ganz in der Luft schwebende Konstruktion Marx und Engels verführt wurden, den Grundgedanken ihres geschichts-philosophischen Systems preiszugeben.“ Mit Befriedigung bemerkte dabei dieser leidenschaftliche Kritiker des Marxismus: „Der unter den Marxisten unbestreitbar beste Kenner der Lebensbedingungen der primitiven Völker – Cunow – erklärt die Entwicklung der Familie aus den Wirtschaftsbedingungen.“[28]

In der Tat klagte Cunow Engels an, daß er die Geschlossenheit der materialistischen Geschichtsauffassung völlig zerstöre.[29]

Wenn man indessen von den historischen Formen absieht, in denen die „Erzeugung von Menschen selbst, die Fortpflanzung der Gattung“ erfolgt, d. h. wenn man den historischen Entwicklungsgang der Familienformen außer acht läßt, dann ist es unmöglich, die Entstehung der

[27] Vgl. ebenda, S. 139

[28] Tugan-Baranowsky, M., Theoretische Grundlagen des Marxismus, Leipzig 1905, S. 49–52

[29] Siehe: Cunow, H.: Die Marxsche Geschichts-, Gesellschafts- und Staatstheorie, II. Band, Berlin 1923, S. 140f.

Gentilordnung aus der Urhorde zu erklären. Nur die Analyse der Evolution der Familienformen gibt uns den Schlüssel zum Verständnis des Ursprungs der Gentilgemeinde und ihrer weiteren Entwicklung.

In der gegenwärtigen Zeit kursiert erneut die Lüge von den Meinungsverschiedenheiten zwischen Marx und Engels hinsichtlich der urgeschichtlichen Epoche in der spezifischen Literatur zur „Marxforschung", die von den Institutionen der antikommunistischen Propaganda verbreitet wird. So behauptet der westdeutsche „Marxologe" E. Lukacs, der alle möglichen Manipulationen mit den Notizbüchern von Marx aus den letzten Jahren seines Lebens durchgeführt hat, ohne jeden Grund, daß Marx der Entwicklung der Formen der Familie und Ehe angeblich keine Bedeutung beigemessen hätte. Auf dieser Grundlage konstruiert er einen „Widerspruch" zwischen den Auffassungen von Marx über die Geschichte der Urgesellschaft einerseits und von Marx und Engels andererseits. Diese Erfindung löst sich bei einem gewissenhaften Studium des handschriftlichen Nachlasses von Marx in Nichts auf.[30]

In seinem Konspekt der Arbeit Morgans gibt Marx dessen Schema der Entwicklung der Familie wieder. Ausführlich notierte er die Resultate der Analyse Morgans, der aufzeigte, wie die Evolution der Beziehungen zwischen den Geschlechtern, der Übergang vom regellosen Geschlechtsverkehr der Urhorde zur allmählichen Einengung der Gruppenehen über eine lange Reihe von Zwischenstufen zur Gentilordnung führt.

Für die bürgerlichen Gelehrten, denen echter Historismus fremd ist, blieb der Ursprung der Gens bei den alten Griechen ein unlösbares Rätsel. Unfähig, die historischen Wurzeln der archaischen Überbleibsel der Verwandtschaftsbeziehungen bei den alten Griechen aufzudecken, erklärten sie ganz einfach die Gens als ein reines Hirngespinst, als ein Produkt der Phantasie. Diese Ohnmacht der anerkannten Spezialisten des antiken Altertums entlarvend, schreibt Marx:

„Da der Zusammenhang der Generationen, besonders mit dem Aufkommen der Monogamie, in die Tiefe der Zeit abgedrängt wird und die *vergangene Wirklichkeit* ihren Ausdruck in den *phantastischen Formen der Mythologie* findet, kamen und kommen weiterhin die wohlmeinenden

[30] Eine überzeugende Kritik der Behauptungen E. Lukacs' auf der Grundlage unveröffentlichter Notizen von Marx enthält das Buch: Marks istorik, Moskau 1960, S. 562 f.

Philister zu der Schlußfolgerung, daß der phantastische Stammbaum die realen Geschlechter geschaffen haben.“[31]

In seiner Untersuchung enthüllte Engels die entscheidende Rolle, die die Verwandtschaft im Verlaufe der Urepoche spielte. Die bürgerliche Wissenschaft negierte die Existenz des regellosen Geschlechtsverkehrs auf der frühesten Entwicklungsstufe der Menschheit, um der Menschheit diese „Schande“ zu ersparen. In Antwort auf diese Argumente bemerkt Engels sarkastisch, daß alles Verständnis der Urzustände unmöglich bleibt, solange man sie durch die Bordellbrille anschaut, Er zeigt, wie aus den ersten Gruppenformen der Familie die Institution der Gens entstand. Die Entwicklung der Familie in der Urgeschichte bestand in der fortwährenden Verengung des ursprünglich den ganzen Stamm umfassenden Kreises, innerhalb dessen eine eheliche Gemeinschaft zwischen den beiden Geschlechtern herrschte.[32]

Während man früher meinte, daß die Gens eine Gesellschaftsform ist, die nur wenigen Völkern eigen ist, bewies Morgan, daß die Gentilorganisation die universelle Form der Existenz der Urgesellschaft war. Die Gens, die die Gesamtheit der Verwandten bilden, die von einem gemeinsamen Vorfahren abstammen und durch die Verwandtschaft verbunden sind, durchliefen bestimmte Entwicklungsstadien. Die Evolution verlief von den auf Mutterrecht basierenden Gentes zu den auf Vaterrecht beruhenden Gentes. Damit wurde die früher vorherrschende Meinung widerlegt, daß die patriarchalische Familie der Embryo der Gesellschaft sei.

Engels würdigte diese Entdeckung Morgans sehr hoch, indem er aufzeigte, daß die Entdeckung der ursprünglichen mutterrechtlichen Gens als der Vorstufe der vaterrechtlichen Gens der Kulturvölker von gewaltiger Bedeutung für die Urgeschichte ist. Die mutterrechtliche Gens ist, wie Engels sagte, zum Angelpunkt geworden, um den sich die ganze Urgeschichte dreht; seit ihrer Entdeckung weiß man, in welcher Richtung und wonach man zu forschen und wie man das Erforschte zu gruppieren hat.[33]

Die Schaffung einer festen wissenschaftlichen Grundlage für die Urgeschichte entzog den Verkündern des Rassismus völlig den Boden,

[31] Marx-Engels-Archiv, Bd. IX, S. 139 (russisch)

[32] Vgl. Engels, F., Der Ursprung der Familie, des Privateigentums und des Staats, in: MEW, Bd. 21, S. 43, 47, 52

[33] Vgl. Engels, F., Vorwort zur vierten Auflage (1891) des „Ursprungs der Familie des Privateigentums und des Staats“ in: MEW, Bd. 22, S. 220

indem sie die ganze Verlogenheit der menschenfeindlichen Theorie von der Überlegenheit der einen Rasse und der Minderwertigkeit anderer Rassen entlarvte. Die Wissenschaft bewies, daß alle Völker, unabhängig von der Hautfarbe und anderen Besonderheiten, ein und dieselben Entwicklungsstadien durchlaufen haben, die mit der Evolution der materiellen Bedingungen ihres Lebens verbunden sind.

Die Geschichte der Urgesellschaft teilt Morgan nach den Erfolgen in der Produktion der Existenzmittel in bestimmte Perioden ein. Engels führt Morgans Äußerung an, daß „die Geschicklichkeit in dieser Produktion entscheidend (ist) für den Grad menschlicher Überlegenheit und Naturbeherrschung; von allen Wesen hat nur der Mensch es bis zu einer fast unbedingten Herrschaft über die Erzeugung von Nahrungsmitteln gebracht. Alle großen Epochen menschlichen Fortschritts fallen, mehr oder weniger direkt, zusammen mit Epochen der Ausweitung der Unterhaltsquellen". Die Entwicklung der Familie geht nebenher, bemerkt Engels, aber sie bietet keine so schlagenden Merkmale zur Trennung der Perioden.[34]

4. Die politische Ökonomie des Urkommunismus

Die Arbeit von Engels ist ein hervorragender Beitrag zur marxistischen politischen Ökonomie als historischer Wissenschaft. Da die bürgerlichen Ökonomen die kapitalistische Produktionsweise für eine ewige und unveränderliche Form des gesellschaftlichen Produktionsprozesses hielten, versperrten sie sich selbst den Weg zum Verständnis der historischen Entwicklung der Gesellschaft und insbesondere zum Verständnis der dem Kapitalismus vorhergehenden Gesellschaftsformationen. Für sie existierten keine anderen Gesellschaftsformen außer der bürgerlichen. Nach der bekannten Bemerkung von Marx im ersten Band des „Kapitals" werden die vorbürgerlichen Formen der gesellschaftlichen Produktion von der bürgerlichen politischen Ökonomie etwa so behandelt, wie die vorchristlichen Religionen von den Kirchenvätern.[35] Diesen Gedanken äußerte Marx schon früher im „Elend der

[34] Vgl. Engels, F., Der Ursprung der Familie, des Privateigentums und des Staats, in: MEW, Bd. 21, S. 30

[35] Vgl. Marx, K., Das Kapital, Erster Band, in: MEW, Bd. 23, Berlin 1962, S. 96

Philosophie“, als er schrieb, daß für die bürgerlichen Ökonomen zwei Arten von Institutionen existieren, künstliche und natürliche, wobei die Institutionen der vorbürgerlichen Periode für künstlich und die Institutionen der Bourgeoisie für natürlich gehalten werden.

Die marxistische politische Ökonomie hat zuerst den Weg zur wissenschaftlichen Untersuchung der vorkapitalistischen ökonomischen Gesellschaftsformationen eröffnet. Bei der Untersuchung einer Gesellschaftsformation, nämlich des Kapitalismus, richtete Marx im „Kapital“ des öfteren seinen Blick auf die vorkapitalistischen Produktionsweisen und entwickelte sehr wertvolle Gedanken zum Verständnis der ökonomischen Gesetzmäßigkeiten der Sklavenhalter- und Feudalgesellschaft.

Die Untersuchung von Engels bereicherte die ökonomische Lehre des Marxismus um einen außerordentlich wichtigen Abschnitt, nämlich um die politische Ökonomie der Urgesellschaft, der urkommunistischen Ordnung. Damit war im wesentlichen und hauptsächlichen die politische Ökonomie als historische Wissenschaft, die alle vorsozialistischen Formationen erfaßt, geschaffen. Nachdem Engels die Auflösung der Gentilverfassung verfolgt hat, untersucht er zum Schluß die allgemeinen ökonomischen Bedingungen, die die Gentilorganisation der Gesellschaft auf der höchsten Stufe ihrer Entwicklung untergruben und sie mit dem Übergang zur Zivilisation, d. h. mit dem Anfang der geschriebenen Geschichte, vollständig beseitigten.

Die bürgerlichen Ideologen gehen von der Vorstellung aus, daß das Privateigentum und die auf ihm beruhenden Formen der Familie und des Staates ewigen Charakter tragen. Gestützt auf die Untersuchungen Morgans und eine Reihe anderer Arbeiten, die Licht auf die Urgeschichte, d. h. auf die ganze gewaltige Periode bis zum Anfang der Geschichtsschreibung werfen, zerschlägt Engels diese Ausgangsposition der bürgerlichen philosophischen und soziologischen, ökonomischen und juristischen Wissenschaft.

Die von Engels erarbeitete Analyse der Gesellschaft, die der Klassengesellschaft vorhergeht, war eine glänzende Bestätigung der materialistischen Geschichtsauffassung, die lehrt, daß alle Formen des gesellschaftlichen Lebens historischen, aber nicht ewigen Charakter tragen. Es war dies die urkommunistische Gesellschaft, in der weder Privateigentum und Klassen, noch der Staat existieren. Der wissenschaftliche Nachweis der Existenz des Urkommunismus widerlegte völlig die Erfindungen der bürgerlichen Apologetik mit ihrer Behauptung, daß es eine Gesellschaft ohne Privateigentum, Klassen und Staat nicht geben kann.

Die Feinde des Sozialismus verstanden sehr gut, welch gefährliche Waffe die wissenschaftliche Analyse der urkommunistischen Gesellschaft gegen sie ist. So schrieb einer der Gegner Morgans, der deutsche Historiker W. Koppers: „Den Vertretern des wissenschaftlichen Sozialismus war es nicht entgangen, daß in bezug auf diese drei fundamentalen Punkte die zeitgenössische Ethnologie eine willkommene Hilfe bot. Nach dieser Ethnologie nämlich ist das Privateigentum auch eine relativ späte Erscheinung in der Menschheitsentwicklung, die Urzeit kannte und kennt danach nur kommunistische Verhältnisse. Ebenfalls lehrte sie, daß die monogame vaterrechtliche Familie die oberste Sprosse bilde auf der soziologischen Entwicklungsleiter . . . Endlich redete die evolutionistische Ethnologie auch im Gegensatz zu spätern entwickelten Staatsgebilden von einem kommunistischen Urstaat. . .".[36]

Der von Marx, Engels und Lenin verwandte Terminus „Urkommunismus", der über Jahrzehnte einen festen Platz in der sozialistischen Literatur des wissenschaftlichen Sozialismus hatte, ruft zuweilen Einwände hervor. Die Notwendigkeit des Verzichts auf diesen Terminus wird damit begründet, daß er erstens angeblich mit einer Idealisierung der urgesellschaftlichen Ordnung verbunden ist und zweitens unrichtige Vorstellungen über den Sozialismus und Kommunismus als irgendwelcher Rückkehr zu längst vergangenen Zeiten hervorrufen könnte. Jedoch scheinen diese beiden Argumente nicht überzeugend und ausreichend für den Verzicht auf einen Begriff, der eine bedeutende Rolle in der marxistisch-leninistischen Weltanschauung, im historischen Materialismus und in der wissenschaftlichen politischen Ökonomie spielt.

Eine Idealisierung der urgesellschaftlichen Ordnung war Marx, Engels und Lenin, als sie über den Urkommunismus sprachen, völlig fremd. Marx schrieb, daß dieser Urtyp der kollektiven Produktion das Ergebnis der Schwäche des einzelnen Individuums und nicht der Vergesellschaftung der Produktionsmittel war.[37] Die Einheit von Arbeiter und seinen Produktionsmitteln im Urkommunismus existierte, wie

[36] Koppers, W., Die Anfänge des menschlichen Gemeinschaftslebens im Spiegel der neuern Völkerkunde, M. Gladbach 1921, S. 11/12

[37] Marx, K., Entwürfe einer Antwort auf den Brief von V. J. Sassulitsch, in: MEW, Bd. 19, Berlin 1962, S. 388

Marx sagte, in „kindlicher Form“, die ungeeignet ist, um die Arbeit als gesellschaftliche Arbeit und Produktivität der gesellschaftlichen Arbeit zu entwickeln.

Hieraus wird auch klar, daß es keinen Grund für die Befürchtung gibt, daß die Charakteristik der Urgesellschaft als Ordnung des Urkommunismus zu irgendeiner Verwischung der Grenzen zwischen der Kindheitsperiode im Leben der Menschheit und der höchsten Form der Gesellschaft, dem Kommunismus und seiner ersten Phase, dem Sozialismus, führen kann. Ganz im Gegenteil: Das Verständnis der historischen Beschränktheit der urkommunistischen Ordnung unterstreicht noch mehr die Unbegrenztheit der Entwicklungsperspektiven der kommunistischen Gesellschaft, die das Endziel der Arbeiterklasse und aller Werktätigen in der gegenwärtigen Epoche ist.

Gleichzeitig entlarvt die wissenschaftliche Bestimmung der Urepoche als Epoche des Urkommunismus entschieden die Verleumdungen der bürgerlichen Wissenschaft, die behauptet, daß das Privateigentum und die Ausbeutung des Menschen durch den Menschen eine unerläßliche Bedingung der Existenz der Gesellschaft darstellen, weil die Gesellschaft ohne den angeblich wohltätigen Einfluß des Privateigentums vor Faulheit umkommen würde. Die Geschichte der urkommunistischen Epoche offenbart, daß im Verlaufe von vielen Jahrtausenden Menschen lebten, ohne Privateigentum und gesellschaftliche Ungleichheit zu kennen.

Sie existierten trotzdem, arbeiteten mit größter Hartnäckigkeit und entwickelten sich allmählich, wenn auch langsam, weiter, indem sie der Natur Schritt für Schritt immer neue Positionen abrangen. „Wir haben alle Ursache, uns zu erinnern“, schrieb Morgan, „daß wir unsere jetzigen Verhältnisse mit ihren zahlreichen Mitteln der Sicherheit und des Wohlstandes den Kämpfen, den Leiden, dem heroischen Ringen und der geduldigen Mühsal unserer barbarischen und unserer noch früheren wilden Vorfahren danken.[38]

Die konsequente Anwendung der materialistischen Geschichtsauffassung bei der Untersuchung der Urgesellschaft gestattete Engels, den Charakter dieser Gesellschaft, ihre Besonderheiten und Triebkräfte ausführlich zu erklären. Die Urgesellschaft zeigte sich als eine Gesellschaftsordnung, frei von den Widersprüchen und Gebrechen der Klassengesellschaft, von den moralischen Mißgestalten, die durch die

[38] L. H. Morgan, Die Urgesellschaft, a. a. O., S. 476

Ausbeutung hervorgebracht werden, frei von Ungerechtigkeit und Unmenschlichkeit, von Unterdrückung und Gewalt, die untrennbar mit der Ausbeuterordnung verbunden sind. Deshalb ist es nicht verwunderlich, daß Engels frische und leuchtende Farben fand, als er den Urkommunismus des Indianerstammes der Irokesen aufzeichnete, der am umfassendsten von Morgan untersucht wurde:

„Und es ist eine wunderbare Verfassung in all ihrer Kindlichkeit und Einfachheit, diese Gentilverfassung! Ohne Soldaten, Gendarmen und Polizisten, ohne Adel, Könige, Statthalter, Präfekten oder Richter, ohne Gefängnisse, ohne Prozesse geht alles seinen geregelten Gang. Allen Zank und Streit entscheidet die Gesamtheit derer, die es angeht, die Gens oder der Stamm, oder die einzelnen Gentes unter sich... Arme und Bedürftige kann es nicht geben – die kommunistische Haushaltung und die Gens kennen ihre Verpflichtungen gegen Alte, Kranke und im Kriege Gelähmte. Alle sind gleich und frei – auch die Weiber. Für Sklaven ist noch kein Raum, für Unterjochung fremder Stämme in der Regel auch noch nicht ... Und welche Männer und Weiber eine solche Gesellschaft erzeugt, beweist die Bewundrung aller Weißen, die mit unverdorbnen Indianern zusammenkamen, vor der persönlichen Würde, Geradheit, Charakterstärke und Tapferkeit dieser Barbaren."[39]

Bei dieser Beschreibung der menschlichen Gesellschaft bis zu ihrer Scheidung in verschiedene Klassen unterstreicht Engels auch die andere Seite der Sache – ihre historische Beschränktheit. Durch die unerbittlichen Gesetze des historischen Prozesses war diese Organisation dem Untergang geweiht. Die Gentilverfassung in ihrer Blüte setzte eine äußerst unentwickelte Produktion und folglich eine äußerst geringe Bevölkerung auf weitem Gebiet voraus. Der Mensch wurde fast vollständig von der ihm feindselig gegenüberstehenden, äußeren Natur beherrscht. Der Stamm blieb die Grenze für den Menschen. Alles, was außerhalb des Stammes war, stand außerhalb des Rechts. Die Leute dieser Epoche sind noch ununterschieden einer vom andern, sie hängen noch, wie Marx sagt, an der Nabelschnur des naturwüchsigen Gemeinwesens. „Die Macht dieser naturwüchsigen Gemeinwesen mußte gebrochen werden – sie wurde gebrochen. Aber sie wurde gebrochen durch Einflüsse, die uns von vornherein als eine Degradation erscheinen, als ein Sündenfall von der einfachen sittlichen Höhe der alten

[39] Engels, F., Der Ursprung der Familie, des Privateigentums und des Staats, in: MEW, Bd. 21, S. 95/96

Gentilgesellschaft. Es sind die niedrigsten Interessen – gemeine Habgier, brutale Genußsucht, schmutziger Geiz, eigensüchtiger Raub am Gemeinbesitz –, die die neue, zivilisierte, die Klassengesellschaft einweihen; es sind die schmählichsten Mittel – Diebstahl, Vergewaltigung, Hinterlist, Verrat, die die alte klassenlose Gentilgesellschaft unterhöhlen und zu Fall bringen.“[40]

Die vollständig entwickelte Gentilordnung entsprach im ganzen den gesellschaftlichen Bedingungen, in denen sie entstand. Das Großartige, aber zugleich auch das Beschränkte der Gentilverfassung offenbart sich darin, daß sie für Herrschaft und Knechtung keinen Raum hat. Im Inneren des Stammes existiert noch kein Unterschied zwischen Rechten und Pflichten. Ebensowenig ist eine Spaltung der Gens oder des mehrere Gens vereinigenden Stammes in verschiedene Klassen möglich.

Bei der Charakteristik der ökonomischen Basis dieser Ordnung bemerkt Engels, daß die Bevölkerung äußerst gering und die Arbeitsteilung rein naturwüchsig ist: sie besteht nur zwischen den beiden Geschlechtern. Der Mann geht jagen und fischen und fertigt die dazu notwendigen Werkzeuge an; die Frau beschäftigt sich zu Hause mit der Zubereitung der Nahrung und der Anfertigung der Kleidung, sie kocht, webt und näht. Jedes von beiden ist Herr auf seinem Tätigkeitsfeld: der Mann im Walde, die Frau im Hause. Jeder ist Eigentümer der von ihm verfertigten und gebrauchten Werkzeuge: der Mann der Waffen, des Jagd- und Fischzeugs, die Frau des Hausrats. Die Haushaltung ist kommunistisch für viele Familien. Was gemeinsam gemacht und genutzt wird, ist gemeinsames Eigentum: das Haus, der Garten, das Langboot. Und Engels schließt: „Hier also, und nur hier noch, gilt das von Juristen und Ökonomen der zivilisierten Gesellschaft angedichtete ‚selbstbearbeitete Eigentum‘, der letzte verlogne Rechtsvorwand, auf den das heutige kapitalistische Eigentum sich noch stützt.“[41]

5. Die Entstehung der Klassengesellschaft

Engels analysiert die weitere Entwicklung der ökonomischen Basis der Urgemeinschaft. Mit dem Aufkommen der Viehzucht sonderten

[40] Ebenda, S. 97
[41] Ebenda, S. 155

sich die Hirtenstämme aus der übrigen Masse der Stämme aus. Das war die *erste große gesellschaftliche Arbeitsteilung*. Die Hirtenstämme produzierten nicht nur mehr als die Stämme, die auf der vorhergehenden Entwicklungsstufe stehen geblieben waren, sondern auch andere Lebensmittel. Erstmalig wurde ein regelmäßiger Austausch möglich, während auf früheren Entwicklungsstufen nur ein gelegentlicher Austausch stattfinden konnte.

Ursprünglich vollzog sich der Austausch zwischen den Stämmen, durch die Gentilvorsteher. Als aber die Herden in verselbständigtes Eigentum übergingen, begann der Austausch zwischen einzelnen Personen zu überwiegen. Der Hauptgegenstand des Austausches war das Vieh. Das Vieh wurde die Ware, in der alle andern Waren geschätzt und die überall gern im Austausch genommen wurde. Somit spielte das Vieh die Rolle des Geldes; schon zu Beginn des Warenaustausches entwickelte sich das Bedürfnis nach einer besonderen Geldware.

Mit dem Entstehen des Ackerbaus erweitert sich der Boden für den Austausch. Danach erschienen die ersten Keime einer industriellen Tätigkeit: das Weben, das Schmelzen von Metallerzen und die Verarbeitung der Metalle. Die Steigerung der Produktion in der Viehzucht, im Ackerbau und häuslichen Handwerk befähigte die menschliche Arbeitskraft, eine größere Menge von Produkten zu erzeugen, als zu ihrem Unterhalt notwendig war. Die Einbeziehung neuer Arbeitskräfte wurde wünschenswert. Der Krieg lieferte solche Arbeitskräfte: Die Kriegsgefangenen wurden in Sklaven verwandelt.

So zog die erste große gesellschaftliche Arbeitsteilung mit ihrer Steigerung der Arbeitsproduktivität und der Erweiterung des Produktionsfeldes unvermeidlich die Sklaverei nach sich. „Aus der ersten großen gesellschaftlichen Arbeitsteilung“, schreibt Engels, „entsprang die erste große Spaltung der Gesellschaft in zwei Klassen: Herren und Sklaven, Ausbeuter und Ausgebeutete.“[42]

Das Erscheinen der Herden und der anderen neuen Arten des Reichtums ruft eine Revolution in der Familie hervor. Der Erwerb war immer eine Sache des Mannes: Auf ihn entfiel die ursprüngliche Zähmung des Viehs und später dessen Pflege. Deshalb gehörte das Vieh dem Mann, genauso wie die gegen Vieh eingetauschten Waren und Sklaven. „Dieselbe Ursache, die der Frau ihre frühere Herrschaft im Hause gesichert: ihre Beschränkung auf die Hausarbeit, dieselbe

[42] Ebenda, S. 157

Ursache sicherte jetzt die Herrschaft des Mannes im Hause: die Hausarbeit der Frau verschwand jetzt neben der Erwerbsarbeit des Mannes; diese war alles, jene eine unbedeutende Beigabe.“[43]

Der nächste Schritt auf dem Wege der Entwicklung der Produktivkräfte war mit dem Aufkommen des Eisens verbunden. Der eiserne Pflug und die eiserne Axt machten den Feldbau auf größeren Flächen und die Urbarmachung ausgedehnterer Waldstrecken möglich. Der Landbau lieferte neben Korn auch Öl und Wein. Der Webstuhl und die Metallverarbeitung wurden vervollkommnet. „So mannigfache Tätigkeit konnte nicht mehr von demselben einzelnen ausgeübt werden; die *zweite große Teilung der Arbeit* trat ein: Das Handwerk sonderte sich vom Ackerbau.“[44]

Das weitere Wachstum der Produktion und Arbeitsproduktivität erhöhte die Bedeutung der Arbeitskraft. Die Sklaverei, die früher eine sporadische Erscheinung war, wird zum wesentlichen Bestandteil des gesellschaftlichen Systems. Die Sklaven verwandeln sich aus einfachen Gehilfen in die hauptsächliche Arbeitskraft auf den Feldern und in den Werkstätten. Mit der Teilung der Produktion in zwei große Zweige, Ackerbau und Handwerk, entsteht die Produktion direkt für den Austausch, die Warenproduktion. Alles das existiert aber noch in sehr unentwickelter Form: die Edelmetalle fangen an, vorwiegende und allgemeine Geldware zu werden, aber noch ungeprägt, sich einfach nach dem Gewicht austauschend.

Der Unterschied zwischen Reichen und Armen findet seine Ergänzung im Unterschied zwischen Freien und Sklaven. Mit der neuen Arbeitsteilung tritt eine neue Spaltung der Gesellschaft in Klassen auf. Die Besitzunterschiede zwischen den Familien sprengen die kommunistische Hausgemeinde. Auch die gemeinsame Bebauung des Bodens für Rechnung dieser Gemeinde verschwindet. Das Ackerland geht in die Nutzung einzelner Familien über, zunächst auf Zeit, später für immer. Mit dem Übergang zum vollen Privateigentum beginnt die Einzelfamilie die wirtschaftliche Einheit in der Gesellschaft zu werden.

Mit der Entwicklung der Produktivkräfte und der Veränderung der Produktionsverhältnisse der Urgemeinschaft gehen grundsätzliche Wandlungen in den Organen der Gentilverfassung vor sich. Die dichtere Bevölkerung macht die Zusammenschlüsse verwandter Stämme er-

[43] Ebenda, S. 157/158
[44] Ebenda, S. 159

forderlich; später erfolgt die Verschmelzung der einzelnen Stammesgebiete zu einem Gesamtgebiet des Volkes. Die Heerführer werden ständige Beamte, während sie früher nur für die Zeit des Feldzuges ausgewählt wurden. Die Kriege, die vordem nur von Zeit zu Zeit geführt wurden, werden zu einem ständigen Erwerbszweig – des Raubes. Die Raubkriege erhöhen die Macht der Heerführer; es werden die Grundlagen des Erbkönigtums und des Erbadels gelegt.

So reißen sich die Organe der Gentilverfassung allmählich von ihren Wurzeln im Volk los, und die ganze Gentilverfassung verkehrt sich in ihr Gegenteil: „Aus einer Organisation von Stämmen zur freien Ordnung ihrer eignen Angelegenheiten wird sie eine Organisation zur Plünderung und Bedrückung der Nachbarn, und dementsprechend werden ihre Organe aus Werkzeugen des Volkswillens zu selbständigen Organen der Herrschaft und Bedrückung gegenüber dem eignen Volk."[45]

Das ist das von Engels skizzierte logische Schema der Entstehung der Klassengesellschaft auf dem Wege des Zufalls der urkommunistischen Gemeinde. Diese Skizze widerspiegelte natürlich die Stufe der Erforschung der Urgesellschaft, die in den 80er–90er Jahren des vergangenen Jahrhunderts erreicht war. Seitdem haben die Untersuchungen der Ethnographen, Archäologen und anderer Wissenschaftler den Kreis der positiven Erkenntnisse über die Urepoche im Leben der Menschheit bedeutend erweitert. Aber welche Verbesserungen die neuen wissenschaftlichen Ergebnisse auch in die konkreten Details des Engelsschen Schemas hineinbrachten, insgesamt bleibt es im hauptsächlichen und grundsätzlichen gültig, denn es enthüllt die allgemeinen Gesetzmäßigkeiten der Geburt der Klassengesellschaft und die Hauptrichtung des historischen Prozesses, der zur Spaltung der Gesellschaft in Klassen führt. Darin liegt seine unvergängliche Bedeutung für die Gesellschaftswissenschaft insgesamt und für die ökonomische Theorie im einzelnen.

Wenn Engels im „Anti-Dühring" bei der Entwicklung der Marxschen Lehre vom Warenfetischismus tiefgründig die unter der Herrschaft des Privateigentums und des Austausches unvermeidliche Macht des Produkts über den Produzenten charakterisierte, so untersuchte er in seiner Arbeit über den Ursprung der Familie, des Privateigentums und des Staats den historischen Prozeß, in dessen Verlauf das Produkt über den Produzenten zu herrschen begann. In der Urgesellschaft, zeigte Engels, war die Produktion im wesentlichen kollektiv, wie auch die

[45] Ebenda, S. 160

Verteilung der Produkte und die Konsumtion sich kollektiv innerhalb größerer und kleinerer Gemeinwesen vollzog. Eine solche Ordnung bedingte die Herrschaft der Produzenten über ihren Produktionsprozeß und ihr Produkt. „Sie wissen, was aus dem Produkt wird: Sie verzehren es, es verläßt ihre Hände nicht; und solange die Produktion auf dieser Grundlage betrieben wird, kann sie den Produzenten nicht über den Kopf wachsen, keine gespenstischen fremden Mächte ihnen gegenüber erzeugen. . .“[46]

Aber der Urkommunismus wurde unter dem Einfluß der Arbeitsteilung und der Entwicklung des Austausches zerstört. Die Gemeinsamkeit der Produktion und Aneignung wurde untergraben; die Aneignung durch einzelne Personen und der Austausch zwischen ihnen wurde zur überwiegenden Regel. Allmählich wird die Warenproduktion zur herrschenden Form, in der die sich in Waren verwandelnden Arbeitsprodukte die Hände wechseln. Der Produzent gibt im Austausch seine Ware weg, ohne zu wissen, was aus ihr wird. Dann tritt das Geld als Vermittler zwischen die Produzenten, und es erscheint der Kaufmann. Der Austauschprozeß wird noch verwickelter, das schließliche Schicksal der Produkte noch ungewisser. Die Waren gehen nun schon nicht nur von Hand zu Hand, sie gehen auch von Markt zu Markt. Die Produzenten verlieren die Herrschaft über die Gesamtproduktion ihres Lebenskreises, Produkte und Produktion verfallen dem Zufall.

„Aber Zufall“, fährt Engels fort, „das ist nur der eine Pol eines Zusammenhangs, dessen andrer Pol Notwendigkeit heißt.“[47] In der Natur, wo auch der Zufall zu herrschen scheint, hat die Wissenschaft schon lange auf jedem einzelnen Gebiet die innere Notwendigkeit und Gesetzmäßigkeit nachgewiesen, die sich in der Zufälligkeit durchsetzt. Was für die Natur gilt, ist aber auch für die Gesellschaft gültig. Je mehr bestimmte gesellschaftliche Prozesse der bewußten Kontrolle der Menschen entgleiten und der reinen Zufälligkeit überlassen scheinen, desto mehr setzen sich in dieser Zufälligkeit die ihr eigentümlichen inneren Gesetze mit Naturnotwendigkeit durch.

„Solche Gesetze beherrschen auch die Zufälligkeiten der Warenproduktion und des Warenaustausches; dem einzelnen Produzenten und Austauschenden stehn sie gegenüber als fremde, anfangs sogar unerkannte Mächte, deren Natur erst mühsam erforscht und ergründet werden muß.“[48]

[46] Ebenda, S. 169 [47] Ebenda, S. 169 [48] Ebenda

Die spontanen ökonomischen Gesetze der Warenproduktion modifizieren sich mit den verschiedenen Stufen ihrer Entwicklung, jedoch verläuft die ganze Periode der geschriebenen Geschichte bis zum Siege des Sozialismus im Zeichen ihrer Herrschaft. In der kapitalistischen Gesellschaft erreicht die Herrschaft des Produkts über den Produzenten das äußerste Maß. Die gesellschaftliche Gesamtproduktion wird nicht durch einen überlegten Plan geregelt, sondern durch blinde Gesetze, die sich mit elementarer Gewalt geltend machen – letzten Endes in den Gewittern der periodischen ökonomischen Krisen.[49]

6. Der Staat und das ökonomische Leben der Gesellschaft

Der Urkommunismus ging unter, weil er die Entwicklung der Produktivkräfte, die Beherrschung der Naturkräfte durch den Menschen zu hemmen begann. Morgan verband den Untergang der Gentilverfassung mit dem Entstehen des Privateigentums und zog daraus weitreichende Schlußfolgerungen: „Es ist geradezu unmöglich, den Einfluß des Privateigentums auf die Zivilisation der Menschheit zu überschätzen ... Der Einfluß der Idee des Privateigenthums auf den menschlichen Geist war anfangs gar schwach und unmerklich; aber sie ist schließlich zur Leidenschaft geworden, die ihn völlig beherrschte. Regierungen und Gesetze sind eingeführt worden, die von vornherein keine andere Bestimmung hatten, als Reichthum schaffen, sichern und genießen zu helfen. Das Privateigenthum war es, das zur Sklaverei von Menschen führte, als Werkzeug zur Produktion von Reichthum; dasselbe Privateigenthum veranlaßte nach den Erfahrungen von mehreren tausend Jahren die Abschaffung der Sklaverei, als man entdeckt hatte, daß ein freier Arbeiter eine bessere Maschine zur Erzeugung von Reichthum sei."[50]

Diese Überlegung Morgans, die für seinen unter einer idealistischen Hülle auftretenden spontanen Materialismus so charakteristisch ist, übersetzte Engels in die Sprache der materialistischen Dialektik und bereicherte sie mit neuen Schlußfolgerungen, in deren Resultat er die wissenschaftliche Theorie vom Ursprung des Staates schuf.

Am Beispiel der griechischen Verfassung der Heldenzeit zeigt Engels den Anfang der Untergrabung der alten Gentilorganisation. Die Ent-

[49] Siehe ebenda, S. 169/170

[50] Morgan, L. H., Die Urgesellschaft, a. a. O., S. 431–432

stehung des Vaterrechts mit der Vererbung des Vermögens an die Kinder begünstigte die Anhäufung des Reichtums in der Familie und stärkte die Familie gegenüber der Gens. Die Vermögensunterschiede wirkten auf die gesellschaftliche Verfassung vermittelst der Bildung der ersten Ansätze zu einem erblichen Adel und Königtum zurück. Die Sklaverei, in die zunächst noch bloß die Kriegsgefangenen fielen, eröffnete die Aussicht auf Versklavung der eigenen Stammes- und selbst Gentilgenossen. Der frühere Krieg zwischen den Stämmen artete in eine systematische Räuberei zu Lande und zur See aus, um Vieh, Sklaven und Schätze zu erobern. Der Reichtum wurde als höchstes Gut gepriesen und geachtet, die alten Gentileinrichtungen mißbraucht, um den gewaltsamen Raub von Reichtümern zu rechtfertigen.

„Es fehlte nur noch eins:“, schließt Engels, „eine Einrichtung, die die neuerworbenen Reichtümer der einzelnen nicht nur gegen die kommunistischen Traditionen der Gentilordnung sicherstellte, die nicht nur das früher so geringgeschätzte Privateigentum heiligte und diese Heiligung für den höchsten Zweck aller menschlichen Gemeinschaft erklärte, sondern die auch die nacheinander sich entwickelnden neuen Formen der Eigentumserwerbung, also der stets beschleunigten Vermehrung des Reichtums mit dem Stempel allgemein gesellschaftlicher Anerkennung versah; eine Einrichtung, die nicht nur die aufkommende Spaltung der Gesellschaft in Klassen verewigte, sondern auch das Recht der besitzenden Klasse auf Ausbeutung der nichtbesitzenden und die Herrschaft jener über diese.

Und diese Einrichtung kam. Der *Staat* wurde erfunden.“[51]

Schon die erste Klassenteilung der Gesellschaft in Sklavenhalter und Sklaven bringt den Staat hervor, der als Einrichtung entsteht, um die versklavten Massen im Zaum zu halten. Im Verlaufe der ganzen weiteren Geschichte der Menschheit geht ein Wechsel in den Formen der Ausbeutung vor sich, den Platz der einen Klassen nehmen andere ein. Aber die Herrschaft des Privateigentums und die auf ihm begründete Ausbeutung des Menschen durch den Menschen erhalten sich bis zur sozialistischen Revolution. Auch die Rolle des Staates als Machtapparat der herrschenden Klassen, die die Minderheit der Gesellschaft darstellen, über die die gewaltige Mehrheit der Bevölkerung verkörpernden ausgebeuteten Massen bleibt erhalten.

[51] Engels, F., Der Ursprung der Familie, des Privateigentums und des Staats, in: MEW, Bd. 21, S. 105/106

Die Untersuchung der Frage nach dem Ursprung und der Rolle des Staates durch Engels hatte gewaltige Bedeutung für die ökonomische Theorie des Marxismus. Die marxistische politische Ökonomie betrachtet die Rolle des Staates im ökonomischen Leben der Gesellschaft prinzipiell anders als die bürgerliche Wissenschaft. Die bürgerlichen Ökonomen gehen an die Frage nach dem Staat von ihrem gewöhnlichen unhistorischen Standpunkt heran. Einige von ihnen meinen, daß der Staat nur die Rolle eines „Nachtwächters" spielen sollte, ohne sich in das wirtschaftliche Leben der Gesellschaft einzumischen. Andere dagegen sehen im Staat ein allmächtiges Ungetüm, das alle Seiten des Lebens der Gesellschaft, darunter auch das ökonomische Leben, bestimmt. Beide Konzeptionen haben in gleichem Maße antiwissenschaftlichen Charakter.

Sie dienen den Interessen der Bourgeoisie in dieser oder jener Entwicklungsetappe des Kapitalismus. Dem Marxismus ist sowohl die Vorstellung fremd, daß der Staat der hauptsächliche Faktor der gesellschaftlichen Entwicklung sei, der letzten Endes ihren Gang bestimmt, als auch die entgegengesetzte Vorstellung, daß der Staat überhaupt keine aktive Rolle im Prozeß der gesellschaftlichen Entwicklung spielt.

Der Marxismus enthüllte den wirklichen Platz des Staates in der ökonomischen Entwicklung der Gesellschaft. Die Untersuchung von Engels brachte völlige Klarheit in die Frage nach dem Ursprung des Staates. Die Analyse dieses Prozesses in der Geschichte verschiedener Völker – der nordamerikanischen Indianer, der Griechen, der Römer, der Kelten, der Germanen – führte Engels zu dem Schluß, daß der Staat erst auf einer bestimmten Entwicklungsstufe der Gesellschaft, unter bestimmten historischen Bedingungen entsteht. Nachdem Engels den Prozeß der Auflösung der Gentilverfassung bei vielen Völkern unter dem Einfluß der Veränderungen der ökonomischen Bedingungen ihres Lebens und der Evolution der Familienformen untersuchte, kam er zur Schlußfolgerung, daß der „Staat keineswegs eine der Gesellschaft von außen aufgezwungene Macht ist. Der Staat", so fährt Engels fort, „ist vielmehr ein Produkt der Gesellschaft auf bestimmter Entwicklungsstufe; er ist das Eingeständnis, daß diese Gesellschaft sich in einen unlösbaren Widerspruch mit sich selbst verwickelt, sich in unversöhnliche Gegensätze gespalten hat, die zu bannen sie ohnmächtig ist. Damit aber diese Gegensätze, Klassen mit widerstreitenden ökonomischen Interessen nicht sich und die Gesellschaft in fruchtlosem Kampf verzehren, ist eine scheinbar über der Gesellschaft stehende Macht nötig geworden, die den Konflikt dämpfen, innerhalb der Schranken der ‚Ordnung' halten soll; und diese, aus der Gesellschaft hervorgegangne, aber sich über sie stellende, sich ihr mehr und mehr entfremdende Macht ist der Staat."[52]

In seiner Arbeit „Staat und Revolution" vermerkt Lenin hinsichtlich dieser von ihm zitierten Feststellung von Engels, daß hier mit voller Klarheit der Grundgedanke des Marxismus über die historische Rolle und die Bedeutung des Staates zum Ausdruck gebracht wird. Die Auffassung von Engels resümierend, legt er diesen Grundgedanken folgendermaßen dar: „Der Staat ist das Produkt und die Äußerung der *Unversöhnlichkeit* der Klassengegensätze. Der Staat entsteht dort, dann und insofern, wo, wann und inwiefern die Klassengegensätze objektiv *nicht* versöhnt werden *können*. Und umgekehrt: Das Bestehen des Staates beweist, daß die Klassengegensätze unversöhnlich sind."[53]

Die marxistische Auffassung über den Ursprung und die historische Rolle des Staates enthüllte die Unhaltbarkeit der idealistischen Staatskonzeptionen, der hilflosen Versuche der bürgerlichen Wissenschaft, den Staat als eine über den Klassen stehende Kraft darzustellen, die dazu berufen ist, die Klassen zu „versöhnen", indem sie die Rolle eines Schiedsrichters zwischen ihnen spielt. Der Marxismus zerstörte die reformistischen Illusionen über die angeblich wohltätige Rolle des bürgerlichen Staates als Vertreter „allgemeinnationaler" Interessen, als unparteiischer Richter in den Klassenkonflikten. Der ganze Verlauf der Geschichte zeigt, daß in den großen Klassenschlachten der Staat in der Ausbeuterordnung immer an der Seite der herrschenden Klassen, – gegen die unterdrückten Klassen auftritt.

Gleichzeitig ließ die marxistische Auffassung von der Rolle des Klassenstaates von dem anarchistischen Herangehen an die Aufgaben des Klassenkampfes des Proletariats keinen Stein auf dem andern. In der Regel ist der Staat das Machtorgan der mächtigsten, ökonomisch herrschenden Klasse, die mit seiner Hilfe auch die politisch herrschende Klasse wird. Jedoch sind auch solche Typen der Staatsgewalt anzutreffen, die infolge eines zeitweiligen Gleichgewichts der Kräfte zwischen den kämpfenden Klassen eine gewisse Selbständigkeit gegenüber den beiden Klassen erhalten. Als Beispiel führt Engels unter anderem

[52] Ebenda, S. 165

[53] Lenin, W. I., Staat und Revolution. Die Lehre des Marxismus vom Staat und die Aufgaben des Proletariats in der Revolution, in: Werke, Bd. 25, Berlin 1960, S. 398/399

den Bonapartismus an, der das Proletariat gegen die Bourgeoisie und die Bourgeoisie gegen das Proletariat aufwiegelte.

Die Verallgemeinerung des historischen Entwicklungsweges der Staatsformen führt Engels zu dem Schluß, daß die demokratische Republik die höchste Form des bürgerlichen Staates darstellt, in der der letzte Entscheidungskampf zwischen Proletariat und Bourgeoisie allein ausgekämpft werden kann. In dem Maße, wie das Proletariat seiner Selbstemanzipation entgegenreift, konstituiert es sich als eigene Partei, wählt seine eigenen Vertreter in das Parlament. Das allgemeine Stimmrecht dient so als Gradmesser der Reife des Proletariats, mehr kann es nicht sein. „An dem Tage", beendet Engels seine Betrachtung zur Frage über die Ausnutzung der demokratischen Rechte durch die Arbeiterklasse im Interesse des Kampfes um den Sozialismus, „wo das Thermometer des allgemeinen Stimmrechts den Siedepunkt bei den Arbeitern anzeigt, wissen sie sowohl wie die Kapitalisten, woran sie sind."[54]

In der demokratischen Republik, schreibt Engels, übt der „Reichtum" seine Macht indirekt, aber um so sicherer aus: Einerseits in der Form der direkten Beamtenkorruption (klassisches Beispiel – Amerika), andererseits in der Form der Allianz von Regierung und Börse. Diese Allianz vollzieht sich um so leichter, je mehr die Staatsschulden steigen und je mehr Aktiengesellschaften nicht nur den Transport, sondern auch die Produktion selbst in ihren Händen konzentrieren und wiederum in der Börse ihren Mittelpunkt finden. Hiermit war natürlich der vormonopolistische Kapitalismus gemeint.

In der Polemik mit den Vertretern des „imperialistischen Ökonomismus" im Jahre 1916 führt Lenin diesen Gedanken von Engels an und stellt die Frage: Was ändert sich nun in dieser Beziehung mit der Ablösung des Kapitalismus durch den Imperialismus, d. h. des vormonopolistischen durch den monopolistischen Kapitalismus? Lenin antwortet: „Nur, daß die Macht der Börse noch größer wird!" Diesen Gedanken erklärend, verweist Lenin darauf, daß das Finanzkapital das große, zum Monopol fortentwickelte Industriekapital ist, das mit dem Bankkapital verschmolzen ist; die Großbanken verschmelzen mit der Börse, indem sie letztere verschlingen. Dabei vermerkt er in Klammern, daß in der Literatur über den Imperialismus von der ab-

[54] Engels, F., Der Ursprung der Familie, des Privateigentums und des Staats, in: MEW, Bd. 21, S. 168

nehmenden Bedeutung der Börse gesprochen wird, aber nur in dem Sinn, daß jede Riesenbank selbst eine Börse ist.[55]

Die Klärung des historischen Ursprungs des Staates war der Schlüssel zum Verständnis seines Wesens, seiner Entwicklungstendenzen, seines weiteren Schicksals. In der Zusammenfassung seiner Untersuchung des Staates kommt Engels zu der Schlußfolgerung, daß der Staat nicht ewig existiert. Lange Zeit kam die Gesellschaft ohne ihn aus; vom Staat und von der Staatsgewalt hatte sie keine Vorstellung. Auf einer bestimmten Stufe der ökonomischen Entwicklung erfolgt die Spaltung der Gesellschaft in Klassen, und der Staat wird infolgedessen eine Notwendigkeit. Mit der weiteren Entwicklung der Produktion hört jedoch die Existenz antagonistischer Klassen nicht nur auf, eine Notwendigkeit zu sein, sie wird ein direktes Hindernis der Produktion. „Sie werden fallen, ebenso unvermeidlich, wie sie früher entstanden sind. Mit ihnen fällt unvermeidlich der Staat. Die Gesellschaft, die die Produktion auf Grundlage freier und gleicher Assoziation der Produzenten neu organisiert, versetzt die ganze Staatsmaschine dahin, wohin sie dann gehören wird: ins Museum der Altertümer, neben das Spinnrad und die bronzene Axt.“[56]

Das historische Herangehen an die Untersuchung der ökonomischen Gesellschaftsformationen zeigte eine Reihe der wichtigsten Kategorien der politischen Ökonomie in neuem Licht. Für die bürgerlichen Ökonomen stellten solche Kategorien, wie die Arbeit, die Arbeitsteilung, das Eigentum, die Klassen usw., etwas Erstarrtes und Unveränderliches dar. Der Marxismus zeigte, daß diese Kategorien historischen Charakter tragen, daß sich im Verlaufe der Menschheitsgeschichte ihr Wesen und ihre Form ändert und sie eine äußerst unterschiedliche Rolle in den verschiedenen Entwicklungsstufen der Gesellschaft spielen. Die Arbeit von Engels zeichnet sich besonders dadurch aus, daß sie in der Urgesellschaft den Ursprung und die historischen Quellen vieler ökonomischer Kategorien aufdeckt, die danach eine bedeutende Rolle in den folgenden Gesellschaftsformationen spielen.

[55] Siehe Lenin, W. I., Über eine Karrikatur auf den Marxismus und über den „imperialistischen Ökonomismus“, in: Werke, Bd. 23, Berlin 1957, S. 39

[56] Engels, F., Der Ursprung der Familie, des Privateigentums und des Staats, a. a. O., S. 168, in: MEW, Bd. 21, S. 168

Am Schluß seiner Arbeit führt Engels die Überlegungen Morgans über das weitere Schicksal der Menschheit an. Bei der Betrachtung des von der Menschheit zurückgelegten Weges kam Morgan zu der Schlußfolgerung, daß seit dem Eintritt der Zivilisation und dem Wachstum des Reichtums in den Händen der Eigentümer der Reichtum zu einer dem Volk gegenüberstehenden drohenden Macht geworden ist. Morgan drückte die Überzeugung aus, daß die Interessen der Gesellschaft höher stehen als die Interessen des Individuums und die bloße Jagd nach Reichtum nicht die Endbestimmung der Menschheit ist. Indem er darauf verweist, daß die seit Anbruch der Zivilisation verflossene Zeit nur einen kleinen Bruchteil der vergangenen Lebenszeit der Menschheit und nur einen kleinen Bruchteil der ihr noch bevorstehenden darstellt, sah Morgan die Unvermeidlichkeit des Anbruchs einer neuen Epoche voraus, die er folgendermaßen charakterisierte: „Demokratie in der Verwaltung, Brüderlichkeit in der Gesellschaft, Gleichheit der Rechte, allgemeine Erziehung werden die nächste höhere Stufe der Gesellschaft einweihen, zu der Erfahrung, Vernunft und Wissenschaft stetig hinarbeiten. *Sie wird eine Wiederbelebung sein – aber in höherer Form – der Freiheit, Gleichheit und Brüderlichkeit der alten Gentes.*“ [57]

Engels' Arbeit „Der Ursprung der Familie, des Privateigentums und des Staats“ bereicherte die geistige Schatzkammer des Marxismus in bedeutendem Maße und vermehrte das Arsenal der geistigen Waffen der Arbeiterklasse im Kampf für Sozialismus und Kommunismus.

[57] Zitiert nach Engels, F., Der Ursprung der Familie, des Privateigentums und des Staats, in: Ebenda, S. 173

ZWEITER TEIL

Engels und „Das Kapital" von Marx

Kapitel VII

Die Mitarbeit von Engels am „Kapital"

In der Geschichte der Schaffung des „Kapitals", in den Annalen des Kampfes für seine Anerkennung, für die Verbreitung seiner Ideen sind viele erregende Seiten mit dem Namen von Engels verbunden. Er charakterisierte das „Kapital" als das „Hauptwerk von Marx, das die Grundlagen seiner ökonomisch-sozialistischen Anschauungen und die Hauptzüge seiner Kritik der bestehenden Gesellschaft, der kapitalistischen Produktionsweise und ihrer Folgen darlegt"[1]. Die Rolle des großen Freundes und Kampfgenossen von Marx bei der Schaffung dieses Werkes ist wahrlich schwer zu überschätzen.

1. Das erste Jahrzehnt in London

Die Grundlagen der neuen, proletarischen Weltanschauung wurden von Marx gemeinsam mit Engels bereits in den vierziger Jahren des 19. Jahrhunderts ausgearbeitet. Schon damals legten sie den Grundstein für eine echt wissenschaftliche politische Ökonomie. Nachdem Marx 1850 nach London übergesiedelt war, hielt er es jedoch für notwendig, wie er im Vorwort der Arbeit „Zur Kritik der Politischen Ökonomie" schreibt, „ganz von vorn wieder anzufangen und . . . das neue Material kritisch durchzuarbeiten"[2]. Das war bereits die zweite Forschung, die einen außerordentlich breiten Problemkreis erfaßte. Sie kann ihrerseits in zwei Perioden eingeteilt werden: Die erste Periode

[1] Engels, F., Karl Marx, in: MEW, Bd. 19, Berlin 1962, S. 100

[2] Marx, K., Zur Kritik der Politischen Ökonomie, in: MEW, Bd. 13, Berlin 1961, S. 10/11

umfaßt das Jahrzehnt bis zur Veröffentlichung der Arbeit „Zur Kritik der Politischen Ökonomie", die zweite – die folgenden Jahre, in denen das „Kapital" geschaffen wurde.

In den vierziger Jahren arbeiteten Marx und Engels in engster Gemeinschaft und legten die Ergebnisse ihrer Forschungen hauptsächlich in gemeinsamen Arbeiten dar. Im Verlaufe der zweiten Forschungsperiode war die Mitarbeit von Engels erheblich bedeutender, als es auf den ersten Blick scheinen mag. Sowohl in den Jahren vor der Veröffentlichung der „Kritik der Politischen Ökonomie", als auch in der Periode der Vorbereitung des ersten Bandes des „Kapitals" und in den folgenden Jahren war Engels äußerst aktiv am wissenschaftlichen Schöpfungsprozeß von Marx beteiligt; nach dessen Tod jedoch, lag die Vollendung des Lebenswerkes von Marx – die Herausgabe der letzten zwei Bände des „Kapitals" – auf den Schultern von Engels.

„Also *dieser Band ist fertig*", schrieb Marx an Engels, als er die letzten Bogen des ersten Bandes des „Kapitals" abgesandt hatte. „Bloß Dir verdanke ich es, daß dies möglich war! Ohne Deine Aufopferung für mich konnte ich unmöglich die ungeheuren Arbeiten zu den 3 Bänden machen. Ich umarme Dich dankerfüllt!"[3]

In diesen Worten ist nicht die geringste Übertreibung. Damals konnte Marx aber noch nicht voraussehen, welche riesige Arbeit zur Vollendung seiner ökonomischen Forschungen auf Engels zukommen würde. Diese Arbeit konnte Engels nur deshalb vollbringen, weil er im Verlaufe von Jahrzehnten in dem schöpferischen Laboratorium von Marx lebte und dabei außerordentlich aktiv an der Ausarbeitung seiner ökonomischen Lehre beteiligt war.

Es ist bekannt, daß der Meinungsaustausch mit Engels, der sich früher als sein Freund mit der politischen Ökonomie beschäftigt hatte, in bedeutendem Maße das Interesse von Marx an dieser Wissenschaft verstärkte. Bekannt ist auch die große Bedeutung der materiellen Unterstützung durch Engels, ohne die der Autor des „Kapitals" nicht in der Lage gewesen wäre, seine Kräfte auf die Schaffung seines genialen Werkes zu konzentrieren. „Die Not lastete geradezu erdrückend auf

[3] Marx' Brief an Engels vom 16. 8. 1867, in: MEW, Bd. 31, Berlin 1965, S. 323 – Um das Lesen zu erleichtern, geben wir die im Briefwechsel zwischen Marx und Engels häufig vorkommenden fremdsprachigen Sätze in Deutsch wieder. Der interessierte Leser kann den Originaltext sehr leicht nach der Quellenangabe finden. (Der Herausgeber)

Marx und seiner Familie; ohne die ständige aufopfernde finanzielle Unterstützung Engels' wäre Marx nicht nur außerstande gewesen, das ‚Kapital' zu beenden, er wäre auch unvermeidlich in Not und Elend zugrunde gegangen."[4]

Darüber hinaus war die unmittelbare Teilnahme von Engels an der Ausarbeitung vieler wichtiger Probleme, vor denen Marx bei der Erarbeitung seines unsterblichen Werkes stand, von riesiger Bedeutung.

Eine Vorstellung von dieser Rolle Engels' vermittelt vor allem der Briefwechsel der Begründer des Marxismus! Bei der Charakteristik dieses Briefwechsels betonte Lenin: „Versucht man mit einem Wort auszudrücken, was sozusagen den Brennpunkt des ganzen Briefwechsels ausmacht, jenen zentralen Punkt, in dem alle Fäden des Netzes der geäußerten und erörterten Ideen zusammenlaufen, so wird dies das Wort *Dialektik* sein."[5]

Lenin stellte dabei die Anwendung der materialistischen Dialektik bei der radikalen Umarbeitung der gesamten politischen Ökonomie seit ihrer Gründung an die erste Stelle. Eine solche grandiose Aufgabenstellung warf natürlich eine Menge komplizierter Fragen auf. Bei wem konnte Marx Hilfe suchen, wenn nicht bei Engels?

Die Vorgänger des Marxismus in der ökonomischen Wissenschaft – die Vertreter der klassischen bürgerlichen Schule – sahen ihre Aufgabe darin, den inneren Zusammenhang der Erscheinungen der kapitalistischen Produktionsweise, die sie für die natürliche Form jeder gesellschaftlichen Produktion überhaupt hielten, aufzudecken. Ihre Epigonen – die Vulgärökonomen – beschränkten sich auf platte Apologetik, indem sie den Kapitalismus um jeden Preis zu beschönigen versuchten. Marx stellte sich die Aufgabe, nicht nur das wirkliche Wesen der hinter einer dinglichen Hülle verborgenen Verhältnisse der kapitalistischen Produktionsweise zu enthüllen, sondern auch aufzuzeigen, warum und wie diese Verhältnisse an der Oberfläche der Erscheinungen in verzerrter Form auftreten. Im „Kapital" unterzog er sowohl den Inhalt als auch die Erscheinungsform der ökonomischen Kategorien einer sorgfältigen und allseitigen Untersuchung, wobei er den Funktionsmechanismus der kapitalistischen Produktion in der größten Tiefe enthüllte.

[4] Lenin, W. I., Karl Marx (Kurzer biographischer Abriß mit einer Darlegung des Marxismus), in: Werke, Bd. 21, Berlin 1960, S. 36/37

[5] Lenin, W. I., Der Briefwechsel zwischen Marx und Engels, in: Werke, Bd. 19, Berlin 1962, S. 550

In jener Zeit war die konkret-ökonomische Literatur jedoch äußerst dürftig. Statistische Publikationen gab es damals nicht, die später und insbesondere mit Beginn unseres Jahrhunderts im Überfluß erschienen. Es gab auch keine konkret beschreibenden Arbeiten zur Ökonomik der kapitalistischen Betriebe und Zweige, wie sie den heutigen Büchermarkt überschwemmen. Als Marx am „Kapital" arbeitete, studierte und verwandte er sorgfältig und umfassend die in England veröffentlichten sogenannten Blaubücher, in denen er erschütterndes Material zur Charakteristik der brutalen Ausbeutung der Arbeit durch das Kapital fand. Aber auch diese Quelle warf wenig Licht auf viele Prozesse im Inneren der kapitalistischen Betriebe, an deren Schwelle nach einem Wort von Marx zu lesen steht: „Eintritt nur in Geschäftsangelegenheiten."[6]

Durch seine Arbeit in der Handelsfirma hatte Engels Zugang zu dieser Unbefugten verschlossenen Sphäre. Wiederholt wandte sich Marx um Hilfe an ihn, wenn er diese oder jene Seite des kapitalistischen Funktionsmechanismus aufklären wollte. Wo es notwendig war, holte Engels die entsprechenden Auskünfte ein und antwortete gründlich auf die Fragen von Marx.

Die Briefe von Marx und die Antworten von Engels sind für das Verständnis des Prozesses der Herausbildung der ökonomischen Theorie des Marxismus außerordentlich wertvoll. Die Briefe von Marx enthalten die Andeutung zur Lösung vieler komplizierter Probleme. In den Antworten von Engels sind wichtige Gedanken dargelegt, die zum größten Teil bei der Ausarbeitung des endgültigen Textes von Marx berücksichtigt wurden. Bei aller Bedeutung des Briefwechsels der Begründer des Marxismus als einer Quelle zur Beurteilung des Anteils von Engels an Marx' Arbeit am „Kapital", ist zu beachten, daß diese Quelle ihrer Natur nach nicht vollständig und erschöpfend sein kann. Selbst in der Periode, als beide Freunde in verschiedenen Städten wohnten und fast täglich Briefe austauschten, trafen sie sich von Zeit zu Zeit und diskutierten zweifellos bei diesen persönlichen Zusammenkünften über mit dem „Kapital" zusammenhängende Fragen. Nachdem Engels nach London übergesiedelt war, wurde das persönliche Gespräch natürlich die hauptsächliche Form der Diskussion wissenschaftlicher Probleme, und die Briefe erfassen nur die relativ kurzen Zeiträume, in denen einer der Freunde London zeitweilig verlassen hatte.

[6] Vgl. Marx, K., Das Kapital, Erster Band, in: MEW, Bd. 23, Berlin 1962, S. 189

Die Ungeduld ist leicht zu verstehen, mit der Engels die Veröffentlichung der Ergebnisse von Marx' wissenschaftlichen Untersuchungen erwartete. Nachdem Marx Ende des Jahres 1843 fest an das Studium der ökonomischen Probleme herangegangen war, hatte er sich bereits für das folgende Jahr eine Arbeit vorgenommen, die der Kritik der bürgerlichen ökonomischen Theorien vom Standpunkt der von ihm geschaffenen materialistischen Weltanschauung gewidmet sein sollte. Er hatte sogar einen Vertrag mit einem deutschen Verleger über ein zweibändiges Werk mit dem Titel „Kritik der Politik und Nationalökonomie" abgeschlossen. Eine Vorstellung über den Inhalt dieser Arbeit vermitteln die „Ökonomisch-philosophischen Manuskripte 1844", die ein Teil der von Marx geplanten Untersuchung sind. Die Arbeit blieb jedoch aus verschiedenen Gründen unvollendet und erschien nicht. Engels, der natürlich über die Pläne seines Freundes informiert war, drängte ihn bereits damals, die Arbeit zu veröffentlichen.

„Was uns jetzt aber vor allem not tut", schrieb er Marx im Januar 1845, „sind ein paar größere Werke, um den vielen Halbwissenden, die gern wollen, aber nicht allein fertig werden können, einen gehörigen Anhaltspunkt zu geben." Engels rät Marx, bald mit seinem nationalökonomischen Buch fertig zu werden, auch wenn er selbst mit vielem unzufrieden bleiben sollte, denn „wir müssen das Eisen schmieden, weil es warm ist". Engels meinte, daß die Arbeit vor dem April 1845 fertig sein sollte, und gab Marx den praktischen Rat: „. . . mach's wie ich, setz Dir eine Zeit, bis wohin Du positiv *fertig sein willst*, und sorge für einen baldigen Druck."[7]

Der Gang der Ereignisse veränderte die anfangs gefaßten Pläne. Das Leben stellte den Begründern des Marxismus eine Reihe neuer unaufschiebbarer Aufgaben, und Marx kam erst nach der Revolution von 1848, als er sich in der Emigration in London befand, auf sein ursprüngliches Vorhaben einer gründlichen kritischen Auseinandersetzung mit der bisherigen politischen Ökonomie zurück. Zu dieser Zeit verbreiterten und vertieften sich die Aufgaben, die sich Marx stellte. Es waren Jahrzehnte hartnäckiger Arbeit nötig, um sie zu erfüllen. Die zahlreichen Zeitverschiebungen, Veränderungen früher gefaßter Pläne und Absichten betrübten Engels. Aber keiner kannte so gut wie er die wirklichen Gründe der Verzögerung.

[7] Engels' Brief an Marx, 20. 1. 1845, in: MEW, Bd. 27, Berlin 1963, S. 16

Wie Engels bezeugt, studierte und durchdachte Marx den Gegenstand seiner Forschung mit einer Gewissenhaftigkeit, „die ihresgleichen sucht, einer Gewissenhaftigkeit, die ihn verhindert hat, seine Schlußfolgerungen in systematischer Form vor das Publikum zu bringen, ehe sie ihm nach Form und Inhalt selbst genügten, ehe er darüber mit sich klar war, daß er kein Buch ungelesen, keinen Einwurf unerwogen gelassen, daß er jeden Punkt vollständig erschöpft habe“[8].

Als Engels nach dem Tode von Marx von Bebel gefragt wurde, wie es kam, daß er nicht genau den Zustand der Arbeiten am zweiten und dritten Band des „Kapitals“ kannte, antwortete Engels ihm: „Sehr einfach: hätte ich das gewußt, ich hätte ihm bei Tag und Nacht keine Ruh gelassen, bis es ganz fertig und gedruckt war. Und das wußte M(arx) besser als jeder andre; er wußte daneben, daß das Ms. im schlimmsten, jetzt eingetretnen Fall, von mir in seinem Geist herausgegeben werden konnte ...“[9] Marx sprach darüber auch mit seiner jüngsten Tochter Eleonore, fügte Engels hinzu.

Im Jahre 1850 nimmt Marx in London die Untersuchungen der politischen Ökonomie wieder auf, und bald nehmen die ökonomischen Fragen im Briefwechsel der Begründer des Marxismus einen hervorragenden Platz ein. Bereits Anfang des Jahres 1851 entwickelt sich ein sehr interessanter Meinungsaustausch über die Rententheorie. Marx kommt zu der Schlußfolgerung, daß die Rententheorie Ricardos auf unrichtigen Voraussetzungen aufbaut. Es handelt sich dabei um das Gesetz von der abnehmenden Bodenfruchtbarkeit. Marx bemerkt, daß die Geschichte dieses Gesetz widerlegt: Der Fortschritt der Wissenschaft und Industrie, der Zivilisation führt zur Erhöhung der Produktivität der Agrikultur. „Die Hauptsache bei alledem bleibt, das Gesetz der Rente mit dem Fortschritt der Fruchtbarkeit der Agrikultur im allgemeinen auszugleichen, wodurch einmal die historischen Tatsachen allein erklärt werden können, andererseits die Malthussche Verschlechterungstheorie nicht nur der Hände sondern auch der Erde allein beseitigt wird.“[10]

Marx berechnet, wie die Summe der Differentialrente bei einer Erhöhung der allgemeinen Bodenfruchtbarkeit anwachsen kann und bittet Engels, sich dazu zu äußern.

[8] Engels, F., Karl Marx, in: MEW, Bd. 16, S. 365/366

[9] Engels Brief an August Bebel, 30. 8. 1883, in: MEW, Werke, Bd. 36, S. 56

[10] Marx' Brief an Engels, 7. 1. 1851, in: MEW, Bd. 27, S. 158

In seiner Antwort auf diesen Brief erklärt sich Engels völlig mit den Überlegungen von Marx einverstanden. Er bemerkt, daß ihm die Behauptung Ricardos über die mit der Bevölkerung ständig steigende Unfruchtbarkeit des Bodens nie einleuchtete. Ricardo ignoriert vollständig die Fortschritte in der Agrikultur und operiert ohne Beweis mit der Behauptung, daß das Kapital, das sukzessive auf einem bestimmten Feld angelegt wird, immer weniger zur Vermehrung des Ertrages beitrage. Engels erinnert Marx daran, daß er bereits in der Arbeit „Umrisse zu einer Kritik der Nationalökonomie" der Theorie von der abnehmenden Fruchtbarkeit die Erfolge der wissenschaftlichen Agrikultur gegenüberstellte. „Du hast jetzt die Sache ins reine gebracht", schließt Engels, „und das ist ein Grund mehr, weshalb Du eilen solltest mit der Vollendung und Publizierung der Ökonomie." [11]

Nachdem Marx die Antwort von Engels erhalten hat, wendet er sich erneut um Rat an ihn, schon in einer anderen Frage der ökonomischen Theorie. Diesmal geht es um die Kritik des sogenannten Prinzips der Geldzirkulation. Ausgehend von Ricardos Quantitätstheorie des Geldes, suchten die Verteidiger dieser Theorie die Ursache der Krisen in der Geldzirkulation. Entsprechend dieser Theorie wurde 1844 ein Bankgesetz unter Robert Peel ausgearbeitet, welches vorsah, daß die Banknotenemission völlig durch die Goldreserven der Englischen Bank über die Summe von 14 Millionen Pfund Sterling hinaus gedeckt werden sollte. Jedoch schon die Krise von 1847 zwang dazu, das Gesetz zu suspendieren, da sich das von ihm errichtete System als unzureichend elastisch erwies.

Im Brief vom 3. Februar 1851 legt Marx ausführlich seine Erwiderungen gegen dieses „Prinzip der Geldzirkulation" und gegen die ihm zugrunde liegende Quantitätstheorie des Geldes dar. Er kommt zur Schlußfolgerung, daß auch bei einer rein metallischen Zirkulation das Quantum des Metallgeldes, seine Vergrößerung oder Verminderung nichts mit dem Aus- und Einfluß der edlen Metalle, mit der günstigen oder ungünstigen Handelsbilanz und dem Wechselkurs zu tun hat. Daraus folgt, daß der Verlauf der Krisen, so sehr das Kreditsystem eine ihrer Bedingungen ist, nur insofern mit der Geldzirkulation verbunden ist, als fehlerhafte Eingriffe der Staatsgewalt zur Verschärfung der Krise führen können, wie es 1847 in England geschah. Bei der Untersuchung einiger Fälle hellt Marx die gegenseitige Abhängigkeit

[11] Engels' Brief an Marx, 29. 1. 1851, in: Ebenda, S. 171

des Zustandes der Geldzirkulation, des Ein- oder Abflusses von Edelmetallen und der Handelsbilanz auf.[12]

Engels schreibt in seiner Antwort, daß nach seiner Ansicht die Sache völlig richtig ist und dazu beitragen wird, die verrückte Zirkulationstheorie auf einfache und klare grundlegende Tatsachen zurückzuführen. Gleichzeitig trug er einige Ergänzungen und Verbesserungen zu den konkreten Illustrationen von Marx bei.[13]

Im Frühjahr 1851 teilt Marx mit, daß er damit rechnet, in fünf Wochen seine Studien der ökonomischen Literatur in der Bibliothek zu beenden, um dann zu Hause die Ausarbeitung der politischen Ökonomie fortzusetzen. „Im Grunde hat diese Wissenschaft seit A. Smith und D. Ricardo keine Fortschritte mehr gemacht, so viel auch in einzelnen Untersuchungen, oft supradelikaten, geschehn ist."[14]

Es zeigte sich, daß Marx die Vorbereitung seiner Hauptforschungen weder nach fünf Wochen noch nach fünf Jahren abgeschlossen hatte. Jedoch erfreute die Nachricht über die baldige Beendigung der Arbeit zur politischen Ökonomie Engels sehr. „Das Ding", schreibt Engels, „zog sich wirklich zu sehr in die Länge, und solange Du noch ein für wichtig gehaltnes Buch ungelesen vor Dir hast, solange kommst Du doch nicht zum Schreiben."[15] In diesem Brief fragt Engels auch, wie es mit einem Verleger für die beabsichtigten zwei Bände mit 60 Bogen bestellt ist.

In einem der folgenden Briefe teilt Engels Marx die „letzte Neuigkeit" mit – das Erscheinen des dritten Bandes der „Socialen Briefe an v. Kirchmann" von Rodbertus –, die nach den Worten einer Zeitung eine „vollständige Widerlegung der Ricardoschen Lehre von der Grundrente und die Darlegung einer neuen Rententheorie" enthalten. In scherzhafter Form schreibt Engels an Marx: „Du glaubst, die richtige Theorie der Grundrente entdeckt zu haben. Du glaubst, der erste zu sein, der die Ricardosche Theorie umwirft. Unglücklicher, der Du bist, Du bist überflügelt, vernichtet, geschlagen, assommiert. . ."[16]

Wie man sieht, war Engels nicht im geringsten geneigt, den Gedanken einer „Priorität" von Rodbertus gegenüber Marx ernsthaft in Betracht

[12] Vgl. Marx' Brief an Engels, 3. 2. 1851, in: Ebenda, S. 173–177
[13] Vgl. Engels' Brief an Marx, 25. 2. 1851, in: Ebenda, S. 200–202
[14] Marx' Brief an Engels, 2. 4. 1851, in: Ebenda, S. 228
[15] Engels' Brief an Marx, 3. 4. 1851, in: Ebenda, S. 233/234
[16] Engels' Brief an Marx, 19. 5. 1851, in: Ebenda, S. 259

zu ziehen. Damals konnte Engels noch nicht voraussehen, daß die Gegner des Marxismus einige Jahrzehnte später eine lärmende Kampagne zur Verteidigung der Ansprüche Rodbertus' auf eine Priorität gegenüber Marx, der angeblich die Hauptgedanken der Kritik der ökonomischen Theorie Ricardos von ihm entlehnt habe, organisieren würden. Freilich war diese Kampagne am wenigsten mit einer Suche nach der wissenschaftlichen Wahrheit verbunden. Im Gegenteil: Sie wurde von der ohnmächtigen Wut der Apologeten des Kapitalismus über den triumphalen Zug der marxistischen Ideen diktiert, und Engels entlarvte hervorragend diesen unwürdigen Feldzug der gelehrten Lakaien der Bourgeoisie, denen alle Mittel im Kampf gegen die von ihnen gehaßte Lehre recht sind.

In einem Brief stellt Marx die Frage, wie die Fabrikanten und Kaufleute den Teil des Profits berechnen, den sie selbst verzehren, und ob sie dieses Geld auch vom Bankier nehmen. Engels antwortet, daß in der Geschäftswelt der Kaufmann als Firma, als Profitmacher und derselbe Kaufmann als Konsument zwei ganz verschiedene Personen sind: Der Kaufmann als Firma heißt Gewinn- und Verlustkonto, der Kaufmann als Konsument – Haushaltungsunkostenkonto. „Kapitalkonto debitiert also dem Haushaltungsunkostenkonto jeden Centime, der aus der kommerziellen in die Privattasche wandert, und da Haushaltungsunkostenkonto nur ein Debet, aber kein Kredit hat, also einer der schlechtesten Schuldner der Firma ist, so ist am Ende des Jahrs die ganze Debetsumme von Haushaltungsunkostenkonto purer Verlust und wird vom Profit abgeschrieben."[17]

2. Die Entlarvung des Proudhonismus

Bei der Schaffung der politischen Ökonomie der Arbeiterklasse schenkten die Begründer des Marxismus der Entlarvung der ökonomischen Theorien Proudhons besondere Aufmerksamkeit. In einem Brief betonte Marx, daß in seiner Arbeit „Zur Kritik der Politischen Ökonomie" der in Frankreich modische Proudhonsche Sozialismus, „der die Privatproduktion bestehn lassen, *aber* den Austausch der Privatprodukte *organisieren*, der die *Ware* will, aber das *Geld* nicht will", in der Grundlage zerschlagen wurde. „Der Kommunismus muß sich vor allem

[17] Engels' Brief an Marx, 3. 4. 1951, in: Ebenda, S. 230/231

dieses ‚falschen Bruders' entledigen."[18] In einem anderen Brief hob er hervor, daß mit seiner Arbeit „der Proudhonismus in der Wurzel vernichtet ist"[19].

Bereits in dem 1846 geschriebenen Buch „Das Elend der Philosophie" hatte Marx mit Proudhon in theoretischer Beziehung abgerechnet. Als Engels zu dieser Zeit in Paris lebte, stieß er mit den Ideen Proudhons und seinen Anhängern zusammen, die sich an sozialistischen und kommunistischen Organisationen beteiligten. In einigen Briefen an Marx, der in Brüssel lebte, sowie an das Brüsseler kommunistische Korrespondenzkomitee setzte sich Engels mit Proudhons Theorie gründlich auseinander.

In einem Brief berichtet er, daß sich Proudhon einen großen Plan ausgedacht hat, um Geld aus nichts zu machen und allen Arbeitern das Himmelreich nahezurücken. Die „Größe dieses Welterlösungsplanes", schreibt Engels, besteht in den in England längst dagewesenen und nicht nur einmal Bankrott gegangenen „Arbeiter-Märkten", – die Schaffung eines großen Depots, wo „alle von den Associés eingelieferten Arbeiten genau nach den Kosten des Rohprodukts plus der Arbeit taxiert und in andern Assoziationsprodukten bezahlt, die ebenso taxiert werden ... Der Proudh(on) aber blamiert sich und alle französischen Sozialisten und Kommunisten auf ewig", fügt Engels hinzu, „wenn er damit herausrückt, vor den Bourgeoisökonomen". In einigen folgenden Briefen berichtet Engels über die weiteren Diskussionen über den „großartigen Plan", in deren Verlauf sich heraustellte, daß „dieser neue Unsinn wirklich ein *ganz unbegrenzter* Unsinn ist."[20]

Die Proudhonsche Variante des reaktionär-utopischen Sozialismus wurde im „Manifest der kommunistischen Partei" einer vernichtenden Kritik unterzogen. Jedoch erwiesen sich die kleinbürgerlich-anarchistischen Konstruktionen Proudhons, die das Proletariat vom Klassenkampf, besonders vom politischen Kampf, ablenkten, unter den Bedingungen der noch unentwickelten Arbeiterbewegung als ziemlich zählebig. Sie erfreuten sich weiter besonderer Popularität in der Hei-

[18] Marx' Brief an Joseph Weydemeyer, 1. 2. 1859, in: MEW, Bd. 29, Berlin 1963, S. 573

[19] Marx' Brief an Engels, 22. 7. 1859, in: Ebenda, S. 463

[20] Engels' Brief an das kommunistische Korrespondenzkomitee in Brüssel, 16. 9. 1846, in: MEW, Bd. 27, Berlin 1963, S. 42 f.; Engels' Brief an Marx, 18. 8. 1846, in: Ebenda, S. 50

mat Proudhons, in Frankreich. Und bedeutend später, schon in der Zeit der I. Internationale, mußten Marx und Engels einen hartnäckigen Kampf gegen den Proudhonismus führen, von dem eine hervorragende Abteilung des internationalen Proletariats, die französischen Arbeiter, angesteckt waren. Hieraus wird verständlich, warum Marx im Verlauf der ganzen Periode der Erarbeitung seines ökonomischen Hauptwerkes, und insbesondere in der Zeit der Vorbereitung der „Kritik der Politischen Ökonomie", dem Kampf gegen den Proudhonismus und seine Anhänger so große Aufmerksamkeit widmete.

Im Jahre 1851 erschien das Buch Proudhons mit dem vielversprechenden Titel „Idêe gênérale de la révolution au XIXe siècle," („Die Generalidee der Revolution des XIX. Jahrhunderts"), um das sich ein lebhafter Briefwechsel zwischen Marx und Engels entfaltet. Im Brief vom 31. Juli fragt Marx, ob er dieses Buch gelesen hat. In dem folgenden Brief vom 8. August legt Marx bereits den Inhalt der Proudhonschen Schrift auf einigen Seiten dar und bittet Engels mitzuteilen, was er „von diesem Rezept" denkt.

In zwei Briefen legt Engels seine Auffassung zu den Konstruktionen Proudhons dar. Ihm scheint, daß Proudhon Fortschritte macht: „Die Phasen, durch die sich sein Unsinn entwickelt, nehmen jedenfalls erträglichere Gestalt an . . .". Um aber über das Ganze als theoretisches Ensemble urteilen zu können, bemerkt Engels, müßte er das Buch selbst in den Händen haben. Solange kann er nur seine Meinung über die Rezepte Proudhons unter dem Gesichtspunkt ihrer Praktikabilität sagen. Ausführlich schildert er, wohin die von Proudhon empfohlenen Maßnahmen praktisch führen würden.[21]

Marx sendet Engels das Buch Proudhons mit der Bitte, ihm ausführlich seine Ansichten dazu mitzuteilen. Bei der Feststellung, daß der Proudhonismus im ganzen vor allem eine Polemik gegen den Kommunismus ist, soviel er auch davon stiehlt, schreibt Marx, daß er zwei bis drei Bogen über das Buch drucken lassen will und legt dazu einige Gedanken dar. Nach dem Lesen des Buches stimmt Engels vollkommen der von Marx getroffenen Einschätzung zu.

[21] Vgl. Marx' Brief an Engels, 31. 7. 1851, in: MEW, Bd. 27, S. 293; Marx' Brief an Engels, 7. 7. 1851, in: Ebenda, S. 304; Engels' Brief an Marx, um den 10. 8. 1851, in: Ebenda, S. 306, Engels' Brief an Marx, um den 11. 8. 1851, in: Ebenda, S. 308

Das Buch Proudhons bestätigt erneut, daß er zurückgehend auf Saint-Simon die industrielle Klasse, Bourgeoisie und Proletariat als identisch und nur durch die Nichtvollendung der Revolution in Gegemsatz gebracht ansieht. „Mir kommt das ganze", fährt Engels fort, „als ein letzter Versuch vor, die Bourgeoisie theoretisch zu halten; unsre Prämissen über entscheidende historische Initiative der materiellen Produktion, Klassenkampf pp. großenteils adoptiert, meist verdreht und hierauf das Experiment gegründet, vermittelst pseudo-hegelscher Eskamotage das Proletariat scheinbar in die Bourgeoisie zurückzunehmen".

Engels meint, daß in der Polemik Proudhons gegen Louis Blanc, Robespierre, Rousseau hier und da einige nette Stellen sind, aber es im ganzen nichts Prätentiös-Flacheres gibt als seine Kritik der Politik von einer anarchistischen Position aus. „Und welche große Idee, daß Macht und Freiheit unvereinbare Gegensätze sind, und daß keine Regierungsform ihm einen genügenden moralischen Grund angeben kann, weswegen *er* ihr gehorchen sollte! Bei Gott, wozu brauchte man denn Macht?"[22] Als Engels den zweiten Teil von Proudhons Buch gelesen hatte, kam er zu der Schlußfolgerung, daß er noch schlechter als der erste ist und es sich nicht lohnt, über ihn ernsthaft zu sprechen.

In kurzer Zeit schrieb Engels einen ausführlichen kritischen Kommentar zu Proudhons Buch. Als sich Marx mit der Arbeit von Engels vertraut gemacht hatte, schrieb er ihm: „Wenn ich noch meinen Seich hinzugetan, könnte sie sonst unter unsrem Doppelnamen erscheinen." Die Antwort von Engels ist charakteristisch: „Was meine Proudhon-Glossen angeht, so sind sie zu unbedeutend, als daß damit viel anzufangen wäre." Er erinnert daran, daß er bei der Vorbereitung der „Heiligen Familie" auch zwei bis drei Bogen schrieb, aus denen Marx aber ein Buch von 20 Bogen machte, und bemerkt: „Du würdest doch wieder so viel dazu tun, daß mein Anteil, ohnehin nicht der Rede wert, ganz vor Deiner schweren Artillerie verschwände. Sonst hätte ich nichts dagegen", schreibt Engels, wobei er jedoch betont, daß die Ausarbeitung des ökonomischen Hauptwerkes von Marx „viel wichtiger und dringender ist".[23]

Der Plan von Marx, eine kritische Arbeit über die Schrift Proudhons zu veröffentlichen, wurde nicht verwirklicht. Im Dezember 1851 machte

[22] Engels' Brief an Marx, 21. 8. 1851, in: Ebenda, S. 318

[23] Marx' Brief an Engels, 24. 11. 1851, in: MEW, Bd. 27, S. 371; Engels' Brief an Marx, 27. 11. 1851, in: Ebenda, S. 375

Marx seinem Freund J. Weydemeyer, der in New York die Zeitschrift „Revolution" in deutscher Sprache organisierte, den Vorschlag, für die folgenden Nummern eine Arbeit „Neueste Offenbarungen des Sozialismus" oder „Die Generalidee der Revolution des XIX. Jahrhunderts" von J. P. Proudhon, Kritik von Karl Marx anzukündigen.[24] Nach der Herausgabe der ersten beiden Nummern zu Beginn des Jahres 1852 mußte die Zeitschrift wegen fehlender Mittel ihr Erscheinen einstellen, und die angekündigte Arbeit wurde nicht geschrieben.

Der von Engels angefertigte kritische Kommentar zu dem Buche Proudhons erschien erst fast ein Jahrhundert nach seiner Ausarbeitung.[25] Die Arbeit stellt ein Konspekt des kommentierten Buches dar, in dem die Auszüge aus dem Buch und die Darlegung seiner Hauptthesen durch zahlreiche, mitunter ziemlich umfangreiche Bemerkungen ergänzt werden. In diesen Bemerkungen wird die Unhaltbarkeit der metaphysischen, idealistischen Vorstellungen Proudhons, der kleinbürgerliche Charakter seiner ökonomischen und politischen Anschauungen, ihr Utopismus und ihre Unbegründetheit aufgedeckt. Engels weist darauf hin, daß Proudhon in vielen Fragen die Behauptungen Stirners wiederholt, der schon früher mit anarchistischen Ideen in Erscheinung trat.

In der Auseinandersetzung mit dem von Proudhon vorgebrachten „Assoziationsprinzip" erläutert Engels, daß das, was Proudhon „ökonomische Kräfte" nennt, in Wirklichkeit Formen der bürgerlichen Produktions- und Zirkulationsweise in der Gestalt sind, in der sie für ihn als kleinen Händler brauchbar erscheinen, und daß sie in seinen Augen entweder nur eine gute Seite haben oder, wenn auch eine schlechte vorhanden ist, zumindest die gute Seite ausreichend klar ausgedrückt ist. Sogar die allgemeinsten Formen der Produktion und Zirkulation versteht Proudhon nur in ihrer bürgerlichen Gestalt; so geht bei ihm der Austausch im Handel auf.

Dem Versuch Proudhons, die Formen der kapitalistischen Produktionsweise in Gestalt irgendwelcher überhistorischen „ökonomischen

[24] Marx' Brief an Joseph Weydemeyer, 19. 12. 1851, in: MEW, Bd. 27, S. 594

[25] Siehe Marx-Engels-Archiv, Bd. X, S. 5–39 (russisch). Der Kommentar ist von Engels in französischer Sprache verfaßt worden. Eine deutsche Übersetzung gibt es m. W. bisher nicht. Darum mußten die folgenden Textstellen aus dem Russischen übersetzt werden. (Der Herausgeber)

Kräfte" darzustellen, setzte Engels die historische Betrachtung der ökonomischen Kategorien entgegen. Ohne Gesellschaft, bemerkt Engels, gibt es auch keine menschlichen Beziehungen. Austausch, Arbeitsteilung, Konkurrenz, Kredit – all das sind Erscheinungen der „kollektiven Kraft". In jeder Beziehung treten mindestens zwei auf, und dort, wo zwei zu irgendetwas gemeinsame Anstrengungen machen – dort haben wir eine „kollektive Kraft". Entsprechend dem Schema jedoch – fährt Engels fort – werden uns am Anfang alle Formen, in denen die Gesellschaftsmitglieder an der Produktion und Zirkulation teilnehmen, als Kräfte dargestellt, während man uns dann schließlich die Existenz der Gesellschaft selbst, sowohl die gesellschaftliche Produktion als auch die gesellschaftliche Zirkulation, als besondere ökonomische Kräfte aufdrängt.[26]

Dabei bemerkt Engels, daß sich Proudhon nur mit einer primitiven, rohen Kollektivkraft herumschlägt, einer solchen, wie die Massenarbeit beim Bau der Pyramiden, Obelisken usw., die schon längst durch die Anwendung der Kraft der Tiere, Maschinen, durch die Arbeitsteilung verdrängt und durch völlig andere Formen ersetzt wurde.

Die kritische Analyse des Proudhonschen „Assoziationsprinzips" führte Engels zu dem Schluß, daß der grundlegende Fehler Proudhons darin besteht, daß er die Assoziation als solche, in abstrakter Gestalt unabhängig von den konkreten gesellschaftlichen Bedingungen betrachtet. Dort, wo die entsprechenden Bedingungen fehlen, betont Engels, hilft auch keine ökonomische Kraft. Jede ökonomische Kraft, abstrakt genommen, stellt genau so ein Dogma dar wie die Assoziation – alles wird durch die gesellschaftlichen Bedingungen bestimmt. Aber gerade für die Untersuchung dieser Beziehungen hat Proudhon nichts getan. „Er nahm die Pariser Kleinindustrie zur Norm, statt in der Entwicklung der Großindustrie, der maschinellen Produktion, der Arbeitsteilung – in der Form, wie sie in England entwickelt ist – sowie in der im Zusammenhang damit wachsenden Zentralisation des Kapitals das Erfordernis der Assoziationen zu erkennen; wie auch zu begreifen, daß für die Erfüllung dieses Erfordernisses ganz andere Formen der Vereinigung und der Zentralisierung der Kräfte notwendig sind als diejenigen, die den Pariser Assoziationen zur Fertigung von Spielzeugen und den proudhonistischen Arbeitergenossenschaften eigen sind."[27]

[26] Siehe Marx-Engels-Archiv, Bd. 10, S. 141 (russisch)
[27] Ebenda, S. 17

3. *„Zur Kritik der Politischen Ökonomie"*

Im Oktober 1851 teilt Marx erneut Engels mit, daß er mit der Ausarbeitung der Politischen Ökonomie beschäftigt ist. In diesem Zusammenhang fragt er, was über die Handelskrise zu hören ist. Der Londoner „Economist" schreibt, er, enthält die Tröstungen, feierliche Beteuerungen und Ansprachen, die den Krisen gewöhnlich vorangehen. Allerdings kann die Zeitschrift die Furcht vor der Krise nicht verbergen, obwohl sie versucht, den anderen diese Furcht auszuschwatzen.

Engels beantwortet die Frage nach der Krise mit einer gründlichen Schilderung der Lage. Er schreibt, daß es noch nicht zu sagen ist, wie sich die Krise entwickeln wird, und analysiert ausführlich die Marktlage in England und auf dem Kontinent, betrachtet die Preisbewegung und charakterisiert die Depression und die Bankrotte in Amerika, in London und Liverpool sowie die Börsenspekulationen.[28]

Im Zusammenhang mit den Mitteilungen von Marx hinsichtlich der Perspektiven der Herausgabe seiner Arbeit empfiehlt ihm Engels in einem seiner Briefe, den Vorschlag des Verlegers anzunehmen und mit der Geschichte der Politischen Ökonomie zu beginnen, wobei der Verleger verpflichtet werden sollte, nicht einen, sondern zwei Bände herauszugeben. Dann würde die positive Darlegung der Theorie von Marx am Schluß erfolgen, was zwar mit gewissen Schwierigkeiten verbunden ist, aber auch den Vorzug hat, daß der Leser mit wachsendem Interesse auf die Schlußfolgerungen aus dem gesamten Werk warten wird. Mit der Empfehlung an Marx, den Vertrag mit dem Verleger unverzüglich abzuschließen, schreibt Engels: „... es (ist) auch platterdings nötig, daß der Bann gebrochen wird, der durch Deine lange Abwesenheit vom deutschen Büchermarkt und durch den späteren Schiß der Buchhändler entstanden ist. Ist einmal erst ein oder zwei Bände lehrreicher, gelehrter, gründlicher und zugleich interessanter Sachen von Dir erschienen, das ist schon eine ganz andere Sache ..."[29]

Mit vollem Recht nannte Marx seine Arbeit „Zur Kritik der Politischen Ökonomie", die das erste Heft seines Hauptwerkes, des „Kapitals" und die Frucht fünfzehnjähriger Studien war.[30] Tatsächlich lagen zwi-

[28] Vgl. Marx' Brief an Engels, 13. Oktober 1851; Engels' Brief an Marx, 15. Oktober 1851, in: MEW, Bd. 27, S. 359, 361/362

[29] Engels Brief an Marx, 27. 11. 1851, in: Ebenda, S. 374

[30] Marx' Brief an Ferdinand Lasalle, 22. Februar 1858, in: MEW, Bd. 29, S. 552

schen dem Beginn von Marx' ökonomischen Studien im Jahre 1843 und der Niederschrift der „Kritik der Politischen Ökonomie" im Jahre 1958 15 Jahre. Im Vorwort seiner Arbeit spricht Marx jedoch davon, daß er seine Studien der Politischen Ökonomie unterbrechen mußte. Die erste der beiden Unterbrechungen war mit der Revolution 1848 – 1849 verbunden. Aber auch nach der Übersiedlung nach London im Jahre 1850 waren, wie Marx bezeugte, „außerordentlich häufige Pausen" in seiner wissenschaftlichen Arbeit unvermeidlich, die vor allem durch die gebieterische Notwendigkeit einer Erwerbstätigkeit hervorgerufen wurden. Diese Tätigkeit bestand in einer langjährigen Mitarbeit an der zur damaligen Zeit progressiven amerikanischen Zeitung „New York Daily Tribune", in der Marx regelmäßig Artikel über hervorragende ökonomische Ereignisse in England und auf dem Kontinent veröffentlichte. Diese Mitarbeit begann 1851 und setzte sich bis 1862 fort.

Jedoch nicht nur die Notwendigkeit, sich in der amerikanischen Zeitung zu den laufenden Problemen zu äußern, lenkte Marx von seiner Hauptforschung ab. Die Reaktion feierte einen zeitweiligen Sieg auf dem gesamten europäischen Kontinent. Die Mitglieder des Bundes der Kommunisten wurden verfolgt, wobei die Diener der Reaktion zu den niederträchtigsten Provokationen griffen. Die Vertreter der „Vulgärdemokratie", wie sie Marx und Engels nannten, füllten ihre unfreiwilligen Mußestunden in der Emigration mit Zänkereien und Intrigen aus. Obwohl sich Marx von diesem widerlichen Radau fern hielt, war er doch gezwungen, nicht wenig Zeit und Kraft im Kampf gegen die Umtriebe der Reaktion, für die Entlarvung ihrer in die Reihen der demokratischen Emigration eingedrungenen Agenten, und für die Abwehr von Provokationen der Polizei und Gerichte aufzuwenden. Gleichzeitig reagierte er lebhaft auf politische Ereignisse, insbesondere auf den Staatsstreich Louis Bonapartes, schrieb viele Artikel, Pamphlete usw.

Not bedrückte Marx und verzehrte seine Kräfte. Entbehrungen untergruben seine Gesundheit, und immer häufiger quälten ihn Anfälle einer Leberkrankheit. Es waren echter Heroismus und größte Anstrengung erforderlich, um auf das gestellte Ziel zuzugehen und dabei die unzähligen Schwierigkeiten zu überwinden. Im Verlaufe dieser ganzen Periode fühlte Marx die freundschaftliche Unterstützung, die unermüdliche Sorge von Engels. Engels half Marx nicht nur materiell und unterstüzte seinen geistigen Mut, er war ihm auch bei der Abfassung von Artikeln für die amerikanische Zeitung und andere Presseorgane behilflich und schrieb einige der Artikel selbst.

Die Mitarbeit in der periodischen Presse raubte Marx einerseits Zeit, die er den ökonomischen Forschungen hätte widmen können. Andererseits erforderte die Behandlung wichtiger ökonomischer Ereignisse ein sorgfältiges Studium des konkreten Materials, das die theoretischen Schlußfolgerungen bereicherte und vertiefte. In den fünfziger Jahren half Engels Marx ständig bei der Sammlung und Bearbeitung von Tatsachenmaterial sowohl für die laufenden Artikel als auch für die grundlegende Forschung.

Welche Bedeutung diese Hilfe von Engels hatte, ist aus folgendem Beispiel ersichtlich. Zu den hervorragendsten und tiefgründigsten Arbeiten von Marx, die in der New Yorker-Zeitung veröffentlicht wurden, gehört der Artikel „Die britische Herrschaft in Indien". Diesem Artikel ging ein Meinungsaustausch zwischen Marx und Engels über die in ihm behandelte Grundfrage voran – über den Charakter des Grundeigentums im Osten.

Als Marx das Buch Francois Berniers „Voyages, contenant la description des états du grand Mogol, de l'Indoustan, du Royaume de Cachemire, etc." gelesen hatte, schrieb er an Engels, daß der Autor dieses Buches die Grundlage der Eigenart der historischen Entwicklung der Länder des Ostens, darunter Indiens, richtig darin sieht, daß kein privates Grundeigentum existiert. „Dies ist der wirkliche Schlüssel selbst zum orientalischen Himmel", betonte Marx.[31]

In seiner ausführlichen Antwort, in der er sein Einverständnis mit der These von der Bedeutung des Fehlens des privaten Grundeigentums erklärt, konkretisiert Engels die Rolle dieses Faktors in der Geschichte des Ostens. Er stellt die Frage, warum die östlichen Völker nicht zum privaten Grundeigentum, nicht einmal zum feudalen kommen. Die Erklärung dieses Zuges der historischen Entwicklung der östlichen Völker sieht Engels in den Besonderheiten des Klimas und den Bodenverhältnissen, die die künstliche Bewässerung zur ersten Bedingung des Ackerbaus werden lassen und diese Sache entweder der Kommunen, Provinzen oder der Zentralregierung ist.

Die Regierungen im Orient, fährt Engels fort, hatten immer nur drei Departements: Finanzen (Plünderung des Inlands), Krieg (Plünderung des Inlands und des Auslands) und öffentliche Arbeiten (Sorge für die Reproduktion).

[31] Marx' Brief an Engels, 2. 6. 1853, in: MEW, Bd. 28, Berlin 1963, S. 254

Die britische Regierung in Indien regelte die ersten beiden und warf das dritte beiseite, infolge dessen geht der indische Ackerbau zugrunde.[32] Diesen Gedankengang entwickelte Marx ausführlich in seinem Artikel.

In diesem Artikel schreibt Marx, daß die klimatischen Bedingungen und territoriale Eigenart, besonders die weiten Wüstenstriche, die sich von der Sahara bis an das höchste asiatische Hochland ziehen, das System der künstlichen Bewässerung zur Grundlage der orientalischen Landwirtschaft machten. Das machte das Eingreifen der zentralisierten Staatsgewalt erforderlich. Die asiatischen Regierungen mußten diese ökonomische Funktion erfüllen. Dort, wo die Regierungen aus diesen oder jenen Gründen ihrer Funktion zur Organisierung der öffentlichen Arbeiten nicht nachkamen, verwandelten sich einstmals blühende Gebiete in Wüsten.[33] Dieser Ideenkreis lag dem Begriff „asiatische Produktionsweise" zu grunde, der im Vorwort „Zur Kritik der Politischen Ökonomie" und in einer Reihe anderer Arbeiten erscheint, wo Marx asiatische, antike, feudale und bürgerliche Produktionsweisen als im Verlauf der Geschichte aufeinanderfolgend sich ablösende „progressive Epochen der ökonomischen Gesellschaftsformation" aufzählt.[34] Das Problem der asiatischen Produktionsweise wird schon lange lebhaft diskutiert. Welche Argumente sowohl die Verteidiger, als auch die Gegner der Anerkennung einer besonderen asiatischen Produktionsweise auch anführen mögen, eines ist klar: Die Frage nach den Besonderheiten der asiatischen Gesellschaft interessierte Marx und Engels während ihrer ganzen politischen und wissenschaftlichen Tätigkeit.[35]

Im Jahre 1856 ging Marx wieder an die Ausarbeitung seines Hauptwerkes heran. Da er das Herannahen der ökonomischen Krise und neue entscheidende Klassenschlachten voraussah, war er bestrebt, seine Arbeit bis zu dem Moment zu beenden, wo die Revolution ausbricht und für das Schreiben theoretischer Arbeiten schon keine Zeit mehr ist.

Mit dem Beginn der ökonomischen Krise verband Engels, wie auch Marx, die Hoffnung auf einen neuen Aufschwung der revolutionären Arbeiterbewegung. Im April 1856 gibt Engels in einem Brief an Marx

32 Vgl. Engels' Brief an Marx, 6. 6. 1853, in: Ebenda, S. 259

33 Vgl. Marx, K., Die britische Herrschaft in Indien, in: MEW, Bd. 9, Berlin 1960, S. 129

34 Vgl. Marx, K., Zur Kritik der Politischen Ökonomie, in: MEW, Bd. 13, S. 9

35 Siehe E. Varga, Očerki po problemam politekonomii kapitalisma, Moskau 1964, S. 360 f.

einen Überblick über das spekulative Fieber, das sich auf dem europäischen Kontinent ausgebreitet hat und analysiert dabei seinen Einfluß auf die ökonomische Lage Englands. Er schreibt, daß der spekulative Schwindel in Deutschland so brillant wie noch nie war und schätzt dabei, daß der Krach diesmal unerhört sein wird, da alle Elemente vorhanden sind: Intensität, Ausbreitung und Hineinverwicklung aller besitzenden und herrschenden sozialen Schichten. Er zieht den Schluß, daß „in diesem enormen Aufschwung der kontinentalen Industrie aber der lebensfähigste Keim der englischen Revolution (liegt)".[36] Bezeichnenderweise widmete Lenin diesem Brief große Aufmerksamkeit. In seinem Konspekt des Briefwechsel von Marx und Engels resümiert er den Gedanken von Engels mit den Worten „Die Krise wächst (1856) – in ihr liegt der ‚Keim der englischen Revolution'".[37]

In der Antwort auf diesen Brief erklärt sich Marx mit der von Engels gegebenen Einschätzung der Perspektiven der ökonomischen und politischen Entwicklung einverstanden und betont hinsichtlich der bevorstehenden Ereignisse. „Die ganze Sache in Deutschland wird abhängen von der Möglichkeit, die proletarische Revolution durch eine Art zweite Auflage des Bauernkrieges zu unterstützen. Dann geht die Sache vorzüglich."[38]

Diese außerordentlich wichtige Äußerung von Marx wurde von den Opportunisten der II. Internationale der Vergessenheit preisgegeben. In seinem Konspekt notierte sich Lenin diese Bemerkung und betonte, daß hier die Wechselbeziehungen zwischen Proletariat und Bauernschaft behandelt werden.[39] In seinen Arbeiten und Reden enthüllte Lenin allseitig den tiefen Inhalt dieses Gedankens von Marx.

Im Herbst 1856 schrieb Marx: „Ich glaube nicht, daß die große monetäre Krise das Jahr 1857 überwintern wird." Diesmal hat die Sache, setzt er hinzu, „europäische Dimensionen wie nie zuvor, und ich glaube nicht, daß wir noch lange hier zuschauen können."[40] Seitdem verschwindet das Thema der Krise für viele Monate nicht aus dem Briefwechsel. Besonders ausführlich wird es in den letzten Monaten des

[36] Engels' Brief an Marx, 14. April 1856, in: MEW, Bd. 29, S. 42

[37] Lenin, W. I., Konspekt zum „Briefwechsel zwischen Karl Marx und Friedrich Engels 1844–1883", Berlin 1963, S. 22

[38] Marx' Brief an Engels, 16. April 1856, in: MEW Bd. 29, S. 47

[39] Vgl. Lenin, W. I., Konspekt zum „Briefwechsel zwischen Karl Marx und Friedrich Engels 1844–1883", a. a. O., S. 23

[40] Marx' Brief an Engels, 26. 9. 1856, in: MEW, Bd. 29, S. 75/76

Jahres 1857 beleuchtet. Am 20. Oktober 1857 schildert Marx in einem Brief an Engels, wie sich die in New York ausgebrochene Krise auf die Lage der französischen Industrie ausgewirkt hat und fragt, wie es mit den Fabrikanten in Manchester steht. „Der Amerikanische Krach ist herrlich und noch lange nicht vorbei", antwortet ihm Engels.[41]

Der Briefwechsel dieser Periode enthält eine ausführliche Analyse der Entwicklung der ökonomischen Krise, beleuchtet ihre Besonderheiten in den Hauptländern, ihre Perspektiven und Auswirkungen. Diese Briefe stellen kleinere ökonomische Abrisse dar, die zeigen, wie die wissenschaftliche, marxistische Krisentheorie auf der Grundlage der Verallgemeinerung des konkret-historischen Materials ausgearbeitet wurde.

Der Ausbruch der Krise veranlaßte Marx, die Vorbereitung seiner ökonomischen Forschungen zu beschleunigen. „So sehr ich selbst in finanzieller Not, habe ich mich seit 1849 nicht so wohl gefühlt als bei diesem Ausbruch", heißt es in einem seiner Briefe. Engels, der ein ausführliches Bild der ökonomischen Krise zeichnete, die sich in dieser Zeit an beiden Seiten des Atlantik entfaltete, schrieb seinerseits seinem Freund: „Daß Du über diese Krisis Material sammelst, ist sehr schön ... Auch ich werde Dir möglichst oft alles rapportieren, was ich erfahre, damit wir einen guten Vorrat an Tatsachen haben.

Mir geht es übrigens wie Dir. Seitdem der Schwindel zusammenbrach in New York, hatte ich keine Ruhe mehr in Jersey, und ich fühle mich enorm fidel ... Die Krisis wird mir körperlich ebenso wohltun wie ein Seebad, das merk' ich jetzt schon.[42]"

In diesem Brief analysiert Engels ausführlich die Eigentümlichkeit der Krise. Die Aktienspekulation in Frankreich und Deutschland hatte schon seit einem Jahr in einer Vorkrise gelegen, bevor es zum Kollaps des Hauptaktienschwindels in seinem hauptsächlichen Zentrum, an der New Yorker Börse, und dadurch alles zur Entscheidung gekommen war. Die Spekulation hatte neben den Aktien alle Rohstoffe, Kolonialwaren und folglich auch industrielle Waren ergriffen, die sich infolge des Preisanstiegs der Rohstoffe verteuerten. Der Rückgang der Nachfrage nach Waren führte zum Bankrott vieler Firmen. „Hier arbeiten $^3/_4$ der

[41] Marx' Brief an Engels, 20. 10. 1857, in: Ebenda, S. 198, Engels' Brief an Marx, 29. 10. 1857, in: Ebenda, S. 204

[42] Marx' Brief an Engels, 13. 11. 1857 in: Ebenda, S. 207; Engels' Brief an Marx, 15. 11. 1857, in: Ebenda, S. 211/212

Spinner auf Vorrat, nur $1/4$ *höchstens* hat noch einige laufende Kontrakte. Kurzarbeit beinahe ganz allgemein."[43]

Für die Ausbreitung und Fortdauer der Krise ist auch gesorgt, meinte Engels. Gleichzeitig ging er davon aus, daß im Frühjahr eine kurzfristige Wendung möglich und sogar wahrscheinlich ist, „daß wieder Geschäfte gemacht werden können, so daß die Handelsmaschinerie im Gang bleibt und nicht einrostet". Es wäre zu wünschen, fügt er hinzu, daß erst diese Wendung zur chronischen Krise einträte, bevor ein zweiter und entscheidender Hauptschlag fällt. „Der chonische Druck ist für eine Zeitlang nötig, um die Bevölkerungen warm zu machen. Das Proletariat schlägt dann besser, in bessrer Sachkenntnis, und mit mehr Einklang . . ."[44]

In der Antwort auf diesen Brief legt Marx einige seiner Gedanken zur Krise dar. Am 7. Dezember 1857 klärt Engels einen kleineren Irrtum in Marx' Brief hinsichtlich der Wechselgeschäfte auf und teilt neue Angaben über die Entwicklung der Krise mit. In einigen folgenden Briefen beleuchtet Engels ausführlich die Entfaltung der ökonomischen Krise, wobei er außerordentlich wichtige theoretische Probleme aufwirft.[45]

Das konkrete, historische Material aus der Krise von 1857 nimmt einen bedeutenden Platz in den Abschnitten des „Kapital" ein, in denen die Hauptmomente der Krisentheorie behandelt werden. Da Engels in Manchester lebte und mit einem breiten Kreis von Fabrikanten und Kaufleuten dieses großen Industriezentrums in Verbindung stand, hatte er die Möglichkeit, den Verlauf der Krise sozusagen von innen heraus zu verfolgen. Seine unmittelbaren Beobachtungen sowie die sich aus ihnen ergebenden Verallgemeinerungen tauschte er mit Marx aus.

Die besondere Schärfe der Krise war nach Meinung von Engels durch ihren allgemeinen Charakter bedingt. Die Überproduktion ergriff nicht nur die Industrie, sondern auch die Landwirtschaft sowohl der gemäßigten, als auch der tropischen Zone. Die Form, in

[43] Engels' Brief an Marx, 15. 11. 1857, in: Ebenda, S. 209

[44] Ebenda, S. 211

[45] Vgl. Engels' Brief an Marx, 7. 12. 1857, in: Ebenda, S. 219–221; Engels' Brief an Marx, 9. 12. 1857, in: Ebenda, S. 226; Engels Brief an Marx, 11. 12. 1857, in: Ebenda, S. 227–229; Engels Brief an Marx, 17. 12. 1857, in: ebenda, S. 230–231

der sich die Überproduktion versteckt, ist immer die mehr oder weniger große Ausdehnung des Kredits, die sich diesmal aber ganz speziell in der Wechselreiterei ausdrückte. Die Geschäftemacher dehnten infolge dessen ihre Operationen über ihre Kräfte hinaus aus.

Engels betrachtete die Krise von 1857 als klassisch für das Studium der Entstehung der Überproduktion durch die Ausdehnung des Kredits. „In der Sache selbst ist nichts Neues", schrieb er, „aber in der merkwürdig klaren Form, in der die Sache sich jetzt abwickelt. 1847 und 1837 – 1842 ist es lange nicht so klar gewesen.[46]" Ausdrucksvoll zeichnet Engels das Bild der Krise, in die Manchester immer tiefer hineingezogen wird. Der Druck auf den Markt ist so enorm, daß keiner etwas verkaufen kann. Die Preise fallen mit jedem Tag und wer noch etwas Anstand hat, bietet seine Ware gar nicht mehr an. Kleinere Betriebe machen Bankrott und bald kommen die größeren an die Reihe.[47]

Nachdem die Krise zu einem gewissen zeitweiligen Stillstand gekommen war, bekennt Engels, daß es ihm während der akuten Krise absolut unmöglich war, an etwas anderes als an den allgemeinen Krach zu denken. Er bemerkt, daß die enorme Masse von Surpluskapital auf dem Markt ein neuer Beweis dafür ist, welche kolossalen Dimensionen die Erschütterung im Vergleich zum Jahre 1847 angenommen hat. „Es sollte mich gar nicht wundern", schreibt er, „wenn dieser Überfluß an flüssigem Kapital, schon ehe die übrigen Phasen der Krisis sich abgewickelt haben, einen neuen Aktienschwindel zustande brächte."[48]

Ende des Jahres 1857 teilt Marx Engels mit, daß er wie toll die Nächte durch an der Zusammenfassung seiner ökonomischen Studien arbeitet, um „vor der Sintflut" wenigstens die Grundrisse im klaren zu haben. Obwohl sich Marx beeilte, seine Arbeit herauszugeben, ging er niemals auch nur im geringsten von seiner wissenschaftlichen Exaktheit und Sorgfalt ab. Bevor er den Text für die Veröffentlichung vorbereitet, schreibt er umfangreiche Monographien zur Selbstverständigung. In den Jahren 1857 bis 1858 füllte er mehrere Hefte im Gesamtumfang von mehr als 50 Druckbogen mit solchen monographischen Darstellun-

[46] Engels' Brief an Marx, 11. 12. 1857, in: Ebenda, S. 228
[47] Vgl. Engels' Brief an Marx, 17. 12. 1857, in: Ebenda, S. 230f.
[48] Engels' Brief an Marx, 6. 1. 1858, in: Ebenda, S. 250

gen. Die „Ausarbeitung der Grundzüge der Ökonomie“ – so charakterisiert Marx seine Arbeit in einem seiner Briefe an Engels.[49]

Im Manuskript von 1857–1858 werden viele Probleme des „Kapital“, nicht nur des ersten, sondern auch der beiden folgenden Bände betrachtet: die Ware, das Geld, dessen Ursprung und Funktionen, die Verwandlung von Geld in Kapital, das Wesen des Mehrwerts, die zwei Formen des Mehrwerts, die Akkumulation des Kapitals, die Zirkulation des Kapitals, die Verwandlung des Mehrwerts in den Profit und des Wertes in den Produktionspreis, die Probleme des Kredits, der Zins, der Fall der Profitrate u.s.w.

Anfang des Jahres 1858 ging Marx an die „finale Ausarbeitung“ des riesigen Materials. Wie aus seinen Briefen ersichtlich ist, insbesondere aus dem Brief an Lasalle vom 22. Februar, trug sich Marx in dieser Zeit mit dem Gedanken, seine Arbeit in einzelnen Heften herauszugeben. Das erste Heft war denn auch das Buch „Zur Kritik der Politischen Ökonomie“.

Im Januar 1858 schreibt Marx an Engels, daß er in seiner ökonomischen Arbeit bei einer Frage angelangt ist, zu der er von ihm praktischen Aufschluß erhalten möchte, da darüber in den theoretischen Schriften nichts zu finden war. Es handelte sich um den Umlauf des Kapitals, um seine Unterschiede in den verschiedenen Betrieben, seinen Einfluß auf Preis und Profit. In einem der nächsten Briefe fragt er in diesem Zusammenhang nach der Zeit, in der die Maschinerie erneuert wird. Im Brief vom 4. März führt Engels die entsprechenden Berechnungen an, wobei er die diesbezüglichen irrtümlichen Vorstellungen des englischen Ökonomen Babbage aufzeigt. In seiner Antwort dankt Marx für die Aufklärungen über die Maschinerie und legt seinerseits eine Reihe von Gedanken zur Bedeutung der Erneuerung der maschinellen Ausrüstung für die zyklische Bewegung der kapitalistischen Industrie dar.[50]

Im April 1858 legt Marx in einem ausführlichen Brief an Engels den Plan seines Werkes vor, das er damals in sechs Bücher unterteilen wollte. Das erste Buch mit dem Titel „Vom Kapital“ sollte vier Ab-

[49] Vgl. Marx' Brief an Engels, 8. 12. 1857, in: Ebenda, S. 225; Marx' Brief an Engels, 18. 12. 1857, in: Ebenda, S. 232

[50] Vgl. Marx' Brief an Engels 29. 1. 1858, in: Ebenda, S. 269; Marx' Brief an Engels, 2. 3. 1858, in: Ebenda S. 291, Engels Brief an Marx, 4. 3. 1858, in: Ebenda, S. 293–295; Marx' Brief an Engels, 5. 3. 1858, in: Ebenda, S. 296–298

schnitte haben. Der erste Abschnitt – „Das Kapital im allgemeinen" – sollte auch den Stoff des ersten Heftes bilden, dessen Inhalt Marx in dem Brief ausführlich schilderte. In seiner Antwort teilte Engels mit, daß er sich mit dem Marx'schen Schema gründlich beschäftigt hat, wobei er besonders betonte, daß in ihm die historische Entwicklung des Geldes gut dargestellt ist. „Dieses Arrangement des Ganzen in den 6 Büchern", schreibt er, „könnte gar nicht besser sein und gefällt mir ausnehmend . . ."[51]

Im Mai 1858 besuchte Marx Engels in Manchester. Zweifellos diskutierten sie über Fragen, die mit den ökonomischen Forschungen von Marx zusammenhingen.

Im Verlaufe der weiteren Arbeit mußte Marx den Inhalt des ersten Heftes noch weiter einengen. Im Januar 1859 teilte er Engels die bevorstehende Ablieferung der Manuskripte des Buches an den Verleger mit und schrieb, daß obgleich sein Titel „Das Kapital im allgemeinen" lautet, es aber nichts über das Kapital enthält, sondern nur die zwei Kapitel über die Ware und das Geld.[52] Marx' Buch „Zur Kritik der Politischen Ökonomie" erschien im Januar 1859.

4. *Die Rezension von Engels*

Nach dem Erscheinen der „Kritik der Politischen Ökonomie" brachte Engels in der damals in London erscheinenden deutschen, demokratischen Zeitung „Das Volk" eine ausführliche Rezension unter. Die Veröffentlichung der Rezension war vor allem deshalb wichtig, weil nicht nur die bürgerliche Presse dem Buch von Marx mit einer Verschwörung des Schweigens begegnete, sondern sogar einige Gesinnungsgenossen seine Bedeutung nicht verstanden. So teilt Marx in einem Brief Engels mit, daß Wilhelm Liebknecht dem Herausgeber der Zeitung „Das Volk" Biskamp, erklärt hat, daß „noch nie ein Buch ihn so *enttäuscht* hat" und Biskamp selbst sagte Marx, daß er den Nutzen nicht sehe.[53]

Ein solches Unverständnis war nicht zufällig. Die praktischen Führer der Arbeiterbewegung unterschätzten auch im weiteren nicht selten

[51] Engels' Brief an Marx, 9. 4. 1858, in: Ebenda, S. 319

[52] Vgl. Marx' Brief an Engels, zwischen dem 13. und 15. 1. 1859, in: Ebenda, S. 383

[53] Marx' Brief an Engels, 22. 7. 1859, in: Ebenda, S. 463

die Rolle der revolutionären Theorie im Kampf für den Sozialismus. Die Begründer des Marxismus mußten geduldig erklären, daß es ohne revolutionäre Theorie keine revolutionäre Bewegung geben kann.

Nach dem Erscheinen der „Kritik der Politischen Ökonomie" hielt es Engels für erforderlich, am Beispiel dieser Arbeit die Bedeutung der revolutionären Theorie aufzuzeigen. Das war um so wichtiger, als Marx in dieser Zeit beabsichtigte, die Ergebnisse seiner Forschungen in einzelnen Heften zu veröffentlichen. Das erste Heft seiner Arbeit war der Analyse der Ware und des Geldes gewidmet. Der Zusammenhang zwischen diesen theoretischen Abschnitten der ökonomischen Wissenschaft und den Klasseninteressen des Proletariats wurde den Lesern nicht sofort bewußt. Aber das erste Heft der Hauptarbeit enthielt nicht nur die Kapitel über die Ware und das Geld: Im Vorwort „Zur Kritik der Politischen Ökonomie" wurde prägnant die materialistische Geschichtsauffassung dargelegt. Die Bedeutung dieses „Algebras der Revolution" aufzudecken, hielt Engels für eine unaufschiebbare Sache. Dieser Aufgabe ist der erste Teil der Rezension gewidmet.

In seiner Rezension schreibt Engels, daß der ganze Inhalt der Theorie der proletarischen Partei aus dem Studium der politischen Ökonomie hervorging.[54] Mit dieser Einschätzung wurde die gewaltige Bedeutung der ökonomischen Theorie für die wissenschaftliche Begründung des Sozialismus, ihre hervorragende Rolle im gesamten System der marxistischen Weltanschauung – der sozialistischen Ideologie enthüllt, die eine mächtige Waffe der Arbeiterklasse in ihrem Befreiungskampf darstellt.

Engels betonte, daß die ökonomische Lehre des Marxismus wesentlich auf der materialistischen Geschichtsauffassung beruht. Alle Wissenschaften sind historisch, sofern sie nicht zu den Naturwissenschaften gehören, schreibt Engels und führt aus, daß es nicht allein für die politische Ökonomie, sondern für alle historischen Wissenschaften eine revolutionärende Entdeckung war, „daß die Produktionsweise des materiellen Lebens den sozialen, politischen und geistigen Lebensprozeß überhaupt bedingt". Aus der Marx'schen These „Es ist nicht das Bewußtsein der Menschen, das ihr Sein, sondern das gesellschaftliche Sein, das ihr Bewußtsein bestimmt" ergeben sich, wie Engels betont, nicht nur für die Theorie, sondern auch für die Praxis höchst revolutionäre Kon-

[54] Vgl. Engels, F., Karl Marx, Zur Kritik der Politischen Ökonomie, in: MEW, Bd. 13, Berlin 1961, S. 469

sequenzen, denn bei der weiteren Entwicklung dieser materialistischen These und bei ihrer Anwendung auf die Gegenwart eröffnet sich sofort „die Perspektive auf eine gewaltige, auf die gewaltigste Revolution aller Zeiten".[55]

Obwohl diese These auf den ersten Blick einfach erscheint, zeigt sich bei einer näheren Betrachtung, daß sie allem Idealismus einen vernichtenden Schlag versetzt, indem sie alle hergebrachten Anschauungen über den Verlauf der Geschichte verwirft. Deshalb stieß sie auf den erbitterten Widerstand nicht nur seitens der Bourgeoisie, sondern auch von Vertretern der sozialistischen Systeme, die die Welt mit der Zauberformel, Freiheit, Gleichheit, Brüderlichkeit, aus den Angeln heben wollen.

„Die Entwicklung der materialistischen Auffassung auch nur an einem einzigen historischen Exempel", schreibt Engels, „war eine wissenschaftliche Arbeit, die jahrelange ruhige Studien erfordert hätte, denn es liegt auf der Hand, daß hier mit der bloßen Phrase nichts zu machen ist, daß nur massenhaftes, kritisch gesichtetes, vollständig bewältigtes historisches Material zur Lösung einer solchen Augfabe befähigen kann."[56] Der große Vorzug der deutschen proletarischen Partei bestand nach den Worten von Engels darin, eine neue wissenschaftliche Weltanschauung zur theoretischen Grundlage zu haben, mit deren Ausarbeitung sie zu der Zeit beschäftigt war, als die „Vulgärdemokratie" ihre Zeit mit endlosen Zänkereien und Raufereien verbrachte.

Im zweiten Teil der Rezension charakterisierte Engels die von Marx bei der Kritik der bürgerlichen politischen Ökonomie angewandte Methode. Die Anwendung des historischen Materialismus auf die politische Ökonomie führt zu einer neuen Auffassung des Gegenstandes dieser Wissenschaft. Schon die Analyse der Ware mit Hilfe der materialistischen Dialektik enthüllt nach den Worten von Engels eine eigentümliche Tatsache, die durch die ganze politische Ökonomie durchgeht und in den Köpfen der bürgerlichen Ökonomen böse Verwirrung angerichtet hat. Diese Tatsache besteht in folgendem: „Die Ökonomie handelt nicht von Dingen, sondern von Verhältnissen zwischen Personen und in letzter Instanz zwischen Klassen; diese Verhältnisse sind aber stets *an Dinge gebunden* und *erscheinen als Dinge.*"[57] Dieser Zusammen-

[55] Ebenda, S. 470
[56] Ebenda, S. 471
[57] Ebenda, S. 476

hang, der in einzelnen Fällen einigen Ökonomen dämmerte, wurde von Marx in seiner ganzen Bedeutung für die gesamte politische Ökonomie aufgedeckt.

In seiner Rezension beleuchtet Engels ein außerordentlich wichtiges methodologisches Prinzip der marxistischen politischen Ökonomie – das Prinzip des Historismus. Er schrieb, daß selbst auf der Grundlage der von Marx erarbeiteten Methode der materialistischen Dialektik die Kritik der politischen Ökonomie auf zweierlei Weise angelegt werden konnte: historisch und logisch. In der Geschichte, wie in ihrer literarischen Widerspiegelung, geht die Entwicklung im großen und ganzen von den einfachsten zu den komplizierteren Verhältnissen. Deshalb gab die literaturgeschichtliche Entwicklung der politischen Ökonomie einen natürlichen Leitfaden, an den sich die Kritik halten konnte. Dabei würden die ökonomischen Kategorien im großen und ganzen in derselben Reihenfolge erscheinen wie in der logischen Entwicklung. Bei der Feststellung, daß diese Form scheinbar den Vorzug größerer Klarheit hat, da hier die wirkliche Entwicklung verfolgt wird, verweist Engels darauf, daß sie in Wirklichkeit dadurch höchstens populärer würde. Im weiteren erklärt er, worin das Problem besteht:

„Die Geschichte geht oft sprungweise und im Zickzack und müßte hierbei überall verfolgt werden, wodurch nicht nur viel Material von geringer Wichtigkeit aufgenommen, sondern auch der Gedankengang oft unterbrochen werden müßte; zudem ließe sich die Geschichte der Ökonomie nicht schreiben ohne die der bürgerlichen Gesellschaft, und damit würde die Arbeit unendlich, da alle Vorarbeiten fehlen. Die logische Behandlungsweise war also allein am Platz. Diese aber ist in der Tat nichts andres als die historische, nur entkleidet der historischen Form und der störenden Zufälligkeiten. Womit diese Geschichte anfängt, damit muß der Gedankengang ebenfalls anfangen, und sein weiterer Fortgang wird nichts sein als das Spiegelbild, in abstrakter und theoretisch konsequenter Form, des historischen Verlaufs; ein korrigiertes Spiegelbild, aber korrigiert nach Gesetzen, die der wirkliche geschichtliche Verlauf selbst an die Hand gibt, indem jedes Moment auf dem Entwicklungspunkt seiner vollen Reife, seiner Klassizität betrachtet werden kann."[58]

Den dritten Teil der Rezension wollte Engels der Analyse des ökonomischen Inhalts des Buchs, d. h. der von Marx geschaffenen Theorie

[58] Ebenda, S. 475

der Ware und des Geldes widmen. Jedoch blieb die Rezension unvollendet. Ihr dritter Teil erschien nicht in der Presse.

5. Die Arbeit am „Kapital"

Nach dem Erscheinen der Schrift „Zur Kritik der Politischen Ökonomie" mit den beiden Kapiteln über die Ware und das Geld, setzte Marx seine Arbeit am dritten Kapitel – über das Kapital – fort; es sollte den Inhalt des folgenden Heftes bilden. Später schrieb Engels, die ziemlich lange Pause zwischen dem Erscheinen der „Kritik der Politischen Ökonomie" und der Herausgabe des „Kapital" erklärend, daß „die Fortsetzung auf sich warten (ließ), da der Verfasser inzwischen so viel neues Material entdeckte, daß er neue Studien für nötig hielt."[59]

Vom Oktober 1859 bis zum Januar 1860 nahm Marx seine Studien im Britischen Museum wieder auf. Nochmals liest er Engels' „Lage der arbeitenden Klasse in England" sowie die Hauptwerke von Smith und Ricardo durch und studiert sorgfältig die Berichte der Fabrikinspektoren der Jahre 1855 bis 1859. Eine Reihe von politischen Zusammenstößen, Reisen nach Manchester und auf den Kontinent unterbrechen jedoch diese Arbeit für eineinhalb Jahre.

Engels war sehr beunruhigt über diese Störungen, die Marx hinderten, seine ökonomische Forschung fortzusetzen. Ende Januar des Jahres 1860 schreibt Marx, daß ein neuer Krieg wahrscheinlich ist und informiert Engels gleichzeitig von der Veröffentlichung einer verleumderischen Schrift des bonapartistischen Agenten Vogt. Da Engels befürchtete, daß der Kampf gegen Vogt die Fortführung der Arbeit von Marx am zweiten Heft seines Werkes behindern würde, suchte er Marx zu bewegen, diese Arbeit nicht zu unterbrechen. Engels teilt hinsichtlich der Wahrscheinlichkeit neuer stürmischer Ereignisse ganz die Ansicht seines Freundes und zieht daraus die Schlußfolgerung, daß es gerade deshalb nötig ist, „daß wir wissenschaftlich auftreten". Offen in Deutschland aufzutreten, schreibt er, ist unmöglich. Was bleibt also? Entweder den Mund halten oder nur in der Emigration, von Deutschland getrennt, wirken, oder aber in der Weise fortfahren, wie mit der Herausgabe der „Kritik der Politischen Ökonomie" angefangen wurde.

Engels spricht sich entschieden für das letztere aus. „Dies halte ich zunächst für die Hauptsache . . .", schreibt er und betont: „Das baldige

[59] Engels, F., Karl Marx, in: MEW, Bd. 16, S. 364/365

Erscheinen Deines 2. Hefts ist dabei natürlich bei weitem das Wichtigste, und ich hoffe, daß Du Dich durch die Vogtsche Historie nicht wirst abhalten lassen, daran fortzuarbeiten." Und Engels gibt Marx den Rat: „Sei endlich einmal etwas weniger gewissenhaft Deinen eignen Sachen gegenüber . . . Daß das Ding geschrieben wird und erscheint, ist die Hauptsache . . . und wenn bewegte Zeiten eintreten, was hast Du davon, daß das ganze Ding unterbrochen wird, eh Du noch mit dem Kapital im allgemeinen fertig wirst? Ich weiß sehr gut alle die andern Störungen, die dazwischenkommen, ich weiß aber auch, daß die Hauptverzögerung immer in Deinen eignen Skrupeln liegt. Am Ende ist's doch besser, daß das Ding erscheint, als daß es aus dergleichen Bedenken gar nicht erscheint."[60]

Die Befürchtungen von Engels waren völlig begründet. Die folgenden Briefe von Marx ließen keinen Zweifel daran, daß er einen ausführlichen Plan zum Kampf mit Vogt ausarbeitete. Übrigens meinte er noch Anfang Februar 1860, daß, wenn er sich entschlossen an das „Kapital" setzt, „es in 6 Wochen fertig" ist.[61]

Aber diese Rechnung ging nicht auf. Einige Monate vergingen für die Vorbereitung und Veröffentlichung des Pamphlets „Herr Vogt", das erst Ende des Jahres erschien.

Dem Kampf gegen den Bonapartismus, der versuchte, sich hinter pseudoliberaler Phraseologie zu verstecken, schenkten die Begründer des Marxismus große Bedeutung. Karl Vogt, der die Politik Napoleons III. verteidigte, überschüttete Marx mit offenkundig erlogenen Beschuldigungen. In seinem Pamphlet entlarvte Marx Vogt und seine Gesellschaft von Spießgesellen des bonapartistischen Regimes und belegte auf der Grundlage unbestreitbarer Angaben, daß diese Leute von Napoleon III. bestochen waren. Nach dem Zusammenbruch des Zweiten Kaiserreichs wurde das dokumentarisch bestätigt: Der Name Vogts fand sich auf einer 1870 in den Tuilerien gefundenen und von der Septemberregierung veröffentlichten Liste mit gekaufen bonapartistischen Agenten.

Erst im Mai 1861 kehrte Marx wieder zu seinen ökonomischen Manuskripten zurück und begann mit der Analyse des Prozesses der Verwandlung von Geld in Kapital. Am 27. Mai teilt er Engels mit, daß er

[60] Engels' Brief an Marx, 31. 1. 1860, in: MEW, Bd. 30, Berlin 1964, S. 14/15

[61] Marx' Brief an Engels, 3. 2. 1860, in: Ebenda, S. 23

„tüchtig im Schanzen" ist, wobei er die „Geschichte über Ökonomie" meinte.[62] In äußerst intensiver Arbeit und mit einem Minimum an Schlaf schrieb Marx in relativ kurzer Zeit (von August 1861 bis Juni 1863) mit seiner außerordentlich kleinen Schrift 23 Hefte im Gesamtumfang von ungefähr 200 Druckbogen. Engels machte sich mit dem Inhalt dieser Manuskripte erst nach dem Tode von Marx vertraut, als er sein handschriftliches Erbe zu ordnen begann, um die letzten zwei Bände des „Kapital" vorzubereiten.

Im Vorwort zum zweiten Band des „Kapital" gibt Engels einen allgemeinen Überblick über das Manuskript von 1861–1863. Er schreibt, daß das Manuskript auf den Seiten 1–220 (Heft I–V) und 1159–1472 (Heft XIX–XXIII) die im ersten Band des „Kapital" erforschten Themen enthält, von der Verwandlung von Geld in Kapital bis zum Schluß. Dieser Teil des Manuskripts stellt die erste Variante des ersten Bandes des „Kapital" dar. Die Seiten 973–1158 (Heft XVI–XVIII) behandeln Fragen des Kapitals und Profits, der Profitrate, des Kaufmannskapitals und des Geldkapitals, also Themen, die später den Inhalt des dritten Bandes des „Kapital" bilden. Die in den zweiten Band eingegangenen Themen sowie die vielen Themen, die später im dritten Band behandelt wurden, sind damals noch nicht ausgearbeitet worden. Sie werden in dem Abschnitt berührt, der den Hauptteil des Manuskripts von 1181–1863 ausmacht. Dieser Teil, der die Seiten 220 bis 972 (Heft VI–XV) umfaßt, trägt den Titel: „Theorien über den Mehrwert".[63] Dieser Grundriß, als historisch-kritische Ergänzung zum dritten Band über das Kapital begonnen (analog den entsprechenden Exkursionen im ersten und zweiten Kapitel der „Kritik der Politischen Ökonomie"), entwickelte sich zu einer breiten Untersuchung, die in einer außerordentlich kurzen Zeit niedergeschrieben wurde. Die letzten drei Hefte sind schließlich in der Hauptsache Problemen der Akkumulation des Kapitals, der Durchschnittsprofitrate usw. gewidmet.

Bereits im Prozeß der Ausarbeitung des Manuskripts von 1861 bis 1863 erkannte Marx, daß die gesamte Arbeit für die Veröffentlichung erheblich umgebaut werden mußte. Der zu dieser Zeit geplante Aufbau des „Kapital" erforderte eine ernsthafte Überarbeitung und eine andere Anordnung des Materials.

[62] Marx' Brief an Engels, 27. 5. 1862, in: Ebenda, S. 243

[63] Vgl. Marx, K., Das Kapital, Zweiter Band, in: MEW, Bd. 24, Berlin 1963, S. 8

Der wachsende Umfang der Arbeit einerseits und die Zeitverzögerung andererseits stellten Marx vor die Frage, sein Werk nicht als Fortsetzung der „Kritik der Politischen Ökonomie“, sondern als selbständige Arbeit erscheinen zu lassen. In einem Brief vom 28. Dezember 1862 schreibt Marx an Kugelmann, daß sein Buch „Das Kapital“ heißen und den Untertitel „Zur Kritik der Politischen Ökonomie“ tragen wird.[64]

Während der Ausarbeitung des Manuskripts 1861–1863 wandte sich Marx wiederholt in wichtigen und komplizierten ökonomischen Fragen an Engels um Rat. Immer erhielt er gründliche Antworten.

Im März 1862 richtet Marx an Engels die Bitte, ihm alle Kategorien von Arbeitern, die in der Manchester' Fabrik der Firma, in der Engels arbeitete, beschäftigt sind, sowie deren Proportionen zueinander aufzuschreiben. Dieses Beispiel benötigte Marx, um zu zeigen, daß in den Fabriken die Arbeitsteilung, in der Gestalt, wie sie die Grundlage der Manufaktur bildet und von A. Smith beschrieben wurde, nicht existiert.[65] Ende März reiste Marx zu Engels nach Manchester und erhielt dort offensichtlich die notwendigen Angaben. Im ersten Band des „Kapital“ analysiert Marx die Besonderheiten der Arbeitsteilung in der maschinellen Produktion gegenüber der Arbeitsteilung in der Manufaktur.[66]

Im Juni 1862 teilt Marx mit, daß es verstärkt vorwärtsgeht und er den Umfang seiner Arbeit bedeutend erweitert. „Nebenbei bin ich nun endlich auch mit der Grundrentscheiße ... im reinen. Ich hatte seit langem Bedenken über die völlige Richtigkeit der R(icardo)schen Theorie und habe endlich den Schwindel ausgefunden. Auch sonst für das, was schon in diesen Band kommt, einige hübsche und überraschende neue Sachen entdeckt, seit wir uns nicht sahen.“[67]

Nach einiger Zeit kommt Marx ausführlicher auf diese Fragen zu sprechen. Im Brief vom 2. August 1862 an Engels umreißt er die Ausgangspunkte der Kritik an der Rententheorie Ricardos. Ausgehend von der von ihm entdeckten Teilung des Kapitals in konstantes und variables untersucht Marx den Einfluß der Unterschiede in der or-

[64] Marx' Brief an Ludwig Kugelmann, 28. 12. 1862, in: MEW, Bd. 30, S. 639

[65] Vgl. Marx' Brief an Engels, 6. 3. 1862, in: Ebenda, S. 223/224

[66] Vgl. Marx, K., Das Kapital, Erster Band, in: MEW, Bd. 23, S. 441 ff.

[67] Marx' Brief an Engels, 18. 6. 1862, in: MEW, Bd. 30, S. 248/249

ganischen Zusammensetzung des Kapitals auf die Höhe der Profitrate bei gleichem Ausbeutungsgrad. Er führt eine Tabelle über die Angleichung der Profitrate an und kritisiert Ricardo, daß dieser die Verwechslung von Wert und Produktionspreis von Smith übernommen hat. Weiter enthüllt Marx in der Aneignung der Differenz zwischen Wert und Kostenpreis durch den Grundeigentümer die Quelle der absoluten Rente.

Es bleibt noch die Differentialrente, bemerkt Marx weiter, „die ich aber auch so entwickle, daß Ric(ardo)s Unterstellung beständiger Verschlechterung der Landwirtschaft höchst lächerlich und willkürlich erscheint“[68]. Die Differentialrente als solche macht theoretisch keine Schwierigkeit, betont Marx. Sie ist nichts anderes als Surplusprofit, der auch in jeder industriellen Produktionssphäre existiert, nur fixiert er sich in der Agricultur, weil er hier auf einer solchen relativ festen Grundlage basiert, wie dem unterschiedlichen Grad der natürlichen Fruchtbarkeit der verschiedenen Bodenarten.

Da Engels erkrankt war, konnte er nicht sofort antworten, und im folgenden Brief gab Marx einige wichtige Ergänzungen und Erklärungen über die absolute Rente.

Einige Tage später schrieb Marx an Engels: „Kannst Du nicht auf einige Tage herkommen? Ich habe in meiner Kritik so viel Altes umgestoßen, daß ich doch über einige Punkte vorher mich mit Dir konsultieren möchte. Das Schreiben über das Zeug ist Dir und mir langweilig.“[69] Ungeachtet dieser Bemerkung legt Marx auch hier ausführlich eines der Probleme dar, über die er es für nötig erachtete, sich mit Engels zu beraten.

Es ging um die Bedeutung der Amortisationen als Akkumulationsfonds. Nehmen wir an, schreibt Marx, daß bei der Gründung eines Betriebes der Wert der Maschinen 12.000 Pfund Sterling beträgt und diese Maschinen in 12 Jahren abgenutzt sind. Wenn sich im Verlaufe dieser Zeit die Maschinen bezahlt machen sollen, dann müssen die in den Preis der Ware eingehenden Amortisationen jährlich 1000 Pfund Sterling betragen. Was wird nun mit diesem Fonds, der sich somit bei dem Fabrikanten bildet? Ist er in der Tat nicht ein Akkumulationsfonds zur Erweiterung der Reproduktion, abgesehen von aller Verwandlung von Revenue in Kapital? In diesem Zusammenhang stellt

[68] Marx' Brief an Engels, 2. 8. 1862, in: Ebenda, S. 266/267
[69] Marx' Brief an Engels, 20. 8. 1862, in: Ebenda, S. 280

Marx die außerordentlich interessante Frage: „Erklärt das Dasein dieses fonds nicht *teilweise* die *sehr verschiedene* Rate, womit Kapital akkumuliert bei Nationen, wo die kapitalistische Produktion entwickelt, daher viel capital fixe existiert, im Gegensatz zu Nationen, wo dies nicht der Fall?“ [70]

Engels, der in dieser Zeit mit laufenden Sorgen stark belastet war, antwortete kurz, daß ihm diese Fragestellung nicht richtig erscheint.[71] Bald darauf mußte Engels nach Deutschland fahren und Ende des Jahres besuchte ihn Marx in Manchester. Anscheinend wurden die Fragen, die Marx beschäftigten, in persönlichen Gesprächen erörtert.

Hinsichtlich der Rolle der Amortisationen im Prozeß der erweiterten Reproduktion legte Marx ungefähr in der gleichen Periode seinen Standpunkt in dem Manuskript „Theorien über den Mehrwert“ ausführlicher dar. Dort, wo viel fixes Kapital angewandt wird, schrieb er, bildet der Wertteil des Produkts, der seinen Verschleiß ersetzt, einen Akkumulationsfonds, der zur Erweiterung der Produktion ausgenutzt werden kann. „Dieser Akkumulationsfonds befindet sich nicht auf Produktionsstufen und bei Nationen, wo kein großes capital fixe existiert.“ Er fügte hinzu: „Dies ist ein wichtiger Punkt.“ [72]

Im Januar 1863 schreibt Marx an Engels, daß er bei der Untersuchung der Maschinerie in Schwierigkeiten gekommen ist und bittet um dessen Meinung, wie die Selfactoren den Spinnprozeß verändern. Im folgenden Brief teilt er mit, daß er das Kapitel über die Maschinerie vervollständigt und legt ausführlich seine Überlegungen dazu dar. Die Antwort von Engels blieb ohne den letzten Teil erhalten, in dem wahrscheinlich seine Ansicht zu den von Marx berührten Fragen dargelegt wurde.[73]

Im Brief vom 6. Juli 1863 skizziert Marx sein „Tableau Economique“, das er an die Stelle des Tableaus von Quesnay setzte. In diesem Zusammenhang legte er die theoretischen Voraussetzungen dar, die zum Verständnis seiner Schemata der kapitalistischen Reproduktion notwendig sind.[74]

[70] Ebenda, S. 280–281.
[71] Vgl. Engels' Brief an Marx, 9. 9. 1862, in: Ebenda, S. 284
[72] Marx, K., Theorien über den Mehrwert, Zweiter Teil, in: MEW, Bd. 26, 2, Berlin 1967, S. 481
[73] Vgl. Marx' Brief an Engels, 24. 1. 1863, in: MEW, Bd. 30, S. 315, Marx' Brief an Engels, 28. 1. 1863, in: Ebenda, S. 320
[74] Vgl. Marx' Brief an Engels, 6. 7. 1863, in: Ebenda, S. 362ff.

Mitte Juni 1863 beginnt Marx mit der Überarbeitung seines Werks entsprechend dem damals geplanten Aufbau. Im Verlaufe von zweieinhalb Jahren, bis Ende des Jahres 1865, fertigt er den Rohentwurf aller drei Bände des „Kapitals" an. Er schreibt ein neues, riesiges Manuskript, wobei er schöpferisch das ganze früher gesammelte Material überarbeitet. Im breiten Umfang den Text der Vorbereitungsarbeiten (insbesondere das Manuskript von 1861 bis 1863) verwendend, entwickelt Marx aber im Rohentwurf des „Kapitals" auch viele neue Gedanken. Erneut wendet er sich den Quellen des konkret-historischen Materials und angrenzenden Wissenschaftsgebieten zu.

Die Periode zwischen 1863 und 1867 war für Marx eine Zeit besonders angespannter Arbeit. In dieser kurzen Zeit stellte er nicht nur den Entwurf der zwei letzten Bände des „Kapitals" fertig und bereitete das Manuskript des ersten Buches zur Veröffentlichung vor, sondern leistete auch eine riesige Arbeit in der 1864 gebildeten Internationalen Arbeiterassoziation, der I. Internationale. Marx war der Führer der Internationale, der Autor ihrer Resolutionen, Erklärungen, Manifeste. Diese gigantische Arbeit beeinträchtigte, wie Engels sagte, besonders ernsthaft den Gesundheitszustand von Marx, so daß er letzten Endes die Vorbereitung der letzten Bände des „Kapitals" persönlich nicht mehr abschließen konnte.

Im Verlaufe dieser ganzen Zeit war Engels unvermindert an den Arbeiten von Marx am „Kapital" interessiert. Marx informierte ihn über seine Pläne und Absichten, über die auftretenden Schwierigkeiten, die mit den Krankheiten, mit materieller Not und der Notwendigkeit zusammenhingen, immer wieder die Arbeit zur Erfüllung anderer Aufgaben beiseite zu lassen. Daneben nehmen die heranziehenden bedeutenden politischen Ereignisse einen immer größeren Raum im Briefwechsel der Begründer des Marxismus ein: Der Bürgerkrieg in den USA von 1861 bis 1864, der polnische Aufstand von 1863, der Krieg Preußens gegen Dänemark und Österreich und insbesondere die Gründung und Tätigkeit der I. Internationale.

Ende des Jahres 1865 beendet Marx den Rohentwurf aller drei Bände des „Kapitals". Am 1. Januar 1866 beginnt er mit der Reinschrift und endgültigen Bearbeitung des ersten Bandes. Am 13. Februar schreibt er an Engels:

„Was dies ‚verdammte' Buch betrifft, so steht es so: Es wurde *fertig* Ende Dezember" . . .

„Obgleich fertig, ist das Manuskript, riesig in seiner jetzigen Form, nicht herausgebbar für irgend jemand außer mir, selbst nicht für Dich.

Ich begann die Abschreiberei und Stilisierung Punkt ersten Januar, und die Sache ging sehr flott voran, da es mir natürlich Spaß macht, das Kind glattzulecken nach so vielen Geburtswehn." [75]

6. Das Erscheinen des Ersten Bandes des „Kapitals"

Im Frühjahr 1867 übergab Marx das Manuskript des ersten Bandes dem Verleger in Hamburg. Die nächsten Monate waren mit dem Lesen der Korrektur ausgefüllt. Marx übersandte Engels die Bogen in Teilen, der sie las und in einer Reihe von Briefen, vom 16., 24. und 26. Juni, 23., 26. und 27. August sowie vom 1. September sehr viele wesentliche Bemerkungen zu zahlreichen äußerst wichtigen ökonomischen Fragen machte.

Im ersten dieser Briefe empfahl er Marx bei der Darlegung seiner Eindrücke vom ersten Teil der Bogen, bei der Betrachtung der Wertformen „das hier dialektisch Gewonnene etwas weitläufiger historisch nachzuweisen, sozusagen aus der Geschichte die Probe darauf zu machen . . .". Weiter riet er, den Gedankengang dieser abstrakteren Entwicklungen durch mehr kleine Unterabteilungen und Separatüberschriften anschaulicher zu machen. „Die übrigen Bogen", fügt Engels hinzu, „sind sehr gut und haben mir viel Freude gemacht." [76]

In seiner Antwort auf diesen Brief schreibt Marx, daß er Engels' Rat befolgt und nicht befolgt hat, um sich „auch in dieser Hinsicht dialektisch zu verhalten". Er schrieb einen Anhang, worin dieselbe Frage in verständlicherer Form dargelegt wurde und gliederte den Text in Paragraphen mit einzelnen Zwischenüberschriften. Außerdem empfahl er im Vorwort den weniger vorbereiteten Lesern die ersten Seiten des Buchs zu überspringen und den Anhang durchzulesen. „Deine bisherige Satisfaktion ist mir wichtiger", schreibt Marx, „als alles, was die übrige Welt darüber sagen mag." [77]

In vollständigerer Form wurde der Rat von Engels in der zweiten Auflage des ersten Bandes des „Kapitals" realisiert. Der Paragraph des ersten Kapitels, der den Wertformen gewidmet ist, wurde grundlegend

[75] Marx' Brief an Engels, 13. 2. 1866, in: MEW, Bd. 31, Berlin 1965, S. 178/179

[76] Engels' Brief an Marx, 16. 6. 1867, in: Ebenda, S. 303, 304

[77] Marx' Brief an Engels, 22. 6. 1867, in: Ebenda, S. 305, 306

umgearbeitet, indem das Material, das in der ersten Auflage in das Kapitel eingegangen war, mit dem aus dem Anhang am Schluß des Buches organisch vereinigt wurde.

Beim Lesen der folgenden Bogen würdigte Engels die besonderen Vorzüge der Kapitel über die Verwandlung von Geld in Kapital und das Entstehen des Mehrwerts. Er freut sich im voraus darüber, daß diese Kapitel die bürgerlichen Ökonomen in Verlegenheit bringen werden. „Die Entwicklung der Wertform", schreibt er, „ist allerdings das An-sich der ganzen bürgerlichen Schmiere, die revolutionäre Konsequenz tritt aber noch nicht so hervor, und die Leute können sich an diesen abstrakten Sachen leichter vorbeidrücken und Phrasen machen. Hier hört's aber auf, die Sache ist so sonnenklar, daß ich nicht sehe, was sie drauf sagen können."[78]

Zwei Tage später kommt Engels auf das Entstehen des Mehrwerts zurück und lenkt Marx' Aufmerksamkeit darauf, daß der Fabrikant und mit ihm der Vulgärökonom gegen seine Theorie folgendes erwidern könnten: Wenn der Kapitalist dem Arbeiter für einen zwölfstündigen Arbeitstag nur den Preis für 6 Stunden bezahlt, so kann daraus kein Mehrwert entstehen, weil dann jede Arbeitsstunde des Arbeiters in Übereinstimmung damit, wie sie bezahlt wird, nur eine halbe Stunde zählt und demzufolge nur für diesen Wert in den Wert des Produkts eingeht. Als Exempel werden dann die Vertreter dieses Standpunktes die gewöhnliche Kalkulationsformel anführen, in der die Aufwendungen für Arbeitslohn neben den für Rohstoffe und für Verschleiß stehen. Obgleich diese Argumentation schrecklich seicht ist, bemerkt Engels, und auf der Vermischung von Wert und Preis, von Wert der Arbeitskraft und Arbeitslohn basiert, ist es trotzdem wünschenswert, zu beachten, daß ein solcher Einwand ganz sicher gemacht wird und es deshalb besser ist, ihn im voraus zu erledigen.[79]

Marx ist mit diesem Rat nicht einverstanden. Ein solcher Einwand, bemerkt er, zeigt, daß der Spießer und Vulgärökonom vergessen, daß, wenn sie die bezahlte Arbeit als Arbeitslohn berücksichtigen, die unbezahlte Arbeit bei ihnen als Profit figuriert. Wissenschaftlich ausgedrückt läuft das auf die Frage hinaus, wie sich der Wert der Ware in ihren Produktionspreis verwandelt, in dem die ganze Arbeit in Form des Arbeitslohnes als bezahlt erscheint, während die Mehrarbeit aber

[78] Engels' Brief an Marx, 24. 6. 1867, in: Ebenda, S. 308/309
[79] Vgl. Engels' Brief an Marx, 26. 6. 1867, in: Ebenda, S. 310

oder der Mehrwert, als Profit, Zins usw. die Form eines Preisaufschlags auf den Kostpreis annimmt. Diese Frage wird durch die Analyse der Verwandlung des Wertes der Arbeitskraft in Arbeitslohn und der Verwandlung des Mehrwerts in Profit und des Profits in Durchschnittsprofit usw. gelöst.

Diese Fragen, setzt Marx fort, werden in den folgenden Teilen seiner Arbeit betrachtet, wobei auch enthüllt wird, daß die Vorstellungsweise des Spießers und Vulgärökonomen darauf beruht, daß sich in ihrem Hirn immer nur die unmittelbare Erscheinungsform der Verhältnisse, aber nicht deren innerer Zusammenhang widerspiegelt. „Wollte ich nun alle derartigen Bedenken *vorweg abschneiden*, so würde ich die ganze dialektische Entwicklungsmethode verderben. Umgekehrt. Diese Methode hat das Gute, daß sie den Kerls beständig *Fallen stellt*, die sie zur unzeitigen Manifestation ihrer Eselei provozieren."[80]

Übrigens, bemerkt Marx zum Schluß, demonstriert schon die Behandlung des Kampfes um den Arbeitstag im ersten Bande des „Kapitals" anschaulich, wie sehr sich der Kapitalist über die Quelle und die Substanz seines Profits praktisch im klaren ist. In diesem Zusammenhang erinnert er auch an seine Polemik mit dem Vulgärökonomen Senior, der versuchte, die Behauptung des Bourgeois zu begründen, daß sein ganzer Profit aus der letzten unbezahlten Arbeitsstunde entspringt.

Nachdem sich Engels mit dem Inhalt des größten Teils des Buches bekannt gemacht hatte, gratulierte er Marx zu der Vollkommenheit, mit der die verzwicktesten ökonomischen Probleme durch bloßes Zurechtrücken und Einstellen in den richtigen Zusammenhang einfach und fast sinnlich klargemacht werden, sowie „zu der, der Sache nach, höchst famosen Darstellung des Verhältnisses von Arbeit und Kapital – im vollen Zusammenhange und komplett hier zum erstenmal."[81] Gleichzeitig wiederholt er seinen Rat, stärker die Hauptabschnitte hervorzuheben.

Hier ging es um den Teil des Buches, in dem die Produktion des relativen Mehrwerts und der Prozeß der Steigerung der Arbeitsproduktivität durch den Kapitalismus, von der einfachen Kooperation über die Manufaktur bis zur großen Industrie, behandelt wird. In der ersten Auflage bildete dieser breite, mit reichem konkret-historischen Ma-

[80] Marx' Brief an Engels, 27. 6. 1867, in: Ebenda, S. 313
[81] Engels' Brief an Marx, 23. 8. 1867, in: Ebenda, S. 324

terial versehene Abschnitt das vierte Kapitel. Bei der Vorbereitung der zweiten Auflage folgte Marx dem Rat seines Freundes. Mit der Umwandlung ehemaliger Kapitel in Abschnitte wurde der Teil des Textes, der das vierte Kapitel bildete, in vier Kapitel unterteilt, vom 10. bis 13. Kapitel. Das 12. Kapitel wurde wiederum in fünf und das 13. Kapitel in zehn Paragraphen untergliedert.

„Das Kapitel über Akkumulation ist sehr famos", schrieb Engels einige Tage später.[82] Im folgenden Brief konkretisierte er seine Einschätzung: „Das Theoretische ganz famos, auch die Entwicklung der Expropriationsgeschichte ... Sehr brillant ist das Resumé über die Expropriation der Expropriateurs, das wird durchschlagen."[83] Gleichzeitig kritisierte er die Einfügung über Irland, in der das Material zu wenig verarbeitet war.

Noch in der Periode des Drucks des ersten Bandes des „Kapitals" wandte sich Marx bei der Behandlung des Zirkulationsprozesses, des Gegenstandes des folgenden Bandes, erneut mit einer Frage über die Rolle des Amortisationsfonds, der schon 1862 Gegenstand ihres Briefwechsels war, an Engels. Der Kern der Frage besteht darin, daß das fixe Kapital in seiner Naturalform erst nach einer bestimmten längeren Frist ersetzt wird, während sein auf die fertige Ware übertragener Wert in Teilen und sukzessiv zurückfließt. Der Kapitalist verfügt somit über einen bestimmten Amortisationsfonds, der von ihm erst dann benötigt wird, wenn die verschlissenen Maschinen und Ausrüstungen ersetzt werden müssen. Marx stellt die Frage, ob dieser Amortisationsfonds in der Zwischenzeit, in der Zeit zwischen dem Eingang der Amortisationen und der Notwendigkeit ihrer Verwendung zum Ankauf neuer Ausrüstungen, nicht einen Akkumulationsfonds bildet, der von dem Kapitalisten zur Erweiterung der Produktion verwendet werden kann. Marx bittet um eine rein praktische Beantwortung der Frage, ohne Theorie.

Im Brief vom 26. August 1867 gibt Engels eine kurze vorläufige Antwort auf diese Frage. Ausführlicher aber, mit einer Reihe von arithmetischen Berechnungen, antwortet Engels am folgenden Tag.[84] Diese Briefe von Engels enthalten wichtige Überlegungen zu dieser Frage, die theoretisch und praktisch sehr bedeutsam war und unter den gegen-

[82] Engels' Brief an Marx, 26. 8. 1867, in: Ebenda, S. 328
[83] Engels' Brief an Marx, 1. 9. 1867, in: Ebenda, S. 334
[84] Vgl. Engels' Brief an Marx, 27. 8. 1867, in: Ebenda, S. 329–333

wärtigen Bedingungen zu einem Punkt scharfer Interessenauseinandersetzung im Lager des Monopolkapitals geworden ist.[85]

Im ersten Brief bestätigt Engels die Ansicht von Marx, daß der Kapitalist im Verlaufe einer bestimmten Periode über einen Ersatzfonds verfügt und ihn ausnutzt. Gleichzeitig bemerkte er, daß ihm die ökonomische Bedeutung der Sache nicht so ganz klar ist. Im zweiten Brief, der eine Reihe von Tabellen über die Amortisation des fixen Kapitals enthält, äußert er sich schon bestimmter. Aus seiner hypothetischen Rechnung ging hervor, daß der Fabrikant, da die Abschreibungssummen für ihn einen Vorschuß darstellen, in der Lage ist, neue Maschinen zu erwerben und die Produktionskapazität des Betriebes erheblich zu vergrößern, ohne einen Groschen aus seinem Profit auszugeben. Die Berechnungen von Engels bestätigten also völlig den von Marx geäußerten Gedanken.

7. Die „Kriegslist" von Engels

In Erinnerung an die Verschwörung des Schweigens, mit der die bürgerliche Presse und die offizielle Wissenschaft Marx' Arbeit „Zur Kritik der Politischen Ökonomie" begegnete, bemühte sich Engels im Zusammenhang mit der Herausgabe des „Kapitals" der Wiederholung zuvorzukommen und eine ähnliche Verschwörung zu vereiteln. Zu diesem Zweck entwickelte er eine gewisse „Kriegslist".

In einem Brief fragt er Marx: „Was meinst Du, soll ich um die Sache in Zug zu bringen, das Ding vom bürgerlichen Standpunkt angreifen?"[86] Marx antwortete sofort, daß ein solcher Plan – das Buch vom bürgerlichen Standpunkt zu attackieren – das beste Kriegsmittel ist.[87] In einem der nächsten Briefe bemerkt Marx, „daß alles aufs

[85] Es ist bezeichnend, daß sich gegenwärtig sogar bürgerliche Ökonomen teilweise auf die von den Begründern des Marxismus vorgenommene Analyse des Amortisationsprozesses beziehen. So bemerkten die Kölner Professoren Günter Schmölders und Heinrich Rittershausen in ihrem Buch „Moderne Investitionsfinanzierung", (Verlag W. Girardet, Essen, 1959, S. 21), daß die Bedeutung des Amortisationsfonds erstmalig im Briefwechsel von Marx und Engels aus dem Jahr 1867 beschrieben wurde.

[86] Engels' Brief an Marx, 11. 9. 1867, in: Ebenda, S. 345

[87] Vgl. Marx' Brief an Engels, 12. 9. 1867, in: Ebenda, S. 346

‚Lärmmachen' ankommt"[88], um eine Verschwörung des Schweigens zu vereiteln. In Erfüllung dieses gemeinsam aufgestellten Plans schrieb Engels eine Reihe von Rezensionen, deren Mehrzahl in einer Anzahl von in Deutschland erscheinenden Blättern verschiedener Richtung untergebracht wurde. Gleichzeitig war er sehr besorgt, daß das „Kapital" auch in anderen Ländern, vor allem in England, Frankreich und in den Vereinigten Staaten bekannt wurde.

Die von Engels für bürgerliche Presseorgane geschriebenen Rezensionen über das „Kapital" stellen ein hervorragendes Beispiel dafür dar, was die revolutionären Marxisten im weiteren als „Ausnutzung der legalen Möglichkeiten" zu bezeichnen begannen. Natürlich kann man nur sehr bedingt davon sprechen, daß sie vom „bürgerlichen Standpunkt" geschrieben wurden, d. h. nur in dem Sinn, daß die Redakteure der bürgerlichen Blätter sie veröffentlichen konnten, ohne zu ahnen, was für einen heißen Stoff diese sparsamen Zeilen enthielten.

In jeder Rezension legte Engels in knapper Form eine meisterhaft zusammengestellte Quintessenz des ersten Bandes des „Kapitals" dar, die mit einigen betont objektiven einführenden und abschließenden Sätzen versehen wurde, um äußerlich eine Distanz zwischen dem Autor der Rezension und dem Autor des Buches zu schaffen. So beginnt zum Beispiel eine Rezension in einer Württembergischen Zeitung mit folgenden Worten: „Wenn wir auf das obige Werk Rücksicht nehmen, so geschieht es sicher nicht wegen der spezifisch sozialistischen Tendenz, die der Verfasser schon in der Vorrede offen zur Schau trägt.

Es geschieht, weil dasselbe, abgesehen von der Tendenz, wissenschaftliche Entwicklungen und tatsächliches Material enthält, welche alle Beachtung verdienen."[89]

Eine andere Rezension, die für die „Rheinische Zeitung" geschrieben wurde, hat folgenden Schluß: „Was der Leser auch von den sozialistischen Ansichten des Verfassers halten mag, so glauben wir ihm doch im Vorstehenden gezeigt zu haben, daß er es hier mit einer Schrift zu tun hat, welche hoch über der landläufigen sozialdemokratischen Tagesliteratur steht. Wir fügen hinzu, daß, die etwas stark dialektischen Sachen auf den ersten 40 Seiten ausgenommen, das Buch trotz aller wissenschaftlichen Strenge dennoch sehr leicht faßlich und durch die

[88] Marx' Brief an Engels, 10. 10. 1867, in: Ebenda, S. 360

[89] Engels, F., Rezension des Ersten Bandes „Das Kapital" für das „Gewerbeblatt aus Württemberg", in: MEW, Bd. 16, Berlin 1962, S. 229

sarkastische, nach keiner Seite hin schonende Schreibart des Verfassers selbst interessant abgefaßt ist."[90]

Marx verfolgte mit lebhaftem Interesse den literarischen Feldzug seines Freundes in Feindesland, indem er ihm Ratschläge erteilte und auf alle Weise dem Plan zum Erfolg verhalf. In einem Fall entwarf er eine Rezension für den schwäbischen „Beobachter", wobei er meinte, daß es „ein amüsanter Coup" wäre, den Herausgeber der Zeitung „Beobachter", „den Schwabenmeyer, zu prellen"[91]. Engels verwandte den von Marx ausgearbeiteten Entwurf fast wörtlich, und die Rezension wurde veröffentlicht. In einem anderen Fall hatte Engels Schwierigkeiten mit dem Anfang einer Rezension für die englische Zeitschrift „Fortnightly Review". Marx gab ihm einen entsprechenden Rat, der auch von Engels befolgt wurde.[92]

Eines der Ziele der „Kriegslist" von Engels bestand darin, die Vertreter der offiziellen Wissenschaft herauszulocken und dazu zu bewegen, sich irgendwie zum Erscheinen des „Kapitals" zu äußern. Zu diesem Zweck enthielten einige Rezensionen unzweideutige Einladungen an die Koryphäen der bürgerlichen Wissenschaft. „Marx appelliert mit seinen ungewohnten Sätzen dieses Mal nicht an die Massen, sondern an die Männer der Wissenschaft . . .", heißt es in einer Rezension in der „Elberfelder Zeitung". „Es ist zu hoffen, daß Leute wie Roscher, Rau, Max Wirth usw. diese Gelegenheit ergreifen, um das Recht der bisher allgemein anerkannten politischen Ökonomie gegen diesen neuen und sicher nicht verächtlichen Angriff zu verteidigen."[93] „Es ist leider nicht zu leugnen, daß der besonders herbe Ton, den der Verfasser gegen die offiziellen *deutschen* Ökonomen anschlägt, nicht ungerechtfertigt ist . . .", schrieb Engels in einer anderen Rezension. „Möge die harte Lektion, die ihnen dies Buch erteilt, dazu dienen, sie aus ihrer Lethargie zu wecken, ihnen in Erinnerung zu bringen, daß die Ökonomie nicht bloß eine nährende Kuh ist, die uns mit Butter versorgt, sondern eine Wissenschaft, die einen ernsten und eifrigen Kultus verlangt."[94]

[90] Engels, F., Rezension des Ersten Bandes „Das Kapital" für die „Rheinische Zeitung", in: Ebenda, S. 213

[91] Marx' Brief an Engels, 7. 12. 1867, in: MEW, Bd. 31, S. 403

[92] Vgl. Marx' Brief an Engels, 23. 5. 1868, in: MEW, Bd. 32, Berlin 1965, S. 91 f.,

[93] Engels, F., Rezension des Ersten Bandes „Das Kapital" für die „Elberfelder Zeitung", in: MEW, Bd. 16, S. 215

[94] Engels, F., Rezension des Ersten Bandes „Das Kapital" für die „Zukunft" in: Ebenda, S. 209

Mit dem Hinweis darauf, daß das Buch viel mehr enthält, als in einer kurzen Übersicht dargestellt werden kann, schließt Engels eine der Rezensionen mit folgenden Worten ab: „Dazu sind ja auch Fachzeitschriften genug da, die sicher auf diese jedenfalls sehr bemerkenswerte Erscheinung eingehen werden."[95]

Während sich Engels in den für die bürgerlichen Presseorgane geschriebenen Rezensionen das Ziel stellte, die Mauer des Schweigens zu durchbrechen, mit der die bürgerlichen Ideologen die Arbeiten von Marx zu umgeben versuchten, verfolgte er mit der Rezension für das sozialistische Publikationsorgan „Demokratisches Wochenblatt", das von Wilhelm Liebknecht in Leipzig herausgegeben wurde, ein völlig anderes Ziel. In einem ausführlichen Artikel, der im März 1868 in zwei Nummern des Wochenblattes gedruckt wurde, enthüllt Engels die welthistorische Bedeutung des Hauptwerkes von Marx. Hier schreibt er auch nicht in einer allegorischen Sprache.

„Solange es Kapitalisten und Arbeiter in der Welt gibt, ist kein Buch erschienen, welches für die Arbeiter von solcher Wichtigkeit wäre wie das vorliegende", betont Engels einleitend. „Das Verhältnis von Kapital und Arbeit, die Angel, um die sich unser ganzes heutiges Gesellschaftssystem dreht, ist hier zum ersten Mal wissenschaftlich entwickelt . . ."

Kurz und ausdrucksvoll legt Engels die Mehrwerttheorie, die Geschichte des Kampfes um den Arbeitstag, die Gesetze der Akkumulation des Kapitals dar. „Dies sind, streng wissenschaftlich nachgewiesen, . . . einige der Hauptgesetze des modernen, kapitalistischen gesellschaftlichen Systems", schreibt er abschließend. „Aber ist damit alles gesagt? Keineswegs!" Und er betont, daß die Hauptschlußfolgerung der ökonomischen Untersuchungen von Marx in der Begründung der historischen Unvermeidlichkeit der revolutionären Ablösung des Kapitalismus durch die höhere, sozialistische Ordnung ist, die „eine gleiche menschenwürdige Entwicklung für *alle* Glieder der Gesellschaft möglich machen wird"[96].

Der für die zweiwöchentlich erscheinende englische Zeitschrift „Fortnightly Review" geschriebene Artikel war wohl die fundierteste der

[95] Engels, F., Rezension des Ersten Bandes „Das Kapital" für den „Beobachter", in: Ebenda, S. 228

[96] Engels, F., Rezension des Ersten Bandes „Das Kapital" für das „Demokratische Wochenblatt", in: Ebenda, S. 235, 241, 242

Rezensionen von Engels. In dieser Zeitschrift erfreute sich der progressiv gestimmte Professor Beesly eines bestimmten Einflusses, der auf dem historischen Meeting 1864 in London, auf dem die Bildung der Internationalen Arbeiterassoziation verkündet wurde, den Vorsitz hatte. Es wurde nur ein Teil dieses Artikels geschrieben, in dem ausführlich der Inhalt des ersten Teils des „Kapitals" einschließlich der Produktion des absoluten Mehrwerts dargelegt wird. Der Artikel wurde deshalb nicht abgeschlossen, weil sich herausstellte, daß der Herausgeber der Zeitschrift die Veröffentlichung der Rezension ablehnte. Sie erschien erstmalig in der Sowjetunion.

Offensichtlich bei der Vorbereitung dieser Rezension begann Engels im April 1868 ein Konspekt des „Kapitals" anzufertigen. In einem Brief teilt er Marx mit: „Das Exzerpieren Deines Buchs macht bei meiner beschränkten Zeit mehr Arbeit, als ich glaubte, denn schließlich, wenn man diese Arbeit einmal macht, muß man sie auch ordentlich machen . . ."[97]

Engels fand Zeit, vier Kapitel des ersten Bandes des „Kapitals", die den ersten vier Abschnitten des Bandes in seiner jetzigen Form entsprechen (die Kapitel der ersten Auflagen wurden in den folgenden Auflagen in Abschnitte umgewandelt), zu konspektieren. Engels' Konspekt ist deshalb von besonderem Interesse, weil daraus zu ersehen ist, welche Punkte der Arbeit von Marx er für die wichtigsten hielt. Engels hob besonders alle historischen Übergänge hervor, wobei er unterstrich, daß die Entwicklung der ökonomischen Kategorien kein willkürliches Gedankenspiel, sondern die logische Widerspiegelung des wirklichen Gangs des historischen Prozesses ist.

Im September 1868 brachten die deutschen Delegierten auf dem Brüsseler Kongreß der I. Internationale eine Resolution ein, in der den Arbeitern aller Länder vorgeschlagen wurde, das „Kapital" von Marx zu studieren und seine Übersetzung in andere Sprachen zu unterstützen. Die historische Situation hatte sich im Vergleich zu der Zeit, als die Arbeit „Zur Kritik der Politischen Ökonomie" erschien, wesentlich verändert. Die Arbeiterbewegung in den Ländern Westeuropas befand sich auf dem Vormarsch. Die I. Internationale wurde ein großer politischer Faktor, und die Namen ihrer Führer Marx und Engels waren weithin bekannt.

[97] Engels' Brief an Marx, 17. 4. 1868, in: MEW, Bd. 32, S. 60

Unter diesen Bedingungen konnte das Erscheinen des „Kapitals" natürlich nicht unbemerkt bleiben. Trotzdem unterliegt die Bedeutung von Engels' literarischem Feldzug nicht dem geringsten Zweifel. Der hannoversche Arzt Ludwig Kugelmann, mit dem Marx damals in freundschaftlicher Verbindung stand, unterstützte die Veröffentlichung einiger dieser Rezensionen. Viele Jahre später erinnerte Engels in einem Brief an August Bebel daran, daß Kugelmann viel getan hat, um die Verschwörung des Schweigens zu zerschlagen, mit der die Presse dem Erscheinen des ersten Bandes des „Kapitals" zu begegnen suchte.[98] Nach der Veröffentlichung einer Reihe der Rezensionen von Engels war die Verschwörung des Schweigens gebrochen. Unter anderem reagierten einige deutsche bürgerliche Ökonomen auf die Rezensionen, indem sie in eine ihnen nichts Gutes verheißende Polemik mit Marx eintraten.

Bei der Fortsetzung der Forschungen zu den folgenden Bänden des „Kapitals" wandte sich Marx ständig an Engels, um Rat und Auskünfte zu den verschiedensten Fragen zu erhalten. So erörtert er am 22. April 1868 mit Engels die Frage, wie es zu erklären ist, daß mit sinkendem Wert des Geldes die Profitrate steigt und mit steigendem Geldwert fällt. Engels antwortete ihm, daß das Problem gut und klar dargestellt ist.[99]

Im folgenden Brief vom 30. April 1868 legt Marx außerordentlich anschaulich die Struktur und die Hauptideen des dritten Bandes des „Kapitals" dar. In diesem Band wird die Verwandlung des Mehrwertes in seine verschiedenen Formen und voneinander verselbständigte Bestandteile behandelt. Im Zusammenhang mit der Entdeckung des tendenziellen Falls der Profitrate bemerkt Marx, daß dies einer der größten Triumphe über den „elenden Behelf" aller bisherigen politischen Ökonomie ist.[100]

Besonders interessant ist die Charakteristik des siebenten Abschnitts des dritten Bandes. Dieser Abschnitt blieb bekanntlich unvollendet. Marx betrachtet hier die Erscheinungsformen der ökonomischen Beziehungen, die der Vulgärökonomie als Ausgangspunkt dienen. Er widerlegt die falsche Behauptung von A. Smith, daß der Preis aus drei Einkommensarten besteht: Arbeitslohn, Profit, Grundrente, und er-

[98] Vgl. Engels' Brief an August Bebel, 26. 9. 92, in: MEW, Bd. 38, S. 475
[99] Vgl. Engels' Brief an Marx, 26. 4. 1868, in: MEW, Bd. 32, S. 68
[100] Vgl. Marx' Brief an Engels, 30. 4. 1868, in: Ebenda, S. 74

klärt, daß diese drei Revenuen die Einkommen der drei Klassen bilden. Folglich ist das Ergebnis des ganzen der Klassenkampf, worin sich diese Bewegung auflöst und der letzten Endes zur Liquidierung des Kapitalismus führt.

Im ersten Band des „Kapitals" verwandte Marx bei der Behandlung der Mehrwertrate Daten aus der Spinnerei in Manchester. Diese Daten erhielt er durch die Vermittlung von Engels. Bei der Untersuchung der Profitrate beabsichtigte Marx dieses konkrete Beispiel weiterzuführen. Er wandte sich am 7. Mai 1868 an Engels und erhielt bald die notwendigen Angaben.[101]

Nach dem Erscheinen des ersten Bandes des „Kapitals" kam Engels der Gedanke, daß es notwendig wäre, das im „Kapital" dargelegte theoretische System zu popularisieren. Bereits im September 1868 fragt er Marx: „Wird nicht eine populäre kurze Darstellung des Inhalts Deines Buchs *für Arbeiter* ein dringendes Bedürfnis? Wird's nicht gemacht, so kommt irgendein Moses und macht's und verballhornst's."[102] (Im Brief wird vorher von Moses Heß gesprochen, der sich in dieser Zeit den Lassalleanern anschloß). Marx antwortete ihm, daß es gut wäre, wenn Engels selbst „eine kleine Broschüre zum populären Verständnis" schreiben würde.[103] Die Tätigkeit in der Internationale und eine Reihe dringender literarischer Arbeiten gaben jedoch Engels keine Möglichkeit, diese Aufgabe zu verwirklichen. Erst viele Jahre später kam Engels auf die Idee zurück, das „Kapital" zu popularisieren.

Mit dem Umzug von Engels nach London im September 1870 begann eine neue Etappe in der Zusammenarbeit der Begründer des Marxismus. Wie ihnen nahestehende Menschen bezeugen, trafen sich Marx und Engels fast täglich und verbrachten zusammen mehrere Stunden, wobei sie sich über politische Ereignisse und wissenschaftliche Probleme unterhielten. Zweifellos nahmen die ökonomischen Themen, die mit der Vorbereitung der letzten Bände des „Kapitals" zusammenhingen, einen bedeutenden Platz unter den diskutierten Problemen ein. Dieser Gedankenaustausch konnte natürlich in dem brieflichen Erbe von Marx und Engels keine Widerspiegelung finden.

[101] Vgl. Marx' Brief an Engels, 7. 5. 1868, in: Ebenda, S. 82
[102] Engels' Brief an Marx, 16. 9. 1868, in: Ebenda, S. 149
[103] Marx' Brief an Engels, 16. 9. 1868, in: Ebenda, S. 152

Kapitel VIII

Engels' Arbeit am „Kapital" nach dem Tode von Marx

1. Neue Ausgaben des Ersten Bandes des „Kapitals"

So hoch Engels' Mitwirken bei der Arbeit am „Kapital" zu Marx' Lebzeiten auch eingeschätzt werden muß: die gewaltige Arbeit, die Engels nach dem Tode von Marx leistete, war von noch größerer Bedeutung. Engels stand hinsichtlich des „Kapitals" vor einer zweifachen Aufgabe: erstens mußte er sich um die nächsten Ausgaben des ersten Bandes kümmern, und zweitens waren die letzten beiden Bände vorzubereiten und zu veröffentlichen, die Marx im Rohmanuskript hinterlassen hatte.

Die dritte Auflage des ersten Bandes gab Engels schon Ende 1883 heraus. Er schloß eine Reihe von Stellen in den Text ein, die Marx in die französische Ausgabe eingefügt hatte, und übertrug auf den Text der dritten Auflage stilistische Korrekturen, die Marx in seinem Handexemplar vorgenommen hatte.

Im Vorwort zu dieser Auflage teilt Engels mit, daß Marx anfangs vorhatte, den Text des ersten Bandes großenteils umzuarbeiten, manche theoretischen Thesen schärfer zu fassen und neues geschichtliches und statistisches Material bis auf die neueste Zeit einzufügen. Sein Krankheitszustand und die Arbeit an den beiden letzten Bänden des „Kapitals" hatten Marx daran gehindert, diese Aufgaben auszuführen. Bei der Vorbereitung der dritten Auflage ließ Engels sich voll und ganz von Marx' Hinweisen leiten, die in dessen Handexemplaren der zweiten deutschen Auflage und der französischen Ausgabe enthalten waren. Außerdem berücksichtigte er Marx' mündliche Hinweise. Im Vorwort betont Engels, er habe kein einziges Wort geändert, von dem er nicht bestimmt wußte, daß der Verfasser selbst es geändert hätte.[1]

Nach drei Jahren – also 1866 – besorgte Engels die englische Ausgabe des ersten Bandes des „Kapitals“. Samuel Moore, ein langjähriger Freund von Marx und Engels, und Dr. Aveling, Mitglied der Familie Marx, übersetzten „Das Kapital“ nach der dritten deutschen Auflage. Eleanor Marx-Aveling, Marx' jüngste Tochter, kontrollierte für diese Ausgabe die zahlreichen Zitate aus englischen Quellen, die Marx ins Deutsche übersetzt hatte.

Im Vorwort zu dieser Ausgabe teilt Engels mit, daß schon Mitte der siebziger Jahre in Amerika eine englische Übersetzung des „Kapitals“ geplant war, die aber nicht verwirklicht werden konnte. Marx hinterließ eine Reihe von handschriftlichen Anweisungen für eine englische Übersetzung, die Engels benutzte. Eine englische Ausgabe des „Kapitals“ bedarf keiner Rechtfertigung, bemerkte Engels. Im Gegenteil, es müßte eher erklärt werden, warum diese Ausgabe so lange verzögert worden ist, „wenn man sieht, daß seit einigen Jahren die in diesem Buch vertretenen Theorien in der periodischen Presse und Tagesliteratur sowohl Englands wie Amerikas ständig erwähnt, angegriffen und verteidigt, erklärt und mißdeutet wurden“.[2]

Von besonderem Interesse ist der abschließende Teil des Vorworts, in dem Engels schreibt:

„‚Das Kapital‘ wird auf dem Kontinent oft ‚die Bibel der Arbeiterklasse‘ genannt. Daß die in diesem Werk gewonnenen Schlußfolgerungen täglich mehr und mehr zu den grundlegenden Prinzipien der großen Bewegung der Arbeiterklasse werden, nicht nur in Deutschland und der Schweiz, sondern auch in Frankreich, in Holland und Belgien, in Amerika und selbst in Italien und Spanien; daß überall die Arbeiterklasse in diesen Schlußfolgerungen mehr und mehr den angemessensten Ausdruck ihrer Lage und ihrer Bestrebungen anerkennt, das wird niemand leugnen, der mit dieser Bewegung vertraut ist.“[3] Engels vermerkt ferner, daß die marxistischen Ideen auch in England Verbreitung finden, wo eine gründliche Untersuchung der

[1] Vgl. Engels, F., Vorwort zur dritten Auflage des Ersten Bandes „Das Kapital“, in: MEW, Bd. 23, Berlin 1962, S. 34

[2] Engels, F., Vorwort zur englischen Ausgabe des Ersten Bandes „Das Kapital“, in: Ebenda, S. 36

[3] Ebenda, S. 39

wirtschaftlichen Lage des Landes bald zu einer unwiderstehlichen Notwendigkeit wird, weil seine Wirtschaft in wachsende Schwierigkeiten gerät. Die sich schnell entwickelnde Industrie anderer Länder geht den Weg der englischen Industrie.

In diesem Zusammenhang bemerkt Engels, es scheine im Verlauf des industriellen Zyklus eine Veränderung eingetreten zu sein: „Der zehnjährige Zyklus von Stagnation, Prosperität, Überproduktion und Krise, der von 1825 bis 1867 immer wiederkehrte, scheint allerdings abgelaufen zu sein; aber nur um uns im Sumpf der Verzweiflung einer dauernden und chronischen Depression landen zu lassen. Die ersehnte Periode der Prosperität will nicht kommen; sooft wir die sie ankündigenden Symptome zu erblicken glauben, sooft verschwinden sie wieder in der Luft." [4]

Die chronische Depression verurteilt beträchtliche Schichten der Werktätigen zu Arbeitslosigkeit, und ihre Geduld erschöpft sich. Engels gibt seiner Hoffnung Ausdruck, daß in nicht ferner Zukunft der Moment eintrete, wo die Arbeitslosen ihr Schicksal in ihre eigenen Hände nehmen werden, und er schließt mit den Worten: „In einem solchen Moment sollte sicherlich die Stimme eines Mannes gehört werden, dessen ganze Theorie das Ergebnis eines lebenslangen Studiums der ökonomischen Geschichte und Lage Englands ist und den dieses Studium zu dem Schluß geführt hat, daß, zumindest in Europa, England das einzige Land ist, wo die unvermeidliche soziale Revolution gänzlich mit friedlichen und gesetzlichen Mitteln durchgeführt werden könnte. Gewiß hat er nie vergessen hinzuzufügen, daß er kaum erwarte, die herrschenden Klassen Englands würden sich ohne ‚proslavery rebellion' dieser friedlichen und gesetzlichen Revolution unterwerfen." [5]

Diese Zeilen, die Engels im Jahre 1886 geschrieben hat, sind in mancherlei Hinsicht von größtem Interesse.

1890 besorgte Engels die vierte Auflage des ersten Bandes des „Kapitals", wobei er sich „eine möglichst endgültige Feststellung des Textes sowohl wie der Anmerkungen" [6] zum Ziel setzte. Aus diesem Grund nahm Engels nach nochmaligem Vergleich der französischen

[4] Ebenda, S. 40
[5] Ebenda
[6] Engels, F., Vorwort zur vierten Auflage des Ersten Bandes „Das Kapital", in: Ebenda, S. 41

Ausgabe und der handschriftlichen Notizen von Marx aus jener noch einige Zusätze in den deutschen Text auf. Außerdem fügte er dort erläuternde Zusatznoten ein, wo veränderte geschichtliche Umstände dies nach seiner Meinung erforderten.

Als Beispiel für Ergänzungen dieser Art kann Engels' Einfügung über die Trusts dienen. Bei der Behandlung des Akkumulationsprozesses bemerkt Marx, daß die Zentralisation des Kapitals in jedem einzelnen Produktionszweig ihre äußerste Grenze erreichte, wenn alle in ihm angelegten Kapitale zu einem einzigen Kapital verschmölzen. In einer Anmerkung zu diesem Satz sagt Engels: „Die neuesten englischen und amerikanischen ‚Trusts' streben dies Ziel bereits an, indem sie versuchen, wenigstens sämtliche Großbetriebe eines Geschäftszweiges zu einer großen Aktiengesellschaft mit praktischem Monopol zu vereinigen."[7]

Im Vorwort zur vierten Auflage des ersten Bandes des „Kapitals" stellt Engels die lehrreiche Geschichte dar, wie die Versuche Lujo Brentanos – damals eine Leuchte der bürgerlichen ökonomischen Wissenschaft Deutschlands –, Marx des falschen Zitierens zu bezichtigen, ein skandalöses Fiasko erlitten. Es handelte sich um einen Satz aus der Budgetrede, die der englische Schatzkanzler Gladstone 1863 im Parlament gehalten hatte. Gladstone führte Zahlen über das schnelle Wachstum des Nationaleinkommens Englands im Verlaufe eines knappen Jahrzehnts an und sagte: „Diese berauschende Vermehrung von Reichtum und Macht ... ist ganz und gar auf die besitzenden Klassen beschränkt ..."[8] Marx führte dies Eingeständnis Gladstones in der Inauguraladresse der I. Internationale vom Jahre 1864 und dann erneut im ersten Band des „Kapitals" an.

Im offiziellen Parlamentbericht strich Gladstone, dem herkömmlichen Brauche folgend, diesen Satz, der ihn als Chef des Schatzamtes kompromitierte. Brentano nutzte diesen Umstand aus und behauptete 1872 in einer Berliner Zeitschrift, die das Organ des deutschen Fabrikantenbundes war, anonym und spektakulär, Marx habe diesen Satz formell und materiell hinzugelogen. Marx wies damals nach, daß dieser Satz vollständig in dem Bericht enthalten war, den die solide Zeitung „Times" gebracht hatte, und auch in zwei anderen Blättern zu finden

[7] Marx, K., Das Kapital, Erster Band, in: Ebenda, S. 655f.
[8] Vgl. ebenda, S. 681

war. Brentano versuchte seine Beschuldigung aufrechtzuerhalten, aber Marx entlarvte voll und ganz seine plumpen Ausflüchte. Bereits nach dem Tode von Marx wiederholte ein gewisser Sedley Taylor aus Cambridge die Insinuation Brentanos in einem Brief an die „Times". Ihm antwortete sofort Marx' Tochter Eleanor. Engels legte das Wesen dieser Polemik dar, indem er schrieb: „... das Resultat des ganzen, durch zwei Jahrzehnte und über zwei große Länder fortgesponnenen Professorenklüngels war, daß man nicht mehr gewagt hat, Marx' literarische Gewissenhaftigkeit anzutasten ..."[9]

Nachdem die vierte Auflage des ersten Bandes des „Kapitals" erschienen war, mußte Lujo Brentano, der Verleumdung überführt, den rettenden Mantel der Anonymität abwerfen, und er gab unter seinem eigenen Namen die Broschüre „Meine Polemik mit Karl Marx" heraus. Engels antwortete hierauf ausführlich mit der Arbeit „In Sachen Brentano contra Marx wegen angeblicher Zitatsfälschung. Geschichtserzählung und Dokumente", die 1891 veröffentlicht wurde.[10] In dieser Arbeit ist der gesamte Verlauf der Polemik in detaillierter Weise dargestellt, und in ihr sind auch alle Dokumente enthalten, die sich auf diese Frage beziehen.

2. *Eine populäre Darstellung des „Kapitals"*

Nach dem Tode von Marx kümmerte sich Engels nicht nur um neue Auflagen und Ausgaben des ersten Bandes des „Kapitals". Er trug auch Sorge um eine populäre Darstellung dieses Werkes. Gleich Marx hielt es Engels für eine überaus wichtige Aufgabe, die marxistischen Ideen zu popularisieren. Die ersten Versuche, „Das Kapital" zu popularisieren, die noch zu Marx' Lebzeiten unternommen worden waren, blieben ohne Erfolg. Bei weitem besser gelang der Versuch, den der französische Marxist Gabriel Deville im Jahre 1883 unternahm. Engels erhielt Devilles Manuskript und las es aufmerksam durch. Im August 1883 erwähnt Engels die Arbeit Devilles unter den Arbeiten, die

[9] Engels, F., Vorwort zur vierten Auflage des Ersten Bandes „Das Kapital", in: Ebenda, S. 46

[10] Vgl. MEW, Bd. 22, Berlin 1963, S. 93ff. In russischer Sprache ist diese Arbeit erstmals 1933 im „Archiv Marksa i Engelsa", Bd. II (VII), veröffentlicht worden.

seiner Redaktion bedürfen.[11] Engels mußte eine Zeitlang gründlich an dem Manuskript arbeiten. Im September teilte er Laura Lafargue mit, er habe das Pamphlet Devilles zu redigieren begonnen, was beträchtliche Arbeit erfordert, besonders am Anfang, wo große Präzision notwendig ist, an der es jedoch stellenweise mangelt. Engels rechnete damit, daß er mit dieser Arbeit in ein oder zwei Wochen fertig sei, und fügte hinzu, das Manuskript gefalle ihm im ganzen sehr, weil der Verfasser den Gegenstand gut verstanden und lebendiger beschrieben hat, als zu erwarten war.[12]

Offenbar mußte Engels für Devilles Manuskript bedeutend mehr Arbeit aufwenden, als er ursprünglich angenommen hatte. Wenn er auch seine im ganzen positive Meinung über diese Arbeit nicht änderte, so stellte er doch bei näherem Betrachten ernsthafte Mängel in ihr fest. In einem Brief vom Anfang des Jahres 1884 gab er eine detaillierte Einschätzung dieses Manuskripts.[13] In rein theoretischer Hinsicht, betont Engels, ist Devilles Arbeit die beste Darstellung, die bisher erschienen ist. Zugleich bemerkt Engels „starke Nachlässigkeiten des Ausdrucks", die er im Manuskript zu entfernen hatte. Der beschreibende Teil ist zu flüchtig gearbeitet, so daß er für Leute, die das Original nicht kennen, stellenweise total unverständlich ist. Zu den Mängeln der Arbeit zählt Engels auch, daß Manufaktur und Großindustrie als zwei historische Perioden in der Entwicklung der kapitalistischen Produktion nicht exakt genug voneinander abgegrenzt sind. Schließlich gibt Deville eine vollständige Darstellung des gesamten Inhalts des ersten Bandes des „Kapitals", auch die Sachen eingeschlossen, die Marx hineinsetzen mußte, damit die wissenschaftliche Entwicklung vollständig war, die aber für das Verständnis der Mehrwerttheorie und der Schlußfolgerungen, die sich aus ihr ergeben, nicht nötig sind. Und bei einer populären Darstellung, betont Engels, sind eben nur diese Theorie und die Schlußfolgerungen aus ihr wichtig.

Engels vermerkt noch einen Mangel der Arbeit, den er aber nicht zu korrigieren vermochte, weil er sonst das ganze Manuskript hätte umarbeiten müssen. Deville nahm die resümierenden Sätze aus Marx' „Kapital" wörtlich auf, nachdem er ihre Voraussetzungen nur unvoll-

[11] Vgl. Engels an Bernstein, Brief v. 27. 8. 1883, in: MEW, Bd. 36, Berlin 1967, S. 53

[12] Vgl. Engels an L. Lafargue, Brief v. 19. 9. 1883, in: Ebenda, S. 62

[13] Vgl. Engels an Kautsky, Brief v. 9. 1. 1884, in: Ebenda, S. 81f.

kommen wiedergegeben hatte. „Dadurch werden diese Sätze oft ganz schief gestellt", schreibt Engels, „so daß ich bei der Durchsicht sehr oft in den Fall kam, Sätze von M(arx) anfechten zu wollen, die im Original eine durch das Vorausgegangene klargelegte Beschränkung erfahren, bei D(eville) aber eine ganz absolut allgemeine und damit unrichtige Geltung erhalten."[14] Denselben Gedanken wiederholt Engels etwas später in einem anderen Brief, in dem er mitteilt, im Unterschied zum theoretischen Teil sei der beschreibende Teil der Arbeit Devilles für den, der das Original nicht gelesen hat, manchmal unverständlich; außerdem gebe Deville die Schlußfolgerungen von Marx, verschweige aber völlig die Bedingungen, unter denen allein diese Schlußfolgerungen zutreffen, wodurch man manchmal einen mehr oder weniger falschen Eindruck gewinnt.[15]

Als sich nach Bildung der Gruppe „Befreiung der Arbeit", die sich die Aufgabe stellte, die Ideen des Marxismus in Rußland zu propagieren, V. I. Sassulitsch mit der Bitte an Engels wandte, ihr Bücher zur Übersetzung zu empfehlen, lenkte Engels ihre Aufmerksamkeit auf die Arbeit Devilles. Er kennzeichnete die Mängel dieses Buches und bemerkte ergänzend, für eine populäre Darstellung sei sie zu umfangreich, äußerte aber die Ansicht, man könne durch eine Überarbeitung etwas Gutes aus ihr machen. „... und ein Auszug aus dem ‚Kapital'", fügte er hinzu, „dürfte immer von Nutzen sein in einem Lande, wo allein schon das Buch zu beschaffen auf Schwierigkeiten stößt."[16]

In einem anderen Falle, in dem es um die Verbreitung der marxistischen Ideen in Amerika ging, äußerte Engels den Wunsch, eine Reihe von Broschüren herauszugeben, die den Inhalt des „Kapitals" in populärer Form wiedergäben, wobei er folgende Themen nannte: 1. die Theorie des Mehrwerts; 2. die Geschichte der verschiedenen Formen der Mehrwertauspressung (Kooperation, Manufaktur, moderne Industrie); 3. Akkumulation und Geschichte der ursprünglichen Akkumulation; 4. die Mehrwertproduktion in den Kolonien. Engels bemerkte, daß diese Broschüren gerade für Amerika sehr instruktiv sein würden, denn sie zeigten die ökonomische Geschichte dieses Landes, die Verwandlung eines Landes unabhängiger Bauern in ein Zentrum der

[14] Ebenda, S. 81f.
[15] Vgl. Engels an Lawrow, Brief v. 5. 2. 1884, in: Ebenda, S. 100
[16] Engels an Sassulitsch, Brief v. 6. 3. 1884, in: Ebenda, S. 120

kapitalistischen Großindustrie, wobei die Broschüren durch spezielle amerikanische Fakten vervollständigt werden könnten.[17]

Im Zusammenhang mit der Erfahrung bei der Popularisierung des „Kapitals" durch Deville, ergab sich die Frage einer ähnlichen Popularisierung für die deutschen Leser. Ursprünglich hatte Kautsky den Wunsch geäußert, Devilles Buch ins Deutsche zu übersetzen. Als Engels diesen Vorschlag erhalten hatte, antwortete er mit einem ausführlichen Urteil über die Arbeit Devilles und äußerte die Ansicht, eine neue populäre und kurze (halb so umfangreich wie Devilles Buch) Darstellung der Mehrwerttheorie sei sehr nötig, wobei die genaue Anlehnung an die einzelnen Kapitel des „Kapitals" und alles nicht zum Verständnis der Mehrwerttheorie Nötige wegfallen müßte. „Dies schließt von vornherein Neubearbeitung des beschreibenden Teils, mit beträchtlicher Verkürzung, in sich." [18] In einem der nächsten Briefe an Kautsky erklärte Engels sich einverstanden, den theoretischen Teil der Übersetzung zu redigieren, wobei er zugleich der Hoffnung Ausdruck gab, der Übersetzer selbst werde die Mängel des beschreibenden Teils beheben.[19]

Später entschied sich Kautsky, anstatt Devilles Buch zu übersetzen, eine neue Darstellung des „Kapitals" zu schreiben. Als das Manuskript fertig war, wandte er sich mit der Bitte an Engels, es durchzusehen. Am 11. August 1886 antwortete Engels, er wolle mit dem Manuskript sein möglichstes tun, lehnte es aber ab, irgendeine bestimmte Frist dafür anzugeben. „Schick mir also das Manuskript, und wir werden sehen."[20] Doch schon am 13. September teilte Engels Laura Lafargue mit, er habe letzte Woche eine deutsche Darstellung des „Kapitals" von Kautsky durchgesehen, und er fügte hinzu, es sei sehr viel daran zu tun gewesen.[21] Kautskys Buch „Karl Marx' ökonomische Lehren" erschien mit einem Vorwort des Autors, das vom Oktober 1886 datiert ist.

[17] Engels an Kelley-Wischnewetzky, Brief v. 13./14. 8. 1886, in: Ebenda, S. 505

[18] Engels an Kautsky, Brief v. 9. 1. 1884, in: Ebenda, S. 82

[19] Vgl. Engels an Kautsky, Brief v. 4. 2. 1884, in: Ebenda, S. 96

[20] Engels an Kautsky, Brief v. 11. 8. 1886, in: Ebenda, S. 502

[21] Vgl. Engels an L. Lafargue, Brief v. 13. 9. 1886, in: Ebenda, S. 529

3. *Die Vorbereitung und Veröffentlichung des Zweiten Bandes des „Kapitals"*

Auf die Herausgabe neuer Auflagen des ersten Bandes des „Kapitals" entfiel nur der kleinere Teil der Arbeit, die Engels nach Marx' Tod auf dessen Hauptwerk verwandte. Unvergleichlich viel mehr Arbeit kostete es Engels, den zweiten und den dritten Band des „Kapitals" für den Druck vorzubereiten, die von Marx bekanntlich in unvollendeter Gestalt hinterlassen worden waren. In seinem Aufsatz über Engels führt Lenin die Worte des österreichischen Sozialisten Victor Adler an, Engels habe seinem genialen Freunde mit der Herausgabe dieser beiden Bände des „Kapitals" ein großartiges Denkmal gesetzt, auf dem er ungewollt seinen eigenen Namenszug mit unauslöschlichen Lettern eingetragen hat. Lenin stimmt dieser Ansicht bei und fügt hinzu: „In der Tat, diese beiden Bände des ‚Kapitals' sind das Werk von zweien: von Marx und von Engels."[22]

Marx hinterließ seinen literarischen Nachlaß Engels und seiner jüngsten Tochter, Eleanor, die im Herbst 1884 den englischen Sozialisten Eduard Aveling heiratete. Eleanor Marx-Aveling half Engels bei der ersten Durchsicht der Manuskripte von Marx. Aber die Hauptarbeit bei der Vorbereitung der Manuskripte zum Druck lag natürlich auf Engels' Schultern. Er hatte zahlreiche Manuskripte in der Hand, die zu einem beträchtlichen Teil aus Fragmenten bestanden, von denen viele verschiedene Varianten darstellten, die der Autor nacheinander überarbeitet hatte. Engels mußte sich vor allem in diesen Manuskripten zurechtfinden, die in der unleserlichen Handschrift von Marx vorlagen, die manchmal auch der Autor selbst nicht entziffern konnte. Engels mußte ferner für jeden Teil die Hauptvariante herausfinden und sie durch Material aus den anderen, nicht benutzten Varianten ergänzen.

Im Ergebnis einer gewaltigen Arbeit verwandelte Engels diese einzelnen Manuskripte in die beiden Bände des „Kapitals". Sein redaktionelles Eingreifen hielt er in engsten Grenzen, und er nahm keinerlei Veränderungen vor, die die Identität des Marxschen Textes verletzt hätten.

Nach dem Tode von Marx begann Engels unverzüglich mit der Arbeit an den letzten Bänden des „Kapitals". Schon am 25. März 1883 teilte

[22] Lenin, W. I., Friedrich Engels, in: Werke, Bd. 2, Berlin 1961, S. 12

er Laura Lafargue mit, unter den Manuskripten ihres verstorbenen Vaters habe er ein großes Paket gefunden, über 500 Folio-Seiten, das den größten Teil, wenn nicht den ganzen zweiten Band vom „Kapital“ enthält. Er fügt hinzu, er wisse noch nicht, in welchem Zustand der Vorbereitung zum Druck das Manuskript ist, auch nicht, ob noch andere Materialien gefunden werden, die dazu gehören, weshalb es besser sei, der Presse darüber nichts mitzuteilen.[23]

In dieser Periode hatte Engels ebenso wie Marx noch vor, die beiden letzten Bücher des „Kapitals“ – „Der Zirkulationsprozeß des Kapitals“ und „Der Gesamtprozeß der kapitalistischen Produktion“ – in einem Band herauszugeben.

Anfang April 1883 erwähnt Engels in einem Brief, er habe das Manuskript „Zirkulation des Kapitals“ und des dritten Buches „Die Gestaltungen des Gesamtprozesses“ gefunden – ungefähr 1000 Seiten in Folio.[24] Einige Tage später teilt er mit, Marx habe ein dickes Manuskript für den zweiten Teil des „Kapitals“ hinterlassen. Er müsse es erst ganz durchlesen, ehe er sagen könne, wieweit es druckfähig ist und wieweit es aus späteren Heften ergänzt werden muß. Aber das Gesamtbild ist für Engels schon klar. „Jedenfalls“, schreibt er, „ist *die Hauptsache* da.“[25]

Als Engels sich näher mit den Manuskripten für „Das Kapital“ vertraut gemacht hatte, bekam er eine deutlichere Vorstellung von der Arbeit, die ihm bevorstand. „Zunächst gilt es, den 2. Band des ‚Kapital‘ herauszugeben, und das ist kein Spaß“, schrieb er J. Ph. Becker am 22. 5. 1883. „Vom 2. Buch existieren 4–5 Bearbeitungen, von denen nur die erste vollendet, die späteren nur angefangen; das wird Arbeit kosten, bei einem Mann wie M(arx), der jedes Wort auf die Goldwaage legte. Aber es ist mir eine liebe Arbeit, ich bin doch wieder mit meinem alten Kameraden zusammen.“[26]

Etwas ausführlicher betrachtete Engels die Dinge in einem Brief an Laura Lafargue. Er teilte ihr mit, der zweite Band werde ihm ungeheure Arbeit machen. Es gibt einen vollständigen Text, ungefähr aus dem Jahre 1868, aber das ist nur ein Entwurf. Dann gibt es drei oder vier Überarbeitungen, die aus späteren Jahren stammen, aber keine von

[23] Vgl. Engels an L. Lafargue, Brief v. 25. 3. 1883, in: MEW, Bd. 35 Berlin 1967, S. 465

[24] Vgl. Engels an Lawrow, Brief v. 2. 4. 1883, in: MEW, Werke, Bd. 36, S. 3

[25] Engels an Nieuwenhuis, Brief v. 11. 4. 1883, in: Ebenda, S. 7

[26] Engels an Becker, Brief v. 22. 5. 1883, in: Ebenda, S. 28

ihnen ist vollständig. Was das dritte Buch betrifft, so wird der Abschnitt über die Grundrente besonders viel Arbeit kosten, bei dem es notwendig ist, sich in Marx' Auszügen aus der russischen Literatur zurechtzufinden.[27]

In einem der folgenden Briefe, in denen Engels seine vordringlichsten Aufgaben aufzählt, schreibt er, er müsse drei bis vier Varianten vom Anfang des zweiten Bandes kollationieren und für den Druck vorbereiten, wofür es nötig sei, den ganzen Band ins reine zu schreiben.[28] Vom Anfang existieren mindestens vier Bearbeitungen, so oft hat Marx angesetzt und ist jedesmal durch Krankheit in der definitiven Redaktion unterbrochen worden, teilt Engels Ende Juni 1883 F. A. Sorge mit, und er fügt hinzu, er habe noch nicht feststellen können, in welchem Maße die Anordnung des Materials und der Schluß der letzten Variante aus dem Jahre 1878 mit der ersten Variante übereinstimmt, die noch vor 1870 geschrieben worden ist.[29]

Zwei Monate später schreibt Engels in einem Brief an Bebel, die Vorbereitung des zweiten Bandes sei „eine Heidenarbeit", und er bemerkt erläuternd: „Neben vollständig ausgearbeiteten Stücken andres rein skizziert, alles Entwurf, mit Ausnahme etwa von 2 Kapiteln . . . Dabei die platterdings nur *mir* lesbare – und das mit Mühe – Handschrift"[30].

Engels hatte sich mit den von Marx hinterlassenen Manuskripten bald so gut bekannt gemacht, daß er in den nächsten Briefen ihren Inhalt ausführlicher charakterisierte. Zugleich präzisierte er die Angaben über die Zeit, in der sie geschrieben worden sind, es stellte sich heraus, daß der größte Teil der Manuskripte früher entstanden war, als Engels ursprünglich angenommen hatte. Am 18. September 1883 teilte Engels in einem Brief an Kautsky mit, der zweite Band des „Kapitals" werde ihm noch genug Arbeit machen, weil der größte Teil des Manuskripts von vor 1868 datiert und stellenweise reiner Entwurf ist. Engels fügte hinzu, daß dies Buch die Vulgärsozialisten sehr enttäuschen wird. „. . . es enthält fast nur streng wissenschaftliche, sehr feine Untersuchungen über Dinge, die innerhalb der Kapitalistenklasse selbst vorgehn, gar nichts, woraus man Stichwörter und Deklamation fabrizieren kann."[31]

[27] Vgl. Engels an L. Lafargue, Brief v. 22. 5. 1883, in: Ebenda, S. 32
[28] Engels an Bernstein, Brief v. 12./13. 6. 1883, in: Ebenda, S. 36
[29] Vgl. Engels an Sorge, Brief v. 29. 6. 1883, in: Ebenda, S. 45f.
[30] Engels an Bebel, Brief v. 30. 8. 1883, in: Ebenda, S. 56
[31] Engels an Kautsky, Brief v. 18. 9. 1883, in: Ebenda, S. 61

Ausführlichere Mitteilungen sind in einem Brief an P. L. Lawrow enthalten, der Ende Januar 1884 geschrieben worden ist. In diesem Brief teilt Engels mit, daß er hinsichtlich des zweiten Bandes endlich klarzusehen beginnt. Für die wichtigsten Teile des zweiten Buches – „Die Zirkulation des Kapitals" – gibt es eine Fassung von 1875 und später. Dies betrifft Anfang und Schluß des Buches. Für den Mittelteil gibt es nicht weniger als vier Fassungen, die vor 1870 geschrieben worden sind. Das dritte Buch – „Die kapitalistische Produktion in ihrer Gesamtheit" – ist in zwei Fassungen vorhanden, die vor 1869 geschrieben worden sind. Aus späterer Zeit stammen nur einige Notizen und ein ganzes Heft mit Gleichungen, um die verschiedenen Faktoren zu berechnen, die zur Verwandlung der Mehrwertrate in die Profitrate führen. Außerdem gibt es Auszüge aus Büchern über Rußland und die Vereinigten Staaten, die eine Menge Material und Bemerkungen über die Grundrente enthalten; andere Bemerkungen beziehen sich auf das Geldkapital, den Kredit, das Papiergeld als Kreditmittel usw. „Worauf es mir vor allem ankommt", schließt Engels, „ist, daß das Buch so bald wie möglich erscheint, und dann *besonders*, daß es wirklich ein Werk von *Marx* ist, das ich veröffentliche."[32]

Bereits Anfang 1884 kam Engels zu dem Schluß, daß von dem ursprünglichen Vorhaben, das zweite und das dritte Buch des „Kapitals" in einem Band zu veröffentlichen, Abstand genommen werden muß. Ihm war klargeworden, daß jedes Buch einzeln herausgegeben werden mußte. Engels erwähnte dies zum erstenmal in einem Brief an Laura Lafargue vom 16. Februar. Er teilte ihr mit, daß sich unter Marx' Manuskripten die erste Fassung des „Kapitals", darunter einige hundert Seiten „Theorien über den Mehrwert" befinden, und schrieb, es sei Material genug vorhanden, um den zweiten Band auf einen zweiten und einen dritten zu erweitern.[33]

Im März 1884 teilte Engels mit, er habe sich mit Meißner, dem Verleger des „Kapitals", darüber geeinigt, das zweite Buch des „Kapitals" zuerst separat herauszugeben, auf das dann das dritte Buch und die „Theorien über den Mehrwert" als zweite Hälfte des zweiten Bandes folgen.[34] Bald jedoch mußte auch dieser Plan korrigiert werden, und zwar in dem Sinne, daß das dritte Buch des „Kapitals" gesondert erschien, ohne die „Theorien über den Mehrwert".

[32] Engels an Lawrow, Brief v. 28. 1. 1884, in: Ebenda, S. 95
[33] Engels an L. Lafargue, Brief v. 16. 2. 1884, in: Ebenda, S. 111
[34] Engels an Kautsky, Brief v. 24. 3. 1884, in: Ebenda, S. 129

Nachdem Engels sich in den Marxschen Manuskripten zurechtgefunden hatte, begann er den Text einem Sekretär zu diktieren, der für diesen Zweck angestellt worden war. Engels wählte diese Verfahrensweise wegen seiner Krankheit, die ihm für lange Zeit das Schreiben fast unmöglich machte. Den Verlauf der Arbeit erwähnt er in einer Reihe von Briefen aus den Sommermonaten des Jahres 1884.[35] „Das Diktieren des II. Buchs ‚Kapital' geht vortrefflich", teilte er beispielsweise am 26. Juni mit. „Wir sind schon am II. Abschnitt – da sind aber starke Lücken . . . Ich sehe meinen Weg vor mir, das genügt."[36]

Das, was Engels dem Sekretär diktierte, war nur die vorläufige Fassung, die erst noch endgültig überarbeitet werden mußte. In der zweiten Augusthälfte bemerkt er: am zweiten Buch des „Kapitals" „ist noch verdammt viel zu machen . . ."[37]

Zu dieser Zeit war bereits der gesamte Text des zweiten Bandes diktiert und ein Teil davon endgültig redigiert. Am 11. November schrieb Engels: „Morgen geht's an die sehr verzwickte Schlußredaktion des 3. Abschnitts, II. Buch ‚Kapital'."[38] Aus den folgenden Briefen ist ersichtlich, daß Engels den Hauptteil des Manuskripts im Januar 1885, den letzten Teil Ende Februar 1885 an den Verlag schickte.[39] Unter dem Vorwort zum zweiten Band steht der Vermerk: „London, an Marx' Geburtstag, 5. Mai 1885."[40] Die ersten Exemplare des Buches erhielt Engels vom Verlag offenbar im Juli.[41]

Im Vorwort zum zweiten Band gibt Engels vor allem einen ausführlichen Überblick über die Manuskripte zum „Kapital", die Marx hinterlassen hat.

35 Vgl. Engels an Becker, Brief v. 20. 6. 1884, in: Ebenda, S. 162; Engels an Kautsky, Brief v. 26. 6. 1884, in: Ebenda, S. 168; Engels an Bernstein, Brief v. 29. 6. 1884, in: Ebenda, S. 172

36 Engels an Kautsky, Brief v. 26. 6. 1884, in: Ebenda, S. 168

37 Engels an Kautsky, Brief v. 22. 8. 1884, in: Ebenda, S. 202

38 Engels an Bernstein, Brief v. 11. 11. 1884, in: Ebenda, S. 234

39 Vgl. Engels an Sorge, Brief v. 31, 12. 1884, in: Ebenda, S. 264; Engels an Schlüter, Brief v. 1. 1. 1885, in: Ebenda, S. 268; Engels an Danielson, Brief v. 11. 2. 1885, in: Ebenda, S. 281; Engels an Lawrow, Brief v. 12. 2. 1885, in: Ebenda, S. 282

40 Engels, F., Vorwort zum Zweiten Band „Das Kapital", MEW, Bd. 24, Berlin 1962, S. 26

41 Vgl. Engels an Bebel, Brief v. 24. 7. 1885, in: MEW, Bd. 36, a. a. O., S. 348

„Das zweite Buch des ‚Kapital' druckfertig herzustellen, und zwar so, daß es einerseits als zusammenhängendes und möglichst abgeschloßnes Werk, andrerseits aber auch als das ausschließliche Werk des Verfassers, nicht des Herausgebers dastand, war keine leichte Arbeit."[42] So beginnt Engels das Vorwort zum zweiten Band des „Kapitals". Dann zählt er die Umstände auf, die seine Aufgabe erschwerten.

Hierzu gehört vor allem die große Zahl der Manuskripte, die Marx wiederholt überarbeitet hatte. Die Hauptmasse des Materials war, wenn auch größtenteils sachlich, so doch stilistisch nicht fertig ausgearbeitet. In vielen Fällen ist das Manuskript Niederschrift der Gedanken in der Form, wie sie sich in einem bestimmten Zusammenhang im Kopf des Verfassers entwickelten. Am Schluß der Kapitel standen oft nur ein paar abgerissene Sätze, die die unvollendet gebliebene Entwicklung der Gedanken skizzieren. Die Fülle des hinterlassenen handschriftlichen Materials zeigt, wie Engels schreibt, mit welcher Gewissenhaftigkeit ohnegleichen Marx seine großen ökonomischen Entdeckungen bis zur äußersten Vollendung auszuarbeiten strebte, ehe er sie veröffentlichte.[43]

Die Charakteristik der ökonomischen Manuskripte von Marx beginnt Engels damit, daß er kurz das umfangreiche Manuskript aus den Jahren 1861/63 beschreibt. Dieses Manuskript ist die direkte Fortsetzung der Arbeit „Zur Kritik der Politischen Ökonomie" und umfaßt einen großen Kreis von Problemen. Seinen Hauptteil bilden die „Theorien über den Mehrwert", die Engels im Einklang mit Marx' Plänen als vierten Band des „Kapitals" zu veröffentlichen vorhatte. Aber so wertvoll dies Manuskript, schrieb Engels, so wenig war es für den zweiten Band des „Kapitals" zu benutzen.[44]

Das zeitlich folgende Manuskript stammt aus den Jahren 1864/65 und umfaßt den Inhalt des dritten Bandes des „Kapitals". Erst nachdem dies im wesentlichen fertig war, ging Marx daran, den ersten Band seines Hauptwerkes für den Druck auszuarbeiten.

Dann beschreibt Engels eine Reihe von Manuskripten, die bereits nach dem Erscheinen des ersten Bandes des „Kapitals" entstanden sind. Diese Manuskripte legte Engels dem zweiten Bande zugrunde. Im Prozeß der weiteren Arbeit, die oft von Krankheit unterbrochen wurde,

[42] Engels, F., Vorwort zum Zweiten Band „Das Kapital", in: MEW, Bd. 24, S. 7

[43] Vgl. ebenda, S. 8

[44] Vgl. ebenda

kehrte Marx wiederholt zu Themen zurück, die er schon früher betrachtet hatte, und stellte sie von neuem dar.

Nachdem Engels das Material des zweiten Bandes umrissen hat, schreibt er, er habe Marx' Auftrag – aus all dem „etwas machen" – in seinen engsten Grenzen genommen. Wo irgend möglich, beschränkte er seine Arbeit auf bloße Auswahl zwischen den verschiedenen Redaktionen, wobei er stets die letzte vorhandene Redaktion unter Vergleichung der früheren zugrunde legte.[45]

Die Schwierigkeiten, die sich besonders beim ersten und beim dritten Abschnitt ergaben, war Engels ausschließlich im Geiste des Verfassers zu lösen bemüht. Er gab die Manuskripte so wörtlich wie möglich wieder, änderte am Stil nur das, was Marx selbst geändert haben würde, und schob nur dort erläuternde Zwischensätze und Übergänge ein, wo dies absolut nötig war.[46]

4. Die Entlarvung von Rodbertus und der Katheder-Sozialisten

Im zweiten Teil des Vorwortes entlarvt Engels die Hirngespinste der Feinde des Marxismus, Marx habe die Mehrwerttheorie bei Rodbertus entlehnt. Diese Beschuldigung wurde, wie Engels vermerkt, erst nur leise und vereinzelt erhoben. Nach dem Tode von Marx aber, als die beängstigende Furcht der Pygmäen der bürgerlichen „Wissenschaft" vor der schonungslosen Weise, in der Marx die Feder führte, nachließ, verwandelte sich diese unsinnige Verleumdung in die offizielle Doktrin der deutschen Katheder-Sozialisten, der Apologeten des Bismarckschen sog. Staatssozialismus und ihrer Gesinnungsgenossen. Aber die reaktionären Verleumder, die nun auf Straflosigkeit hofften, hatten sich grob verrechnet. Engels stellte sie an den Pranger.

Die Entlarvung des Mythos, der um Rodbertus geschaffen worden war, hatte überaus große politische Bedeutung. Dieser Mythos erhielt Unterstützung durch opportunistische Elemente, durch alle Leute, die, wie Engels schrieb, „an der staatssozialistischen Grenze unserer Partei herumlungern, sympathische Reden vorführen, aber doch die Polizeiwidrigkeit vermeiden wollen . . ."[47] Dies geschah zur Zeit des Bismarck-

[45] Vgl. ebenda, S. 12
[46] Vgl. ebenda, S. 7
[47] Engels an Bernstein, Brief v. 22. 8. 1884, in: MEW, Bd. 36, S. 204

schen Ausnahmegesetzes gegen die Sozialisten. Reformistische Politikaster wie Schippel und Quarck begannen, Rodbertus und Marx über einen Kamm zu scheren. Anderthalb Jahrzehnte später waren diese Leute Stützen des Bernsteinschen Revisionismus.

Bereits im Februar 1884 bemerkte Engels in einem Briefe, daß der Mythos um Rodbertus, der von Rudolph Meyer herrührt, in Deutschland, England und selbst in Amerika so sehr kolportiert worden ist, daß dem Ding ein Ende gemacht werden muß. Und er entwirft einen Plan, wie die Verleumder zu entlarven sind. „Ich werde nachweisen 1. daß wir 1850 nicht im Falle waren, von Herrn R(odbertus) irgend etwas zu lernen, 2. daß wir ihn gar nicht kannten, 3. daß seine großen Entdeckungen bereits 1848 Gemeinplätze waren, 4. daß seine spezifischen Heilmittel zur sozialistischen Kur bereits in der ‚Misère' kritisiert sind, *ehe* R(odbertus) sie entdeckt hatte."[48]

Engels verfolgte aufmerksam den Feldzug der Rodbertusianer und bereitete sorgfältig den Gegenangriff vor. Ein beliebtes Steckenpferd von Rodbertus war es, die Werttheorie Ricardos für sozialistische Schlußfolgerungen auszunutzen. Aber gerade dies taten die englischen ricardianischen Sozialisten schon seit ungefähr 1830. Marx hatte ihre Theorien bereits im „Elend der Philosophie", das 1847 in französischer Sprache erschien, einer entschiedenen Kritik unterzogen. Im Zusammenhang mit der geräuschvollen Kampagne der Rodbertusianer maß Engels der deutschen Übersetzung dieses Werkes große Bedeutung bei. Engels betont, „daß M(arx), weit entfernt, dem Rodbertus das Geringste abzustibitzen, vielmehr bereits in der ‚Misère' die sowohl schon geschriebnen wie die sämtlichen noch ungeschriebnen Werke besagten Rodberti im voraus und ohne es zu wissen kritisiert hat. Ich glaube", schreibt Engels weiter, „wir warten mit dem Angriff am besten, bis die ‚Misère' deutsch heraus ist, und dann dicke drauf (d. h. ich meine den Hauptangriff . . .)."[49]

Engels bereitete sich auf diesen Generalangriff vor, indem er eine Reihe von Werken Rodbertus' und seiner Anhänger – Rudolph Meyers, Adolph Wagners u. a. – las. Er empörte sich über die „Dummköpfe", „die sich an uns einerseits und an die Kathedersozialisten andrerseits" hängen „und sich nach beiden Seiten sicherstellen"[50] wollen. Im Zu-

48 Engels an Kautsky, Brief v. 16. 2. 1884, in: Ebenda, S. 108
49 Engels an Bernstein, Brief v. 11. 4. 1884, in: Ebenda, S. 135
50 Engels an Kautsky, Brief v. 23. 5. 1884, in: Ebenda, S. 149

sammenhang damit, daß „nun gar die Adolph Wagner und andre Bismärcker" den Rodbertus „zum Propheten des Strebersozialismus erheben, haben wir absolut keinen Grund, diese von Rodbertus selbst erfundne und von Meyer... ausposaunte Größe zu schonen"[51]. Und Engels gibt eine vernichtende Charakteristik dieser „Größe":

„Der Mann hat ökonomisch absolut nichts geleistet, er hatte viel Talent, blieb aber stets Dilettant, und vor allem unwissender Pommer und arroganter Preuß. Das höchste, wozu er's gebracht, sind allerhand nette und richtige Gesichtspunkte, aber er hat nie etwas draus zu machen gewußt. Wie kann das einem ordentlichen Kerl überhaupt passieren, als Evangelium der Streber des Bismarckschen Sozialismus zu gelten?"[52]

Einige Zeit später teilte Engels in einem seiner Briefe mit, er beabsichtige, die Erwiderung auf Rodbertus in zwei Stücke zu teilen, wovon eins in das Vorwort zum zweiten Band des „Kapitals", das andere ins Vorwort zum „Elend der Philosophie" kommen solle. „Im ‚*Kapital*' muß ich würdevoll tun", schrieb er, „in der Vorrede zur ‚Misère' kann ich freier von der Leber weg sprechen."[53]

Im Vorwort zum zweiten Band des „Kapitals" stellt Engels vor allem fest, daß Marx die Anklage auf Plagiat an Rodbertus nicht bekannt gewesen ist. Das einzige, was Marx in diesem Zusammenhang kannte, war einer der Briefe Rodbertus', in dem es heißt: „Woraus der *Mehrwert* des Kapitalisten *entspringt*, habe ich in meinem 3. sozialen Brief *im wesentlichen ebenso* wie Marx, nur kürzer und klarer gezeigt."[54] Diesen Brief zeigte Marx Engels mit der Bemerkung, wenn Rodbertus weiter nichts behaupte, so könne das ihm, Marx, schon recht sein, und wenn Rodbertus seine Darstellung für die kürzere und klarere halte, so könne er ihm auch dies Vergnügen lassen.[55]

Marx hielt mit diesem Brief von Rodbertus die ganze Sache für erledigt. Rodbertus jedoch ließ es nicht bei diesem Brief bewenden, sondern erhob gegen Marx Anklage auf Plagiat. Diese Beschuldigung griffen dann die Schüler von Rodbertus auf, die sie in allen Tonarten wiederholten. Engels widerlegt diese böswillige Erfindung, indem er die

[51] Ebenda
[52] Ebenda
[53] Engels an Kautsky, Brief v. 22. 8. 1884, in: Ebenda, S. 202
[54] Vgl. Engels, F., Vorwort zum Zweiten Band „Das Kapital", in: MEW, Bd. 24, Berlin 1962, S. 14
[55] Vgl. ebenda

Tatsache feststellt, daß Marx die gesamte literarische Tätigkeit von Rodbertus bis gegen 1859 unbekannt geblieben ist, wo seine eigene „Kritik der Politischen Ökonomie" nicht nur in den Grundzügen, sondern auch in den wichtigsten Einzelheiten fertig war. Bereits während der Revolution von 1848, in der Marx zum erstenmal von der Existenz von Rodbertus erfuhr, der damals Minister geworden war, wußte Marx sehr gut, „nicht nur woher, sondern auch *wie* ‚der Mehrwert des Kapitalisten entspringt' . . ."[56], wovon seine Schriften „Das Elend der Philosophie" und „Lohnarbeit und Kapital" zeugen.

Dann geht Engels auf die theoretischen Ansichten von Rodbertus ein und erläutert unwiderlegbar, daß sie nicht das geringste mit der Mehrwerttheorie von Marx gemein haben. Während diese einen grundlegenden revolutionären Umschwung in der ökonomischen Wissenschaft bedeutete, kam Rodbertus nicht darüber hinaus, hilflos auf der Stelle zu treten, längst bekannte Allgemeinplätze zu wiederholen, um sich schließlich in einem Kreis unlösbarer Widersprüche zu verfangen.

Im Vorwort zur ersten deutschen Ausgabe des „Elends der Philosophie", das ebenfalls aus dem Jahre 1884 stammt, stellt Engels fest, daß Rodbertus' Ansichten zweifellos mit den Anschauungen Proudhons und in gleichem Maße mit den Auffassungen der frühen englischen Sozialisten und Ricardianer Gray und Bray verwandt sind, deren utopische Ansichten Marx im „Elend der Philosophie" kritisiert hatte. Nachdem er festgestellt hat, daß Rodbertus' 1842 erschienenes Buch „Zur Erkenntniß unsrer staatswirthschaftlichen Zustände" zu dieser Zeit ein „vielversprechender Anfang" war, weist Engels darauf hin, daß Rodbertus sich selbst vollständig den Weg zum wissenschaftlichen Fortschritt abgeschnitten hatte, indem er Ricardos Theorie in Richtung auf die Utopie weiterführte.

„Von 1842 bis zu seinem Tode dreht er sich im Kreise, wiederholt stets dieselben bereits in der ersten Schrift ausgesprochnen oder angedeuteten Gedanken, fühlt sich verkannt, findet sich geplündert, wo nichts zu plündern war, und verschließt sich zuletzt nicht ohne Absicht gegen die Erkenntnis, daß er im Grunde doch nur schon längst Entdecktes wiederentdeckt hat."[57]

[56] Ebenda, S. 15

[57] Engels, F., Vorwort zur ersten deutschen Ausgabe von Karl Marx' Schrift „Das Elend der Philosophie", in: MEW, Bd. 21, Berlin 1962, S. 187

5. *Die Vorbereitung und Veröffentlichung des Dritten Bandes des „Kapitals“*

Auf das Erscheinen des zweiten Bandes des „Kapitals“ reagierte die offizielle deutsche Wissenschaft wie auf viele andere Arbeiten von Marx mit einer Verschwörung des Schweigens. In einem Brief an Danielson bemerkte Engels in diesem Zusammenhang, daß die Theorie im zweiten Bande auf so hohem Niveau entwickelt ist, daß sich der gewöhnliche Leser nicht die Mühe geben wird, sie ganz zu durchdenken und bis ins letzte zu verfolgen. „Das erleben wir jetzt in Deutschland, wo die gesamte historische Wissenschaft, einschließlich der politischen Ökonomie, so tief gesunken ist, daß sie kaum noch tiefer sinken kann.“[58] Engels bemerkte, daß der zweite Band für die bürgerlichen Ökonomen immer ein Buch mit sieben Siegeln bleiben wird, und gab dann seiner Überzeugung Ausdruck, der dritte Band werde sie „zwingen, Rede zu stehen.“[59]

Diese Voraussage erfüllte sich voll und ganz: In der Tat löste das Erscheinen des dritten Bandes des Marxschen Werks den gelehrten Lakaien der Bourgeoisie die Zunge, sie waren gezwungen, Rede zu stehen.

Ursprünglich rechnete Engels damit, bald nach dem zweiten auch den dritten Band des „Kapitals“ veröffentlichen zu können. Im Vorwort zum zweiten Band schrieb er, die Vorbereitung des dritten Bandes zum Druck schreite rasch voran.[60] Im Verlauf der Arbeit am zweiten Band hatte er den Eindruck gewonnen, daß es ihm gelingen werde, den dritten Band in verhältnismäßig kurzer Zeit fertigzustellen. So heißt es in einem Brief an Becker vom 20. Juni 1884, der zweite Band erscheint bis „Ende dieses Jahres“, der dritte „im folgenden Jahr“.[61] Diese Rechnung ging jedoch nicht auf. Der dritte Band erschien erst Ende 1894, nur ein halbes Jahr vor Engels' Tod. Zwischen dem Erscheinen des zweiten und der Herausgabe des dritten Bandes verging fast ein Jahrzehnt.

[58] Engels an Danielson, Brief v. 13. 11. 1885, in: MEW, Engels, Bd. 36, S. 384

[59] Ebenda

[60] Vgl. Engels, F., Vorwort zum Zweiten Band „Das Kapital“, in: MEW, Bd. 24, S. 13

[61] Engels an Becker, Brief v. 20. 6. 1884, in: MEW, Bd. 36, S. 162

Woraus erklärt sich diese große Verzögerung? Im Vorwort zum dritten Band geht Engels auf die Hindernisse ein, die die Herausgabe dieses Bandes so aufhielten. Dies waren einmal Schwierigkeiten, die mit der Vorbereitung des Textes zusammenhingen, zum anderen Schwierigkeiten besonderer Art.

Zunächst und zumeist störte Engels eine anhaltende Augenschwäche, die stark die Zeit beschränkte, die er am Schreibtisch zubringen konnte. Viel Kraft forderten andere unabweisbare Arbeiten: neue Ausgaben und Übersetzungen früherer Marxscher und eigener Arbeiten, was damit verbunden war, daß Engels Vorworte schreiben, Texte korrigieren, Ergänzungen hinzufügen mußte. Das Jahrzehnt, das vom Erscheinen des zweiten Bandes bis zur Herausgabe des dritten Bandes des „Kapitals" verging, zeichnete sich dadurch aus, daß sich das Interesse an sozialistischer Literatur in früher nie dagewesenem Maße erhöhte. Dies aber war nur ein Symptom des Anwachsens der internationalen Arbeiterbewegung selbst. „Und dieser legte mir neue Pflichten auf"[62], schrieb Engels, und er bemerkte, die Vertreter der Arbeiterbewegung aller Länder nähmen seine Hilfe noch weit öfter in Anspruch, als ihm im Interesse seiner theoretischen Arbeiten lieb sei. „Wer aber wie ich über fünfzig Jahre in dieser Bewegung tätig gewesen, für den sind die hieraus entspringenden Arbeiten eine unabweisbare, augenblicklich zu erfüllende Pflicht."[63]

Die rastlose politische Tätigkeit, die Engels bis in die letzten Tage seines Lebens nicht aufgab, war ebenfalls eine der Ursachen, die das Erscheinen des „Kapitals" lange Zeit verzögerte. Eine andere, womöglich noch stärker wirkende Ursache bestand darin, daß die Vorbereitung des dritten Bandes für den Druck unvergleichlich komplizierter war, als es anfangs schien. Welchen Umfang die Arbeit hatte, die Engels ausführen mußte, zeigte sich ihm erst allmählich, in dem Maße, wie er sich gründlicher mit den Manuskripten vertraut machte und von einem Abschnitt zum anderen, von einem Kapital zum anderen vordrang.

Nachdem er die Gesamtarbeit bereits vollbracht hat, weist Engels im Vorwort zum dritten Band darauf hin, daß die Redaktionsarbeit wesentlich verschieden war von der zum zweiten Band. Für den dritten Band lag im Unterschied zum zweiten nur ein, noch dazu äußerst lückenhaf-

62 Engels, F., Vorwort zum Dritten Band „Das Kapital", in: MEW, Bd. 25, Berlin 1964, S. 7

63 Ebenda, S. 8

ter, erster Entwurf vor, der eine Fülle von Problemen enthielte. „In der Regel waren die Anfänge jedes einzelnen Abschnittes ziemlich sorgfältig ausgearbeitet, auch meist stilistisch abgerundet. Je weiter man aber kam, desto skizzenmäßiger und lückenhafter wurde die Bearbeitung. . ."[64] Der Text war durch Exkurse über Nebenfragen unterbrochen, die Gedanken waren in der Reihenfolge niedergeschrieben, wie sie im Kopfe des Verfassers entstanden, die endgültige Anordnung des Materials war auf später verschoben, und die Darstellung verriet das Hereinbrechen von Krankheitsanfällen.

Marx hatte die Grundfragen, die in allen drei Bänden des „Kapitals" behandelt werden, im Verlaufe einer Reihe von Jahren ausgearbeitet. Die Resultate dieser Forschungen sind in den „Grundrissen der Kritik der Politischen Ökonomie" aus den Jahren 1857/58 und besonders im Manuskript von 1861–1863 enthalten, dessen Hauptteil die „Theorien über den Mehrwert" bilden. In einem Heft der Manuskripte von 1861–1863 hat Marx Planentwürfe für den ersten und den dritten Band des „Kapitals" niedergeschrieben. Beide Varianten des Plans sind später begreiflicherweise verändert worden. Im Entwurf des Planes für den dritten Band wird dieser noch „dritter Teil" oder „dritter Abschnitt" des „Kapitals" benannt, und er figuriert unter der Überschrift *„Kapital und Profit"*. Marx hatte vor, den Inhalt dieses Teils in folgende Unterabschnitte zu gliedern:

1. Verwandlung des Mehrwerts in Profit. Die Profitrate im Unterschied zur Rate des Mehrwerts.
2. Verwandlung des Profits in Durchschnittsprofit. Herstellung der allgemeinen Profitrate. Verwandlung der Werte in Produktionspreise.
3. A. Smiths und Ricardos Theorien über Profit und Produktionspreise.
4. Grundrente (Illustration des Unterschieds von Wert und Produktionspreis).
5. Geschichte des sogenannten Ricardoschen Rentgesetzes.
6. Gesetz vom Fall der Profitrate. A. Smith, Ricardo, Carey.
7. Theorien vom Profit.
8. Spaltung des Profits in industriellen Profit und Zins. Das merkantile Kapital. Das Geldkapital.
9. Revenuen und ihre Quellen. Hierin aufzunehmen auch die Frage über das Verhältnis von Produktions- und Distributionsprozessen.

[64] Ebenda

10. Refluxbewegungen des Geldes im Gesamtprozeß der kapitalistischen Produktion.
11. Die Vulgärökonomie.
12. Schluß. Kapital und Lohnarbeit.[65]

Die Veränderungen, die Marx im Verlauf der weiteren Arbeit an diesem Plan vornahm, hingen vor allem damit zusammen, daß er sich schon 1866 dafür entschied, das gesamte Werk in vier Bücher zu gliedern: 1. Produktionsprozeß des Kapitals; 2. Zirkulationsprozeß des Kapitals; 3. Gestaltung des Gesamtprozesses; 4. Zur Geschichte der Theorie.[66] In diesem Zusammenhang entfielen natürlich die Punkte des Plans, die der Geschichte der Theorien gewidmet waren.

Außerdem änderte Marx auch die Reihenfolge der einzelnen Punkte. Den Abschnitt über die Grundrente rückte er hinter die Betrachtung des Handels- und des Geldkapitals. Das hatte zur Folge, daß das Gesetz des tendenziellen Falls der Profitrate seinen Platz nach der allgemeinen Profitrate und den Produktionspreisen fand.

Schließlich untergliederte er in der Folgezeit manche Punkte, während er andere zusammenfaßte. Die Untersuchung des Handelskapitals und des Geldkapitals bildete den Inhalt zweier Abschnitte. Die Fragen, die die Revenuen und ihre Quellen, die Vulgärökonomie, Kapital und Lohnarbeit betreffen, vereinte er in einem – dem letzten – Abschnitt des Bandes.

Das Hauptmanuskript des dritten Bandes des „Kapitals" schuf Marx im Verlaufe des Jahres 1865. Anfang 1866 begann Marx, den ersten Band endgültig zu überarbeiten, wovon seine Briefe an Engels und andere Personen ebenso wie die Briefe von Jenny Marx aus den Monaten Januar und Februar 1866 zeugen.[67] Danach wandte er sich wiederholt dem Hauptmanuskript des dritten Bandes zu, schrieb einzelne seiner Teile neu, sammelte neues Material, besonders für die Abschnitte über die Grundrente und über das Geldkapital.

[65] Vgl. Marx, K., Theorien über den Mehrwert, Erster Teil, in: MEW, Bd. 26, 1, S. 390

[66] Vgl. Marx an Kugelmann, Brief v. 13. 10. 1866, in: MEW, Bd. 31, Berlin 1965, S. 534

[67] Vgl. Marx an Engels, Brief v. 10. 2. 1866, in: Ebenda, S. 174; Marx an Kugelmann, Brief v. 6. 4. 1866, in: Ebenda, S. 514; Marx an Liebknecht, Brief v. 4. 5. 1866, in: Ebenda, S. 516; Jenny Marx an Becker, Brief v. 29. 1. 1866, in: Ebenda, S. 586; Jenny Marx an Kugelmann, Brief v. 26. 2. 1866, in: Ebenda, S. 589

Im Verlaufe der Arbeit am Marxschen Manuskript stellte Engels ein Schema der Gliederung und Anordnung des Materials zusammen, das dann der Vorbereitung des dritten Bandes für den Druck zugrunde lag. In diesem Schema ist der Inhalt des Bandes in sieben Teile zergliedert:

1. Profitrate überhaupt.
2. Durchschnittsprofitrate.
3. Tendenzieller Fall der Profitrate.
4. Verwandlung des Waren- und des Geldkapitals in Warenhandlungs- und Geldhandlungskapitals.
5. Spaltung des Profits in Zins und Unternehmergewinn. Zinstragendes Kapital. Kredit.
6. Verwandlung von Surplusprofit in Grundrente.
7. Revenuen: Profit, Grundrente, Arbeitslohn.[68]

Engels' Briefe vermitteln ein hinreichend klares Bild darüber, wie einerseits äußere Umstände den Gang der Arbeit am dritten Band aufhielten und wie andererseits im Prozeß der Arbeit selbst neue Schwierigkeiten auftraten, die durch den Zustand des vorliegenden Materials bedingt waren.

In dem Maße, wie Engels sich in die Manuskripte hineinlas, die zum dritten Band gehören, erschlossen sich ihm die ganze Bedeutung und der Umfang der Arbeit, die Marx geleistet hatte. Im März 1885 schrieb er Laura Lafargue, der dritte Band werde immer großartiger, je tiefer er in ihn eindringe. Es ist kaum faßbar, heißt es weiter, wie ein Mann, der solche gewaltigen Entdeckungen, solch eine vollständige wissenschaftliche Revolution vollzogen hatte, sie zwanzig Jahre bei sich behalten konnte, ohne sie zu publizieren.[69]

Schon die erste Bekanntschaft mit dem Material des dritten Bandes trieb Engels dazu an, diesen schnellstens zu veröffentlichen. Aber im Verlaufe des gesamten Jahrzehnts, das zwischen dem Erscheinen des zweiten Bandes und der Herausgabe des dritten Bandes des „Kapitals" verging, war Engels außerordentlich stark durch unabweisbare Arbeiten belastet.

„Solange das II. Buch ‚Kapital' noch nicht fertig diktiert ist", schrieb Engels Mitte 1885, „sind meine Tage von 10–5 engagiert, und

[68] Dies Schema ist veröffentlicht worden in dem gehaltvollen Aufsatz I. G. Kasminas „Rabota Engel'sa nad podgotovkoj III toma ‚Kapitala' Marksa" in dem Sammelband „Iz istorii marksizma", Moskau 1961, S. 388/389

[69] Vgl. Engels an L. Lafargue, Brief v. 8. 3. 1885, in: MEW, Bd. 36, S. 286

abends habe ich, abgesehen von Besuchen, nicht nur eine sich immer mehr häufende Korrespondenz abzumachen, sondern auch das Diktierte durchzusehen, dazu französische, italienische, dänische und englische Übersetzungen unsrer Sachen ... zu revidieren. . .“[70]

Einige Zeit später teilte Engels Bebel mit, er habe das Manuskript des dritten Bandes schon fertig diktiert und werde im Herbst, sobald er sich etwas ausgeruht und allerhand andere dringende Arbeiten erledigt, an die Schlußredaktion gehen. „Ich bin aber jetzt ruhig“, fügte er hinzu, „das Manuskript ist jetzt in einer leserlichen Handschrift vorhanden und kann schlimmstenfalls auch so gedruckt werden, wenn ich auch inzwischen flöten ginge. Solange das nicht geschehn, hatte ich keine Ruh noch Rast. Übrigens ist die Redaktion von 3 sehr wesentlichen Abschnitten, d. h. $^2/_3$ des Ganzen, auch noch eine Heidenarbeit.“[71]

In einem Briefe vom November 1885 teilte Engels mit, daß im Verlauf der Arbeit am dritten Band die erste Übertragung aus dem Original in eine leserliche Kopie fertig ist. „Dreiviertel davon sind im jetzigen Zustand beinahe publikationsreif; aber das letzte Viertel oder vielleicht Drittel wird noch ein gut Stück Arbeit kosten: es sind das der erste Abschnitt (Verhältnis von Mehrwertsrate und Profitrate) und die folgenden über Kredit und teilweise auch über Grundrente; außerdem bestimmte Teile von fast allen anderen Abschnitten.“[72]

In den Jahren 1885/86 verwandte Engels viel Kraft und Energie auf die englische Übersetzung des ersten Bandes des „Kapitals“. Er maß der englischen Ausgabe große Bedeutung bei. Engels sah die Übersetzung durch und korrigierte sorgfältig ihren Text. Dies zwang ihn natürlich zeitweilig, die Arbeit am dritten Band zurückzustellen. Noch im August 1886 beklagte er sich darüber, daß er die ganze Korrespondenz – außer dem allernötigsten – suspendieren müsse, solange die englische Übersetzung des ersten Bandes des „Kapitals“ nicht endgültig für den Druck fertig ist.[73]

• Im September desselben Jahres schrieb er, die dreifache Korrektur der englischen Übersetzung des „Kapitals“ habe ihn wochenlang so weit in Atem gehalten, daß er an allem anderen gehindert war. „Ich

[70] Engels an Schlüter, Brief v. 16. 6. 1885, in: Ebenda, S. 334
[71] Engels an Bebel, Brief v. 24. 7. 1885, in: Ebenda, S. 348
[72] Engels an Danielson. Brief v. 13. 11. 1885, in: Ebenda, S. 385.
[73] Vgl. Engels an Kelley-Wischnewetzky, Brief v. 13./14. 8. 1886, in: Ebenda, S. 503

muß vor allen Dingen, sobald die Übersetzung fertig, die mir aufgedrängten Nebenarbeiten – Revision der Arbeiten andrer, namentlich Übersetzungen – abschütteln und *mir keine neuen* oktroyieren lassen, damit ich wieder an den 3. Band komme. Fertig diktiert liegt er da, aber es stecken noch reichlich 6 Monate harte Arbeit drin. Diese verdammte englische Übersetzung hat mich fast ein Jahr gekostet. Aber das war absolut notwendig und reut mich auch nicht."[74]

Doch auch im Laufe der nächsten Monate war Engels gezwungen, sich mit vielen unabweisbaren Angelegenheiten zu befassen. Ende 1887 und Anfang 1888 teilte er erneut mit, daß er nach Neujahr an den dritten Band des „Kapitals" gehen und dafür seine Augen schonen muß.[75]

Ende der achtziger Jahre machten die Beziehungen zwischen den Mächten Europas eine Reihe von Krisen durch, und die Gefahr eines Krieges zog herauf. Engels äußerte die Hoffnung, die Kriegsgefahr möge vorüber gehen: „. . . es geht alles ohnehin so schön nach unseren Wünschen, daß wir eine Störung durch einen allgemeinen Krieg . . . sehr gut entbehren können."[76], schrieb er F. A. Sorge. Engels meinte, er müsse sich angesichts der gesamten Lage in Europa mit dem dritten Band beeilen. „Aber die Ereignisse verlangen", fügte er hinzu, „daß ich auf dem laufenden bleibe, und das nimmt viel Zeit weg, besonders nach der militärischen Seite. . ."[77]

Diese Zeilen stammen vom Januar 1888. Doch eine Reihe von Monaten verging, und Engels' gesamte Zeit war durch die laufende politische Tätigkeit ausgefüllt. Im Herbst unternahm er eine Reise nach den Vereinigten Staaten. Und erst im Oktober erwähnt er erneut, er sei verpflichtet, den dritten Band rasch in Angriff zu nehmen und fertigzustellen.[78] Indessen wuchsen die Schwierigkeiten in dem Maße, wie es voranging. Im November 1888 teilte Engels Laura Lafargue mit, er sei mit einem sehr wichtigen Kapitel im dritten Band beschäftigt gewesen, das er vollkommen umarbeiten mußte, weil die von Marx hinterlassenen Materialien alle nur im Entwurf vorlagen. Und, fügt er hinzu, „da es sich um ein mathematisches Kapitel handelt, erforderte es große Aufmerksamkeit."[79]

[74] Engels an Sorge, Brief v. 16./17. 9. 1886, in: Ebenda, S. 534
[75] Vgl. Engels an Schlüter, Brief v. 7. 12. 1887, in: Ebenda, S. 731/732
[76] Engels an Sorge, Brief v. 7. 1. 1888, in: MEW, Bd. 37, Berlin 1967, S. 10
[77] Ebenda, S. 11
[78] Vgl. Engels an Danielson, Brief v. 15. 10. 1888, in: Ebenda, S. 111
[79] Engels an L. Lafargue, Brief v. 24. 11. 1888, in: Ebenda, S. 120

Im Oktober desselben Jahres schrieb Engels in einem Brief an Bebel, er arbeite jetzt am dritten Band des „Kapitals".[80] Sorge teilte er mit, die Vorbereitung des dritten Bandes koste mehr Arbeit, als er dachte.[81] Eine detaillierte Bemerkung ist in einem Brief vom Januar 1889 enthalten: „Vom III. Band Abschn. I fertig, II und III in Arbeit."[82]

Während einer Reihe von Monaten hatte Engels jedoch enorm viel Arbeit, die mit der Vorbereitung und Gründung der II. Internationale zusammenhing, deren erster Kongreß am 14. Juli 1889, am 100. Jahrestag des Sturms auf die Bastille, in Paris eröffnet wurde. Auf Engels' Schultern lagen die Verhandlungen und die intensive Korrespondenz mit den sozialistischen Organisationen und ihren Vertretern vieler Länder. Viel Zeit und Kraft kostete der Kampf gegen die Intrigen der opportunistischen Politikaster, die auf die eine oder andere Weise die Einberufung des internationalen Sozialistenkongresses zu vereiteln suchten. All dies mußte Engels unweigerlich von der Arbeit am Manuskript des dritten Bandes des „Kapitals" abhalten. Im April 1889 beklagt er sich in einem Brief an Liebknecht, er habe „seit 4 Wochen wegen der verdammten Geschichte keinen Strich am II. Band tun können. . ."[83]

„Der dritte Band", schrieb Engels im Juli 1889 Danielson, „ist während der letzten drei Monate infolge verschiedener unvermeidbarer Umstände unbearbeitet liegen geblieben. . ."[84] In diesem Brief teilte Engels neue Einzelheiten über den Zustand des Manuskripts mit.

„Der Abschnitt über Bankwesen und Kredit bietet beträchtliche Schwierigkeiten. Die leitenden Prinzipien sind klar genug ausgesprochen, aber der ganze Zusammenhang setzt voraus, daß der Leser mit den Hauptwerken über dieses Thema, wie z. B. mit Tooke und Fullarton, gut bekannt ist, und da dies im allgemeinen nicht der Fall ist, werden viele erläuternde Anmerkungen usw. notwendig sein. . .

Der letzte Abschnitt ‚über die Grundrente' wird, soweit ich mich erinnere, nur eine formale Revision erfordern, so daß, wenn der Bank- und Kreditabschnitt einmal fertig ist (das ist $1/3$ des Ganzen), das letzte Drittel (Rente und die verschiedenen Formen der Revenue) nicht

80 Vgl. Engels an Bebel, Brief v. 25. 10. 1888, in: Ebenda, S. 119
81 Vgl. Engels an Sorge, Brief v. 15. 12. 1888, in: Ebenda, S. 125
82 Engels an Sorge, Brief v. 12. 1. 1889, in: Ebenda, S. 138
83 Engels an Liebknecht, Brief v. 4. 4. 1889, in: Ebenda, S. 178
84 Engels an Danielson, Brief v. 4. 7. 1889, in: Ebenda, S. 243.

mehr viel Zeit in Anspruch nehmen wird. Aber da dieser abschließende Band eine so großartige und völlig unangreifbare Arbeit ist, halte ich es für meine Pflicht, ihn in einer Form herauszubringen, in der die Gesamtlinie der Beweisführung klar und plastisch herauskommt. Bei dem Zustand dieses Manuskripts – einer ersten, oft unterbrochenen und unvollständigen Skizze – ist das nicht so ganz leicht."[85]

Einige Monate vergingen, und im Oktober 1889 teilte Engels F. A. Sorge mit, er arbeite an der vierten Auflage des ersten Bandes des „Kapitals": „Dann mit Macht an den 3ten."[86]

„Am II. Band habe ich seit Februar keinen Strich tun können", beklagte er sich bald darauf. „... aber in ca. 14 Tagen komme ich doch wieder an den II. Band, und dann lasse ich keine, aber auch gar keine Unterbrechung mehr einreißen."[87] Aus einem anderen Briefe geht hervor, daß Engels zu diesem Zeitpunkt vorhatte, die Schlußredaktion des dritten Bandes im Laufe des Frühjahrs vorzunehmen.[88] Mitte November 1889 teilte er Laura Lafargue mit, die vierte Auflage des ersten Bandes sei noch in der Druckerei, und er habe wieder am dritten Band zu arbeiten begonnen. Das ist keine einfache Aufgabe, fügte er hinzu, aber sie muß gemacht werden.[89]

Im April 1890 beklagte sich Engels erneut: „Der dritte Teil des ‚Kapital' liegt mir schwer auf dem Gewissen, einige Partien sind in einem Zustand, daß sie ohne genaue Revision und teilweise Neuordnung nicht zu publizieren sind ... Bin ich erst mit dem 5. Abschnitt fertig, so werden die beiden folgenden weniger Arbeit machen, die ersten vier sind bis auf Schlußdurchsicht druckfertig. Könnte ich ein Jahr ganz aus der laufenden internationalen Bewegung heraustreten, keine Zeitungen lesen, keine Briefe schreiben, mich in nichts mischen, so wäre ich leicht fertig."[90] Und Ende 1890 schrieb Engels Liebknecht: „Ließt Ihr mir mit Euren ewigen Anzapfungen nur Zeit, den 3. Band fertigzumachen ..."[91]

Im März 1891 zählte Engels F. A. Sorge in einem Brief eine Reihe von Arbeiten auf, die er erledigen müsse, und er fügte hinzu, danach

[85] Ebenda, S. 243/244
[86] Engels an Sorge, Brief v. 12. 10. 1889, in: Ebenda, S. 287
[87] Engels an Schmidt, Brief v. 17. 10. 1889, in: Ebenda, S. 291
[88] Vgl. Engels an Ellissen, Brief v. 22. 10. 1889, in: Ebenda, S. 294
[89] Vgl. Engels an L. Lafargue, Brief v. 16. 11. 1889, in: Ebenda, S. 309
[90] Engels an Nieuwenhuis, Brief v. 9. 4. 1890, in: Ebenda, S. 377/378
[91] Engels an Liebknecht, Brief v. 18. 12. 1890, in: Ebenda, S. 527

gehe es unwiderruflich und ohne Halt an den dritten Band.[92] Der III. Band kommt wieder in Arbeit, sobald die vermaledeiten kleinen Zwischenarbeiten und die endlose Korrespondenz mit aller Herren Länder mir Zeit läßt . . .“[93] In den nächsten Briefen erklärte er entschieden, er werde keine andere Arbeit übernehmen, ehe nicht der dritte Band druckfertig ist.[94] Im September teilte er erneut mit, die Arbeit am dritten Band beginnt, sobald die laufenden Geschäfte erledigt sind, und alles andere fliege beiseite.[95]

Doch es war gar nicht so einfach, die laufenden Geschäfte zu erledigen. Die einen lösten die anderen ab, und Engels mußte die Arbeit am dritten Band wegen anderer unabweisbarer Verpflichtungen hinausschieben. In einem Brief vom September 1891 heißt es: Ich „erledige jetzt Briefschulden und mache dann III. Band fertig.“[96]

Im November teilte er Bebel mit, er sei mit der Arbeit am dritten Band beschäftigt, die flott vorangeht.[97] In einem der nächsten Briefe erwähnte Engels, daß er wieder am dritten Band sitze, und bemerkt, er komme jetzt an den schwierigsten Teil, an die letzten sechs bis acht Kapitel: über Geldkapital, Banken, Kredit usw. Er fügte hinzu: „. . . da muß ich, einmal dran, ohne Unterbrechung dranbleiben,“[98]

Seit Anfang 1892 betonte Engels in seinen Briefen beharrlich, er werde keinerlei literarische Arbeiten annehmen, bevor der dritte Band des „Kapitals“ für den Druck fertig ist.[99] Aber schon im März klagt er erneut, er sei maßlos mit allerlei Arbeiten und „Lumpereien“ überbürdet. F. A. Sorge schrieb er: „Du solltest den Haufen deutscher, französischer, italienischer, spanischer, polnischer, russischer, dänischer, amerikanischer, englischer und zuweilen rumänischer Zeitungen sehn, die mir zukommen und die ich doch wenigstens ansehn muß, um auf der Höhe der Bewegung zu bleiben. Daneben wirkliche Arbeiten,

[92] Vgl. Engels an Sorge, Brief v. 21. 3. 1891, in: MEW, Bd. 38, Berlin 1968, S. 60

[93] Engels an Oppenheim, Brief v. 24. 3. 1891, in: Ebenda, S. 65

[94] Vgl. Engels an Kautsky, Brief v. 30. 4. 1891, in: Ebenda, S. 87; Engels an Bebel, Brief v. 1./2. 5. 1891, in: Ebenda, S. 96

[95] Vgl. Engels an Kautsky, Brief v. 28. 9. 1891, in: Ebenda, S. 157

[96] Engels an Sorge, Brief v. 30. 9. 1891, in: Ebenda, S. 166

[97] Vgl. Engels an Bebel, Brief v. 25. 11. 1891, in: Ebenda, S. 219

[98] Engels an Kautsky, Brief v. 3. 12. 1891, in: Ebenda, S. 233

[99] Vgl. Engels an Bebel, Brief v. 2. 2. 1892, in: Ebenda, S. 263; Engels an Bebel, Brief v. 19. 2. 1892, in: Ebenda, S. 283

die mir den Rest von Zeit wegfressen. Und die Korrespondenz! ich habe für eine Woche genug aufgespeichert. Und da soll der III. Band fertig werden. Es ist schändlich. Aber es wird doch durchgesetzt."[100]

In einem anderen Brief von 1892 teilte Engels mit, daß er von Neujahr bis Mitte März – im allgemeinen seine ruhigste Zeit – keine Minute lang Zeit hatte, sich mit dem dritten Band zu beschäftigen.[101] Diese Klage wiederholt er im Juni.[102] Im Herbst desselben Jahres teilte er seine Absicht mit, „diesen Winter" den dritten Band fertigzustellen, doch er fügte hinzu: „. . . darüber aber halten Sie ja reinen Mund bitte, ich weiß, wie oft mir was dazwischengekommen. . ."[103] Bald darauf schrieb Engels: „Ich habe die ganze Zeit redlich am III. Band geschanzt und glücklicherweise nicht ohne Erfolg."[104] Die Hauptschwierigkeit – die Lehre vom Kredit – war so ziemlich überwunden. Es blieben die beiden letzten Abschnitte, die er noch gar nicht angesehen, und dann die technische Schlußredaktion des ganzen Bandes, eine Arbeit, die zwar nicht so schwierig, dafür aber desto langweiliger ist.[105] Ende November betont er erneut: „. . . ich muß aber machen, daß ich mit dem III. Band fertig werde . . ."[106]

Im Laufe des Winters 1892/93 erwähnte Engels in seinen Briefen wiederholt, daß er mit dem dritten Band beschäftigt ist.[107] Im Februar 1893 teilte Engels Danielson mit, er habe – außer einigen formalen Dingen – die Redaktion des fünften Abschnitts (Banken und Kredit) bereits abgeschlossen, der sowohl vom Gegenstand als auch vom Zustand des Manuskripts der schwierigste Abschnitt war. Die übrigen beiden Abschnitte hoffte er in der vorgesehenen Zeit fertigzustellen.[108]

Im Herbst 1893 reiste Engels auf den Kontinent, besuchte die Schweiz und Deutschland, nahm aktiv am Züricher Kongreß der II. Internationale teil. Im November klagte er, er habe seit seiner Rückkehr

[100] Engels an Sorge, Brief v. 5. 3. 1892, in: Ebenda, S. 289
[101] Vgl. Engels an Danielson, Brief v. 15. 3. 1892, in: Ebenda, S. 306
[102] Vgl. Engels an Danielson, Brief v. 18. 6. 1892, in: Ebenda, S. 363
[103] Engels an Schmidt, Brief v. 12. 9. 1892, in: Ebenda, S. 457
[104] Engels an Bebel, Breif v. 6. 11. 1892, in: Ebenda, S. 509
[105] Vgl. ebenda
[106] Engels an Bebel, Brief v. 29. 11. 1892, in: Ebenda, S. 524
[107] Vgl. Engels an Sorge, Brief v. 31. 12. 1892, in: Ebenda, S. 565; Engels an Schmuilow, Brief v. 7. 2. 1893, in: MEW, Bd. 39, Berlin 1968, S. 24
[108] Vgl. Engels an Danielson, Brief v. 24. 2. 1893, in: Ebenda, S. 36

nach London noch keinen Strich am dritten Band arbeiten können.[109] Aber schon im Dezember teilt er mit, daß ihm nur noch ein Abschnitt geblieben ist. Am Vorabend des neuen Jahres berichtet er an F. A. Sorge, das erste Drittel des Manuskriptes vom dritten Band sei in starke Wachsleinwand verpackt und werde in den nächsten Tagen zum Druck befördert. „Die beiden letzten Drittel brauchen noch die – meist technische – Schlußredaktion. Wenn alles gut geht, kommt das Buch im Sept(ember) heraus."[110]

Anfang Januar 1894 teilte Engels den Vertretern der sozialistischen Parteien einer Reihe von Ländern mit, der dritte Band sei endlich in Druck gegangen.[111] Bereits im März schickte er Danielson die ersten Bogen des Buches zu, damit sie ins Russische übersetzt werden konnten.[112] Die nächsten Bogen sandte er Ende Mai ab.[113] Zwei Kapitel des fünften Abschnitts stellte Engels Kautsky zur Veröffentlichung in der „Neuen Zeit" zu.[114] Im Dezember 1894 übersandte er einigen Freunden die ersten Exemplare des dritten Bandes.[115]

Engels sah seine Aufgabe bei der Herausgabe des dritten Bandes des „Kapitals" darin, einen möglichst authentischen Text zu liefern, weshalb er seine Eingriffe auf das absolut Notwendige beschränkte. Nach dem Erscheinen des dritten Bandes wurde die Meinung geäußert, Engels hätte aus dem Material, über das er verfügte, ein systematisch ausgearbeitetes Buch machen müssen. Diesen Vorwurf erhob gegen Engels insbesondere Werner Sombart, der damals auf der Position eines leicht marxistisch gefärbten Sozialliberalismus stand.[116] Werner Sombart, bekannt geworden durch sein der Selbstanpreisung dienendes Kokettieren mit dem Marxismus und durch das skrupellose „Entlehnen" von Gedanken aus dem „Kapital", entstellte in der Folgezeit Marx in so schamloser Weise, daß ihn sein Lehrer Gustav Schmoller quittierte: „Das, was Sombart von Marx übrig läßt, ist nur ein unförm-

[109] Vgl. Engels an Kautsky, Brief v. 3. 11. 1893, in: Ebenda, S. 162
[110] Engels an Sorge, Brief v. 30. 12. 1893, in: Ebenda, S. 188
[111] Vgl. Engels an Lawrow, Brief v. 4. 1. 1894, in: Ebenda, S. 193; Engels an Adler, Brief v. 11. 1. 1894, in: Ebenda, S. 201
[112] Vgl. Engels an Danielson, Brief v. 20. 3. 1894, in: Ebenda, S. 221
[113] Vgl. Engels an Danielson, Brief v. 1. 6. 1894, in: Ebenda, S. 252
[114] Vgl. Engels an Kautsky, Brief v. 26. 6. 1894, in: Ebenda, S. 260
[115] Vgl. Engels an Sorge, Brief v. 12. 12. 1894, in: Ebenda, S. 338
[116] Vgl. Lenin, W. I., Eine Enquete über die Organisationen des Großkapitals, in: Werke, Bd. 18, Berlin 1962, S. 55

licher Torso, ein Körper, dem Beine und Arme, ja das Herz ausgerissen sind."[117] Seinen Chamäleonsweg beendete Sombart im Lager jener Vertreter der bürgerlichen Pseudowissenschaft, die lakaienhaft vor den hitlerischen Räubern liebedienerten.

Aber in den neunziger Jahren des 19. Jahrhunderts gehörte Sombart noch zu den „progressiven" Vertretern der Wissenschaft. Auf das Erscheinen des dritten Bandes des „Kapitals" reagierte er mit einem Artikel „Zur Kritik des ökonomischen Systems von Karl Marx", der im „Archiv für soziale Gesetzgebung und Statistik" erschien, das der Kathedersozialist Braun herausgab. Nachdem Engels von Sombart diesen Artikel erhalten hatte, antwortete er auf dessen Vorwurf in leicht ironischem Tone: „Schließlich muß ich mich noch bei Ihnen bedanken für die gute Meinung, die Sie von mir haben, wenn Sie der Ansicht sind, ich hätte aus dem III. Band etwas Besseres machen können, als er ist."[118] Dann erläutert Engels, was er von dieser Meinung halte, indem er darauf hinwies, daß er sie nicht teile und seine „Pflicht getan zu haben" glaube, indem er "Marx in Marx' Worten gab, selbst auf die Gefahr hin, dem Leser etwas mehr eignes Denken zuzumuten."[119]

Engels legte seinen Standpunkt in dieser Frage in der etwas später – im Mai/Juni 1895 – geschriebenen Arbeit „Ergänzung und Nachtrag zum III. Buche des ‚Kapital'" dar. Zugunsten seiner Entscheidung, seine Eingriffe in den Marxschen Text auf das allernötigste zu beschränken, führte er eine Reihe von Argumenten an. Erstens hat ein Mann wie Marx den Anspruch, selbst gehört zu werden, seine wissenschaftlichen Entdeckungen in der vollen Echtheit seiner eigenen Darstellung der Nachwelt zu überliefern. Zweitens fehlte Engels, wie er selber schreibt, alle Lust dazu, sich nach eigenem Ermessen an dem Nachlaß eines so überlegenen Mannes zu vergreifen. Und drittens wäre dies rein nutzlos gewesen. Und dann legte Engels ausführlicher die Erwägungen dar, die er schon im Brief an Sombart angestellt hatte: „Für die Leute, die nicht lesen können oder wollen, die schon beim ersten Buch sich mehr Mühe gegeben, es falsch zu verstehn, als nötig war, es richtig zu verstehn – für diese Leute sich irgendwie in Unkosten setzen, ist überhaupt

[117] In: Jahrbuch für Gesetzgebung, Verwaltung, und Volkswirtschaft, Leipzig, 33 (1909), S. 1238

[118] Engels an Sombart, Brief v. 11. 3. 1895, in: MEW, Bd. 39, S. 429

[119] Ebenda

zwecklos. Für diejenigen aber, denen es um wirkliches Verständnis zu tun ist, war grade die Urschrift selbst das Wichtigste; für sie hätte meine Umarbeitung höchstens den Wert eines Kommentars gehabt, und obendrein des Kommentars zu etwas Unveröffentlichtem und Unzugänglichem."[120]

Eine vollständige Vorstellung vom Umfang der Arbeit, die Engels bei der Vorbereitung des dritten Bandes des „Kapitals" für den Druck leistete, werden wir erst haben, wenn die Materialien dieses Bandes, die Marx hinterlassen hat, veröffentlicht und damit Gemeingut der wissenschaftlichen Öffentlichkeit geworden sind.[121] Im Vorwort zu diesem Band beschränkte sich Engels auf einige wenige Hinweise, die nach seiner Ansicht notwendig waren, um den Leser zu orientieren.

Enorme Arbeit kostete schon der erste Abschnitt des Buches über die Verwandlung des Mehrwerts in Profit und der Mehrwertrate in die Profitrate, wofür – nach Engels' Zeugnis – „das Hauptmanuskript nur mit großen Einschränkungen brauchbar"[122] war. Kapitel 1 dieses Abschnitts stellte Engels aus zwei Varianten einer Umarbeitung des Textes zusammen, Kapitel 2 ist aus dem Hauptmanuskript genommen, Kapitel 3 gestaltete Engels auf der Basis unvollendet gebliebener und von ihm überarbeiteter Marxscher Berechnungen unter gelegentlicher Benutzung des Hauptmanuskripts. Vom Kapitel 4 fand sich nur der Titel vor, und Engels schrieb den ganzen Text selbst. Vom 5. Kapitel an benutzte Engels das Hauptmanuskript, obwohl auch hier viele Umstellungen und Ergänzungen nötig waren.

Die drei folgenden Abschnitte brauchten, wie Engels schrieb, nur stilistisch redigiert zu werden. Einzelne Stellen mußten jedoch im Einklang mit dem von Engels eingeschobenen 4. Kapitel ausgearbeitet werden.

Die Hauptschwierigkeiten waren mit dem fünften Abschnitt des Buches verbunden, dem Abschnitt über Kredit und Banken. Während der Arbeit an diesem Abschnitt überraschte Marx ein schwerer Krank-

[120] Engels, F., Ergänzung und Nachtrag zum III. Buche des „Kapital", in: MEW, Bd. 25, S. 897

[121] Einige interessante Details teilt I. G. Kazmina auf Grund von Archivmaterialien in dem erwähnten Aufsatz „Rabota Engel'sa nad podgotovkoj III toma ‚Kapitala' Marksa" im Sammelband „Iz istorii marksizma" mit.

[122] Engels, F., Vorwort zum Dritten Band „Das Kapital", in: MEW, Bd. 25, S. 11

heitsanfall, und er hinterließ nicht einmal einen fertigen Entwurf, nicht einmal ein Schema, sondern nur einen „Ansatz von Ausarbeitung. . ."[123] Engels erwähnte wiederholt die besonderen Schwierigkeiten, die er bei der Arbeit an diesem Abschnitt zu bewältigen hatte, in seinem Briefwechsel. Wenigstens dreimal versuchte er, diesen Abschnitt in der gleichen Weise fertigzustellen wie den ersten, das heißt durch Ausfüllung der Lücken und Ausarbeitung der von Marx nur angedeuteten Bruchstücke. Als Engels sich jedoch davon überzeugt hatte, daß am Ende etwas herauskam, „was doch nicht Marx' Buch war", beschloß er, sich „auf möglichste Ordnung des Vorhandenen zu beschränken, nur die notdürftigsten Ergänzungen zu machen".[124] Aus der näheren Beschreibung der Arbeit, die Engels auf die einzelnen Kapitel dieses Abschnitts verwenden mußte, wird aber deutlich, welche Mühe dieses „Ordnen" mit sich brachte: es war nötig, zahlreiche Umstellungen und Umgruppierungen des Materials vorzunehmen und eine Reihe wesentlicher Ergänzungen zu schreiben.

Der sechste Abschnitt – über die Grundrente – mußte ebenfalls „in Ordnung" gebracht werden, wobei Engels für die Gliederung des Materials nach Kapiteln den Gesamtplan dieses Abschnitts benutzte, den Marx aufgestellt hatte.

Der siebente Abschnitt schließlich – über die Revenuen und ihre Quellen – lag im Manuskript nur als erster Entwurf vor, wobei einzelne Teile des Textes erst zerlegt werden mußten, um druckbar zu werden.[125]

6. *Abfuhr für die Kritiker*

Als Engels 1885 den zweiten Band des „Kapitals" herausgab, wandte er sich mit einem eigentümlichen Aufruf an die Ökonomen, „die in Rodbertus die geheime Quelle und einen überlegnen Vorgänger von Marx entdecken wollen. . ."[126]

Es handelte sich dabei um die Ausgleichung der Profitraten. Die Tatsache, daß gleichgroße Kapitale in gleichen Zeiträumen im Durch-

123 Ebenda, S. 12

124 Ebenda, S. 13

125 Vgl. ebenda, S. 13/14

126 Engels, F., Vorwort zum Zweiten Band „Das Kapital", MEW, Bd. 24, S. 26

schnitt gleiche Profite produzieren, unabhängig davon, ob sie viel oder wenig lebendige Arbeit anwenden, befand sich in offensichtlichem Widerspruch zur Bestimmung des Wertes durch das Quantum verausgabter Arbeit. Diesen Widerspruch hatte schon Ricardo bemerkt, aber seine Schule war unfähig, ihn zu lösen. Diesen Widerspruch, so schrieb Engels im Vorwort zum zweiten Band des „Kapitals", hatte Marx schon im Manuskript von 1861/63 gelöst; nach dem Plan des „Kapitals" werde diese Frage im dritten Band behandelt, der noch herauszugeben war.[127]

Im Hinblick auf die Rodbertus-Anhänger unter den Ökonomen schrieb Engels, sie hätten nun eine Gelegenheit zu zeigen, was die Rodbertussche Ökonomie leisten kann. „Wenn sie nachweisen, wie nicht nur ohne Verletzung des Wertgesetzes, sondern vielmehr auf Grundlage desselben eine gleiche Durchschnittsprofitrate sich bilden kann und muß, dann wollen wir weiter miteinander sprechen."[128]

Im Verlaufe der Periode zwischen dem Erscheinen des zweiten Bandes und der Veröffentlichung des dritten Bandes des „Kapitals" verfolgte Engels aufmerksam alle Reaktionen auf diesen Vorschlag. Im Vorwort zum dritten Band gab er einen vollständigen Überblick über alle bis dahin erschienenen Versuche, den Widerspruch zwischen dem Wertgesetz und der Durchschnittsprofitrate zu lösen.

Wie zu erwarten, zogen die eifrigen Anhänger von Rodbertus es vor, sich in Schweigen zu hüllen. „Dieselben Herren, die damals aus subjektiven oder objektiven, in der Regel aber alles andre als wissenschaftlichen Gründen den guten Rodbertus als einen ökonomischen Stern allererster Größe ausposaunten, sind ausnahmslos die Antwort schuldig geblieben."[129] Damit war offen eingestanden, daß die Rodbertussche Theorie unhaltbar ist, und bald fiel sie sogar im Lager der bürgerlichen Wissenschaft fast ganz der Vergessenheit anheim.

Im Vorwort zum dritten Band des „Kapitals" geht Engels ausführlich auf alle bis dahin in der Presse erschienenen Versuche ein, das Problem des Wechselverhältnisses zwischen Wertgesetz und Durchschnittsprofitrate zu lösen. Ernsthafte Versuche behandelt er sorgfältig; er geht auf ihre Mängel und Lücken ein. Unverschämten Ausfällen unwissender Apologeten des Kapitalismus – so Julius Wolfs

127 Vgl. ebenda
128 Ebenda
129 Engels, F., Vorwort zum Dritten Band „Das Kapital", MEW, Bd.25, S. 15f.

und insbesondere Achille Lorias, der im Alter eine Säule der faschistischen „Wissenschaft" im Italien Mussolinis wurde – erteilte Engels eine entschiedene Abfuhr.

Als der erste Band des „Kapitals erschien, versuchten die Bourgeoisie und ihre ideologischen Schildknappen, Marx' Werk durch eine Verschwörung des Schweigens zu erledigen.

In der Zeit, in der der zweite und insbesondere der dritte Band des „Kapitals" herauskam, hatte sich die historische Situation grundlegend geändert. Die Tätigkeit der I. Internationale, die Pariser Kommune, die Wellen der wachsenden Arbeiterbewegung und schließlich 1889 die Gründung der II. Internationale – all dies machte es bereits unmöglich, den Marxismus durch Totschweigen zu bekämpfen. Dafür nahm eine beispiellose Kampagne der Lüge, der Verleumdungen und Entstellungen ihren Anfang. In den Vordergrund wurden allerlei unsinnige Beschuldigungen gerückt, auf die Engels mit vernichtenden Schlägen antwortete.

Die Versuche, „Das Kapital" zu kritisieren, kreisten dem Inhalt nach vorwiegend um den sog. Widerspruch zwischen erstem und drittem Band, den sich die bürgerlichen Gegner des Marxismus ausgedacht hatten. Schon vor dem Erscheinen des dritten Bandes äußerten sie großes Interesse an der Frage, wie Marx die Schwierigkeit löse, die darin besteht, daß die Waren im Kapitalismus zu Preisen verkauft werden, die infolge der Unterschiede in der organischen Zusammensetzung des Kapitals von ihren Werten beträchtlich abweichen. Die erschöpfende Lösung dieses Problems, die im dritten Band des „Kapitals" mit der Lehre vom Produktionsprozeß gegeben ist, „befriedigte" sie natürlich „nicht". Der kritische Chor trat in allen Tonarten auf, vom durchdringenden Geschrei A. Lorias über die „Mystifikation", zu der seiner Meinung nach Marx Zuflucht genommen habe, bis zur „bescheidenen Deutung" Werner Sombarts, der erklärte, der Arbeitswert sei „keine historische, sondern eine logische Tatsache", der aber bereit war, den Wert als eine „logisch nützliche Funktion" zu akzeptieren.

Die vollständige Unsinnigkeit der verleumderischen Hirngespinste, Marx habe, als er den ersten Band des „Kapitals" herausgab, angeblich nicht gewußt, wie er das Problem des Wechselverhältnisses zwischen Arbeitswerttheorie und gleicher Profitrate lösen werde, ist dokumentarisch bewiesen. Das Problem, wie sich die Profitraten ausgleichen und wie sich die Werte der Waren in Produktionspreise verwandeln, ist bereits im Manuskript aus den Jahren 1861/63 mit genügender Klarheit gelöst, das heißt eine Reihe von Jahren vor dem Erscheinen des ersten Bandes des „Kapitals". Schon in den „Grundrissen der Kritik der Politischen Ökonomie" von 1857/58, das heißt vor der Veröffentlichung der Schrift „Zur Kritik der Politischen Ökonomie" kam Marx dicht an dieses Problem heran.

Was den Inhalt der Argumentation betrifft, mit der die Gegner des Marxismus hinsichtlich des angeblich vorhandenen Widerspruchs zwischen der Wertbestimmung durch die Arbeitszeit und der Ausgleichung der Profitraten operierten, so war er vollständig in E. Böhm-Bawerks Büchlein „Marx' Theorie und ihre Kritik" aus dem Jahre 1896 erschöpft. Obwohl dies Büchlein erst nach Engels' Tod erschien, ist die Argumentation Böhm-Bawerks dem Wesen nach in Engels' letzter ökonomischer Arbeit voll und ganz widerlegt worden. Aber das Hirngespinst vom Widerspruch zwischen erstem und drittem Band des „Kapitals" geistert bis heute im Arsenal der bürgerlichen Kritiker der ökonomischen Theorie des Marxismus herum.

Nach dem Erscheinen des dritten Bandes des „Kapitals" verfolgte Engels aufmerksam, wie dieses Werk in der Presse aufgenommen wurde. Die Welle der Kritik, die durch die bürgerliche Literatur rollte, ließ ihn erneut zur Feder greifen. Obwohl Engels stark unter seiner Krankheit litt, schrieb er in den letzten Wochen seines Lebens noch die ökonomische Arbeit „Ergänzung und Nachtrag zum III. Buche des ‚Kapital'". Er erwähnte sie in einigen Briefen.

Im April 1895 antwortete Engels C. Schmidt auf seine Zweifel hinsichtlich der Durchschnittsprofitrate, wobei er darauf hinwies, daß die Lösung dieses Problems im dritten Band „nicht scharf herausgearbeitet und hervorgehoben ist, „und dieser letzte Umstand legt mir nahe, diesen Punkt im Anschluß an Sombarts und Ihre Einwendungen in der ‚N(euen) Z(eit)' kurz zu entwickeln. Ich habe ohnehin noch einen zweiten Punkt, worin ich den III. Band ergänzen resp. durch Berücksichtigung gewisser Änderungen in den ökonomischen Verhältnissen seit 1865 mit der heutigen Lage in Einklang bringen möchte".[130]

Die Arbeit war bald so weit fortgeschritten, daß Engels in einem Brief an Kautsky vom 21. Mai 1895 mitteilen konnte: „Inzwischen bin ich dran, Dir für die ‚N(eue) Z(eit)' eine Arbeit zu liefern, die Dir Freude machen wird: ‚Ergänzungen und Nachträge zum ‚Kapital', Buch III', Nr. 1; Wertgesetz und Profitrate, Antwort auf Sombarts

[130] Engels an Schmidt, Brief v. 6. 4. 1895, in: MEW, Bd. 39, S. 461

und C. Schmidts Bedenken. Später folgt Nr. 2: die sehr bedeutend veränderte Rolle der Börse, seit Marx 1865 darüber schrieb. Je nach Bedarf und Zeit folgt Fortsetzung." [131]

Von diesen beiden Teilen vermochte Engels nur noch den ersten zu schreiben. Vom zweiten Teil ist nur eine kurze Disposition vorhanden. Der erste Teil erschien bald nach Engels' Tod in der „Neuen Zeit", während die Disposition über die „veränderte Rolle der Börse" erst 1932 in der Sowjetunion veröffentlicht worden ist. Engels' Aufsatz über Wertgesetz und Profitrate, der eine wichtige Ergänzung zum dritten Band des „Kapitals" bildete, ist zugleich von großer Bedeutung für das Verständnis der ökonomischen Theorie des Marxismus insgesamt. Engels behandelt das diskutierte Problem ausführlich. Er erforscht den Prozeß der Entstehung des Wertes im fernen Altertum, in der Zeit, als der Austausch aufkam, und analysiert den Übergang vom Wert zum Produktionspreis, der mit der Ablösung der einfachen Warenproduktion durch den Kapitalismus zusammenhängt. Auf diese Weise begründet Engels ausführlich Marx' These, daß der Wert dem Produktionspreis nicht nur theoretisch, sondern auch historisch vorausgeht.

Engels' Beitrag ist ein Musterbeispiel für die materialistische Erläuterung der Marxschen Werttheorie und dient als scharfe Waffe im Kampf gegen alle idealistischen Entstellungen des Marxismus. Die besondere Bedeutung dieses Beitrags besteht darin, daß in ihm die Natur der einfachen Warenproduktion und der Prozeß ihres Übergangs zum Kapitalismus glänzend dargestellt wird. Engels zeigt das Wertgesetz als Bewegungsgesetz der Warenproduktion. Er betont die außerordentlich lange Dauer der Epoche, in der das Wertgesetz wirkt, und verfolgt anhand einer Reihe realer historischer Beispiele, wie die kapitalistischen Verhältnisse entstehen, wobei er zeigt, wie diese Verhältnisse das Gebiet der Produktion erfassen.

Der zweite Teil der letzten ökonomischen Arbeit von Engels blieb ungeschrieben; nur seine detaillierte Disposition ist vorhanden. Engels geht hier auf die Veränderungen ein, die in den letzten Jahrzehnten des 19. Jahrhunderts in der kapitalistischen Wirtschaft vor sich gingen.

Engels hielt es für die vorrangige Aufgabe, den zweiten und den dritten Band des „Kapitals" druckfertig zu machen und herauszugeben, hatte jedoch zugleich die Absicht, nach Abschluß dieser Arbeit

[131] Engels an Kautsky, Brief v. 21. 5. 1895, in: Ebenda, S. 482

das umfangreiche Manuskript „Theorien über den Mehrwert" als vierten Band des „Kapitals" zu veröffentlichen. Von dieser Absicht sprach er schon im Vorwort zum zweiten Band des „Kapitals", als er einen allgemeinen Überblick über die Manuskripte gab, die Marx hinterlassen hatte. Dann kam er wiederholt auf den Plan zurück, den vierten Band des „Kapitals" herauszugeben. Er erwähnte dies Vorhaben insbesondere in einem Brief, den er im April 1895, kurz vor seinem Tode, geschrieben hatte.[132]

Erst der Tod setzte am 5. August 1895 Engels' Arbeit an den Problemen der ökonomischen Theorie des Marxismus und vor allem an der Vorbereitung und Veröffentlichung der Bände des „Kapitals", die Marx unvollendet hinterlassen hatte, ein Ende.

[132] Vgl. Engels an Bauer, Brief v. 10. 4. 1895, in: Ebenda, S. 462

DRITTER TEIL

Die Ausarbeitung grundlegender Probleme der marxistischen ökonomischen Lehre durch Engels

Kapitel IX

Materialistische Geschichtsauffassung und politische Ökonomie

1. Die Grundlage der revolutionären Umwälzung in der politischen Ökonomie

Der Marxismus hat in der ökonomischen Wissenschaft eine tiefgreifende revolutionäre Umwälzung vollzogen. Diese Umwälzung erfaßt alle Probleme der politischen Ökonomie, angefangen mit dem Gegenstand dieser Wissenschaft. Engels weist wiederholt darauf hin, daß der methodologische Hebel, vermittels dessen diese revolutionäre Umwälzung vollzogen worden ist, die materialistische Geschichtsauffassung war – die materialistische Dialektik, angewendet auf das Studium der Prozesse des gesellschaftlichen Lebens.

Engels' großes Verdienst besteht darin, daß er alle Bestandteile des Marxismus, alle Seiten der Weltanschauung des wissenschaftlichen Kommunismus bearbeitet, verteidigt und weiterentwickelt hat. Von besonderer Bedeutung für die Entwicklung der ökonomischen Lehre des Marxismus ist der Beitrag, den Engels zur Ausarbeitung der Grundprobleme der marxistischen Geschichtsauffassung geleistet hat.

Die materialistische Geschichtsauffassung, die die Begründer des Marxismus schufen, war ein großartiger Sieg des wissenschaftlichen Denkens. Die wissenschaftliche Erkenntnis der Welt hat einen langen Weg durchlaufen, einen Weg voller Schwierigkeiten, voller echter menschlicher Dramen und Tragödien. Die edlen Ritter der Wissenschaft haben die Festen der Ignoranz in einem hartnäckigen Kampf zerstört, der nicht wenig Opfer kostete. Wenn auch die Menschen Mitte des 19. Jahrhunderts auf dem Gebiet der Naturerkenntnis viel erreicht hatten, so blieb doch das Gebiet der gesellschaftlichen Verhältnisse ein

Naturschutzpark vorwissenschaftlicher, unwissenschaftlicher, antiwissenschaftlicher Vorstellungen. Der Marxismus überwand die ausweglose Lage, in der sich die herrschenden Ansichten befanden, indem er zeigte, daß die Entwicklung der Gesellschaft gleich der Naturentwicklung Objekt wissenschaftlicher Erkenntnis sein kann und muß. Damit wurde in der Geschichte der Wissenschaft eine neue Epoche eingeleitet.

Die Lehre von Marx ist allmächtig, weil sie wahr ist, sagte Lenin. Die Wahrhaftigkeit einer Theorie wird durch die menschliche Praxis bewiesen. Die Wahrhaftigkeit des Marxismus ist durch den praktischen Kampf und den Sieg der Millionenmassen der Völker bewiesen, welche die Geschichte machen und ein neues Leben aufbauen. Der Triumph der neuen, sozialistischen Lebensformen in der Sowjetunion und den anderen Ländern des Sozialismus, die Befreiung Hunderter Millionen von Menschen in den früher abhängigen Ländern vom Joch des Kolonialismus, das Anwachsen der Kraft und der Organisiertheit der Arbeiterklasse in den kapitalistischen Ländern und ihre Erfolge im Kampf gegen die herrschenden Monopole – all das beweist auf das anschaulichste und ganz unbestreitbar die Richtigkeit der marxistisch-leninistischen Lehre.

Das Verhältnis unserer Zeitgenossen zum Marxismus ist natürlich ebenso verschieden wie ihr Verhältnis zum revolutionären Weltprozeß, der sich in unserer Epoche vollzieht. Dies Verhältnis wechselt von tiefer Ergebenheit für die Sache der Menschheitsbefreiung bis zu ohnmächtigem Zorn und bestialischem Haß auf die progressive Erneuerung der Gesellschaft. Aber in unseren Tagen wird kaum ein nüchtern denkender Mensch zu finden sein, der es riskierte, den unvergleichlichen Einfluß zu leugnen, den der Marxismus-Leninismus in den vergangenen hundert Jahren, insbesondere in den fünfzig Jahren, die unter dem Zeichen des Russischen Oktober stehen, auf den Gang der Weltgeschichte ausübte.

Engels hielt es für das Verdienst von Marx, daß er im Gegensatz zu den bürgerlichen Philosophen, die damals in Deutschland den Ton angaben, zuerst wieder die vergessene dialektische Methode ans Licht zog, auf ihren Zusammenhang mit der Hegelschen Dialektik sowie ihren Unterschied von dieser hinwies und im „Kapital" diese Methode auf die Tatsachen einer bestimmten empirischen Wissenschaft, der politischen Ökonomie, anwandte.[1] Engels bezieht sich dabei auf Marx,

[1] Vgl. Engels, F., Dialektik der Natur, in: MEW, Bd. 20, Berlin 1962, S. 335

der im Nachwort zur zweiten Auflage des ersten Bandes des „Kapitals" schrieb, daß die Mystifikation, die die Dialektik in den Händen des Idealisten Hegel erleidet, in keiner Weise hinderte, daß eben Hegel als erster ihre allgemeinen Bewegungsformen in umfassender und bewußter Weise dargestellt hat. Aber bei Hegel steht die Dialektik auf dem Kopf, weshalb es notwendig war, sie umzustülpen, um in der mystischen Hülle den rationellen Kern zu entdecken.[2]

Engels sah das große Verdienst Hegels darin, daß er zum erstenmal die ganze natürliche, geschichtliche und geistige Welt als einen Prozeß, das heißt als in steter Bewegung, Veränderung, Umbildung und Entwicklung begriffen darstellte und den Versuch unternahm, den inneren Zusammenhang in dieser Bewegung und Entwicklung nachzuweisen. Von diesem Standpunkt aus erschien die Geschichte der Menschheit nicht mehr als ein wüstes Gewirr sinnloser Gewalttätigkeiten, sondern als der Entwicklungsprozeß der Menschheit selbst, und die Aufgabe der Wissenschaft bestand jetzt darin, den allmählichen Stufengang dieses Prozesses durch alle Irrwege zu verfolgen und dessen innere Geestzmäßigkeit durch alle scheinbaren Zufälligkeiten hindurch nachzuweisen.[3]

Hervorragende revolutionäre Bedeutung hatte für die politische Ökonomie wie für alle Natur- und Gesellschaftswissenschaften der – wie Engels sagte – große Grundgedanke der Dialektik, daß die Welt nicht aus fertigen Dingen besteht, sondern ein Komplex von Prozessen ist, worin die scheinbar stabilen Dinge nicht minder wie ihre Gedankenabbilder, die Begriffe, eine ununterbrochene Veränderung durchmachen, bald entstehen, bald vergehen. Die in Natur und Geschichte zutage tretende dialektische Entwicklung bestimmte Engels als den ursächlichen Zusammenhang „des, durch alle Zickzackbewegungen und momentanen Rückschritte hindurch, sich durchsetzenden Fortschreitens vom Niederen zum Höheren . . ."[4]

Die Anwendung der Dialektik in der politischen Ökonomie befreite diese Wissenschaft von den Fesseln des metaphysischen Denkens. Die

[2] Vgl. Marx, K., Das Kapital, Erster Band, Nachwort zur zweiten Auflage, in: MEW, Bd. 23, Berlin 1962, S. 27

[3] Vgl. Engels, F., Die Entwicklung des Sozialismus von der Utopie zur Wissenschaft, in: MEW, Bd. 19, Berlin 1962, S. 206

[4] Engels, F., Ludwig Feuerbach und der Ausgang der klassischen deutschen Philosophie, in: MEW, Bd. 21, Berlin 1962, S. 292

Metaphysik – sagte Engels – hält die Dinge und ihre Widerspiegelungen in den Begriffen für unveränderlich, erstarrt, ein für allemal gegeben, sie faßt die Dinge nicht in ihrer wechselseitigen Abhängigkeit. Umgekehrt fordert die dialektische Methode, die Dinge und ihre Gedankenabbilder, die Begriffe, in ihrem wechselseitigen Zusammenhang, in ihrer Bewegung, im Prozeß ihres Entstehens und Vergehens zu betrachten. Werden die Dinge in ihrer Bewegung, in ihrer Veränderung, in ihrem wechselseitigen Aufeinandereinwirken erfaßt, so stößt man sofort auf Widersprüche. Denn die Bewegung selbst ist ein Widerspruch: Schon die einfache mechanische Ortsveränderung geschieht nur dadurch, daß ein Körper sich im gegebenen Moment an einem Ort und zugleich an einem anderen Ort befindet. So ist der Widerspruch die Quelle jeglicher Bewegung, jeglicher Entwicklung. Lenin wies darauf hin, daß die Dialektik kurz als die Lehre von der Einheit der Gegensätze bestimmt werden kann[5], daß Spaltung des Einheitlichen und Erkenntnis seiner widersprechende Bestandteile das Wesen der Dialektik ist.[6]

Für den Metaphysiker sind die Gesetze der Dialektik – wie das Gesetz von der wechselseitigen Durchdringung der Gegensätze, das Gesetz vom Umschlag quantitativer Veränderungen in qualitative und das Gesetz von der Negation der Negation – nur Gedankenspiele. Engels deckte die Unhaltbarkeit der metaphysischen Kritik an der Dialektik auf und charakterisierte diese Gesetze als allgemeine und eben deshalb außerordentlich wichtige Entwicklungsgesetze der Natur, der Geschichte und des Denkens. Er erläuterte, daß Negieren in der Dialektik nicht einfach „nein" sagen oder ein Ding für nicht bestehend erklären oder es in beliebiger Weise zerstören heißt. Engels erinnerte an die bekannte These Spinozas, daß jede Bestimmung zugleich eine Negation ist, und betonte, daß die Art der Negation selbst sowohl durch die allgemeine wie durch die besondere Natur des Prozesses bestimmt ist. Es ist nicht nur nötig, etwas zu negieren, sondern diese Negation muß auch wieder aufgehoben werden. „Jede Art von Dingen hat also ihre eigentümliche Art, so negiert zu werden, daß eine Entwicklung dabei herauskommt, und ebenso jede Art von Vorstellungen und Begriffen."[7]

[5] Vgl. Lenin, W. I., Philosophische Hefte, in: Werke, Bd. 38, Berlin 1964, S. 214

[6] Vgl. ebenda, S. 338

[7] Engels, F., Herrn Eugen Dührings Umwälzung der Wissenschaft, in: MEW, Bd. 20, Berlin 1962, S. 132

Diese Negation, die Engels die „wahre" nennt, ist „das Treibende ... aller Entwicklung – die Spaltung in Gegensätze, deren Kampf und Lösung, wobei (in der Geschichte teilweise, im Denken ganz) auf Grund der gewonnenen Erfahrung der ursprüngliche Ausgangspunkt, aber auf höherer Stufe wieder erreicht wird"[8]. Engels illustrierte diese These am Beispiel der historischen Entwicklung der Eigentumsformen: Gemeineigentum auf den frühen Stufen der historischen Entwicklung, seine Negation durch das Privateigentum und Negation dieser Negation: Wiederherstellung des Gemeineigentums durch die soziale Revolution auf einer höheren Entwicklungsstufe.

Die Verkehrung der Dialektik bei Hegel beruht nach Engels darauf, daß sie „Selbstentwicklung des Gedankens" sein soll und daher die Dialektik der Tatsachen nur ihr Abglanz, „während die Dialektik in unserem Kopf doch nur die Widerspiegelung der sich in der natürlichen und menschengeschichtlichen Welt vollziehenden, dialektischen Formen gehorchenden, tatsächlichen Entwicklung ist"[9].

Marx und Engels entdeckten den „rationellen Kern" in der Dialektik Hegels, streiften dieser Dialektik die idealistische Hülle ab, entwickelten die Dialektik weiter und stellten sie auf das unerschütterliche wissenschaftliche Fundament des Materialismus. Marx schrieb, daß die materialistische Dialektik, die im „Kapital" angewandt und verkörpert ist, dem Bürgertum und seinen doktrinären Wortführern ein Ärgernis und ein Greuel ist, weil sie sich durch nichts imponieren läßt und ihrem Wesen nach kritisch und revolutionär ist.[10]

Engels charakterisierte die materialistische Dialektik in ihrem Gegensatz zum Idealismus und wies darauf hin, daß die Dialektik für den Idealisten Hegel die Selbstbewegung des Begriffes ist. Tatsächlich aber sind die Begriffe Widerspiegelungen der wirklichen Dinge, weshalb die Begriffsdialektik nur der bewußte Reflex der dialektischen Bewegung der wirklichen Welt ist.[11]

[8] Engels, F., Materialien zum „Anti-Dühring", in: Ebenda, S. 583f.
[9] Engels an Schmidt, Brief v. 1. 11. 1891, in: MEW, Bd. 38, Berlin 1968, S. 204
[10] Vgl. Marx, K., Das Kapital, Erster Band, Nachwort zur zweiten Auflage, in: MEW, Bd. 23, S. 27f.
[11] Vgl. Engels, F., Ludwig Feuerbach und der Ausgang der klassischen deutschen Philosophie, in: MEW, Bd. 21, S. 293

In der „Deutschen Ideologie" verspotten die Begründer des Marxismus die idealistische Philosophie und vergleichen deren Vertreter mit dem Manne, der sich einbildete, die Menschen ertränken im Wasser nur, weil sie vom Gedanken der Schwere besessen wären. Schlügen sie sich diese Vorstellung aus dem Kopfe, so seien sie über alle Wassersgefahr erhaben.[12] An diesem Beispiel wird offenbar, wie unhaltbar die idealistische Weltanschauung ist, die durch die Praxis, durch die Wirklichkeit widerlegt wird. Gleichermaßen macht die ökonomische Wirklichkeit deutlich, daß die idealistischen Ansichten über den ökonomischen Entwicklungsprozeß der Gesellschaft, daß alle idealistischen Systeme in der politischen Ökonomie unhaltbar sind.

Die materialistische Geschichtsauffassung war das gesetzmäßige Resultat der Entwicklung des gesellschaftlichen Denkens, das notwendige Erzeugnis des Wechsels der Gesellschaftsformationen und der Entfaltung des Klassenkampfes. Engels wies in anschaulicher Weise nach, wie der Wechsel der Weltanschauungen vom Wechsel der gesellschaftlichen Lebensbedingungen abhängt.

Dem Mittelalter, dem Feudalismus entspricht vorzugsweise die theologische, die katholische Weltanschauung. Aber im Schoße des Feudalismus entsteht die Bourgeoisie und sammelt Kräfte. Sie blieb noch längere Zeit in den Banden der allmächtigen Theologie befangen; ihren Kampf führte sie unter religiösem Aushängeschild. Aber so konnte es nicht lange weitergehen, und wenn die englische Revolution im 17. Jahrhundert unter religiöser Fahne stattfand, so trat bereits in der Vorbereitung der Französischen Revolution Ende des 18. Jahrhunderts ungeschminkt die juristische Weltanschauung auf, die die klassische Weltanschauung der Bourgeoisie werden sollte. Die gesellschaftlichen Verhältnisse, die man sich früher als durch die Kirche und das Dogma geschaffen vorgestellt hatte, stellte man sich jetzt als auf das Recht begründet und durch den Staat geschaffen vor. Der Warenaustausch, besonders in seinen entwickelten Formen, die mit dem Kredit verbunden sind, erzeugt komplizierte Vertragsverhältnisse und erfordert deshalb allgemeingültige Regeln, die der Staat in Form von Rechtsnormen festsetzt.

Daraus entsteht die Illusion, daß diese Rechtsnormen nicht aus den ökonomischen Tatsachen entspringen, sondern aus der formellen Fest-

[12] Vgl. Marx, K., u. F. Engels, Die deutsche Ideologie, in: MEW, Bd. 3, Berlin 1958, S. 13f.

setzung durch den Staat. Die Konkurrenz als die Grundverkehrsform selbständiger Warenproduzenten ist die größte Gleichmacherin, weshalb die Gleichheit vor dem Gesetz der Hauptschlachtruf der Bourgeoisie wurde. Der Umstand, daß der Kampf der Bourgeoisie gegen den Feudalismus ein politischer Kampf, ein Kampf um die Staatsmacht sein mußte, trug dazu bei, die juristische Weltanschauung zu befestigen.

„Aber die Bourgeoisie erzeugte ihren negativen Doppelgänger, das Proletariat, und mit ihm einen neuen Klassenkampf, der schon ausbrach, ehe die Bourgeoisie sich die politische Macht vollständig erobert hatte."[13] Die Arbeiterklasse übernahm anfangs von der Bourgeoisie die juristische Anschauungsweise und suchte hierin Waffen gegen die Bourgeoisie. Die ersten proletarischen Bewegungen blieben auf dem juristischen Boden. Sie forderten einerseits, die rechtliche Gleichheit durch die gesellschaftliche zu ergänzen, sie forderten andererseits, daß, weil die Arbeit die Quelle allen Reichtums bildet, die Ungerechtigkeit in der Teilung des Arbeitsprodukts beseitigt wird. Diese Forderungen blieben jedoch fromme Wünsche, von denen nicht zu sagen war, warum sie gerade jetzt durchgeführt werden sollten und nicht tausend Jahre früher oder später. Die juristische Weltanschauung erwies sich also für den proletarischen Klassenkampf als untaugliche Waffe.

In dem Prozeß der Umwandlung der feudalen Produktionsweise in die kapitalistische entstand die Arbeiterklasse, die keine Produktionsmittel besitzt und durch den Mechanismus der kapitalistischen Produktion stets in diesem erblichen Zustand der Eigentumslosigkeit wieder erzeugt wird. In der juristischen Illusion der Bourgeoisie kann die Arbeiterklasse ihre Lebenslage nicht erschöpfend zum Ausdruck bringen. Diese Lebenslage kann sie vollständig nur erkennen, wenn sie die Dinge so betrachtet, wie sie sind, nicht durch eine juristisch gefärbte Brille. Diese Möglichkeit gibt die materialistische Geschichtsauffassung, welche beweist, daß alle juristischen, politischen, philosophischen, religiösen usw. Vorstellungen der Menschen in letzter Instanz aus ihren wirtschaftlichen Lebensbedingungen, aus ihrer Weise zu produzieren und die Produkte auszutauschen, abgeleitet sind. Dies ist „die der Lebens- und Kampfeslage des Proletariats entsprechende Weltanschauung . . .; der Eigentumslosigkeit der Arbeiter konnte nur die Illusionslosigkeit ihrer Köpfe entsprechen"[14].

[13] Engels, F., Juristen – Sozialismus, in: MEW, Bd. 21, S. 493
[14] Ebenda, S. 494

Engels hob nicht nur die Bedeutung hervor, die die Anwendung der materialistischen Dialektik auf die politische Ökonomie besaß, sondern trug auch selbst wesentlich zu ihrer Bereicherung und Anwendung bei. Denen, die sich für die marxistische Theorie der historischen Entwicklung interessieren, riet Engels, sie nach den Originalquellen und nicht aus zweiter Hand zu studieren. Und er weist darauf hin, daß Marx kaum etwas geschrieben hat, in der diese Theorie keine Rolle spielte. Weiter schreibt Engels, daß er in seinen eigenen Arbeiten – im „Anti-Dühring" und im „Ludwig Feuerbach" – die ausführlichste Darlegung des historischen Materialismus gegeben hat, die seines Wissens existiert.[15] Engels deckte allseitig den untrennbaren Zusammenhang zwischen der ökonomischen Lehre des Marxismus und der materialistischen Geschichtsauffassung auf, die die methodologische Grundlage der marxistischen politischen Ökonomie bildet. Er arbeitete viele Seiten des historischen Materialismus tiefgründig aus, und das war für die ökonomische Theorie des Marxismus von großer Bedeutung.

Lenin unterstrich den engen, untrennbaren Zusammenhang zwischen der Philosophie und der ökonomischen Theorie des Marxismus. Er schrieb, „daß bei Marx die Philosophie und die politische Ökonomie zu einer *in sich geschlossenen* materialistischen Weltanschauung verbunden sind" [16].

Der untrennbare Zusammenhang zwischen historischem Materialismus und politischer Ökonomie in der in sich geschlossenen Weltanschauung des Marxismus tritt besonders anschaulich hervor, wenn die wechselseitige Abhängigkeit und das Wechselverhältnis zwischen Produktivkräften und Produktionsverhältnissen zu untersuchen sind. Die Begründer des Marxismus untersuchen im „Kapital" und in vielen anderen Arbeiten, wie sich die Widersprüche zwischen Produktivkräften und Produktionsverhältnissen entwickeln. Engels trug bedeutend zu dieser Forschung bei. Er analysiert an konkret-historischem Material, wie die Widersprüche zwischen Produktivkräften und Produktionsverhältnissen auf den verschiedenen Stufen der historischen Entwicklung der Gesellschaft anwachsen. In seiner Arbeit „Der Ursprung der Familie, des Privateigentums und des Staats" wird gezeigt

[15] Vgl. Engels an Bloch, Brief v. 21./22. 9. 1890, in: MEW, Bd. 37, Berlin 1967, S. 464

[16] Lenin, W. I., Noch eine Vernichtung des Sozialismus, in: MEW, Bd. 20, Berlin 1961, S. 188

wie der Konflikt, der zwischen den gewachsenen Produktivkräften und den zu eng gewordenen Produktionsverhältnissen herangereift war, zur Auflösung der urkommunistischen Gentilordnung führte und wie dann die Sklavenhaltergesellschaft dasselbe Schicksal ereilte, als sie sich erschöpft hatte. Ebenso war die bürgerliche Revolution, die den Feudalismus ablöste, dadurch bedingt, daß auf einer gewissen Entwicklungsstufe die von der Bourgeoisie in Bewegung gesetzten Produktivkräfte mit der bestehenden Produktionsordnung unverträglich wurden.[17]

Schließlich setzt die Umwälzung, die der moderne Sozialismus erstrebt, die Schaffung der neuen, klassenlosen Gesellschaft voraus, „nicht nur ein Proletariat, das diese Umwälzung durchführt, sondern auch eine Bourgeoisie, in deren Händen sich die gesellschaftlichen Produktionskräfte soweit entwickelt haben, daß sie die endgültige Vernichtung der Klassenunterschiede gestatten“ [18].

Wenn die Möglichkeit der sozialistischen Revolution dadurch bedingt ist, daß die Produktivkräfte ein hohes Niveau erreicht haben, so ergibt sich ihre Notwendigkeit, ihre Unvermeidlichkeit daraus, daß die Bourgeoisie schon nicht mehr imstande ist, mit den Produktivkräften fertig zu werden, die im Rahmen des Kapitalismus herangewachsen sind. Diese These begründet Engels besonders ausführlich.

Wie er schreibt, führt die materialistische Geschichtsauffassung zu der Überzeugung, „daß die den Händen der Bourgeoisie entwachsenen gesellschaftlichen Produktivkräfte nur der Besitzergreifung durch das assoziierte Proletariat harren“ [19] und daß damit die sozialistische Ordnung errichtet wird. Engels betont ganz besonders, daß die periodischen Wirtschaftskrisen die Bourgeoisie der Unfähigkeit überführen, ihre eigenen gesellschaftlichen Produktivkräfte fernerhin zu leiten[20], daß die Produktivkräfte der kapitalistischen Gesellschaft gegen die Produktionsweise rebellieren, der sie entwachsen sind.[21] Er erklärte, „daß die neuen Produktivkräfte selbst nur erhalten und weiter ausgebildet werden können durch Einführung einer neuen,

[17] Vgl. Engels, F., Ludwig Feuerbach und der Ausgang der klassischen deutschen Philosophie, in: MEW, Bd. 21, S. 299

[18] Engels, F., Soziales aus Rußland, in: MEW, Bd. 18, Berlin 1962, S. 556

[19] Engels, F., Karl Marx, in: MEW, Bd. 19, S. 104

[20] Vgl. Engels F., Materialien zum „Anti-Dühring“, in: MEW, Bd. 20 S. 619

[21] Vgl. Engels, F., Herrn Eugen Dührings Umwälzung der Wissenschaft, in: MEW, Bd. 20, S. 258

ihrem gegenwärtigen Entwicklungsgrad entsprechenden Produktionsweise ..."[22]

In einer seiner Rezensionen über den ersten Band des „Kapitals" resümiert Engels den Inhalt dieses Werkes und charakterisiert die historische Mission der kapitalistischen Produktionsweise. Diese historische Entwicklungsstufe der Gesellschaft war notwendig, „um die Produktivkräfte der Gesellschaft auf einen Höhegrad zu entwickeln, der eine gleiche menschenwürdige Entwicklung für *alle* Mitglieder der Gesellschaft möglich machen wird". Keine frühere Gesellschaftsform konnte die Bedingungen und Voraussetzungen schaffen, die dafür notwendig sind. „Erst die kapitalistische Produktion schafft die Reichtümer und die Produktivkräfte, welche dazu nötig sind, aber sie schafft auch gleichzeitig in den massenhaften und unterdrückten Arbeitern die Gesellschaftsklasse, die mehr und mehr gezwungen wird, die Benutzung dieser Reichtümer und Produktivkräfte für die ganze Gesellschaft – statt wie heute für eine monopolistische Klasse – in Anspruch zu nehmen."[23]

Die materialistische Geschichtsauffassung ist, wie Engels hervorhebt, für die sozialistische Weltanschauung von so großer Bedeutung, weil aus ihr folgt, „daß die den Händen der Bourgeoisie entwachsenen gesellschaftlichen Produktivkräfte nur der Besitzergreifung durch das assoziierte Proletariat harren, um einen Zustand herzustellen, der jedem Gesellschaftsmitglied die Teilnahme nicht nur an der Erzeugung, sondern auch an der Verteilung und Verwaltung der gesellschaftlichen Reichtümer ermöglicht und durch planmäßigen Betrieb der gesamten Produktion die gesellschaftlichen Produktivkräfte und deren Erträge derart steigert, daß die Befriedigung aller rationellen Bedürfnisse einem jeden in stets wachsendem Maße gesichert bleibt"[24]. Engels stellt der idealistischen, reaktionär-utopistischen Konzeption Proudhons den Standpunkt des wissenschaftlichen Sozialismus entgegen und betont, daß der Marxismus die ökonomischen Verhältnisse so schildert, wie sie sind und wie sie sich entwickeln, und daß er strikt ökonomisch den Beweis führt, daß diese ihre Entwicklung zugleich die Entwicklung der Elemente einer sozialen Revolution ist. Engels erläutert diesen Gedanken und schreibt: Dies ist „die Entwicklung – einerseits, einer Klasse, deren

[22] Ebenda, S. 248

[23] Engels, F., Rezension des Ersten Bandes „Das Kapital" für das „Demokratische Wochenblatt", in: MEW, Bd. 16, Berlin 1962, S. 242

[24] Engels, F., Karl Marx, in: MEW, Bd. 19, S. 104

Lebenslage sie notwendig zur sozialen Revolution treibt, des Proletariats – andererseits, von Produktivkräften, die, dem Rahmen der kapitalistischen Gesellschaft entwachsen, ihn notwendig sprengen müssen, und die gleichzeitig die Mittel bieten, die Klassenunterschiede ein für allemal im Interesse des gesellschaftlichen Fortschritts selbst zu beseitigen"[25].

Engels bemerkt, daß im Leben der Gesellschaft der Fortschritt als Negation des Bestehenden auftritt, und schreibt, daß in der Geschichte die Bewegung in Gegensätzen in allen kritischen Epochen erst recht hervortritt.[26] Die allerkritischsten Epochen sind die Epochen der sozialen Revolution, in denen der Konflikt zwischen Produktivkräften und Produktionsverhältnissen sein Apogäum erreicht.

In konzentrierter Weise bestimmte Engels den historischen Materialismus als die Auffassung des Verlaufes der Weltgeschichte, die die schließliche Ursache und die entscheidende Bewegungskraft aller wichtigen geschichtlichen Ereignisse in der ökonomischen Entwicklung der Gesellschaft sieht, in den Veränderungen der Produktions- und Austauschweise, in der daraus entspringenden Spaltung der Gesellschaft in verschiedene Klassen und in den Kämpfen dieser Klassen unter sich.[27]

Das große Bewegungsgesetz der Geschichte, das Marx entdeckt hat, charakterisierte Engels als Gesetz, wonach jeder historische Kampf, ob er sich nun auf politischem, religiösem, philosophischem oder auf irgendeinem anderen ideologischen Gebiet vollzieht, in Wirklichkeit nur der mehr oder minder klare Ausdruck des Kampfes der gesellschaftlichen Klassen ist; die Existenz dieser Klassen wiederum und damit auch ihr Aufeinanderprallen ist durch den Entwicklungsgrad ihrer ökonomischen Lage, durch den Charakter und die Weise der Produktion und des durch sie bestimmten Austausches bedingt.

Wenn es darauf ankommt, die Triebkräfte der Geschichte zu erforschen, schreibt Engels, so kann es sich nicht so sehr um die Beweggründe bei einzelnen Menschen handeln, wenn auch der hervorragendsten, als um diejenigen, welche große Massen, ganze Völker und in

[25] Engels, F., Zur Wohnungsfrage, in: MEW, Bd. 18, S. 273
[26] Vgl. Fngels, E., Dialektik der Natur, in: MEW, Bd. 20, S. 481
[27] Engels, F., Einleitung zur englischen Ausgabe (1892) der „Entwicklung des Sozialismus von der Utopie zur Wissenschaft", in: MEW, Bd. 22, Berlin 1963, S. 298

jedem Volk wieder ganze Klassen in Bewegung setzen, „und auch dies nicht momentan zu einem vorübergehenden Aufschnellen und rasch verlodernden Strohfeuer, sondern zu dauernder, in einer großen geschichtlichen Veränderung auslaufender Aktion" [28].

Die Anwendung der materialistischen Dialektik auf die politische Ökonomie führte zu dem Schluß, daß es notwendig ist, die Wurzeln und Ursachen der ökonomischen Erscheinungen in einer bestimmten Gesellschaftsstruktur zu suchen, nicht aber in der Psychologie oder in isolierten Handlungen einzelner Personen. Der Marxismus setzte an die Stelle des abstrakten Individuums, das als die Verkörperung der natürlichen Eigenschaften des Menschen, der menschlichen Natur selbst galt, das konkrete Studium der Spezifik der gesellschaftlichen Bedingungen, die sowohl die Psyche als auch den Willen und das Handeln des einzelnen Menschen bestimmen. Engels verspottete Dühring, nach dessen Vorstellung gesellschaftliche Verhältnisse „nicht nach den jedesmaligen geschichtlich vorliegenden Bedingungen, sondern durch die famosen beiden Männer entschieden" werden, „von denen der eine entweder den anderen unterdrückt, oder auch nicht, welches letztere bisher leider nie vorkam" [29].

Die materialistische Dialektik faßt jede Erscheinung des Lebens nicht im Zustand der Ruhe, nicht in erstarrter Gestalt, sondern in ihrer Entstehung und Entwicklung, in ihrer Bewegung, in ihrer unaufhörlichen Veränderung und ununterbrochenen Erneuerung. Die Begründer des Marxismus waren die ersten, die diese Forderung der Dialektik auf die politische Ökonomie anwendeten. Selbst die größten Vorgänger des Marxismus betrachteten die Erscheinungen des ökonomischen Lebens als etwas Erstarrtes. Sie sahen nicht, daß bestimmte ökonomische Verhältnisse auf einer bestimmten Entwicklungsstufe der Gesellschaft entstehen, sich entwickeln und auf einer bestimmten Stufe wieder vergehen und anderen Verhältnissen Platz machen müssen.

Eine bemerkenswerte Besonderheit der marxistisch-leninistischen politischen Ökonomie, eine der Quellen ihrer Überlegenheit über die bürgerliche politische Ökonomie besteht darin, daß sie – wie die marxistisch-leninistische Lehre insgesamt – nicht auf der Stelle tritt, son-

[28] Engels, F., Ludwig Feuerbach und der Ausgang der klassischen deutschen Philosophie, in: MEW, Bd. 21, S. 298

[29] Engels, F., Herrn Eugen Dührings Umwälzung der Wissenschaft, in: MEW, Bd. 20, Berlin 1962, S. 141

dern sich ununterbrochen entwickelt. Sie wird durch neue Schlußfolgerungen bereichert, indem sie neue Tatsachen aufnimmt und die Erfahrungen des ewig lebendigen Lebens, der in unaufhörlicher Veränderung begriffenen Wirklichkeit verallgemeinert. Dies ist sowohl für die politische Ökonomie des Kapitalismus als auch und insbesondere für die politische Ökonomie des Sozialismus charakteristisch, des jüngsten und praktisch bedeutsamsten Zweiges der marxistisch-leninistischen ökonomischen Wissenschaft.

Die politische Ökonomie des Sozialismus vertieft das Verständnis für eine Reihe höchst wichtiger Probleme der kapitalistischen Produktionsweise. Marx schrieb seinerzeit, die Anatomie des Menschen liefere den Schlüssel zum Verständnis der Anatomie des Affen. Mit diesem Vergleich veranschaulichte er den Gedanken, daß die ökonomische Erforschung des Kapitalismus auch Licht auf die Verhältnisse früherer, vorkapitalistischer Formationen wirft. In noch höherem Grade gilt dies für die politische Ökonomie des Sozialismus, die die großartigen historischen Erfahrungen des sozialistischen Aufbaus verallgemeinert.

Diese Erfahrungen, die am unbezweifelbaren Kriterium der Praxis geprüft sind, bestätigen Marx' und Engels' Schlußfolgerungen über den historisch vergänglichen Charakter des Kapitalismus. Die wissenschaftliche Verallgemeinerung dieser Erfahrung bereichert die Einsicht in das Wesen der kapitalistischen Widersprüche, in ihre Untrennbarkeit von der bürgerlichen Ordnung, in die Unvermeidlichkeit ihrer Liquidierung nach dem Untergang dieser Ordnung. Die theoretische Verallgemeinerung der Erfahrungen des sozialistischen Aufbaus in der Sowjetunion und den anderen Ländern des sozialistischen Weltsystems zeigt klar und anschaulich, wie ungereimt die apologetischen Erfindungen der bürgerlichen Ökonomen über die „Ewigkeit" des Kapitalismus und die „Unmöglichkeit" des Sozialismus sind.

„Unsere Theorie", schrieb Engels, „ist kein Dogma, sondern die Darlegung eines Entwicklungsprozesses, und dieser Prozeß schließt aufeinanderfolgende Phasen ein."[30] Die Anwendung der materialistischen Dialektik auf die politische Ökonomie führte dazu, daß der wirkliche Charakter des ökonomischen Entwicklungsprozesses der Gesellschaft aufgedeckt wurde. Dieser Prozeß ist keine bloße Wiederholung bereits durchlaufener Stufen, kein Kreislauf, wie reaktionäre Soziologen be-

[30] Engels an Kelley-Wischnewetzky, Brief v. 28. 12. 1886, in: MEW, Bd. 36, Berlin 1967, S. 589

haupten, sondern eine Bewegung vom Niederen zum Höheren. Die progressive Bewegung der Gesellschaft bricht sich durch alle Hindernisse hindurch Bahn, und die Kräfte des Fortschritts sind unüberwindbar. Engels charakterisiert die Dialektik als die Lehre von der unaufhörlichen Veränderung und Bewegung und weist zugleich darauf hin, daß sich bei aller scheinbaren Zufälligkeit und trotz aller momentanen Rückläufigkeit schließlich doch eine fortschreitende Entwicklung durchsetzt.[31]

Die materialistische Geschichtsauffassung lehrt, die Grundrichtung des Fortschritts zu sehen, die sich durch alle Zickzackbewegungen und Abweichungen hindurch Bahn bricht. Engels schreibt: „Faktisch gibt es ja in der Geschichte nichts, was nicht in der einen oder anderen Weise dem menschlichen Fortschritt dient, aber oft auf einem ungeheuren Umweg."[32]

Jede ökonomische Gesellschaftsformation bildet eine bestimmte Stufe in der fortschreitenden Entwicklung der Gesellschaft, und jede dieser Stufen steht höher als die vorangegangene. Der Wechsel der ökonomischen Gesellschaftsformationen vollzieht sich nicht in Form einer fließenden Evolution, wie bürgerliche Ökonomen und Historiker dies hinzustellen bemüht sind, sondern in Form revolutionärer Umwälzungen, in Form von Sprüngen, die grundlegende qualitative Veränderung im Gesellschaftszustand darstellen.

Der Übergang vom Kapitalismus zum Sozialismus und die Weiterbewegung der Gesellschaft zum Kommunismus ist der größte revolutionäre Sprung in der Geschichte der Menschheit, ein höchst markantes Beispiel für den Umschlag der Quantität in Qualität. Dieser große Wechsel, der im Leben vieler Völker schon vollzogen und für die gesamte übrige Bevölkerung der Erde voll herangereift ist, stellte der ökonomischen Wissenschaft neue Aufgaben von gigantischem Ausmaß.

Die politische Ökonomie von heute hat die Aufgabe, einmal die Prozesse, die in der Wirtschaft des kapitalistischen Teils der Welt stattfinden, und zum anderen die Prozesse zu untersuchen, die sich in der Wirtschaft der sozialistischen Gesellschaft entfalten. Nur die marxistisch-leninistische ökonomische Theorie kann diese zweifache oder besser zweieinige Aufgabe erfolgreich lösen.

[31] Vgl. Engels, F., Ludwig Feuerbach und der Ausgang der klassischen deutschen Philosophie, in: MEW, Bd. 21, S. 293

[32] Engels an Danielson, Brief v. 18. 6. 1892, in: MEW, Bd. 38, S. 363

Die Ökonomik des Kapitalismus und die Ökonomik des Sozialismus entwickeln sich in verschiedenen Richtungen und nach verschiedenen objektiven Gesetzen. Die politische Ökonomie des Kapitalismus und die politische Ökonomie des Sozialismus sind selbständige Zweige der ökonomischen Theorie. Jeder dieser Zweige hat es mit einem besonderen Untersuchungsgegenstand zu tun, der ein besonderes Herangehen erfordert. Aber dies sind eben zwei Zweige einer einheitlichen Wissenschaft: der politischen Ökonomie der Arbeiterklasse, der politischen Ökonomie der Arbeit. Die Einheit der marxistisch-leninistischen ökonomischen Wissenschaft besteht nicht darin, daß sie allgemeine Gesetze feststellt, die für die beiden gegensätzlichen Gesellschaftssysteme, die heute existieren, gleichermaßen gültig sind – solche Gesetze gibt es nicht –, sondern darin, daß sie die grundlegenden Besonderheiten, die unterscheidenden Merkmale jedes dieser Systeme klärt und deren grundverschiedene Entwicklungswege aufdeckt.

Engels zeigte, daß die dialektische Methode für alle Gesellschaftswissenschaften, insbesondere aber für die politische Ökonomie, in höchstem Maße revolutionierende Folgen hatte. Geht man an die Dinge dialektisch heran, so wird klar, daß alle Gesellschaftsordnungen, die einander im Laufe der Geschichte ablösen, nur vergängliche Stufen im endlosen Entwicklungsgang der menschlichen Gesellschaft vom Niederen zum Höheren sind. „Jede Stufe ist notwendig, also berechtigt für die Zeit und die Bedingungen, denen sie ihren Ursprung verdankt; aber sie wird hinfällig und unberechtigt gegenüber neuen, höheren Bedingungen, die sich allmählich in ihrem eignen Schoß entwickeln; sie muß einer höheren Stufe Platz machen, die ihrerseits wieder an die Reihe des Verfalls und des Untergangs kommt."[33] Die dialektische Entwicklungskonzeption wirft also helles Licht auf die historische Rolle jeder Produktionsweise und gibt die Möglichkeit, den historischen Platz jeder Phase in der Entwicklung der gegebenen Produktionsweise zu bestimmen.

Engels konkretisierte die wechselseitige Abhängigkeit, den Zusammenhang und den Unterschied zwischen den Produktions- oder ökonomischen Verhältnissen und ihrem juristischen Ausdruck, den Eigentumsformen. Er untersucht und analysiert, wie die Rechtsnormen, die die Produktionsverhältnisse widerspiegeln, entstehen und sich ent-

[33] Engels, F., Ludwig Feuerbach und der Ausgang der klassischen deutschen Philosophie, in: MEW, Bd. 21, S. 267

wickeln, und zeigt, wie diese Normen im Verlaufe der Zeit Selbständigkeit gewinnen und sich nicht mehr als Widerspiegelung, sondern umgekehrt als Grundlage der ökonomischen Verhältnisse darstellen. Schon auf einer verhältnismäßig frühen Stufe der gesellschaftlichen Entwicklung stellt sich das Bedürfnis ein, die täglich wiederkehrenden Akte der Produktion, der Verteilung und des Austauschs der Produkte unter eine allgemeine Regel zu fassen, damit der einzelne sich den gemeinsamen Bedingungen der Produktion und des Austauschs unterwirft. Zuerst drückt sich diese Regel in der Sitte aus, dann aber wird sie Gesetz, das der Staat aufrechterhält, der in dieser Zeit entsteht. Mit der weiteren gesellschaftlichen Entwicklung bildet sich das Gesetz zu einer mehr oder weniger umfangreichen Gesetzgebung fort.

„Je verwickelter diese Gesetzgebung wird", fährt Engels fort, „desto weiter entfernt sich ihre Ausdrucksweise von der, in welcher die gewöhnlichen ökonomischen Lebensbedingungen der Gesellschaft ausgedrückt werden ... Die Menschen vergessen die Abstammung ihres Rechts aus ihren ökonomischen Lebensbedingungen, wie sie ihre eigne Abstammung aus dem Tierreich vergessen haben."[34] An anderer Stelle schreibt er, daß die ökonomischen Tatsachen die Form juristischer Motive annehmen müssen, um in Gesetzesform sanktioniert zu werden, weshalb der Schein entsteht, als sei die juristische Form alles, der ökonomische Inhalt aber nichts.[35]

Engels setzte die Kritik fort, der Marx die Ansichten Proudhons in der Eigentumsfrage unterzogen hatte. Proudhon kümmerte sich, wie Engels sagt, nie um die wirklichen, tatsächlichen Bedingungen, unter denen irgendeine ökonomische Erscheinung vor sich geht, und er rettete sich in das Gebiet der Rechtverhältnisse. So behauptet er, ein einmal gebautes Haus diene als *„ewiger Rechtstitel"* auf bestimmte jährliche Zahlung, verschweigt aber, wie das Haus ein Rechtstitel wird. „Hätte er es untersucht", schreibt Engels weiter, „so würde er gefunden haben, daß alle Rechtstitel in der Welt, und wenn sie noch so ewig, einem Hause nicht die Macht verleihen, seinen Kostpreis in fünfzig Jahren zehnmal in Gestalt von Miete bezahlt zu erhalten, sondern daß bloß ökonomische Bedingungen (die in Gestalt von Rechtstiteln gesellschaftlich anerkannt sein mögen) dies zustande bringen können."[36]

[34] Engels, F., Zur Wohnungsfrage, in: MEW, Bd. 18, S. 276

[35] Vgl. Engels., Ludwig Feuerbach und der Ausgang der klassischen deutschen Philosophie, in: MEW, Bd. 21, S. 302

[36] Engels, F., Zur Wohnungsfrage, in: MEW, Bd. 18, S. 217

Engels war wie Marx der Ansicht, daß der idealistischen Konzeption Proudhons das Nichtverständnis der ökonomischen Entwicklungsbedingungen der Gesellschaft, das Ignorieren der ökonomischen Gesetze zugrunde liegt. In dieser Hinsicht ist eine Äußerung Engels' über Bakunin bezeichnend. Engels schreibt: „Bakunin hat seine eigene Theorie, ein Gemisch von Kommunismus und Proudhonismus. Die Absicht, diese zwei Theorien in eine zu vereinen, beweist . . ., daß er absolut nichts von politischer Ökonomie versteht.“[37]

Die Begründer des Marxismus betrachten die Eigentumsformen als juristischen Ausdruck bestimmter Produktionsverhältnisse. „Welches immer die gesellschaftlichen Formen der Produktion, Arbeiter und Produktionsmittel bleiben stets ihre Faktoren“, schreibt Marx. „Aber die einen und die anderen sind dies nur der Möglichkeit nach im Zustand ihrer Trennung voneinander. Damit überhaupt produziert werde, müssen sie sich verbinden. Die besondre Art und Weise, worin diese Verbindung bewerkstelligt wird, unterscheidet die verschiedenen ökonomischen Epochen der Gesellschaftsstruktur.“[38]

Das Grundproduktionsverhältnis dieser oder jener ökonomischen Gesellschaftsformation ist also die Art und Weise, in der die Arbeiter mit den Produktionsmitteln verbunden werden. Die Eigentumsverhältnisse sind die juristische Form des realen Verhältnisses zu den Produktionsmitteln, das diesem oder jenem System der Produktionsverhältnisse, dieser oder jener ökonomischen Struktur der Gesellschaft eigen ist.

Beim revolutionären Sprung, also beim Übergang von einer ökonomischen Gesellschaftsformation zur anderen, wird die rechtliche Form des Eigentums, die überlebte Produktionsverhältnisse fixiert, beseitigt und durch eine andere Eigentumsform ersetzt, die die neuen Produktionsverhältnisse festigt. Engels wies darauf hin, daß bereits Solon im alten Athen mit seinem Eingriff in das Eigentum die Reihe der sogenannten politischen Revolutionen eröffnete, und schrieb, daß alle bisherigen Revolutionen Revolutionen zum Schutz einer Art des Eigentums gegen eine andere Art des Eigentums gewesen sind, wobei sie das eine nicht schützen können, ohne das andere zu verletzen.[39]

[37] Engels an Cafiero, Brief v. 1.–3. 7. 1871, in: MEW, Bd. 33, Berlin 1966, S. 655

[38] Marx, K., Das Kapital, Zweiter Band, in: MEW, Bd. 24, Berlin 1963, S. 42

[39] Vgl. Engels, F., Der Ursprung der Familie, des Privateigentums und des Staats, in: MEW, Bd. 21, S. 112

Die sozialistische Revolution ist die tiefstgreifende revolutionäre Umgestaltung der Gesellschaft. Bereits im „Manifest der Kommunistischen Partei" verkündeten Marx und Engels, daß das Proletariat, das an die Macht gekommen ist, despotische „Eingriffe in das Eigentumsrecht und in die bürgerlichen Produktionsverhältnisse"[40] vornehmen muß. Engels entwickelte diese These ausführlich und arbeitete sie in einer Reihe von Werken aus.

Die Hauptproduktivkraft der menschlichen Gesellschaft sind die werktätigen Massen. In der sozialistischen Ideologie der Arbeiterklasse nimmt die Arbeit einen bedeutsamen Platz ein. Der Sozialismus beruht auf der Arbeit, und die Arbeit bildet den Eckstein der marxistischen Weltanschauung, den Zentralpunkt der materialistischen Geschichtsauffassung und der ökonomischen Theorie des Marxismus. Im „Kapital" hat Marx allseitig die Rolle der Arbeit im Leben der menschlichen Gesellschaft analysiert. Dabei kam er zu dem Schluß, daß die Arbeit ausschließlich dem Menschen angehört, daß der Mensch, indem er durch die Arbeit auf die Natur einwirkt und sie verändert, zugleich seine eigene Natur verändert, daß die Menschen sich durch ihre Arbeit aus den Tierzuständen herausgehoben haben.[41]

Für die ökonomische Theorie des Marxismus ist von großer Bedeutung, daß Engels den umfangreichen Problemkreis detailliert ausgearbeitet hat, der mit der Rolle der Arbeit bei der Entstehung und Entwicklung der menschlichen Gesellschaft zusammenhängt. Engels behandelt diese Probleme in einer Reihe seiner Arbeiten; speziell betrachtet er sie in seinem glänzenden, unvollendet gebliebenem Aufsatz über den Anteil der Arbeit an der Menschwerdung des Affen. Engels geht von der Behauptung der Ökonomen aus, daß die Arbeit die Quelle allen Reichtums ist, und zeigt, daß die Arbeit noch unendlich viel mehr als dies ist, daß man in gewissem Sinne sagen kann: Die Arbeit hat den Menschen selbst geschaffen.[42] Auf der Grundlage der relativ spärlichen Angaben über die Anthropogenese, die ihm in der zweiten Hälfte des vergangenen Jahrhunderts zur Verfügung standen, hat Engels mit genialer Intuition ein Bild der überaus tiefgreifenden Revolution gezeichnet, die die Arbeitstätigkeit in den Existenzbedingungen und in der Natur der entfernten Vorfahren des Menschen herbeiführte. Seit

[40] Marx, K., Engels, F., Manifest der Kommunistischen Partei, in: MEW, Bd. 4, Berlin 1959, S. 481

[41] Vgl. Marx, K., Das Kapital, Erster Band, in: MEW, Bd. 23, S. 193, 192, 534f.

[42] Vgl. Engels, F., Dialektik der Natur, in: MEW, Bd. 20, S. 444

dieser Zeit sind die Wissenschaften, die den Entstehungsprozeß des Menschen untersuchen, weit vorangeschritten, und Einzelheiten in Engels' Darlegungen sind veraltet. Aber der Gesamtgang seiner Analyse ist im Grundlegenden und Hauptsächlichen voll und ganz bestätigt worden. Indem der Marxismus-Leninismus die Arbeit, die Produktionstätigkeit der Menschen als die Grundlage der historischen Entwicklung der Gesellschaft betrachtet, deckt er die Gesetzmäßigkeit der Ablösung der kapitalistischen Ausbeuterordnung durch die neue Ordnung auf, in der die Forderung der Kampfhymne der internationalen Arbeiterklasse „Diese Welt muß unser sein" erfüllt ist. Diese Worte der „Internationale" sind zuerst in der Sowjetunion und dann in einer großen Gruppe anderer Länder Wirklichkeit geworden. Die politische Ökonomie des Sozialismus, die die reichen Erfahrungen des Aufbaus der neuen Welt durch die Völker des sozialistischen Weltsystems verallgemeinert, deckt die gewaltigen Potenzen der befreiten Arbeit auf. Sie erklärt die entscheidenden Vorzüge des Sozialismus gegenüber dem Kapitalismus und erforscht die ökonomischen Entwicklungsgesetze der neuen, kommunistischen Gesellschaftsformation, deren erste Phase der Sozialismus ist.

Diesen Gesetzen liegt wiederum die Arbeit zugrunde, die Notwendigkeit der Ökonomie der Arbeit, ihrer planmäßigen Verteilung, der zweckmäßigsten Verteilung von lebendiger wie toter Arbeit, der Erlangung einer hohen Stufe der Arbeitsproduktivität, der effektivsten Ausnutzung der Ressourcen, um die wachsenden Bedürfnisse der Gesellschaft maximal zu befriedigen. Das unverbrüchliche Gesetz des Sozialismus, im Interesse der Gesellschaft mit minimalem Aufwand maximale Ergebnisse zu erzielen, setzt voraus, daß ein neues, kommunistisches Verhältnis zur Arbeit für den Nutzen der Gesellschaft herausgebildet, daß eine neue, höhere Organisation der gesellschaftlichen Arbeit geschaffen wird.

2. Der Kampf gegen die Vulgarisierung und Verflachung des historischen Materialismus

Die Weltanschauung des Marxismus ist, wie Engels unterstrich, keine Doktrin, sondern eine Methode. „Sie gibt keine fertigen Dogmen, sondern Anhaltspunkte zu weiterer Untersuchung und die Methode *für* diese Untersuchung." [43]

[43] Engels an Sombart, Brief v. 11. 3. 1895, in: MEW, Bd. 39, Berlin 1968, S. 428

Wirkliche Marxisten vergessen diese Warnung niemals. Gerade als Anleitung zum Handeln verhält sich der Marxismus-Leninismus unversöhnbar feindlich gegen jeglichen Dogmatismus. „Wir betrachten die Theorie von Marx keineswegs als etwas Abgeschlossenes und Unantastbares; wir sind im Gegenteil davon überzeugt, daß sie nur das Fundament der Wissenschaft gelegt hat, die die Sozialisten nach allen Richtungen weiterentwickeln *müssen*, wenn sie nicht hinter dem Leben zurückbleiben wollen."[44] Lenin erläuterte, daß jene konsequente Marxisten sind, die „die Grundthesen des Marxismus im Einklang mit den sich verändernden Verhältnissen und mit den lokalen Besonderheiten der verschiedenen Länder entwickeln . . ."[45]

Die Gegner der revolutionären Weltanschauung der Arbeiterklasse demonstrieren ihre Beschränktheit besonders anschaulich dadurch, daß sie versuchen, die Entwicklung des Marxismus unter neuen historischen Bedingungen als eine „Krise" des Marxismus hinzustellen. Doch gerade die Fähigkeit zur schöpferischen Analyse neuer Erscheinungen und zur wissenschaftlichen Verallgemeinerung neuer Erfahrungen der historischen Entwicklung und des Kampfes der Arbeiterklasse um den Sozialismus, gerade die Fähigkeit, von veralteten Thesen abzugehen und neue Schlußfolgerungen zu ziehen, ist eine der Hauptquellen für die Kraft und die Lebendigkeit der marxistisch-leninistischen Theorie. Diese Eigenschaft des Marxismus ist in der gegenwärtigen Epoche, wo in der Welt grundlegende Veränderungen stattfinden, von besonders unschätzbarer Bedeutung. Die neue Wirklichkeit fordert neue Analysen und neue Schlußfolgerungen. Die Größe des Marxismus-Leninismus als Theorie des wissenschaftlichen Kommunismus besteht gerade darin, daß er die Grundlage für diese Analysen und diese Schlußfolgerungen bildet. Die revolutionären Parteien der Arbeiterklasse, die erprobten wissenschaftlichen Kader des Marxismus entwickeln die marxistische Wissenschaft weiter, wobei sie sich von Marx' und Engels' Ideen, von der Methode der materialistischen Dialektik leiten lassen, die – wie Marx schrieb – jede Stufe des historischen Prozesses, „jede gewordne Form im Flusse der Bewegung, also auch nach ihrer vergänglichen Seite auffaßt, sich durch nichts imponieren läßt, ihrem Wesen nach kritisch und revolutionär ist"[46].

[44] Lenin, W. I., Unser Programm, in: Werke, Bd. 4, Berlin 1955, S. 205f.
[45] Lenin, W. I., Eine unkritische Kritik, in: Werke, Bd. 3, Berlin 1956, S. 654
[46] Marx, K., Das Kapital, Erster Band, Nachwort zur zweiten Auflage, in: MEW, Bd. 23, S. 28

Die heutige Wirklichkeit stellt der marxistisch-leninistischen Wissenschaft höchst komplizierte und wichtige Aufgaben. Die Geschichte hat ihren Lauf in gigantischem Maße beschleunigt, und die Worte des alten griechischen Philosophen, man könne nicht zweimal seinen Fuß in denselben Fluß setzen, sind noch nie in so anschaulicher Weise bestätigt worden. Vor den Augen unserer Zeitgenossen werden durch aktives Mitwirken der progressiven Volkskräfte tiefgreifende Umwälzungen im wirtschaftlichen, politischen und geistigen Leben der Gesellschaft vollzogen. Nur die schöpferische marxistisch-leninistische Wissenschaft ist fähig, diese Umwälzungen zu durchdenken und die Gesetzmäßigkeiten und Entwicklungstendenzen, die im Leben zutage treten, aufzudecken, während die ihr feindliche bürgerliche Ideologie auf der Stelle tritt und damit ihre Ohnmacht gegenüber den Grundproblemen der Gegenwart demonstriert.

Engels führte einen unermüdlichen und beharrlichen Kampf gegen alle möglichen Versuche, den Marxismus zu entstellen und zu verflachen, gegen das Bestreben, die marxistische Theorie in ein lebloses Dogma zu verwandeln. Besonders große Ausmaße nahm dieser Kampf nach dem Tode von Marx, in den letzten Lebensjahren von Engels an, in denen wachsender Einfluß der marxistischen Ideen häufig mit dem Versuch verbunden war, diese Ideen zu verflachen und zu vulgarisieren.

Engels lehrte, die ökonomische Entwicklung der Gesellschaft nicht isoliert, sondern in ihrem untrennbaren Zusammenhang mit allen übrigen Seiten des gesellschaftlichen Lebens zu betrachten. Als Marx auf Versuche stieß, die materialistische Geschichtsauffassung zu verflachen, Versuche, die Ende der siebziger Jahre unter der Flagge des „Marxismus" unternommen wurden, bemerkte er nach Engels' Zeugnis mit bitterer Ironie an die Adresse der Simplifikateure: „Alles, was ich weiß, ist, daß ich kein Marxist bin."[47] In einer Reihe von Arbeiten und insbesondere in den Briefen aus seinen letzten Lebensjahren erklärte Engels unermüdlich, daß es unzulässig ist, den historischen Materialismus doktrinär zu entstellen, daß die Vorstellung falsch ist, wonach angeblich alle Seiten des gesellschaftlichen Lebens automatisch und einseitig durch die Entwicklung der ökonomischen Basis bestimmt werden.

Engels erklärte, wie die einseitigen Vorstellungen über den historischen Materialismus entstanden sind, und wies darauf hin, daß Marx

[47] Engels an Schmidt, Brief v. 5. 8. 1890, in: MEW, Bd. 37, S. 436

und er das Hauptgewicht zunächst auf die Ableitung der politischen, rechtlichen und sonstigen ideologischen Vorstellungen und der durch diese Vorstellungen vermittelten Handlungen aus den ökonomischen Tatsachen gelegt haben. Engels betont, daß sie dies tun mußten, und fügt hinzu: „Dabei haben wir dann die formelle Seite über der inhaltlichen vernachlässigt: die Art und Weise, wie diese Vorstellungen etc. zustande kommen."[48] Dies gab den Gegnern des Marxismus Anlaß zu Mißverständnissen, sogar zu Entstellungen. Nach der materialistischen Geschichtsauffassung sind im historischen Prozeß die Produktion und Reproduktion des wirklichen Lebens das in letzter Instanz bestimmende Moment. „Mehr hat weder Marx noch ich je behauptet"[49], schrieb Engels.

Engels erklärte, „daß die materialistische Methode in ihr Gegenteil umschlägt, wenn sie nicht als Leitfaden beim historischen Studium behandelt wird, sondern als fertige Schablone, wonach man sich die Tatsachen zurechtschneidet"[50].

Über einen aufdringlichen Kritiker des Marxismus, der sich in den neunziger Jahren betätigte, schrieb Engels, daß er sich erst eine materialistische Geschichtstheorie fertig macht, wie Marx sie nach seiner Ansicht gehabt haben sollte, und dann findet, daß in den Marxschen Schriften ganz was anderes steht. Daraus schließt der Kritiker aber nicht, daß er Marx entstellt hat, sondern umgekehrt, daß Marx sich widerspreche und seine eigne Theorie nicht anwenden könne. Und Engels führt Marx' Worte an, der bei derlei Kritiken auszurufen pflegte: „Ja, wenn die Leute doch nur *lesen* könnten!"[51]

Anfang der neunziger Jahre verurteilte Engels entschieden jene „jüngeren Schriftsteller", denen das Wort „materialistisch" als Etikette diente, die sie auf die verschiedensten Dinge aufklebten und damit die Sache abgetan zu haben glaubten. Sarkastisch bemerkte er, die materialistische Geschichtsauffassung habe viele Freunde gewonnen, denen sie als Vorwand dient, die Geschichte nicht zu studieren.[52] Aus der Mitte dieser Vulgarisatoren ging einige Jahre später die Plejaden der Revisionisten vom Schlage Bernsteins hervor.

[48] Engels an Mehring, Brief v. 14. 7. 1893, in: MEW, Bd. 39, S. 96
[49] Engels an Bloch, Brief v. 21./22. 9. 1890, in: MEW, Bd. 37, S. 463
[50] Engels an Ernst, Brief v. 5. 6. 1890, in: Ebenda, S. 411
[51] Marx an Schmidt, Brief v. 1. 7. 1891, in: MEW, Bd. 38, S. 129
[52] Vgl. Engels an Schmidt, Brief v. 5. 8. 1890, in: MEW, Bd. 37, S. 436

Bereits in der Rezension über die Schrift „Zur Kritik der Politischen Ökonomie" schrieb Engels, daß die Entwicklung der materialistischen Auffassung auch nur an einem einzigen historischen Exempel eine wissenschaftliche Arbeit von großem Ausmaß war, eine Aufgabe, die nur auf der Basis massenhaften kritisch gesichteten, vollständig bewältigten historischen Materials gelöst werden konnte.[53] Einige Jahrzehnte später bemerkte Engels, daß die ökonomische Geschichte noch in den Windeln liegt, und forderte von den jungen Marxisten, die Daseinsbedingungen der verschiedenen Gesellschaftsformationen im einzelnen zu untersuchen, ehe sie versuchen, die politischen, privatrechtlichen, ästhetischen, philosophischen, religiösen usw. Anschauungen, die ihnen entsprechen, aus ihnen abzuleiten. Dies Gebiet, schrieb Engels, ist unendlich groß, und wer ernstlich arbeiten will, kann viel leisten.[54]

Die Hauptursache für den simplifizierenden Doktrinarismus sah Engels im Nichtbegreifen der materialistischen Dialektik. Für sie hat Hegel nicht existiert, schrieb Engels über diese Leute. Sie sehen stets nur hier Ursache, dort Wirkung, als ob dies zwei unveränderlich einander gegenüberstehende Pole wären, zwischen denen es keinerlei Wechselwirkung gibt. Indessen geht der historische Entwicklungsprozeß der Gesellschaft tatsächlich in Form der Wechselwirkung vor sich, wenn auch die wechselwirkenden Kräfte ungleich sind, wovon die ökonomische Bewegung weitaus die stärkste, ursprünglichste, entscheidendste ist.[55]

Engels charakterisierte die Vorstellung als blödsinnig, wonach der Marxismus, weil er den verschiedenen ideologischen Sphären, die in der Geschichte eine Rolle spielen, eine selbständige historische Entwicklung abspricht, ihnen auch jede historische Wirksamkeit abspräche. Dieser Meinung liegt die schematische undialektische Vorstellung von Ursache und Wirkung als starr einander entgegengesetzten Polen zugrunde, zwischen denen es keinerlei Wechselwirkung gibt. Über diese Kritiker des Marxismus schrieb Engels: „Daß ein historisches Moment, sobald es einmal durch andre, schließlich ökonomische Ursachen, in die Welt gesetzt, nun auch reagiert, auf seine Umgebung und selbst seine

[53] Vgl. Engels, F., Karl Marx, „Zur Kritik der Politischen Ökonomie", in: MEW, Bd. 13, Berlin 1961, S. 471

[54] Vgl. Engels an Schmidt, Brief v. 5. 8. 1890, in: MEW, Bd. 37, S. 437

[55] Engels an Schmidt, Brief v. 27. 10. 1890, in: Ebenda, S. 494

eignen Ursachen zurückwirken kann, vergessen die Herren oft fast absichtlich."[56]

Die Wechselwirkung zwischen der ökonomischen Basis und dem politischen Überbau ist eine Wechselwirkung zweier ungleicher Kräfte. Die ökonomische Bewegung setzt sich im ganzen und großen durch, aber sie erleidet auch Rückwirkung von der durch sie selbst eingesetzten und mit relativer Selbständigkeit begabten politischen Bewegung.[57] Wer also meint, der Marxismus leugne jede Rückwirkung der politischen usw. Reflexe der ökonomischen Bewegung auf diese Bewegung selbst, der kämpft einfach gegen Windmühlenflügel.[58]

Die karikaturenhafte Entstellung des Marxismus in Gestalt des vulgären „ökonomischen Materialismus", die jede Rückwirkung des Überbaus auf die ökonomische Basis außer acht läßt, ist bis heute eine beliebte Methode der bürgerlichen Propaganda und der ihr dienenden reaktionären Pseudowissenschaft geblieben. Die einseitige und deshalb falsche Vorstellung vom Wechselverhältnis zwischen den wichtigsten ökonomischen und politischen Prozessen der Gegenwart liegt vielen dogmatischen Irrtümern zugrunde, die ein Hindernis bilden, die marxistisch-leninistische Theorie schöpferisch zu entwickeln und sie durch neue Schlußfolgerungen zu bereichern, die sich aus der Verallgemeinerung der neuen Erfahrungen der historischen Entwicklung ergeben. Diesen Charakter hat zum Beispiel die Ablehnung der tiefbegründeten Schlußfolgerung, daß in der modernen Epoche die Möglichkeit besteht, Kriege zu verhindern. Diese Schlußfolgerung ergibt sich aus der nüchternen und allseitigen Berücksichtigung der grundlegenden Veränderungen im Wechselverhältnis nicht nur der ökonomischen, sondern auch der politischen und moralischen Kräfte zwischen dem Lager des Imperialismus und dem Lager des Antiimperialismus, dem Lager des Krieges und dem Lager des Friedens.

Engels weist darauf hin, daß die Entwicklung der verschiedensten Sphären des gesellschaftlichen Lebens, der Politik, des Rechts, der Philosophie, der Religion, der Literatur, der Kunst usw. auf der ökonomischen Entwicklung beruht, daß alle diese Sphären jedoch auch aufeinander und auf die ökonomische Basis reagieren. „Es ist nicht, daß die ökonomische Lage *Ursache, allein aktiv* ist und alles andere nur

[56] Engels an Mehring, Brief v. 14. 7. 1893, in: MEW, Bd. 39, S. 98
[57] Engels an Schmidt, Brief v. 27. 10. 1890, in: MEW, Bd. 37, S. 490
[58] Ebenda, S. 493

passive Wirkung. Sondern es ist Wechselwirkung auf Grundlage der *in letzter Instanz* stets sich durchsetzenden ökonomischen Notwendigkeit."[59]

Daraus ergibt sich, daß es in der Geschichte keine automatische Wirkung der ökonomischen Lage gibt, wie sich das dieser oder jener bequemerweise vorstellt. Die Menschen machen ihre Geschichte selbst, aber in einem bestimmten Milieu, auf der Grundlage vorgefundener tatsächlicher Verhältnisse, unter denen die ökonomischen, so sehr sie auch von den übrigen politischen und ideologischen beeinflußt werden mögen, doch in letzter Instanz die entscheidenden sind und den roten Faden bilden, der sich durch die gesamte Entwicklung hindurchzieht und allein zu ihrem Verständnis führt.

Bei ihren Angriffen auf die materialistische Geschichtsauffassung versuchen die Feinde des Marxismus mitunter, sich an Engels' Äußerungen über die Wechselwirkung zwischen ökonomischer Basis und politischem sowie ideologischem Überbau zu klammern. Diesen Feldzug gegen die Grundlagen des Marxismus hat Bernstein eröffnet. Bezeichnend ist, daß der bürgerliche Ökonom Karl Diehl offen erklärt, daß Bernsteins Ansinnen, Engels zu seinen Gesinnungsgenossen zu rechnen, jeglicher Grundlage entbehrt. Diehl schrieb: „Wenn Bernstein öfters auf gedruckte und briefliche Äußerungen von Engels hinweist, wo dieser auch das starre Prinzip der materialistischen Geschichtsauffassung dadurch gemildert hätte, daß er auf die Wichtigkeit ideologischer und politischer Faktoren neben den ökonomischen Potenzen hingewiesen hätte, und daraus den Schluß zieht: was Engels recht ist, ist mir billig; es müsse auch ihm gestattet sein, gewisse Einseitigkeiten und Übertreibungen Marx' auf ihr richtiges Maß zurückzuführen, so ist doch ein großer Unterschied zwischen beiden vorhanden. Wenn Engels an den betreffenden Stellen solche Einschränkungen vornimmt, so geschieht dies in Zurückweisung übereifriger Marxkritiker, die in ihrem Widerspruch zur materialistischen Geschichtstheorie gelegentlich so weit gingen, zu behaupten, Marx habe die Bedeutung idealer Faktoren überhaupt verkannt: da galt es, die sekundäre Mitwirkung derselben hervorzuheben, ohne aber die ‚in letzter Instanz' entscheidende Bedeutung der ökonomischen Faktoren zu leugnen. Bernstein geht bedeutend weiter: seine Ausführungen sind so stark ideologisch, daß

[59] Engels an Borgius, Brief vom 25. 1. 1894, in: MEW, Bd. 39, S. 206

sie in der Tat auf eine völlige Preisgabe der Marxschen Grundprinzipien hinauslaufen."[60]

Unter den ökonomischen Verhältnissen, die die bestimmende Basis der Geschichte der Gesellschaft sind, versteht der Marxismus nach Engels „die Art und Weise, worin die Menschen einer bestimmten Gesellschaft ihren Lebensunterhalt produzieren und die Produkte unter einander austauschen (soweit Teilung der Arbeit besteht)"[61]. In den Begriff der ökonomischen Verhältnisse schloß Engels auch das geographische Milieu ein, in dem sich diese Verhältnisse entwickeln. Zugleich lehnte er entschieden die sogenannte geographische Geschichtsdeutung und die mit ihr verbundenen Vorstellungen vom Charakter der ökonomischen Entwicklung der Gesellschaft ab. Engels deckte den Kardinalfehler der Versuche auf, die Gesetze der Natur auf das Gebiet der gesellschaftlichen Erscheinungen zu übertragen, und schrieb, die naturalistische Geschichtsauffassung der Naturforscher, daß nur die Natur auf den Menschen einwirke und die natürlichen Bedingungen überall dessen historische Entwicklung bestimmten, ist einseitig, weil sie vergißt, daß der Mensch auch auf die Natur einwirkt, sie verändert und sich neue Existenzbedingungen schafft.

„Von der ‚Natur' Deutschlands", erläutert Engels seinen Gedanken, „zur Zeit, als die Germanen einwanderten, ist verdammt wenig übrig. Erdoberfläche, Klima, Vegetation, Fauna, die Menschen selbst haben sich unendlich verändert und alles durch menschliche Tätigkeit, während die Veränderungen, die ohne menschliches Zutun in dieser Zeit in der Natur Deutschlands, unberechenbar klein sind."[62]

Die naturalistische Geschichtsauffassung findet ihren Ausdruck in den apologetischen Versuchen, die politische Ökonomie unter dem Gesichtswinkel des „Kampfes ums Dasein" aufzubauen. Eben mit dem „Kampf ums Dasein" versuchten und versuchen bis heute viele Verteidiger der Bourgeoisie die kapitalistische Ausbeuterordnung zu rechtfertigen. Diese Richtung nennt sich „Sozialdarwinismus". Seine Vertreter klammern sich an den auffälligsten Fehler Darwins, der in die Evolutionstheorie die erzreaktionären Ideen des Malthusianismus übertrug, einer Theorie, die die Aufgabe hat, die ungeheuerlichen Gebrechen der kapi-

[60] Diehl, K., Über Sozialismus, Kommunismus und Anarchismus, Jena 1922, S. 315f.
[61] Engels an Borgius, Brief v. 25. 1. 1894, in: MEW, Bd. 39, S. 205
[62] Engels, F., Dialektik der Natur, in: MEW, Bd. 20, S. 498f.

talistischen Ordnung zu rechtfertigen. Das Lobpreisen tierischer Formen der menschlichen Verhältnisse ist die am meisten antisoziale Richtung in der Gesellschaftswissenschaft.

Engels zeigte, daß die berüchtigte Theorie vom „Kampf ums Dasein" in der Gesellschaftswissenschaft überhaupt und insbesondere in der politischen Ökonomie unhaltbar ist, und lenkt die Aufmerksamkeit vor allem darauf, daß vor Darwin seine späteren Anhänger gerade das harmonische Zusammenwirken in der organischen Natur hervorgehoben hatten. Aber sobald Darwins Lehre anerkannt war, sahen dieselben Leute überall nur Kampf. „Beide Auffassungen innerhalb enger Grenzen berechtigt", schrieb Engels, „aber beide gleich einseitig und borniert."[63]

Die ganze Darwinsche Lehre vom Kampf ums Dasein ist einfach die Übertragung der Hobbesschen Lehre vom Kampf aller gegen alle und der bürgerlichen ökonomischen Lehre von der Konkurrenz sowie der Malthusschen Bevölkerungstheorie aus der Gesellschaft in die belebte Natur. Nachdem dies Kunststück fertiggebracht war, übertrugen die Anhänger des „Sozialdarwinismus" diese Lehren aus der Naturgeschichte wieder in die Geschichte der Gesellschaft zurück und erklärten ihre Behauptungen zu ewigen Naturgesetzen der Gesellschaft.

Selbst wenn man die Frage beiseite läßt, ob die Theorie des Kampfes ums Dasein für die organische Natur gerechtfertigt ist, muß man anerkennen, daß es unmöglich ist, Lebensgesetze der Tiere auf die menschliche Gesellschaft zu übertragen. Das Tier, bemerkt Engels, bringt es höchstens zum Sammeln, der Mensch dagegen produziert, er stellt Dinge her, die die Natur ohne ihn nicht produziert hätte. Die Produktion hat bald zur Folge, daß der sogenannte Kampf ums Dasein sich nicht mehr nur um reine Existenzmittel dreht, er erstreckt sich auch auf die Entwicklungsmittel, das heißt auf die Produktionsmittel. Schon deshalb sind hier Kategorien aus dem Tierreich total unanwendbar.

Endlich, so schließt Engels, erreicht unter der kapitalistischen Produktionsweise die Produktion eine solche Höhe, daß die Gesellschaft die produzierten Lebens- und Entwicklungsmittel nicht mehr verzehren kann, weil der großen Masse der Produzenten der Zugang zu diesen Mitteln künstlich und gewaltsam versperrt wird, und die periodisch eintretenden Krisen das Gleichgewicht durch Vernichtung nicht

[63] Ebenda, S. 564f.

nur der erzeugten Produkte, sondern auch eines großen Teils der Produktivkräfte selbst, wiederherstellen.

Daraus folgt, „daß der sog. Kampf ums Dasein also *die* Form annimmt: die von der bürgerlichen kapitalistischen Gesellschaft produzierten Produkte und Produktivkräfte gegen die vernichtende, zerstörende Wirkung dieser kapitalistischen Gesellschaftsordnung selbst *zu schützen*, indem die Leitung der gesellschaftlichen Produktion und Verteilung der dazu unfähig gewordenen herrschenden Kapitalistenklasse abgenommen und der produzierenden Masse übertragen wird — und das ist die sozialistische Revolution."[64]

Der Naturalismus, der den historischen Prozeß ignoriert und ausschließt, tritt im Bereich der politischen Ökonomie in sehr verschiedengestaltigen Formen auf. Dazu gehören zum Beispiel die berüchtigte „Theorie der energetischen Bilanz" und „energetische" Deutungen jeglicher Art auf dem Gebiet der Werttheorie. Lenin wies darauf hin, daß nichts leichter ist, als ein „energetisches" oder „biologisch-energetisches" Etikett auf solche Erscheinungen wie Krisen, Revolutionen, Klassenkampf usw. zu kleben, „aber nichts ist auch in stärkerem Maße unfruchtbar, scholastisch, tot als diese Betätigung."[65]

Engels zeigte, daß die „energetische" Deutung der ökonomischen Kategorien unhaltbar ist. Er bemerkt, daß es ungerechtfertigt ist, die Kategorie „Arbeit" aus der politischen Ökonomie in die Naturwissenschaft zu übertragen, und schreibt dann: „Man scheint stellenweise sogar nicht übel Lust zu haben, die thermodynamische Kategorie Arbeit, wie bei den Darwinisten den Kampf ums Dasein, auch in die Ökonomie zurückzuimportieren, wobei nichts als Unsinn herauskommen würde."[66] Man probiere doch, setzt Engels seinen Gedanken fort, irgendwelche qualifizierte Arbeit in Kilogramm-Meter auszudrücken und versuche auf dieser Grundlage den Arbeitslohn zu bestimmen!

Engels stellt die marxistische Weltanschauung, der naturalistischen Auffassung der Geschichte entgegen und schreibt: „Schon die Auffassung der Geschichte als einer Reihe von Klassenkämpfen viel inhaltsvoller und tiefer als die bloße Reduktion auf schwach verschiedne Phasen des Kampfes ums Daseins."[67]

[64] Ebenda, S. 565f.

[65] Lenin, W. I., Materialismus und Empiriokritizismus, in: Werke, Bd. 14, Berlin 1962, S. 332

[66] Engels, F., Dialektik der Natur, in: MEW, Bd. 20, S. 567

[67] Ebenda, S. 566

Der konsequente Kampf Engels' gegen die Vulgarisierung und Verflachung der materialistischen Geschichtsauffassung festigte die Positionen des Marxismus, indem er dessen Gegner entwaffnete, die sich an jede vulgarisierende Deutung der Ideen des wissenschaftlichen Kommunismus klammerten, um dann mit der fälligen „Widerlegung" der revolutionären Theorie der Arbeiterklasse aufzuwarten. Indem sie den Marxismus als „ökonomischen Materialismus" karikierten, konnten die Feinde des Marxismus natürlich ohne besondere Mühe mit ihm fertig werden. Engels' Ausarbeitung der Probleme der materialistischen Geschichtsauffassung versetzte den Kritikern des Marxismus vernichtende Schläge. Engels deckte den wirklichen, aktiven Inhalt der materialistischen Weltanschauung auf und zeigte, daß der historische Determinismus nichts mit Fatalismus gemein hat. Dadurch entzog er den Antimarxisten den Boden unter den Füßen .

Die Gegner des Marxismus stellten den Marxismus jedoch auch nach Engels' Erläuterungen als fatalistische Lehre dar, womit sie ihre Ohnmacht und ihren Bankrott demonstrierten. Bald nach dem Tode von Engels erschien das dickbauchige Werk „Wirtschaft und Recht nach der materialistischen Geschichtsauffassung" des Neukantianers Rudolf Stammler, das bis heute die Hauptquelle für die Argumente der Kritiker des Marxismus sowohl aus dem Lager der reaktionären offen bürgerlichen Ideologie als auch aus dem Lager des Revisionismus ist. Das Hauptargument Stammlers lautete: „Wenn wissenschaftlich eingesehen wird, daß ein gewisses Ereignis in ganz bestimmter Art in seinem Eintreten notwendig ist, so ist es sinnlos, *gerade diese bestimmte Art* dieses gewissen Ereignisse auch noch zu wollen oder begünstigen zu wollen. Man kann nicht eine Partei gründen, welche das Kommen und den Eintritt einer exakt berechneten Mondfinsternis ‚zielbewußt begünstigen' will."[68]

Die völlige Unhaltbarkeit dieses Arguments ist schon damals, Ende des vergangenen Jahrhunderts, in der marxistischen Literatur bewiesen worden. G. W. Plechanow bemerkte, daß in solchen Erwägungen mit erstaunlicher Klarheit der Dualismus zutage tritt, der den Anhängern Kants eigen ist, bei denen das Denken stets vom Sein losgelöst ist. Als Plechanow die Fehlerhaftigkeit der Positionen der neukantianischen Kritiker des Marxismus erläuterte, schrieb er, daß die

[68] Stammler, R., Wirtschaft und Recht nach der materialistischen Geschichtsauffassung, Leipzig 1914, S. 418

Naturerscheinungen, zum Beispiel Mondfinsternis oder Sonnenaufgang weder als Ursache noch als Folge mit den gesellschaftlichen Verhältnissen der Menschen verbunden sind. Deshalb kann man diese Naturerscheinungen den bewußten Strebungen der Menschen gegenüberstellen. Mit den gesellschaftlichen Erscheinungen aber verhält es sich ganz anders. Da die Geschichte von Menschen gemacht wird, muß das menschliche Streben ein Faktor der historischen Bewegung sein. Aber die Geschichte wird von den Menschen so und nicht anders gemacht infolge einer bestimmten Notwendigkeit. Die Bestrebungen der Menschen schließen die Notwendigkeit nicht aus, sondern werden selbst durch diese Notwendigkeit bestimmt. Deshalb ist es ein grober logischer Fehler, die Bestrebungen und die Tätigkeit der Menschen der historischen Notwendigkeit gegenüberzustellen.

„Wenn eine bestimmte Klasse", schrieb Plechanow, „im Streben nach ihrer Befreiung eine gesellschaftliche Umwälzung durchführt, so handelt sie dabei mehr oder weniger zielbewußt, und jedenfalls erscheint ihr Handeln als *Ursache* dieser Umwälzung. Allein dieses Handeln samt all den Bestrebungen, durch die es hervorgerufen wurde, ist selbst *Folge* eines bestimmten Verlaufs der ökonomischen Entwicklung und wird daher selbst durch die *Notwendigkeit* bestimmt."[69]

Jene Argumentation, die in der marxistischen Literatur längst überzeugend kritisiert worden ist, kommt in der antikommunistischen Ideologie bis heute vor. Dies ist noch ein Zeugnis für die geistige Ohnmacht des Antimarxismus.

3. Das Prinzip des Historismus in der politischen Ökonomie

Der Marxismus hat erstmals die politische Ökonomie auf feste wissenschaftliche Grundlagen gestellt, indem er sie in eine historische Wissenschaft verwandelte. Engels hat das Prinzip des Historismus in der politischen Ökonomie allseitig begründet und ausgearbeitet.

Die Vorgänger des Marxismus in der ökonomischen Wissenschaft suchten vergebens nach natürlichen, unveränderlichen und ewigen Gesetzen aller Gesellschaft überhaupt. Die Begründer des Marxismus setzten diesen Vorstellungen ein prinzipiell anderes Herangehen an das ökonomische Leben der Gesellschaft entgegen. Der Marxismus lehrt,

[69] Plechanow, G. W., Grundprobleme des Marxismus, Berlin 1958, S. 104

in den ökonomischen Kategorien nichts anderes zu sehen als den theoretischen Ausdruck der gesellschaftlichen Verhältnisse in der Produktion. Diese Verhältnisse tragen wie die Kategorien, die sie ausdrücken, historisch vergänglichen Charakter. So wies Engels anläßlich der unhistorischen Definition des Werts, die ein Ökonom gab, darauf hin, es sei nötig, diese Bestimmung historisch zu „begrenzen durch ausdrückliche Beschränkung auf die ökonomische Phase, worin bisher allein vom Wert die Rede war und sein konnte – auf die Gesellschaftsformen, bei denen *Waren*austausch resp. Warenproduktion besteht; der ursprüngliche Kommunismus kannte keinen Wert."[70]

In einem Brief wies Engels darauf hin, daß für die Marxisten die ökonomischen Gesetze keine ewigen Naturgesetze sind, sondern historische, entstehende und verschwindende Gesetze. Deshalb ist der „Kodex" der bürgerlichen politischen Ökonomie, soweit er objektiv richtig aufgestellt ist, nur die Zusammenfassung der Gesetze und Bedingungen, unter denen die moderne bürgerliche Gesellschaft allein bestehen kann. Deshalb ist keins dieser Gesetze, soweit es rein bürgerliche Verhältnisse ausdrückt, älter als die bürgerliche Gesellschaft. Die Gesetze, „die mehr oder weniger für alle bisherige Geschichte Gültigkeit hatten, drücken eben nur solche Verhältnisse aus, die allen auf Klassenherrschaft und Klassenausbeutung beruhenden Gesellschaftszuständen gemeinsam sind."[71]

In Engels' bekannter Bemerkung, daß die politische Ökonomie nicht dieselbe sein kann für alle Länder und für alle geschichtlichen Epochen[72], ist nicht nur das Prinzip des Historismus in der ökonomischen Wissenschaft ausgedrückt, die die verschiedenen Produktionsweisen untersucht, die einander im Verlaufe der Geschichte der menschlichen Gesellschaft ablösen, diese Bemerkung enthält noch einen zusätzlichen Gedanken, der unter den heutigen Bedingungen besondere Aufmerksamkeit verdient. In ihr ist die Idee vom spezifischen Charakter historischer Epochen enthalten, die für die ökonomische Wissenschaft besonders wichtig ist. Der Marxismus lehrt, daß die ökonomischen Gesetze, die für eine bestimmte Produktionsweise gelten, in allen Ländern

[70] Engels an Sombart, Brief v. 11. 3. 1895, in: MEW, Bd. 39, S. 427

[71] Engels an Lange, Brief v. 29, 3. 1865, in: MEW, Bd. 31, Berlin 1965, S. 466

[72] Vgl. Engels, F., Herrn Eugen Dührings Umwälzung der Wissenschaft, in: MEW, Bd. 20, S. 136

und in allen Perioden wirken, in denen die betreffende Produktionsweise herrscht. Zugleich sind auch die Gesetze selbst nichts Erstarrtes und Unvergängliches, ein für allemal Festgesetztes und sich selbst Gleiches. Im Charakter der ökonomischen Gesetze selbst liegen Möglichkeit und Notwendigkeit ihrer Modifikation in Abhängigkeit von den vielfältigen Bedingungen, die von Land zu Land und von Epoche zu Epoche wechseln. Die Modifikation verändert das Wesen der Gesetze nicht, aber sie bedingt bestimmte Besonderheiten in ihren Erscheinungsformen.

Die marxistische politische Ökonomie erklärt diese Besonderheiten, denn sie studiert nicht nur das, was allen Ländern mit einer bestimmten ökonomischen Struktur auf allen Etappen ihrer Entwicklung gemeinsam ist, sondern hebt auch das hervor, was ein Land vom anderen und eine Entwicklungsetappe der betreffenden ökonomischen Formation von der anderen unterscheidet. Damit klärt die politische Ökonomie die Besonderheiten jeder historischen Epoche, die nach Lenins bekannter Charakteristik deshalb Epoche heißt, weil sie eine Summe verschiedenartiger Erscheinungen umfaßt, sowohl typische als auch nicht typische, solche, die fortgeschrittenen, und andere, die rückständigen Ländern eigen sind.[73]

Daraus folgt, daß es berechtigt ist, die Frage nach der politischen Ökonomie dieser oder jener Epoche zu stellen, die den Zweig der ökonomischen Wissenschaft ausmacht, in dem – ausgehend von den Grundthesen der ökonomischen Theorie – die spezifischen Probleme der betreffenden Epoche analysiert werden.

Die moderne Epoche hat hinsichtlich ihrer Kompliziertheit, ihrer Eigenart, der Bedeutsamkeit der welthistorischen Prozesse, die in ihr stattfinden, in der vielhundertjährigen Vergangenheit der Menschheit nicht ihresgleichen. Die politische Ökonomie der modernen Epoche, die die Prozesse untersucht, die im kapitalistischen Teil der Welt und auch in der Ökonomik der sog. „dritten Welt" stattfinden, muß unbedingt den gewaltigen Einfluß berücksichtigen, den der revolutionäre Weltprozeß auf die Ökonomik des Kapitalismus und die in ihr wirkenden Gesetze hat.

Die Prozesse, die im gegenwärtigen Kapitalismus ablaufen, zeichnen sich durch große Kompliziertheit und Widersprüchlichkeit aus. Sie

[73] Vgl. Lenin, W. I., Über eine Karikatur auf den Marxismus und über den „imperialistischen Ökonomismus", in: Werke, Bd. 23, Berlin 1957, S. 28

entfalten sich unter dem gewaltigen Einfluß des revolutionären Weltprozesses in unserer Epoche, in erster Linie solcher Hauptfaktoren wie das Wachstum und die Stärkung des sozialistischen Weltsystems, der Zerfall des Kolonialsystems im Ergebnis des nationalen Befreiungskampfes der vom Imperialismus versklavten Völker und die Entfaltung des Klassenkampfes des Proletariats in den entwickelten kapitalistischen Ländern.

Nur die marxistisch-leninistische ökonomische Theorie löst die Aufgaben der politischen Ökonomie in der Gegenwart erfolgreich. Was die bürgerliche politische Ökonomie betrifft, so zeigt sich ihr Bankrott angesichts der neuen Probleme, die die moderne Epoche stellt, ganz besonders anschaulich. Und dies ist völlig gesetzmäßig, es ist das natürliche Resultat des gesamten Entwicklungsgangs der ökonomischen Wissenschaft.

Die Ökonomen der klassischen bürgerlichen Schule nahmen die kapitalistische Ordnung als gegeben hin und stellten nicht einmal die Frage, auf welche Weise sie entstanden ist. Hierin zeigte sich ihre klassenbedingte Beschränktheit am klarsten. Sie untersuchten, unter welchen Bedingungen die Menschen Waren produzieren, aber sie dachten nicht darüber nach, wie diese Bedingungen selbst entstanden sind. Für die Vertreter der klassischen bürgerlichen politischen Ökonomie und um so mehr für die vulgären Epigonen dieser Schule waren die ökonomischen Kategorien etwas Ewiges, Unveränderliches, weil sie die Kategorien des Kapitalismus als Verkörperung ewiger Ideen, d. h. weil sie diese in idealistischer Manier betrachteten. Wie Engels bemerkt, untersuchten sie „höchstens das Größenverhältnis, worin das Arbeitsprodukt verteilt wird zwischen dem Arbeiter und dem Besitzer der Produktionsmittel"[74].

In der politischen Ökonomie drückt sich der Historismus darin aus, daß die ökonomische Forschung den historischen Entwicklungsgang in theoretisch verallgemeinerter Form, von Zufälligkeiten und unwesentlichen Momenten gereinigt, reproduziert. Die theoretischen Schlußfolgerungen der marxistisch-leninistischen politischen Ökonomie beruhen auf der Verallgemeinerung eines gigantischen Tatsachenmaterials. Hierin besteht die Grundlage ihrer Richtigkeit, ihres praktischen Werts, ihrer Bedeutung für den revolutionären Kampf der Arbeiterklasse um den Sozialismus.

[74] Engels, F., Vorwort zu „Das Kapital", Zweiter Band, in: MEW, Bd. 24, Berlin 1963, S. 23

Das Problem des Wechselverhältnisses zwischen der historischen und der logischen Entwicklung der Kategorien der politischen Ökonomie behandelt Engels in der Rezension über Marx' Schrift„ Zur Kritik der Politischen Ökonomie"[75]. Auch in anderen Arbeiten kam Engels auf diese Frage zurück. Er unterstreicht, daß Marx im „Kapital" nicht nur rein ökonomische Untersuchungen vorlegte, sondern daß diese Untersuchungen wesentlich historischen Charakters sind. „Sie weisen den Gang der gesellschaftlichen Entwicklung nach, von der feudalen Produktionsweise des Mittelalters bis auf die heutige entwikkelte kapitalistische, den Untergang früherer Klassen und Klassengegensätze und die Bildung neuer Klassen mit neuen Interessengegensätzen . . ."[76]

Engels erläuterte den grundlegenden Gegensatz zwischen der materialistischen Dialektik von Marx und der idealistischen Dialektik Hegels und zog dabei eine Parallele zwischen der Entwicklung von der Ware zum Kapital bei Marx mit der vom Sein zum Wesen bei Hegel: auf der einen Seite die konkrete Entwicklung, wie sie sich aus den Tatsachen ergibt, auf der anderen Seite die abstrakte Konstruktion, worin geniale Gedanken und stellenweise sehr richtige Umschläge, wie zum Beispiel der der Qualität in Quantität und umgekehrt, zu einer scheinbaren Selbstentwicklung eines Begriffs aus einem anderen verarbeitet werden, Übergänge, fügte Engels hinzu, „deren man auch ein Dutzend andrer hätte fabrizieren können"[77].

Im Vorwort zum dritten Band des „Kapitals" erklärte Engels, warum Marx seine Untersuchung mit der Ware beginnt, dieser, wie Marx sagte, ökonomischen Zellenform der bürgerlichen Gesellschaft. Wo die Dinge und ihre gegenseitigen Beziehungen nicht als fixe, sondern als veränderliche aufgefaßt werden, können auch ihre Gedankenbilder, die Begriffe, nicht in starre Definitionen eingekapselt, sondern müssen in ihrem historischen bzw. logischen Bildungsprozeß entwickelt werden. Danach ist klar, warum Marx am Anfang seiner Untersuchung von der einfachen Warenproduktion ausgeht, die ihm als historische Voraussetzung gilt, um dann weiterhin von dieser Basis aus zum Kapital zu kommen. Marx beginnt also eben mit der einfachen

[75] Vgl. Engels, F., Karl Marx, „Zur Kritik der Politischen Ökonomie", in: MEW, Bd. 13, S. 474f.
[76] Juristen – Sozialismus, in: MEW, Bd. 21, S. 495
[77] Engels an Schmidt, Brief v. 1. 11. 1891, in: MEW, Bd. 38, S. 204

Ware und nicht mit einer logisch und historisch sekundären Form, nicht mit der schon kapitalistisch modifizierten Ware.[78]

Engels bestimmte den grundlegenden Unterschied zwischen den Abstraktionen, die die materialistische Dialektik anwendet, und den leeren idealistischen Spekulationen außerordentlich plastisch. Er tat dies, indem er die Abstraktionen von Marx mit denen von Rodbertus verglich. Marx, so schreibt Engels, „faßt den in den Dingen und Verhältnissen vorliegenden gemeinsamen Inhalt auf ihren allgemeinsten Gedankenausdruck zusammen, seine Abstraktion gibt also nur in Gedankenform den schon in den Dingen liegenden Inhalt wieder.

Rodbertus dagegen macht sich einen solchen mehr oder weniger unvollkommenen Gedankenausdruck und mißt die Dinge an diesem Begriff, nach dem sie sich richten sollen. Er sucht den wahren, *ewigen* Inhalt der Dinge und der gesellschaftlichen Verhältnisse, deren Inhalt aber wesentlich ein vergänglicher ist".[79] In dieser Weise verfahren auch die heutigen Koryphäen der bürgerlichen politischen Ökonomie. Diesen Charakter hat zum Beispiel die „Theorie der monopolistischen Konkurrenz", die der amerikanische Ökonom E. Chamberlin aufgestellt hat und die in einer Reihe von Ländern bei den Vertretern der offiziellen ökonomischen Wissenschaft in Mode gekommen ist. Denselben Weg der Konstruktion leerer, vom Leben losgelöster Abstraktionen gehen auch die reformistischen „Widerleger" des Marxismus. Das unhistorische, überhistorische Herangehen an die Erscheinungen des ökonomischen Lebens der Gesellschaft verurteilt die bürgerlichen und reformistischen Theoretiker zu völliger Unfruchtbarkeit.

Die Gegner des Marxismus, die sich bisweilen den Anschein geben, seine Anhänger zu sein, versuchen, das Wechselverhältnis zwischen der historischen Entwicklung der Wirklichkeit und der logischen Entwicklung der Kategorien in der ökonomischen Lehre des Marxismus idealistisch zu entstellen. Einen Versuch dieser Art unternahm Sombart nach dem Erscheinen des dritten Bandes des „Kapitals". Engels bemerkte in einem Brief an ihn, daß der Wertbegriff mehr Realität besitzt oder besaß, als Sombart ihm zuschrieb. Zur Begründung dieser These bemerkte Engels: „Im Anfang des Austauschs, als die Produkte sich allmählich in Waren verwandelten, wurde aus-

[78] Vgl. Engels, F., Vorwort zu „Das Kapital", Dritter Band, in: MEW, Bd. 25, Berlin 1964, S. 20

[79] Engels an Kautsky, Brief v. 20. 9. 1884, in: MEW, Bd. 36, S. 209

getauscht annähernd *im Verhältnis der Werte.* Die auf zwei Gegenstände verwandte Arbeit war eben das einzige Kriterium ihrer quantitativen Vergleichung. Damals also hatte der Wert eine *unmittelbare reale Existenz.*"[80] Engels vermerkt, daß im Kapitalismus diese unmittelbare Verwirklichung des Werts im Austausch aufhört, und sagt, daß es nicht schwierig ist, die Mittelglieder, im ganzen und großen wenigstens, aufzuweisen, die von jenem unmittelbar realen Wert zu dem Wert der kapitalistischen Produktionsform führen, der so gründlich verborgen ist, daß die bürgerlichen Ökonomen seine Existenz ruhig leugnen können. Und Engels betont, wie wichtig es ist, eine wirklich historische Darlegung dieses Prozesses zu geben.

Um diese Aufgabe zu lösen, schrieb Engels kurz vor seinem Tode den Aufsatz „Wertgesetz und Profitrate" als Ergänzung zum dritten Band des „Kapitals". In diesem Aufsatz betont Engels, daß das Wertgesetz für die kapitalistische Produktion eine weit größere und bestimmtere Bedeutung hat als die einer bloßen Hypothese, geschweige einer wenn auch notwendigen Fiktion. Die Kritiker, die nach dem Erscheinen des dritten Bandes des „Kapitals" das Wertgesetz zu einer Hypothese oder sogar zu einer Fiktion erklärten, und zwar deshalb, weil im Kapitalismus das Gesetz der allgemeinen oder Durchschnittsprofitrate wirkt, übersahen, daß es sich bei der Analyse der Verwandlung des Werts in den Produktionspreis nicht nur um einen rein logischen Prozeß handelt, sondern um einen historischen Prozeß und dessen erklärende Rückspieglung im Gedanken, die logische Verfolgung seiner inneren Zusammenhänge.[81]

In diesem Zusammenhang lenkt Engels die Aufmerksamkeit auf die in dieser Hinsicht entscheidende Stelle im dritten Band des „Kapitals", wo Marx betont, die ganze Schwierigkeit komme daher, daß die Waren nicht einfach als Waren ausgetauscht werden, sondern als Produkte von Kapitalen, die im Verhältnis zu ihrer Größe Teilnahme an der Gesamtmasse des Mehrwerts beanspruchen. Engels führt Marx' kurze Erklärung an, daß der Wert nicht nur theoretisch, sondern auch historisch dem Produktionspreis vorausgeht, und bemerkt dann, daß Marx, wäre er dazu gekommen, den dritten Band des „Kapitals" nochmals durchzuarbeiten, diese Stelle ohne Zweifel bedeutend weiter ausgeführt hätte, da sie nur den skizzierten Umriß von dem gibt, was über

[80] Engels an Sombart, Brief v. 11. 3. 1895, in: MEW, Bd. 39, S. 428f.

[81] Vgl. Engels, F., Ergänzung und Nachtrag zum III. Buche des „Kapital", in: MEW, Bd. 25, S. 905

den Fragepunkt zu sagen ist. Engels analysiert dann eingehend den historischen Prozeß, in dem sich mit dem Übergang von der einfachen Warenproduktion zur kapitalistischen Produktion der Wert in den Produktionspreis verwandelt.[82]

Das Prinzip des Historismus in der politischen Ökonomie gab die Möglichkeit, das wirkliche Verhältnis zwischen den verschiedenen Seiten des ökonomischen Lebens zu erklären. Zu den beliebten Einwänden der bürgerlichen und kleinbürgerlichen Kritiker der ökonomischen Theorie des Marxismus gehört die Behauptung, daß diese Theorie, indem sie die Produktion untersucht, angeblich die anderen Sphären des wirtschaftlichen Lebens der Gesellschaft außer acht läßt: die Verteilung, den Austausch (die Zirkulation), die Konsumtion. Gewöhnlich wird noch hinzugefügt, die Produktion hinge von Naturgesetzen ab, während die Verteilung vom Willen der Menschen abhängig sei.

Marx und Engels wiesen nach, daß diese Ansicht völlig unhaltbar ist. In Wirklichkeit sind Produktion, Verteilung, Austausch und Konsumtion Teile eines Ganzen, Unterschiede innerhalb einer Einheit. Engels analysierte die relative Selbständigkeit der einzelnen Seiten des gesellschaftlichen Produktionsprozesses insgesamt und bezog sich dabei auf die Teilung der Arbeit in gesellschaftlichem Maßstab. Die Tatsache, daß sich dadurch die Teilarbeiten gegeneinander verselbständigen, ändert nichts daran, daß die Produktion das in letzter Instanz Entscheidende ist. „Sowie aber der Handel mit den Produkten sich gegenüber der eigentlichen Produktion verselbständigt, folgt er einer eignen Bewegung, die zwar im ganzen und großen von der der Produktion beherrscht wird, aber, im einzelnen und innerhalb dieser allgemeinen Abhängigkeit, doch wieder eignen Gesetzen folgt, die in der Natur dieses neuen Faktors liegen ..."[83] So ist es auch mit dem Geldmarkt, fügt Engels hinzu.

Die Begründer des Marxismus, die die politische Ökonomie auf eine historische Basis stellten, arbeiteten zugleich eine neue Terminologie aus, sie schufen erstmals wirklich wissenschaftliche Termini der politischen Ökonomie. Im Vorwort zur englischen Ausgabe des ersten Bandes des „Kapitals" berührt Engels diese Frage und bemerkt, daß jede neue Auffassung einer Wissenschaft eine Revolution in den Fach-

[82] Vgl. ebenda, S. 906ff.

[83] Engels an Schmidt, Brief v. 27. 10. 1890, in: MEW, Bd. 37, S. 489

ausdrücken dieser Wissenschaft einschließt. Daher ist es selbstverständlich, „daß eine Theorie, die die moderne kapitalistische Produktion als eine bloße Entwicklungsstufe der ökonomischen Geschichte der Menschheit ansieht, andre Ausdrücke gebrauchen muß als die jenen Schriftstellern gewohnten, welche diese Produktionsweise als unvergänglich und endgültig ansehen.“[84]

Es ging aber nicht nur um eine neue Terminologie. Wie Engels nachweist, betrachtet der Marxismus die Dinge und ihre Wechselverhältnisse nicht als fixe, sondern als veränderliche. Deshalb sind ihre Gedankenabbilder, die Begriffe, ebenfalls der Veränderung und Umbildung unterworfen, man kann sie nicht in starre Definitionen pressen. Mißverständnisse aller Art ergeben sich aus der Vorstellung, daß Marx da definieren will, wo er in Wirklichkeit entwickelt, aus dem Nichtbegreifenkönnen, daß man bei Marx überhaupt nicht nach fix und fertigen, ein für allemal gültigen Definitionen suchen dürfe.[85]

Definitionen, schreibt Engels, sind immer unzulänglich. Die einzig reelle Definition ist die Entwicklung der Sache selbst, und dies ist schon keine Definition mehr. Engels erklärt dies am Beispiel des Lebens. Um zu wissen und zu zeigen, was das Leben ist, müssen wir alle Formen des Lebens untersuchen und in ihrem Zusammenhang darstellen. Zugleich kann für den Handgebrauch „eine kurze Darlegung der allgemeinsten und zugleich bezeichnendsten Charaktere in einer sog. Definition oft nützlich und sogar notwendig sein und kann auch nicht schaden, wenn man von ihr nicht mehr verlangt, als sie eben aussprechen kann.“[86]

Die marxistisch-leninistische politische Ökonomie ist eine historische Wissenschaft. Ihr Historismus drückt sich vor allem darin aus, daß sie die aufeinanderfolgenden Stufen der ökonomischen Entwicklung der Gesellschaft, die ökonomischen Gesellschaftsformationen studiert, die einander im Laufe der Geschichte ablösten.

Der Historismus der marxistischen politischen Ökonomie äußert sich weiterhin darin, daß sie den historisch vergänglichen Charakter des Kapitalismus wie der vorangegangenen antagonistischen Gesellschaftsformen aufdeckt. Schließlich bedeutet Historismus, die brennendsten

[84] Engels, F., Vorwort zur englischen Ausgabe von „Das Kapital“, Erster Band, in: MEW, Bd. 23, S. 38

[85] Engels, F., Vorwort zu „Das Kapital“, Dritter Band, in: MEW, Bd. 25, S. 20

[86] Engels, F., Materialien zum Antidühring, in: MEW, Bd. 20, S. 578

Entwicklungsprobleme der Gesellschaft – nach Lenins bekannter Charakteristik – auf historischen Boden zu stellen, aber nicht nur im Sinne des bloßen Erklärens der Vergangenheit, sondern auch im Sinne der furchtlosen Voraussicht der Zukunft und der kühnen praktischen Tätigkeit, die auf die Verwirklichung dieser Zukunft gerichtet ist.

Aber darin erschöpft sich der Historismus der marxistisch-leninistischen politischen Ökonomie nicht. Das Prinzip des Historismus verpflichtet dazu, auf bestimmte Weise an das Studium einer bestimmten ökonomischen Gesellschaftsformation, an die Erklärung ihrer grundlegenden Charakterzüge, an die Untersuchung ihrer Besonderheiten und der sie kennzeichnenden Kategorie heranzugehen. Lenin wies darauf hin, daß im Marxschen „Kapital" die Geschichte des Kapitalismus und die Analyse der sie resümierenden Begriffe gegeben ist.[87] Die Gesetze und Kategorien der marxistisch-leninistischen politischen Ökonomie des Kapitalismus sind die Verallgemeinerung des historischen Entwicklungsganges des Kapitalismus von seinen ersten Anfängen bis zu den heutigen Formen der Monopole und des Finanzkapitals, bis zum heutigen System des staatsmonopolistischen Kapitalismus.

Das Prinzip des Historismus gilt voll und ganz auch für die politische Ökonomie des Sozialismus. Der Inhalt dieses wichtigsten Zweigs der marxistisch-leninistischen ökonomischen Theorie ist unzweifelhaft die Geschichte des Sozialismus und die Analyse der sie resümierenden Begriffe. Nur wenn man so an die Dinge herangeht, können die Aufgaben erfolgreich gelöst werden, die vor der politischen Ökonomie des Sozialismus stehen. Insbesondere ist es nur auf diese Weise möglich, ein allumfassendes und logisch geordnetes Schema für den Aufbau dieses Zweiges der politischen Ökonomie auszuarbeiten. Dies ist eine Aufgabe, die bis jetzt noch nicht vollständig gelöst ist.

Die politische Ökonomie des Sozialismus, die von der tiefgründigen Analyse der Produktionsverhältnisse des Kapitalismus und der diese Verhältnisse ausdrückenden ökonomischen Kategorien durch Marx und Engels ausgeht, deckt die neuen Gesetzmäßigkeiten auf, die der sozialistischen Produktionsweise eigen sind. Aus der marxistischen Analyse des Kapitalismus folgt, daß der Sozialismus, der das Privateigentum an

87 Vgl. Lenin, W. I., Philosophische Hefte, in: Werke, Bd. 38, Berlin 1964, S. 319

den Produktionsmitteln durch das gesellschaftliche Eigentum ablöst und die Ausbeutung des Menschen durch den Menschen liquidiert, einen neuen, höheren Typ der Organisation der gesellschaftlichen Produktion darstellt. Das Leben hat diese Schlußfolgerung voll und ganz bestätigt. Der Sozialismus verändert das Ziel der Produktion, die nun nicht mehr der Jagd der Kapitalisten nach Profit, sondern der Befriedigung der Bedürfnisse der Gesellschaft dient. Die Anarchie der Produktion wird durch ihre planmäßige Entwicklung ersetzt. Die Befreiung der Arbeit von den Fesseln der Ausbeutung setzt die gewaltige schöpferische Energie der Massen frei.

Die marxistisch-leninistische Theorie erforscht die objektiven ökonomischen Gesetze des Sozialismus, wobei sie zugleich die Wirkungsweise dieser Gesetze aufklärt. Nachdem die Gesellschaft diese Gesetze erkannt hat, wendet sie sie bei der Entwicklung der Produktivkräfte und bei der Vervollkommnung der Produktionsverhältnisse des Sozialismus bewußt an. Die Analyse der ökonomischen Gesetze des Sozialismus ist die Basis für die praktische Tätigkeit, die Praxis wiederum liefert das Material für neue Verallgemeinerungen, für das tiefere Eindringen in das Wesen der Entwicklungsgesetzmäßigkeiten der sozialistischen Ökonomik. Von dieser fruchtbaren Wechselwirkung zwischen Theorie und Praxis zeugen die Erfahrungen der Wirtschaftsreform in der Sowjetunion und analoger Reformen in anderen Ländern der sozialistischen Gemeinschaft. Diese Reformen werfen ein klares Licht auf die wesentlichsten Probleme der politischen Ökonomie des Sozialismus: auf das Prinzip des demokratischen Zentralismus im Wirtschaftsaufbau, auf die Grundlagen und Methoden der planmäßigen, proportionalen Entwicklung der Volkswirtschaft, auf die grundlegenden Besonderheiten der Warenproduktion und der Ware-Geld-Beziehungen im Sozialismus.

Der Historismus in der politischen Ökonomie bedeutet einen untrennbaren Zusammenhang der Theorie mit der Praxis. Die organische Einheit von Theorie und Praxis folgt aus dem Wesen der marxistischen Weltanschauung selbst, als der fortschrittlichsten und revolutionärsten Weltanschauung, die jemals existierte.

Im Vorwort zum dritten Band des „Kapitals" bemerkte Engels im Zusammenhang mit seinen praktischen Verpflichtungen, die die Veröffentlichung dieses Bandes aufhielten: es gibt „in unsrer bewegten Zeit auf dem Gebiet der öffentlichen Interessen bloße Theoretiker nur noch auf Seite der Reaktion, und eben deswegen sind diese Herren auch nicht einmal wirkliche Theoretiker, sondern simple Apologeten dieser Reaktion."[88]

Als allgemeinhistorische Wissenschaft schließt die politische Ökonomie in ihren Untersuchungsgegenstand auch ihre eigene Geschichte ein. Bereits in der „Deutschen Ideologie" hieß es, daß die Ideologie selbst nur eine der Seiten der einzigen Wissenschaft ist: der Wissenschaft der Geschichte. Das konservative idealistische System der deutschen Philosophie stellte in scharfem Widerspruch zur dialektischen Methode die Entwicklung des menschlichen Bewußtseins als Resultat der Selbstbewegung irgendeines absoluten Geistes dar. Marx' und Engels' materialistische Dialektik widerlegte dieses Dogma des deutschen Idealismus und zeigte, daß das wissenschaftliche Denken in seiner Entwicklung die Widerspiegelung des realen historischen Prozesses ist, bearbeitet und korrigiert im Einklang mit den Gesetzen der Wirklichkeit. In diesem Sinne unterstrich Engels, daß die Bewegung der Wissenschaft letzten Endes nichts anderes ist als eine der Bewegungsformen der Materie. Deshalb bleibt das Studium eines bestimmten Umkreises natürlicher oder gesellschaftlicher Erscheinungen unvollständig und unabgeschlossen, wenn es nicht die historische Entwicklung der wissenschaftlichen Vorstellungen über diesen Umkreis von Erscheinungen erfaßt.

Die marxistisch-leninistische Theoriengeschichte ist ein unabdingbarer Bestandteil der ideellen Schatzkammer der marxistisch-leninistischen Lehre. Marx' und Engels' ökonomische Arbeiten enthalten eine vollständige und tiefgründige Geschichte der gesamten ökonomischen Wissenschaft in der vormarxschen Epoche. Es ist bekannt, mit welcher Sorgfalt und wissenschaftlicher Gewissenhaftigkeit Marx und Engels alle wertvollen Gedanken und Überlegungen, die jemals über Probleme des Wirtschaftslebens geäußert worden sind, sammelten, der Vergessenheit entrissen und entstaubten. Ihrem Scharfblick entgingen selbst einzelne Vermutungen und treffende Bemerkungen nicht, die in den Werken der Denker des Altertums, der mittelalterlichen Scholastiker, der Persönlichkeiten in der Epoche der Renaissance enthalten sind, ganz zu schweigen von den Ökonomen der Periode des Kapitalismus.

Doch wenn die Begründer des Marxismus auch aus der Schatzkammer wissenschaftlichen Schöpfertums aller Epochen und Völker

[88] Engels, F., Vorwort zu „Das Kapital", Dritter Band, MEW, Bd. 25, S. 8

all das herausholten, was in dem einen oder anderen Grade die progressive Entwicklung der wissenschaftlichen Vorstellungen vom ökonomischen Leben der Gesellschaft charakterisieren konnte, so waren sie doch alles andere als leidenschaftslose Chronisten wissenschaftlichen Suchens und Irrens. Ihrer Methode – der materialistischen Dialektik – getreu deckten sie die historischen Wurzeln dieser oder jener wissenschaftlichen Vorstellungen auf, legten den wahren Klassensinn der ökonomischen Lehren bloß, der häufig unter einer äußeren Hülle versteckt war, die zu Irrtümern führen konnte, bestimmten exakt und klar den Platz jedes theoretischen Systems im fortschreitenden Gesamtverlauf der Erkenntnis der Gesetze, nach denen sich die menschliche Gesellschaft entwickelt.

In Engels' Arbeiten sind viele wertvolle Bemerkungen enthalten, die die Grundrichtungen in der Entwicklung des ökonomischen Denkens vor dem Entstehen des Marxismus und die Charakteristik der Hauptvertreter dieser Richtungen betreffen, viele tiefgründige kritische Einschätzungen der Ökonomen, die zu seinen Lebzeiten wirkten. Wenn Engels in seinem Jugendwerk „Umrisse zu einer Kritik der Nationalökonomie“ noch nicht zwischen den Klassikern der bürgerlichen politischen Ökonomie und ihren vulgären Epigonen unterschied, so führten das weitere Studium der ökonomischen Literatur und der Umgang mit Marx sehr bald dazu, daß er die historische Rolle der Vertreter des wissenschaftlichen ökonomischen Denkens, der Vorläufer des Marxismus, richtig verstand.

Nachdem Engels sich mit dem Buch eines Kritikers des Marxismus bekannt gemacht hatte, der zugleich auch Hegel über Bord warf, machte er eine charakteristische Bemerkung, die zeigt, wie man sich zu den großen Denkern der Vergangenheit nicht nur auf philosophischem Gebiet, sondern auch in anderen Wissenschaften verhalten muß. Ein Mann, schreibt Engels, der jeden Philosophen nicht nach dem Bleibenden, Fortschrittlichen seiner Tätigkeit, sondern nach dem notwendig Vergänglichen, Reaktionären beurteilt, „hätte besser geschwiegen“.[89]

In der letzten Lebensperiode Engels' herrschte in allen kapitalistischen Hauptländern auf politökonomischem Gebiet im Bereich der offiziellen Universitätswissenschaft die bürgerliche Apologetik. Engels verfolgte das Auftreten der Vertreter verschiedener Schulen der Vulgär-

[89] Engels an Schmidt, Brief v. 1. 7. 1891, in: MEW, Bd. 38, S. 128

ökonomie aufmerksam und unterzog ihre Theorien einer vernichtenden Kritik.

Wir haben weiter oben die Äußerungen der Begründer des wissenschaftlichen Kommunismus über den prinzipiellen Gegensatz zwischen der politischen Ökonomie des Proletariats und der politischen Ökonomie der Bourgeoisie angeführt. Die exakte Charakteristik der beiden gegensätzlichen Klassenpositionen auf dem Gebiet der ökonomischen Wissenschaft wirft klares Licht auf die historische Bedeutung der großen Auseinandersetzung zwischen ihnen und gestattet es, das Wesen dieser Auseinandersetzung zu erfassen, das nicht selten durch unwesentliche Einzelheiten verdunkelt wird. Dadurch werden alle Einzelprobleme in die richtige historische Perspektive gerückt.

Der Kampf zwischen den beiden gegensätzlichen Systemen ökonomischer Anschauungen, der Kampf der politischen Ökonomie der Arbeit gegen die politische Ökonomie des Privateigentums gibt der gesamten Geschichte der ökonomischen Wissenschaft ihre eigentümliche Färbung. Als gesondertes, selbständiges Gebiet der wissenschaftlichen Erkenntnis der Wirklichkeit entstand die politische Ökonomie in der Morgenröte der kapitalistischen Produktionsweise. In jener Zeit brachen sich die kapitalistischen Verhältnisse erst Bahn, indem sie die alten, überlebten Formen des Wirtschaftslebens zerstörten. Wie die Bourgeoisie die historische Szenerie früher als das Proletariat betritt, so ist auch die bürgerliche politische Ökonomie älter als die proletarische. Aber von dem Moment an, in dem die Arbeiterklasse auf dem Felde des Klassenkampfes aktiv wird, verliert die bürgerliche politische Ökonomie ihren wissenschaftlichen Charakter. Seit dieser Zeit ist die politische Ökonomie der Arbeiterklasse, die marxistische politische Ökonomie die einzige wirklich wissenschaftliche politische Ökonomie.

Für das Erwachen des Klassenbewußtseins des Proletariats ist die ökonomische Lehre des Marxismus-Leninismus von hervorragender Bedeutung. Engels hob wiederholt hervor: „... um die besitzenden Klassen vom Ruder zu verdrängen, brauchen wir zuerst eine Umwälzung in den Köpfen der Arbeitermassen ..."[90] Und er meinte: „... wirklich befreiende Schritte werden erst dann möglich, wenn die ökonomische Umwälzung die große Masse der Arbeiter zum Bewußt-

[90] Engels an Oppenheim, Brief v. 24. 3. 1891, in: MEW, Bd. 38, Berlin 1968, S. 64

sein ihrer Lage gebracht und ihnen damit den Weg zur politischen Herrschaft gebahnt hat."[91]

Bereits in den fünfziger Jahren des 19. Jahrhunderts zog Marx aus dem sorgfältigen Studium der gesamten zeitgenössischen und älteren ökonomischen Literatur den Schluß, daß die bürgerliche ökonomische Theorie seit Smith und Ricardo keine Fortschritte mehr gemacht hat. Marx teilte dies Engels in einem Brief mit.[92] Später, in den sechziger Jahren, macht sich Marx mit den Werken des russischen revolutionären Demokraten N. G. Tschernyschewski bekannt. Im Nachwort zur zweiten Auflage des ersten Bandes des „Kapitals" charakterisiert Marx Tschernyschewski als „großen russischen Gelehrten", der in seiner Arbeit über Mill die „Bankrotterklärung der ‚bürgerlichen' Ökonomie... meisterhaft beleuchtet hat".[93] Nach Marx' Tod prangerte Engels im Briefwechsel mit russischen Freunden zornig die gelehrten Schreiberlinge der deutschen Staatswissenschaft an, die „so tief gesunken ist, daß sie kaum noch tiefer sinken kann"[94], und bemerkte: „Der theoretische und kritische Geist, der fast völlig aus unseren deutschen Schulen verschwunden ist, scheint in der Tat in Rußland Zuflucht gefunden zu haben."[95]

Mitte der achtziger Jahre schrieb Engels, die Kathedersozialisten, die in Deutschland großen Lärm machten, „sind theoretisch nie viel mehr gewesen als ganz unbedeutende philanthropische Vulgärökonomen, und jetzt sind sie auf das Niveau simpler Apologeten des Bismarckschen Staatssozialismus hinabgesunken".[96]

Die soziale Demagogie dieser Richtung entlarvte Engels in seiner Schrift gegen Lujo Brentano, einen der marktschreierischen Gegner des Marxismus, der im Dienst der Industriemagnaten stand und unter der Maske eines „Freundes" der Arbeiterklasse auftrat.

In der Pose des ersten Entdeckers behauptete Brentano, daß die Gesetzgebung über den Arbeiterschutz und die Organisation der Gewerkschaften dazu beitragen, die Lage der Arbeiterklasse zu verbessern. Engels weist darauf hin, daß diese These keineswegs eine Ent-

[91] Ebenda, S. 64f.
[92] Marx an Engels, Brief v. 2. 4. 1851, in: MEW, Bd. 27, Berlin 1963, S. 228
[93] Marx, K., Das Kapital, Erster Band, Nachwort zur zweiten Auflage, in: MEW, Bd. 23, S. 21
[94] Engels an Danielson, Brief v. 13. 11. 1885, in: MEW, Bd. 36, S. 384
[95] Engels an Sassulitsch, Brief v. 6. 3. 1884, in: Ebenda, S. 119f.
[96] Engels an Danielson, Brief v. 13. 11. 1885, in: Ebenda, S. 384

deckung Brentanos ist. „Von der ‚Lage der arbeitenden Klasse in England' und der ‚Misère de la philosophie' bis zum ‚Kapital' und bis zu meinen jüngsten Schriften", bemerkt Engels, „haben Marx und ich dies hundertmal gesagt, aber mit sehr starken Einschränkungen."[97] Das Wesen der Sache besteht darin, daß weder der Kampf der Gewerkschaften noch die Fabrikgesetzgebung die Hauptsache beseitigen, eben die Ausbeutung der Arbeit durch das Kapital.

Brentano möchte wie die anderen bürgerlichen Ökonomen den Lohnsklaven zu einem zufriedenen Lohnsklaven machen, und „deshalb muß er die vorteilhaften Wirkungen von Arbeiterschutz, Fachvereinswiderstand, sozialer Flickgesetzgebung usw. ins Kolossale übertreiben . . .[98]

Engels leistete den Marxisten verschiedener Länder in ihrem Kampf gegen die bürgerlichen Ökonomen große Hilfe. Als der französische bürgerliche Ökonom Leroy-Beaulieu einen Lektionszyklus über den sogenannten Kollektivismus hielt und dann ein umfangreiches Buch über dieses Thema herausgab, schrieb Paul Lafargue einen Antwortartikel und schickte ihn an Engels. Engels las den Aufsatz sehr aufmerksam durch und machte eine Reihe wesentlicher Bemerkungen, die Lafargue bei der Veröffentlichung des Artikels berücksichtigte.[99]

Im Unterschied zu den bürgerlichen Ökonomen, die versuchen, ihre theoretischen Konstruktionen als außerhalb der Klassen und über den Klassen stehende Wahrheiten, als Frucht des leidenschaftslosen Verstandes darzustellen, dem jegliche realen Interessen fremd sind, betont der Marxismus den höchst parteilichen, den Klassencharakter der ökonomischen Wissenschaft wie aller anderen Gesellschaftswissenschaften. In der bürgerlichen Gesellschaft treten – wie Marx schrieb – die heftigsten, kleinlichsten und gehässigsten Leidenschaften der menschlichen Brust, die Furien des Privatinteresses, gegen die einzige wirklich wissenschaftliche politische Ökonomie in Aktion.[100]

Engels beobachtete aufmerksam die Entwicklung der bürgerlichen ökonomischen Wissenschaft in den letzten Jahrzehnten des 19. Jahrhunderts und entlarvte unermüdlich den eigennützigen Charakter der bürgerlichen Apologetik. In der Erwiderung auf Anton Mengers Buch

[97] Engels, F., In Sachen Brentano contra Marx wegen angeblicher Zitatsfälschung, in: MEW, Bd. 22, S. 95

[98] Ebenda, S. 96

[99] Vgl. Engels an P./Lafargue, Brief v. 11. 8. 1884, in: MEW, Bd. 36, S. 194 ff.

[100] Vgl. Marx, K., Das Kapital, Erster Band, Vorwort zur ersten Auflage, in: MEW, Bd. 23, Berlin 1962, S. 16

„Das Recht auf den vollen Arbeitsertrag in geschichtlicher Darstellung", für das die Feinde des Marxismus weithin Reklame machten, enthüllte Engels das Geheimnis des Aufsehens, das dieses Buch erregte. Hätte sich Menger darauf beschränkt, seine Rechtskonzeption darzustellen, so wäre sein Werk unbemerkt geblieben. Aber die Rechtsgeschichte war für Menger nur ein Vorwand, das Ziel seines Buches bestand vielmehr darin, Marx herabzusetzen, woraus sich auch der Erfolg des Buches in bürgerlichen Kreisen erklärt. Es war schon lange nicht mehr leicht, Marx zu kritisieren, denn das Verständnis für seine Lehre war in weite Kreise gedrungen, und der Kritiker konnte nicht mehr auf die Unwissenheit des Publikums spekulieren. „Nur eines bleibt noch übrig: Um Marx herunterzusetzen, schiebt man seine Leistungen anderen Sozialisten zu, um die sich kein Mensch kümmert, die vom Schauplatz verschwunden sind, die keine politische und wissenschaftliche Bedeutung mehr haben. Auf diese Weise hofft man, mit dem Begründer der proletarischen Weltanschauung und dieser selbst fertig zu werden. Herr Menger hat es unternommen."[101] Am Beispiel Anton Mengers und seines Buches legte Engels eine der beliebtesten Methoden der Kritiker des Marxismus bloß, die ihnen verhaßte Lehre durch die Behauptungen herabzusetzen, ihre Ideen seien bei frühen Sozialisten entlehnt worden.

Nach dem Erscheinen der englischen Ausgabe des ersten Bandes des „Kapitals" erwartete Engels natürlich eine Reaktion aus den Kreisen der Wissenschaft. Er mußte sich bald davon überzeugen, daß sich die kritischen Erwiderungen „weit, weit unter dem üblichen niedrigen Niveau"[102] bewegen. Die Versuche der Kritiker, sich über den Inhalt des Marxschen Werkes zu äußern, waren „unsagbar kläglich"[103]. In diesem Zusammenhang gab Engels eine bedeutungsvolle Charakteristik des Zustandes der bürgerlichen ökonomischen Wissenschaft Englands am Ende des 19. Jahrhunderts. „Mode ist hier gerade die Theorie von Stanley Jevons, nach der der Wert durch die *Nützlichkeit* bestimmt wird, i. e. Tauschwert = Gebrauchswert, und auf der anderen Seite durch die Größe des Angebots (i. e. durch die Produktionskosten), was nur eine konfuse Manier ist, hintenherum zu sagen, daß der Wert durch Angebot und Nachfrage bestimmt werde. Vulgär-

[101] F. Engels, Juristen-Sozialismus, in: MEW, Bd. 21, Berlin 1962, S. 500
[102] Engels an Danielson, Brief v. 5. 1. 1888, in: MEW, Bd. 37, Berlin 1967, S. 8
[103] Vgl. ebenda, S. 103

ökonomie überall!"[104] Engels, der die Entwicklung der sozialistischen Bewegung in England sorgfältig verfolgte, lenkte die Aufmerksamkeit darauf, daß „die Jevons-Mengerianer hier in der Fabian Society arg grassieren und mit unendlicher Verachtung auf den längst überholten Marx herabsehn."[105] In Briefen an Freunde wies er auf die Notwendigkeit hin, dieser Spielart der Vulgärökonomie eine Abfuhr zu erteilen. Als Engels eine Charakteristik des Standes der theoretischen Forschungen in den sich auf kapitalistischem Wege entwickelnden Ländern gab, bemerkte er, daß in dem Maße, wie die bürgerlichen Verhältnisse sich durchsetzen, der „große theoretische Sinn" verlorengeht, „der Sinn für rein wissenschaftliche Forschung, gleichviel, ob das erreichte Resultat praktisch verwertbar war oder nicht, polizeiwidrig oder nicht."[106]

Gestützt auf die Thesen von Marx und Engels, begründete Lenin tiefschürfend den parteilichen, den Klassencharakter der politischen Ökonomie, die im ideologischen Kampf der modernen Epoche einen so hervorragenden Platz einnimmt. In der Leninschen Idee von der Parteilichkeit der politischen Ökonomie sind die Erfahrungen verallgemeinert, die sich aus dem viele Jahrzehnte währenden Kampfe der beiden Systeme ökonomischer Ansichten ergeben. „In einer Gesellschaft der Lohnsklaverei", schrieb Lenin, „eine unparteiische Wissenschaft zu erwarten wäre eine ebenso törichte Naivität, wie etwa von den Fabrikanten Unparteilichkeit zu erwarten in der Frage, ob man nicht den Arbeitern den Lohn erhöhen sollte, indem man den Profit des Kapitals kürzt."[107] Lenin betonte, daß man *keinem einzigen* bürgerlichen „Professor der politischen Ökonomie, der imstande ist, auf dem Gebiet spezieller Tatsachenforschung die wertvollsten Arbeiten zu liefern, *auch nur ein einziges Wort* glauben darf, sobald er auf die allgemeine Theorie der politischen Ökonomie zu sprechen kommt. Denn diese letztere ist eine ebenso *parteiliche* Wissenschaft in der modernen Gesellschaft wie die *Erkenntnistheorie.*"[108]

[104] Ebenda
[105] Engels an Schmidt, Brief v. 12. 9. 1892, in: MEW, Bd. 38, Berlin 1968, S. 458
[106] Engels, F., Ludwig Feuerbach und der Ausgang der klassischen deutschen Philosophie, in: MEW, Bd. 21, S. 306
[107] Lenin, W. I., Drei Quellen und drei Bestandteile des Marxismus, in: Werke, Bd. 19, Berlin 1962, S. 3
[108] Lenin, W. I., Materialismus und Empiriokritizismus, in: Werke, Bd. 14, S. 347

Seit den ersten Siegen der Prinzipien der proletarischen politischen Ökonomie über die Prinzipien der politischen Ökonomie der Bourgeoisie sind im Leben der Gesellschaft grundlegende Veränderungen vor sich gegangen. Die Menschheit hat den gigantischen Weg von den ersten Kämpfen der Arbeiterklasse gegen die Bourgeoisie bis zu den großen Siegen des Sozialismus zurückgelegt, die die Gesamtrichtung der Weltentwicklung in unserer Zeit bestimmen. Die politische Ökonomie der Arbeiterklasse hat in unübersehbaren Weiten des Erdballs, in den Ländern, die den sozialistischen Weg beschreiten, sowohl theoretisch als auch praktisch triumphiert. Im übrigen Teil unseres Planeten aber wird der ideelle Zusammenbruch der politischen Ökonomie der Bourgeoisie und ihrer Dogmen von Tag zu Tag offensichtlicher.

Der Lebensraum des Kapitalismus ist beträchtlich eingeengt worden, und dies bedeutet eine unerhörte Niederlage der bürgerlichen politischen Ökonomie, deren Hauptdogma lautet, daß der Kapitalismus ein ewiger und unveränderlicher Zustand der Gesellschaft ist. Doch auch in unserer Zeit führt die bürgerliche ökonomische Wissenschaft, die ein integrierender Bestandteil der reaktionären Ideologie der Monopolbourgeoisie ist, einen erbitterten Kampf gegen die sozialistische ökonomische Theorie, wobei sie alle Mittel raffinierten Betruges nutzt, um das überlebte kapitalistische Wirtschaftssystem zu beschönigen und das aufblühende sozialistische Wirtschaftssystem zu bekritteln.

Auch heute, zur Zeit des Untergangs der kapitalistischen Produktionsweise, stellt die bürgerliche politische Ökonomie das kapitalistische Privateigentum wie früher als die natürliche Grundlage der gesellschaftlichen Produktion dar; sie versucht, die Augen vor den Tatsachen zu verschließen, die diese Illusion bis auf den Grund zerstören. Dadurch verschließt die bürgerliche ökonomische Wissenschaft sich den Weg zur Erkenntnis der heutigen Welt, zum Verständnis der frappanten Veränderungen, die in ihr stattfinden. Sie erweist sich nicht nur angesichts der Probleme des Sozialismus, sondern auch angesichts der neuen Erscheinungen im Wirtschaftsleben des kapitalistischen Teils der Welt als hilflos. Nur die marxistisch-leninistische politische Ökonomie ist imstande, Antworten auf die Fragen zu geben, die das Leben der Menschheit von heute stellt.

Die mit dem Übergang des Kapitalismus in sein monopolistisches Stadium verbundene Ablösung der freien Konkurrenz durch die Herrschaft der Monopole hat klar zutage treten lassen, daß der Angebot-Nachfrage-Mechanismus nicht mehr imstande ist, als ein Regulativ des kapitalistischen Systems zu funktionieren. Der ununterbrochen fortschreitende Scheidungsprozeß von Kapital-Funktion und Kapital-Eigentum hat den parasitären Charakter des kapitalistischen Privateigentums vollständig bloßgelegt. Die Krise zu Beginn der dreißiger Jahre, die in der bürgerlichen ökonomischen Literatur unter dem bezeichnenden Namen „die große Depression" figuriert, machte eine gewisse Umwertung der Werte erforderlich, die man bis dahin für unvergänglich hielt. Der Keynesianismus entstand, danach kamen die verschiedenen nachkeynesianischen Schulen und Richtungen der Vulgärökonomie auf, für die charakteristisch ist, daß sie ihre Hoffnungen nicht mehr auf den Automatismus des Gesetzes von Angebot und Nachfrage bauen, sondern darauf, daß sich die Staatsmacht in der einen oder anderen Form, in dem einen oder anderen Grade in den Gang der kapitalistischen Reproduktion einmischt. Die herrschenden Lehren der heutigen Vulgärökonomie, die in praktisch-politischer Hinsicht die Verstärkung der staatsmonopolistischen Stützen fordern, verbeugen sich jedoch in ideologischer Hinsicht wie eh und je weiterhin vor dem Fetisch des Privateigentums und des Gesetzes von Angebot und Nachfrage. Aber damit bescheinigt die bürgerliche ökonomische Wissenschaft auch ihren völligen ideellen Bankrott.

Es gibt keinen Mittelweg zwischen sozialistischer und bürgerlicher Ideologie, und es kann ihn auch nicht geben, es gibt keine Versöhnung zwischen der politischen Ökonomie der Arbeit und der politischen Ökonomie des Privateigentums, und es kann sie auch nicht geben. Alle Versuche, irgendeinen „dritten Weg" in der ökonomischen Wissenschaft zu suchen, müssen – wie in allen anderen Bereichen des ideologischen Kampfes – unweigerlich scheitern.

Die politische Ökonomie der Arbeiterklasse festigt ihre Positionen und erringt einen Triumph über die bürgerliche ökonomische Wissenschaft nach dem anderen, indem sie einen entschiedenen Kampf an zwei Fronten führt – gegen den Revisionismus und gegen den Dogmatismus. Der Revisionismus versucht die marxistisch-leninistische politische Ökonomie zu entwaffnen, indem er ihre Prinzipien zum Vorteil der Bourgeoisie entstellt und ihre Schlußfolgerungen durch Thesen ersetzt, die dem Arsenal der verschiedenen Schulen der bürgerlichen Vulgärökonomie entlehnt sind. Der Dogmatismus ist ebenfalls bestrebt, der marxistisch-leninistischen politischen Ökonomie die Waffen aus der Hand zu schlagen, indem er die Notwendigkeit negiert, die politische Ökonomie schöpferisch zu entwickeln und zu bereichern, indem er versucht, die politische Ökonomie in eine Sammlung von Allgemeinplätzen zu verwandeln, die für das Verständnis der konkreten Wirklichkeit keine Hilfe sind.

4. Die ökonomischen Gesetze

Die marxistische wissenschaftliche Methode zur Erkenntnis der Wirklichkeit fordert, den allgemeinen Zusammenhang und die wechselseitige Abhängigkeit der Erscheinungen sowohl in der Natur als auch im gesellschaftlichen Leben aufzudecken. Diese Methode betrachtet die objektive Welt als ein einheitliches Ganzes, in dem alle einzelnen Erscheinungen und Gegenstände organisch miteinander verbunden sind, voneinander abhängen und einander bedingen. Was für die Natur gilt, gilt auch für das gesellschaftliche Leben. Wenn in der Natur der Zusammenhang der Erscheinungen und ihre wechselseitige Bedingtheit Gesetzmäßigkeiten ihrer Entwicklung sind, so ist auch im gesellschaftlichen Leben die wechselseitige Bedingtheit der Erscheinungen keine Zufälligkeit, sondern eine Gesetzmäßigkeit der Entwicklung. Wie in allen Disziplinen der Gesellschaftswissenschaft läuft auch in der politischen Ökonomie, wie Engels sagt, die Aufgabe darauf hinaus, „die allgemeinen Bewegungsgesetze zu entdecken, die sich in der Geschichte der menschlichen Gesellschaft als herrschende durchsetzen.“ [109]

Wie Engels nachwies, unterscheidet sich die Geschichte der Gesellschaft in einem Punkte wesentlich von der Entwicklungsgeschichte der Natur. In der Natur wirken nur blinde bewußtlose Agenzien aufeinander ein, in deren Wechselspiel die allgemeinen Gesetze zur Geltung kommen. In der Gesellschaft dagegen handeln Menschen, die mit Bewußtsein begabt sind und auf bestimmte Zwecke hinarbeiten. Aber dieser Unterschied, so wichtig er auch sein mag, kann nichts an der Tatsache ändern, daß der Lauf der Geschichte durch innere allgemeine Gesetze beherrscht wird.

Indem sie die Produktionsverhältnisse der Menschen untersucht, deckt die politische Ökonomie das Bewegungsgesetz jeder ökonomischen Gesellschaftsformation auf. Die Hauptaufgabe der politischen Ökonomie als Wissenschaft besteht darin, die ökonomischen Gesetze

[109] Engels, F., Ludwig Feuerbach und der Ausgang der klassischen deutschen Philosophie, in: MEW, Bd. 21, S. 296

der gegebenen Produktionsweise in ihrer Bewegung und Entwicklung zu entdecken. In einer Rezension über den ersten Band des „Kapitals" legte Engels in knapper Weise die wichtigsten Schlußfolgerungen Marx' dar und faßte dann zusammen: „Dies sind, streng wissenschaftlich nachgewiesen . . ., einige der Hauptgesetze des modernen, kapitalistischen gesellschaftlichen Systems."[110] Eben die Erkenntnis der ökonomischen Hauptgesetze der Bewegung einer historisch bestimmten Gesellschaft gibt den Schlüssel dafür in die Hand, die ökonomischen Entwicklungsprozesse in ihrer ganzen Kompliziertheit und Widersprüchlichkeit zu verstehen, bildet den Leitfaden, der hilft, sich im Labyrinth der ökonomischen Verhältnisse, im scheinbaren Chaos der ökonomischen Erscheinungen zu orientieren.

Die Gesetze jeder ökonomischen Gesellschaftsformation sind wechselseitig miteinander verbunden, sie bilden ein bestimmtes System. Die politische Ökonomie deckt diesen wechselseitigen Zusammenhang der Gesetze auf und analysiert das System der Gesetze, die in der gegebenen Produktionsweise wirken. Jedes ökonomische Gesetz wirkt nur im Rahmen des Gesamtsystems der Gesetze selbständig. „Die ökonomischen Gesetze, die den Zinsfuß regeln", schrieb Engels, „sind von denen, die die Rate des Mehrwerts regeln, so unabhängig, wie dies überhaupt zwischen Gesetzen einer und derselben Gesellschaftsform stattfinden kann."[111]

Die klassische bürgerliche politische Ökonomie beschäftigte sich, wie Engels bemerkte, vorwiegend nur mit den unmittelbar beabsichtigten gesellschaftlichen Wirkungen der auf Produktion und Austausch gerichteten menschlichen Handlungen. Das entsprach ganz der gesellschaftlichen Organisation, deren Ausdruck sie war. Die einzelnen Kapitalisten produzieren und tauschen aus um des unmittelbaren Profits willen. Deshalb kommen nur die nächsten, unmittelbarsten Resultate in Betracht. Aber die entfernteren Nachwirkungen der auf den handgreiflichen Erfolg gerichteten Handlungen sind dann ganz andere, meist ganz entgegengesetzte.

So schlägt die Harmonie von Nachfrage und Angebot in deren polaren Gegensatz um, was in den Krisen besonders anschaulich zutage tritt. Ferner vermerkt Engels, „daß das auf eigne Arbeit gegründete

[110] Engels, F., Rezension des Ersten Bandes „Das Kapital" für das „Demokratische Wochenblatt", in: MEW, Bd. 16, S. 241

[111] Engels, F., Zur Wohnungsfrage, in: MEW, Bd. 18, S. 228

Privateigentum sich mit Notwendigkeit fortentwickelt zur Eigentumslosigkeit der Arbeiter, während aller Besitz sich mehr und mehr in den Händen von Nichtarbeitern konzentriert . . ."[112] usw. Doch eben diese „entfernteren Nachwirkungen", die die Handlungen der Agenten der kapitalistischen Produktion haben, blieben außerhalb des Gesichtskreises der Ökonomen vor Marx und Engels.

Der Marxismus lehrt, daß die ökonomischen Gesetze in jeder Gesellschaftsordnung notwendige und wesentliche Zusammenhänge der Erscheinungen des ökonomischen Lebens ausdrücken, die unabhängig vom Bewußtsein und Willen der Menschen existieren. Die marxistische politische Ökonomie erklärte zugleich, worin die Besonderheit der ökonomischen Gesetze des Kapitalismus besteht.

Diese Gesetze stellen sich den Agenten der kapitalistischen Produktion gegenüber als äußere Kräfte dar, die von der Gesellschaft weder erkannt noch beherrscht werden. Dies ist unvermeidlich, weil die gesellschaftliche Produktion sich in den Händen einzelner Kapitalisten befindet, die den Zweck verfolgen, Profite zu machen. Daraus ergibt sich der spontane Charakter der ökonomischen Gesetze des Kapitalismus und der Warenproduktion überhaupt, soweit das Privateigentum herrscht, dessen höchste Form der Kapitalismus ist.

Engels wies nach, daß die Menschen ihre Geschichte selbst machen, aber erstens unter bestimmten Voraussetzungen und Bedingungen, worunter die ökonomischen die schließlich entscheidenden sind. Aber auch die politischen Bedingungen, selbst die in den Köpfen der Menschen spukende Tradition, spielen eine gewisse Rolle, wenn auch nicht die entscheidende. Und zweitens macht sich die Geschichte so, daß das Endresultat aus den Konflikten vieler Einzelwillen hervorgeht, wovon jeder wieder durch eine Menge besonderer Lebensbedingungen zu dem gemacht wird, was er ist, „. . . es sind also unzählige einander durchkreuzende Kräfte, eine unendliche Gruppe von Kräfteparallelogrammen, daraus eine Resultante – das geschichtliche Ereignis – hervorgeht . . ."[113]

Engels weist darauf hin, daß das was der einzelne will, von anderen verhindert wird, und letzten Endes etwas herauskommt, das keiner gewollt hat. Engels zieht daraus den Schluß: „So verläuft die bisherige

[112] Engels, F., Dialektik der Natur, in: MEW, Bd. 20, S. 455
[113] Engels an Bloch, Brief v. 21./22. 9. 1890, in: MEW, Bd. 37, S. 464

Geschichte nach Art eines Naturprozesses und ist auch wesentlich denselben Bewegungsgesetzen unterworfen." [114]

Im „Kapital" schrieb Marx, daß im Kapitalismus „der Zusammenhang der gesamten Produktion als blindes Gesetz den Produktionsagenten sich aufzwingt, nicht als von ihrem assoziierten Verstand begriffenes und damit beherrschtes Gesetz den Produktionsprozeß ihrer gemeinsamen Kontrolle unterworfen hat." [115] Dieser Charakter der ökonomischen Gesetze ergibt sich nicht daraus, daß die Kapitalisten diese Gesetze nicht kennen, sondern aus dem Wesen der bürgerlichen Ordnung selbst. Engels schreibt, daß „die Gesetze der Ökonomie in aller bisherigen plan- und zusammenhangslosen Produktion den Menschen als objektive Gesetze, über die sie keine Macht haben, entgegentreten, also *in Form von Naturgesetzen* . . ." [116]

In anderem Zusammenhange schrieb Engels, daß vom Standpunkt des Marxismus der Gesamtverlauf der Geschichte, was die großen Ereignisse angeht, bewußtlos vor sich ging, das heißt, daß diese Ereignisse und ihre Folgen nicht vom Willen der Menschen abhingen. Engels erläutert seinen Gedanken, indem er darauf hinweist, daß die geschichtlichen Figuranten entweder direkt etwas anderes gewollt haben als das Erreichte, oder dies Erreichte zog wieder ganz andere unvorhergesehene Folgen nach sich. Als Engels die Bedeutung dieses Umstandes für die ökonomische Wissenschaft erläuterte, führte er den Ausgleichungsprozeß der Profitraten als Beispiel an. Jeder einzelne Kapitalist strebt nach größerem Profit. Diese Jagd jedes einzelnen Kapitalisten nach dem größeren Profit hat – wie die bürgerliche politische Ökonomie feststellte – die allgemeine gleiche Profitrate zum Resultat. „Aber weder die Kapitalisten noch die bürgerlichen Ökonomen sind sich bewußt, daß das wirkliche Ziel dieser Jagd die gleichmäßige prozentige Verteilung des Gesamtmehrwerts auf das Gesamtkapital ist." [117] Erst die ökonomische Theorie des Marxismus hat erklärt, wie sich der Prozeß vollzieht, in dem sich die Profitraten ausgleichen, und hat damit das Problem gelöst, dem die bürgerliche politische Ökonomie ohnmächtig gegenüberstand.

Die Schwierigkeit, das Problem der Durchschnittsprofitrate zu lösen, war nach Engels damit verbunden, daß dieser Prozeß sich ob-

[114] Ebenda
[115] Marx, K., Das Kapital, Dritter Band, in: MEW, Bd. 25, S. 267
[116] Engels, F., Materialien zum „Anti-Dühring", in: MEW, Bd. 20, S. 595
[117] Engels an Sombart, Brief v. 11. 3. 1895, in: MEW, Bd. 39, S. 428

ektiv, in den Dingen, unbewußt vollzieht. „Hätte die Durchschnittsprofitrate zu ihrer Herstellung die *bewußte* Mitarbeit der einzelnen Kapitalisten erfordert, hätte der einzelne Kapitalist *gewußt*, daß er Mehrwert produziert, und wieviel, und daß er in vielen Fällen von seinem Mehrwert abgeben muß, so wäre ja der Zusammenhang zwischen Mehrwert und Profit von vornherein ziemlich klar gewesen und stände sicher schon im Adam Smith, wo nicht schon im Petty."[118]

Die bürgerlichen Kritiker versuchten die ökonomischen Gesetze, die der Marxismus entdeckt hat, zu „widerlegen", indem sie darauf hinwiesen, daß diese Gesetze sich in der Wirklichkeit nicht in reiner Gestalt äußern. Aus diesem Grunde schlugen sie vor, das Wertgesetz über Bord zu werfen. Als Engels dieses Problem berührte, bemerkte er, daß die Vorwürfe, die dem Wertgesetz gemacht werden, alle Begriffe treffen, vom Standpunkt der Wirklichkeit aus betrachtet: der Begriff einer Sache und ihre Wirklichkeit laufen nebeneinander her, sich stets einander annähernd und doch nie zusammentreffend. „Dieser Unterschied beider ist eben der Unterschied, der es macht, daß der Begriff nicht ohne weiteres, unmittelbar, schon die Realität, und die Realität nicht unmittelbar ihr eigner Begriff ist."[119] Ebenso verhält es sich mit allen ökonomischen Gesetzen, mit allen ökonomischen Kategorien, weil die Einheit des Begriffs und der Erscheinung einen Prozeß bildet, der seinem Wesen nach unendlich ist. So existiert die allgemeine Profitrate in jedem Augenblick nur annähernd. In Wirklichkeit wechseln die Profitraten in den einzelnen Betrieben je nach den verschiedenen Umständen von Jahr zu Jahr, und „die allgemeine Rate existiert nur als Durchschnitt vieler Geschäfte und einer Reihe von Jahren."[120] Ebenso steht es mit dem Gesetz des Arbeitslohns, das sich nur im Durchschnitt verwirklicht, über zahllose Abweichungen; oder mit dem Gesetz der Grundrente, wo sich der wirkliche Surplusprofit und die wirkliche Rente nur annähernd, im Durchschnitt decken. Engels weist in diesem Zusammenhang darauf hin, daß alle ökonomischen Gesetze des Kapitalismus keine andere Realität als in der Annäherung, in der Tendenz, im Durchschnitt, nicht aber in der *unmittelbaren* Wirklichkeit haben. „Das kommt einesteils daher, daß ihre Aktion von der gleichzeitigen Aktion andrer Gesetze durchkreuzt wird, teilweise aber auch von ihrer Natur als Begriffe."[121]

[118] Ebenda

[119] Engels an Schmidt, Brief v. 12. 3. 1895, in: MEW, Bd. 39, S. 431

[120] Ebenda [121] Ebenda

Im Gegensatz zum Idealismus, der leblose, von der realen Welt losgelöste Abstraktionen und abstrakte Schemata anwendet, sieht der Materialismus in den Abstraktionen den verallgemeinerten logischen Ausdruck des gemeinsamen Inhalts in den Dingen und Prozessen selbst. Die wissenschaftliche Erkenntnis, die von einer Vielzahl konkreter Merkmale der Gegenstände in der Außenwelt absieht, arbeitet abstrakte Begriffe aus, die ein Instrument zur Erklärung der wesentlichsten Verhältnisse und wechselseitigen Zusammenhänge in der Wirklichkeit sind. Deshalb ist die wissenschaftliche Erkenntnis der Prozesse des gesellschaftlichen Lebens von gewaltiger Bedeutung für die Praxis, insbesondere für die Praxis des revolutionären Kampfes der Arbeiterklasse um den Sozialismus und für die praktische Tätigkeit, die darauf gerichtet ist, die sozialistische Gesellschaft zu schaffen und weiterzuentwickeln.

Die Klärung des Wechselverhältnisses zwischen wissenschaftlicher Erkenntnis und menschlicher Praxis ist außerordentlich wichtig, um die Natur der ökonomischen Gesetze überhaupt und der ökonomischen Gesetze des Sozialismus insbesondere zu begreifen. Der dialektische Weg der Erkenntnis der objektiven Welt ist der Weg von der lebendigen Anschauung zum abstrakten Denken und von ihm zur Praxis. Lenin betonte, daß die Gesetze der Außenwelt die Grundlagen der zweckmäßigen Tätigkeit des Menschen sind.[122] Diese Schlußfolgerung hielt er für eine der wichtigsten Thesen der materialistischen Dialektik. Die Bedeutung der Theorie für die praktische Tätigkeit charakterisierte Lenin in bemerkenswerter Weise, als er sagte: „... für uns ist die Theorie die Begründung beabsichtigter Handlungen, um uns von ihrer Richtigkeit zu überzeugen ..."[123]

Die materialistische Dialektik lehrt zugleich, daß nur die lebendige menschliche Praxis das Kriterium der Wahrheit ist, „daß der Mensch durch seine *Praxis* die objektive Richtigkeit seiner Ideen, Begriffe, Kenntnisse, seiner Wissenschaft beweist."[124]

Der große russische revolutionäre Demokrat N. G. Tschernyschewski nannte die Praxis den unwandelbaren Prüfstein der Theorie, das wesentliche Kriterium aller Streitfragen. „Was in der Theorie strittig

[122] Vgl. Lenin, W. I., Philosophische Hefte, in: Werke, Bd. 38, Berlin 1964, S. 177

[123] Lenin, W. I., Rede über die Nationalisierung der Banken ..., in: Werke, Bd. 26, Berlin 1961, S. 385

[124] Lenin, W. I., Philosophische Hefte, S. 181

ist, wird durch die Praxis des wirklichen Lebens glatt entschieden"[125], schrieb er.

Die Praxis des wirklichen Lebens bildet die Probe für die Richtigkeit dieser oder jener Theorie. Die Praxis löst die theoretischen Streitfragen, wobei ihr Urteil endgültig und unwiderruflich ist. Wenn wir diese goldene Regel stets verstünden, ließen sich wahrscheinlich viele erfundene, vom Leben losgelöste Schemata, viele abstrakt-scholastische Konstruktionen vermeiden, die häufig für tiefe theoretische Entdeckungen ausgegeben werden.

Die Weltanschauung der Arbeiterklasse ist nicht nur ein Instrument zur wissenschaftlichen Erkenntnis der objektiven Wirklichkeit, sondern auch eine geistige Waffe im Kampf um die revolutionäre Umgestaltung der Welt. Man kann die Rolle der Praxis im Prozeß der Erkenntnis der Wirklichkeit nicht überschätzen. Gerade das Kriterium der Praxis scheidet die Illusion von der Wirklichkeit. Die praktische Tätigkeit erschließt dem menschlichen Verstand den unendlichen Reichtum und die unendliche Vielfältigkeit der objektiven Welt. Die Praxis lenkt die Erkenntnis auf die Lösung der dringlichen Aufgaben und erweitert zugleich den Umkreis dieser Aufgaben. Die Praxis ist die Triebkraft, die den Weg zur immer tieferen und vollständigeren Erkenntnis der Wirklichkeit bahnt.

Der dialektische Zusammenhang zwischen der wissenschaftlichen Erkenntnis der Gesetze in der objektiven Welt und der menschlichen Praxis besteht also darin, daß einerseits die Gesetze der äußeren Welt die Grundlage der zweckmäßigen praktischen Tätigkeit der Menschen bilden, während andererseits nur durch das Kriterium der Praxis bewiesen wird, ob die wissenschaftliche Erkenntnis der Gesetze durch die Wissenschaft wahr, objektiv richtig ist.

Was aber bedeutet objektive Richtigkeit der Wissenschaft? Worin besteht der objektive Charakter der Gesetze? Diese Frage führt uns wiederum zur Wechselbeziehung zwischen der wissenschaftlichen Erkenntnis und den Handlungen der Menschen. Erinnern wir uns daran, daß Marx den Endzweck seines Hauptwerkes – des „Kapitals" – darin sah, das ökonomische Bewegungsgesetz der bürgerlichen Gesellschaft zu enthüllen. „Was ich in diesem Werk zu erforschen habe", schrieb

125 Tschernyschewski, N. G., Die ästhetischen Beziehungen der Kunst zur Wirklichkeit (Autorrezension), in: Ausgewählte philosophische Schriften, Moskau 1953, S. 509

Marx, „ist die kapitalistische Produktionsweise und die ihr entsprechenden Produktions- und Verkehrsverhältnisse".[126] Marx sah seine Aufgabe darin, die „Naturgesetze der kapitalistischen Produktion"[127] zu untersuchen, diese – wie er sagte – mit eherner Notwendigkeit wirkenden und sich durchsetzenden Tendenzen.[128] Deshalb kann eine Gesellschaft, selbst wenn sie dem Naturgesetz ihrer Entwicklung auf die Spur gekommen ist, naturgemäße Entwicklungsphasen weder überspringen noch wegdekretieren, aber sie kann die Geburtswehen abkürzen und mildern.[129]

Die Entdeckung des ökonomischen Bewegungsgesetzes einer bestimmten ökonomischen Gesellschaftsformation ist natürlich Aufgabe nicht nur der politischen Ökonomie des Kapitalismus, sondern auch der ökonomischen Theorien anderer Gesellschaftsformen, insbesondere der politischen Ökonomie des Sozialismus. Was aber ist unter dem ökonomischen Bewegungsgesetz einer bestimmten Gesellschaft zu verstehen? Das ökonomische Bewegungsgesetz wird häufig beschränkt und einseitig behandelt. So hält man das Mehrwertgesetz für das ökonomische Bewegungsgesetz des Kapitalismus, faßt es dabei aber isoliert von den übrigen Gesetzen der kapitalistischen Produktionsweise, außerhalb des Gesamtsystems ihrer Gesetze. Diese Betrachtungsweise ist jedoch unzureichend.

Erinnern wir uns an Lenins Bemerkung, „daß Marx die Unvermeidlichkeit der Umwandlung der kapitalistischen Gesellschaft in die sozialistische einzig und allein aus dem ökonomischen Bewegungsgesetz der modernen Gesellschaft ableitet."[130] (Lenin schrieb dies im Jahre 1914). Richten wir unsere Aufmerksamkeit auf die Wörter „einzig und allein". Lenin zählt dann eine Reihe von Prozessen auf, die die hauptsächliche materielle Grundlage des Sozialismus vorbereiten (die Vergesellschaftung der Arbeit, das Wachstum der Großproduktion, die Herrschaft der Monopole und des Finanzkapitals) und charakterisiert die vom Kapitalismus selbst geschulte Arbeiterklasse als Totengräber des Kapitalismus und als Schöpfer der sozialistischen Gesellschaft.

Daraus ist ersichtlich, daß Lenin unter dem ökonomischen Bewegungsgesetz des Kapitalismus nicht nur das Mehrwertgesetz, für sich allein genommen, verstand, sondern das gesamte System der ökonomi-

[126] Marx, K., Das Kapital, Erster Band, Vorwort zur ersten Auflage, in: MEW, Bd. 23, S. 12

[127] Vgl. ebenda [128] Vgl. ebenda [129] Vgl. ebenda, S. 15f.

[130] Lenin, W. I., Karl Marx, in: Werke, Bd. 21, Berlin 1960, S. 60

schen Gesetze, die dem Kapitalismus eigen sind. Kapitalismus ist nach Marx Produktion von Mehrwert. Hierzu gehören auch die auf der Produktion des Mehrwerts beruhenden Gesetze des Arbeitslohnes, der Akkumulation des Kapitals, der Konzentration der Produktion usw. Alle diese Gesetze drücken nicht isolierte, sondern wechselseitig miteinander verbundene Prozesse aus, die in ihrer Gesamtheit den Kapitalismus als Ordnung charakterisieren, die auf der Produktion des Mehrwerts basiert.

Ökonomisches Bewegungsgesetz des Kapitalismus ist also das Mehrwertgesetz im weiten Sinne, das heißt das gesamte System der Gesetze, die das Wesen der kapitalistischen Produktionsweise und deren Entwicklungstendenzen bestimmen. Offensichtlich verhält es sich mit dem ökonomischen Bewegungsgesetz des Sozialismus nicht anders. Spricht man vom ökonomischen Bewegungsgesetz des Sozialismus, so muß man das gesamte System der Gesetze erfassen, die die Bewegung des Sozialismus zur höheren Phase des Kommunismus bedingen. Die Behauptung, irgendein einziges Gesetz, isoliert genommen, bestimme alle Hauptseiten und alle Hauptprozesse der betreffenden Produktionsweise, ist kaum überzeugend. Monismus bedeutet nicht Einseitigkeit, und wissenschaftliche Erkenntnis erfordert die allseitige Analyse des Untersuchungsgegenstandes.

Man kann den Inhalt des ökonomischen Bewegungsgesetzes der betreffenden Gesellschaft nicht vollständig aufdecken, wenn man außer acht läßt, daß die dialektische Methode fordert, die Erscheinungen des Lebens nicht in ihrer Statik, sondern in ihrer Dynamik zu betrachten, nicht im Ruhestand, sondern in der Entwicklung, in der Bewegung, nicht in erstarrter Form, sondern im Prozeß ihrer unaufhörlichen Veränderung, ihrer ununterbrochenen Erneuerung. Der marxistisch-leninistischen politischen Ökonomie liegt die Entwicklung vermittels der Widersprüche zugrunde, die den ökonomischen Formen innewohnen. Marx schrieb: „Die Entwicklung der Widersprüche einer geschichtlichen Produktionsform ist jedoch der einzig geschichtliche Weg ihrer Auflösung und Neugestaltung.“[131] In der französischen Ausgabe des ersten Bandes des „Kapitals“ macht Marx an dieser Stelle eine charakteristische Bemerkung: „Hierin liegt das Geheimnis der historischen Bewegung, das die Doktrinäre, Optimisten oder Sozialisten nicht begreifen wollen.“

[131] Marx, K., Das Kapital, Erster Band, in: MEW, Bd. 23, S. 512

Nur Marx fand den Schlüssel zur Lösung dieses Geheimnisses der historischen Bewegung. Marx betrachtete den Entwicklungsprozeß als Entfaltung der den Erscheinungen innewohnenden Widersprüche, wodurch es ihm möglich wurde, das ökonomische Bewegungsgesetz der bürgerlichen Gesellschaft zu enthüllen und die historische Mission des Kapitalismus zu klären, die weder die klassischen bürgerlichen Ökonomen noch die utopischen Sozialisten zu begreifen vermochten.

Die Bewegung einer ökonomischen Gesellschaftsformation besteht darin, daß sich ihre immanenten Widersprüche entwickeln, daß diese Widersprüche entstehen und gelöst werden. Man darf jedoch den wesentlichen Unterschied nicht außer acht lassen, der in dieser Hinsicht zwischen den antagonistischen Gesellschaftsformationen und dem Sozialismus besteht. Erinnern wir uns an Lenins Hinweis, daß die Widersprüche im Sozialismus bleiben, während die Antagonismen verschwinden.[132] Wird diese Wahrheit vergessen, so hat das nicht selten zur Folge, daß die Widersprüche, die der sozialistischen Ökonomik eigen sind, in falschem Lichte erscheinen.

Im Nachwort zur zweiten Auflage des ersten Bandes des „Kapitals" führt Marx umfangreiche Auszüge aus der Rezension des russischen Ökonomen Kaufman über die erste Auflage des „Kapitals" an, die 1872 in der Zeitschrift „Vestnik Evropy" erschienen war. Marx fand, daß der Rezensent treffend die Besonderheiten der dialektischen Methode geschildert habe, die im „Kapital" angewendet worden ist. In der Rezension wird darauf hingewiesen, daß Marx die gesellschaftliche Bewegung als einen naturhistorischen Prozeß betrachtet, den Gesetze lenken, die nicht nur von dem Willen, dem Bewußtsein und der Absicht der Menschen unabhängig sind, sondern vielmehr umgekehrt deren Wollen, Bewußtsein und Absichten bestimmen.[133]

Die objektive Natur der ökonomischen Bewegungsgesetze der Gesellschaft drückt sich also in zwei wechselseitig miteinander verbundenen Hauptmerkmalen aus: erstens hängen sie nicht vom Willen und vom Bewußtsein der Menschen ab und zweitens bestimmen sie selbst deren Wollen, Bewußtsein und Tätigkeit. Dies bedeutet, daß die ökonomischen Entwicklungsgesetze der Gesellschaft wie die Naturgesetze ob-

[132] Vgl. Leninskij sbornik XI, Moskau-Leningrad 1929, S. 357

[133] Vgl. Marx, K., Das Kapital, Erster Band, Nachwort zur zweiten Auflage, in: MEW, Bd. 23, S. 26

jektiven Charakter haben. In diesem Sinne verglich Marx die ökonomischen Gesetze mit den Naturgesetzen, wenn er betonte, daß sie außerhalb des Willens und des Bewußtseins der Menschen existieren. Mehr noch, in ihren Arbeiten vergleichen die Begründer des Marxismus die ökonomischen Gesetze nicht nur mit den Naturgesetzen, sondern sie nennen sie auch direkt Naturgesetze, was damit zusammenhängt, daß sie die Entwicklung der Gesellschaft als einen naturhistorischen Prozeß betrachten.

Dieses Herangehen an die Erscheinungen des gesellschaftlichen Lebens ergibt sich gesetzmäßig aus der materialistischen Lehre von der Einheit der objektiven Welt, die sowohl die Natur als auch die menschliche Gesellschaft umfaßt. Die Welt ist einheitlich, und die idealistischen Versuche, zwischen Natur und Gesellschaft eine Kluft aufzureißen, entbehren jeglicher wissenschaftlicher Grundlage. Ausgehend von der Vorstellung, es gebe eine solche Kluft, konstruierte die idealistische Philosophie ein antiwissenschaftliches Schema, wonach nur die Natur Gegenstand der „generalisierenden" Untersuchungsmethode sein könne, die Einzelerscheinungen unter allgemeine Gesetze subsumiere, während die Gesellschaftswissenschaften angeblich mit Einzelerscheinungen zu tun haben, die sich nicht unter allgemeine Gesetze bringen lassen. Die Gesetzmäßigkeiten des historischen Prozesses leugnen bedeutet, auf wissenschaftliches Herangehen an das gesellschaftliche Leben zu verzichten.

Wenn die objektive Welt, die sowohl die Natur wie die Gesellschaft umfaßt, auch einheitlich ist und man die ökonomischen Gesetze in diesem Sinne Naturgesetze nennen kann, so folgt daraus doch nicht, daß man zwischen die ökonomischen Entwicklungsgesetze und die Naturgesetze ein Gleichheitszeichen setzen und die Augen vor den wesentlichen Unterschieden zwischen ihnen verschließen darf. Die marxistische Wissenschaft erklärt nicht nur die gemeinsamen Charakterzüge der Gesetze in Natur und Gesellschaft, sondern deckt auch die wesentlichen Unterschiede zwischen ihnen auf. Diese Unterschiede lassen sich auf zwei Hauptmomente zurückführen.

Erstens. Im Unterschied zur Natur, in der nur blinde, bewußtlose Kräfte wirken, handeln in der Geschichte mit Bewußtsein begabte Menschen, die auf bestimmte Zwecke hinarbeiten. Aber so wichtig dieser Unterschied auch ist, er kann – bemerkt Engels – nichts an der Tatsache ändern, daß der Lauf der Geschichte durch innere allgemeine Gesetze beherrscht wird. Auf der Oberfläche der Erscheinungen herrscht, trotz der bewußt gewollten Ziele der einzelnen Menschen, im großen und ganzen der Zufall, weil die Handlungen der einzelnen Menschen letzten Endes ganz und gar nicht zu den Folgen führen, die gewollt waren. „Wo aber auf der Oberfläche der Zufall sein Spiel treibt, da wird er stets durch innre verborgne Gesetze beherrscht, und es kommt nur darauf an, diese Gesetze zu entdecken."[134]

Zweitens. Die objektiven ökonomischen Entwicklungsgesetze der Gesellschaft sind ausgesprochen historischen Charakters. Man muß beachten, daß auch die Naturgesetze nicht ewig sind. Im Gegensatz zu metaphysischen Vorstellungen geht der Marxismus davon aus, daß sich die objektive Welt in einem Prozeß ununterbrochener Veränderungen befindet, weshalb es keine ewigen und unveränderlichen Gesetze gibt und nicht geben kann, die unabhängig von den konkreten Bedingungen der Realität wirken. In Verallgemeinerung der gewaltigen Erfahrungen aus der Entwicklung der Naturwissenschaften schrieb Engels, daß die ewigen Naturgesetze sich immer mehr in historische verwandeln, womit als durchgehend Allgemeingültiges nichts bleibt als die Bewegung.[135] Bei alledem gibt es jedoch einen wesentlichen Unterschied zwischen dem historischen Charakter der Naturgesetze und dem historisch vergänglichen Charakter der ökonomischen Entwicklungsgesetze der Gesellschaft.

Die objektiven Bedingungen der Produktion des materiellen Lebens bilden die Basis der historischen Tätigkeit der Menschen. Aber diese Bedingungen selbst sind nicht ewig und unveränderlich, sie befinden sich im Gegenteil in einem Prozesse ununterbrochener Veränderungen, und diese Veränderungen sind das Resultat der historischen Tätigkeit der Menschen. Mit der Veränderung der materiellen Lebensbedingungen der Gesellschaft, mit der Ablösung einer ökonomischen Gesellschaftsformation durch eine andere werden die ökonomischen Gesetze, die der alten Formation eigen sind, unvermeidlich durch die ökonomischen Gesetze abgelöst, die der neuen Formation zugehören.

Deshalb weist der Marxismus entschieden die Behauptungen der bürgerlichen Ökonomen zurück, die unveränderliche und ewige Naturgesetze dort sehen wollen, wo es sich in Wirklichkeit um die Gesetze

[134] Engels, F., Ludwig Feuerbach und der Ausgang der klassischen deutschen Philosophie, in: MEW, Bd. 21, S. 297

[135] Vgl. Engels, F., Dialektik der Natur, in: MEW, Bd. 20, S. 505 f.

eines besonderen, historisch bestimmten Systems der Produktionsverhältnisse handelt. Die Anerkennung des historisch vergänglichen Charakters der ökonomischen Gesetze einer jeden ökonomischen Gesellschaftsformation ist eine der wichtigsten methodologischen Grundlagen der marxistisch-leninistischen politischen Ökonomie als historischer Wissenschaft. Als Lenin die materialistische Geschichtsauffassung der subjektivistischen Soziologie der Volkstümler gegenüberstellte, schrieb er: „An die Stelle der Betrachtungen der Subjektivisten über die ‚Gesellschaft' schlechthin, an die Stelle dieser inhaltslosen Betrachtungen, die nicht über kleinbürgerliche Utopien hinausgingen (denn es wurde nicht einmal geklärt, ob es möglich ist, die verschiedensten sozialen Verhältnisse in besonderen Arten sozialer Organismen zusammenzufassen), wurde die *Untersuchung* bestimmter Formen des Aufbaus der Gesellschaft gesetzt."[136]

Die Aufgabe der Wissenschaft besteht also nicht darin, Betrachtungen über die „Gesellschaft" schlechthin anzustellen, sondern darin, bestimmte Formen des Gesellschaftsaufbaus zu untersuchen. Diese These bestimmt das Verhältnis der marxistisch-leninistischen politischen Ökonomie zu den allgemeinen ökonomischen Gesetzen. Sie leugnet die Existenz solcher Gesetze nicht, sondern räumt ihnen den gebührenden Platz ein. Für das Verständnis des Charakters und des Inhalts der ökonomischen Gesetze des Sozialismus ist es von großer Bedeutung, den Platz der allgemeinen Gesetze im System der ökonomischen Gesetze einer jeden konkreten ökonomischen Gesellschaftsformation zu klären.

Bekanntlich führte Marx als Beispiel für allgemeine ökonomische Gesetze die Notwendigkeit an, die gesellschaftliche Arbeit in bestimmten Proportionen zu verteilen: Die den verschiedenen Bedürfnismassen entsprechenden Massen von Produkten erfordern verschiedene und quantitativ bestimmte Massen der gesellschaftlichen Gesamtarbeit. Deshalb bleibt die Notwendigkeit, die gesellschaftliche Arbeit in entsprechender Weise zu verteilen, in jeder Gesellschaftsordnung bestehen. Nur die Erscheinungsweise dieser Notwendigkeit kann sich ändern. Marx bemerkt in diesem Zusammenhang: „Naturgesetze können überhaupt nicht aufgehoben werden. Was sich in historisch verschiednen

[136] Lenin, W. I., Der ökonomische Inhalt der Volkstümlerrichtung und die Kritik an ihr in dem Buch des Herrn Struve, in: Werke, Bd. 1, Berlin 1961, S. 425

Zuständen ändern kann, ist nur die *Form*, worin jene Gesetze sich durchsetzen."[137]

Läßt sich hieraus der Schluß ziehen, daß die ökonomischen Gesetze einer jeden konkreten historischen Entwicklungsstufe der gesellschaftlichen Produktion nur verschiedene Erscheinungsformen unveränderlicher allgemeiner Gesetze sind? Für diese Schlußfolgerung gibt es keinen hinreichenden Grund. Man muß beachten, daß Marx und Engels in einer Reihe von Fällen entschieden davor warnten, historisch bestimmte ökonomische Gesetze auf allgemeine oder allgemeinmenschliche Gesetze zu reduzieren.

Marx weist, nachdem er bemerkt hat, daß über die Verteilung ebensogut allgemeine Thesen aufgestellt werden können wie über die Produktion, darauf hin, auf diese Weise sei es möglich, „alle historischen Unterschiede zu konfundieren oder auszulöschen in *allgemein menschlichen* Gesetzen."[138] Engels wandte sich scharf gegen die Versuche, die Wirtschaft von Ländern, die sich auf verschiedenen Stufen der gesellschaftlichen Entwicklung befinden, „unter dieselben Gesetze bringen"[139] zu wollen, weil solche Versuche nichts anderes als „den allerbanalsten Gemeinplatz"[140] liefern können. Die politische Ökonomie als historische Wissenschaft, so meinte Engels, die einen geschichtlichen, einen stets wechselnden Stoff behandelt, „untersucht zunächst die besondern Gesetze jeder einzelnen Entwicklungsstufe der Produktion und des Austausches . . ."[141] Erst auf Basis dieser Untersuchung kann sie „die wenigen, für Produktion und Austausch überhaupt geltenden, ganz allgemeinen Gesetze aufstellen . . ."[142]

Aus diesen Äußerungen der Begründer des Marxismus ist ersichtlich, daß sie der Klärung der besonderen Gesetze jeder einzelnen ökonomischen Gesellschaftsformation die entscheidende Bedeutung beimaßen, ohne es für möglich zu halten, diese besonderen Gesetze in allgemeine Gesetze aufzulösen. Wenn sie anerkannten, daß es einige – wie Engels

137 Marx an Kugelmann, Brief v. 11. 7. 1868, in: MEW, Bd. 32, Berlin 1965, S. 553

138 Marx, K., Einleitung zur Kritik der Politischen Ökonomie, in: MEW, Bd. 13, Berlin 1961, S. 619

139 Engels, F., Herrn Eugen Dührings Umwälzung der Wissenschaft, in: MEW, Bd. 20, S. 136

140 Ebenda

141 Ebenda, S. 136f.

142 Ebenda, S. 137

sagte – ganz allgemeine Gesetze gibt, so waren sie zugleich auch der Ansicht, daß sich diese allgemeinen Gesetze in jeder konkreten ökonomischen Gesellschaftsformation in einer besonderen Form darstellen und durchsetzen. So bricht sich die allen gesellschaftlichen Produktionsformen gemeinsame Notwendigkeit, die Arbeit in bestimmten Proportionen zu verteilen, in der Warenproduktion, bei der der Zusammenhang zwischen den Produzenten durch den privaten Austausch ihrer Arbeitsprodukte hergestellt wird, vermittels des Wertgesetzes Bahn.

Die Dialektik der Wechselbeziehungen zwischen den objektiven ökonomischen Gesetzen und der praktischen Tätigkeit der Menschen besteht darin, daß die Menschen, deren Wollen und Handeln durch diese Gesetze bestimmt wird, die materiellen Lebensbedingungen der Gesellschaft aktiv verändern, während beim Wechsel der ökonomischen Gesellschaftsformationen die einen Gesetze durch andere abgelöst werden. Die materialistische Weltanschauung ist mit jeglichem Subjektivismus in Philosophie, Soziologie und Politik, in der ökonomischen Theorie und in der Wirtschaftspraxis unvereinbar. Die Anerkennung des objektiven Charakters der Entwicklungsgesetze in Natur und Gesellschaft heißt nicht, die Bedeutung der subjektiven Faktoren in der Geschichte zu schmälern, vielmehr ist dadurch erstmals der Weg zum Verständnis ihrer wirklichen Rolle erschlossen.

Die idealistischen Konzeptionen, die die subjektiven Handlungen der Menschen ganz besonders in den Vordergrund rücken, können in Wirklichkeit weder die Bedingungen noch die Folgen erfolgreicher Tätigkeit der Menschen erklären. Nur wenn die objektiven Gesetze der Umwelt geklärt werden, ergibt sich eine feste Grundlage für die zweckmäßige Tätigkeit des Menschen. Dadurch, daß die Menschen die Gesetze der objektiven Welt anerkennen, erhalten sie die Möglichkeit, diese Gesetze in ihrer Tätigkeit anzuwenden.

Dies ist ganz offensichtlich, wenn von den Naturgesetzen die Rede ist. Aber dies gilt auch voll und ganz hinsichtlich der gesellschaftlichen Entwicklungsgesetze. Gerade die Erkenntnis der gesellschaftlichen Entwicklungsgesetze bildet die feste Grundlage für die bewußte und erfolgreiche Tätigkeit der Menschen. Die materialistische Weltanschauung deckt also die dialektische Wechselwirkung zwischen objektiven und subjektiven Faktoren in der Geschichte der Gesellschaft auf: Die objektiven Faktoren erklären bedeutet, eine Voraussetzung für das Wirken der subjektiven Faktoren zu schaffen, das seinerseits wieder auf die Weiterentwicklung der objektiven Lebensbedingungen der Gesellschaft Einfluß nimmt.

Eine Quelle der Kraft und der Lebendigkeit des Marxismus besteht darin, daß er sich – wie Lenin bemerkte – auszeichnet „durch eine hervorragende Vereinigung von absoluter wissenschaftlicher Nüchternheit in der Analyse der objektiven Sachlage und des objektiven Entwicklungsganges mit der entschiedensten Anerkennung der Bedeutung der revolutionären Energie, der revolutionären Schaffenskraft, der revolutionären Initiative der Massen und natürlich auch der einzelnen Personen, Gruppen, Organisationen und Parteien, die es verstehen, Verbindungen mit den einen oder anderen Klassen ausfindig zu machen und zu realisieren."[143]

Diese hervorragende Verbindung der nüchternen wissenschaftlichen Analyse objektiver Gesetzmäßigkeiten der gesellschaftlichen Entwicklung und realer Bedingungen mit dem Verständnis der Bedeutung, die die revolutionäre Aktivität der Massen besitzt, ist dem Marxismus im Verlaufe seines gesamten Lebensweges eigen. Doch noch niemals hat dieser Charakterzug der unsterblichen marxistisch-leninistischen Lehre eine so entscheidende Rolle gespielt wie in der gegenwärtigen Epoche, in der die großen Umgestaltungen des gesellschaftlichen Lebens in den Ländern, die den Sozialismus und den Kommunismus aufbauen, den zentralen Platz im historischen Geschehen einnehmen.

Die Gegner des Marxismus verletzen ungeniert die elementarsten Grundlagen der Wissenschaft, wenn sie sich darauf berufen, daß jede ökonomische Erscheinung im einzelnen anders aussieht als der verallgemeinerte Ausdurck dieser Erscheinungen im Gesetz. Auf dem Gebiet der Naturwissenschaften wird kein Mensch behaupten wollen, die Gesetze der Erscheinungen seien ein Phantom, weil es in der Natur eine Vielzahl scheinbarer Verletzungen und Abweichungen gibt. Auf dem Gebiet der ökonomischen Wissenschaft aber, betont Lenin, streicht die Bourgeoisie die Leute heraus, deren Ansichten ein glatter Hohn auf die Wissenschaft sind, „die uns auf allen Wissensgebieten die Äußerung der Grundgesetze im scheinbaren Chaos der Erscheinungen zeigt."[144] An anderer Stelle schrieb Lenin, daß in der ökonomischen Theorie „nur von der Richtung der Entwicklung im großen und ganzen die

[143] Lenin, W. I., Gegen den Boykott, in: Werke, Bd. 13, Berlin 1963, S. 23

[144] Lenin, W. I., Noch eine Vernichtung des Sozialismus, in: Werke, Bd. 20, S. 196

Rede ist, keineswegs aber von Einzelheiten und an der Oberfläche liegenden Erscheinungen, die in ihrer Vielgestaltigkeit von *keiner* Theorie berücksichtigt werden können."[145]

Die bürgerliche politische Ökonomie befaßt sich besonders gern eben mit dem „scheinbaren Chaos der Erscheinungen", sie ersetzt die Erforschung der allgemeinen Gesetzmäßigkeiten, der Hauptgesetze, die die Entwicklungsrichtung der gegebenen Produktionsweise aufdecken, durch die Erforschung von Einzelheiten und Oberflächenerscheinungen. Diese Verfahrensweise war für die sogenannte historische Schule der Vulgärökonomie besonders charakteristisch.

Engels wies darauf hin, daß der Marxismus die wirkliche Bedeutung der Dialektik als der „Wissenschaft von den allgemeinen Gesetzen der Bewegung, sowohl der äußern Welt wie des menschlichen Denkens" aufdeckte, und schrieb, daß dies „zwei Reihen von Gesetzen" sind, „die der Sache nach identisch, dem Ausdruck nach aber insofern verschieden sind, als der menschliche Kopf sie mit Bewußtsein anwenden kann, während sie in der Natur und bis jetzt auch großenteils in der Menschengeschichte sich in unbewußter Weise, in der Form der äußeren Notwendigkeit, inmitten einer endlosen Reihe scheinbarer Zufälligkeiten durchsetzen."[146] In einem Brief bemerkte Engels, daß es mit den ökonomischen, politischen und anderen Reflexen ganz wie mit denen im menschlichen Auge ist: sie gehen durch eine Sammellinse und stellen sich daher verkehrt, auf dem Kopf, dar. „Nur daß der Nervenapparat fehlt, der sie für die Vorstellung wieder auf die Füße stellt."[147]

Wie Engels nachwies, wird unser gesamtes theoretisches Denken durch die Tatsache beherrscht, daß unser subjektives Denken und die objektive Welt denselben Gesetzen unterworfen sind, weshalb sie sich nicht widersprechen können, sondern übereinstimmen müssen. Diese Tatsache hielt er für die unbewußte und unbedingte Voraussetzung des theoretischen Denkens, und er bemerkte in diesem Zusammenhang, daß die dialektische Philosophie „die Analogie der Denkprozesse mit den Natur- und Geschichtsprozessen und umgekehrt, und die Gültigkeit gleicher Gesetze für alle diese Prozesse an einer Menge von Fällen

145 Lenin, W. I., Rezension: Karl Kautzky, Bernstein und das sozialdemokratische Programm, in: Werke, Bd. 4, Berlin 1955, S. 192

146 Engels, F., Ludwig Feuerbach und der Ausgang der klassischen deutschen Philosophie, in: MEW, Bd. 21, S. 293

147 Engels an Schmidt, Brief v. 27. 10. 1890, in: MEW, Bd. 37, S. 488

und auf den verschiedensten Gebieten nachgewiesen hat"[148]. An anderer Stelle betonte er, daß die Denkgesetze und die Naturgesetze notwendig miteinander übereinstimmen, sobald sie nur richtig erkannt sind.[149]

Indem sie die ökonomischen Entwicklungsgesetze der Gesellschaft aufdeckt, vermittelt die marxistisch-leninistische Theorie eine klare und erschöpfende Vorstellung über die Grundrichtungen dieser Entwicklung. Die bürgerlichen Apologeten stellen den wissenschaftlich begründeten Schlußfolgerungen gern einzelne, willkürlich herausgegriffene Tatsachen und Erscheinungen gegenüber. Lenin wies darauf hin, daß es auf dem Gebiet der gesellschaftlichen Erscheinungen kein so weit verbreitetes wie fehlerhaftes Verfahren gibt als das Herausgreifen einzelner Tatsachen und das Jonglieren mit Beispielen. Und Lenin schrieb: „Tatsachen sind, nimmt man sie in ihrer *Gesamtheit,* in ihrem *Zusammenhang,* nicht nur ‚hartnäckige', sondern auch unbedingt beweiskräftige Dinge. Nimmt man aber einzelne Tatsachen, losgelöst vom Ganzen, losgelöst aus ihrem Zusammenhang, sind die Daten lückenhaft, sind sie willkürlich herausgegriffen, dann ist das eben nur ein Jonglieren mit Daten oder etwas noch Schlimmeres."[150] Lenin betonte, daß es darauf ankommt, nicht einzelne Tatsachen herauszugreifen, sondern den Gesamtkomplex der auf die betreffende Frage bezüglichen Tatsachen zu betrachten, daß nur auf diese Weise der objektive Zusammenhang und die objektive wechselseitige Abhängigkeit der historischen Erscheinungen in ihrer Gesamtheit erfaßt werden können.

Mit der Frage nach dem Charakter der ökonomischen Gesetze ist auch die Frage nach der Rolle des Staates im ökonomischen Leben der Gesellschaft verbunden. Schon in den Gesellschaftsordnungen, die durch den spontanen Verlauf der ökonomischen Entwicklung charakterisiert sind, spielt der Staat eine große Rolle. Als Engels die ökonomische Rolle des Staates im Kapitalismus analysierte, ging er davon aus, daß die Gesellschaft unter Voraussetzung der Arbeitsteilung gewisse gemeinsame Funktionen erzeugt, deren sie nicht entraten kann. Die hierzu ernannten Leute bilden einen neuen Zweig der Teilung der

[148] Engels, F., Dialektik der Natur, in: MEW, Bd. 20, S. 529
[149] Vgl. ebenda, S. 493
[150] Lenin, W. I., Statistik und Soziologie, in: Werke, Bd. 23, Berlin 1957, S. 285

Arbeit innerhalb der Gesellschaft. „Sie erhalten damit besondre Interessen auch gegenüber ihren Mandataren, sie verselbständigen sich ihnen gegenüber, und – der Staat ist da."[151]

Die neue selbständige Macht hat zwar im großen und ganzen der Bewegung der Produktion zu folgen, wirkt aber auch, kraft der ihr innewohnenden relativen Selbständigkeit, auf die Bedingungen und den Gang der Produktion ein. Engels betont, daß dies Wechselwirkung zweier ungleicher Kräfte ist. Die ökonomische Bewegung setzt sich im großen und ganzen durch, aber sie muß auch Rückwirkung erleiden von der politischen Bewegung.

Diese Rückwirkung der Staatsmacht auf die ökonomische Entwicklung kann dreierlei Art sein. Sie kann in derselben Richtung wirken, dann verläuft die Entwicklung rascher. Sie kann in entgegengesetzter Richtung wirken, dann scheitert sie früher oder später. Schließlich kann sie der ökonomischen Entwicklung bestimmte Richtungen abschneiden und andere vorschreiben – dieser Fall reduziert sich letztlich auf einen der beiden vorhergehenden.[152] Alle Regierungen, bemerkt Engels, sind in letzter Instanz nur Vollstrecker der ökonomischen Notwendigkeit, die sich aus der Lage des Landes ergibt, sie lösen diese Aufgaben in verschiedener Weise – gut, schlecht oder leidlich, sie beschleunigen oder hemmen die ökonomische Entwicklung, aber schließlich müssen sie ihr doch folgen.[153]

In einer Gesellschaft, die auf der Ausbeutung des Menschen durch den Menschen beruht, ist der Staat, wie Engels sagt, nur der Reflex, in zusammenfassender Form, der ökonomischen Bedürfnisse der Klasse, die die Produktion beherrscht.[154]

In dieser Eigenschaft ist der Staat der Apparat zur Unterdrückung der werktätigen und ausgebeuteten Massen, Apparat der Herrschaft der Ausbeuterklasse. Deshalb existiert in jeder Ausbeuterordnung ein offensichtlicher Widerspruch zwischen der formalen Prätention der Staatsmacht, die Interessen der Gesamtgesellschaft zu vertreten, und ihrer faktischen Rolle als Instrument der Herrschaft einer Minderheit über die Mehrheit der Gesellschaft. Auf ökonomischem Gebiet drückt

[151] Engels an Schmidt, Brief vom 27. 10. 1890, in: MEW, Bd. 37, S. 490
[152] Vgl. ebenda, S. 490f.
[153] Vgl. Engels an Danielson, Brief v. 18. 6. 1892, in: MEW, Bd. 38, S. 365
[154] Vgl. Engels, F., Ludwig Feuerbach und der Ausgang der klassischen deutschen Philosophie, in: MEW, Bd. 21, S. 301

sich dieser Widerspruch darin aus, daß der Staat wohl formell den Vorrang hat, die faktische ökonomische Macht sich aber in den Händen der ausbeuterischen Oberschicht der Gesellschaft befindet. In diesem Sinne schrieb Engels: Wenigstens in der modernen Geschichte ist „der Staat, die politische Ordnung, das Untergeordnete, die bürgerliche Gesellschaft, das Reich der ökonomischen Beziehungen, das entscheidende Element"[155].

Die Rolle des Staates in der ökonomischen Entwicklung der Gesellschaft ändert sich jedoch wesentlich beim Übergang von einer Ordnung, die nach spontanen ökonomischen Gesetzen lebt, zu einer Ordnung, die darauf beruht, daß die objektiven ökonomischen Entwicklungsgesetze der Gesellschaft bewußt angewendet werden. Engels erklärte das Wesen des historischen Materialismus einige Jahrzehnte vor der sozialistischen Revolution und bemerkte, daß die Menschen ihre Geschichte *bis jetzt* ohne Gesamtwillen, nicht nach einem einheitlichen Gesamtplan machten, nicht einmal im Rahmen einer bestimmten begrenzten Gesellschaft. Im Ergebnis der sozialistischen Revolution ändert sich die Lage. Marx und Engels betonten entschieden die große Bedeutung, die die Staatsmacht im Prozeß des revolutionären Übergangs vom Kapitalismus zum Sozialismus, im Prozeß des sozialistischen Aufbaus hat. „Oder warum kämpfen wir denn um die politische Diktatur des Proletariats, wenn die politische Macht ökonomisch ohnmächtig ist? Die Gewalt (d. h. die Staatsmacht) ist auch eine ökonomische Potenz!"[156]

[155] Ebenda, S. 300

[156] Engels an Schmidt, Brief v. 27. 10. 1890, in: MEW, Bd. 37, S. 493

Kapitel X

Die Aufdeckung der Widersprüche des Kapitalismus

1. Das ökonomische Bewegungsgesetz der bürgerlichen Gesellschaft

Der Marxismus hat die Arbeiterklasse nicht nur mit der Kenntnis der Gesetzmäßigkeiten der gesellschaftlichen Entwicklung in allen ihren Etappen, sondern auch mit einem tiefen Verständnis für die spezifische Natur des Kapitalismus, für die Gesetze seiner Entstehung, seiner Entwicklung und seines Untergangs ausgerüstet.

Engels propagierte, popularisierte und verbreitete über Jahrzehnte hinweg unermüdlich die Ideen des „Kapitals". So trug er dazu bei, daß der Inhalt des monumentalen Werks von Marx der bewußten Vorhut der Arbeiterklasse zugänglich geworden ist. Zugleich aber arbeitete er auch eine Reihe von Kardinalfragen der Theorie des Kapitalismus tiefgründig aus, entwickelte viele Seiten der ökonomischen Lehre des Marxismus weiter, deckte die wissenschaftliche und praktische Bedeutung der Ideen des „Kapitals" auf.

Engels begründete allseitig die Bedeutung der Marxschen Analyse der Ware und deckte den Inhalt der Arbeitswerttheorie auf, die Marx ausgearbeitet hat. Er zeigte, daß die Analyse der Ware – dieser ökonomischen Zellenform der bürgerlichen Gesellschaft – die erste Stufe in der Erforschung der Widersprüche ist, die der kapitalistischen Produktionsweise innewohnen. Um zu wissen, was der Mehrwert ist, schrieb Engels, mußte Marx wissen, was der Wert ist.[1]

[1] Engels, F., Vorwort zu „Das Kapital", Zweiter Band, in: MEW, Bd. 24, Berlin 1963, S. 23

Wie Marx, so erklärte auch Engels, daß die Bestimmung des Werts durch die Arbeit die Entdeckung war, die den Grundstein zur wissenschaftlichen politischen Ökonomie legte. Die Warenpreise wechseln fortwährend unter dem Einfluß mannigfaltiger Umstände, die häufig mit der Herstellung der Ware selbst in gar keinem Zusammenhang stehen. Daher stammt die Vorstellung, daß die Preise überhaupt durch den puren Zufall bestimmt zu sein scheinen. Sobald nun die politische Ökonomie als Wissenschaft auftrat, bestand eine ihrer ersten Aufgaben darin, das Gesetz zu suchen, das sich hinter diesem scheinbar die Warenpreise beherrschenden Zufall verbarg. Die Wissenschaft ging von den Warenpreisen aus, um als deren regelndes Gesetz den Warenwert zu suchen, aus dem sich alle Preisschwankungen vollziehen und auf den sie schließlich alle wieder zurückzuführen sind.

Dies Suchen führte die Vertreter der klassischen bürgerlichen Schule in der politischen Ökonomie zu der Entdeckung, daß der Wert einer Ware durch die in ihr steckende, zu ihrer Produktion notwendige Arbeit bestimmt ist. Aber diese Erklärung, schrieb Engels, war unzureichend. „Marx hat zuerst die wertbildende Eigenschaft der Arbeit gründlich untersucht und dabei gefunden, daß nicht jede scheinbar oder auch wirklich zur Produktion einer Ware notwendige Arbeit dieser Ware unter allen Umständen eine Wertgröße zusetzt, die der verbrauchten Arbeitsmenge entspricht.“[2]

Engels wies darauf hin, daß, um die Mehrwerttheorie begründen zu können, vor allem Ricardos Werttheorie der Kritik unterzogen werden mußte. Marx löste diese Aufgabe, indem er die Arbeit auf ihre wertbildende Qualität untersuchte und zum ersten Male feststellte, welche Arbeit wie und warum Wert bildet. Marx erklärte, daß Wert überhaupt nichts ist als festgeronnene Arbeit dieser Art.[3] An anderer Stelle wies Engels darauf hin, daß Wert nur ein anderer Ausdruck für Arbeit ist, derjenige Ausdruck, wodurch in der kapitalistischen Gesellschaft die Menge der in einer bestimmten Ware steckenden, gesellschaftlich notwendigen Arbeit bezeichnet wird.[4]

[2] Engels, F., Einleitung zu Karl Marx' „Lohnarbeit und Kapital“ (Ausgabe 1891), in: MEW, Bd. 22, Berlin 1963, S. 204

[3] Vgl. Engels, F., Vorwort zu „Das Kapital“, Zweiter Band, in: MEW, Bd. 24, S. 23

[4] Vgl. Engels, F., Einleitung zu Karl Marx' „Lohnarbeit und Kapital“ (Ausgabe 1891), in: MEW, Bd. 22, S. 208

In dieser Weise erläuterte Engels die wichtigste These der marxistischen Theorie der Ware: Der Wert ist keine bloß logische Kategorie, wie die Vorgänger des Marxismus annahmen und die bürgerlichen Ökonomen bis in die letzte Zeit hinein behaupten. Der Wert ist eine historische Kategorie, die nur bestimmten Stufen in der Entwicklung der gesellschaftlichen Produktion eigen ist.

Engels hielt es für notwendig, den spezifisch historischen Charakter der Ware und ihres Werts in einem Zusatz zu betonen, den er in das erste Kapitel der vierten Auflage des ersten Bandes des „Kapitals" einfügte. Marx schrieb, daß, wer durch sein Produkt sein eigenes Bedürfnis befriedigt, zwar Gebrauchswert schafft, aber nicht Ware. Um Ware zu produzieren, muß er nicht nur Gebrauchswert produzieren, sondern Gebrauchswert für andere, gesellschaftlichen Gebrauchswert. „Und nicht nur für andre schlechthin", fügt Engels hinzu. „Der mittelalterliche Bauer produzierte das Zinskorn für den Feudalherrn, das Zehntkorn für den Pfaffen. Aber weder Zinskorn noch Zehntkorn wurden dadurch Ware, daß sie für andre produziert waren. Um Ware zu werden, muß das Produkt dem andern, dem es als Gebrauchswert dient, durch den Austausch übertragen werden."[5] In einer Fußnote erläutert Engels, daß dieser Zusatz nötig war, weil häufig das Mißverständnis entstanden ist, jedes Produkt, das von einem anderen als dem Produzenten konsumiert wird, gelte bei Marx als Ware.[6]

Die Analyse, die den Doppelcharakter der in der Ware verkörperten Arbeit aufdeckt, hielt Engels für eine der vortrefflichsten Untersuchungen im „Kapital". Engels legte die Resultate dieser Analyse dar und schrieb, daß die Arbeit, als Erzeugerin von Gebrauchswert betrachtet, eine Arbeit besonderer Art ist, die sich von derselben Arbeit, als Erzeugerin von Wert betrachtet, unterscheidet. „Die eine ist Arbeit spezifischer Art: Spinnen, Weben, Pflügen etc.; die andere ist der allen gemeinsame Charakter der menschlichen produktiven Tätigkeit, die dem Spinnen, Weben, Pflügen etc. eigen ist und sie alle unter dem einen gemeinsamen Begriff Arbeit zusammenfaßt. Die eine ist konkrete, die andere abstrakte Arbeit. Die eine ist Arbeit im technischen Sinn, die andere im ökonomischen."[7]

[5] Marx, K., Das Kapital, Erster Band, in: MEW, Bd. 23, Berlin 1962, S. 55

[6] Vgl. ebenda

[7] Engels, F., Wie man Marx nicht übersetzen soll, in: MEW, Bd. 21, Berlin 1962, S. 235

Der Übergang von der Analyse der Ware zur Analyse des Kapitals, von der Werttheorie zur Mehrwerttheorie in der ökonomischen Lehre des Marxismus ist die logische Widerspiegelung des Übergangs von der einfachen Warenproduktion zur kapitalistischen Produktion. Das Kapital entsteht erst, wenn Warenproduktion und Warenzirkulation ein gewisses Entwicklungsniveau erreicht haben. Der Kapitalismus ist die Warenproduktion auf ihrem höchsten Entwicklungsstadium, wo auch die Arbeitskraft des Menschen zur Ware wird. Die Verwandlung der Arbeitskraft in eine Ware ist weder naturgegeben noch eine Erscheinung, die allen Epochen eigen ist. Im Gegenteil, sie ist nach den Worten von Marx ein historisches Entwicklungsprodukt der Gesellschaft, „das Produkt vieler ökonomischer Umwälzungen, des Untergangs einer ganzen Reihe älterer Formationen der gesellschaftlichen Produktion“[8]. „Die Warenproduktion“, schrieb Engels, „ist eine der Vorbedingungen für die Existenz des Kapitals; aber solange der Produzent nur *sein eigenes Produkt* verkauft, ist er kein Kapitalist; er wird es erst in dem Augenblick, wo er sein Instrument dazu verwendet, *um die Lohnarbeit anderer auszubeuten.*“[9]

Allein Marx und Engels haben die kapitalistische Produktionsweise von ihren Grundlagen bis zu den entwickeltsten Formen hin wissenschaftlich analysiert. Das größte Verdienst der klassischen bürgerlichen Ökonomen bestand darin, daß sie den Grundstein zur Arbeitswerttheorie legten. Aber sie waren nicht imstande, die Erscheinungen der kapitalistischen Produktionsweise konsequent auf Basis der Bestimmung des Werts durch die gesellschaftlich notwendige Arbeit zu erklären. Weder Smith noch Ricardo vermochten es, den spezifischen Charakter der kapitalistischen Produktionsweise als eine besondere Art von Produktionsweise aufzudecken. Sie vermochten nicht die Gesetze der Bewegung und Entwicklung dieser Produktionsweise aufzudecken. Deshalb waren sie gegenüber den ausweglosen Widersprüchen in ihren Systemen machtlos, die von der Kritik aufgezeigt wurden.

Engels umriß diese Widersprüche außerordentlich klar in einer Rezension über den ersten Band des Kapitals. In dieser Rezension weist er darauf hin, daß die klassische bürgerliche politische Ökonomie einerseits lehrt, daß die Arbeit die Quelle allen Reichtums und das Maß aller Werte ist und folglich nur gleiche Werte gegeneinander ausgetauscht

[8] Marx, K., Das Kapital, Erster Band, in: MEW, Bd. 23, S. 183

[9] Engels an P. Lafargue, Brief v. 11. 8. 1884, in: MEW, Bd. 36, S. 149ff.

werden. Andererseits lehren die bürgerlichen Ökonomen, daß eine besondere Art aufgespeicherter Arbeit existiert, die sie Kapital nennen, und dies Kapital erhält einen bestimmten Profit oder Gewinn. In Wirklichkeit verhält sich die Sache so, daß die Kapitale immer kolossaler, die Profite immer massenhafter, die Masse der bloß vom Arbeitslohn lebenden Arbeiter hingegen immer zahlreicher und ärmer wird. Damit ergibt sich die Frage: Woher stammt der Profit des Kapitalisten, wenn der Arbeiter den vollen Wert der Arbeit ersetzt erhält, den er seinem Produkt zusetzt? Denn wenn gleiche Werte ausgetauscht werden, so sollte dies doch der Fall sein. Aber wie können gleiche Werte ausgetauscht werden, wenn das Produkt der Arbeit zwischen dem Arbeiter und dem Kapitalisten geteilt wird? „Die bisherige Ökonomie steht vor diesem Widerspruch ratlos da, schreibt oder stottert verlegene, nichtssagende Redensarten." [10]

Diesen Widerspruch lösten erst die Begründer des Marxismus. Sie deckten den historisch vergänglichen Charakter des Kapitalismus auf und zeigten, daß die kapitalistische Produktionsweise keineswegs der ewige und unveränderliche Zustand jeder Gesellschaft, sondern im Gegenteil nur eine bestimmte historische Stufe in der Entwicklung der Gesellschaft ist. In ihren Untersuchungen figuriert der Kapitalismus nicht als absolute, sondern als historisch bedingte Gesellschaftsordnung, die auf einer bestimmten Etappe der gesellschaftlichen Entwicklung gesetzmäßig entsteht und im Prozeß der weiteren Entwicklung der Gesellschaft ebenso gesetzmäßig von der Bühne abtritt.

Engels deckte allseitig die große historische Bedeutung der Mehrwerttheorie auf, die Marx begründet hatte. Er zeigte, wie entscheidend diese Entdeckung für die Verwandlung der politischen Ökonomie aus einer Sozialwissenschaft der Bourgeoisie in die politische Ökonomie der Arbeiterklasse gewesen ist.

Die Vertreter der klassischen bürgerlichen politischen Ökonomie übernahmen, wie Engels bemerkt, aus der alltäglichen Praxis die Vorstellung des Kapitalisten, als kaufe er die Arbeit seiner Arbeiter. Diese Vorstellung, die für den Geschäftsgebrauch des Fabrikanten völlig ausreichte, wurde in die politische Ökonomie übertragen und richtete dort wundersame Irrungen und Wirrungen an. Sobald die Ökonomen auf diese Ware „Arbeit" die Wertbestimmung durch die Arbeit anwandten,

[10] Engels, F., Rezension des Ersten Bandes „Das Kapital" für das „Demokratische Wochenblatt", in: MEW, Bd. 16, S. 236

gerieten sie in einen fehlerhaften Kreis von Widersprüchen. Wenn der Wert der Ware durch die Arbeit bestimmt ist, der Kapitalist aber die „Arbeit" des Arbeiters kauft, so läßt sich nicht erklären, woher der Mehrwert kommt, den der Kapitalist herauszieht. Dieser Widerspruch bleibt unlösbar, solange vom Kauf und Verkauf der Arbeit und vom Wert der Arbeit die Rede ist. Die Ricardosche Schule erlitt in erheblichem Maße deshalb Schiffbruch, weil sie nicht imstande war, diesen Widerspruch zu lösen. Die klassische bürgerliche politische Ökonomie war in eine Sackgasse geraten. „Der Mann, der den Weg aus dieser Sackgasse fand, war Karl Marx."[11]

Als Marx die Mehrwerttheorie begründete, hatte die Menschheit nach Engels' Worten schon etliche Jahrhunderte lang Mehrwert produziert und kam allmählich auch dahin, sich über dessen Entstehung Gedanken zu machen. Bereits A. Smith betrachtete den Mehrwert als Ausdruck der Mehrarbeit, als Überschuß der verausgabten und in der Ware vergegenständlichten Arbeit über die bezahlte Arbeit, also über die Arbeit, die ihr Äquivalent im Arbeitslohn erhalten hat. Zugleich faßte Smith den Mehrwert als allgemeine Kategorie auf, wovon der Profit und die Grundrente nur Abzweigungen bilden. Aber Smith schied den Mehrwert als solchen nicht als eigene Kategorie von den besonderen Formen, die er in Profit und Grundrente erhält.

Ricardo machte einen weiteren Schritt vorwärts in der Bestimmung des Werts der Waren durch die in ihnen enthaltene Arbeit. Hieraus leitete er die Verteilung des den benutzten Produktionsmitteln durch die Arbeit zugesetzten Wertquantums unter Arbeiter und Kapitalisten ab, seine Spaltung in Arbeitslohn und Mehrwert. Er wies nach, daß der Wert der Waren derselbe bleibt, wie auch das Verhältnis dieser beiden Teile wechsle, in die er zerfällt. Er stellte sogar einige Hauptgesetze über das wechselseitige Verhältnis von Arbeitslohn und Mehrwert, in der Form des Profits gefaßt, fest, wenn auch in zu allgemeiner Fassung.[12]

Aber Marx' Vorgänger konnten das Geheimnis der kapitalistischen Ausbeutung nicht aufdecken. Ihnen war natürlich die Existenz des Teils des Produktenwertes bekannt, der in der marxistischen poli-

[11] Engels, F., Einleitung zu Karl Marx' „Lohnarbeit und Kapital" (Ausgabe 1891), in: MEW, Bd. 22, S. 206

[12] Vgl. Engels, F., Vorwort zu „Das Kapital", Zweiter Band, in: MEW, Bd. 24, S. 18

tischen Ökonomie Mehrwert genannt wird. Ihnen war auch mehr oder minder klar, daß dieser Teil des Produktenwertes das Resultat der Arbeit ist, für die der Kapitalist kein Äquivalent gezahlt hat. Aber weiter vermochten sie nicht zu gehen. Die Vertreter der klassischen bürgerlichen politischen Ökonomie untersuchten bestenfalls das Größenverhältnis, worin das Produkt zwischen Lohnarbeiter und Kapitalist verteilt wird. Die utopischen Sozialisten, die von der Arbeitswerttheorie Ricardos ausgingen, fanden diese Verteilung ungerecht und schlugen allerlei Mittel vor, diese Ungerechtigkeit zu beseitigen.

Seitdem die klassische bürgerliche politische Ökonomie erklärt hatte, daß der Wert durch die Arbeit bestimmt wird, war die Frage unvermeidlich geworden: Wie ist diese These damit vereinbar, daß der Lohnarbeiter nicht den ganzen, durch seine Arbeit erzeugten Wert erhält, sondern einen Teil davon an den Kapitalisten abgeben muß? „Sowohl die bürgerlichen Ökonomen wie die Sozialisten mühten sich ab, auf die Frage eine wissenschaftlich stichhaltige Antwort zu geben, aber vergebens, bis endlich Marx mit der Lösung hervortrat." [13] Engels schreibt, daß Marx' Mehrwerttheorie wie ein Blitz aus heiterem Himmel einschlug. Marx trat in direktem Gegensatz zu allen seinen Vorgängern auf. „Wo diese eine *Lösung* gesehen hatten, sah er nur ein *Problem*." [14]

Die Ricardosche Schule scheiterte gerade an der Theorie des Mehrwerts. Die beiden Punkte, an denen sie zugrunde ging, waren diese:

Erstens. Die lebendige Arbeit hat im Austausch mit dem Kapital einen geringeren Wert als die vergegenständlichte Arbeit, gegen die sie ausgetauscht wird. Der Arbeitslohn, in dem sich der Wert eines bestimmten Quantums lebendiger Arbeit ausdrückt, ist stets geringer als der Wert des Produkts, das diese Arbeit erzeugt. In dieser Fassung ist die Frage unlösbar. Marx stellte die Frage richtig und beantwortete sie damit. „Es ist nicht die Arbeit, die einen Wert hat", schrieb Engels. „Als wertschaffende Tätigkeit kann sie ebensowenig einen besondren Wert haben, wie die Schwere ein besondres Gewicht, die Wärme eine besondre Temperatur, die Elektrizität eine besondre Stromstärke." [15]

Von einem Wert der Arbeit zu sprechen, weist Engels an anderer Stelle nach, ist ein Widerspruch in sich selbst. Unter gewissen gesell-

[13] Engels, F., Karl Marx, in: MEW, Bd. 19, Berlin 1962, S. 104f.
[14] Engels, F., Vorwort zu „Das Kapital", Zweiter Band, in: MEW, Bd. 24, S. 23
[15] Ebenda, S. 25

schaftlichen Verhältnissen erzeugt die Arbeit nicht nur Produkte, sondern auch Werte, und diese Werte werden durch die Arbeit gemessen.[16]

Marx' richtige Antwort bestand darin, daß nicht die Arbeit, sondern die Arbeitskraft als Ware gekauft und verkauft wird. So löste Marx eine der Schwierigkeiten, an denen die Ricardosche Schule scheiterte: die Unmöglichkeit, den Austausch zwischen Kapital und Lohnarbeit mit der Wertbestimmung durch die Arbeitszeit, mit der Arbeitswerttheorie in Einklang zu bringen. Sobald die Arbeitskraft zur Ware wird, richtet sich ihr Wert nach der Arbeit, die in ihr als einem gesellschaftlichen Produkt verkörpert ist. Anders gesagt, der Wert der Arbeitskraft ist gleich der zu ihrer Produktion und Reproduktion nötigen Arbeit. Engels schließt mit den Worten: „Der Kauf und Verkauf der Arbeitskraft auf Grund dieses ihres Werts widerspricht also keineswegs dem ökonomischen Wertgesetz."[17]

Zweitens. Nach dem Ricardoschen Wertgesetz produzieren zwei Kapitale, die gleiche Mengen Arbeit unter ein und denselben Bedingungen anwenden, gleiche Massen Wert und Mehrwert; wenn sie jedoch ungleiche Mengen Arbeit anwenden, können sie auch nicht gleiche Wertmassen und Profite von gleicher Höhe produzieren. Tatsächlich aber erhalten gleichgroße Kapitale durchschnittlich gleiche Profite, unabhängig davon, daß sie unterschiedliche Mengen Arbeit anwenden. Marx löste diesen Widerspruch, indem er zeigte, daß im Verlaufe der Konkurrenz die Bildung der allgemeinen oder Durchschnittsprofitrate stattfindet und der Wert in der verwandelten Form des Produktionspreises auftritt.

Die Entdeckung des Mehrwerts war, wie Engels zeigte, für das Verständnis des Wesens der Ausbeutung der Lohnarbeit durch das Kapital von gewaltiger Bedeutung. Indem Marx das Geheimnis der kapitalistischen Ausbeutung enthüllte, deckte er die tiefste ökonomische Grundlage des Widerspruches zwischen den Klasseninteressen der Bourgeoisie und des Proletariats auf. Der Austauschvertrag – der Kauf und Verkauf der Arbeitskraft, dieser einleitende Akt der kapitalistischen Ausbeutung – ist nur dem äußeren trügerischen Schein nach ein Kauf- und Verkaufsvertrag zwischen Warenbesitzer und Geldbesitzer. In

[16] Vgl. Engels, F., Herrn Eugen Dührings Umwälzung der Wissenschaft, in: MEW, Bd. 20, Berlin 1962, S. 290

[17] Engels, F., Vorwort zu „Das Kapital", Zweiter Band, in: MEW, Bd. 24, S. 25

Wirklichkeit ist die Stellung der beiden Kontrahenten dieses Vertrages grundverschieden: der Arbeiter ist, um nicht Hungers zu sterben, gezwungen, seine einzige Ware, die Arbeitskraft, dem Kapitalisten zu verkaufen, der, weil er das Monopol auf die Mittel und Bedingungen der Produktion hat, den Lohnarbeiter ausbeutet.

Damit war gezeigt, daß sich der Kapitalismus von den früheren Typen der Ausbeuterordnung nur durch die Form unterscheidet, in der die Mehrarbeit der Masse der unmittelbaren Produzenten abgepreßt wird. Damit war „die heutige bürgerliche Gesellschaft nicht minder als ihre Vorgängerinnen enthüllt als eine großartige Anstalt zur Ausbeutung der ungeheuren Mehrzahl des Volks durch eine geringe und immer kleiner werdende Minderzahl."[18]

Die Mehrwerttheorie, die den Eckstein der ökonomischen Lehre von Marx bildet, ist eine unübertreffliche Waffe im Kampf gegen jeden Versuch, den Kapitalismus zu beschönigen, seine grundlegenden Widersprüche und Antagonismen zu vertuschen, die die bürgerliche Ordnung zum unvermeidlichen Untergang verurteilen. Alle Spitzfindigkeiten der Apologeten des Kapitalismus, seiner eigennützigen Verteidiger und Lakaien haben das Ziel, den grundlegenden Klassenantagonismus des Kapitalismus, den unversöhnlichen Widerspruch der Klasseninteressen der Bourgeoisie und des Proletariats, zu verschleiern. Die von Marx begründete Mehrwerttheorie versetzte den Illusionen und heuchlerischen Phrasen über die Interessenharmonie im Kapitalismus einen vernichtenden Schlag. Der Kapitalismus war entlarvt als System der Lohnsklaverei, das die früheren Formen der Herrschaft und Knechtschaft, die auf der offenen persönlichen Abhängigkeit des Produzenten beruhten, durch die Mittel des ökonomischen Zwangs ersetzte. Die Gesetzmäßigkeiten der Entwicklung des Kapitalismus, die Marx und Engels entdeckt haben, sind Gesetzmäßigkeiten des Anwachsens der Klassenwidersprüche der bürgerlichen Gesellschaft, Gesetzmäßigkeiten ihres unvermeidlichen Untergangs im Ergebnis der siegreichen Revolution des Proletariats.

Engels deckte tiefgründig den Inhalt des ökonomischen Bewegungsgesetzes der bürgerlichen Gesellschaft auf. Nachdem Marx die Arbeit als Schöpferin des Werts untersucht hatte, analysierte er das Verhältnis von Ware und Geld. Er zeigte, wie und warum, kraft der ihr innewohnenden Werteigenschaft, die Ware und der Warenaustausch den

[18] Engels, F., Karl Marx, in: MEW, Bd. 19, S. 106

Gegensatz von Ware und Geld erzeugen muß. Er untersuchte die Verwandlung von Geld in Kapital und bewies, daß sie auf dem Kauf und Verkauf der Arbeitskraft beruht. Indem er zwischen konstanten und variablem Kapital unterschied, konnte er den Prozeß der Mehrwertbildung in seinem wirklichen Hergang bis ins einzelne erklären. Diese Unterscheidung zwischen den beiden Teilen des Kapitals lieferte den Schlüssel zur Lösung des Problems der Durchschnittsprofitrate, an dem Marx' Vorgänger scheiterten. Marx fand weiter die beiden Formen des Mehrwerts – absoluter und relativer Mehrwert – und wies die verschiedene, aber beidemal entscheidende Rolle nach, die sie in der geschichtlichen Entwicklung der kapitalistischen Produktion gespielt haben. „Auf Grundlage des Mehrwerts entwickelte er die erste rationelle Theorie des Arbeitslohns, die wir haben, und gab zum ersten Mal die Grundzüge einer Geschichte der kapitalistischen Akkumulation und eine Darstellung ihrer geschichtlichen Tendenz." [19]

Mit der Analyse der Produktion des relativen Mehrwerts verfolgte Marx den historischen Weg, auf dem der Kapitalismus die Arbeitsproduktivität entwickelte, den Übergang von der Kleinproduktion zur Manufaktur und von der Manufaktur zur maschinellen Großindustrie. Erst in der maschinellen Großproduktion findet das Kapital seine adäquate Basis, die Form der Produktion, die seiner unersättlichen Gier nach Mehrwert entspricht. Beim Übergang von der Manufaktur, die auf Handarbeit beruht, zur Fabrik, die auf dem Maschinensystem basiert, verwandelt sich die formelle Unterordnung der Arbeit unter das Kapital in die reelle.

Engels analysierte in einer Reihe seiner Arbeiten allseitig den hauptsächlichen Klassenantagonismus der kapitalistischen Gesellschaft, den unversöhnbaren Gegensatz zwischen Bourgeoisie und Proletariat, wobei er immer vollständiger die Grundentwicklungstendenz dieser Gesellschaft bloßlegte, die darin besteht, daß sich die Kluft zwischen den antagonistischen Klassen, zwischen Arbeit und Kapital, vertieft. „Kapitalist und Lohnarbeiter", schrieb Marx, „sind die einzigen Funktionäre und Faktoren der Produktion, deren Beziehung und Gegenübertreten aus dem Wesen der kapitalistischen Produktionsweise entspringt." [20]

[19] Engels, F., Vorwort zu „Das Kapital", Zweiter Band, S. 24 in: MEW, Bd. 24, S. 24

[20] Marx, K., Theorien über den Mehrwert, 2. Teil in: MEW, Bd. 26,2 Berlin 1967, S. 148

Wie Lenin bemerkte, gilt das ganze „Kapital" von Marx der Klarstellung der Wahrheit, daß die Grundkräfte der kapitalistischen Gesellschaft nur die Bourgeoisie und das Proletariat sind und sein können.[21] Auf dieser Wahrheit beruht die Lehre von der welthistorischen Rolle der Arbeiterklasse als des Totengräbers des Kapitalismus und Schöpfers der sozialistischen Gesellschaft, eine Lehre, die Lenin als das Wichtigste im Marxismus kennzeichnete.[22]

Im Verlaufe des 19. Jahrhunderts entwickelte sich der Kapitalismus in die Breite, indem er einen immer größeren Kreis von Ländern und Gebieten der Erde erfaßte, und in die Tiefe, indem er sich die früheren, traditionellen, vorkapitalistischen Wirtschaftsformen unterwarf. Mit der Ausbreitung der kapitalistischen Verhältnisse wuchs und verstärkte sich die Polarisierung der Klassen. Am Ende des 19. Jahrhunderts betonte Engels auf Basis reicher historischer Erfahrungen, daß in dem Maße, wie der Kapitalismus sich entwickelt, „alle alten gesellschaftlichen Unterschiede aufgehen in den einen großen Gegensatz von Kapitalisten und Lohnarbeitern."[23], daß „die moderne Gesellschaft ... wesentlich aus Kapitalisten und Lohnarbeitern besteht ..."[24]

Der Prozeß der Klassenpolarisierung schreitet auch im 20. Jahrhundert unentwegt voran. Im monopolistischen Stadium des Kapitalismus hat die Klassenspaltung der bürgerlichen Gesellschaft früher nie dagewesene Maßstäbe erreicht. Der bekannte sowjetische Ökonom E. Varga war zweifellos im Recht, als er schrieb: „Der moderne Kapitalismus in den hochentwickelten Ländern erinnert seiner sozialen Struktur nach viel eher an die ausschließlich aus den beiden Klassen – Bourgeoisie und Proletariat – bestehende kapitalistische Gesellschaft, von deren angenommener Existenz Marx bei seiner theoretischen Analyse ausging, als an die tatsächliche kapitalistische Gesellschaft, wie sie zu Marx' Lebzeiten bestand."[25] Zu Marx' Lebzeiten existierten neben Kapitalisten und Proletariern noch zahlreiche Schichten der Bauern

[21] Vgl. Lenin, W. I., Bericht über die Arbeit auf dem Lande, in: Werke, Bd. 29, Berlin 1961, S. 185

[22] Vgl. Lenin, W. I., Die historischen Schicksale der Lehre von Karl Marx, in: Werke, Bd. 18, Berlin 1962, S. 576

[23] Engels, F., Über den Antisemitismus, in: MEW, Bd. 22, Berlin 1963, S. 49

[24] Ebenda, S. 50

[25] Varga, E., Der Kapitalismus des zwanzigsten Jahrhunderts, Berlin 1962, S. 62

und Handwerker, waren noch beträchtliche Reste des Feudalismus erhalten. In der Gegenwart macht das Proletariat, das aus Arbeitern und Angestellten besteht, in den hochentwickelten kapitalistischen Ländern die gewaltige Mehrheit der Bevölkerung aus; die Zahl der Bauern und Handwerker hat sich beträchtlich verringert, während die Reste des Feudalismus beseitigt sind.

Mit der Entwicklung der Produktivkräfte, insbesondere unter den Bedingungen der gegenwärtigen wissenschaftlich-technischen Revolution, gehen in der Struktur der Arbeiterklasse wesentliche Veränderungen vor sich: manche Berufe verschwinden, neue Spezialberufe entstehen, das Niveau der Allgemeinbildung und der beruflich-technischen Ausbildung weiter Kreise der Werktätigen erhöht sich, das ingenieurtechnische Personal vergrößert sich schnell – nicht nur absolut, sondern auch relativ, der Anteil der Werktätigen, die in wissenschaftlichen Forschungsinstitutionen, in Konstruktions- und Projektierungseinrichtungen und im Dienstleistungsbereich beschäftigt sind, erhöht sich beträchtlich. Aber durch alle komplizierten und zumeist widersprüchlichen Prozesse und Veränderungen hindurch bricht sich die grundlegende Entwicklungstendenz der bürgerlichen Gesellschaft Bahn, die darin besteht, daß die Polarisierung der Klassen zunimmt. daß die Differenzierung sich verstärkt, daß die Kluft zwischen der Großeigentümerklasse und der Klasse der Lohnarbeiter sich vertieft, Nur apologetische Verblendung vermochte die Theorien von einer „Deproletarisierung" der Arbeiterklasse hervorbringen, die in bestimmten Kreisen modern sind, und die Pseudopropheten vom Schlage eines Herbert Marcuse, die mit solchen Theorien auftreten, enthüllen damit den wahren Charakter ihrer Position im ideologischen und politischen Kampf unserer Zeit. Unermüdlich entwickelte, propagierte und erklärte Engels die Grundidee des wissenschaftlichen Sozialismus, die Hauptschlußfolgerung aus der ökonomischen Lehre des Marxismus: Vom Kapitalismus gibt es und kann es keinen Weg zurück geben, zurück zur kleinbürgerlichen Idylle des Privateigentums auf Basis eigner Arbeit. Es gibt nur den Weg nach vorn, zur sozialistischen Vergesellschaftung der Produktionsmittel und zur kollektiven Arbeit auf Basis des gesellschaftlichen Eigentums am Boden, an den Fabriken und Werken, an den Transport- und Verkehrsmitteln. Diese Idee verteidigte er meisterhaft gegen die Prediger kleinbürgerlicher Utopien, und er verstand es, sie in einer Form darzulegen, die den breitesten Massen der Arbeiterklasse zugänglich ist.

Im Jahre 1881 schrieb Engels für die englische tradeunionistische Zeitung „The Labour Standard" eine Artikelserie, in der er in populärer Weise einige Grundfragen der marxistischen ökonomischen Theorie darlegte, wobei er die schwache theoretische Vorbildung der Leser berücksichtigte. Der erste Artikel war der populären Losung der Trade Unions „Ein gerechter Tagelohn für ein gerechtes Tagewerk" gewidmet. Engels stellte die Frage: Was ist ein gerechter Tagelohn, und was ist ein gerechtes Tagewerk? Um hierauf eine Antwort zu finden, schrieb Engels, darf man sich weder auf die Wissenschaft von der Moral oder vom Recht berufen, noch auf sentimentale Gefühle von Humanität, Gerechtigkeit oder Barmherzigkeit. „Über soziale Gerechtigkeit oder Ungerechtigkeit", schrieb er, „wird durch eine einzige Wissenschaft entschieden – durch die Wissenschaft, die sich mit den materiellen Tatsachen von Produktion und Austausch befaßt, die Wissenschaft von der politischen Ökonomie."[26]

Engels legt in knapper Form die ökonomischen Gesetze dar, die das Niveau des Arbeitslohns und die Grenzen des Arbeitstages im Kapitalismus bestimmen, und zeigt, wie illusorisch und utopisch die Hoffnungen sind, daß es möglich sei, in den Beziehungen zwischen Lohnarbeit und Kapital Gerechtigkeit zu erlangen. Engels' Schlußfolgerung lautet, daß die alte, überlebte Losung ersetzt werden muß durch die Forderung: Besitzer der Arbeitsmittel soll das arbeitende Volk selbst sein.[27] Engels hielt es für unzweifelhaft, daß jede Bewegung der Arbeiterklasse, die sich nicht die Vernichtung des Systems der Lohnsklaverei als letztes Ziel stellt, irregehn und fehlschlagen muß.[28]

Im Vergleich zur Hauptaufgabe, die Gesellschaft auf sozialistischen Grundlagen revolutionär umzugestalten und das System der Lohnarbeit zu vernichten, nehmen sämtliche politischen und ökonomischen Tagesfragen einen untergeordneten Platz ein. Engels lehrte die Arbeiterklasse, aktiv auf alle Seiten des gesellschaftlichen Lebens einzuwirken, nachdrücklich in den Gang der Geschichte einzugreifen, indem sie ihre Interessen verteidigt, Kräfte für die nahenden entscheidenden Kämpfe sammelt und günstigste Bedingungen für den Kampf um den

[26] Engels, F., Ein gerechter Tagelohn für ein gerechtes Tagewerk, in: MEW, Bd. 19, S. 247

[27] Vgl. ebenda, S. 250

[28] Vgl. Engels an Sorge, Brief v. 29. 11. 1886, in: MEW, Bd. 36, S. 579

Sozialismus schafft. Zugleich lehrte er die Arbeiterklasse, alle Tagesaufgaben, alle Tagesziele aus der Sicht der historischen Perspektive zu erfassen, im Lichte des Endziels des sozialistischen Kampfes der Arbeiterklasse zu betrachten.

In dieser Hinsicht ist charakteristisch, wie er das Problem des Freihandels und des Protektionismus stellte, ein Problem, um das Ende des 19. Jahrhunderts in den Reihen der sozialistischen Bewegung eine heftige Polemik entbrannt war. Diese Frage, schrieb Engels Ende der achtziger Jahre, bewegt sich gänzlich innerhalb der Grenzen des Systems der kapitalistischen Produktion und hat deshalb kein direktes Interesse für Sozialisten, die die Beseitigung dieses Systems verlangen. „Sie interessiert sie aber indirekt so weit," bemerkte Engels, „als sie dem jetzigen Produktionssystem eine möglichst freie Entfaltung und möglichst rasche Ausdehnung wünschen müssen, denn damit wird es auch seine notwendigen ökonomischen Folgen entfalten", wird sich die Gesellschaft in eine Sackgasse verrennen, „aus der kein Entkommen möglich ist, außer durch eine vollständige Umgestaltung der der Gesellschaft zugrundeliegenden ökonomischen Struktur."[29]

Engels hielt es wie Marx für außerordentlich wichtig, die Arbeiterklasse mit der Kenntnis auszurüsten, daß der Kapitalismus historisch bedingt ist, ihr seinen Platz im Entwicklungsgang der menschlichen Gesellschaft zu erläutern und ihr zu erklären, daß die Ablösung des Kapitalismus durch die höhere, sozialistische Ordnung unvermeidlich ist. Er erklärte daß in den theoretischen Untersuchungen von Marx an erster Stelle die Aufgabe steht, die Ursachen dafür aufzudecken, daß in bestimmten Epochen gewisse Zustände, Aneignungsweisen, Gesellschaftsklassen existieren. Das Studium dieser Probleme interessiert jeden, der in der Geschichte einen zusammenhängenden, wenn auch oft durchkreuzten Entwicklungsgang sieht, nicht aber einen bloßen Wust von Torheit und Brutalität. Der Marxismus deckte auf, daß die Existenz bestimmter Ausbeuterklassen – der Sklavenhalter, der Feudalherren, der Kapitalisten – für eine beschränkte Geschichtsperiode unvermeidlich ist, in der sie zur menschlichen Entwicklung beitrugen.

Marx, so faßt Engels seinen Gedankengang zusammen, erkennt also „die zeitweilige geschichtliche Berechtigung der Ausbeutung, der Aneignung des Arbeitsprodukts durch andere an; er beweist aber auch gleichzeitig, daß diese historische Berechtigung jetzt nicht nur ver-

[29] Engels, F., Schutzzoll und Freihandel, in: MEW, Bd. 21, S. 374

schwunden ist, sondern daß die Fortdauer der Ausbeutung in irgendwelcher Form, statt die gesellschaftliche Entwicklung zu fördern, sie täglich mehr hemmt und in immer heftigere Kollisionen verwickelt".[30]

2. Der Kapitalismus und der Kampf des Arbeiterklasse

Engels kämpfte wie Marx auf das entschiedenste gegen die Vulgarisierung der Grundideen des wissenschaftlichen Sozialismus, insbesondere gegen die Entstellung der ökonomischen Gesetze, die die Lage der Arbeiterklasse im kapitalistischen Produktionssystem bestimmen. Die marxistische Analyse der ökonomischen Struktur der bürgerlichen Gesellschaft läßt keinen Zweifel daran, daß, solange der Kapitalismus existiert, die Arbeiterklasse eine ausgebeutete Klasse bleibt, die Mehrwert für die Klasse produziert, die die Produktionsmittel monopolisiert hat: für die Bourgeoisie. Mit der Entwicklung des Kapitalismus, mit dem Anwachsen des Reichtums der Bourgeoisie nimmt die relative und mitunter die absolute Verelendung des Proletariats zu. Aber der Marxismus hat niemals behauptet, es existierte ein schicksalhaftes Gesetz, wonach die Arbeiterklasse mit jedem Jahr, mit jedem Monat oder gar mit jedem Tage schlechter lebe. Im Gegenteil, Marx formulierte das allgemeine Gesetz der kapitalistischen Akkumulation, wonach die Akkumulation von Reichtum auf dem einen Pol der Gesellschaft zugleich Akkumulation von Elend auf dem Gegenpol ist, und bemerkte zugleich, daß dieses Gesetz gleich allen anderen ökonomischen Gesetzen in seiner Verwirklichung durch mannigfache Umstände modifiziert wird.[31]

Zu diesen Umständen gehört vor allem der Klassenkampf des Proletariats für seine dringlichsten Lebensinteressen, der Widerstand, den die Arbeiterklasse der Kapitalistenklasse entgegensetzt. Marx bemerkt, daß es die allgemeine Tendenz der kapitalistischen Produktion ist, das durchschnittliche Lohnniveau nicht zu heben, sondern zu senken, das heißt den Wert der Arbeitskraft mehr oder weniger bis zu seiner Minimalgrenze zu drücken, und stellt die Frage: Bedeutet dies etwa, daß die Arbeiterklasse auf ihren Widerstand gegen die Gewalttaten des Kapitals verzichten und ihre Versuche aufgeben soll, die gelegentlichen

[30] F. Engels, Juristen – Sozialismus, in: Ebenda, S. 501

[31] Vgl. Marx, K., Das Kapital, Erster Band, in: MEW, Bd. 23, 673f.

Chancen zur vorübergehenden Besserung ihrer Lage auszunutzen? Auf diese Frage antwortet er: „Täte sie das, sie würde degradiert werden zu einer unterschiedslosen Masse ruinierter armer Teufel, denen keine Erlösung mehr hilft."[32]

Die Notwendigkeit, gegen die Kapitalisten um höheren Arbeitslohn zu kämpfen, wurzelt in der Lage der Arbeiterklasse im Kapitalismus. Würden die Arbeiter „in ihren täglichen Zusammenstößen mit dem Kapital feige nachgeben, sie würden sich selbst unweigerlich der Fähigkeit berauben, irgendeine umfassendere Bewegung ins Werk zu setzen".[33]

Engels unterstrich, wie unheilvoll es ist, wenn die Arbeiterklasse unter dem Deckmantel pseudorevolutionären Geschwätzes darüber, daß das beständige Anwachsen ihres Elends von schicksalhafter Unvermeidlichkeit ist, vom Kampf um ökonomische Forderungen abgehalten wird. Er unterzog 1875 den Entwurf des Gothaer Programms der deutschen Sozialdemokratie der Kritik und bemerkte, einer der größten Mängel des Entwurfs bestehe darin, daß seine Verfasser sich das Lasallesche „eherne Lohngesetz" aufoktroyieren ließen. Er lehnte dieses „Gesetz" ab, „das auf einer ganz veralteten ökonomischen Ansicht beruht, nämlich daß der Arbeiter im Durchschnitt nur das *Minimum* des Arbeitslohnes erhält", und schrieb: Marx hat „im ‚Kapital' ausführlich nachgewiesen, daß die Gesetze, die den Arbeitslohn regulieren, sehr kompliziert sind, daß je nach den Verhältnissen bald dieses, bald jenes vorwiegt, daß sie also keineswegs ehern, sondern im Gegenteil sehr elastisch sind und daß die Sache gar nicht so mit ein paar Worten abzumachen ist, wie Lassalle sich einbildete".[34]

In diesem Zusammenhang protestierte Engels dagegen, daß im Entwurf des Gothaer Programms von der Organisierung der Arbeiterklasse als Klasse vermittels der Gewerkschaften keine Rede ist. Dies ist ein sehr wesentlicher Punkt, bemerkte Engels, denn die Gewerkschaften sind die eigentliche Klassenorganisation des Proletariats, in der es seine täglichen Kämpfe mit dem Kapital durchficht, in der es sich schult und die heutzutage selbst bei der schlimmsten Reaktion platterdings nicht mehr kaputtzumachen ist.[35]

[32] Marx, K., Lohn, Preis und Profit, in: MEW, Bd. 16, S. 151
[33] Ebenda, S. 151f.
[34] Engels an Bebel, Brief v. 18./28. 3. 1875, in: MEW, Bd. 19, S. 5
[35] Vgl. ebenda, S. 6

Engels erklärte den englischen Arbeitern geduldig, „daß der gerechteste Tagelohn unter den gegenwärtigen gesellschaftlichen Verhältnissen unvermeidlich gleichbedeutend ist mit der allerungerechtesten Teilung des vom Arbeiter geschaffenen Produkts, da der größere Teil dieses Produkts in die Tasche des Kapitalisten fließt, während der Arbeiter gerade mit soviel vorlieb nehmen muß, wie er benötigt, sich arbeitsfähig zu erhalten und sein Geschlecht fortzupflanzen".[36] Dies ist ein Gesetz der politischen Ökonomie oder, mit anderen Worten, ein Gesetz der gegebenen ökonomischen Organisation der Gesellschaft, und dies Gesetz ist mächtiger als alle geschriebenen und ungeschriebenen Gesetze Englands zusammen. Und solange der Kapitalismus besteht, „wird das Lohngesetz allmächtig bleiben und jeden Tag aufs neue die Ketten schmieden, die den Arbeiter zum Sklaven seines eigenen vom Kapitalisten monopolisierten Produkts machen".[37] Aber daraus folgt nicht, setzt Engels fort, daß die Trade Unions nutzlos sind, daß ihr Kampf um die Verbesserung der Lage der Arbeiter fruchtlos und zwecklos ist. Im Gegenteil, die Gewerkschaften sind in jedem kapitalistischen Land für die Arbeiterklasse eine Notwendigkeit in ihrem Kampf gegen das Kapital. Die durchschnittliche Lohnhöhe hängt vom üblichen Lebensstandard der Arbeiter ab, aber dieser Lebensstandard kann sehr verschieden sein. Das große Verdienst der Trade Unions besteht darin, daß sie um die Erhöhung der Löhne und die Verringerung der Arbeitszeit kämpfen und somit danach streben, den Lebensstandard der Arbeiter zu erhalten und zu heben.

Engels zieht daraus den Schluß, daß das Lohngesetz nicht ein Gesetz ist, das unverrückbar und gradlinig wirkt. In gewissen Grenzen ist es keineswegs unerbittlich. Es gibt in jedem Industriezweig einen gewissen Spielraum, innerhalb dessen die Lohnhöhe im Ergebnis des Kampfes zwischen Arbeitern und Kapitalisten verändert werden kann. Und Engels kommt zu der außerordentlich wichtigen Schlußfolgerung, daß der Kampf der Gewerkschaften das Lohngesetz nicht verletzt, sondern im Gegenteil voll zur Geltung bringt. „Ohne den Widerstand durch die Trade-Unions", erläutert Engels diesen Gedanken, „erhält der Arbeiter nicht einmal das, was ihm nach den Regeln des Lohnsystems zusteht. Nur die Furcht vor den Trade-Unions kann den Kapitalisten zwingen, dem Arbeiter den vollen Marktwert seiner Arbeitskraft zu zahlen."[38]

[36] Engels, F., Das Lohnsystem, in: Ebenda, S. 251
[37] Ebenda [38] Ebenda, S. 253

Einige Jahre später kritisierte Engels die im Entwurf des Erfurter Programms der deutschen Sozialdemokratie aufgestellte Behauptung, daß die Zahl und das Elend der Proletarier immer größer werden. Engels bemerkte, daß dies, so absolut gesagt, falsch ist, weil die Organisation der Arbeiter ihr stets wachsender Widerstand dem Wachstum des Elends möglicherweise einen gewissen Damm entgegensetzen wird. „Was aber *sicher* wächst", fügt Engels hinzu, „ist die *Unsicherheit der Existenz.*"[39]

Die Erfahrungen der Arbeiterbewegung und des erfolgreichen Kampfes der Arbeiterklasse in einer Reihe entwickelter kapitalistischer Länder um ihre ökonomischen Interessen verallgemeinernd, bemerkte Engels Anfang der neunziger Jahre, daß bei günstiger Konjunktur die Nachfrage nach Arbeit die Kapitalisten zu Konzessionen zwingt, während sie die ungünstige Situation auf dem Arbeitskräftemarkt, die mit dem Umschlag der Konjunktur in das Absinken der Produktion eintritt, dazu ausnutzen, diese Konzessionen wieder wettzumachen. „Im ganzen aber", betonte Engels, „wächst der Widerstand der Arbeiter mit ihrer wachsenden Organisation doch derart, daß die allgemeine Lage – der Durchschnitt – sich ein geringes hebt, daß keine Krise die Arbeiter dauernd *unter* oder nur *auf* den Nullpunkt, den *niedrigsten* Punkt der vorigen Krise wieder hinabdrückt."[40] Einschränkend meinte er jedoch, es sei schwer vorauszusagen, wie sich die Dinge gestalten, wenn eine lange, chronische, fünf bis sechs Jahre umfassende, allgemeine Industriekrise ausbricht.[41]

Lenin erläuterte die wirklichen Ansichten der Begründer des Marxismus über die Lage der Arbeiterklasse im Kapitalismus und unterstrich, daß sie, wenn sie von der Zunahme des Elends sprachen, zugleich auf die entgegenwirkende Tendenz und auf die realen gesellschaftlichen Kräfte hinwiesen, die diese Tendenz hervorrufen. Er wies darauf hin, daß die marxistische These von der Zunahme des Elends durch die Wirklichkeit voll und ganz bestätigt wird, denn erstens hat der Kapitalismus die Tendenz, Elend zu erzeugen und es zu verstärken. Es erreicht gewaltige Ausmaße, wenn die entgegenwirkende Tendenz

[39] Engels, F., Zur Kritik des sozialdemokratischen Programmentwurfs 1891, in: MEW, Bd. 22, S. 231

[40] Engels an Oppenheim, Brief v. 24. 3. 1891, in: MEW, Bd. 38, Berlin 1968, S. 63 f.

[41] Ebenda, S. 64

fehlt. Zweitens wächst das Elend nicht im physischen, sondern im sozialen Sinne, das heißt in dem Sinne, daß das steigende Niveau der Bedürfnisse der Bourgeoisie und der Bedürfnisse der ganzen Gesellschaft im Mißverhältnis zum Lebensniveau der werktätigen Massen steht. Drittens behalten die Worte von der Zunahme des Elends ihre ganze Richtigkeit in bezug auf die „Grenzgebiete" des Kapitalismus, wobei der Ausdruck „Grenze" sowohl im geographischen Sinne (Länder, die neu in den Bereich des Kapitalismus einbezogen werden) wie auch im politökonomischen Sinne (Volkswirtschaftszweige, in denen noch rückständige Produktionsweisen erhalten sind) zu verstehen ist.[42]

3. Gegen den bürgerlichen Reformismus

Sein ganzes Leben lang kämpfte Engels gegen die opportunistischen Illusionen, die die bürgerlichen und kleinbürgerlichen Sozialreformer predigten. Engels vermerkte Ende der achtziger Jahre, daß in Deutschland der bürgerliche und kleinbürgerliche Sozialismus stark vertreten ist, und charakterisierte zwei Spielarten seiner Adepten. Dies waren einesteils die Kathedersozialisten und Menschenfreunde aller Art, die der Wunsch bewegte, die Arbeiter in Eigentümer zu verwandeln. Das war andernteils der kleinbügerliche Sozialismus in der sozialdemokratischen Partei, der sich darin ausdrückte, „daß man zwar die Grundanschauungen des modernen Sozialismus und die Forderung der Verwandlung aller Produktionsmittel in gesellschaftliches Eigentum als berechtigt anerkennt, aber ihre Verwirklichung nur in entfernter, praktisch unabsehbarer Zeit für möglich erklärt. Damit ist man denn für die Gegenwart auf bloßes soziales Flickwerk angewiesen und kann je nach Umständen selbst mit den reaktionärsten Bestrebungen zur sogenannten ‚Hebung der arbeitenden Klasse' sympathisieren".[43]

Der Entlarvung der reaktionären Ideen des bürgerlichen und kleinbürgerlichen Sozialreformertums war insbesondere Engels' Schrift

[42] Vgl. Lenin, W. I., Rezension: Karl Kautsky, Bernstein und das sozialdemokratische Programm. Eine Antikritik, in: Werke, Bd. 4, Berlin 1955, S. 195 f.

[43] Engels, F., Vorwort zur zweiten durchgesehenen Auflage „Zur Wohnungsfrage", in: MEW, Bd. 21, S. 328

„Zur Wohnungsfrage" gewidmet. Das Zentralorgan der deutschen sozialdemokratischen Partei, „Der Volksstaat", veröffentlichte 1876 eine Reihe von Artikeln über die Wohnungsfrage, die von einem anonymen Autor stammten, der sich später als Dr. med. Mülberger aus Württemberg zu erkennen gab. Der Autor versuchte die Ideen Proudhons, die von den Begründern des Marxismus früher schon entlarvt worden waren, in den deutschen Boden zu verpflanzen. Das Erscheinen proudhonister Artikel im deutschen Parteiorgan stieß bei Engels auf entschiedenen Widerstand, und er veröffentlichte auf den Seiten derselben Zeitung einen Artikel, in dem er das wahre Gesicht des Proudhonismus zeigte. Engels kritisierte die kleinbürgerlichen Rezepte zur Lösung der Wohnungsfrage und beurteilte natürlich zugleich auch die bürgerlichen Rezepte, nach denen die Wohnungsnot behoben werden sollte. Der Kritik der bürgerlichen Methode zur Lösung der Wohnungsfrage ist der zweite Artikel gewidmet gewesen. Der dritte Artikel schließlich ist die Antwort auf die Erwiderungen Mülbergers. Im Jahre 1886 gab Engels alle drei Artikel zusammen neu heraus und versah sie mit einem Vorwort, dessen Spitze gegen den Opportunismus gerichtet war, der in der Arbeiterbewegung aufzukommen begann.

Engels zeigte in seiner Arbeit, daß die Wohnungsfrage nicht das Grundübel des Kapitalismus, sondern nur eine seiner abgeleiteten Seiten ist. Zugleich wies er nach, wie unhaltbar und aussichtslos alle Methoden zur Behebung dieses abgeleiteten Übels sind, die davon ausgehen, daß die Grundlagen des Kapitalismus unberührt weiterbestehen. Dann entwickelte er das proletarische Programm zur Lösung der Wohnungsfrage, das in der sozialen Revolution besteht, die den Kapitalismus stürzt und die Diktatur des Proletariats errichtet, die den Weg zum Aufbau der sozialistischen Gesellschaft bildet. Die soziale Revolution, die proletarische Diktatur, die Aufhebung der Klassen, die Beseitigung des Gegensatzes zwischen Stadt und Land – dies ist der Weg, auf dem das Proletariat die Wohnungsfrage löst, ebenso wie eine Reihe anderer ähnlicher „Fragen", die die kapitalistische Ausbeuterordnung als Erbe hinterläßt.

Engels geht auf die Ansichten eines bürgerlichen Ökonomen ein und stellt die Frage: Woher kommt die Wohnungsnot? Wie entstand sie? Er erklärt, daß die Wohnungsnot ein notwendiges Erzeugnis der bürgerlichen Gesellschaftsform ist. Die kapitalistische Gesellschaft, in der die werktätigen Massen ausschließlich auf den Arbeitslohn angewiesen sind, also auf die zu ihrer Existenz und Fortpflanzung notwendige

Summe von Lebensmitteln, kann nicht ohne Wohnungsnot bestehen. In dieser Gesellschaft setzen Verbesserungen der Maschinerie systematisch Massen von Arbeitern außer Arbeit, und die periodischen industriellen Schwankungen bedingen einerseits das Vorhandensein einer industriellen Reservearmee; andererseits treiben sie zeitweilig eine große Masse arbeitsloser Arbeiter auf die Straße.

Im Kapitalismus werden die Arbeiter in großen Städten zusammengedrängt, und zwar rascher, als Wohnungen für sie entstehen. Deshalb müssen sich selbst für die infamsten Schweineställe immer wieder Mieter finden, und der Hausbesitzer hat in seiner Eigenschaft als Kapitalist nicht nur das Recht, sondern, vermöge der Konkurrenz, gewissermaßen auch die Pflicht, aus seinem Hauseigentum rücksichtslos die höchsten Mietpreise herauszuschlagen. „In einer solchen Gesellschaft", schließt Engels, „ist die Wohnungsnot kein Zufall, sie ist eine notwendige Institution, sie kann mitsamt ihren Rückwirkungen auf die Gesundheit usw. nur beseitigt werden, wenn die ganze Gesellschaftsordnung, der sie entspringt, von Grund aus umgewälzt wird."[44]

Engels entlarvt die reformistischen Methoden, die Wohnungsfrage zu „lösen", und geht dabei ausführlich auf die reaktionär-utopistische Losung vom „Eigentum des Arbeiters an seiner Wohnung" ein. Er zeigt, daß unter den Bedingungen des Kapitalismus dieses Eigentum aus einer Hilfe zu einem Joch wird, das den Arbeiter zu zusätzlicher Ausbeutung durch das Kapital verurteilt. Die Kritik des „bürgerlichen Sozialismus", dessen heimlicher und zugleich unerfüllbarer Traum eine Ordnung ist, in der es eine „Bourgeoisie ohne Proletariat" gibt, beendet Engels mit der Schlußfolgerung: „Und solange die kapitalistische Produktionsweise besteht, solange ist es Torheit, die Wohnungsfrage oder irgendeine andre das Geschick der Arbeiter betreffende gesellschaftliche Frage einzeln lösen zu wolen. Die Lösung liegt aber in der Abschaffung der kapitalistischen Produktionsweise, in der Aneignung aller Lebens- und Arbeitsmittel durch die Arbeiterklasse selbst."[45]

Diese Schlußfolgerung Engels', die sich in aller Schärfe gegen alle Spielarten der friedlichen Reformer des Kapitalismus richtet, ist durch die gesamte Geschichte des Kampfes der Arbeiterklasse glänzend bestätigt worden. Sie ist auf zweierlei Weise bestätigt worden: auf negative Weise, in den kapitalistischen Ländern, durch den Zusammen-

[44] Engels, F., Zur Wohnungsfrage, in: MEW, Bd. 18, S. 236
[45] Ebenda, S. 263

bruch aller reformistischen Versuche, die „Übel" des Kapitalismus gewissermaßen stückweise zu heilen; und auf positive Weise, in den Ländern des siegreichen Sozialismus, sowohl durch die Erfolge bei der Lösung der Wohnungsfrage als auch durch Siege auf anderen wichtigen Gebieten.

4. Die Wirtschaftskrisen

Die Marxsche Analyse der ökonomischen Widersprüche und Antagonismen der bürgerlichen Produktionsweise zusammenfassend, kam Engels zu der Schlußfolgerung, daß der Widerspruch zwischen dem gesellschaftlichen Charakter der Produktion und der privatkapitalistischen Form der Aneignung der Produkte der Grundwiderspruch des Kapitalismus ist.

Dieser Widerspruch begleitet die bürgerliche Ordnung auf ihrem gesamten Lebensweg. Er liegt den periodischen Überproduktionskrisen zugrunde, die unvermeidlich sind, solange der Kapitalismus existiert. Mit der Entwicklung des Kapitalismus ändert sich die Dauer des Zyklus, der Charakter seiner einzelnen Phasen, aber der zyklische Verlauf der Reproduktion von Krise zu Krise bleibt ein charakteristischer Zug der bürgerlichen Produktionsweise.

Noch in den letzten Jahrzehnten des 19. Jahrhunderts bemerkte Engels mit dem ihm eigenen Scharfblick, daß sich die Form der zyklischen Bewegung der kapitalistischen Industrie verändert. Er studierte sorgfältig das Anwachsen der Widersprüche des Kapitalismus im Zusammenhang mit der Ausdehnung der kapitalistischen Produktionsweise.

Im Jahre 1880 schrieb Marx, daß die augenblickliche Krise, was Dauer, Ausmaß und Intensität anbelangt, die größte ist, die England je durchgemacht hat.[46] Zwei Jahre später bemerkte Engels, daß die Krise in Amerika wie auch in den europäischen Ländern keine richtige Krise ist, sondern Nachwirkung der Überproduktion in der vorangegangenen Krise. Noch nie sind die Produktivkräfte während einer Prosperitätsperiode so gesteigert worden wie von 1871 bis 1877. Eben aus dem schnellen Wachstum der Produktivkräfte erklärte Engels den

[46] Vgl. Marx an Danielson, Brief v. 12. 9. 1880, in: MEW, Bd. 34, Berlin 1966, S. 463

chronischen Druck in den Hauptindustriezweigen Englands und Deutschlands; insbesondere in der Baumwollindustrie und in der Metallurgie können die Märkte „all die Produkte noch immer nicht verdauen".[47]

Die besondere Schärfe der Krise in den siebziger Jahren verband Engels mit der veränderten Lage auf dem Weltmarkt. England verlor seine Monopolstellung, weil seit 1870 Deutschland und dann die USA seine Rivalen auf dem Weltmarkt geworden waren, während die meisten anderen europäischen Länder ihre eigene Industrie soweit entwickelt hatten, daß sie aufhörten, von England abhängig zu sein. „Die Folge war", schrieb Engels 1885, „daß der Prozeß der Überproduktion sich über ein viel größeres Gebiet erstreckte als zu der Zeit, da sie sich hauptsächlich auf England beschränkte, und daß sie – wenigstens bis jetzt – einen chronischen statt einen akuten Charakter angenommen hat."[48]

In den achtziger Jahren lenkte Engels die Aufmerksamkeit darauf, daß es notwendig ist, die Zwischenkrisen zu studieren. Er erinnerte daran, daß die Krisen einer der mächtigsten Hebel der politischen Umwälzung sind, und schrieb, daß es beim Detailstudium des Verlaufs der kapitalistischen Entwicklung notwendig ist, Zwischenkrisen zu berücksichtigen, die teilweise mehr lokaler, teilweise mehr spezieller Natur sind. Er wies darauf hin, daß zu jener Zeit (der Brief ist von Anfang 1882) eine solche Zwischenkrise stattfand, die sich auf einen reinen Börsenschwindel reduzierte, und fügte hinzu: „... bis 1847 waren sie regelmäßige Mittelglieder, so daß in meiner ‚Lage der arbeitenden Klasse' der Zyklus noch als fünfjähriger erscheint".[49]

Ein Jahr später schreibt Engels erneut über eine Zwischenkrise, die der Krise von 1841/42 ähnlich war, aber auf weit kolossalerer Stufenleiter stattfand. In diesem Zusammenhang vermerkt er, daß der zehnjährige Zyklus sich überhaupt erst seit 1847 klar entwickelt hat, und zwar wegen der kalifornischen und australischen Goldproduktion und der damit verbundenen vollständigen Herstellung des Weltmarktes. „Jetzt", schließt Engels, „wo Amerika, Frankreich, Deutschland anfangen, das Weltmarktmonopol von England zu brechen, und wo daher

[47] Engels an Bebel, Brief v. 22. 12. 1882, in: MEW, Bd. 35, Berlin 1967, S. 415

[48] Engels an Danielson, Brief v. 13. 11. 1885, in: MEW, Bd. 36, S. 386

[49] Engels an Bernstein, Brief v. 25.–31. 1. 1882, in: MEW, Bd. 35, S. 268

die Überproduktion wieder, wie vor 47, anfängt, sich rascher geltend zu machen, jetzt kommen auch die fünfjährigen Zwischenkrisen wieder auf."[50]

Bereits ein Jahr später schreibt Engels, daß der zehnjährige Zyklus durchbrochen scheint, seit die amerikanische und die deutsche Konkurrenz, seit 1870, dem englischen Weltmarktmonopol ein Ende machen. „Seit 1868 herrscht in den Hauptzweigen gedrückte Geschäftslage bei langsam wachsender Produktion; und jetzt scheinen wir in Amerika und hier vor einer neuen Krise zu stehen, ohne daß hier in England eine Prosperitätsperiode vorausgegangen."[51]

Im Jahre 1885 gab Engels einen Überblick über die Entwicklung des Kapitalismus seit Mitte des 19. Jahrhunderts und schrieb, daß der Krise von 1866 gegen 1873 ein kurzer und leichter Geschäftsaufschwung folgte. Wenn dann keine volle Krise stattfand, als sie zu erwarten war, 1877 oder 1878, so befanden sich doch seit 1876 alle herrschenden Industriezweige in einem chronischen Versumpfungszustand. „Weder will der vollständige Zusammenbruch kommen, noch die langersehnte Zeit der Geschäftsblüte, auf die wir ein Recht zu haben glaubten, sowohl vor wie nach dem Krach. Ein tödlicher Druck, eine chronische Überfüllung aller Märkte für alle Geschäfte, das ist der Zustand, den wir seit beinahe zehn Jahren durchmachen."[52]

Später äußerte Engels in einem Zusatz im dritten Band des „Kapitals" den Gedanken, daß die akute Form des periodischen Prozesses mit ihrem zehnjährigen Zyklus einer mehr chronischen, sich länger hinziehenden gewichen zu sein scheint. Relativ kurze und schwache Perioden der Belebung wechseln mit langen Perioden des Drucks, wobei dieser Wechsel die einzelnen Industrieländer zu verschiedenen Zeiten erfaßt.[53]

Im monopolistischen Stadium des Kapitalismus, insbesondere unter den Bedingungen der allgemeinen Krise des kapitalistischen Systems, erfährt der industrielle Zyklus eine weitere Modifikation. Die Veränderung der Bewegungsform des Zyklus liefert jedoch keinen Grund für die Schlußfolgerung, die zyklische Bewegung sei durch eine perma-

[50] Engels an Bebel, Brief v. 10./11. 5. 1883, in: MEW, Bd. 36, S. 27
[51] Engels an Bebel, Brief v. 18. 1. 1884, in: Ebenda, S. 88
[52] Engels, F., England 1845 und 1885, in: MEW, Bd. 21, S. 195
[53] Vgl. Marx, K., Das Kapital, Dritter Band, in: MEW, Bd. 25, Berlin 1964, S. 506

nente Überproduktionskrise abgelöst worden. Marx' These, daß es keine permanenten Krisen gibt, behält selbstverständlich auch in unserer Zeit ihre Gültigkeit. Was die bürgerlich-apologetischen Erfindungen über den organisierten, konjunkturlosen, krisenfreien Kapitalismus betrifft, so zeigt stets das Leben selbst in der nächsten wirtschaftlichen Abstiegsperiode, wie unhaltbar sie sind.

Die Lehren der schweren Wirtschaftskrise der dreißiger Jahre, die in der bürgerlichen Literatur „die große Depression" genannt wird, sind an der herrschenden Klasse und ihren Ideologen nicht spurlos vorübergegangen. Die Ökonomen, die den Interessen des Monopolkapitals dienen, die Kapitäne der kapitalistischen Wirtschaft und die politischen Vertreter der bürgerlichen Staaten begannen, weniger auf die wohltätige Spontanität des Marktes zu bauen und dafür nach zuverlässigeren Wegen zur Lösung der wirtschaftlichen Aufgaben zu suchen. Die allgemeine Zunahme der Labilität der kapitalistischen Ökonomik, die die unvermeidliche Folge des eigennützigen Wirtschaftens der Monopole ist, führt zur Häufung krisenhafter Abstürze in den USA und zu heftigen Konjunkturschwankungen in anderen kapitalistischen Ländern. Unter Berücksichtigung der Erfahrungen mit der schwersten Krise in der Geschichte des Kapitalismus von 1929 bis 1933 und ihrer für die herrschende Klasse gefährlichen Folgen betreiben die bürgerlichen Staaten eine sog. antizyklische (oder Antikrisen-)Politik. So entstand und verbreitete sich der Keynesianismus, der mit Recht für die Hauptrichtung des bürgerlichen ökonomischen Denkens und der bürgerlichen Wirtschaftspolitik in der Periode der allgemeinen Krise des Kapitalismus gehalten wird. Die Erfahrungen, die mit den keynesianischen Rezepten beim Kurieren der Krankheiten des heutigen Kapitalismus gesammelt worden sind, haben die in diese Rezepte gesetzten Hoffnungen nicht erfüllt. Deshalb sind in der Periode nach dem zweiten Weltkrieg Gespräche über die „Krise" des Keynesianismus in Mode gekommen, und diese Richtung wird von immer neuen Spielarten der bürgerlichen Apologetik abgelöst.

5. Die Entwicklungstendenzen der kapitalistischen Produktionsweise

Bis zu seinem Lebensende studierte Engels unermüdlich die Prozesse, die in der kapitalistischen Gesellschaft und insbesondere in ihrem Wirtschaftsleben vor sich gingen. Er betrachtete die Wissenschaft als ein Gebiet lebendigen Schöpfertums, das sich ständig durch neue historische Erfahrungen bereichert. Seine besondere Aufmerksamkeit zogen die neuen Erscheinungen auf sich, die sich in den letzten Jahrzehnten des vergangenen Jahrhunderts in der Ökonomik des Kapitalismus bemerkbar machten.

Wie Lenin bemerkte, verfolgte er aufmerksam und überlegt die Veränderungen des Kapitalismus am Ende des 19. Jahrhunderts, wobei er es verstand, die Aufgaben der imperialistischen Epoche bis zu einem gewissen Grad vorwegzunehmen.[54]

Engels beobachtete aufmerksam den Prozeß der Konzentration und Zentralisation des Kapitals, den unaufhaltsamen Konzentrationsprozeß der Produktion. Angesichts des kleinbürgerlichen Geschreis über die Börse schrieb Engels, daß die Börse nur die Verteilung des den Arbeitern bereits gestohlenen Mehrwerts ändert, und wie das geschieht, kann den Arbeitern letzten Endes gleichgültig sein. „Aber die Börse", fügte er hinzu, „ändert die Verteilung in der Richtung der Zentralisation, beschleunigt die Konzentration der Kapitalien enorm und ist daher ebenso revolutionär wie die Dampfmaschine."[55]

Engels stellte fest, daß im Bismarckschen Deutschland die protektionistische Politik ein mächtiger Hebel zur Konzentration des Kapitals und der Produktion war, und deckte mit großem Scharfblick die in dieser Konzentration gelegene Tendenz zur Bildung von Monopolen auf, die die Schutzzölle als Angriffswaffe auf dem äußeren Markt ausnutzten. Im Zusammenhang damit, daß einige sozialdemokratische Abgeordnete des deutschen Reichstags geneigt waren, für die Schutzzölle, insbesondere auf Metall, zu stimmen, erinnerte Engels daran, daß es in Deutschland zwei große Hüttenwerke gibt, deren jedes imstande ist, den gesamten inländischen Bedarf zu decken, wobei neben ihnen noch viele kleinere Betriebe existieren. Unter diesen Bedingungen ist der Schutzzoll reiner Unsinn, und wenn die Eisenfabrikanten ihn fordern, so nur deshalb, weil sie einen „Ring" organisierten, eine Verschwörung, die dem inneren Markt Monopolpreise aufzwingt, um die überschüssigen Produkte auswärts zu Schluderpreisen loszuschlagen.[56]

Im dritten Band des „Kapitals" machte Engels zum Kapitel über die Rolle des Kredits in der kapitalistischen Produktion einen umfang-

[54] Lenin, W. I., Staat und Revolution, in: Werke, Bd. 25, Berlin 1960, S. 456

[55] Engels an Bernstein, Brief v. 8. 2. 1883, in: MEW, Bd. 35, S. 428

[56] Vgl. Engels an Bebel, Brief v. 24. 11. 1879, in: MEW, Bd. 34, S. 424

reichen Zusatz. Darin wies er darauf hin, daß sich seit der Zeit, in der Marx dieses Kapitel schrieb, neue Formen des Industriebetriebes entwickelt haben, die die zweite und dritte Potenz der Aktiengesellschaft darstellen. Er hatte dabei die Entstehung von Monopolen im Auge. Engels charakterisierte die Triebkräfte für die Monopolisierung der Industrie und wies darauf hin, daß sich das Marktproblem in dem Maße verschärft, wie sich der Maßstab der Produktion ausdehnt. Er wies auch auf die Schutzzollpolitik hin, durch die jedes Industrieland sich gegen alle anderen, namentlich gegen England, abschließt, was die heimische Produktionsfähigkeit noch künstlich steigert. Dies erzeugt unvermeidlich allgemeine chronische Überproduktion, gedrückte Preise, fallende oder sogar ganz wegfallende Profite. „... kurz", schrieb Engels, „die altgerühmte Freiheit der Konkurrenz ist am Ende ihres Lateins und muß ihren offenbaren skandalösen Bankrott selbst ansagen"[57].

Den Bankrott der freien Konkurrenz sah Engels darin, daß in jedem Land die Großindustriellen bestimmter Zweige sich zu Kartellen vereinigen, die die Produktionsquoten festlegen und die Aufträge auf die Betriebe verteilen. In einzelnen Fällen entstanden internationale Kartelle, so zum Beispiel zwischen den englischen und deutschen Eisenproduzenten.

Infolge der Tatsache, bemerkte Engels weiter, daß der Interessengegensatz der einzelnen Firmen diese Form der Vergesellschaftung der Produktion nur zu oft durchbrach und die Konkurrenz wieder herstellte, bildete sich eine neue, noch höhere Form der Vergesellschaftung der Produktion. In einzelnen Zweigen, wo die Produktionsstufe dies zuließ, konzentrierte man die gesamte Produktion der einzelnen Betriebe zu einer großen Aktiengesellschaft mit einheitlicher Leitung. Engels wies darauf hin, daß dies in den USA schon mehrfach geschehen war, und führte als Beispiel in Europa den United Alkali Trust an, der die gesamte britische Alkaliproduktion in die Hände einer einzigen Firma gebracht hatte, wobei die früheren Besitzer der einzelnen Betriebe Aktien im Werte von ungefähr 5 Millionen Pfd. St. erhalten hatten, die das fixe Kapital des Trusts darstellten. „So ist in diesem Zweig, der die Grundlage der ganzen chemischen Industrie bildet, in England die Konkurrenz durch das Monopol ersetzt und der künftigen Expropriation durch die Gesamtgesellschaft, die Nation, aufs erfreulichste vorgearbeitet."[58]

[57] Marx, K., Das Kapital, Dritter Band, in: MEW, Bd. 25, S. 453
[58] Ebenda, S. 454

Dieser Zusatz zeigt, daß Engels die Monopole als neue, höhere Stufe der Vergesellschaftung der Produktion betrachtete, die die materiellen Bedingungen für die sozialistische Umgestaltung der Gesellschaft vorbereitet.

Das lebhafte Interesse Engels' an den neuen Erscheinungen in der Ökonomie und in der Politik des Kapitalismus offenbart sich in seiner letzten Arbeit „Ergänzung und Nachtrag zum Dritten Buche des ‚Kapital'" besonders anschaulich. Die Disposition für den zweiten, nicht ausgeführten Abschnitt dieses Aufsatzes trägt die Überschrift „Die Börse". Wie aus seinen Briefen hervorgeht, wollte Engels in diesem Abschnitt die bedeutenden Veränderungen der Rolle der Börse betrachten, die in der Zeit eingetreten waren, seit Marx im Jahre 1865 über dieses Thema geschrieben hatte. Mit der Analyse der neuen Rolle der Börse beabsichtigte Engels, die Ideen weiterzuentwickeln, die er im Zusatz zum 27. Kapitel des dritten Bandes des „Kapitals" dargelegt hatte. Es ging darum, die Prozesse zu charakterisieren, die sich während der letzten Lebensperiode Engels' in der Wirtschaft des Kapitalismus bemerkbar machten.

Diese Periode bildete den Übergang vom alten, vormonopolistischen Kapitalismus mit der Herrschaft der freien Konkurrenz zum Monopolkapitalismus, zum Imperialismus. Sie fand jedoch zu Engels' Lebzeiten noch nicht ihren Abschluß. Die Grenze zwischen dem vormonopolistischen und dem monopolistischen Stadium des Kapitalismus waren die letzten Jahre des vergangenen Jahrhunderts, in denen Engels nicht mehr lebte. Daher ist es selbstverständlich, daß er die theoretische Analyse des monopolistischen Stadiums des Kapitalismus nicht geben konnte. Die Aufgabe, den Imperialismus als höchste Phase des Kapitalismus zu erforschen, löste erst Lenin, der Marx' und Engels' Werk fortsetzte und den Marxismus auf eine neue, höhere Stufe hob. Gestützt auf die Hauptthesen des „Kapitals" und auf die Kenntnis der Entwicklungsgesetze des Kapitalismus, die Marx und Engels erforscht hatten, schuf Lenin die Theorie des Imperialismus, des neuen und letzten Stadiums des Kapitalismus. In Lenins Arbeiten sind das ökonomische und politische Wesen sowie die Besonderheiten des Imperialismus als monopolistischen, parasitären oder faulenden und sterbenden Kapitalismus ausführlich und vollständig charakterisiert.

Die wissenschaftliche Analyse des Imperialismus durch Lenin hat im vergangenen halben Jahrhundert größte historische Prüfungen bestanden. Der Lauf der Geschichte hat voll und ganz bestätigt, wie berechtigt die Leninschen Schlußfolgerungen über das Wesen des Imperialismus, über seinen historischen Platz, über die in ihm wurzelnden Entwicklungstendenzen der ökonomischen und der sozialen Klassenkräfte sind. Die grundlegenden Veränderungen, die in der Welt vor sich gegangen sind, waren durch die Gesetzmäßigkeiten bedingt, die Lenin aufgedeckt hat. Die Veränderungen, die die Lage im kapitalistischen Teil der Welt charakterisieren, können nur auf Grund der Leninschen Imperialismus-Analyse begriffen werden. Ihr wirklicher Charakter, der durch den Wortschwall pseudowissenschaftlicher Theorien der bürgerlichen Apologetik und reformistischer Illusion auf Schritt und Tritt verdeckt wird, enthüllt sich nur, wenn die Ergebnisse der Leninschen Erforschung des Imperialismus weiterentwickelt werden.

Gleich den Begründern des wissenschaftlichen Kommunismus hat Lenin wiederholt betont, daß der Marxismus kein Dogma, sondern eine Anleitung zum Handeln ist. Die marxistisch-leninistische Theorie tritt nicht auf der Stelle, sondern entwickelt sich weiter, indem sie die neuen historischen Erfahrungen verallgemeinert. Die Leninsche Theorie des Imperialismus wird durch neue Schlußfolgerungen bereichert, indem die neuen Erscheinungen und die neuen Entwicklungstendenzen analysiert werden, die im Verlaufe der vergangenen Jahrzehnte zutage getreten sind.

Der gesetzmäßige Gang der Geschichte führt dazu, daß die Herrschaftssphäre des Kapitalismus immer kleiner wird, daß sich seine allgemeine Krise verschärft. Das Einwirken der großen Prozesse der Gegenwart auf die inneren Prozesse im kapitalistischen Teil der Welt verstärkt sich. Noch klarer und schärfer treten die unlösbaren Widersprüche des Imperialismus zutage, die Lenin bloßgelegt hat. Diese Widersprüche, ihr Anwachsen und ihre Vertiefung bestätigen unwiderleglich Lenins Hauptschlußfolgerung, daß der Imperialismus das höchste und letzte Stadium des Kapitalismus ist, daß es keinen Weg vom Imperialismus zurück zum alten Kapitalismus der freien Konkurrenz gibt, daß es für die Menschheit von heute nur einen Weg nach vorn, zum Sozialismus, gibt.

Engels erlebte die Vollendung des neuen historischen Entwicklungsstadiums des Kapitalismus nicht mehr. Im Entwurf des Artikels über die Börse vermerkte er jedoch einige der neuen Erscheinungen in der Wirtschaft der kapitalistischen Länder. Der Plan für den Artikel besteht aus sieben Punkten. Den Inhalt des ersten Punktes bildet die Konzentration der Produktion in den Händen der „Börsianer". Seit

1865, schreibt Engels, ist „eine Veränderung eingetreten, die der Börse heute eine um ein Bedeutendes gesteigerte und noch stets wachsende Rolle zuweist und die bei der ferneren Entwicklung die Tendenz hat, die gesamte Produktion, industrielle wie agrikulturelle, und den gesamten Verkehr, Kommunikationsmittel wie Austauschfunktion, in den Händen von Börsianern zu konzentrieren, so daß die Börse die hervorragendste Vertreterin der kapitalistischen Produktion selbst wird."[59]

In den folgenden Punkten wird diese These konkretisiert. Dabei wird der Aktienform besondere Aufmerksamkeit gewidmet, die einerseits eine Form der schnellen Zentralisation des Kapitals ist, andererseits in enormer Weise den Prozeß der Trennung des Eigentums am Kapital von der Anwendung des Kapitals in der Produktion beschleunigt.

Engels bemerkt, daß die Börse 1865 noch ein sekundäres Element im kapitalistischen System gewesen ist. In dieser Periode bildeten auf dem Markt für Eigentumstitel die Staatspapiere noch die Hauptmasse der Börsenwerte. Die Aktienform war in der Industrie wie im Handel vorerst nur gering verbreitet. Auch die Bedeutung der Eisenbahnaktien war noch nicht groß. Weit größere Bedeutung hatte die Aktienform im Bankwesen: in Amerika und auf dem Kontinent herrschten die Aktienbanken vor, während sie sich in England eben erst zur Verschluckung der Privatbanken anschickten.

„Jetzt anders", schreibt Engels im nächsten Punkt der Disposition. Die Aktiengesellschaften begannen, sich in Industrie, Handel und Bankwesen rasch auszubreiten. Engels deckte die Grundlage dieser Erscheinung auf, indem er schrieb: „Die Akkumulation ist seit der Krise von 1866 mit einer stets wachsenden Schnelligkeit vorgegangen, und zwar so, daß in keinem Industrieland, am wenigsten England, die Ausdehnung der Produktion mit der der Akkumulation Schritt halten, die Akkumulation des einzelnen Kapitalisten in der Vergrößerung seines eigenen Geschäfts volle Verwendung finden konnte. . ."[60]

Engels betrachtete diesen siegreichen Vormarsch der Aktienform der Betriebe als unvermeidliche Folge der kapitalistischen erweiterten Reproduktion. Die schnelle Vergrößerung der Ausmaße der Akkumu-

[59] Engels, F., Ergänzung und Nachtrag zum Dritten Buche des „Kapital", in: MEW, Bd. 25, S. 917

[60] Ebenda, S. 917f.

lation, die das Wachstum der Produktion und die Ausmaße der möglichen Erweiterung der Betriebe und Zweige überholte, in denen diese Akkumulation stattfand, schuf günstige Bedingungen für die Ausbreitung der Aktiengesellschaften. Engels bemerkt weiter, daß mit der Akkumulation auch die Masse der Rentiers stieg, „der Leute, die die regelmäßige Anspannung im Geschäft satt waren, die also bloß sich amüsieren wollten oder doch nur gelinde Beschäftigung als Direktoren oder Aufsichtsräte von Kompanien treiben“[61].

Engels zählt die Bedingungen auf, die das Anwachsen der Aktiengesellschaften fördern, und weist darauf hin, daß die Gesetzgebung den neuen Bedürfnissen der kapitalistischen Entwicklung zu Hilfe kommt, die gesetzlichen Formen schafft, die für die Ausbreitung der Aktiengesellschaften günstig sind.

Die Aktienform erfaßt einen Industriezweig nach dem anderen. Vor allem treten Eisenbahnaktien auf den Plan. Dann kommen Industrie und Handel an die Reihe. Die Reihenfolge, in der die Aktienform in die verschiedenen Industriezweige vordringt, besteht darin, daß zuerst die Bergwerke und dann die Metallurgie „dem Schicksal“ verfallen, dann die chemische Industrie und der Maschinenbau, alles Zweige der Schwerindustrie. Die Leichtindustrie – die Textilindustrie, Konfektionsindustrie, Brauerein – wird ebenfalls vom Aktienbetrieb erfaßt, aber sie bleibt in dieser Hinsicht hinter der Schwerindustrie zurück. In der nächsten Krise zerfallen diese Vereinigungen nicht selten. Die neue Form erfaßt auch den Handel und die Banken. Engels notiert in seiner Disposition eine Reihe von Formen, und er hatte offensichtlich vor, an ihrem Beispiel zu zeigen, wie der Prozeß der Umwandlung einer Einzelfirma in eine Aktiengesellschaft vorsichgeht. Besonders vermerkt er die großen Organisationsfirmen des Einzelhandels in Gestalt der Universalkaufhäuser, die damals eben ihre ersten Schritte machten.

Die Verdrängung der Einzelfirma durch die Aktiengesellschaft charakterisierend, schreibt Engels: „Die gewöhnliche Einzelfirma mehr und mehr nur Vorstufe, um das Geschäft dahin zu bringen, wo es groß genug, um ‚gegründet‘ zu werden.“[62]

Ein Punkt der Disposition ist der Charakteristik des Prozesses gewidmet, in dem die Finanz- und Bankherren die Herrschaft über das Grundeigentum gewinnen. Engels weist darauf hin, daß die Banken immer

[61] Ebenda, S. 918
[62] Ebenda

mehr zu Trägern der Hypotheken werden. In dieser Beziehung eilte Deutschland den anderen Ländern voraus, aber Frankreich und England holten es erfolgreich ein. Die Güter verfallen an die Gläubiger, und zusammen mit den Aktien der Hypothekenbanken geht, wie Engels schreibt, „das wirkliche Obereigentum über den Grundbesitz“[63] in die Hände der „Börsianer“ über.

Nachdem Engels die Konzentration und die Aktiengesellschaft als einen ihrer wichtigen Hebel betrachtet hat, wendet er sich dem Monopol zu. Er skizziert dieses Problem in der Disposition mit dem Satz: „Dann die Trusts, die Riesenunternehmungen mit gemeinsamer Leitung schaffen (wie die United Alkali).“[64]

In den letzten beiden Punkten der Disposition des Artikels über die Börse sind die Probleme der Kapitalanlage im Ausland und der Kolonisation vermerkt. Die Kolonisation, schrieb Engels, „ist heute rein Sukkursale der Börse, in deren Interesse die europäischen Mächte vor ein paar Jahren Afrika geteilt, die Franzosen Tunis und Tonkin erobert haben. Afrika direkt an Kompanien verpachtet (Niger, Südafrika, Deutsch-Südwest- und Ostafrika) und Maschonaland und Natalland für die Börse von Rhodes in Besitz genommen“[65].

Die Konzentration und Zentralisation des Kapitals, insbesondere die Verbreitung der Aktienform der Betriebe, verband Engels wie Marx mit der Verwandlung der Bourgeoisie in eine parasitäre Klasse. Engels ging historisch an die Analyse der Wirklichkeit heran und erklärte, daß die ökonomische Funktion der Kapitalistenklasse darin bestanden hat, die maschinelle Großindustrie zu schaffen und ihr alle ökonomischen und politischen Hindernisse aus dem Weg zu räumen. „Solange die kapitalistische Mittelklasse diese Funktion erfüllte, war sie unter den gegebenen Umständen zweifelsohne eine notwendige Klasse.“[66]

Aber erfüllt die Kapitalistenklasse weiterhin ihre eigentliche Funktion, die gesellschaftliche Produktion im Interesse der gesamten Gesellschaft zu leiten und zu erweitern? In der Antwort auf diese Frage bezieht sich Engels vor allem auf die Tatsache, daß in den Aktiengesellschaften bezahlte Angestellte alle Angelegenheiten leiten, während den

[63] Ebenda
[64] Ebenda
[65] Ebenda, S. 919
[66] Engels, F., Notwendige und überflüssige Gesellschaftsklassen, in: MEW, Bd. 19, S. 288

kapitalistischen Eigentümern der Unternehmen nur die Funktion geblieben ist, ihre Dividenden einzustreichen.

Aber das ist noch nicht alles. Die Kapitalistenklasse, die sich in eine überflüssige Klasse verwandelt hat, demonstriert immer anschaulicher, daß sie unfähig ist, mit den gewachsenen Produktivkräften fertig zu werden. Davon zeugen am eindringlichsten die Epidemien der Überproduktion: die Wirtschaftskrisen. Daraus folgt, daß die Kapitalisten nicht nur eine überflüssige, sondern auch eine schädliche Klasse sind.[67]

In Engels' letzten Lebensjahren bildete sich das Kolonialsystem des Imperialismus erst heraus, wie auch der Imperialismus selbst noch im Prozeß seiner Herausbildung begriffen war. Die Eroberungen, über die Engels schrieb, legten das Fundament für das Kolonialsystem des Imperialismus. Doch schon die Kolonialpolitik des vormonopolistischen Kapitalismus hatte die abscheulichen, menschenfeindlichen Züge offenbart, die in der Periode des Imperialismus ihr Apogäum erreichten. Die Begründer des Marxismus brandmarkten in unauslöschlichen Farben die kolonialen Greueltaten der Ritter der ursprünglichen Akkumulation des Kapitals und entlarvten mit besonderer Kraft das räuberische Gewerbe des Sklavenhandels, das der Bourgeoisie unermeßliche Reichtümer einbrachte. Marx schrieb im „Kapital", daß die verhüllte Sklaverei der Lohnarbeiter die offene Sklaverei der Neger in Amerika als Fundament brauchte.[68] Die Kolonisation geschah, wie Engels bemerkte, voll und ganz im Interesse der Börse, auf Befehl ihrer Beherrscher, zu denen auch Cecil Rhodes gehörte.

Gestützt auf Marx' und Engels' Analyse der kapitalistischen Produktionsweise, gab Lenin in seiner Untersuchung über den Imperialismus eine tiefgründige Analyse des imperialistischen Kolonialsystems. Er zeigte, daß Kolonialpolitik und Imperialismus keine krankhaften, unheilbaren Auswüchse des Kapitalismus sind, wie die Philister glauben, sondern unvermeidliche Folgen der Grundlagen des Kapitalismus selbst. In diesem Zusammenhang charakterisierte Lenin die soziale Revolution als Epoche, die den Kampf des Proletariats der kapitalistischen Länder um den Sozialismus mit der nationalen Befreiungsbewegung an der weiten Peripherie der kapitalistischen Welt vereint. Diese Vor-

67 Vgl. ebenda, S. 289

68 Vgl. Marx, K., Das Kapital, Erster Band, in: MEW, Bd. 23 S. 787

aussicht ist durch den gesamten Verlauf der historischen Entwicklung bestätigt worden.

Die Völker, die das Kolonialjoch abgeworfen haben, stehen vor außerordentlich komplizierten Aufgaben; nicht wenige Schwierigkeiten und Prüfungen erwarten sie. Die gestrigen kolonialen Unterdrücker der Völker spinnen Intrigen, organisieren Provokationen, setzen militärische Gewalt gegen diejenigen Völker ein, die wirkliche Unabhängigkeit gewinnen und diese verteidigen. Auf dem schweren Wege des Kampfes um Freiheit und Fortschritt, um nationale Wiedergeburt und soziale Gerechtigkeit haben die Völker der Entwicklungsländer im sozialistischen Weltsystem einen sicheren Verbündeten und im Marxismus-Leninismus einen zuverlässigen Kompaß. Die Ideen des Marxismus-Leninismus sind der Leitstern für die Völker, der die Richtung weist, die sie nehmen müssen, um sich aus dem Netz von Widersprüchen herauszuarbeiten, das durch die lange Herrschaft der kolonialen Unterdrücker entstanden ist und das durch die gegenwärtigen Intrigen der Imperialisten kompliziert wird. Im Zusammenhang mit der Analyse der Widersprüche des kapitalistischen Produktionssystems, die in dem Maße anwachsen, wie der Kapitalismus sich entwickelt, betrachtete Engels auch die Frage nach der ökonomischen Rolle des bürgerlichen Staates.

Engels lebte nicht bis zu dem Zeitpunkt, wo der Übergang zum monopolistischen Stadium des Kapitalismus vollendet war. Deshalb kann man von ihm keine ausführliche Analyse des staatsmonopolistischen Kapitalismus – dieses Produkts unseres Jahrhunderts – erwarten. Engels gibt jedoch in seinen Arbeiten außerordentlich wertvolle Hinweise darauf, wie an die Probleme der Einmischung des bürgerlichen Staates in das Wirtschaftsleben heranzugehen ist.

Engels wandte sich gegen die Funktionäre der deutschen Arbeiterbewegung, die den Projekten zur Verstaatlichung der Eisenbahnen und zur Einführung des Tabakmonopols einen Tribut der Begeisterung zollten, und erklärte, daß alle Übertragung industrieller und kommerzieller Funktionen an den Staat unter kapitalistischen Bedingungen je nach den Umständen ein doppeltes Resultat haben kann: entweder ein reaktionäres oder ein progressives. Er lehrte zu unterscheiden zwischen dem Staatsmonopol, das bloß aus Finanz- und reaktionär-politischen Zwecken eingerichtet wird, und der Verstaatlichung „aus zwingender innerer Notwendigkeit. . .“.[69]

[69] Engels an Bracke, Brief v. 30. 4. 1878, in: MEW, Bd. 34, S. 329

In einem Brief bemerkte Engels ergänzend, daß die sozialdemokratischen Abgeordneten des Reichstags in solchen ökonomischen Fragen wie Schutzzölle, Verstaatlichung der Eisenbahnen, Versicherungen usw. „den entscheidenden Gesichtspunkt behaupten müssen, nichts zu bewilligen, was die Macht der Regierung gegenüber dem Volke verstärkt".[70]

Engels verurteilte entschieden all jene, die dazu neigten, jede Einmischung des Staates in die freie Konkurrenz als „Sozialismus" zu bezeichnen: Schutzzollpolitik, Verstaatlichung einzelner Industriezweige, Einführung des Staatsmonopols auf diesem oder jenem Wirtschaftsgebiet. „Das sollen wir *kritisieren*", betonte er, *„nicht aber glauben."*[71] Er erklärte, daß dieser angebliche Sozialismus im Bismarckschen Deutschland nichts ist als einerseits feudale Reaktion, andererseits Vorwand zum Gelderpressen.

Die Nebenabsicht Bismarcks und seiner Anhänger bestand nach Engels' Meinung darin, möglichst viele Proletarier in vom Staat abhängige Beamte und Pensionäre zu verwandeln und neben dem disziplinierten Kriegs- und Beamtenheer ein ebensolches Arbeiterheer zu organisieren. „Wahlzwang durch staatliche Vorgesetzte statt durch Fabrikaufseher – schöner Sozialismus! Dahin aber kommt man, wenn man dem Bourgeois glaubt, was er selbst nicht glaubt, sondern nur vorgibt: Staat sei = Sozialismus."[72]

Engels erläuterte seine Position eingehender, indem er schrieb, „daß die Eisenbahnverstaatlichung nur den Aktionären nützt, die ihre Aktien über den Wert verkaufen, uns aber gar nicht, weil wir mit den paar großen Kompanien ebenso rasch fertig werden wie mit dem Staat, falls wir diesen erst haben; daß die Aktiengesellschaften den Beweis bereits geliefert haben, wie sehr der Bourgeois als solcher überflüssig ist, indem die ganze Verwaltung von salarierten Beamten geleistet wird und die Verstaatlichung hierzu keinen neuen Beweisgrund hinzufügt".[73] In einem anderen Brief betonte Engels, „daß, solange die besitzenden Klassen am Ruder bleiben, jede Verstaatlichung nicht eine Abschaffung, sondern nur eine Formveränderung der Ausbeutung ist ..."[74].

[70] Engels an Bebel, Brief v. 24. 11. 1879, in: MEW, Bd. 34, S. 424
[71] Engels an Bernstein, Brief v. 12. 3. 1881, in: MEW Bd. 35, S. 170
[72] Ebenda
[73] Engels an Bebel, Brief v. 16. 5. 1882, in: Ebenda, S. 324
[74] Engels an Oppenheim, Brief v. 24. 3. 1891, in: MEW, Bd. 38, Berlin 1968, S. 64

Engels deckte die tiefe Gesetzmäßigkeit und die historische Bedingtheit der Tatsache auf, daß der Staat sich in wachsendem Maße in das Wirtschaftsleben einmischt. Lenin lieferte die allseitige Analyse des staatsmonopolistischen Kapitalismus. All dies ist eine ernste Warnung vor allen Versuchen, die staatsmonopolistische Regulierung der Wirtschaft im Kapitalismus als Erfindung der Reformisten zu behandeln und das Wesen des staatsmonopolistischen Kapitalismus darauf zu reduzieren, daß er lediglich eine Überbauerscheinung sei.

Als Engels den Entwurf des Erfurter Programms der deutschen Sozialdemokratie vom Jahre 1891 einer kritischen Prüfung unterzog, lenkte er die Aufmerksamkeit auf den Satz, in dem es heißt, daß die Planlosigkeit im Wesen der kapitalistischen Privatproduktion begründet ist. Die kapitalistische Produktion, schrieb Engels in diesem Zusammenhang, existiert als Gesellschaftsform, als ökonomische Phase, und es existiert eine kapitalistische Privatproduktion als eine innerhalb dieser Phase so oder so vorkommende Erscheinung. Engels erläuterte diesen Gedanken, indem er darauf hinwies, daß unter kapitalistischer Privatproduktion die Produktion durch den einzelnen Unternehmer zu verstehen ist. Diese Produktion wird mehr und mehr zur Ausnahme, weil die Aktiengesellschaften sich immer stärker ausbreiten, die schon keine Privatproduktion mehr sind, sondern Produktion im Interesse vieler assoziierter Kapitalisten, „... wenn wir von den Aktiengesellschaften übergehen zu den Trusts, die ganze Industriezweige beherrschen und monopolisieren, so hört da nicht nur die *Privatproduktion* auf, sondern auch die *Planlosigkeit*".[75]

In der marxistischen ökonomischen Literatur war eine Zeitlang die Behauptung verbreitet, daß – weil sich im Kapitalismus nicht die Wirtschaft in den Händen des Staates, sondern der Staat in den Händen der Wirtschaft befindet – der Staat bloß ein Apparat zur Einziehung von Steuern und zur Unterdrückung der ausgebeuteten Massen bleibt, er also mit der Wirtschaft nichts zu tun hat. Für Marxisten ist der Klassencharakter des Staates ein Axiom. Die Schlußfolgerung jedoch, daß der bürgerliche Staat mit der Wirtschaft nichts zu tun habe, wird durch die Wirklichkeit widerlegt. Diese Schlußfolgerung kann nur ein Hindernis für die Erforschung der Entwicklungsprozesse des staatsmonopolistischen Kapitalismus in der gegenwärtigen Periode bilden.

[75] Engels, F., Zur Kritik des sozialdemokratischen Programmentwurfs 1891, in: MEW, Bd. 22, S. 232

Der staatsmonopolistische Kapitalismus als spezifische Form des Monopolkapitalismus breitete sich schon in den Jahren des ersten Weltkrieges in einer Reihe hochentwickelter kapitalistischer Länder aus. In der Periode zwischen den beiden Weltkriegen entwickelte sich der staatsmonopolistische Kapitalismus weiter. Nach dem zweiten Weltkrieg erreichte er eine so hohe Entwicklungsstufe, daß in der marxistischen ökonomischen Literatur mit vollem Recht der Terminus „System des staatsmonopolistischen Kapitalismus" eingebürgert wurde.

Unter den gegenwärtigen Bedingungen beruht die gewaltige Verstärkung des aktiven Eingreifens des bürgerlichen Staates in den Ablauf des kapitalistischen Reproduktionsprozesses auf einer Reihe wesentlicher Faktoren. Zu ihnen gehören vor allem der außerordentlich hohe Grad der Konzentration der Produktion und der Monopolisierung der Wirtschaft, der eine neue Entwicklungsstufe im Prozeß der Vergesellschaftung der Produktion darstellt. In vielen Ländern Westeuropas sind einzelne Betriebe und ganze Wirtschaftszweige nationalisiert worden, wodurch dem bürgerlichen Staat bestimmte Hebel in die Hand gegeben sind, über die er auf das Wirtschaftsleben einwirken kann. In einer Reihe von Ländern hat der Staat beträchtlichen Anteil an den Kapitalanlagen. In allen kapitalistischen Ländern sind die Staatsbudgets angewachsen; sie umfassen ein Viertel bis ein Drittel des Nationaleinkommens. Steuerpolitik und Kreditsystem begannen, eine bedeutsame Rolle zu spielen. Die Militarisierung der Wirtschaft und das Wettrüsten verstärken den staatsmonopolistischen Kapitalismus weiter.

In dieser Situation entstanden und entwickelten sich verschiedene Formen der kapitalistischen Planifikation und der ökonomischen Programmierung, die die klarste Ausdrucksform des Systems des staatsmonopolistischen Kapitalismus sind. Nur die sich schöpferisch entwickelnde marxistisch-leninistische ökonomische Theorie, die sich auf die Ideen von Marx, Engels und Lenin stützt, vermag eine realistische Einschätzung der kapitalistischen Planifikation zu geben und ihre Möglichkeiten wie ihre Grenzen zu bestimmen.

Kapitel XI

Der Übergang vom Kapitalismus zum Sozialismus

1. Das wissenschaftliche Herangehen an die Probleme der sozialistischen Umgestaltung der Gesellschaft

Indem Marx und Engels die historische Gesetzmäßigkeit und Unvermeidlichkeit der revolutionären Ablösung des Kapitalismus begründeten, richteten sie ihren Blick natürlich wiederholt auf die kommende soziale Umwälzung. In ihren Arbeiten kann man viele Bemerkungen über diese oder jene Seiten der sozialistischen Umgestaltung der Gesellschaft finden, die sie in einem bestimmten Zusammenhang und Kontext gemacht haben. Den Schlüssel für die richtige Fragestellung über die Bedeutung der Exkurse, welche die Begründer des Marxismus über konkrete Aspekte des Übergangs vom Kapitalismus zum Kommunismus machten, findet man in den Hinweisen Lenins.

Lenin betonte, daß Marx und Engels den Kommunismus als das Resultat des bewußten Kampfes und des Schöpfertums einer gesellschaftlichen Kraft auffaßten, die der Kapitalismus erzeugt hat: des Proletariats. Er hob hervor, daß die ganze Theorie des Marxismus eine Anwendung der Entwicklungstheorie in ihrer konsequentesten, vollkommensten, durchdachtesten und inhaltsreichsten Form auf den Kapitalismus ist, und daß Marx und Engels die Frage nach dem bevorstehenden Zusammenbruch des Kapitalismus ebenfalls im Rahmen der Anwendung dieser Theorie stellten, und schrieb dann: „Bei Marx findet sich auch nicht die Spur eines Versuchs, Utopien zu konstruieren, ins Blaue hinein Mutmaßungen anzustellen über das, was man nicht wissen kann. Marx stellt die Frage des Kommunismus so, wie der Naturforscher die Frage der Entwicklung einer neuen, sagen wir, biologischen Abart stellen würde, wenn man weiß, daß sie so und so entstanden ist und sich in der und der bestimmten Richtung modifiziert."[1] Bei der Betrachtung der Ansichten von Marx über die Grundfrage der sozialistischen Revolution – über die Staatsfrage – schrieb Lenin: „Bei Marx findet man auch nicht die Spur von Utopismus in dem Sinne, daß er sich die ‚neue' Gesellschaft erdichtet, zusammenphantasiert. Nein, er studiert – wie einen naturgeschichtlichen Prozeß – die *Geburt* der neuen Gesellschaft *aus* der alten, studiert die Übergangsformen von der alten zur neuen."[2] Schließlich geht Lenin auf den von Marx festgestellten Unterschied zwischen Sozialismus und Kommunismus ein und bemerkt, die große Bedeutung dieser Erörterungen von Marx bestehe darin, daß er auch hier konsequent die materialistische Dialektik, die Entwicklungslehre, anwendet, indem er den Kommunismus als etwas betrachtet, das sich aus dem Kapitalismus entwickelt.[3]

Was Lenin über Marx schrieb, gilt in vollem Maße auch für Engels. Dessen Gedanken waren immer auf den Sozialismus und den Kommunismus gerichtet, aber er verließ niemals den Boden der Wirklichkeit, und in seinen Urteilen über die künftige Gesellschaft ging er unbeirrbar von streng wissenschaftlichen Positionen aus.

In den letzten Jahrzehnten des vergangenen Jahrhunderts wuchs die sozialistische Bewegung stark an, und wiederholt wandte man sich mit der Bitte an Engels, er möge doch ein Bild von der Einrichtung der künftigen Gesellschaft geben. Aber Engels lehnte dieses Ansinnen immer wieder ab. Er wies darauf hin, daß die Aufgabe des wissenschaftlichen Sozialismus nicht darin besteht, ein möglichst vollkommenes System der Gesellschaft zu konstruieren, sondern darin, den geschichtlichen ökonomischen Prozeß zu untersuchen, in dem die Bourgeoisie und das Proletariat und ihr Kampf notwendig entstehen und sich entwickeln, und in der dadurch geschaffenen ökonomischen Lage die Mittel zur Lösung des Konflikts zu entdecken.[4]

Geleitet von der Methode der materialistischen Dialektik, lehnte es Engels ebenso entschieden wie Marx ab, detaillierte Bilder der künftigen Gesellschaft zu entwerfen. Er hielt dies für unnötig und sogar für schädlich. In einem Brief an Marx tadelte Engels W. Liebknecht, weil

[1] Lenin, W. I., Staat und Revolution, in: Werke, Bd. 25, Berlin 1960, S. 471f.

[2] Ebenda, S. 438

[3] Ebenda, S. 485

[4] Vgl. Engels F., Die Entwicklung des Sozialismus von der Utopie zur Wissenschaft, in: MEW, Bd. 19, Berlin 1962, S. 208

dieser bestrebt war, „dem Mangel unsrer Theorie abzuhelfen, auf jeden Philistereinwand eine Antwort zu haben, und von der zukünftigen Gesellschaft ein Bild zu haben, weil doch auch der Philister sie darüber interpelliert; . . ."[5]

Im Jahre 1881 teilte der holländische Sozialist Nieuwenhuis Marx mit, daß vorgeschlagen worden sei, die Frage eines Aktionsprogrammes für die Zeit nach der sozialistischen Revolution zu diskutieren. Marx antwortete ihm: „Was in einem bestimmten, gegebnen Zeitmoment der Zukunft zu tun ist, *unmittelbar* zu tun ist, hängt natürlich ganz und gar von den gegebenen historischen Umständen ab, worin zu handeln ist. Jene Frage aber stellt sich in *Nebelland*, stellt also in der Tat ein Phantomproblem, worauf die einzige Antwort – *die Kritik der Frage* selbst sein muß."[6] Marx wies dann darauf hin, daß die doktrinäre und notwendig phantastische Antizipation des Aktionsprogrammes einer künftigen Revolution nur vom gegenwärtigen Kampf ablenkt, und gab seiner Überzeugung Ausdruck, „daß mit dem Moment des Ausbruchs einer wirklich proletarischen Revolution auch die Bedingungen ihres (wenn auch sicher nicht idyllischen) unmittelbaren, nächsten Handelns gegeben sein werden."[7]

Im selben Jahr sandte Kautsky das Manuskript seiner Arbeit über Vermehrung und Entwicklung in Natur und Gesellschaft an Engels zur Durchsicht. Im Antwortbrief bemerkte Engels: Wenn auch die Kathedersozialisten von den Marxisten eine Antwort auf die Frage verlangen, wie diese eine etwa hereinbrechende Überbevölkerung und die daraus drohende Gefahr des Zusammenbruchs der neuen Gesellschaft vermeiden wollen, so ist das für die Marxisten noch lange kein Grund, dieser Forderung nachzukommen. Diesen Leuten alle Zweifel lösen, die sie „ihrer eignen konfusen Superweisheit" verdanken, hielt Engels für reine Zeitverschwendung.

Engels wies weiter darauf hin, daß diese Frage angesichts der Erfolge, die die Landwirtschaft – besonders in Amerika – erreicht hat, gar nicht brennend ist, und schrieb, daß gerade und allein die kommunistische Gesellschaft, sollte sie sich einmal genötigt sehen, die Produktion von Menschen ebenso zu regeln, wie sie die Produktion von Dingen

[5] Engels an Marx, Brief v. 28. 5. 1876, in: MEW, Bd. 34, Berlin 1966, S. 18

[6] Marx an Nieuwenhuis, Brief v. 22. 2. 1881, in: MEW, Bd. 35, Berlin 1967, S. 160

[7] Ebenda, S. 161

schon geregelt hat, es sein wird, die dies ohne Schwierigkeiten ausführt. „Jedenfalls ist es Sache jener Leute, ob, wann und wie, und welche Mittel sie dazu anwenden wollen. Ich halte mich nicht berufen, ihnen darüber Vorschläge und Ratschläge zu machen. So gescheit wie wir werden diese Leute doch auch wohl sein.“[8]

In seiner Antwort an ein Mitglied der englischen Fabian Society, das um einen Artikel gebeten hatte, schrieb Engels, er müsse auf jeden Fall feststellen, daß der Marxismus keine feststehenden gebrauchsfertigen Vorschläge über den Aufbau der künftigen Gesellschaft zu unterbreiten hat. „Unsere Ansichten über die Unterschiede zwischen einer künftigen, nichtkapitalistischen Gesellschaft und der heutigen, sind exakte Schlußfolgerungen aus den historischen Tatsachen und Entwicklungsprozessen und sind, wenn sie nicht im Zusammenhang mit diesen Tatsachen und dieser Entwicklung dargelegt werden, theoretisch und praktisch ohne Wert.“[9] In einem anderen Brief erläuterte Engels, daß die sozialistische Gesellschaft seiner Ansicht nach „nicht ein ein für allemal fertiges Ding, sondern, wie alle andern Gesellschaftszustände, als in fortwährender Veränderung und Umbildung begriffen zu fassen“[10] ist.

Auf Basis des Studiums der vorsozialistischen Produktionsweisen, meinte Engels, können wir höchstens feststellen, daß mit dem Fall des Kapitalismus die Aneignungsformen, die für die alte Gesellschaft charakteristisch sind, unmöglich werden. „Selbst die Übergangsmaßregeln werden sich überall nach den augenblicklich bestehenden Verhältnissen zu richten haben, in Ländern kleinen Grundeigentums wesentlich andre sein als in Ländern großen Grundbesitzes usw.“[11]

Engels hielt es für unzweifelhaft, daß im Ergebnis des Sieges der proletarischen Revolution in den entwickelten kapitalistischen Ländern die Völker der Kolonialwelt Freiheit und Unabhängigkeit gewinnen und den Weg selbständiger Entwicklung beschreiten werden. Doch fügte er ergänzend hinzu: „Welche sozialen und politischen Phasen aber diese Länder dann durchzumachen haben, bis sie ebenfalls zur

[8] Engels an Kautsky, Brief v. 1. 2. 1881, in: MEW, Bd. 35, S. 151

[9] Engels an Pease, Brief v. 27. 1. 1886, in: MEW, Bd. 36, Berlin 1967, S. 429

[10] Engels an v. Boenigk, Brief v. 21. 8. 1890, in: MEW, Bd. 37, Berlin 1967, S. 447

[11] Engels, F., Zur Wohnungsfrage, in: MEW, Bd. 18, Berlin 1962, S. 285

sozialistischen Organisation kommen, darüber glaube ich, können wir heute nur ziemlich müßige Hypothesen aufstellen."[12]

Als ein junger Angehöriger der deutschen Sozialdemokratie Anfang der 90er Jahre Engels mitteilte, er habe vor, sich mit den Übergangsetappen zur kommunistischen Gesellschaft zu befassen, meinte Engels, diese Frage sei „des Nachdenkens wert", gab jedoch den Rat, „bis ins neunte Jahr soll sie zurückgehalten werden" (Horaz). Und er erläuterte seine Antwort, indem er schrieb: „... das ist der schwierigste Stoff, den es gibt, weil die Bedingungen sich in einem fort ändern. Jeder neue Trust z. B. ändert sie, und von zehn zu zehn Jahren werden die Angriffspunkte total verschoben."[13]

In diesen Jahren war es in bestimmten Kreisen üblich, die Frage der „künftigen Gesellschaft" zu diskutieren. Als er sich mit einer Diskussion dieser Art auf den Seiten der deutschen sozialistischen Zeitung „Volks-Tribüne" bekannt gemacht hatte, bemerkte Engels sarkastisch, daß allen Teilnehmern an der Diskussion die „sozialistische Gesellschaft" nicht als etwas sich beständig Veränderndes und Fortschreitendes, sondern als etwas Stabiles, ein für allemal Fixiertes erscheine. Die Diskussion drehte sich um die Verteilung in der sozialistischen Gesellschaft. Engels vertrat die Ansicht, daß man vernünftigerweise nur versuchen könne, den Verteilungsmodus zu entdecken, mit dem angefangen wird, und die allgemeine Tendenz zu finden, worin sich die Weiterentwicklung bewegt.[14]

In einem Interview, das Engels im Jahre 1893 einem französischen Korrespondenten gab, sagte er: „Wir sind *Evolutionisten,* wir haben nicht die Absicht, der Menschheit endgültige Gesetze zu diktieren. Vorgefaßte Meinungen in bezug auf die Organisation der zukünftigen Gesellschaft im einzelnen? Davon werden Sie bei uns keine Spur finden."[15]

In der Arbeit „Zur Wohnungsfrage" wies Engels darauf hin, daß er seine Aufgabe keineswegs darin sieht, Rezepte zu liefern, wie in der künftigen sozialistischen Gesellschaft die Wohnungsfrage oder die noch wichtigere Eßfrage zu lösen sei, sondern darin, nachzuweisen, daß die

[12] Engels an Kautsky, Brief v. 12. 9. 1882, in: MEW, Bd. 35, S. 358

[13] Engels an Schmidt, Brief v. 1. 7. 1891, in: MEW, Bd. 38, Berlin 1968, S. 128

[14] Vgl. Engels an Schmidt. Brief v. 5. 8. 1890, in: MEW, Bd. 37, Berlin 1967, S. 436

[15] Interview Friedrich Engels' mit dem Korrespondenten der Zeitung „Le Figaro" am 8. Mai 1893, in: MEW, Bd. 22, Berlin 1963, S. 542

Entwicklung der Produktivkräfte die reale Möglichkeit erzeugt, nach der Beseitigung des Kapitalismus allen Gesellschaftsmitgliedern sowohl Nahrungsmittel als auch genügend Wohnraum zu bieten. „Wie eine zukünftige Gesellschaft die Verteilung des Essens und der Wohnungen regeln wird", fügte Engels hinzu, „darüber zu spekulieren, führt direkt in die *Utopie*."[16]

Die Opportunisten in der Arbeiterbewegung versuchten, diese oder jene Systeme des vormarxschen utopischen Sozialismus wieder zum Leben zu erwecken und ihre Rezepte als den praktischen Weg anzupreisen, auf dem der Sozialismus zu verwirklichen sei. Zugleich beschuldigte man die Marxisten, daß sie es ablehnten, an die Frage der sozialistischen Umgestaltung der Gesellschaft „praktisch" heranzugehen. Engels erteilte dem Anspruch der Opportunisten auf den Realismus ihres Programms eine glänzende Abfuhr. Er zeigte, „was es mit der Praxis dieser sich so nennenden ‚praktischen' Sozialisten auf sich hat"[17], indem er daran erinnerte, daß diese praktischen Vorschläge zur Beseitigung aller sozialen Übel, diese gesellschaftlichen Allerweltsheilmittel, stets und überall das Fabrikat von Sektenstiftern gewesen sind, die zu einer Zeit auftraten, wo die proletarische Bewegung noch in ihrer Kindheit lag.

„Die Entwicklung des Proletariats", schrieb Engels weiter, „wirft diese Kinderwindeln bald beiseite und erzeugt in der Arbeiterklasse selbst die Einsicht, daß nichts unpraktischer ist, als diese vorher ausgeklügelten, auf alle Fälle anwendbaren ‚praktischen Lösungen', und daß der praktische Sozialismus vielmehr in einer richtigen Erkenntnis der kapitalistischen Produktionsweise nach ihren verschiedenen Seiten hin besteht. Eine Arbeiterklasse, die hierin Bescheid weiß, wird im gegebnen Falle *nie* in Verlegenheit sein, gegen welche sozialen Institutionen und in welcher Weise sie ihre Hauptangriffe zu richten hat."[18]

Im Lichte dieser Äußerungen von Engels wird klar, wie an die Bemerkungen über die sozialistische Gesellschaft heranzugehen ist, die in vielen seiner Werke enthalten sind. Es wäre falsch, diese Exkurse als Rezepte zu betrachten, nach denen die konkreten praktischen Aufgaben der sozialistischen Wirtschaft zu lösen sind, die unter bestimmten historischen Bedingungen stehen, die Engels nicht voraussehen konnte. Aber die Äußerungen unserer großen Lehrmeister über den Sozialismus

[16] Engels, F., Zur Wohnungsfrage, in: MEW, Bd. 18, S. 285
[17] Ebenda, S. 287
[18] Ebenda

und den Kommunismus sind von unschätzbarer methodologischer Bedeutung für die politische Ökonomie des Sozialismus als der Wissenschaft von der neuen Produktionsweise und von der neuen ökonomischen Gesellschaftsformation, die im Feuer der größten Revolution in der Geschichte der Menschheit geboren wird. Diese Wissenschaft steht ihrem Wesen nach vor immer neuen Problemen, die aus den sich schnell verändernden Bedingungen der Wirklichkeit folgen. Die Gedanken der Klassiker des Marxismus-Leninismus geben eine zuverlässige Orientierung, die hilft, sich in den komplizierten und bisweilen strittigen Problemen der politischen Ökonomie des Sozialismus zurechtzufinden. Die Art und Weise, in der Marx, Engels und Lenin die Grundfragen der sozialistischen Umgestaltung der Gesellschaft gestellt haben, hilft zu bestimmen, auf welcher Grundlage und in welcher Richtung die Probleme der politischen Ökonomie des Sozialismus auszuarbeiten sind, wie Subjektivismus und Dogmatismus in der Problemstellung zu vermeiden und die Probleme in engster Verbindung mit der Praxis des sozialistischen und kommunistischen Aufbaus auszuarbeiten sind.

Zu den Problemen der sozialistischen Umwandlung der Gesellschaft, die Engels' besondere Aufmerksamkeit auf sich zogen, gehören: die sozialistische Revolution und die Errichtung der politischen Herrschaft des Proletariats als Ausgangspunkt für den Übergang vom Kapitalismus zum Sozialismus, die Vergesellschaftung der Produktionsmittel und die Methoden hierfür, die grundlegende Veränderung des Charakters und des Ziels der Produktion im Sozialismus im Vergleich zum Kapitalismus, die Besonderheiten der ökonomischen Gesetze des Sozialismus, die Verteilungsprinzipien in der sozialistischen Gesellschaft. Dabei lag Engels selbstverständlich ebenso wie Marx der Gedanke fern, den künftigen Akteuren der sozialistischen Revolution irgendwelche fertigen Rezepte aufdrängen zu wollen.

Unsere großen Lehrmeister haben wiederholt betont, daß die konkreten Methoden, mit denen der Sozialismus verwirklicht wird, von den sich ununterbrochen verändernden Umständen, von den historischen Bedingungen abhängen, unter denen die sozialistische Umwälzung vollzogen wird. Noch am Vorabend der sozialistischen Revolution, im Herbst 1917, schrieb Lenin: „Wir behaupten nicht, daß Marx oder die Marxisten den Weg zum Sozialismus in all seinen Einzelheiten kennen. Das wäre Unsinn. Wir kennen die Richtung dieses Weges, wir wissen, welche Klassenkräfte auf diesem Wege führend sind, doch konkret, praktisch wird das nur die *Erfahrung der Millionen* zeigen, sobald sie die Sache in Angriff nehmen."[19]

Indem die Begründer des Marxismus die Eckpfeiler der ökonomischen Theorie des Sozialismus errichteten, widerlegten sie durch ihre wissenschaftliche Analyse die Behauptungen der Lakaien des Kapitals, daß der Sozialismus „nicht realisierbar" sei. Die ein halbes Jahrhundert umfassenden Erfahrungen des Sowjetvolkes, die Erfahrungen der Völker der anderen sozialistischen Länder haben in der unangreifbaren Sprache der Praxis die schöpferische Bedeutung bestätigt, die die sozialistische Revolution als die Hauptbedingung des sozialen Fortschritts in unserer Epoche hat. Marx' und Engels' wissenschaftliche Prognosen, ihre Schlußfolgerungen hinsichtlich der Vorzüge des Sozialismus haben sich im Leben so vollständig verwirklicht, wie sonst nur die begründetsten Prognosen der exakten Wissenschaften.

Gestützt auf die Leitideen der Begründer des Marxismus und die Erfahrungen der Millionenmassen verallgemeinernd, die daran gingen, den Sozialismus praktisch zu errichten, arbeitete Lenin die Strategie und Taktik des sozialistischen Aufbaus aus, seine konkreten Methoden, so grundlegende Prinzipien und Formen sozialistischen Wirtschaftens wie demokratischer Zentralismus, wirtschaftliche Rechnungsführung, Einheit von moralischen und materiellen Stimuli zur Arbeit. Die marxistisch-leninistischen Prinzipien für den Aufbau des Sozialismus und Kommunismus werden in der praktischen Tätigkeit, in den Beschlüssen und Dokumenten der KPdSU, der brüderlichen kommunistischen und Arbeiterparteien weiterentwickelt.

Die sozialistische Ökonomik zeichnet sich durch eine früher nie gekannte Dynamik aus. Wie aus den vorhin angeführten Äußerungen von Engels hervorgeht, sah er diese Besonderheit der sozialistischen Wirtschaft mit großem Scharfblick voraus und maß ihr außerordentliche Bedeutung zu. Und es ist nichts Erstaunliches daran, daß die Methoden der Wirtschaftsleitung in der sozialistischen Gesellschaft systematisch vervollkommnet werden. Auf Basis der Erfolge, die beim wirtschaftlichen Aufbau erzielt worden sind, und im Zusammenhang mit den neuen Aufgaben, die das Leben insbesondere durch die gegenwärtige wissenschaftlich-technische Revolution stellt, werden in den sozialistischen Ländern gegenwärtig tiefgreifende Wirtschaftsreformen ausge-

[19] Lenin, W. I., Aus dem Tagebuch eines Publizisten, in: Werke, Bd. 25, Berlin 1960, S. 289

arbeitet und verwirklicht. Ihr Ziel besteht darin, die entscheidenden Vorzüge des sozialistischen Wirtschaftssystems vollständiger auszunutzen, eine sichere Steigerung der Effektivität der gesellschaftlichen Produktion zu gewährleisten, was das wichtigste Mittel dafür ist, die Zunahme des materiallen Wohlstandes des Volkes und das wirtschaftliche Entwicklungstempo zu beschleunigen.

Als Marx die bürgerliche Produktionsweise erforschte, kam er zu dem Schluß: „Für das Kapital ... gilt das Gesetz der gesteigerten Produktivkraft der Arbeit nicht unbedingt.“[20] Dies ist durch die objektiven Gesetze des Kapitalismus bedingt, die den zyklischen Charakter der Reproduktion, die durch Krisen und Rückschläge unterbrochen wird, die zerstörerische Konkurrenz, den Kampf um Absatzmärkte, die Arbeitslosigkeit und andere Umstände bestimmen, woraus sich unweigerlich Hindernisse für die Steigerung der gesellschaftlichen Produktivität der Arbeit ergeben.

Im Gegensatz zum Kapitalismus verfügt de Sozialismus über die Möglichkeit, eine stetige Steigerung der gesellschaftlichen Arbeitsproduktivität zu sichern. Das bedeutet, daß die sozialistische Wirtschaft von objektiven Hindernissen frei ist, die die stetige Steigerung der Arbeitsproduktivität und der Effektivität der gesellschaftlichen Produktion stören. Aber das bedeutet nicht, daß die Effektivität der Arbeit des Volkes automatisch wächst. Es können vermeidbare subjektive Faktoren auftreten, die das Wachstum der Effektivität der gesellschaftlichen Produktion unter bestimmten Bedingungen zeitweilig aufhalten. Das Leben zeigt, daß solche Situationen möglich sind. Daraus ergibt sich die objektive Notwendigkeit, die Methoden der Wirtschaftsführung, die Methoden der Planung und Leitung der sozialistischen Wirtschaft zu vervollkommnen.

Die gegenwärtige Etappe in der ökonomischen Entwicklung der Sowjetunion und der anderen sozialistischen Länder ist dadurch charakterisiert, daß im Zusammenhang mit der grandiosen Aufgabe, in der Sowjetunion die materiell-technische Basis des Kommunismus zu schaffen und in den anderen sozialistischen Ländern den weiteren Aufschwung der Wirtschaft zu sichern, ein überaus intensiver Prozeß der Vervollkommnung der Wirtschaftsorganisation stattfindet. Diese Maßnahmen stellen eine Weiterentwicklung der marxistisch-leninistischen

[20] Engels an Carlo Cafiero, Brief v. 28. 7. 1871, in: MEW, Bd. 33, Berlin 1966, S. 668

Prinzipien sozialistischen Wirtschaftens unter Bedingungen dar, wo das schnelle Wachstum der Produktivkräfte und der ökonomischen Struktur der sozialistischen Gesellschaft hinsichtlich der Erhöhung der Effektivität der Arbeit und des Lebensniveaus des Volkes neue Probleme und Aufgaben stellt.

Man muß beachten, daß die marxistisch-leninistischen Prinzipien der sozialistischen Wirtschaftsleitung mit abstrakten, apriorisch festgesetzten Schemata nichts gemein haben. Im Gegenteil, sie sind in der Feuerprobe der praktischen Erfahrungen von Millionen entstanden. Sie sind das Ergebnis der Verallgemeinerung dieser Erfahrungen durch den kollektiven Verstand der KPdSU und der marxistisch-leninistischen Bruderparteien.

Deshalb darf man die marxistisch-leninistischen Prinzipien des Wirtschaftens nicht als etwas Unbewegliches, Erstarrtes betrachten. Im Gegenteil, in dem Maße, wie die sozialistische Wirtschaft wächst, wie sich ihre Produktivkräfte entwickeln und ihre Produktionsverhältnisse vervollkommnen, entwickeln auch sie sich und gewinnen immer reicheren Gehalt.

Die Wirtschaftsreformen in den sozialistischen Ländern haben nicht nur große praktische Bedeutung. Sie geben auch der Entwicklung der ökonomischen Theorie des Sozialismus einen gewaltigen Anstoß. Die Reformen sind das Resultat kühner und schöpferischer theoretischer Arbeit, die nötig war, um eine Reihe grundlegender Probleme der marxistisch-leninistischen ökonomischen Wissenschaft auszuarbeiten. Hierfür mußten die reichen Erfahrungen der Praxis verallgemeinert und sowohl die Erfolge als auch die Mängel früherer Formen des Wirtschaftens berücksichtigt werden. Zugleich bereichern die Reformen die revolutionäre Theorie mit neuen wichtigen Schlußfolgerungen, stellen neue praktische Probleme, die theoretisch durchdacht und wissenschaftlich ausgearbeitet werden müssen. So bereichern sich Theorie und Praxis wechselseitig. Immer wieder bestätigt sich die Wahrheit des Leninschen Gedankens, daß im Prozeß des sozialistischen Aufbaus die Theorie in die Praxis umgesetzt wird, durch die Praxis belebt, durch die Praxis korrigiert, durch die Praxis erprobt wird.[21] Die Lebenskraft der marxistisch-leninistischen Lehre im ganzen, der ökonomischen Lehre des Marxismus-Leninismus im besonderen äußert sich im kühnen und schöpferischen Herangehen an die neuen Erscheinungen des Le-

[21] Vgl. Lenin, W. I., Wie soll man den Wettbewerb organisieren?, in: Werke, Bd. 26, Berlin 1961, S. 411

bens, in der Lösung neuer von der Praxis gestellter Aufgaben, in der furchtlosen Überwindung einiger gewohnter Vorstellungen, welche der Prüfung durch die Praxis nicht mehr standhalten, in der Formulierung neuer Thesen und Schlußfolgerungen auf Basis der Erfahrungen des Lebens. Der Prozeß der revolutionären Umgestaltung der Ökonomik auf dem Wege zum Sozialismus und zum Kommunismus ist vielgestaltig und vielseitig. Daraus folgt, daß die politische Ökonomie des Sozialismus keine Sammlung unbeweglicher, erstarrter Dogmen, keine berüchtigten „ewigen Wahrheiten letzter Instanz" sein kann, die Engels so scharf verurteilte. Die politische Ökonomie des Sozialismus ist berufen, die objektiven ökonomischen Gesetze der neuen, der kommunistischen ökonomischen Gesellschaftsform aufzudecken, die sich im Stadium ihres Werdens befindet. Diese Gesetze aufzudecken und ihren Inhalt zu erklären ist auf dem Wege eines vom Leben losgelösten abstrakten Spekulierens, auf dem Wege künstlicher Konstruktion universeller Schemata nicht möglich, sondern nur durch die theoretische Verallgemeinerung der Praxis, durch die wissenschaftliche Lösung der Aufgaben, die das Leben stellt.

Wie Lenin schrieb, bildet jede ökonomische Gesellschaftsformation, jedes System der Produktionsverhältnisse „nach der Theorie von Marx einen besonderen sozialen Organismus, der in seiner Entstehung, seinem Funktionieren und seinem Übergang zu einer höheren Form, seiner Verwandlung in einen anderen sozialen Organismus, besonderen Gesetzen folgt"[22]. Engels hat vorzüglich erklärt, wie die Herrschaft der Gesellschaft über die objektiven ökonomischen Gesetze der gesellschaftlichen Entwicklung verstanden werden muß. Diese Herrschaft besteht darin, daß die Gesellschaft die Gesetze erkennt und sich in ihrer praktischen Tätigkeit von ihnen leiten läßt.

In diesem Zusammenhang ist es notwendig, daran zu erinnern, wie der Marxismus den Begriff „Gesetz" auffaßt.

Marx erklärte das Gesetz als den inneren und notwendigen Zusammenhang zwischen den Erscheinungen.[23] Lenin wies darauf hin, daß das Gesetz „die Widerspiegelung des Wesentlichen in der Bewegung des Universums" ist; „der Begriff des Gesetzes ist eine der Stufen der Erkenntnis der Einheit und des Zusammenhangs, der wechselseitigen Abhängigkeit und der Totalität des Weltprozesses durch den Menschen", „das Gesetz ist das Dauerhafte (Bleibende) in der Erscheinung". In

[22] W. I. Lenin, Werke, Bd. 1, S. 424f.
[23] K. Marx, Das Kapital, Bd. 3, in: MEW, Bd. 25, S. 235

diesem Zusammenhang wies Lenin darauf hin, daß das Gesetz „das ruhige Abbild der Erscheinungen" ist, daß darum jedes Gesetz „eng, unvollständig, annähernd ist".[24] Unter der unendlichen Mannigfaltigkeit der Wesen und Züge, die den Erscheinungen eigen ist, hebt die wissenschaftliche Erkenntnis der Wirklichkeit die wesentlichen, notwendigen Beziehungen hervor, welche die bestimmende Rolle für diese Erscheinungen spielen. Wie Lenin bemerkt, „sind Gesetz und Wesen gleichartige Begriffe (Begriffe gleicher Ordnung) oder besser gleicher Potenz, welche die Vertiefung der Erkenntnis der Erscheinungen der Welt etc. durch den Menschen zum Ausdruck bringen".[25]

Das Denken, das vom Konkreten zum Abstrakten aufsteigt, entfernt sich – wenn es richtig ist – nicht von der Wahrheit, sondern nähert sich ihr. Indem das Gesetz, das Wesentlichste in den Erscheinungen fixiert, spiegelt es diese Erscheinungen tiefer und vollständiger wider. „Die Abstraktion der Materie, des Naturgesetzes, die Abstraktion des Wertes usw., mit einem Wort alle wissenschaftlichen (richtigen, ernst zu nehmenden, nicht unsinnigen) Abstraktionen spiegeln die Natur tiefer, richtiger, vollständiger wider."[26]

Der ganze Reichtum der ökonomischen Gesetze des Sozialismus kann nur durch tiefes Studium der Praxis des wirtschaftlichen Aufbaus in allen seinen Erscheinungen erschlossen werden. Diese Praxis umfaßt sowohl die Wirtschaftspolitik des sozialistischen Staates, wie die gewaltige angehäufte Erfahrung der Anwendung und Vervollkommnung der sozialistischen Wirtschaftsmethoden, die Erfahrung der großen organisatorischen Arbeit bei der planmäßigen Entwicklung der Volkswirtschaft im ganzen wie in allen ihren Teilen.

Im Prozesse der praktischen Tätigkeit, im Zusammenhang mit der Vervollkommnung der volkswirtschaftlichen Leitungsmethoden werden die inneren Zusammenhänge und die gegenseitige Abhängigkeit der Elemente der volkswirtschaftlichen Totalität immer tiefer erfaßt, immer vollständiger werden die gesetzmäßigen Beziehungen zwischen den Erscheinungen des Wirtschaftslebens geklärt, die objektiv bedingten Proportionen der sozialistischen Reproduktion, die notwendigen Bedingungen für ihren normalen Verlauf. Ihrerseits sind die exakter und detailierter geklärten objektiven Gesetzmäßigkeiten der

[24] W. I. Lenin, Konspekt zu Hegels „Wissenschaft der Logik", in: Werke Bd. 38, S. 142 und 141

[25] Ebenda, S. 142

[26] Ebenda, S. 160

sozialistischen Ökonomik eine zuverlässige Grundlage für die Vervollkommnung der Methoden der planmäßigen Wirtschaftsleitung.

Kann man etwa eine einigermaßen befriedigende Vorstellung von dem Gesetz der planmäßigen Entwicklung der Volkswirtschaft bekommen, wenn man die Planungsorganisation der sozialistischen Ökonomik, die Vervollkommnung der Planungsmethoden, das Kennziffernsystem des Planes, den Kampf um die Planerfüllung, die Mängel der Planung und die Wege zu deren Beseitigung ignoriert?

Oder kann man etwa die Überlegenheit des sozialistischen Wirtschaftssystems über das kapitalistische klar begreifen, wenn man den komplizierten und vielseitigen Kampf um die Realisierung dieser Überlegenheit außer acht läßt? Gerade in diesem Kampf überwindet die Partei, die das ganze Sowjetvolk führt, das Beharrungsvermögen und den Konservatismus in diesen oder jenen Gliedern des Wirtschaftsapparates, beseitigt die Unwirtschaftlichkeit, die Unmäßigkeit, und erlangt die größt mögliche ökonomische und rationelle Ausnutzung der Ressourcen, deckt sie die Produktionsreserven auf und mobilisiert sie. Der Verzicht auf die konkrete Analyse dieses Kampfes, seiner Methoden und Ergebnisse verwandelt das Gerede über die Überlegenheit des Sozialismus in schablonenhafte Gemeinplätze, die vom Leben und von der Praxis des Wirtschaftsaufbaues losgerissen sind.

Die bewußte Ausnutzung der objektiven ökonomischen Gesetze des Sozialismus setzt nicht nur die Erklärung der qualitativen Unterschiede der sozialistischen Produktionsweise voraus, sondern auch die exakte Analyse der quantitativen Seiten der ökonomischen Gesetzmäßigkeiten, die Aufdeckung der quantitativen Wechselbeziehungen in der Volkswirtschaft im Ganzen wie in jedem ihrer Teile im Einzelnen.

So ist es nicht ausreichend, das objektive ökonomische Gesetz der planmäßigen, Entwicklung zu kennen, um die praktischen Aufgaben bei der Ausarbeitung des Planes für einen Industriebetrieb, für eine Sowjetwirtschaft oder eine Kollektivwirtschaft zu entscheiden. Man muß auch wissen, welche quantitativen Beziehungen zwischen allen Elementen der Produktion bestehen, muß die Besonderheiten der ökonomischen Sitoation kennen, den voraussichtlichen Umfang der Nachfrage nach jeder Art der Produkte, die Bedingungen der Rohstoff- und Materialversorgung usw. Angesichts des kontinuierlichen Charakters aller Prozesse des Wirtschaftslebens muß auch die quantitative Analyse der Bedingungen der Wirtschaftstätigkeit kontinuierlich sein. Dazu ist ein gut funktionierender Apparat der Information und der Abrechnung notwendig, ein System der Auswahl und der Verarbeitung der erhaltenen Daten zur schnellen Auffindung optimaler Entscheidungen.

„Bei der außerordentlichen Zunahme der Produktion" – lesen wir in einer Untersuchung über „Mathematische Methoden in der Wirtschaft" – „reicht eine mehr oder weniger exakte Vorstellung von den Besonderheiten eines bestimmten ökonomischen Prozesses nicht mehr für die Leitung der Gesamtwirtschaft aus. Wir müssen die komplizierten Zusammenhänge studieren, die zwischen den ökonomischen Erscheinungen existieren und genauestens über diejenigen Veränderungen Bescheid wissen, die in der Wirtschaft auf Grund bestimmter ökonomischer Maßnahmen hervorgerufen werden. Nur auf diese Weise können wir die Produktion zuverlässig leiten."[27]

Um die optimale Variante eines Planes für die ganze Volkswirtschaft, für einen Zweig oder für einen einzelnen Betrieb auffinden zu können, muß vor allem das Kriterium des Optimums bestimmt werden. Die Auswahl dieses Kriteriums ist keineswegs ein willkürlicher Akt, im Gegenteil, sie ist voll und ganz durch objektive Bedingungen, durch objektive Gesetze der ökonomischen Entwicklung bestimmt. Weiter müssen für die Lösung dieser Aufgabe die Aufwandsnormative bekannt sein, die ebenfalls durch objektive Umstände bedingt sind. Endlich gibt es in jedem konkreten Falle ein Limit, das die Produktionsmöglichkeiten der gegebenen Wirtschaft begrenzt. Die Anerkennung eines solchen Limits hat nichts mit der Grenznutzentheorie zu tun.

Die Notwendigkeit, die optimale Variante des Planes auszuwählen, ergibt sich aus dem Wesen der sozialistischen Planung selbst. Lange Zeit wurde diese Auswahl jedoch mit allgemeinen politischen und ökonomischen Erwägungen begründet, mit der Berücksichtigung der Hauptaufgaben und der hauptsächlichen Ressourcen. Mit dem Wachstum der sozialistischen Ökonomik und der Komplizierung der vor ihr stehenden Aufgaben wird die Optimierung der Planung auf der Grundlage exakter Berechnungen der wechselseitigen Abhängigkeiten in der Volkswirtschaft notwendig. Die Optimierung der Planung erfordert die Anwendung mathematischer Methoden, und die gegenwärtige Mathematik hat die theoretische Grundlage für die Berechnung optimaler Varianten des Planes geschaffen. „Die Anwendung mathematischer

[27] „Mathematische Methoden in der Wirtschaft" (Übersetzung aus dem Russischen) Bd. 2, Berlin 1964, S. 9

Methoden der Planoptimierung bereits in allernächster Zukunft – bezeugt ein bekannter sowjetischer Ökonom = Mathematiker – wird unserem wirtschaftlichen Aufbau einen spürbaren Nutzen bringen und der weiteren Entwicklung der sozialistischen Ökonomik dienen".[28]

Wie wichtig aber die Anwendung der Mathematik in ökonomischen Forschungen auch ist, sie kann an sich nicht als Allheilmittel gegen alle Übel dienen. Die Mathematiker selbst bezeichnen mit Recht ihre Wissenschaft als Mühlsteine, zwischen die man Weizen und nicht Unkraut schütten muß, wenn man Mehl haben will. Wessen Sache aber ist es, den Mühlsteinen der Mathematik den Weizen zu liefern, um optimale Entscheidungen konkreter volkswirtschaftlicher Probleme zu bekommen? Offensichtlich ist das eine Aufgabe der ökonomischen Wissenschaft.

Die Erfüllung dieser Aufgabe wird wesentlich behindert durch die vereinfachenden primitiven Vorstellungen von den ökonomischen Kategorien des Sozialismus, die dazu führen, daß die Methodologie der Anwendung der Mathematik in der Ökonomie ohne jeden Grund als ein Verlassen der marxistischen Werttheorie, als ein Versuch ihrer Ersetzung „durch Elemente der Grenznutzentheorie, durch die drei Produktionsfaktoren, durch Angebot und Nachfrage" qualifiziert wird.[29] Eine solch wenig schmeichelhafte Einschätzung wurde den Arbeiten der führenden Ökonomen = Mathematikern der Sowjetunion zuteil – L. Kantorowitsch, W. Nemtschinow und W. Nowoshilow, – die für den Leninpreis vorgeschlagen wurden und ihn dann auch erhielten ...

2. *Die politische Herrschaft der Arbeiterklasse und die ökonomischen Aufgaben der sozialistischen Revolution*

Gleich Marx hielt es Engels für gänzlich unbestreitbar, daß die sozialistische Umgestaltung der Gesellschaft vor allem die politische Herrschaft der Arbeiterklasse voraussetzt, die er treffend als „die einzige Tür in die neue Gesellschaft"[30] kennzeichnete. Engels wies darauf hin, daß Marx und er schon seit Mitte der vierziger Jahre die Ansicht vertraten, eine der schließlichen Folgen der sozialistischen Revolution

[28] L. Kantorowitsch, Mathematik und Ökonomik, „Prawda" vom 24. 8. 1965, in: Die Presse der Sowjetunion, 1965, Nr. 104, S. 11

[29] „Ekonomitscheskaja Gazeta" 1965, Nr. 10, S. 9 (russisch)

[30] Engels an Trier, Brief v. 18. 12. 1889, in: MEW, Bd. 37, S. 326

werde die allmähliche „Auflösung“ und endlich das Verschwinden des Staates sein. Weiter schrieb er: „Gleichzeitig war es immer unsere Ansicht, daß um zu diesem und den anderen weit wichtigeren Zielen der künftigen sozialen Revolution zu gelangen, die Arbeiterklasse zuerst die organisierte politische Gewalt des Staates in Besitz nehmen und mit ihrer Hilfe den Widerstand der Kapitalistenklasse niederstampfen und die Gesellschaft neu organisieren muß.“[31]

Gegen die Anarchisten gerichtet, die forderten, den Staat sofort nach dem Sturz der Bourgeoisie zu beseitigen, erklärte Engels, daß der Staat die einzige Organisation ist, die das Proletariat nach dem Sieg fertig vorfindet, wobei der Staat großer Veränderungen bedarf, bevor er seine neuen Funktionen erfüllen kann. „Aber ihn in einem solchen Augenblick zerstören, das hieße, den einzigen Organismus zerstören, vermittels dessen das siegende Proletariat seine eben eroberte Macht geltend machen, seine kapitalistischen Gegner niederhalten und diejenige ökonomische Revolution der Gesellschaft durchsetzen kann, ohne die der ganze Sieg enden müßte in einer Niederlage und in einer Massenabschlachtung der Arbeiterklasse, ähnlich derjenigen nach der Pariser Kommune.“[32]

Die wissenschaftliche Voraussicht Engels' hat sich mit bewundernswerter Vollständigkeit und Genauigkeit erfüllt. In Rußland vollzog die Arbeiterklasse, nachdem sie die politische Macht erobert und den Widerstand der Ausbeuter unterdrückt hatte, im engen Bündnis mit den breitesten Massen der Bauernschaft eine ökonomische Revolution in noch nie dagewesenem Maßstabe. In ihrem Ergebnis verwandelte sich das früher rückständige Land in einen machtvollen Staat. Den gleichen Weg grundlegender revolutionärer Umgestaltungen des politischen und ökonomischen Lebens haben die Völker einer großen Gruppe von Ländern Europas und Asiens beschritten, die das kapitalistische Joch abwarfen und erfolgreich den Sozialismus aufbauen. In diesem gigantischen Umwälzungswerk werden die Volksmassen von erprobten revolutionären Parteien geführt, die ihre gesamte Tätigkeit auf dem unerschütterlichen Fundament des Marxismus-Leninismus aufbauen.

In einem Brief an einen Vertreter der italienischen Arbeiterbewegung schrieb Engels: „Wir müssen uns von den Grundbesitzern und den Kapi-

[31] Engels an Van Patten, Brief v. 18. 4. 1883, in: MEW, Bd. 36, S. 11
[32] Ebenda, S. 11f.

talisten befreien, indem wir die verbündeten Klassen der Land- und Industriearbeiter an ihre Stelle setzen und sie drängen, sich aller Produktionsmittel zu bemächtigen: Boden, Werkzeuge, Maschinen, Rohstoffe und die Mittel, um während der zur Produktion notwendigen Zeit zu leben. Dadurch wird die Ungleichheit aufhören müssen. Um das bis zu Ende durchzuführen, brauchen wir die politische Herrschaft des Proletariats."[33]

Engels lehnte die reformistischen Rezepte über „das frischfrommfröhlichfreie ‚Hineinwachsen' der alten Sauerei ‚in die sozialistische Gesellschaft'"[34] kategorisch ab und entlarvte sie unermüdlich. Im Lichte dieser Engelsschen Äußerungen wird klar, daß die heutigen reformistischen Rezepte über das „Hineinwachsen der alten Sauerei in die sozialistische Gesellschaft" darauf berechnet sind, die „einzige Tür" zum Sozialismus zuzuschlagen.

Wenn Engels über die gewaltsame Revolution als Mittel sprach, die Macht der Bourgeoisie zu stürzen und die politische Herrschaft des Proletariats zu errichten, so ließ er doch niemals außer acht, daß die sozialistische Arbeiterklasse die Macht auch auf friedlichem Wege erobern kann. Er schrieb: Für den Revolutionär ist „jedes Mittel recht, das zum Ziel führt, das gewaltsamste, aber auch das scheinbar zahmste."[35]

Als Engels die Frage der Vergesellschaftung der Produktionsmittel im Verlaufe der sozialistischen Revolution berührte, wies er darauf hin, daß die Frage keineswegs darin bestehe, ob das Proletariat, wenn es zur Macht gelangt ist, das bürgerliche Eigentum gewaltsam in Besitz nimmt, ob es sofort Entschädigung dafür zahlt oder ob es das Eigentum daran durch langsame Ratenzahlungen ablöst. „Eine solche Frage im voraus und für alle Fälle beantworten zu wollen, hieße Utopien fabrizieren, und das überlasse ich andern."[36]

Engels hielt es für unzweifelhaft, daß nach der Errichtung der Diktatur des Proletariats die Großgrundbesitzer und die Kapitalisten expropriiert werden. Ob diese Expropriation mit oder ohne Entschädigung erfolgt, so betonte Engels, hängt großenteils nicht von der Arbeiterklasse ab, sondern von den Umständen, unter denen sie an die

[33] Engels an Cafiero, Brief v. 28. 7. 1871, in: MEW, Bd. 33, Berlin 1966 S. 668

[34] Engels an Kautsky, Brief v. 29. 6. 1891, in: MEW, Bd. 38, S. 125

[35] Engels an Trier. Brief v. 18. 12. 1889, in: MEW, Bd. 37, a. a. O., S. 327

[36] Engels, F., Zur Wohnungsfrage, in: MEW, Bd. 18, a. a. O., S. 282

Macht kommt, und namentlich vom Verhalten der Großeigentümer selbst. „Eine Entschädigung," schreibt Engels weiter, „sehen wir keineswegs unter allen Umständen als unzulässig an; Marx hat mir – wie oft! – als seine Ansicht ausgesprochen, wir kämen am wohlfeilsten weg, wenn wir die ganze Bande auskaufen könnten."[37]

Unsere großen Lehrmeister schlossen keineswegs den friedlichen Weg zum Sozialismus aus, die friedliche Eroberung der Macht durch die Arbeiterklasse, die an der Spitze breitester Schichten der Volksmassen steht. Sie hielten diese Perspektive unter bestimmten Bedingungen für durchaus möglich, selbst unter der Voraussetzung, daß der Kapitalismus in der ganzen Welt ungeteilt herrscht. Diese Perspektive hat unvergleichlich größere Realität in der modernen Epoche gewonnen, in der der Imperialismus die Herrschaft über die Mehrheit der Menschheit verloren hat, in der neben dem kapitalistischen das sozialistische Weltsystem besteht, in der sich das Kräfteverhältnis zwischen den beiden Systemen unaufhörlich zugunsten des Sozialismus und zuungunsten des Kapitalismus verändert. Deshalb ist in den programmatischen Dokumenten der internationalen kommunistischen Bewegung, in der politischen Strategie der marxistisch-leninistischen Parteien der kapitalistischen Länder neben dem nichtfriedlichen Wege zum Sozialismus auch die Möglichkeit vorgesehen, diesen Übergang mit friedlichen Mitteln zu vollziehen. Die Leugnung dieser Möglichkeit läuft den Grundthesen des Marxismus-Leninismus, der revolutionären materialistischen Dialektik zuwider, die verlangt, an die Aufgaben der sozialistischen Revolution konkret heranzugehen und sich allen erstarrten Dogmen gegenüber unversöhnlich zu verhalten.

Engels verurteilte entschieden die anarchistischen Wirrköpfe, die der Arbeiterklasse großen Schaden zufügen mit ihrer Forderung, den Staat auf einen Schlag abzuschaffen, bevor noch die sozialen Verhältnisse vernichtet sind, die ihn haben entstehen lassen. Diese Leute forderten, daß der erste Akt der sozialen Revolution die Abschaffung der Autorität sei. „Haben diese Herren nie eine Revolution gesehen?", entgegnete Engels ihnen. „Eine Revolution ist gewiß das autoritärste Ding, das es gibt; sie ist der Akt, durch den ein Teil der Bevölkerung dem anderen Teil seinen Willen vermittels Gewehren, Bajonetten und Kanonen, also mit denkbar autoritärsten Mitteln aufzwingt, und die

[37] Engels, F., Die Bauernfrage in Frankreich und Deutschland, MEW, Bd. 22, S. 504

siegreiche Partei muß, wenn sie nicht umsonst gekämpft haben will dieser Herrschaft Dauer verleihen durch den Schrecken, den ihre Waffen den Reaktionären einflößen."[38]

Aber der Marxismus hält den Staat nicht für ein ewiges Attribut der menschlichen Gesellschaft. Auf einer bestimmten Etappe des Lebens der Gesellschaft entstanden, tritt er auf einer betimmten Etappe auch wieder von der Bühne ab. Engels zeichnete in großen Zügen den dialektischen Prozeß der historischen Entwicklung der menschlichen Gesellschaft und wies darauf hin, daß nach Beseitigung des Kapitalismus die Phase im Leben der Gesellschaft eintritt, in der die notwendigen Voraussetzungen dafür entstehen, daß der Staat abstirbt. „Das Eingreifen einer Staatsgewalt in gesellschaftliche Verhältnisse wird auf einem Gebiete nach dem andern überflüssig und schläft dann von selbst ein. An die Stelle der Regierung über Personen tritt die Verwaltung von Sachen und die Leitung von Produktionsprozessen. Der Staat wird nicht ‚abgeschafft', er stirbt ab."[39]

Die Gegner des revolutionären Marxismus haben Engels' Gedanken wiederholt entstellt. Sie versuchten, Engels die Behauptung zuzuschreiben, der Staat sterbe sofort nach dem Sieg der proletarischen Revolution ab. Aber Engels' Position ist vollkommen klar. Er ging davon aus, daß erst auf jener gesellschaftlichen Entwicklungsstufe, die voller Kommunismus genannt wird, die Funktion der gesellschaftlichen Leitung ihren politischen Charakter verlieren und sich in die Leitung der gesellschaftlichen Angelegenheiten unmittelbar durch das Volk verwandeln wird.

Engels arbeitete die ökonomischen Aufgaben der sozialistischen Revolution weiter aus, die bereits im „Manifest der Kommunistischen Partei" verkündet worden waren. Er begründete allseitig die Schlußfolgerung des „Manifests", daß das Proletariat, nachdem es die politische Macht erobert hat, vor allem das Privateigentum der Kapitalisten an den Produktionsmitteln liquidiert und diese in gesellschaftliches Eigentum überführt. Den entscheidenden Unterschied der sozialistischen Ordnung gegenüber der kapitalistischen sah Engels in der „Organisation der Produktion auf Grundlage des Gemeineigentums zunächst der Nation an allen Produktionsmitteln."[40] Die Vergesell-

[38] Engels, F., Von der Autorität, in: MEW, Bd. 18, S. 308

[39] Engels, F., Herrn Eugen Dührings Umwälzung der Wissenschaft, in: MEW, Bd. 20, Berlin 1962, S. 262

[40] Engels an v. Boenigk, Brief v. 21. 8. 1890, in: MEW, Bd. 37, S. 447.

schaftung der Produktionsmittel bildet den ökonomischen Inhalt der proletarischen Revolution, die Basis der sozialistischen Umgestaltung der Gesellschaft. Gerade auf dieser Grundlage kommt die sozialistische Revolution zu ihrem Endziel, die Ausbeutung des Menschen durch den Menschen zu beseitigen und die klassenlose Gesellschaft zu errichten. „Die Abschaffung der Klassen ist unsre Grundforderung, ohne sie die Abschaffung der Klassenherrschaft ökonomisch ein Unding."[41]

In den achtziger Jahren des vergangenen Jahrhunderts wies Engels darauf hin, daß die Hauptforderung von Marx „Besitzergreifung sämtlicher Produktionsmittel, namens der Gesellschaft, durch das zur politischen Alleinherrschaft emporgestiegene Proletariat" lautet, und er stellte mit Genugtuung fest, daß diese Forderung bei der gesamten revolutionären Arbeiterklasse auch in jenen Ländern Anerkennung gefunden hat, in denen früher reaktionär-utopistische kleinbürgerliche Illusionen darüber verbreitet waren, der Sozialismus sei möglich, ohne die Produktionsmittel zu vergesellschaften.[42] Heute sind diese Illusionen in den Programmen und in der Politik der rechtssozialistischen Parteien wiedererstanden. Ihre Führer und Theoretiker ersetzen die „Hauptforderung" des Marxismus durch reformistische Projekte, den Kapitalismus zu „verbessern".

Die siegreiche Arbeiterklasse, die die Expropriateure expropriiert, eröffnet zugleich, wie Engels voraussah, den kleinen Warenproduzenten – der Hauptmasse der Bauernschaft – den Weg zur genossenschaftlichen Vereinigung der Produktionsmittel und der Arbeit. In der Arbeit „Die Bauernfrage in Frankreich und Deutschland", die er kurz vor seinem Tode schrieb, wies Engels darauf hin, daß nach dem Sieg der sozialistischen Revolution die Kooperation der Bauernwirtschaften „der allgemein-gesellschaftlichen Leitung den nötigen Einfluß" sichert, „um die Bauerngenossenschaft allmählich in eine höhere Form überzuführen und die Rechte und Pflichten sowohl der Genossenschaft im ganzen wie ihrer einzelnen Mitglieder mit denen der übrigen Zweige der großen Gemeinschaft auszugleichen."[43] Engels sah die Aufgabe darin, die Bauernwirtschaften zu genossenschaftlichen Betrieben zu

[41] Engels, F., Zur Kritik des sozialdemokratischen Programmentwurfs 1891, in: MEW, Bd. 22, S. 232

[42] Vgl. Engels, F., Vorwort zur zweiten durchgesehenen Auflage „Zur Wohnungsfrage", in: MEW, Bd. 21, S. 327

[43] Engels, F., Die Bauernfrage in Frankreich und Deutschland, in: MEW, Bd. 22, S. 500

vereinigen, durch die die „allmähliche Verwandlung in gleichberechtigte und gleichverpflichtete Zweige der großen nationalen Produktionsgenossenschaft eingeleitet werden kann."[44]

Engels hielt es für unzweifelhaft, daß beim Übergang zum Kommunismus der genossenschaftliche Betrieb in ausgedehntem Maß als Mittelstufe angewendet werden muß. „Nur muß die Sache so eingerichtet werden, daß die Gesellschaft, also zunächst der Staat, das Eigentum an den Produktionsmitteln behält und so die Sonderinteressen der Genossenschaft gegenüber der Gesellschaft im ganzen, sich nicht festsetzen können."[45]

Diese Zeilen wurden zu einer Zeit geschrieben, als der Boden mit primitiven Arbeitsmitteln bestellt wurde und es noch keine komplizierten Maschinen gab. Wenn Engels vom Eigentum des Staates an den Produktionsmitteln sprach, so konnte er nur die Industrie, und den Eisenbahntransport meinen, keinesfalls aber die Landwirtschaft. In der Konzentration der Produktionsmittel, vor allem in der Industrie, in den Händen des Staates sah Engels eine entscheidende Bedingung dafür, daß die Sonderinteressen sich nicht gegenüber den Interessen der Gesamtgesellschaft festsetzen.

Die Bedeutung, die Marx und Engels der Vergesellschaftung der Produktionsmittel beimaßen, indem sie in ihr den ökonomischen Inhalt der sozialistischen Revolution sahen, läßt meiner Ansicht nach keinen Zweifel daran offen, daß dieser Prozeß den historischen und folglich auch den logischen Ausgangspunkt für die sozialistische Umgestaltung der Gesellschaft, namentlich ihrer ökonomischen Struktur bildet. Das, was Lenin Vergesellschaftung in der Tat nannte, ist der Prozeß, in dem ein neues System der Produktionsverhältnisse, die ökonomische Basis des Sozialismus geboren wird. Wie mir scheint, muß die theoretische Analyse eben dieses Prozesses der Vergesellschaftung in der Tat den Ausgangspunkt bilden, wenn es darum geht, das System der politischen Ökonomie des Sozialismus als des theoretischen Ausdrucks der sozialistischen Produktionsweise zu schaffen.

Auf den ersten Blick könnte es scheinen, daß Vergesellschaftung und Vergesellschaftung in der Tat ein und dasselbe sind, daß es hier nur dem Worte nach einen Unterschied gibt. Aber so ist es nicht. In Lenins Formel „Vergesellschaftung in der Tat" ist ein sehr wichtiger

[44] Ebenda, S. 503
[45] Engels, an Bebel, Brief v. 20.–23. 1. 1886, in: MEW, Bd. 36, S. 426

und tiefer Gedanke enthalten. Diese Formel deckt die wesentlichen Seiten der beiden Hauptformen der Vergesellschaftung auf: der Nationalisierung der Industrie und anderer Arten des kapitalistischen Eigentums einerseits und der Kooperation der kleinbäuerlichen Wirtschaften andererseits. In der Sowjetunion fand die Nationalisierung unter den Bedingungen des Bürgerkrieges und der Intervention statt, was entscheidend die Methoden bestimmte, mit denen sie durchgeführt worden ist. In anderen sozialistischen Ländern, die von den Prüfungen des Bürgerkrieges verschont blieben, zum Beispiel in Polen und in der DDR, konnte die Nationalisierung des großen kapitalistischen Eigentums mit anderen Formen der Einbeziehung der kleinen Handwerker und Händler in das Gesamtsystem der sozialistischen Ökonomik verbunden werden. Was die Kollektivierung der Landwirtschaft und die weitere Entwicklung der Genossenschaftsordnung betrifft, behütet die die Formel „Vergesellschaftung in der Tat" davor, die ökonomischen Probleme subjektivistisch und administrativ zu lösen.

Auf Basis der Vergesellschaftung der Produktionsmittel eignet sich die sozialistische Gesellschaft das gesamte Produkt der gesellschaftlichen Arbeit an. Wie Engels schrieb, ist nach dem Siege der sozialistischen Revolution die Gesellschaft, die aus von der Ausbeutung befreiten Arbeitern besteht, die „Besitzerin des gesamten Produkts ihrer Arbeit, das sie teilweise zur Konsumtion unter ihre Mitglieder verteilt, teilweise zum Ersatz und zur Vermehrung ihrer Produktionsmittel verwendet und teilweise als Reservefonds der Produktion und Konsumtion aufspeichert."[46]

Das gesellschaftliche Eigentum ist die unterschütterliche Grundlage der sozialistischen Wirtschaft. Dies ist in den Verfassungen der Sowjetunion und der anderen sozialistischen Länder fixiert. Es ist nicht erstaunlich, daß die bürgerlichen Ideologen und ihre revisionistischen Trabanten gegen das gesellschaftliche Eigentum die verzweifeltsten Attacken reiten. Genauso natürlich ist es, daß die Marxisten-Leninisten diese Attacken entschieden zurückschlagen.

Das Leben hat gezeigt, daß das gesellschaftliche Eigentum im sozialistischen Wirtschaftssystem in zwei Formen existiert. Dies sind das staatliche Eigentum, das Volkseigentum, und das genossenschaftliche Eigentum, das Eigentum werktätiger Kollektive. Die Rolle des staatlichen Eigentums als der höheren Form des sozialistischen Eigentums

[46] Engels, F., Zur Wohnungsfrage, in: MEW, Bd. 18, S. 222

ist dadurch bestimmt, daß es die Hauptstütze für die planmäßige Organisierung der gesellschaftlichen Produktion bildet, während der sozialistische Charakter des genossenschaftlichen Eigentums untrennbar damit verbunden ist, daß es in einem System funktioniert, in dem das allgemeine Volkseigentum den führenden Platz einnimmt.

Engels begründete ausführlich, daß sich mit dem Übergang vom Kapitalismus zum Sozialismus der Charakter und das Ziel der Produktion verändern. Ist die politische Herrschaft des Proletariats errichtet, sind die Produktionsmittel vergesellschaftet, so tritt an die Stelle der gesellschaftlichen Produktionsanarchie die „gesellschaftlich-planmäßige Regelung der Produktion nach den Bedürfnissen der Gesamtheit wie jedes einzelnen . . ."[47]

Wie schon erwähnt, charakterisierte Marx die ersten Äußerungen des Klassenkampfes des Proletariats gegen die Bourgeoisie als den großen Streit zwischen der blinden Herrschaft des Gesetzes von Angebot und Nachfrage, das den Inhalt der politischen Ökonomie der Kapitalisten bildet, und der gesellschaftlichen Produktion, die durch gesellschaftliche Voraussicht gelenkt wird, was den Inhalt der politischen Ökonomie der Arbeiterklasse bildet. Diese Formel hat einen sehr tiefen Inhalt. Sie drückt den neuen Typ der Organisation des Wirtschaftslebens aus, das auf der Herrschaft des gesellschaftlichen Eigentums an den Produktionsmitteln beruht.

Damit wird die anarchische kapitalistische Prodkution, die den Zweck hat, Profit auszupressen, durch die planmäßige sozialistische Produktion abgelöst, die das Ziel verfolgt, die materiellen und geistigen Bedürfnisse der Gesellschaft und aller ihrer Mitglieder zu befriedigen. Gesellschaftliche Produktion, die durch gesellschaftliche Voraussicht geleitet wird, bedeutet Organisierung des gesamten Wirtschaftslebens auf wirklich wissenschaftlicher Grundlage, eingeschlossen das exakte Prognostizieren sowohl der gesellschaftlichen Bedürfnisse als auch der Ressourcen, über die die Gesellschaft in jeder Entwicklungsetappe verfügt.

In der Arbeit „Umrisse zu einer Kritik der Nationalökonomie" kennzeichnete Engels den Sozialismus als einen „der Menschheit würdigen Zustand" und schrieb dann: „Die Gemeinde wird zu berechnen haben, was sie mit den ihr zu Gebote stehenden Mitteln erzeugen kann, und

[47] Engels, F., Herrn Eugen Dührings Umwälzung der Wissenschaft, in: MEW, Bd. 20, S. 261

nach dem Verhältnis dieser Produktionskraft zur Masse der Konsumenten bestimmen, inwieweit sie die Produktion zu steigern oder nachzulassen, inwieweit sie dem Luxus nachzugeben oder ihn zu beschränken hat."[48]

Die Vergesellschaftung der Produktionsmittel erschließt die Möglichkeit und bedingt die Notwendigkeit, die gesamte gesellschaftliche Produktion planmäßig zu organisieren. Wie der Kapitalismus bei allen Änderungen, die in ihm vorgehen, ohne Anarchie der gesellschaftlichen Produktion nicht denkbar ist, welche Formen sie auch immer annehmen möge, genauso ist der Sozialismus ohne planmäßige Leitung der Volkswirtschaft unmöglich, wie immer sich die konkreten Formen und Methoden der zentralen Planung auch entwickeln mögen.

Indem er die Anarchie der Produktion liquidierte, in der das Produkt über den Produzenten herrscht, schuf der Sozialismus einen neuen, früher nie dagewesenen Typ der Organisation des Wirtschaftslebens, der nach einem Ausdruck von Marx „bewußte gesellschaftliche Kontrolle und Reglung des gesellschaftlichen Produktionsprozesses"[49] ist. Lenin hielt den planmäßigen Charakter der Entwicklung der sozialistischen Wirtschaft für eine Tatsache, die nicht dem geringsten Zweifel unterliegt. Er sah in der Volkswirtschaftsplanung eine der größten Errungenschaften des Sozialismus und rechnete die planmäßige Leitung der Wirtschaft zu den zentralen Aufgaben des sozialistischen Staates.

Die Entwicklung der Sowjetunion und anderer sozialistischer Länder legt beredtes Zeugnis davon ab, daß das planmäßige Funktionieren der Wirtschaft die Möglichkeit erschließt, das Wirtschaftsleben effektiv zu leiten, optimale Proportionen herzustellen, die Produktivkräfte rationell zu verteilen und mit den Ressourcen ökonomisch umzugehen. Die Überlegenheit der Planwirtschaft, die durch die Erfahrungen des Halbjahrhunderts, in dem sie in der Sowjetunion funktioniert, und durch die Erfahrungen, die die anderen sozialistischen Länder sammeln konnten, bestätigt worden ist, hat auch viele kapitalistische Staaten zu dem Versuch veranlaßt, verschiedene Formen und Methoden der ökonomischen Programmierung und der Planifikation anzuwenden, um die Widersprüche und Schwierigkeiten zu überwinden, vor denen ihre Wirtschaft

[48] Engels, F., Umrisse zu einer Kritik der Nationalökonomie, in: MEW, Bd. 1, Berlin 1956, S. 516

[49] Marx, K., Das Kapital, Erster Band, in: Marx, MEW, Bd. 23, Berlin 1962, S. 377

steht. Die ökonomischen Programme und Pläne der kapitalistischen Länder, für die in der bürgerlichen Presse so lautstark Reklame gemacht wird, sind ein Versuch, beim Sozialismus „Anleihen" aufzunehmen.

Lassen wir an dieser Stelle die Frage nach den Möglichkeiten und Grenzen solcher Versuche beiseite. Aber wir kommen nicht umhin, festzustellen, wie unsinnig in diesem Lichte die Behauptungen der antikommunistischen Propaganda erscheinen, die Wirtschaftsreformen seien ein Abgehen vom marxistisch-leninistischen Prinzip der zentralen planmäßigen Leitung des Wirtschaftslebens. In Wirklichkeit verhält es sich umgekehrt. Die Methoden der Organisierung und Leitung der Wirtschaft vervollkommnen bedeutet, die Rolle der zentralen planmäßige Leitung der Wirtschaft zu erhöhen, die planmäßige Leitung wirksamer und effektiver zu gestalten.

In seiner Kritik an den anarchistischen Wirrköpfen, die als „Antiautoritarier" auftreten, erläuterte Engels geduldig und beharrlich, daß die Entwicklung der Produktion auf Basis der maschinellen Technik die Tendenz hat, die isolierte Tätigkeit mehr und mehr durch die kombinierte Tätigkeit der Individuen zu ersetzen, daß diese Tätigkeit Organisation voraussetzt und Organisation ohne Autorität nicht möglich ist. Diese Thesen illustrierte er an konkreten Beispielen, wobei er die Organisation der Arbeit in einer Baumwollspinnerei, bei der Eisenbahn und auf einem Schiff auf hoher See betrachtete, wo, „im Augenblick der Gefahr, das Leben aller davon ab(hängt), daß alle sofort und absolut dem Willen eines einzelnen gehorchen"[50]. Daraus ergab sich die Schlußfolgerung, „daß einerseits eine gewisse, ganz gleich auf welche Art übertragene Autorität und andererseits eine gewisse Unterordnung Dinge sind, die sich uns aufzwingen unabhängig von aller sozialen Organisation, zusammen mit den materiellen Bedingungen, unter denen wir produzieren und die Produkte zirkulieren lassen"[51].

Die Praxis des sozialistischen Aufbaus hat gezeigt, daß das Funktionieren des volkswirtschaftlichen Organismus insgesamt und seiner Bestandteile eine bestimmte zentralisierte Leitung erfordert. Die planmäßige Organisation der sozialistischen Wirtschaft beruht auf dem Leninschen Prinzip des demokratischen Zentralismus. Der demokratische Zentralismus in der Wirtschaftsleitung sichert, daß die Ent-

[50] Engels, F., Von der Autorität, in: MEW, Bd. 18, S. 307
[51] Ebenda

faltung der schöpferischen Initiative und der Arbeitsenergie der breitesten Massen der Werktätigen mit jener Einheit des Ziels und des Willens verbunden wird, ohne die die Produktion in einem modernen, hochentwickelten Volkswirtschaftsorganismus nicht normal funktionieren kann.

Die Entfaltung der sozialistischen Demokratie insgesamt, das Wachstum und die Erweiterung der demokratischen Grundlagen in der Wirtschaftsleitung stellen eine äußerst wichtige, objektive Gesetzmäßigkeit der gesellschaftlichen Ordnung im Sozialismus dar. Die Grundprinzipien des demokratischen Zentralismus fordern, die zentrale Leitung der Volkswirtschaft richtig mit der notwendigen operativen Selbständigkeit, Selbsttätigkeit, Unternehmungslust und Initiative der Betriebe als der Grundzellen des volkswirtschaftlichen Organismus zu verbinden.

Lenin warnte entschieden vor zwei Gefahren, die den Prinzipien des demokratischen Zentralismus drohen. Das ist einerseits die Verwandlung des demokratischen Zentralismus in bürokratischen Zentralismus und andererseits die Verletzung des Zentralismus durch lokalpatriotische oder anarcho-syndikalistische Tendenzen aller Art. Lenin hielt diese beiden Gefahren für Äußerungen des kleinbürgerlichen Einflusses auf die Arbeiterklasse, auf den proletarischen Staat.

Lenin erläuterte den Unterschied zwischen Kommunismus und Syndikalismus, indem er schrieb: „der Kommunismus sagt: Die Avantgarde des Proletariats, die Kommunistische Partei, führt die parteilose Masse der Arbeitenden, indem sie diese Masse, zuerst die Arbeiter und dann auch die Bauern, aufklärt, schult, bildet und erzieht (‚Schule' des Kommunismus), damit sie dahin gelangen können und wirklich gelangen, die Leitung der gesamten Volkswirtschaft in ihren Händen zu konzentrieren. Der Syndikalismus überträgt die Leitung der Industriezweige (‚Haupt- und Zentralverwaltungen') der Masse der parteilosen, nach Produktionsbereichen gegliederten Arbeiter; er hebt dadurch die Notwendigkeit der Partei auf und leistet keine langwierige Arbeit, um die Massen zu erziehen und die Leitung der *gesamten Volkswirtschaft tatsächlich in ihren* Händen zu konzentrieren."[52]

An anderer Stelle drückt Lenin diesen Gedanken noch schärfer aus, wenn er schreibt, „daß es die gröbste Entstellung der Grundprinzipien

[52] Lenin, W. I., Die Krise der Partei, in: Werke, Bd. 32, Berlin 1961, S. 34

der Sowjetmacht und eine völlige Abkehr vom Sozialismus ist, wenn den Arbeitern einer einzelnen Fabrik oder eines einzelnen Berufszweiges in irgendeiner Form, direkt oder indirekt, das Eigentumsrecht an ihrer spezifischen Produktion oder das Recht, die Anordnungen der gesamtstaatlichen Macht abzuschwächen oder zu behindern, gesetzlich zuerkannt wird ..."[53]

Lenin wies darauf hin, daß der demokratische Zentralismus sich einerseits vom bürokratischen Zentralismus, andererseits vom Anarchismus prinzipiell unterscheidet. Der demokratische Zentralismus, so erläuterte er, schließt „keineswegs die völlige Freiheit der verschiedenen Gebiete und sogar der verschiedenen Gemeinden des Staates bei der Ausarbeitung mannigfaltiger Formen sowohl des staatlichen als auch des gesellschaftlichen und ökonomischen Lebens aus, sondern setzt sie vielmehr voraus"[54]. Lenin warnte davor, den demokratischen Zentralismus mit Bürokratismus und Schablonisierung zu verwechseln.

Der demokratische Zentralismus ist nach Lenin berufen, ein absolut reibungsloses und einheitliches Funktionieren solcher Betriebe zu sichern wie Eisenbahnen, Post, Telegraf usw.; zugleich aber setzt der demokratische Zentralismus „die zum erstenmal von der Geschichte geschaffene Möglichkeit völliger und unbehinderter Entwicklung nicht nur der örtlichen Besonderheiten, sondern auch der örtlichen Initiative, der Mannigfaltigkeit der Wege, Methoden und Mittel des Vormarsches zum gemeinsamen Ziel voraus"[55]. „Je größer diese Mannigfaltigkeit sein wird", schreibt Lenin weiter, „– vorausgesetzt natürlich, daß sie nicht in Originalitätshascherei ausartet –, desto sicherer und schneller werden wir sowohl den demokratischen Zentralismus als auch die sozialistische Wirtschaft verwirklichen."[56]

W. I. Lenin deckte die großen Möglichkeiten auf, die die sozialistische Revolution für die aktive Teilnahme der breitesten Massen der Werktätigen an der Leitung des Landes, an der Leitung der Produktion geschaffen hat, und betonte zugleich: „Das bedeutet jedoch keineswegs, daß der Prozeß der kollektiven Arbeit ohne eine bestimmte Leitung, ohne eine genaue Festlegung der Verantwortung des Leiters, ohne

[53] Lenin, W. I., Über die Heranziehung der Massen zur Leitung des Staates, Berlin 1965, S. 118

[54] Lenin, W. I., Ursprünglicher Entwurf des Artikels „Die nächsten Aufgaben der Sowjetmacht", in: Werke, Bd. 27, Berlin 1960, S. 197

[55] Ebenda

[56] Ebenda, S. 198

strengste Ordnung, hergestellt durch den Willen des Leiters, bleiben kann."[57] Lenin erläuterte seinen Gedanken, indem er daran erinnerte, daß der Sozialismus durch die maschinelle Großindustrie erzeugt worden ist und weder die Eisenbahnen noch die Großbetriebe überhaupt richtig funktionieren können, wenn es keine Einheit des Willens gibt, die alle Werktätigen zu einem einzigen Wirtschaftsorganismus vereinigt, der mit der Genauigkeit eines Uhrwerks arbeitet.

Der Prozeß der Demokratisierung des gesamten gesellschaftlichen Lebens, der in den sozialistischen Ländern vorgeht, erfaßt selbstverständlich auch die Wirtschaft. Aber die sozialistische Demokratie, die sich auf Basis der Herrschaft des gesellschaftlichen Eigentums entwikkelt, schließt einen bestimmten Zentralismus in der Organisation der Gesellschaft und insbesondere in der Organisation der Ökonomik nicht nur nicht aus, sondern setzt ihn umgekehrt voraus. Darin besteht einer der Unterschiede der sozialistischen Demokratie von der bürgerlichen Demokratie. Der Kampf gegen die bürokratischen Entstellungen des demokratischen Zentralismus ist nur dann erfolgreich, wenn er so geführt wird, daß die Grundlagen dieses Prinzips erhalten und gefestigt werden.

Die antikommunistische Propaganda behauptet, die sozialistische Wirtschaft stehe vor einem Dilemma: entweder zentralisierte Leitung der Volkswirtschaft oder eine gewisse Selbständigkeit der Wirtschaftseinheiten, der Betriebe. Doch ein solches Dilemma existiert nur in den Erfindungen der Feinde des Sozialismus. Die Dialektik des Lebens besteht darin, daß die Herrschaft des gesellschaftlichen Eigentums die Möglichkeit eröffnet und zugleich die Notwendigkeit bedingt, beide Seiten des demokratischen Zentralismus zugleich zu entwickeln und zu festigen: sowohl die zentrale planmäßige Leitung der Volkswirtschaft als auch die demokratischen Leitungsmethoden. Die richtige Anwendung dieser beiden untrennbar miteinander verbundenen Prinzipien, ihre optimale Verbindung in jeder gegebenen Etappe beim Aufbau des Sozialismus und des Kommunismus ist eine der wichtigsten Aufgaben, vor denen die wissenschaftliche Leitung des Wirtschaftsaufbaus in der sozialistischen Gesellschaft steht.

Die konkreten Formen der Verbindung von Zentralismus und Demokratie, die praktischen Methoden zur Verwirklichung des Prinzips des demokratischen Zentralismus können nicht unveränderlich und unbe-

[57] Ebenda, S. 202

weglich bleiben. Sie verändern sich unvermeidlich in dem Maße, wie sich die sozialistische Ökonomik entwickelt, wie sich deren Möglichkeiten erweitern, wie sich deren Aufgaben vergrößern und komplizieren. Doch bei allen Veränderungen im volkswirtschaftlichen System des Sozialismus, das auf dem gesellschaftlichen Eigentum beruht, hat die zentrale planmäßige Leitung selbstverständlich den Vorrang.

Es wäre jedoch naiv, wollte man annehmen, die Rolle der zentralen Wirtschaftsleitung wachse um so mehr, je weniger sie den untersten Wirtschaftszellen, den Betrieben, Raum läßt, eigne Entscheidungen zu treffen. Umgekehrt, die Verstärkung der Rolle der ökonomischen Leitungsmethoden vermittels des Systems der sozialistischen Ware-Geld-Beziehungen, die ein wichtiges Element in der Vervollkommnung der Methoden zur planmäßigen Organisierung der Volkswirtschaft ist und eine Erweiterung der operativen wirtschaftlichen Selbsttätigkeit der Betriebe bedeutet, hat zugleich den Zweck, die Effektivität und Wirksamkeit der zentralen planmäßigen Leitung der Wirtschaft zu sichern.

Die bürgerlichen Ökonomen, die Verwirrung zu stiften trachten, stellen die Dinge so hin, als ob im Sozialismus – wie im Kapitalismus – das Problem des Wechselverhältnisses zwischen Monopol und Konkurrenz existiere. Der Zweck ihrer Erfindung ist offensichtlich: sie wollen einerseits den volksfeindlichen Charakter der kapitalistischen Monopole und ihrer räuberischen Handlungsweise verschleiern, andererseits aber den Sozialismus verleumden, indem sie eine seiner größten Errungenschaften – die Herrschaft des gesellschaftlichen Eigentums – als Quelle des Monopols samt seiner Widersprüche und negativen Folgen hinstellen.

Bereits in den „Umrissen zu einer Kritik der Nationalökonomie" bemerkte Engels, daß das Monopol die Konkurrenz und diese wieder das Monopol erzeugt, und er schrieb, mit der Aufhebung des sie erzeugenden Prinzips, das heißt des Prinzips des Privateigentums, „müssen beide fallen . . ."[58] Die Herrschaft des sozialistischen Eigentums und die planmäßige Organisierung der Wirtschaft erzeugen nicht das Monopol und sein ausbeuterisches, volksfeindliches Wesen, sondern bedingen umgekehrt die neue, wahrhaft humanistische Zwecksetzung der gesamten Wirtschaftstätigkeit: in immer höherem Maße Dienst an den Inter-

[58] Engels, F., Umrisse zu einer Kritik der Nationalökonomie, in: MEW, Bd. 1, S. 523

essen des Volkes, am Wohl der Gesellschaft und aller ihrer Mitglieder zu leisten.

Der Übergang von der anarchistischen Produktion, die das Ziel hat, Profit auszupressen, zur planmäßig organisierten Produktion, die das Ziel hat, die Bedürfnisse der Menschen zu befriedigen, eröffnet weiten Raum für die Entwicklung der Produktivkräfte. Wie Engels nachweist beseitigt die Vergesellschaftung der Produktionsmittel nicht nur die dem Kapitalismus eigene Hemmung der Produktion, sondern auch die direkte Vergeudung von Produktivkräften und Produkten, die eine unvermeidliche Begleiterin der kapitalistischen Produktion ist und ihren Höhepunkt in den Krisen erreicht.[59] Das gewaltige Wachstum der Produktivkräfte und die Beseitigung der Ausbeutung des Menschen durch den Menschen legt den Weg frei, die Arbeit vollständig umzugestalten und sie in das erste Lebensbedürfnis des Menschen zu verwandeln.

3. *Die Beherrschung der ökonomischen Entwicklungsgesetze der Gesellschaft*

Die Vergesellschaftung der Produktionsmittel, die Veränderung des Charakters und des Zieles der Produktion, bedeuten auch eine wesentliche Veränderung in der Wirkungsweise der objektiven ökonomischen Gesetze. Die ökonomischen Gesetze des Sozialismus unterscheiden sich von den ökonomischen Gesetzen des Kapitalismus nicht nur dem Inhalt, sondern auch der Realisierungsweisen nach. Engels wies darauf hin, daß die Gesellschaft, indem sie sich zur Herrin aller Produktionsmittel macht, um sie gesellschaftlich planmäßig anzuwenden, die im Kapitalismus existierende Knechtung der Menschen unter ihre eigenen Produktionsmittel beseitigt.[60] Die Gesetze des gesellschaftlichen Lebens, die den Menschen bisher als fremde, sie beherrschende Naturgesetze gegenüberstanden, werden von den Menschen mit voller Sachkenntnis angewendet.

Die Verwischung des prinzipiellen Unterschieds zwischen den ökonomischen Gesetzen des Sozialismus und denen der früheren Formationen ist in nicht geringem Maße mit der Behauptung verbunden, daß die

[59] F. Engels, Herrn Dührings Umwälzung der Wissenschaft in: MEW Bd. 20, S. 263 [60] Vgl. Ebenda, S. 273

ökonomischen Gesetze nicht nur im Sozialismus und im Kommunismus, sondern auch in den anderen Formationen im Interesse der Gesellschaft ausgenutzt werden.

Diese Behauptung steht in krassem Widerspruch zum Wesen der marxistisch-leninistischen Theorie selbst und zu einer ganzen Reihe von Äußerungen der Begründer des wissenschaftlichen Kommunismus. Hat es schon Jahrtausende gefordert, bemerkt Engels, bis die Menschen lernten, die entfernteren natürlichen Wirkungen ihrer auf die Produktion gerichteten Handlungen in gewissem Maße im voraus zu berücksichtigen, so war dies noch weit schwieriger mit den entfernteren gesellschaftlichen Wirkungen dieser Handlungen. „Die Männer, die im siebzehnten und achtzehnten Jahrhundert an der Herstellung der Dampfmaschine arbeiteten, ahnten nicht, daß sie das Werkeug fertigstellten, das mehr als jedes andre die Gesellschaftszustände der ganzen Welt revolutionieren und namentlich in Europa durch Konzentrierung des Reichtums auf Seite der Minderzahl, und der Besitzlosigkeit auf Seite der ungeheuren Mehrzahl, zuerst der Bourgeoisie die soziale und politische Herrschaft verschaffen, dann aber einen Klassenkampf zwischen Bourgeoisie und Proletariat erzeugen sollte, der nur mit dem Sturz der Bourgeoisie und der Abschaffung aller Klassengegensätze endigen kann."[61]

Engels weist darauf hin, daß die Menschen auch auf diesem Gebiet allmählich lernen, durch lange, oft harte Erfahrung und durch Zusammenstellung und Analyse des geschichtlichen Stoffs, sich über die entfernteren gesellschaftlichen Wirkungen ihrer produktiven Tätigkeit Klarheit zu verschaffen, womit sie die Möglichkeit erhalten, auch diese Wirkungen zu beherrschen und zu regeln. Und Engels macht eine Bemerkung von höchster Wichtigkeit, die keinen Zweifel daran übrigläßt, wie er dies Problem auffaßte.

„Um diese Regelung aber durchzuführen", so schreibt er, „dazu gehört mehr als die bloße Erkenntnis. Dazu gehört eine vollständige Umwälzung unsrer bisherigen Produktionsweise und mit ihr unsrer jetzigen gesamten gesellschaftlichen Ordnung."[62]

Engels erklärt, daß alle bisherigen Produktionsweisen nur auf die Erzielung der nächsten, unmittelbarsten Resultate ausgegangen sind, während die weiteren Folgen gänzlich vernachlässigt blieben.

[61] Engels, F., Dialektik der Natur, in: MEW, Bd. 20, S. 454
[62] Ebenda

Obwohl die bürgerliche politische Ökonomie eine gewisse Einsicht in den ursächlichen Zusammenhang gibt, welche der Herrschaft der spontanen Kräfte der kapitalistischen Produktionsweise über die Gesellschaft – nicht nur über die Arbeiter, sondern auch über die Kapitalisten selbst – innewohnt, kann sie weder Krisen verhindern noch den einzelnen Kapitalisten vor Verlusten oder den einzelnen Arbeiter vor Arbeitslosigkeit und Elend schützen. „Die bloße Erkenntnis", bemerkt Engels, „und ginge sie weiter und tiefer als die der bürgerlichen Ökonomie, genügt nicht, um gesellschaftliche Mächte der Herrschaft der Gesellschaft zu unterwerfen. Dazu gehört vor allem eine gesellschaftliche *Tat.*"[63] Diese Tat besteht darin, daß die Gesellschaft die gesamten Produktivkräfte in ihre Hände nimmt und sie planmäßig leitet.

An anderer Stelle schrieb Engels, daß die idealistische Vorstellung, als ob die Ideen und Vorstellungen der Menschen ihre Lebensbedingungen schufen und nicht umgekehrt, durch die ganze bisherige Geschichte widerlegt wird. Im Verlauf der Geschichte kam bisher stets etwas anderes heraus als das Gewollte, im weiteren Verlauf meist sogar das Gegenteil. Erst in einer mehr oder weniger entfernten Zukunft entstehen die Bedingungen dafür, daß die Menschen die Notwendigkeit, die gesellschaftliche Ordnung zu verändern, hervorgerufen durch eine Änderung der Verhältnisse, vorher erkennen und wollen, ehe sie sich ihnen unbewußt und ungewollt aufzwingt.[64]

Der Verlauf der Geschichte hat Engels' geniale Voraussicht glänzend bestätigt. Die Erfahrungen des sozialistischen Aufbaus in der Sowjetunion und in den anderen sozialistischen Ländern zeigten, daß die ökonomischen Gesetze des Sozialismus wie die ökonomischen Gesetze des Kapitalismus in dem Sinne objektiven Charakter haben, daß sie den objektiv existierenden inneren Zusammenhang der Erscheinungen in der ökonomischen Wirklichkeit bilden. Zugleich aber besteht ein wesentlicher Unterschied zwischen den spontanen ökonomischen Gesetzen des Kapitalismus und den durch die Gesellschaft bewußt angewendeten ökonomischen Gesetzen des Sozialismus. Wird der objektive Charakter der Gesetze stillschweigend ihrem spontanen Charakter gleichgesetzt, wird den ökonomischen Gesetzen des Sozialismus automatische Wirk-

[63] Engels, F., Herrn Eugen Dührings Umwälzung der Wissenschaft, in: MEW, Bd. 20, S. 295

[64] Vgl. Engels, F., Materialien zum „Anti-Dühring", in: MEW, Bd. 20, S. 582

samkeit zugeschrieben, dann ergibt sich ein falsches Bild. Denn die ökonomischen Gesetze des Sozialismus, die sich aus den realen Bedingungen des materiellen Lebens der Gesellschaft ergeben, aus allen ihren inneren und äußeren Entwicklungsumständen, werden nicht spontan, nicht im Selbstlauf realisiert, sondern als erkannte, von der Gesellschaft in der Praxis des sozialistischen Aufbaus bewußt angewendete und ausgenutzte Gesetze.

Die sozialistische Gesellschaft stellt sich die Aufgabe, aktiv die ökonomischen Bedingungen zu verändern, die aus der Vergangenheit überliefert worden sind. Sie ist keineswegs bestrebt, diese Bedingungen zu verewigen, im Gegenteil, sie verändert sie aktiv, oft in grundlegender Weise, und zwar im Einklang mit den Aufgaben, die beim Aufbau des Sozialismus und beim Übergang zur höheren Phase des Kommunismus stehen. Die ökonomischen Gesetze des Sozialismus werden durch die organisierten Aktionen der Erbauer der sozialistischen Gesellschaft realisiert, die auf bestimmte, vorher gestellte Ziele gerichtet sind und die festgelegten Resultate auch erreichen. Darin besteht der wesentlichste Unterschied zwischen den ökonomischen Gesetzen des Sozialismus und den Gesetzen des Kapitalismus.

Die Erkenntnis der objektiven ökonomischen Gesetze des Sozialismus und ihre Beherrschung darf man nicht als einen einmaligen Akt betrachten: man hat die Gesetze erkannt, hat sie in der nötigen Weise angeordnet, und übrig bleibt nur noch, über ihre Formulierung zu streiten, diese Formulierungen zu präzisieren. Der Marxismus lehrt, daß 1. der Prozeß der Erkenntnis der objektiven Welt seiner ganzen Natur nach ein unendlicher Prozeß ist, und daß 2. der Erkenntnisprozeß untrennbar mit der menschlichen Praxis verbunden ist. Das sozialistische Wirtschaftssystem zeichnet sich durch ein einzigartig hohes Entwicklungstempo aus, wobei die Schnelligkeit, mit der sich die Bedingungen und Aufgaben seiner Entwicklung verändern, die gebieterische Forderung stellt, die objektiven ökonomischen Gesetze des Sozialismus immer tiefer zu erkennen, die qualitativen Besonderheiten der Ökonomik des Sozialismus und das quantitative Maß ihrer Elemente immer vollständiger zu erklären.

Im Lichte der Erfahrungen, die insbesondere in den letzten Jahrzehnten gesammelt worden sind, wird immer offensichtlicher, daß man den Sozialismus nicht als irgendeine kurzfristige Etappe betrachten kann, als bloße Zwischenstation auf dem Wege vom Kapitalismus zum Kommunismus, eine Etappe, in der Gesetze wirken, die Übergangscharakter haben oder zwischen den Gesetzen des Kapitalismus und den Gesetzen des Kommunismus stehen. Das entwickelte gesellschaftliche System des Sozialismus füllt eine lange historische Zeitspanne aus, in deren Verlauf die Voraussetzungen des Kommunismus angehäuft werden.

Die reife sozialistische Gesellschaft, die sich auf ihrer eigenen, vom Sozialismus selbst geschaffenen Grundlage entwickelt, stellt ein bestimmtes sozialökonomisches System dar, das nach seinen eigenen objektiven ökonomischen Gesetzen funktioniert. Dies bedeutet insbesondere, daß man die Warenproduktion im Sozialismus nicht als irgendein Relikt früherer, vorsozialistischer Formen, nicht als Rudiment oder Überbleibsel des Kapitalismus in der Ökonomik der sozialistischen Gesellschaft behandeln darf. Die Warenproduktion und die Ware-Geld-Beziehungen muß man als Erscheinungen betrachten, die dem sozialistischen Wirtschaftssystem immanent sind und in diesem einen bestimmten, objektiv bedingten Platz einnehmen.

Der Charakter der ökonomischen Gesetze des Sozialismus hängt selbstverständlich mit der besonderen ökonomischen Rolle des sozialistischen Staates zusammen. Dieser Staat spielt im gesamten Leben der Gesellschaft, namentlich in ihrem Wirtschaftsleben, eine wesentlich andere Rolle als jeder beliebige andere Staat. Manchmal wird versucht, diesen Unterschied auf eine bloß quantitative Differenz zu reduzieren, darauf, daß der sozialistische Staat sich „mehr" als andere Staaten ins Wirtschaftsleben „einmische". Selbstverständlich geht es keineswegs hierum. Vielmehr handelt es sich um den grundlegenden qualitativen Unterschied, um die prinzipiell neue Rolle, die der Staat im Sozialismus im Vergleich zu allen bisherigen Formen der gesellschaftlichen Produktion hat.

Als erkannte und bewußt angewendete Gesetze setzen die ökonomischen Gesetze des Sozialismus die planmäßige Organisierung des gesamten gesellschaftlichen Produktionsprozesses voraus. Im Gegensatz zum Kapitalismus läßt sich die sozialistische Gesellschaft nach einem Ausdruck von Engels von einem Gesamtwillen leiten, lebt sie nach einem Gesamtplan. Der Gesamtwille, der einheitliche Gesamtplan im weitesten Sinne des Wortes bestimmt das Leben der sozialistischen Gesellschaft in jedem Lande und im sozialistischen Weltsystem insgesamt. Dieser neue Typ der Entwicklung, der dadurch charakterisiert ist, daß die Menschen ihre eigene Geschichte mit vollem Bewußtsein machen, liegt den entscheidenden Vorzügen des Sozialismus gegenüber dem Kapitalismus zugrunde. Träger des Gesamtwillens ist der sozialistische Staat, der die gesamte Gesellschaft vertritt.

Das Problem des Verhältnisses von Ökonomie und Politik beim Aufbau des Sozialismus und Kommunismus gehört unserer Meinung nach zu den wichtigsten methodologischen Problemen der politischen Ökonomie des Sozialismus. Dennoch kann man kaum sagen, daß diese Frage in der ökonomischen Literatur in genügendem Maße geklärt ist. Bekanntlich besteht seit langer Zeit die Tendenz, die Wirtschaftspolitik des sozialistischen Staates aus der Betrachtungssphäre der politischen Ökonomie des Sozialismus zu verbannen. Natürlich taucht da die Frage auf, inwieweit eine solche Einschränkung des Gegenstandes der politischen Ökonomie des Sozialismus begründet ist? Inwieweit entspricht sie der Natur der sozialistischen Ökonomik selbst?

Die Verteidiger des Ausschlusses der Wirtschaftspolitik aus der Forschungssphäre der politischen Ökonomie des Sozialismus erkennen zuweilen offen an, daß nach ihrer Auffassung die ökonomische Theorie des Sozialismus nicht das geringste mit den Fragen des rationellen Wirtschaftens zu tun habe. „Das rationelle Wirtschaften ist nur die Form der Realisierung der Wirtschaftspolitik, die sich aus der wissenschaftlichen Erkenntnis aller Gesetzmäßigkeiten des ökonomischen Lebens ergibt. . . Die Einbeziehung der Fragen des rationellen Wirtschaftens in den Gegenstand der politischen Ökonomie (es ist von der politischen Ökonomie des Sozialismus die Rede. L. L.) ist also ein anderer Ausdruck für den Vorschlag, die Wirtschaftspolitik in ihn einzubeziehen, was gegen die Geschlossenheit, den Monismus der politischen Ökonomie des Sozialismus verstößt."[65]

Daß die Wirtschaftspolitik des sozialistischen Staates auf wissenschaftlicher Grundlage durchgeführt wird und sich folglich „aus der wissenschaftlichen Analyse aller Gesetzmäßigkeiten des wirtschaftlichen Lebens" ergibt, unterliegt keinem Zweifel. Aber kann man denn die Augen davor verschließen, daß die wirtschaftliche Tätigkeit des sozialistischen Staates ein Faktor ist, der eine gewaltige Wirkung auf den Gang der ökonomischen Prozesse ausübt, die sich nach objektiven Gesetzen des Wirtschaftslebens vollziehen?

Gut bekannt sind die Bemerkungen von Lenin, daß die Politik der konzentrierteste Ausdruck der Ökonomie ist[66], daß die Politik notwen-

[65] J. A. Kronrod, Die Gesetze der politischen Ökonomie des Sozialismus, Moskau 1969, S. 171 (russisch)

[66] W. I. Lenin, Über die Gewerkschaften, in: Werke, Bd. 32, S. 15, sowie Bd. 33, S. 302

digerweise das Primat gegenüber der Ökonomik hat.[67] Gleichzeitig hob Lenin hervor, daß der Wirtschaftsaufbau für uns die interessanteste Politik ist[68], daß wir unsere Haupteinwirkung auf die internationale Revolution jetzt durch unsere Wirtschaftspolitik ausüben.[69]

Die Idee Lenins, daß die Politik notwendigerweise das Primat gegenüber der Ökonomie hat, anders auszulegen heißt, das ABC des Marxismus vergessen. Diese Idee wird manchmal so interpretiert, daß sich im Sozialismus angeblich das prinzipielle Verhältnis von Basis und Überbau ändere. Es wird der Schluß gezogen, daß wohl in der kapitalistischen Gesellschaft das ökonomische Leben eine primäre Erscheinung, der Staat aber eine abgeleitete sei; in der sozialistischen Gesellschaft hingegen alles umgekehrt ist: die primäre Erscheinung ist der Staat, die abgeleitete das ökonomische Leben. Ein solcher Schluß ist natürlich unrichtig. Wie im Kapitalismus, so ist auch im Sozialismus die ökonomische Ordnung der Gesellschaft die Basis, und der Staat gehört im wesentlichen zum Überbau.

Die Idee Lenins besteht in etwas ganz anderem, nämlich darin, daß die um den Sozialismus kämpfende Arbeiterklasse notwendigerweise den politischen Kampf als das Hauptsächliche und Entscheidende ansehen muß. Der Marxismus-Leninismus geht davon aus, daß die höchste Form des Klassenkampfes des Proletariats gerade der politische Kampf ist, der letzten Endes als Kampf um den Sieg über die Bourgeoisieherrschaft, um die Errichtung, Behauptung und Festigung der politischen Herrschaft des Proletariats geführt wird. Die Erkämpfung der Staatsmacht durch die Arbeiterklasse und die Behauptung dieser Macht – das ist die entscheidende Bedingung der sozialistischen Umgestaltung der Gesellschaft.

Als antimarxistische Eklektik verurteilte Lenin entschieden die Behauptung, daß das politische Herangehen dem wirtschaftlichen gleichwertig sei, und erklärte seinen Gedanken folgendermaßen: „Das politische Herangehen bedeutet: Wenn man an die Gewerkschaften falsch herangeht, wird das die Sowjetmacht, die Diktatur des Proletariats zugrunde richten."[70]

In der bürgerlichen Gesellschaft, bei Herrschaft des Privateigentums an den Produktionsmitteln, ist der Staat der Vollzugsausschuß der Bourgeoisie. Er beschützt die Ausbeuterordnung vor den Anschlägen

67 W. I. Lenin, Werke, Bd. 32, S. 73
68 Ebenda, S. 451
69 Ebenda, S. 458 70 Ebenda, S. 73

der ausgebeuteten Massen und dient der unbedeutenden Minderheit der Ausbeuter als Unterdrückungsapparat gegen die Mehrheit der Gesellschaft. Die Wirtschaft befindet sich in den Händen der kapitalistischen Eigentümer und wird durch die anarchischen ökonomischen Gesetze gelenkt.

Eine ganz andere Rolle spielt der Staat in der sozialistischen Gesellschaft. Die sozialistische Revolution bringt die Arbeiterklasse an die Macht – die hauptsächliche Produktivkraft der Gesellschaft. Der sozialistische Staat ist als Staat von neuem Typus zum erstenmal in der Menschengeschichte der Vertreter der überwältigenden Mehrheit der Gesellschaft, und nach der Vernichtung der Ausbeuterklassen der Vertreter der ganzen Gesellschaft.

Schon lange vor dem Siege der sozialistischen Revolution hat Engels nachdrücklich erklärt, daß die Besitzergreifung der Produktionsmittel im Namen der Gesellschaft der erste Akt ist, worin der Staat wirklich als Repräsentant der ganzen Gesellschaft auftritt. Der Ausgangspunkt für die Bildung des gesellschaftlichen Eigentums in den sozialistischen Ländern ist die Enteignung der Kapitalisten und Grundbesitzer. Die Herrschaft des Proletariats drückt sich, wie Lenin bemerkte, darin aus, daß das grundherrliche und das kapitalistische Eigentum weggenommen ist.

Lenin lehrte den untrennbaren Zusammenhang zwischen den ökonomischen und politischen Aufgaben des sozialistischen Staates zu sehen, ihre Einheit beim Aufbau des Sozialismus und Kommunismus nicht aus dem Auge zu verlieren. Er verurteilte entschieden lebensfremdes, ödes politisches Geprassel, das die lebendige praktische Sache durch ein Feuerwerk von Phrasen ersetzt, und warnte gleichzeitig vor der Gefahr, an die großen Aufgaben des Aufbaus der neuen Gesellschaft stümperhaft heranzugehen, wenn man vor lauter Bäumen den Wald nicht sieht, die Perspektive verliert und der Horizont der Leiter durch den engen Rahmen der kleinen Dinge beschränkt ist.

Als der Bürgerkrieg sich gerade seinem Ende näherte, sagte Lenin, unsere Politik muß jetzt hauptsächlich der wirtschaftliche Aufbau des Staates sein.[71] In den ersten Jahren der Sowjetmacht forderte Lenin von den Zeitungen: weniger politisches Wortgeprassel, mehr Ökonomisches, im Sinne des Sammelns, sorgfältigen Prüfens und Studierens

[71] W. I. Lenin, Werke, Bd. 31, S. 365

des Tatsachenmaterials aus dem Aufbau des neuen Lebens.[72] Lenin lehrte nicht nur den wechselseitigen Zusammenhang, sondern auch die wechselseitige Durchdringung von Ökonomie und Politik erkennen. „Ökonomik im Frühjahr 1921 hat sich in Politik verwandelt", schrieb er im Hinblick auf Kronstadt.[73]

In den Lenin'schen Bemerkungen ist der dialektische Zusammenhang von Politik und Ökonomie im Prozesse der sozialistischen Umgestaltung der Gesellschaft geklärt. Für den Aufbau des Sozialismus ist vor allem die politische Herrschaft der Arbeiterklasse notwendig. Der Eroberung, Behauptung und Festigung der politischen Macht der Arbeiterklasse, der Macht des werktätigen Volkes sind alle ökonomischen Aufgaben untergeordnet. Gleichzeitig ist die erfolgreiche Lösung der ökonomischen Aufgaben im Aufbau der neuen Gesellschaft die wichtigste Bedingung zur Behauptung und Festigung der politischen Macht der Arbeiterklasse.

Als Lenin am Anfang der sozialistischen Revolution die Wichtigkeit der Aufgabe unterstrich, den Widerstand der Ausbeuterklasse zu unterdrücken, erinnerte er daran, daß die besitzenden Klassen, „mit der Kraft des Kapitals und der Kraft des Wissens, mit langjährigen um nicht zu sagen jahrhundertelangen Gewohnheiten und Fertigkeiten der Verwaltung" ausgerüstet sind. Nachdem die Aufgabe der Unterdrükkung des Widerstandes in der Hauptsache gelöst war, „kam die Aufgabe der Verwaltung des Staates an die Reihe", und der Übergang zu dieser an die erste Stelle gerückten Aufgabe der Staatsverwaltung „ist die Haupteigenart des jetzten Momentes."[74]

Die hauptsächliche Besonderheit dieser Aufgabe sah Lenin darin, daß von einer solchen Verwaltung die Rede ist, wo nicht die Politik sondern die Ökonomie die vorrangige Bedeutung hat. Das Wesen des Sowjetstaates, das Wesen des Übergangs vom Kapitalismus zum Sozialismus „besteht darin, daß die politischen Aufgaben einen untergeordneten Platz gegenüber den ökonomischen Aufgaben einnehmen". Die Aufgaben der Staatsverwaltung liefen unter diesen Bedingungen auf die „rein ökonomische Aufgabe" hinaus, die dem Lande zugefügten Wunden zu heilen, die Rechenschaftslegung und Kontrolle der Produktion und der Verteilung in Ordnung zu bringen, die Arbeitsproduktivi-

[72] Ebenda, Bd. 28, S. 87
[73] Ebenda, Bd. 32, S. 339
[74] Ebenda, Bd. 36, S. 128–29 [russisch]

tät zu erhöhen, „mit einem Wort, faßte Lenin zusammen, sie laufen auf die Aufgabe der ökonomischen Reorganisation hinaus".[75]

Im Zusammenhang damit stellte Lenin die Aufgabe,„ die Presse aus einem Organ, das vorwiegend politische Tagesneuigkeiten meldet, zu einem ernsten Organ ökonomischer Erziehung der Volksmassen zu machen", „in ein Werkzeug, das die Massen darüber informiert, wie man die Arbeit auf neue Art organisieren muß".[76]

Denjenigen, die diese einfache und zugleich wichtigste Aufgabe nicht verstanden, erklärte Lenin, ohne politisch richtig an die Sache heranzugehen, wird die Arbeiterklasse ihre Herrschaft nicht behaupten und folglich auch ihre Produktionsaufgabe nicht lösen können.[77] Gleichzeitig stellt sich die Arbeiterklasse und das ganze werktätige Volk, die Macht fest in den Händen haltend, als Hauptaufgabe die Schaffung und Entwicklung der sozialistischen Ökonomik, die Sicherung ihres unentwegten Wachsens und Gedeihens. Das politische Endziel der die Macht ausübenden marxistisch-leninistischen Partei ist der Aufbau der kommunistischen Gesellschaft. Aber diese Aufgabe wird vor allem durch die Errichtung der ökonomischen Grundlage des Sozialismus und Kommunismus verwirklicht, mittels einer gewaltigen umgestaltenden Arbeit, die das Antlitz der gesellschaftlichen Wirtschaft verändert.

In der gegenwärtigen Etappe, da vor dem Sowjetvolk die große Aufgabe steht, die materiell-technische Basis der kommunistischen Gesellschaft zu errichten, ist das Verständnis für die Einheit von Politik und Ökonomie die unabänderliche Bedingung für das wissenschaftliche Herangehen an die Lösung dieser Aufgaben. Die Trennung der Politik von der Ökonomie führt unvermeidlich zu Versuchen, die wirtschaftlichen Aufgaben durch willkürliches Administrieren zu entscheiden, ohne mit den Angaben der Wissenschaft und den objektiven ökonomischen Gesetzmäßigkeiten zu rechnen, wobei die angesammelten Erfahrungen und Lehren des Lebens ignoriert werden und die reale Lage der Dinge nicht beachtet wird. Damit wird dem Subjektivismus und Voluntarismus, den berüchtigten „Willensentscheidungen", welche die ökonomischen Gesetze verletzen und von der Wirklichkeit losgerissen sind, ein breiter Weg geöffnet.

In der sozialistischen Gesellschaft verkörpert sich die Einheit von Politik und Ökonomie in der Wirtschaftspolitik der Partei und des

[75] Ebenda, S. 130 (russisch)

[76] W. I. Lenin, Werke, Bd. 27, S. 192 u. 194

[77] Ebenda, Bd. 32, S. 74

Staates. Für die Wirtschaftspolitik gilt voll und ganz, was Lenin über die Politik überhaupt sagte: sie ist der Algebra näher als der Arithmetik und der höheren Mathematik noch ähnlicher als der niederen.[78]

Die Wirtschaftspolitik läßt oftmals einfache Entscheidungen nicht zu, die bei oberflächlicher Betrachtung annehmbar erscheinen. Sie erfordert die allseitige Berücksichtigung zahlreicher Faktoren, die Kunst, vorauszusehen, welche Folgen – darunter auch entferntere – die getroffenen Entscheidungen haben, welchen Einfluß sie auf die verschiedenen Seiten des wirtschaftlichen und gesellschaftlichen Lebens ausüben werden. Unter den Bedingungen der gewaltigen Komplizierung der wirtschaftlichen Aufgaben, wo die Maßstäbe der Volkswirtschaft enorm gewachsen und alle wirtschaftlichen Beziehungen und Prozesse komplizierter geworden sind, ist die tiefe wissenschaftliche Begründung der Wirtschaftspolitik und das streng wissenschaftliche Herangehen an ihre Durchführung besonders wichtig.

Angesichts all dessen kann darüber geurteilt werden, wie wichtig die Klarheit über das Verhältnis zwischen der politischen Ökonomie des Sozialismus und der Wirtschaftspolitik des sozialistischen Staates ist. Ohne Zweifel sind die objektiven ökonomischen Gesetze des Sozialismus die Basis und keineswegs das Resultat der Wirtschaftspolitik, ihre Voraussetzung und nicht ihre Folge. Daraus ergibt sich aber keinesfalls, daß die Untersuchung der Grundprinzipien der Wirtschaftspolitik, die Analyse der Wirtschaftsmethoden, die Behandlung der Organisationsarbeit der Partei und des Staates auf wirtschaftlichem Gebiet etwas darstellt, was die „weiße Weste" der politischen Ökonomie beflecken könnte.

Die Verbannung der Wirtschaftspolitik der Partei und des Staates aus dem Forschungsbereich der politischen Ökonomie des Sozialismus versucht man manchmal mit dem Hinweis auf die bekannte Bemerkung Lenins zu begründen, daß im ersten Kapitel des „Kapitals" weder von Politik noch von irgendeiner politischen Form, noch von irgendwelchen „sozialen Kategorien" die Rede ist, „die Analyse behandelt nur das Ökonomische, den Warenaustausch, die Entwicklung des Warenaustausches".[79] Dieser Einwand ist aber kaum überzeugend. Die Bemerkung Lenins sollte nur zeigen, daß Marx die Schlußfolgerung über die Unmöglichkeit des Arbeitsgeldes in der Warenproduktion ausschließlich durch die ökonomische Analyse begründet hat, welche mit ökonomi-

[78] Ebenda, Bd. 31, S. 90 [79] Ebenda, Bd. 23, S. 33

schen und nur mit ökonomischen Kategorien operiert. Lenin deckte damit die Fehlerhaftigkeit der Behauptung auf, die von den Gegnern der Losung des Selbstbestimmungsrechtes der Nationen im ersten Weltkrieg aufgestellt worden war, daß die Selbstbestimmung im Imperialismus angeblich „ökonomisch unrealisierbar“ sei. Lenin entlarvte die Vertreter der antimarxistischen Konzeption des „imperialistischen Ökonomismus“ und lehrte den Unterschied zwischen „ökonomischer Unrealisierbarkeit“ und „politischer Schwerrealisierbarkeit“ erkennen.

Es darf jedoch nicht vergessen werden, daß das erste Kapitel des „Kapitals“ nicht sein letztes Kapitel ist. Im ersten Kapitel des „Kapitals“ ist nur die erste Stufe der ökonomischen Analyse gegeben, welcher Marx die ökonomische Struktur der bürgerlichen Gesellschaft unterzog. Im weiteren wird diese Analyse allseitig bereichert und umfaßt die ökonomische Wirklichkeit im ganzen Reichtum und der ganzen Mannigfaltigkeit ihrer Formen und Erscheinungen.

Es ist gut bekannt, daß Marx, Engels und Lenin sich bei der Erforschung der kapitalistischen Produktionsweise keineswegs darauf beschränkten, das Wesen der ökonomischen Kategorien und den Inhalt der ökonomischen Gesetze unter den Bedingungen des abstrakten, „reinen“ Kapitalismus zu erklären. Nachdem diese Kategorien und Gesetze durch die Verallgemeinerung eines gewaltigen Tatsachenmaterials entdeckt waren, untersuchten Marx im „Kapital“ und Engels in einer Anzahl seiner Arbeiten ausführlich die Einwirkung der Wirtschaftspolitik des bürgerlichen Staates und des Klassenkampfes zwischen Proletariat und Bourgeoisie auf die ökonomische Entwicklung. Lenin maß bei der Erforschung des Imperialismus der wirtschaftlichen Tätigkeit des bürgerlichen Staates gewaltige Bedeutung zu, ohne deren Berücksichtigung insbesondere eine Analyse des staatsmonopolistischen Kapitalismus nicht möglich ist. Wenn aber die Sache mit der politischen Ökonomie des Kapitalismus so steht, ist es dann nicht noch meniger begründet, die Wirtschaftspolitik aus der politischen Ökonowie des Sozialismus hinauszuwerfen?

Offenbar wurden solche Tendenzen von der Vorstellung genährt, daß die politische Ökonomie die ökonomischen Gesetze des Sozialismus nur „in reiner Form“ zu betrachten habe, ohne Rücksicht darauf, wie die Gesellschaft sie meistern und damit ihre Herrschaft über sie errichten kann. Aber eine solche Beschränkung ergibt sich keineswegs aus der marxistischen Auffassung vom Gegenstand der politischen Ökonomie des Sozialismus als Wissenschaft von der Gesellschaftsordnung der sozialistischen Produktion. Eher umgekehrt: die Gesellschaftsordnung der sozialistischen Produktion schließt ja ein und setzt voraus, daß die Gesellschaft die ökonomischen Gesetze erkennt und beherrscht. Ist es zulässig, diese wichtigste Seite der Sache aus der politischen Ökonomie hinauszuwerfen?

Es kann gesagt werden, daß die politische Ökonomie nicht die ganze Summe der Probleme ausschöpft, die von der Gesamtheit der Wirtschaftswissenschaften untersucht werden, zu denen ja auch die Zweigökonomiken, die Planungswissenschaft und viele andere gehören. Es besteht jedoch kein Zweifel, daß die politische Ökonomie die Grundlage aller anderen Wirtschaftswissenschaften ist. Als solche Grundlage ist sie natürlich berufen, allen anderen Wirtschaftswissenschaften die Ausgangsprinzipien zu geben, von denen sich diese leiten lassen.

Die Tendenz zur Einschränkung der politischen Ökonomie in den engen Rahmen einer „reinen Theorie“ trägt dazu bei, die Erforschung der lebendigen Praxis durch abstrakt-scholastische Streitereien über diese oder jene Formulierung zu ersetzen. Eine solche Loslösung der Theorie von der Praxis bringt die Gefahr mit sich, die Sphäre der politischen Ökonomie des Sozialismus auf einen sehr engen Kreis abstrakter Wahrheiten einzuschränken, die wenig mit dem Leben verbunden sind. Die ökonomische Wissenschaft würde im Wesentlichen auf das beschränkt, was man die „Philosophie der Wirtschaft“ nennen könnte. Sie beschränkte sich auf die Feststellung einiger qualitativer Unterschiede der sozialistischen Ökonomik und ließe die quantitative Seite ihrer Erscheinungen und Prozesse beiseite liegen.

Die Wirtschaftspolitik des sozialistischen Staates baut auf dem festen Grund der marxistisch-leninistischen ökonomischen Theorie auf, die als erste in der Geschichte der Wissenschaft die wirkliche Natur des Wirtschaftslebens der Gesellschaft, der wirtschaftlichen Tätigkeit der Menschen erklärt hat. Die bürgerliche politische Ökonomie betrachtete bis zur Entstehung des Marxismus die Ökonomie als Sphäre der Beziehungen zwischen Mensch und Natur, und fährt bis heute fort, sie so zu betrachten. Daher ihr Fetischismus, ihr antihistorischer Charakter. Der Marxismus hat gezeigt, daß die ökonomischen Kategorien nichts anderes sind als der theoretische Ausdruck der Produktionsverhältnisse der Menschen in der Gesellschaft, daß die ökonomische Wissenschaft es nicht mit der Produktion überhaupt zu tun hat, sondern mit der ökonomischen Ordnung der Produktion, mit den Beziehungen der Menschen in der Produktion.

Aber wenn die Sphäre der Ökonomie nicht die Produktion überhaupt umfaßt, sondern ihre ökonomische Ordnung, die Gesamtheit der Produktionsverhältnisse zwischen den Menschen, dann ist es ebenso wichtig im Auge zu behalten, daß die ökonomischen Verhältnisse der Menschen, wie der Marxismus lehrt, im Prozeß der Produktion der materiellen Lebensgüter, auf dem Boden der materiellen Produktion zustande kommen. Die Produktionsverhältnisse sind materielle Verhältnisse, zum Unterschied von den Verhältnissen in der Politik, Ideologie, Ethik, Familie, im Alltagsleben. Die Produktionsverhältnisse sind mit materiellen Dingen verbunden: mit der Produktion, dem Austausch, der Verteilung, der Konsumtion.

Als Engels erklärte, daß nicht Dinge, sondern Beziehungen zwischen den Menschen und letzten Endes zwischen Klassen den Gegenstand der politischen Ökonomie bilden, unterstrich er gleichzeitig, daß diese Beziehungen immer mit Dingen verbunden sind und als dringlich erscheinen. Auf dieser Grundlage erfolgt unter der Herrschaft des Privateigentums und besonders in der kapitalistischen Gesellschaft die Fetischisierung der gesellschaftlichen Produktionsverhältnisse, die in der verkehrten Form des Verhältnisses zwischen Dingen auftreten, als wunderwirkende Eigenschaften der Dinge. Mit der Beseitigung des Privateigentums und der Liquidierung der kapitalistischen Produktionsverhältnisse bleibt kein Platz für die Fetischisierung der gesellschaftlichen Produktionsverhältnisse. Aber auch in der sozialistischen Gesellschaft bleibt der Zusammenhang zwischen den Produktionsverhältnissen und den Dingen, mit den Elementen und Produkten des materiellen Produktionsprozesses erhalten.

Einer der wichtigsten Vorzüge des Sozialismus gegenüber dem Kapitalismus besteht darin, daß die Produktionsverhältnisse der sozialistischen Gesellschaft von den Antagonismen frei sind, die jeder auf Ausbeutung des Menschen durch den Menschen beruhenden Ordnung eigen sind. Die Volksmassen, die Marx die unmittelbaren Produzenten nannte, bleiben in der Ausbeuterordnung nur Objekte der wirtschaftlichen Tätigkeit, im Sozialismus wurden sie ihre Subjekte, aktive und bewußte Erbauer des ökonomischen Lebens.

Zu den Mythen, die von der modernen bürgerlichen Ökonomie verbreitet werden, gehört die Erfindung, daß in der sozialistischen Gesellschaft die Ökonomie der Politik untergeordnet sei und darum angeblich nicht den Bedürfnissen der Menschen diene, während im Kapitalismus die Wirtschaft dem Kunden, d. h. dem Verbraucher, untergeordnet sei.

Dieser böswillige Mythos ist das Musterbeispiel einer doppelten Lüge: Erstens dient die sozialistische Ökonomik gerade dank der Einheit mit der Politik, mit der Tätigkeit des Staates, der die Interessen der ganzen Gesellschaft ausdrückt, ausschließlich den Bedürfnissen des Volkes, der Befriedigung seiner Bedürfnisse. Zweitens aber ist die kapitalistische Ökonomik nur in den apologetischen Erfindungen dem Kunden untergeordnet, während sie sich in Wirklichkeit vollständig in der Macht der Kapitalmagnaten befindet, die ihr Geschäft nicht aus Menschenliebe und im gesellschaftlichen Interesse betreiben, sondern in ihrem eigennützigen Interesse, in der Jagd nach dem höchstmöglichen Profit.

Lenin vermachte der Partei den Glauben an die unermeßliche schöpferische Kraft der Volksmassen, die durch die sozialistische Revolution zu bewußter geschichtlicher Tätigkeit, zur aktiven Teilnahme am Staatsaufbau erweckt wurden. In den werktätigen Massen, so sagte er, „schlummern die großen Kräfte der Revolution, der Wiedergeburt und der Erneuerung.“[80] Die Wirtschaftspolitik des sozialistischen Staates stützt sich nach dem Gedanken Lenins auf die brennende Interessiertheit der breitesten Massen des Volkes am Wirtschaftsaufbau.

Die aktive Rolle der Massen im geschichtlichen Schöpfungsprozeß ist ein nie versiegender Kraftquell der sozialistischen Gesellschaft. Unter den gegenwärtigen Bedingungen erhöht sich die Bedeutung dieses Kraftquells des Sozialismus mit dem Anwachsen der schöpferischen Energie und Initiative der Volksmassen, die von der großartigen Perspektive des Aufbaus der kommunistischen Gesellschaft begeistert sind. Die Festigung der Verbundenheit der Partei mit den Massen, das Anwachsen ihres Einflusses auf die Massen vermehrt die Kräfte der sozialistischen Gesellschaft und hilft, die herangereiften politischen und ökonomischen Aufgaben zu lösen.

„Die Politik beginnt dort, wo man mit Millionen zu tun hat“, schrieb Lenin, und unterstrich „nicht dort, wo man mit Tausenden, sondern dort, wo man mit Millionen zu tun hat...“[81] „... von der Politik hängt faktisch das Schicksal von Millionen Menschen ab...“[82] Die Wirtschaftspolitik des sozialistischen Staates hat es mit Millionen und Dutzenden Millionen Menschen zu tun. Sie ist berufen, im gesamt-

[80] Ebenda, Bd. 26, S. 481
[81] Ebenda, Bd. 27, S. 86
[82] Ebenda, Bd. 30, S. 346

staatlichen Maßstabe die Arbeit der gewaltigen Volksmassen zu organisieren. Dabei muß sie deren materiellen Interessen durch moralische Stimuli berücksichtigen, ihre Energie, Initiative und ihren schöpferischen Aufschwung mobilisieren und die Fruchtbarkeit und Effektivität ihrer Arbeit sichern.

4. Einige Charakterzüge der sozialistischen Ökonomik

Bereits die großen utopischen Sozialisten träumten von einer Gesellschaftsordnung, in der die Gegensätze zwischen Stadt und Land, zwischen körperlicher und geistiger Arbeit liquidiert sind, die die Menschen verkrüppeln. Doch nur die Begründer des wissenschaftlichen Kommunismus deckten die gesellschaftlichen Kräfte auf, die imstande sind, diese Aufgaben zu lösen.

Wie Engels zeigte, vertieft der Kapitalismus den Gegensatz zwischen Stadt und Land und deformiert dadurch die Entwicklung der Produktivkräfte. Zugleich gewährt das Entwicklungsniveau, das die Produktivkräfte erreicht haben, die Möglichkeit, diesen Gegensatz zu beseitigen. „Nur eine Gesellschaft, die ihre Produktivkräfte nach einem einzigen großen Plan harmonisch ineinandergreifen läßt, kann der Industrie erlauben, sich in derjenigen Zerstreuung über das ganze Land anzusiedeln, die ihrer eignen Entwicklung und der Erhaltung resp. Entwicklung der übrigen Elemente der Produktion am angemessensten ist.“[83]

Alle Vorschläge bürgerlicher Reformer, die Wohnungsfrage zu lösen, scheitern unvermeidlich, weil sie auf den Gegensatz zwischen Stadt und Land stoßen. Engels verband die generelle Lösung des Wohnungsproblems mit der sozialistischen Umgestaltung der Gesellschaft. In ihrem Resultat wird der Gegensatz zwischen Stadt und Land beseitigt, ein Gegensatz, der von der kapitalistischen Gesellschaft auf die Spitze getrieben worden ist. „Die kapitalistische Gesellschaft, weit entfernt, diesen Gegensatz aufheben zu können, muß ihn im Gegenteil täglich mehr verschärfen.“[84]

Engels antwortet den bürgerlichen und kleinbürgerlichen Schriftstellern, die erklärten, die Aufhebung des Gegensatzes zwischen Stadt

[83] Engels, F., Herrn Eugen Dührings Umwälzung der Wissenschaft, in: MEW, Bd. 20, S. 276

[84] Engels, F., Zur Wohnungsfrage, in: MEW, Bd. 18, S. 243

und Land sei ein unerfüllbarer Traum, indem er schrieb, daß diese Aufhebung nicht mehr und nicht minder eine Utopie ist als die Aufhebung des Gegensatzes zwischen Kapitalisten und Lohnarbeitern. „Sie wird von Tag zu Tag mehr eine praktische Forderung der industriellen wie ackerbauenden Produktion. Niemand hat sie lauter gefordert als Liebig in seinen Schriften über die Chemie des Ackerbaus, worin stets seine erste Forderung ist, daß der Mensch an den Acker das zurückgebe, was er von ihm erhält, und worin er beweist, daß nur die Existenz der Städte, namentlich der großen Städte, dies verhindert."[85]

Engels bemerkte, es sei reine Utopie, wolle man, wie Proudhon, die jetzige bürgerliche Gesellschaft umwälzen und zugleich die kleine Bauernwirtschaft erhalten. Er wies darauf hin, daß nur eine möglichst gleichmäßige Verteilung der Bevölkerung über das ganze Land, nur eine innige Verbindung der industriellen mit der ackerbauenden Produktion, zusammen mit der dadurch nötig werdenden Ausdehnung der Kommunikationsmittel, imstande ist, die Landbevölkerung nach der Abschaffung der kapitalistischen Produktionsweise aus der Isolierung und Verdummung herauszureißen, in der sie seit Jahrtausenden fast unverändert vegetiert. „Nicht das ist eine Utopie, zu behaupten, daß die Befreiung der Menschen aus den durch ihre geschichtliche Vergangenheit geschmiedeten Ketten erst dann vollständig sein wird, wenn der Gegensatz zwischen Stadt und Land abgeschafft ist; die Utopie entsteht erst dann, wenn man sich unterfängt, ‚aus den bestehenden Verhältnissen heraus' die *Form* vorzuschreiben, worin dieser oder irgendein anderer Gegensatz der bestehenden Gesellschaft gelöst werden soll."[86]

Gleich Marx schätzte Engels die Perspektiven hoch ein, die sich aus der Anwendung der Elektroenergie ergeben. Im Zusammenhang mit einer Entdeckung von Deprez schrieb er, daß die Dampfmaschine die Möglichkeit schafft, Wärme in mechanische Bewegung zu verwandeln, daß die Ausnutzung der Elektrizität aber den Weg eröffnet, alle Formen der Energie – Wärme, mechanische Bewegung, Elektrizität, Magnetismus, Licht – eine in die andere und wieder zurück zu verwandeln und industriell auszunutzen. In einer Zeit, in der die Übertragung von Elektroenergie über bestimmte Entfernungen erst im Keim vorhanden war, schrieb Engels mit großem Scharfblick, daß

[85] Ebenda, S. 279f.
[86] Ebenda, S. 280

diese Entdeckung die Industrie von den Lokalschranken befreit, die Verwendung auch der abgelegensten Wasserkräfte möglich macht, und wenn sie auch im Anfang nur den Städten zugute kommen wird, „muß sie schließlich der mächtigste Hebel werden zur Aufhebung des Gegensatzes von Stadt und Land. Daß aber damit auch die Produktivkräfte eine Ausdehnung bekommen, bei der sie der Leitung der Bourgeoisie mit gesteigerter Geschwindigkeit entwachsen, liegt auf der Hand."[87]

Seit Engels diese Zeilen schrieb, haben Wissenschaft und Technik gigantische Fortschritte erzielt. In unserem Jahrhundert – im Jahrhundert des Atoms und der Eroberung des Kosmos, im Jahrhundert der Automation, der Elektronik und der Kybernetik, im Jahrhundert ungeahnter Erfolge der Chemie – wachsen die Produktivkräfte immer mehr über das Prokrustesbett der bürgerlichen Herrschaft hinaus, fordern immer dringlicher neue, sozialistische Formen ihrer Ausnutzung. Nur im sozialistischen Teil der Welt ist dem ungehinderten Wachstum der Produktivkräfte Raum gegeben, während ihre Entwicklung in den kapitalistischen Ländern die schärfsten Antagonismen hervorbringt.

Engels charakterisierte die sozialistische Produktionsweise als die Organisation der Produktion, in der einerseits keiner seinen Anteil an der produktiven Arbeit auf andere abwälzen kann und in der andererseits die produktive Arbeit, statt Mittel der Knechtung, Mittel der Befreiung der Menschen wird, indem sie jedem einzelnen die Möglichkeit gibt, alle seine Fähigkeiten, körperliche wie geistige, nach allen Richtungen hin auszubilden und zu betätigen. Die produktive Arbeit wird so „aus einer Last eine Lust ..."[88] Die Beseitigung des Raubbaus, den der Kapitalismus betreibt, und der weite Raum, der der Entwicklung der Produktivkräfte gegeben ist, machen es möglich, „bei allgemeiner Teilnahme an der Arbeit die Arbeitszeit auf ein nach jetzigen Vorstellungen geringes Maß zu reduzieren"[89]. Dabei ist zu berücksichtigen, daß Engels diese Zeilen in den siebziger Jahren des vergangenen Jahrhunderts schrieb, als der Arbeitstag in der Mehrzahl der kapitalistischen Länder 10 bis 12 und mehr Stunden dauerte.

Sich den Formen der Verteilung in der sozialistischen Gesellschaft zuwendend, unterstrich Engels, daß der Verteilungsmodus wesentlich

[87] Engels an Bernstein, Brief v. 27. 2.–1. 3. 1883, in: MEW, Bd. 35, a. a. O., S. 445

[88] Engels, F., Herrn Eugen Dührings Umwälzung der Wissenschaft, in: MEW, Bd. 20, S. 274

[89] Ebenda

davon abhängt, wieviel zu verteilen ist, und daß dies mit den Fortschritten der Produktion und der gesellschaftlichen Organisation sich ändert.[90] Marx und Engels hielten die Verteilung nach der Leistung für die einzig mögliche und notwendige Verteilungsweise in der ersten Phase des Kommunismus.

Im Hinblick auf die sozialistische Ordnung schrieb Engels, „daß die Verteilung, soweit sie durch rein ökonomische Rücksichten beherrscht wird, sich regeln wird durch das Interesse der Produktion, und die Produktion wird gefördert am meisten durch eine Verteilungsweise, die *allen* Gesellschaftsmitgliedern erlaubt, ihre Fähigkeiten möglichst allseitig auszubilden, zu erhalten und auszuüben"[91].

Das Leben hat die Voraussicht der Begründer des Marxismus bestätigt, daß der Verteilungsmodus in der ersten Phase des Kommunismus die Verteilung nach der Arbeitsleistung sein wird. Diese Verteilungsweise sichert die materielle Interessiertheit aller Werktätigen an den Ergebnissen der Produktion.

Die rasche Entwicklung der Produktivkräfte der sozialistischen Gesellschaft wird durch die volle Anwendung der sozialistischen Methode der Verteilung nach der Arbeitsleistung zusammen mit der Entwicklung neuer moralischer Stimuli erreicht. Die Erfahrungen mit den neuen Lebensformen, die nach dem Sturz des Kapitalismus geschaffen worden sind, bestätigen voll und ganz, daß die Gesellschaft sich während der ganzen Epoche des Sozialismus von dem Prinzip leiten läßt: „Jeder nach seinen Fähigkeiten, jedem nach seinen Leistungen". Erst mit dem Übergang in die höhere Phase des Kommunismus tritt das Prinzip „Jeder nach seinen Fähigkeiten, jedem nach seinen Bedürfnissen" in seine Rechte ein.

Mit der Verteilung nach der Arbeitsleistung bleibt zwischen den Werktätigen eine bestimmte Ungleichheit bestehen, die in der ersten Phase der kommunistischen Gesellschaft unvermeidlich ist. Zugleich bricht sie entschieden mit der Verteilungsweise, die im Kapitalismus herrscht. Denn im Kapitalismus ist die Verteilung den Gesetzen der Ausbeutung der Arbeit durch das Kapital unterworfen. Im Einklang mit den ökonomischen Gesetzen des Kapitalismus stecken jene den Löwenanteil am Einkommen der Gesellschaft ein, denen die Produktionsmittel gehören.

[90] Vgl. Engels an Schmidt, Brief v. 5. 8. 1890, in: MEW, Bd. 37, S. 436
[91] Engels, F., Herrn Eugen Dührings Umwälzung der Wissenschaft, in: MEW, Bd. 20, S. 186

Engels deckte die wirkliche Bedeutung auf, die die Gleichheitsforderung im Munde der Vertreter der Arbeiterklasse hat. Wie er betonte, „ist der wirkliche Inhalt der proletarischen Gleichheitsforderung die Forderung der *Abschaffung der Klassen*. Jede Gleichheitsforderung, die darüber hinausgeht, verläuft notwendig ins Absurde"[92]. Diese Bemerkung von Engels zeigt, daß Sozialismus und Kommunismus mit kleinbürgerlicher Gleichmacherei nicht vereinbar sind.

Engels wies darauf hin, daß nur der Sozialismus die Kluft zwischen Rechten und Pflichten beseitigt, die allen Gesellschaftsformen eigen ist, die auf der Ausbeutung des Menschen durch den Menschen beruhen. Im Sozialismus werden die Menschen gleiche Rechte und gleiche Pflichten haben.[93] In der Kritik am Entwurf des Erfurter Programms schlug Engels vor, die Forderung „für das gleiche Recht aller" durch die Worte „und gleiche Pflichten aller" zu ergänzen. Er erläuterte seinen Vorschlag, indem er bemerkte, daß die „gleichen Pflichten" eine besonders wichtige Ergänzung der bürgerlich-demokratischen gleichen Rechte sind und dieser Formel den spezifisch bürgerlichen Sinn nehmen.[94]

Die heutige Wirklichkeit zeigt, daß im Sozialismus alle Gesellschaftsmitglieder bestimmte Rechte und bestimmte Pflichten haben. Die exakte und strikte Erfüllung dieser Pflichten dient der Bewahrung und dem Schutz jener Rechte.

Die Begründer des Marxismus sahen voraus, daß im Sozialismus „durch planmäßige Ausnutzung und Weiterbildung der schon vorhandnen ungeheuren Produktivkräfte aller Gesellschaftsmitglieder, bei gleicher Arbeitspflicht, auch die Mittel zum Leben, zum Lebensgenuß, zur Ausbildung und Betätigung aller körperlichen und geistigen Fähigkeiten, gleichmäßig und in stets wachsender Fülle zur Verfügung stehen."[95]

Die gleiche Arbeitspflicht aller, von der Engels sprach, ist einer der wichtigsten Charakterzüge der sozialistischen Organisation der Arbeit. Dieses so bedeutsame Prinzip des Sozialismus ist ausgedrückt in der

92 Ebenda, S. 99

93 Vgl. Engels, F., Die Bauernfrage in Frankreich und Deutschland, in: MEW, Bd. 22, S. 503

94 Vgl. Engels F., Zur Kritik des sozialdemokratischen Programmentwurfs 1891, in: MEW, Bd. 22, S. 232

95 Engels, F., Einleitung zu Karl Marx' „Lohnarbeit und Kapital" (Ausgabe 1891), in: MEW, Bd. 22, S. 209

Formel „Wer nicht arbeitet, soll auch nicht essen", die den Hoffnungen und Erwartungen vieler Generationen der Werktätigen und Ausgebeuteten, ihrem Streben nach einer gerechten und vernünftigen Gesellschaftsordnung entspricht. Aber erst im Sozialismus wird diese, wie Lenin sagte, einfachste und offensichtlichste Wahrheit ins Leben umgesetzt. Lenin sagte weit vorausschauend, daß dies das erste, grundlegende Prinzip des Sozialismus ist, die unversiegbare Quelle seiner Kraft, das Unterpfand seines endgültigen Sieges.

5. *Sozialismus, Warenproduktion und Wertgesetz*

Viele Äußerungen von Marx und Engels lassen keinen Zweifel daran, daß sie die Warenproduktion und das Wertgesetz, die der kapitalistischen Produktionsweise eigen sind, für eine historisch vergängliche Erscheinung hielten, die zusammen mit der Beseitigung des Kapitalismus verschwindet. So wies Marx darauf hin, daß in der sozialistischen Gesellschaft, die auf dem Gemeinbesitz an den Produktionsmitteln beruht, die Produzenten ihre Produkte nicht austauschen, und er schrieb weiter: „... ebensowenig erscheint hier die auf die Produkte verwandte Arbeit *als Wert* dieser Produkte, als eine von ihnen besessene sachliche Eigenschaft, da jetzt, im Gegensatz zur kapitalistischen Gesellschaft, die individuellen Arbeiten nicht mehr auf einem Umweg, sondern unmittelbar als Bestandteil der Gesamtarbeit existieren."[96]

Engels erläuterte im „Anti-Dühring", daß der Übergang vom Kapitalismus zur unmittelbar gesellschaftlichen Produktion jeglichen Warenaustausch und die Verwandlung der Arbeitsprodukte in Waren und damit zugleich in Werte ausschließt. Weiter schrieb er: „Sobald die Gesellschaft sich in den Besitz der Produktionsmittel setzt und sie in unmittelbarer Vergesellschaftung zur Produktion verwendet, wird die Arbeit eines jeden, wie verschieden auch ihr spezifisch nützlicher Charakter sei, von vornherein und direkt gesellschaftliche Arbeit. Die in einem Produkt steckende Menge gesellschaftlicher Arbeit braucht dann nicht erst auf einem Umweg festgestellt zu werden; die tägliche Erfahrung zeigt direkt an, wieviel davon im Durchschnitt nötig ist."[97]

[96] Marx, K., Kritik des Gothaer Programms, in: MEW, Bd. 19, S. 19f.
[97] Engels, F., Herrn Eugen Dührings Umwälzung der Wissenschaft, in: MEW, Bd. 20, S. 288

Und Engels zog den Schluß, daß die Menschen unter diesen Bedingungen der „Dazwischenkunft des vielberühmten ‚Werts'[98] nicht mehr bedürfen.

Engels verspottete die reaktionär-utopistischen Pläne Proudhons, Dührings und ihrer Gesinnungsgenossen, die versprachen, die kapitalistische Produktionsform mittels des „wahren Werts" aufzuheben. Dies gleicht nach Engels dem Versprechen, den Katholizismus durch die Herstellung des „wahren" Papstes abschaffen zu wollen, oder dem Versuch, „eine Gesellschaft, in der die Produzenten endlich einmal ihr Produkt beherrschen", herstellen zu wollen „durch konsequente Durchführung einer ökonomischen Kategorie, die der umfassendste Ausdruck der Knechtung der Produzenten durch ihr eignes Produkt ist."[99]

Diese wie auch andere ähnliche Bemerkungen von Marx und Engels werden in der gegenwärtigen ökonomischen Literatur zuweilen als Beweis dafür angesehen, daß die Begründer des wissenschaftlichen Kommunismus die Möglichkeit der Existenz einer Warenproduktion mit den ihr zugehörigen ökonomischen Kategorien im Sozialismus entschieden verneint hätten. Mit anderen Worten, aus den angeführten Ausführungen wird der Schluß gezogen, daß Marx und Engels die Ökonomik der sozialistischen Gesellschaft als eine Art naturalwirtschaftliches System betrachtet hätten, in dem für Warenproduktion und Waren-Geld-Beziehungen kein Platz ist. Auf dieser Grundlage haben die bürgerlichen Kritiker des Sozialismus im Zusammenhang mit den ökonomischen Reformen in den sozialistischen Ländern ein Geschrei erhoben, daß angeblich die Ausnutzung solcher Kategorien der Warenproduktion wie Preis, Geld, Gewinn usw. ein Abgehen von der marxistischen Theorie bedeute und die Anerkennung ihrer Unhaltbarkeit und ihres Bankrotts sei.

Bei einer aufmerksamen Analyse des Standpunktes von Marx und Engels findet jedoch die Behauptung, daß sie jede Möglichkeit einer Warenproduktion und von Waren-Geld-Beziehungen im Sozialismus abgelehnt hätten, keine Bestätigung. Um den wirklichen Standpunkt der Begründer des Marxismus in dieser Frage richtig einschätzen zu können, muß man folgendes beachten.

Erstens, in vielen Fällen, in denen Marx und Engels sich über die dem Kapitalismus folgende Ordnung geäußert haben, hatten sie die

[98] Ebenda
[99] Ebenda, S. 289

ganze kommunistische ökonomische Gesellschaftsformation im Auge, und nicht den Sozialismus als ihre erste Phase. Da sie die Warenproduktion und die Wertbeziehungen als historische Kategorien betrachteten, gingen sie natürlich davon aus, daß in der höheren Phase des Kommunismus für diese Kategorien kein Platz sein wird.

Zweitens gingen die Begründer des Marxismus, die auf dem festen Boden der geschichtlichen Wirklichkeit blieben, davon aus, daß in der sozialistischen Gesellschaft die kapitalistische Warenproduktion mit allen ihren spezifischen Besonderheiten verschwindet. Nur diese Warenproduktion gab es in der damaligen Wirklichkeit, und nur von dieser Warenproduktion konnte die Rede sein. Nur so konnten die Schöpfer des wissenschaftlichen Kommunismus die Frage stellen, denn sie waren weit von dem Gedanken entfernt, der künftigen Gesellschaft irgendwelche fertigen Formeln vorzuschreiben. In seinen Ausführungen über die Beseitigung der Warenproduktion im Gefolge der sozialistischen Umgestaltung der Gesellschaft erinnerte Marx auch an solche ihrer spezifischen Grundzüge wie die Verdinglichung der gesellschaftlichen Verhältnisse oder den Gegensatz zwischen individueller und gesellschaftlicher Arbeit. Engels gibt eine noch ausführlichere Charakteristik der Form des Werts, die dem Produkt der Warenproduktion bei Herrschaft des Privateigentums eigen ist, indem er darauf hinwies, daß in ihr im Keime die gesamte kapitalistische Produktionsform mit den ihr eigenen Klassenantagonismen und ökonomischen Widersprüchen bis hin zu den Krisen enthalten ist. Die Begründer des Marxismus gingen davon aus, daß im Sozialismus *die* Warenproduktion beseitigt ist, die einen der wichtigsten spezifischen Charakterzüge des Kapitalismus bildet, und das Leben hat diese Wahrheit voll bestätigt. Aber daraus folgt keineswegs, daß sie die sozialistische Ökonomik als eine Art Naturalwirtschaft betrachteten, oder mit anderen Worten, daß sie von vornherein die Möglichkeit einer sozialistischen Warenproduktion ausschlossen, die sich von der kapitalistischen Warenproduktion genau so grundlegend unterscheidet, wie sich der Sozialismus im Ganzen vom Kapitalismus unterscheidet.

Drittens endlich charakterisierten Marx und Engels, wenn sie Probleme der sozialistischen Ökonomik berührten, solche ihrer Züge wie die Einsparung von Arbeitszeit, die bewußte, planmäßige Verteilung der gesellschaftlichen Ressourcen – an Arbeitskräften wie an Material – entsprechend den Bedürfnissen der Gesellschaft, die Verteilung des gesellschaftlichen Produkts – nach den nötigen Abzügen – unter den

Mitgliedern der Gesellschaft entsprechend der Quantität und der Qualität ihrer Arbeitsleistung. Aber gerade diese Aufgaben der sozialistischen Wirtschaft können ohne Ausnutzung der Beziehungen und Kategorien der sozialistischen Warenproduktion nicht gelöst werden. In diesem Zusammenhang ist die Früharbeit von Engels „Umrisse zu einer Kritik der Nationalökonomie" von besonderem Interesse, wo die Frage gestellt war, was in einer kommunistischen Gesellschaft von einem solchen Begriff der politischen Ökonomie wie dem Wert übrigbleibe. Indem Engels feststellte, daß mit der Aufhebung des Privateigentums „von einem Tausch, wie er bisher existiert, nicht mehr die Rede sein" kann, schrieb er: „Die praktische Anwendung des Wertbegriffs wird sich dann immer mehr auf die Entscheidung über die Produktion beschränken, und da ist seine eigentliche Sphäre."[100]

Die von Marx und Engels geschaffene Theorie der Ware erschöpft sich keineswegs in der These, daß der Wert der Waren durch das Quantum Arbeit bestimmt wird, das in ihr vergegenständlicht ist. Wie die Begründer des Marxismus zeigten, sind der Warenproduktion im Kapitalismus unvermeidlich eine ganze Reihe anderer Erscheinungen eigen. Zu ihnen gehören der spontane Charakter der ökonomischen Entwicklung, die Anarchie der Produktion und die Konkurrenz, die Verwandlung der Arbeitskraft in eine Ware, der Ruin der Kleinproduzenten und die Konzentration des Kapitals, die Polarisierung der Klassen, die Verelendung der Arbeiterklasse, die Unvermeidlichkeit periodischer Überproduktionskrisen usw.

Spricht man von der Warenproduktion im Sozialismus, so darf man offenbar ihren qualitativen Unterschied von der Warenproduktion im Kapitalismus nicht außer acht lassen. Marx erforschte Warenproduktion und -zirkulation nicht nur als Ausgangspunkt, sondern auch als Resultat der kapitalistischen Produktionsweise. Er unterzog die Ware nicht nur als Voraussetzung, sondern auch als Resultat des Kapitals einer allseitigen Analyse. Aber er konnte natürlich die Ware nicht als Resultat der sozialistischen Produktionsweise untersuchen, als Produkt der unmittelbar gesellschaftlichen Arbeit, die planmäßig im Maßstab der Gesamtgesellschaft organisiert ist. Die reichen Erfahrungen des sozialistischen Aufbaus, die es heute gibt, die Beschlüsse der marxistisch-leninistischen Parteien der sozialistischen Länder, die diese Erfahrungen verallgemeinern – all dies liefert reichhaltiges und äußerst

[100] In: MEW, Bd. 1, S. 507

lehrreiches Material für ein Urteil über die spezifischen Charakterzüge der Ware als Produkt der sozialistischen Produktion.

Als Ausgangspunkt dient hierbei Lenins Hinweis: „... das staatliche Produkt, das Produkt der sozialistischen Fabrik, das gegen bäuerliche Lebensmittelprodukte ausgetauscht wird, ist keine Ware im Sinne der politischen Ökonomie, jedenfalls nicht nur Ware, nicht mehr Ware, hört auf, Ware zu sein ..."[101] Als Lenin von der Ware der sozialistischen Produktion sprach, war er offensichtlich der Meinung, daß sie schon keine Ware mehr ist im Sinne der alten politischen Ökonomie. die den Sozialismus noch nicht untersuchen konnte; nicht nur Ware, weil sie Träger eines höheren Typs der Produktionsverhältnisse, der Produktionsverhältnisse des Sozialismus ist.

Die heutige Wirklichkeit deckt immer vollständiger die grundlegenden Unterschiede auf, die es zwischen der Ware als Produkt der kapitalistischen Produktionsweise einerseits der Ware als Produkt der sozialistischen Produktionsweise andererseits gibt. Die sozialistische Warenproduktion hat nicht die Anarchie der Produktion mit ihren zerstörerischen Wirkungen, die Verwandlung der Arbeitskraft in eine Ware, die Unvermeidlichkeit von Krisen usw. zur Folge. Die sozialistische Warenproduktion existiert unter solchen Bedingungen, in denen die Gesellschaft die ökonomischen Gesetze beherrscht und sie bewußt in ihrer Praxis anwendet, wo das Gesetz der planmäßigen Entwicklung der Volkswirtschaft wirkt und folglich die Arbeit planmäßig auf die Produktionszweige verteilt wird, wo die Arbeitskraft aufgehört hat, eine Ware zu sein und die Ausbeutung des Menschen durch den Menschen beseitigt ist, wo die krisenfreie Entwicklung der Volkswirtschaft gesichert ist usw.

In der Übergangsperiode, als in der Sowjetunion ein erbitterter Kampf zwischen den Kräften des Kapitalismus und den Kräften des Sozialismus tobte, in dem die Frage „Wer – wen?" entschieden wurde, forderten Feinde des sozialistischen Aufbaus wutentbrannt, die Unerschütterlichkeit und Heiligkeit des Wertgesetzes des Kapitalismus müsse samt den volkswirtschaftlichen Proportionen, die es diktiert, samt den Wirtschaftlichkeits- und Rentabilitätskriterien, die sich aus ihm ergeben, anerkannt werden.

Die Kommunistische Partei wies diese Restaurationsversuche entschieden zurück und entlarvte die Theorien der Restauratoren des

[101] Lenin, W. I., Direktive des Rats für Arbeit und Verteidigung an die örtlichen Sowjetinstitutionen, in: Werke, Bd. 32, Berlin 1961, S. 401

Kapitalismus, darunter auch die Theorien, die die Unerschütterlichkeit des kapitalistischen Wertgesetzes betrafen, das man aus Tarnungsgründen als ewiges, unveränderliches, ehernes „Gesetz des Arbeitsaufwandes" hinzustellen versuchte. Solch ein ewiges und ehernes Gesetz anzuerkennen hätte bedeutet, sich von der sozialistischen Industrialisierung des Landes, von der Kollektivierung der Landwirtschaft, von der sozialistischen Umgestaltung der Gesellschaft loszusagen. Der Politik der Verneigung vor dem Wertgesetz des Kapitalismus setzte die Kommunistische Partei eine andere Politik entgegen: die Orientierung auf die ökonomischen Gesetze des Sozialismus, darunter auch auf das Wertgesetz der sozialistischen Gesellschaft, die Orientierung darauf, diese Gesetze zu erkennen, zu beherrschen und auszunutzen. Dieser Kurs verkörperte sich in der Politik, die die Partei im Einklang mit den Ratschlägen Lenins durchführte, die zum Sieg des Sozialismus in der UdSSR führte. Dabei ging die Kommunistische Partei von der marxistisch-leninistischen Auffassung der Dialektik der gesellschaftlichen Entwicklung in der Übergangsperiode vom Kapitalismus zum Sozialismus aus, vom Verständnis dafür, daß sich infolge dieser Dialektik der Entwicklung Inhalt und Form früherer ökonomischer Kategorien, so des Wertes, des Geldes, des Handels usw., in grundlegender Weise verändern.

Bekanntlich findet in der marxistischen Literatur, insbesondere im Zusammenhang mit den gegenwärtigen Wirtschaftsreformen, eine lebhafte Diskussion über Probleme der Warenproduktion im Sozialismus statt. Es werden unterschiedliche Meinungen über die Existenz einer Warenproduktion in der sozialistischen Ökonomik geäußert. Um sich nicht in unfruchtbare Streitereien zu verlieren, in denen es keine klare Vorstellung über den Diskussionsgegenstand selbst gibt, ist meiner Ansicht nach notwendig, erst einmal zu präzisieren, wovon eigentlich die Rede ist. Es ist wichtig zu begreifen, daß es sich nicht um die kapitalistische Warenproduktion handelt, weil klar ist, daß in der sozialistischen Gesellschaft für sie kein Platz ist und kein Platz sein kann. Es geht auch nicht um die Warenproduktion „überhaupt", denn so etwas gibt es genausowenig wie eine Gesellschaft „überhaupt", was Lenin in seiner Polemik gegen die Anhänger der subjektiven Soziologie unter den Volkstümlern in den neunziger Jahren vorzüglich erläuterte.[102]

[102] Vgl. Lenin, W. I., Was sind „Volksfreunde" und wie kämpfen sie gegen die Sozialdemokraten. In: Werke, Bd. 1, Berlin 1961, S. 127ff.

Vielmehr geht es um eine ganz bestimmte, eben die sozialistische Warenproduktion mit den ihr eigenen Kategorien und Gesetzen. Wenn die gesamte frühere ökonomische Geschichte der Menschheit nur eine Art der Warenproduktion kannte, nämlich die Warenproduktion, die auf dem Privateigentum an den Produktionsmitteln beruht, so existiert und entwickelt sich in der modernen Epoche erfolgreich eine völlig neue Art der Warenproduktion, eben die sozialistische Warenproduktion, die die Herrschaft des gesellschaftlichen Eigentums an den Produktionsmitteln zur Grundlage hat.

Es ist also nicht nur wichtig, die Notwendigkeit und die Rolle der Warenproduktion im Sozialismus zu begreifen. Wesentlich ist auch, zu beachten, daß nicht von irgendeiner unbestimmten Warenproduktion, sondern von der völlig bestimmten sozialistischen Warenproduktion die Rede ist. Unklarheit in dieser Frage erschwert den Kampf gegen die antikommunistischen Verleumdungen, insbesondere die Entlarvung der sog. „Konvergenztheorie", deren Propagandisten als eines der Hauptargumente den Umstand nutzen, daß im Sozialismus wie im Kapitalismus solche Kategorien wie Preis, Gewinn, Kredit usw. existieren. Deshalb ist es wichtig, in vollem Maße zu berücksichtigen, daß in der sozialistischen Ökonomik eine neue, früher nicht dagewesene Warenproduktion existiert, deren Kategorien Ausdruck bestimmter Seiten der neuen, sozialistischen sozialökonomischen Verhältnisse sind.

Getreu ihrem allgemeinen Prinzip, keine leeren Mutmaßungen über das anzustellen, was man nicht wissen kann, stellten Marx und Engels das Problem der Ablösung des Wertgesetzes des Kapitalismus durch das Wertgesetz des Sozialismus nicht in konkreter Form. Sie versuchten nicht, im voraus zu erraten, und noch viel weniger, vorzuschreiben, in welcher Form die einzelnen Mitglieder der sozialistischen Gesellschaft für ihre Arbeit zu entlohnen sind, mit welchen Methoden in den sozialistischen Betrieben Arbeitsaufwand und Produktionsergebnis quantitativ miteinander zu vergleichen sind usw.

Aber selbst die schlimmsten Feinde des Marxismus haben nicht geleugnet, daß Marx und Engels in außergewöhnlichem Maße fähig gewesen sind, abstrakt zu denken. Reichte ihre Abstraktionskraft wirklich nicht dafür aus, vorauszusehen, daß die sozialistische Gesellschaft, die den Arbeitsaufwand mit den Resultaten vergleichen muß, in der jeder Arbeiter von der Gesellschaft (nach allen unvermeidlichen Abzügen) genau so viel erhalten muß, wie er ihr gibt, daß diese Gesellschaft also nicht ohne irgendeinen gemeinsamen Nenner auskommen kann, auf den sich die verschiedenen Arbeitsarten reduzieren lassen? Konnten sie, die so tief in die verborgensten Geheimnisse des ökonomischen Lebens der Gesellschaft eingedrungen waren, annehmen, daß die Gesellschaft am Tage nach dem Siege der sozialistischen Revolution die ökonomischen Kategorien Ware, Wert, Geld, Preis, Arbeitslohn usw. „außer Kraft setzen" kann? In dieser Beziehung kann es doch wohl keine zwei Meinungen geben.

Es ergibt sich aber die berechtigte Frage: Wie ist die bekannte Äußerung von Engels zu verstehen, daß die Gesellschaft nach der Vergesellschaftung der Produktionsmittel imstande ist, direkt die Arbeitsmenge zu bestimmen, die in einem Produkt steckt, daß sie die Möglichkeit haben wird, einfach zu berechnen, „wieviel Arbeitsstunden in einer Dampfmaschine, einem Hektoliter Weizen der letzten Ernte, in Hundert Quadratmeter Tuch von bestimmter Qualität stecken"?[103] Offensichtlich betrachtet Engels in diesem Falle die kommunistische ökonomische Gesellschaftsformation in ihrer allgemeinsten Gestalt; die Unterschiede zwischen den beiden Phasen des Kommunismus hingegen läßt er beiseite. Anders gesagt, faktisch hat er nicht die erste Phase des Kommunismus, den Sozialismus, sondern seine höhere Phase, den vollen Kommunismus, im Auge. Engels spricht vom Kommunismus in der Gestalt, in der er im Verlaufe vieler Jahrhunderte existieren wird, nachdem der Kapitalismus beseitigt ist, und von diesem Standpunkt aus läßt er die erste Phase des Kommunismus außer acht, die unmittelbar auf die Liquidierung des Kapitalismus folgt und nicht von so langer Dauer sein wird.

Die Begründer des Marxismus betonen in einer Reihe von Äußerungen, daß ein bestimmter Zusammenhang zwischen den Funktionen auf dem Gebiete der Verteilung der Arbeit, die auch nach der Liquidierung des Kapitalismus notwendig bleiben, und bestimmten Funktionen des Wertgesetzes besteht. So bemerkte Marx, es „bleibt, nach Aufhebung der kapitalistischen Produktionsweise, aber mit Beibehalten gesellschaftlicher Produktion, die Wertbestimmung vorherrschend in dem Sinn, daß die Regelung der Arbeitszeit und die Verteilung der gesellschaftlichen Arbeit unter die verschiednen Produktionsgruppen, endlich die Buchführung hierüber, wesentlicher denn je wird."[104]

[103] Engels, F., Herrn Eugen Dührings Umwälzung der Wissenschaft, in: MEW, Bd. 20, S. 288

[104] Marx, K., Das Kapital. Dritter Band, in: MEW, Bd. 25, S. 859

Charakteristischerweise sah auch Engels voraus, daß es notwendig sein wird, in der vergesellschafteten Wirtschaft solche Kategorien wie Ersatz der Kosten und Grundrente beizubehalten. Er wies darauf hin, daß bei der sozialistischen Vergesellschaftung der Produktionsmittel das werktätige Volk ihr Gesamteigentümer ist, und äußerte die Überzeugung, daß die Nutzung der Häuser, Fabriken und des übrigen Besitzes, „wenigstens während einer Übergangszeit, schwerlich ohne Entschädigung der Kosten an einzelne oder Gesellschaften überlassen" wird. „Gerade wie die Abschaffung des Grundeigentums nicht die Abschaffung der Grundrente ist, sondern ihre Übertragung, wenn auch in modifizierter Weise, an die Gesellschaft."[105]

Läßt sich aus diesen Bemerkungen der Begründer des Marxismus der Schluß ziehen, daß sie die Wertkategorien für ahistorische Kategorien hielten? Natürlich wäre diese Schlußfolgerung grundfalsch. Vom marxistischen Standpunkt kann auch keine Rede davon sein, daß Wertgesetz und Wertkategorien in der höheren Phase des Kommunismus erhalten bleiben. Es existiert also kein Widerspruch zwischen den eben angeführten Bemerkungen von Marx und Engels und anderen ihrer Bemerkungen, in denen es heißt, daß das Wertgesetz, die Verdinglichung der Produktionsverhältnisse und der Gegensatz zwischen individueller und gesellschaftlicher Arbeit, die diesem Gesetz eigen sind, für immer verschwinden, wenn die kapitalistische Produktionsweise liquidiert worden ist. Anläßlich eines analogen scheinbaren Widerspruchs bei Marx schrieb Lenin:

„Das mag paradox oder einfach als dialektisches Gedankenspiel erscheinen, wie das vielfach dem Marxismus von Leuten zum Vorwurf gemacht wird, die sich nicht im geringsten die Mühe genommen haben, seinen überaus tiefen Gehalt zu ergründen. In Wirklichkeit zeigt uns doch das Leben auf Schritt und Tritt, sowohl in der Natur als auch in der Gesellschaft, Überreste des Alten im Neuen."[106]

Die heutige Wirklichkeit zeigt konkret, in welcher Weise die sozialistische Gesellschaft im Einklang mit den gesellschaftlichen Bedürfnissen die Verteilung der Arbeit auf die verschiedenen Produktionszweige vornimmt, die eine Existenzbedingung jeder Gesellschaft ist, welche Form diese auch immer annehmen möge. Das Leben zeigt ferner, wie die sozialistische Gesellschaft das Maß der Arbeit und das

[105] Engels, F., Zur Wohnungsfrage, in: MEW, Bd. 18, S. 282
[106] Lenin, W. I., Staat und Revolution, in: Werke, Bd. 25, S. 485f.

Maß der Entlohnung kontrolliert; ohne diese Kontrolle könnte das sozialistische Wirtschaftssystem nicht normal funktionieren. Im Prozeß des wirtschaftlichen Aufbaus des Sozialismus wird ein immer vollkommeneres System von Methoden der Wirtschaftstätigkeit ausgearbeitet, das auf der planmäßigen Verteilung der gesellschaftlichen Arbeit und dem Wertgesetz der sozialistischen Gesellschaft beruht. Diese Methoden setzen voraus, daß solche ökonomischen Kategorien wie Selbstkosten, Preis und Geld, Warenzirkulation und Kredit, Arbeitslohn und Gewinn usw. voll ausgenutzt werden.

Es wäre lächerlich, wollte man erwarten, Marx und Engels hätten all dies vorausgesehen und vorausgesagt. Es ist aber wichtig zu vermerken, daß sie die Ausgangsthesen lieferten, die nötig sind zum Verständnis des Wesens der ökonomischen Kategorien des Sozialismus, die auf der bewußten Ausnutzung des Wertgesetzes auf Basis der planmäßigen Entwicklung der gesamten Volkswirtschaft beruhen.

Die revolutionäre Theorie schöpferisch entwickelnd, bestimmten die marxistisch-leninistischen Parteien der sozialistischen Länder in ihren Programmen und anderen wichtigen Dokumenten die Rolle und die Bedeutung der Warenproduktion und der Ware-Geld-Beziehungen in der sozialistischen Ökonomik.

„Beim kommunistischen Aufbau", heißt es im Programm der KPdSU, „sind die Ware-Geld-Beziehungen entsprechend dem neuen Inhalt, der ihnen in der Periode des Sozialismus eigen ist, voll auszunutzen. Eine große Rolle spielt hierbei die Anwendung von Instrumenten der ökonomischen Entwicklung, wie wirtschaftliche Rechnungsführung, Geld, Preis, Selbstkosten, Gewinn, Handel, Kredit und Finanzen. Mit dem Übergang zum einheitlichen kommunistischen Eigentum, dem allgemeinen Volkseigentum, und zum kommunistischen Verteilungssystem werden sich die Ware-Geld-Beziehungen ökonomisch erübrigen und absterben."[107]

In der 1968 angenommenen Verfassung der DDR lesen wir: „Die Volkswirtschaft der Deutschen Demokratischen Republik ist sozialistische Planwirtschaft. Das ökonomische System des Sozialismus verbindet die zentrale staatliche Planung und Leitung der Grundfragen der gesellschaftlichen Entwicklung mit der Eigenverantwortung der sozialistischen Warenproduzenten und der örtlichen Staatsorgane."[108]

[107] Programm und Statut der Kommunistischen Partei der Sowjetunion, Berlin 1961, S. 85

[108] Verfassung der Deutschen Demokratischen Republik, Artikel 9, Absatz 3

Analoge Thesen finden sich in den Parteibeschlüssen, in den staatlichen Dokumenten und in den Reden der verantwortlichen politischen Funktionäre anderer sozialistischer Länder. Es unterliegt keinem Zweifel, daß die gewachsene Bedeutung ökonomischer Methoden in der planmäßigen Leitung der Volkswirtschaft, die einen der Hauptcharakterzüge der Wirtschaftsreformen ausmacht, mit der umfassenden Ausnutzung der sozialistischen Ware-Geld-Beziehungen und der Kategorien der sozialistischen Warenproduktion – zum Beispiel Preis, Gewinn, Prämie, Kredit – verbunden ist.

In diesem Zusammenhang ist von großem Interesse, wie im Programm der Sozialistischen Einheitspartei Deutschlands die Rolle des Wertgesetzes in der sozialistischen Ökonomik bestimmt wird. Diese Bestimmung lautet: „Das Wertgesetz ist das entscheidende Instrument zur Ermittlung und Kontrolle des gesellschaftlich notwendigen Arbeitsaufwandes. Seine richtige Ausnutzung zeigt sich in strenger Sparsamkeit bei der Verwendung von Arbeit, Material und finanziellen Mitteln und bewahrt vor volkswirtschaftlichen Verlusten."[109]

Die sozialistische Warenproduktion und ihre Kategorien führen im ökonomischen System des Sozialismus lebenswichtige Funktionen aus. In der sozialistischen Gesellschaft wird vermittels des Systems der Wertkategorien der Austausch der Tätigkeiten verwirklicht, der Resultat und Ausdruck der gesellschaftlichen Arbeitsteilung bei Herrschaft des gesellschaftlichen Eigentums an den Produktionsmitteln ist. Die Kategorien der sozialistischen Warenproduktion dienen vor allem als Instrument zum Messen und Vergleichen der Produktionsaufwände und -resultate sowohl in der Volkswirtschaft insgesamt wie in jeder einzelnen Wirtschaftszelle. In der sozialistischen Ökonomik gibt es für diesen Zweck kein anderes universelles, allumfassendes Instrumentarium. Dieses Messen und Vergleichen ist aber eine notwendige Voraussetzung für die rationelle zentrale Planung und Leitung der Volkswirtschaft, für die Herstellung richtiger Proportionen in der Wirtschaft, für den Kampf um höhere Effektivität der Produktion. Sowohl die Ausarbeutung als auch die Realisierung der Volkswirtschaftspläne ist undenkbar ohne ein Kennziffernsystem, in dem Natural- und Wertkennziffern richtig miteinander verbunden sind. Die Ausnutzung die-

[109] Ulbricht, W., Das Programm des Sozialismus und die geschichtliche Aufgabe der Sozialistischen Einheitspartei Deutschlands. Programm der Sozialistischen Einheitspartei Deutschlands, Berlin 1963, S. 324

ses Systems ist auch eine notwendige Bedingung für die erfolgreiche Anwendung mathematischer Methoden zur Lösung ökonomischer Aufgaben.

Die Ware-Geld-Beziehungen und die Wertkategorien, die diese Beziehungen ausdrücken: Preis, Gewinn, Kredit usw., sind die ökonomischen Hebel, durch die das Äquivalenzprinzip in den wirtschaftlichen Verhältnissen und Beziehungen innerhalb der sozialistischen Ökonomik verwirklicht wird. Dies Prinzip liegt der wirtschaftlichen Rechnungsführung und dem System der ökonomischen Stimulierung der Produktion zugrunde, nach dem das, was für die Gesellschaft nützlich ist, auch den Betrieben, ihren Produktionskollektiven und den einzelnen Werktätigen von Nutzen sein muß. Die Übereinstimmung der Interessen des Staates, der Betriebe und der einzelnen Werktätigen herzustellen ist eine der zentralen Aufgaben sozialistischen Wirtschaftens und zugleich eines der wichtigsten Probleme der ökonomischen Theorie des Sozialismus.

„Die ökonomischen Verhältnisse einer gegebenen Gesellschaft", schrieb Engels, „stellen sich zunächst dar als *Interessen*."[110] Diese These liefert den Schlüssel für das Begreifen der Bedeutung, die das System der ökonomischen Stimulierung der Produktion und der gesamte Problemkreis der materiellen Interessiertheit im Sozialismus besitzen. Das Leninsche Prinzip der materiellen Stimulierung beruht darauf, daß die ökonomischen Hebel der zentralen planmäßigen Leitung der sozialistischen Produktion angewendet werden, und zwar vermittels Ausnutzung der ökonomischen Kategorien der sozialistischen Warenproduktion, zum Beispiel des Preises, des Gewinns, des Arbeitslohns, der Prämie usw.

Bekanntlich setzt sich das Äquivalenzprinzip in der Ökonomik des Kapitalismus über zahllose Abweichungen und Verletzungen als Durchschnittsresultat unaufhörlicher Schwankungen durch. Was das grundlegende Produktionsverhältnis des Kapitalismus betrifft – das Verhältnis zwischen Kapitalisten und Lohnarbeitern –, so wird das Äquivalenzprinzip hier nur der Form nach bewahrt, während dieses Verhältnis dem Wesen nach auf der Aneignung des Produktes der unbezahlten Mehrarbeit des Arbeiters durch den Kapitalisten beruht. Einer der Vorzüge des Sozialismus gegenüber dem Kapitalismus besteht darin, daß der Sozialismus alle Bedingungen hervorbringt, um die Prinzipien

[110] Engels, F., Zur Wohnungsfrage, in: MEW, Bd. 18, S. 274

der Entschädigung und der Äquivalenz vollständig einhalten zu können. Werden diese Prinzipien verletzt, so führt dies zu Schwierigkeiten und unerwünschten Folgen.

Bei der Erklärung des Charakters der sozialistischen Warenproduktion und der ihr eigenen Wertkategorien, erhebt sich selbstverständlich auch die Frage nach dem Platz des Marktes in der ökonomischen Struktur des Sozialismus. Das Problem des Marktes und namentlich die Frage nach dem Verhältnis zwischen Markt und Plan nimmt bei der Erläuterung der Aufgaben, die die Wirtschaftsreformen zu lösen haben, schon seit einer Reihe von Jahren einen bedeutsamen Platz ein. Dies ist nicht erstaunlich, wenn man bedenkt, daß unter den Bedingungen, wo administrative Methoden der Wirtschaftsleitung überwogen, Rolle und Bedeutung des Marktes in der sozialistischen Planwirtschaft häufig unterschätzt, bisweilen auch ganz und gar ignoriert worden sind. Solche Tatsachen wie Anhäufung übermäßiger Vorräte an bestimmten Erzeugnissen, Absatzschwierigkeiten mit all den negativen Erscheinungen, die damit verbunden sind, haben gezeigt, daß das Marktproblem nicht vernachlässigt werden darf.

Der Markt ist nach der bekannten Definition Lenins eine Kategorie der Warenwirtschaft.[111] In der sozialistischen Ökonomik ist der Markt folglich eine Kategorie der sozialistischen Warenproduktion, die Gesamtheit der Realisierungsbedingungen des gesellschaftlichen Produkts der sozialistischen Produktion. Will man den Platz des Marktes in der ökonomischen Struktur des Sozialismus erklären, so muß man von einem grundlegenden methodologischen Prinzip der marxistisch-leninistischen politischen Ökonomie ausgehen, vom Prinzip des Primats der Produktion. Die bestimmende Rolle der Produktion im Verhältnis zu den anderen Seiten des gesamten Reproduktionsprozesses – das heißt im Verhältnis zum Austausch (zur Zirkulation), zur Verteilung und zur Konsumtion – schließt die Rückwirkung dieser Prozesse auf den Produktionsprozeß selbst nicht aus, sondern setzt sie umgekehrt voraus. Im Realisierungsprozeß wird der gesellschaftlich-notwendige Charakter der Aufwände, die in der sozialistisch produzierten Ware verkörpert sind, anerkannt. Ohne diese Anerkennung kommt die sozialistische Ökonomik nicht aus, denn bei aller Bedeutung wissenschaftlicher Prognosen über die Bedürfnisse der Gesellschaft und über die Nachfrage

[111] Vgl. Lenin, W. I., Die Entwicklung des Kapitalismus in Rußland, in: Werke, Bd. 3, Berlin 1956, S. 25

der Verbraucher bleibt doch die Wahlfreiheit der Käufer erhalten, die die Möglichkeit haben, selbständig über die Verwendung ihrer Arbeitseinkünfte zu entscheiden.

In der heutigen bürgerlichen ökonomischen Literatur ist es üblich, zwei Märkte einander gegenüberzustellen: den Markt der Konsumenten und den Markt der Produzenten. Die bürgerlichen Ökonomen behaupten, in der kapitalistischen Ökonomik wirke der Markt der Konsumenten, in der sozialistischen Ökonomik dagegen der Markt der Produzenten. Unter dieser terminologischen Tarnung wird ein dürres, aber dennoch hinreichend tückisches Ideechen in Umlauf gesetzt: der Kapitalismus arbeitet demnach für das Wohl der Konsumenten, das heißt der Volksmassen, der Sozialismus hingegen kenne nur ein Ziel: Produktion um der Produktion willen. Es ist nicht nötig, ausführlich nachzuweisen, wie verlogen diese Idee ist, wie sehr sie der wirkliche Lage der Dinge widerspricht. In Wirklichkeit besteht der Gegensatz zwischen Sozialismus und Kapitalismus in etwas ganz anderem. Im Kapitalismus bedeutet Produktion, Profite für die Privateigentümer auszupressen, während die Produktion im Sozialismus dazu dient, die Bedürfnisse der Gesellschaft und aller ihrer Mitglieder zu befriedigen. Die Idee von den zwei Markttypen ist also nur ein plumper Versuch, den Sozialismus zu diskreditieren und den Kapitalismus schönzufärben, ein Versuch, der schon bei der ersten Berührung mit der realen Wirklichkeit zusammenbricht.

Die planmäßige Sicherung der notwendigen Wechselbeziehungen zwischen Produktion und Konsumtion gehört zu den wichtigsten Aufgaben der zentralen Planung und Leitung der sozialistischen Ökonomik. Die Praxis des wirtschaftlichen Aufbaus in der Sowjetunion und in anderen Ländern des Sozialismus zeugt davon, daß diese Aufgabe nicht nur wichtig, sondern auch überaus kompliziert ist. In dieser Praxis ist ein reiches Arsenal ökonomischer Methoden geschaffen worden, um die Entwicklungsrichtungen und -tempi sowohl der einzelnen Arten gesellschaftlicher Bedürfnisse als auch jener Zweige der gesellschaftlichen Produktion zu prognostizieren, die diese Bedürfnisse – direkt oder indirekt – befriedigen.

Es ist wichtig, den grundlegenden Unterschied zwischen der Rolle des Marktes im Sozialismus und der Rolle des Marktes im Kapitalismus zu berücksichtigen. Auf dem sozialistischen Markt treten Produzenten auf, die nach dem Plan arbeiten. Die Funktion des sozialistischen Marktes besteht darin, die Erzeugnisse zu realisieren, die nach dem Plan produziert worden sind, der die Hauptproportionen in der Volkswirtschaft bestimmt. Wenn der Markt im Kapitalismus die Wirkungssphäre der spontanen Kräfte des auf dem Privateigentum beruhenden ökonomischen Systems darstellt, so ist der Markt im Sozialismus ein unabtrennbarer Teil der planmäßig organisierten sozialistischen Ökonomik. Wir haben es mit dem planmäßigen sozialistischen Markt zu tun, der ein notwendiges Element der Planwirtschaft ist, in der die zentrale planmäßige Leitung der Volkswirtschaft die entscheidende Rolle spielt.

In der sozialistischen Ökonomik wirken Plan und Markt also nicht als feindliche, sondern als wechselseitig miteinander verbundene und einander wechselseitig bedingende Faktoren. Einerseits ignoriert der Plan nicht den Markt, er berücksichtigt den Zustand und die Veränderungen des Marktes, andererseits wird der Markt entscheidend vom Plan beeinflußt, der in der Entwicklung der Volkswirtschaft die führende Rolle innehat.

Die Worte, mit denen Engels vor fast hundert Jahren die welthistorische Bedeutung der sozialistischen Revolution charakterisierte, klingen geradezu prophetisch:

„Erst eine bewußte Organisation der gesellschaftlichen Produktion, in der planmäßig produziert und verteilt wird, kann die Menschen ebenso in gesellschaftlicher Beziehung aus der übrigen Tierwelt herausheben, wie dies die Produktion überhaupt für die Menschen in spezifischer Beziehung getan hat. Die geschichtliche Entwicklung macht eine solche Organisation täglich unumgänglicher, aber auch täglich möglicher. Von ihr wird eine neue Geschichtsepoche datieren, in der die Menschen selbst, und mit ihnen alle Zweige ihrer Tätigkeit, namentlich auch die Naturwissenschaft, einen Aufschwung nehmen werden, der alles Bisherige in tiefen Schatten stellt."[112]

Die „neue Geschichtsepoche", die Engels voraussagte, begann mit dem Sieg der Großen Sozialistischen Oktoberrevolution. Die Erfahrungen der Sowjetunion, die sich in historisch kurzer Frist aus einem rückständigen Agrarland in eine industrielle Weltmacht verwandelte, die Erfahrungen aller Länder der sozialistischen Gemeinschaft bestätigen glänzend Engels' geniale Voraussage über die Zeit, in der der schnelle Fortschritt der Menschen und ihrer Erfolge bei der Naturbeherrschung

[112] Engels, F., Dialektik der Natur, in: MEW, Bd. 20, S. 324

„alles Bisherige in den Schatten stellt". Zeugen die Siege des Sowjetvolkes und die bemerkenswerten Erfolge aller anderen Völker der sozialistischen Länder etwa nicht hiervon?

Engels zeichnete vor vielen Jahrzehnten das Bild ders sozialistischen Umgestaltung der Gesellschaft in unauslöschlichen Farben. Den Übergang zum Sozialismus nannte er den Sprung der Gesellschaft aus dem Reich der Notwendigkeit ins Reich der Freiheit, wobei er die Freiheit selbstverständlich als erkannte Notwendigkeit auffaßte. Das Bild der freien sozialistischen Gesellschaft, das Engels zeichnete, beflügelte viele Generationen proletarischer Revolutionäre. Dies Bild ist für die ökonomische Wissenschaft von unschätzbarer Bedeutung. Engels' tiefgründige Bemerkungen werfen klares Licht auf die wesentlichsten Probleme der politischen Ökonomie des Sozialismus.

Schluß

Engels starb an der Grenze zwischen zwei Epochen. Die Grenze zwischen den beiden Jahrhunderten war zugleich – bedingt und beweglich, wie alle Grenzen in der Entwicklung der menschlichen Gesellschaft – die Grenze zwischen dem alten und dem neuen Kapitalismus. Die Konzentration des Kapitals und der Produktion, die Engels genialerweise bereits 1844 in seinem Jugendwerk vermerkt und die Marx im „Kapital" erforscht hatte, prägte dem Wirtschaftsleben in den hochentwickelten kapitalistischen Ländern ihren unauslöschlichen Stempel auf. Die Namen Rockefeller, Morgan und Vanderbilt ertönten bereits in der ganzen Welt. Die amerikanischen Trusts erlangten schon skandalösen Ruhm, und in der Alten Welt gab es viele, die ihrem verführerischen Beispiel gern folgten. In Engels' Todesjahr setzte der britische Kolonialimperialist Cecil Rhodes das geflügelte Wort in die Welt: „Das Imperium ist eine Magenfrage. Wenn ihr nicht den Bürgerkrieg wollt, müßt ihr Imperialisten werden." Ein paar Jahre vergingen, und der Burenkrieg offenbarte die unheilschwere Bedeutung dieser Worte.

In Engels' Todesjahr fällt ein Ereignis, das damals keine besondere Aufmerksamkeit erregte. Im Jahre 1895 reiste Lenin zum ersten Male ins Ausland. Er war erst 25 Jahre alt, doch hatte er bereits solide Erfahrungen in der auf den Zusammenschluß der ersten marxistischen Organisationen des russischen Proletariats gerichteten Arbeit. Lenin besuchte die Schweiz, Berlin und Paris, stellte Verbindungen zur Gruppe „Befreiung der Arbeit" her und studierte aufmerksam das Leben und den Kampf der Arbeiterklasse Westeuropas. Während dieser Reise erfuhr er vom Tode Engels'. Er schrieb einen Artikel über Engels, der von tiefem Verständnis für dessen Ideen und von grenzenloser Liebe zu diesem großen Lehrer und Führer der Arbeiterklasse durchdrungen ist.

Engels weilte schon nicht mehr unter den Lebenden, als sich der endgültige Übergang zum Imperialismus, dem höchsten und letzten

Stadium des Kapitalismus, vollzog. In diesem Stadium änderten sich grundlegend die historischen Bedingungen des Klassenkampfes des Proletariats, des Kampfes um den Sozialismus. Die historische Unvermeidlichkeit der sozialistischen Revolution, die Marx und Engels vorausgesehen und wissenschaftlich begründet hatten, verwandelte sich im neuen Jahrhundert in unmittelbare praktische Notwendigkeit.

Die Begründer des Marxismus sprachen von der proletarischen Revolution als einer Revolution des 19. Jahrhunderts. Während der gesamten Periode seit der Entstehung des Marxismus verlief die Geschichte so, wie Marx vorausgesagt hatte. Der gesamte Verlauf der Geschichte, jeder Umschwung in ihr bestätigte die Richtigkeit des Marxismus, seine Lebendigkeit und seine Stärke. Die Geschichte ist aber nicht das Trottoir des Newski-Prospekts. Lenin gebrauchte diese Worte N. G. Tschernyschewskis wiederholt. Der Versuch, die Macht zu erobern, den die Arbeiterklasse im 19. Jahrhundert unternommen hatte – die Pariser Kommune –, hatte eine Niederlage erlitten. Das 19. Jahrhundert endete, ohne daß die Aufgabe gelöst war, die Gesellschaft sozialistisch umzugestalten. Diese Aufgabe war nun dem 20. Jahrhundert übertragen.

Es ging jedoch nicht nur um die Ablösung eines Jahrhunderts. Es ging um die wesentliche Veränderung der historischen Bedingungen.

Die Jahrhundertwende brachte der Menschheit auf allen Gebieten des gesellschaftlichen Lebens ungeahnte Veränderungen und Umschwünge. Das Hinüberwachsen des alten Kapitalismus in den Imperialismus schuf sowohl in der Welt insgesamt wie in jedem einzelnen Land eine neue Situation. Der Marxismus als die Theorie und Praxis des wissenschaftlichen Sozialismus konnte sich schon nicht mehr auf die Thesen beschränken, die Marx und Engels unter den Bedingungen der vorherigen Epoche aufgestellt hatten, die in die Vergangenheit versank. In der veränderten Situation standen vor der Arbeiterklasse und ihrer revolutionären Theorie neue Aufgaben gigantischen Maßstabs. Lenin löste diese Aufgaben in genialer Weise. Er führte die Lehre und das Werk von Marx und Engels weiter.

Im Verlaufe vieler Jahrzehnte gab es unter den Schülern und Nachfolgern von Marx und Engels Menschen mit großem Verstand und heißem Herzen, großartige Talente, selbstlose Kämpfer für die Sache der Arbeiterklasse. Sie propagierten erfolgreich die marxistische Theorie und arbeiteten verschiedene ihrer Seiten aus. Die Arbeiterbewegung sammelte in vielen Ländern große Kampferfahrungen, reich an Lehren, an Erfolgen und Mißerfolgen, an Siegen und Niederlagen. Die hervorragenden Vertreter der Arbeiterschaft waren sich darüber klar, daß die marxistische Theorie kein Dogma, sondern eine Anleitung zum Handeln ist. Doch Lenin allein kommt das unsterbliche Verdienst zu, den Marxismus tiefgründig, allseitig und schöpferisch weiter ausgearbeitet, bereichert, weiterentwickelt und auf eine höhere Stufe gehoben zu haben.

Lenin betrat die historische Arena in Rußland, in einem Land, das sich mit dem Übergang zum Imperialismus in den Knotenpunkt der grundlegenden Widersprüche der Epoche verwandelte. Das Zentrum der revolutionären Weltbewegung verlagerte sich nach Rußland, einem Land mit überaus reichen Traditionen im Befreiungskampf, einem Land, in dem schärfste soziale Widersprüche auf komplizierte Weise miteinander verflochten waren. In Rußland war die größte Volksrevolution herangereift, die erste Revolution in der Epoche des Imperialismus, die für das Schicksal des internationalen Sozialismus, für die Arbeiterklasse der gesamten Welt von gewaltiger Bedeutung war.

Der Leninismus entstand in Rußland nach der gleichen Gesetzmäßigkeit, nach der der Marxismus in Deutschland entstanden war: Rußland war am Ende des 19. Jahrhunderts wie Deutschland in der Mitte desselben Jahrhunderts der Knotenpunkt aller Widersprüche der Epoche und das Zentrum der revolutionären Bewegung. Hier fand der Marxismus seine zweite Heimat. Die neue Etappe in der Entwicklung des Marxismus ist untrennbar mit Rußland verbunden. Dies war die natürliche und unvermeidliche Folge seines historischen Entwicklungsganges, seiner revolutionären Bewegung, seines ökonomischen Lebens und seiner Kultur, seiner internationalen Stellung und seines inneren Klassenkampfes, mit einem Wort: der Gesamtheit seiner gesellschaftlichen Lebensbedingungen.

„Den Marxismus als die einzig richtige revolutionäre Theorie", betonte Lenin, „hat sich Rußland wahrhaft *in Leiden errungen*, durch ein halbes Jahrhundert unerhörter Qualen und Opfer, beispiellosen revolutionären Heldentums, unglaublicher Energie und hingebungsvollen Suchens, Lernens, praktischen Erprobens, der Enttäuschungen, des Überprüfens, des Vergleichens mit den Erfahrungen Europas"[1].

Der Marxismus ist die fruchtbarste und lebendigste Lehre, die jemals existiert hat. Wie jeder lebendige Organismus verharrt auch

[1] Lenin, W. I., Der „linke Radikalismus", die Kinderkrankheit im Kommunismus, in: Werke, Bd. 31, Berlin 1959, S. 10

diese Lehre nicht auf der Stelle, sondern entwickelt sich ununterbrochen im Einklang mit der Veränderung der historischen Situation. Die Größe Lenins besteht darin, daß er das Banner des lebendigen, schöpferischen Marxismus hoch emporhob, der fähig ist, sich zu entwickeln und der sich beständig entwickelt, bereichert, indem er stets neue Schlußfolgerungen in sich aufnimmt, die sich aus der Verallgemeinerung der Erfahrungen der historischen Entwicklung ergeben. Lenin schrieb:

„Wir betrachten die Theorie von Marx keineswegs als etwas Abgeschlossenes und Unantastbares; wir sind im Gegenteil davon überzeugt, daß sie nur das Fundament der Wissenschaft gelegt hat, die die Sozialisten nach allen Richtungen weiterentwickeln *müssen*, wenn sie nicht hinter dem Leben zurückbleiben wollen. Wir sind der Meinung, daß es für die russischen Sozialisten besonders notwendig ist, die Theorie von Marx *selbständig* weiterzuentwickeln, denn diese Theorie liefert lediglich die allgemeinen *Leit*sätze, die *im einzelnen* auf England anders angewandt werden als auf Frankreich, auf Frankreich anders als auf Deutschland, auf Deutschland anders als auf Rußland."[2]

Eben die konkrete Anwendung der Leitsätze des Marxismus auf die Erkenntnis der komplizierten Prozesse in der realen Wirklichkeit war Lenins Leitstern. Die Aufgabe der Nachfolger von Marx sah er nicht in der bloßen Wiederholung der Schlußfolgerungen des Marxismus, sondern in der selbständigen Ausarbeitung dieser Lehre auf Grund des Studiums des Lebens in seiner ganzen Kompliziertheit und Vielfalt. Diese schöpferische, aktive Auffassung des Marxismus verlieh dem Auftreten Lenins seine unbesiegbare Kraft.

Über eine Arbeit Lenins der 90er Jahre schrieb der Autor eines Artikels in einem „dickleibigen" Journal jener Zeit, „daß für die ‚Orthodoxie', *d. h. für die einfache Auslegung von Marx*, noch viel Raum ist." Lenin lehnte diese enge Auffassung der „Orthodoxie", die „eine kritische Anwendung und Weiterentwicklung ausschließt" und die es gestattet, „historische Fragen durch abstrakte Schemata zu verdunkeln", entschieden ab.[3]

Den grundlegenden Unterschied zwischen den Revisionisten und den konsequenten Marxisten sah er keineswegs darin, daß die einen den

[2] Lenin, W. I., Unser Programm, in: Werke, Bd. 4, Berlin 1955, S. 205f.
[3] Vgl. Lenin, W. I., Eine unkritische Kritik, in: Werke, Bd. 3, Berlin 1956, S. 653f.

Marxismus „entwickeln" wollen, die anderen aber gegen jegliche „Entwicklung" dieser Lehre auftreten. Die wirkliche Meinungsverschiedenheit zwischen konsequenten Marxisten und Revisionisten besteht, wie Lenin nachwies, „darin, daß sie den Marxismus in *verschiedener Richtung* anwenden und entwickeln wollen: die einen wollen konsequente Marxisten bleiben, indem sie die Grundthesen des Marxismus im Einklang mit den sich verändernden Verhältnissen und mit den lokalen Besonderheiten der verschiedenen Länder entwickeln und die Theorie des dialektischen Materialismus und der ökonomische Lehre von Marx weiter ausbauen; die anderen lehnen einige wesentliche Seiten der Marxschen Lehre ab, stellen sich z. B. in der Philosophie nicht auf die Seite des dialektischen Materialismus, sondern auf die Seite des Neukantianertums, in der politischen Ökonomie auf die Seite derer, die einigen Lehren von Marx ‚tendenziösen Charakter' zuschreiben usw."[4]

Die Entwicklung der Grundthesen des Marxismus im Einklang mit der sich verändernden historischen Situation und mit den spezifischen Besonderheiten der verschiedenen Länder, die weitere Ausarbeitung der philosophischen und der ökonomischen Theorie des Marxismus, darin sah Lenin die Hauptaufgabe. Und dieser Aufgabe widmete er die ganze Kraft seines Genies.

Der schöpferische, lebendige, wirksame, in veränderten historischen Situationen sich weiterentwickelnde Marxismus charakterisiert alle Arbeiten und den gesamten titanischen Kampf Lenins. Hierin besteht die Quelle der unbesiegbaren Kraft der Leninschen Ideen. Während die Opportunisten versuchten, sich an einzelne, bereits veraltete Thesen des Marxismus zu klammern und sie in Dogmen zu verwandeln, um die weitere Entwicklung der marxistischen Wissenschaft aufzuhalten und das Proletariat in seinem Kampf gegen die Bourgeoisie zu entwaffnen, entwickelte Lenin die marxistische Theorie weiter und bereicherte sie durch neue Schlußfolgerungen und geniale Entdeckungen.

Im Jahre 1917, am Vorabend der Revolution, schrieb Lenin einer Kampfgenossin: „Ich bin noch immer ‚verliebt' in Marx und Engels und kann keinerlei Schmähungen gegen sie ruhig hinnehmen. Nein, das sind wirkliche Menschen! Von ihnen muß man lernen. Diesen Boden dürfen wir nicht verlassen."[5]

[4] Ebenda, S. 654

[5] Lenin an Armand, Brief v. 30. 1. 1917, in: Werke, Bd. 35, Berlin 1962, S. 258

Diesen Boden hat Lenin niemals verlassen, diesen Boden verließen und verlassen auch die von ihm geschaffene Kommunistische Partei der Sowjetunion und die internationale kommunistische Bewegung niemals.

Die Größe Lenins besteht darin, daß er die gewaltigen Aufgaben löste, die unter den Bedingungen der neuen Geschichtsepoche – der Epoche des Sturzes des Kapitalismus und des Sieges des Sozialismus – vor dem Marxismus als der Theorie und Praxis des wissenschaftlichen Sozialismus standen. Die Erfüllung dieser einen Aufgabe allein hätte hingereicht, Lenins Namen unsterblich zu machen. Aber hierin erschöpft sich Lenins Größe nicht. Erstmals in der Geschichte der Menschheit setzte er die Ideen des revolutionären Marxismus ins Leben um. Lenin schuf und erzog jene Partei, die sich als fähig erwies, die großen Aufgaben der sozialistischen Revolution zu lösen. Er erforschte die neuen Bedingungen des Kampfes der Arbeiterklasse für den Sozialismus und arbeitete die Theorie der sozialistischen Revolution aus, die den Millionenmassen der Werktätigen in Rußland und dann in einer Reihe anderer Länder Europas und Asiens als Anleitung zum Handeln diente. Der geniale Stratege der proletarischen Revolution leitete den titanischen Kampf der Arbeiterklasse um den Sozialismus und führte diesen Kampf zum vollen Triumph.

Wenn die Namen von Marx und Engels die Verwandlung des Sozialismus aus der Utopie in eine Wissenschaft kennzeichnen, so symbolisiert Lenins Name die Verwandlung des Sozialismus in lebendige gesellschaftliche Wirklichkeit. Die bedeutsamste Realität unserer Epoche, die dieser ihr besonderes, unwiederholbares Kolorit gibt, ist für immer mit dem Namen Lenins verbunden, mit seiner theoretischen und praktischen Tätigkeit, mit seinem unermüdlichen Kampf um eine bessere Zukunft der Menschheit.

Unter Führung der Leninschen Partei trug die Arbeiterklasse Rußlands erstmals in der Weltgeschichte den Sieg in der von Engels vorausgesehenen „gewaltigste(n) Revolution aller Zeiten“[6] davon. Lenin war der Begründer und Organisator des ersten sozialistischen Staates in der Welt, der die Fackel des Kommunismus hoch über unseren Planeten erhob.

Lenin bereicherte in gigantischem Maße die ideelle Schatzkammer des Marxismus. Diese Schatzkammer wird unaufhörlich durch neue

[6] Engels, F., Karl Marx, „Zur Kritik der Politischen Ökonomie“, in: MEW, Bd. 13, S. 470

Schlußfolgerungen und Verallgemeinerungen gefüllt, die von der KPdSU und den Bruderparteien anderer Länder auf der Grundlage neuer historischer Erfahrungen gewonnen werden.

Die Ausdrücke „Marxismus" und „Leninismus" werden häufig gleichbedeutend, als Synonyme, verwendet und das geschieht völlig zu Recht. Wir sagen „Marxismus-Leninismus", „Marxismus" oder „Leninismus", wobei wir unter diesen unterschiedlichen Bezeichnungen ein und dasselbe verstehen: die Theorie und Praxis des wissenschaftlichen Kommunismus in der gegenwärtigen Epoche, die unsterbliche Weltanschauung der Arbeiterklasse, geschaffen von Marx, Engels und Lenin, die sich ununterbrochen entwickelt und durch neue Erfahrungen des Kampfes um Sozialismus und Kommunismus bereichert.

Die bürgerlichen Ideologen und ihre reformistischen Schleppenträger versuchen, den Leninismus als Theorie darzustellen, die ausschließlich auf dem Boden der russischen Wirklichkeit gewachsen ist, und daher nur für Rußland oder überhaupt nur für Länder von Bedeutung ist, die in ökonomischer Hinsicht zurückgeblieben sind. Dies Verfahren ist nicht neu. Nachdem die ersten Untersuchungen über die unmenschlichen Arbeits- und Lebensbedingungen des englischen Proletariats erschienen waren, versuchten die Vertreter der herrschenden Klassen Kontinentaleuropas ebenfalls zu behaupten, daß die Widersprüche des Kapitalismus eine rein englische Erscheinung sind, mit der die anderen Länder nichts zu tun haben.

Im Vorwort zum ersten Band des „Kapitals" warnte Marx speziell den deutschen Leser davor, pharisäisch die Achseln zu zucken über die Zustände der englischen Arbeiter, oder sich optimistisch dabei zu beruhigen, daß in Deutschland die Sachen noch lange nicht so schlimm stehen, und rief ihm zu: Über Dich wird hier berichtet![7]

In Deutschland entstanden, war der Marxismus ein Resultat der weltweiten Befreiungsbewegung der Arbeiterklasse in der Mitte des 19. Jahrhunderts. Er wurde durch die Bedürfnisse der internationalen Arbeiterbewegung ins Leben gerufen. Genauso nahm der Leninismus, der in Rußland entstanden ist, die Erfahrungen des revolutionären Kampfes des Proletariats der ganzen Welt in sich auf und gab auf die Fragen Antwort, vor denen die Arbeiterklasse und die unterdrückten Massen ausnahmslos aller Länder in der neuen Epoche standen.

[7] Vgl. Marx, K., Das Kapital. Erster Band. Vorwort zur ersten Auflage, in: MEW, Bd. 23, Berlin 1962, S. 12

Der gesamte Verlauf der historischen Entwicklung hat anschaulich und überzeugend den internationalen Charakter des Leninismus als der Weiterentwicklung des Marxismus, als der neuen Etappe in der Entwicklung der Theorie und der Praxis des wissenschaftlichen Kommunismus bewiesen. Wer wagt es in unserer Zeit noch, die internationale Bedeutung der sozialistischen Revolution in Rußland und des Aufbaus des Sozialismus in diesem Lande zu leugnen? Wer bringt es fertig, die überzeugenden Beweise für den internationalen Charakter des Leninismus zu ignorieren, die zum Beispiel darin bestehen, daß die Völker vieler Länder der Erde eben unter dem siegreichen Banner des Leninismus das Joch des Kapitalismus abgeworfen haben und erfolgreich den Weg des sozialistischen Aufbaus beschreiten? Wer vermag die Augen vor der Tatsache zu schließen, daß sich im kapitalistischen Teil der Welt, auch in den ökonomisch am meisten entwickelten Ländern, die revolutionäre Avantgarde der Arbeiterklasse – der Klasse, der die Zukunft gehört – unter dem Banner des Leninismus zusammenschließt und kämpft?

In den hundert Jahren ihres Bestehens hat die Theorie des Marxismus einen gigantischen Entwicklungsweg durchlaufen. Sie erwies sich nicht nur als die fortschrittlichste, sondern auch als die lebensfähigste aller Theorien der gesellschaftlichen Entwicklung, die jemals existiert haben. Sie erwies sich als die einzige Theorie, die fähig ist, sich im Zusammenhang mit dem Gesamtverlauf der Geschichte weiterzuentwickeln, welcher der Klasse, die die Interessen des gesellschaftlichen Fortschritts verkörpert, stets neue Aufgaben stellt.

Unsere Epoche ist die Epoche des größten Triumphs der unsterblichen Lehre des Marxismus-Leninismus. Ihr Hauptinhalt ist der revolutionäre Übergang vom Kapitalismus zum Sozialismus, den die großen Lehrer der Arbeiterklasse schon in den Honigmonaten der bürgerlichen Herrschaft voraussahen.

Die Geschichte kennt nicht wenig Fälle des Triumphs schöpferischen menschlichen Denkens. Und dennoch bleibt der Triumph des Marxismus-Leninismus beispiellos. Die wissenschaftlichen Schlußfolgerungen des Marxismus über die Gesetze der gesellschaftlichen Entwicklung, über die Gesetzmäßigkeiten des revolutionären Übergangs vom Kapitalismus zum Sozialismus haben die größte historische Prüfung bestanden. Sie sind schon im Leben eines beträchtlichen Teils der Menschheit verwirklicht worden, und zwar mit einer Exaktheit, um die sie jede beliebige naturwissenschaftliche Theorie beneiden kann.

Die Begründer des Marxismus haben nicht nur die Unvermeidlichkeit des Untergangs des Kapitalismus vorausgesagt. Sie haben die Arbeiterklasse auch mit exaktem Wissen über den Weg zur neuen Gesellschaft – zum Sozialismus und zum Kommunismus – ausgerüstet. Zugleich aber gingen sie davon aus, daß die historischen Erfahrungen das Waffenarsenal für die sozialistische Umgestaltung der Gesellschaft gewaltig erweitern werden, indem sie stets neue Formen des revolutionären Kampfes der Arbeiterklasse um den Sozialismus hervorbringen.

Die Lehre von Marx ist allmächtig, weil sie wahr ist, schrieb Lenin. Die Richtigkeit der marxistischen Weltanschauung, ihre Unverbrüchlichkeit ist durch den gesamten Verlauf der historischen Entwicklung bewiesen worden. Im schnellen Kaleidoskop der Ereignisse sind viele Illusionen und Fehlurteile untergegangen, die sich zu ihrer Zeit weiter Verbreitung und großer Popularität erfreuten. Und in diesem Kaleidoskop der Ereignisse ist jedesmal und immer wieder die Wahrhaftigkeit der unsterblichen Lehre des Marxismus bestätigt worden.

Der Gang der Geschichte hat die genialen Voraussagen der großen Lehrer der Arbeiterklasse in erstaunlicher Vollständigkeit bestätigt. Der stürmische Frühlingsstrom der sozialen Erneuerung der Menschheit strömt unaufhaltsam, alle Hindernisse überwindend voran. Heute baut mehr als ein Drittel der Menschheit, das die Fesseln der kapitalistischen Sklaverei für immer abgeworfen hat, erfolgreich am neuen Leben. Das Sowjetvolk beschreitet überzeugt den Weg des entfalteten Aufbaus des Kommunismus. Die Völker anderer Länder des mächtigen sozialistischen Lagers schreiten bei der Schaffung der sozialistischen Gesellschaft von Sieg zu Sieg voran. Das sozialistische Weltsystem verwandelte sich zum entscheidenden Faktor in der Entwicklung der heutigen Gesellschaft. Hierin besteht das Hauptmerkmal unserer Zeit. Die Kräfte, die für die sozialistische Umgestaltung der Gesellschaft kämpfen, bestimmen die Hauptrichtung der gesellschaftlichen Entwicklung in der modernen Epoche.

Hunderte Millionen von Menschen haben sich für immer aus dem finsteren Gefängnis des Kolonialismus befreit, und vergebens sind alle Versuche, sie durch Betrug oder Gewalt dorthin zurückzujagen. Nicht mehr fern ist der Tag, an dem die letzten Bastillen des Kolonialsystems dem Erdboden gleichgemacht werden. Die vollständige Liquidierung des Kolonialismus ist unvermeidlich. Die Völker, die die Unabhängigkeit erkämpft haben, suchen nach Wegen zur schnellsten Befreiung von den schrecklichen Geschwüren, die die Kolonialherrschaft hinterlassen hat: von Elend und Unwissenheit, von ökonomischer und technischer Rückständigkeit. Ihre Blicke richten sich unvermeidlich auf die Lehre des Marxismus-Leninismus, auf die überzeugenden Erfahrungen der sozialistischen Länder.

Doch auch dort, wo die imperialistische Bourgeoisie das Staatsruder noch in ihren Händen hält, fühlt sie sich mit jeder neuen Wende der Geschichte unsicherer und beängstigter. Die Labilität der kapitalistischen Ökonomik wächst, das komplizierte Knäuel der inneren und äußeren Widersprüche des Kapitalismus verwirrt sich immer mehr. Vergeblich nehmen die Politiker und Ideologen der Bourgeoisie zu einem vorgetäuschten Optimismus Zuflucht, vergeblich versuchen sie, den Mangel an Überzeugungskraft durch ein Übermaß an Frechheit, den Mangel an Kraft durch übertriebene Prahlerei, das Fehlen von Ideen durch einen Schwall von Worte zu ersetzen, die jede reale Bedeutung verloren haben. Vergebens sind ihre Anstrengungen, die Geschichte zu betrügen. Die Geschichte nimmt unabwendbar den Verlauf, den Marx, Engels und Lenin vorausgesehen haben.

Nirgends zeigt sich die ideelle Sackgasse, in die die Bourgeoisie und ihre reformistischen Lakaien geraten sind, so anschaulich, wie in ihrer vollständigen Ohnmacht, die Ursachen und Wurzeln für die Siege des Marxismus zu erklären. Der triumphale Vormarsch der marxistischen Ideen ist eine so offensichtliche Tatsache der heutigen Wirklichkeit, daß ihn häufig selbst die entschiedensten Gegner des Kommunismus nicht leugnen können.[8] Und dennoch wagen die geistigen Machthaber der Bourgeoisie und ihre reformistischen Nachbeter auch weiterhin zu

[8] „Nie ist etwas so wenig begriffen und so sehr mißverstanden worden wie der Einfluß von Marx. Natürlich gibt man zu, daß er das Denken zahlloser Millionen beherrscht . . . in Wirklichkeit hat Marx auch diejenigen tief beeinflußt, die sein System ablehnen. Sein Einfluß erreicht sogar Leute, die überhaupt keine Ahnung davon haben, daß sie ihm erlegen sind.“ (J. K. Galbraith, Gesellschaft im Überfluß, München-Zürich 1958, S. 83.) „Der alles durchdringende ‚marxistische‘ Einfluß hat sich im 20. Jahrhundert in der gesamten denkenden Gesellschaft Amerikas ausgebreitet, und viele von denen, die rundweg leugnen würden, daß sie Marx in irgendetwas verpflichtet sind, denken in ‚marxistischen‘ Kategorien und gebrauchen ‚marxistische‘ Ausdrücke.“ (Rossiter, C., Der Marxismus vom Standpunkte Amerikas, 1960. – Interessant ist, daß das Hauptziel des Autors dieses Buches nach seinen eigenen Worten darin besteht, zu erklären, „warum Marx bei uns eine Niederlage erlitten“!)

behaupten, der Marxismus sei „veraltet", er befinde sich in einer „Krise" usw. Aber damit stellen sie sich unfreiwillig ein unwiderrufliches Armutszeugnis aus.

Die Geschichte hat ihr schonungsloses Urteil nicht nur über die bürgerliche Ordnung gefällt, sondern auch über die zahlreichen theoretischen Anstrengungen, die darauf gerichtet sind, diese Ordnung zu beschönigen und zu rechtfertigen. Und mit jedem neuen Erfolg der Kräfte des Friedens, der Demokratie und des Sozialismus bestätigt dieselbe Geschichte in eindrucksvoller Weise die Stärke und die Lebenskraft der unsterblichen Lehre des Marxismus-Leninismus.

Personenregister

von Dietrich Ellmann

Sachregister

von Dietrich Ellmann

FSC
www.fsc.org
MIX
Papier | Fördert gute Waldnutzung
FSC® C083411

Kolibri 360 GmbH
Ferdinand-Jühlke-Straße 7
99095 Erfurt, Deutschland
produktsicherheit@kolibri360.de